KB060424

제9판

법학원론

홍 성 찬

박 영 사

제 9 판을 출간하면서

종래 법학개론의 총론과 각론으로 편제된 내용은 일반인에게는 법의 용어조차 이해하기 어려워 법을 멀리하게 하고 법학 전공자에게는 빈약하게 약술되었다. 이러한 미비점은 법학 입문서의 새로운 과제를 제시한 것이다. 법학입문서는 법학의 기초이론의 이해에 머물지 않고 법의 이념과 실제, 실정법과 판례 등에 폭넓은 통합적 안목을 갖도록 접근하여야 한다. 새로운 방향의 법학원론은 법의 생활화를 위한 교양 법학의 터전에서 법적 마인드의 길잡이가 되도록 업그레이드되어야 할 것이다. 법은 특정인을 위한 전유물이 아니며 누구나 법에 친숙하도록 열려 있어야 한다.

자유를 보장하고 정의를 대변하여야 할 법치주의가 흔들리고 있다. 그러나 원칙을 무시하고 반칙이 판치는 불의는 또한 지나갈 것이다. 법치주의를 향한 국민의 의지를 누구도 거역할 수 없기 때문이다.

새로운 변혁의 시대이다. '아는 것은 힘이다'에서 '아는 것은 변화한다'는 창의와 도전 시대의 패러다임은 그 어느 때보다 혁신을 요구한다. 아는 만큼 보이고 보이는 만큼 비전을 가질 수 있기에 시야를 넓혀야 전진할 수 있다. 미래는 꿈을 펼치는 자의 것이다.

개정판이 거듭되는 광영에 보람과 책임을 느끼면서 법 개정에 따라 많은 부분을 다듬었다. 개정판 출간에 도움을 주신 金秉俊 교수님, 趙根衡 박사님 그리고 박영사 金善敏 이사님, 李昇炫 과장님에게 깊은 감사와 신뢰를 드립니다.

2021년 1월

洪 性 讚 씀

법학원론을 출간하면서

　　법학전문대학원제에서 비롯되는 법학 교육의 변혁과 배심제의 도입은 새로운 법조시대와 법학 발전의 전환적 계기가 될 것이다. 이에 따라 기초 법학을 다루던 종래의 법학개론의 틀을 극복하여 법학의 기본 이론과 실정법에 대한 지식, 판례의 해석 등을 포괄적으로 정리하는 법학의 한 차원 높은 종합적인 입문서를 요청하고 있다. 특히 대학원의 기초 법학 과정에도 활용하도록 이론과 실제를 접근시키는 새로운 체계의 법학을 필요로 하고 있다. 또한 법학이 전공자의 영역에 머물지 아니하고 일반 사회인을 위한 생활법률의 지침서가 되기를 기대하여야 한다. 그러나 법을 모든 사람이 이해할 수 있도록 간략·명확하게 정리하는 일은 결코 쉬운 것은 아니나 법의 생활화를 위해서 지체할 수 없는 과제이기에 이를 위한 노력은 계속되어야 할 것이다.

　　빠르게 전개되는 변혁의 시대에 적극적으로 대응하기 위해서는 인식의 변화와 사고의 전환이 필요하다. 시대의 변혁에 따라 법의 변화는 지속될 것이고 법학은 끊임없이 발전할 것이다. 법은 사회의 거울이다. 거울은 있는 그대로의 사실과 있어야 할 것도 동시에 비쳐주는 진실의 빛이다. 법은 사회의 거울과 빛이 되어 만인이 존중하는 살아 있는 법으로서 모든 사람에게 가까이 다가가야 한다. 법이 교과서적인 논리의 한계를 넘어 누구나 이해하기 쉬운 생활 법률로서 정착하도록 법학인들의 지속적인 노력이 필요하다. 오늘날 법학의 연구가 학제적 접근을 필요로 하고 법의 실제를 중시하여 개별적·분석적인 것보다도 포괄적·종합적 연구를 강조하고 특수성보다 보편적 가치를 추구하는 것은 이 때문이라 하겠다.

　　1 + 1 = 2가 아니고 하나가 되는 원리는 수적 화합에 의한 힘보다도 질적 통합의 저력을 강조하기 위하여 인용되는 논리이다. 화합과 통합은 전환의 계

기를 위한 진통이며 새로운 탄생을 뜻한다. 개체와 본체는 본래는 하나이지만 개체는 본체에서 분리되고 발전하여야 특성화할 수 있다. 보편성에서 특성화를 통해서 개성을 추구하는 것이 창조이다. 개성은 조화의 과정에서 해체와 와해되는 것이 아니라 발전의 뿌리와 더욱 큰 열매가 되어야 한다. 지식 정보의 개방과 공유가 자유로운 시대는 발전을 위해 모든 것을 수용하는 대승적 자세, 그러면서도 자기의 빛을 내는 개성이 필요한 시대이다.

1983년 법학개론의 초판을 펴낸 이후 7번에 걸친 개정을 끝으로 법학개론을 개편하여 새로운 법학 입문서로서 법학원론을 출간하게 되었다. 법학개론의 총론과 각론으로 구성된 전통적 체계를 통합하고 법학개론 각론편의 실정법 요점을 정리하여 법학의 기본지식으로 자리매김하도록 시도하였다. 현대생활에서 법 지식의 필요성은 아무리 강조하여도 부족함이 없기 때문이다. 법학원론의 출간은 지속적인 보완을 필요로 하는 미완성의 과제로 많은 여운을 준다. 지난날 '법학개론'의 깊은 뿌리가 오늘의 '법학원론'으로 열매를 맺는 과정이기에 더욱 다듬어 이어지기를 기대한다. 결실의 수확보다 결실을 위한 최선의 노력이 보다 더 의미와 보람이 있는 것이다. 결실의 과정에는 재능보다는 노력이, 노력보다는 일에 대한 즐거움이 있어야 한다.

법학개론은 지난날 초심의 학문적 자세에서 출간하여 그 후 많은 동학들과 만남의 계기가 되어 더욱 의미가 있었다. 지금껏 개편 때마다 애써 도움을 주셨던 文興安 교수님, 李會圭 교수님, 李東律 교수님, 李尙洙 교수님, 朴炳度 교수님, 金彩永 변호사님, 金元中 교수님, 徐文采 변호사님, 金尙泫 박사님, 金溶秀 강사님에게 거듭 고마운 말씀을 드리고, 아울러 그 분들께 학문적 영광이 있기를 축원합니다. 이번 출판의 마무리를 도와주신 李龍雨 원장님, 朴鍾仙 교수님, 鄭漢基 강사님 그리고 박영사 金善敏 부장님께 감사를 드립니다. 또한 멀리서 자료 제공의 도움을 준 洪芝義 변호사의 노고만큼 자료정리를 이루지 못한 아쉬움과 고마움을 전하며 더욱 정진하기를 기원한다.

2009년 5월

洪 性 讚 씀

머 리 말(舊著)

　　현대사회구조가 복잡·다양화됨에 따라 법의 기능은 다른 사회법규의 역할보다도 더욱 중요시되게 되었다. 사회생활이 법규범에 의하여 다스려지는 한, 법은 공동생활의 규범으로서 준수되어야 하고 동시에 사회정의를 실현하는 판단기준으로서의 법의 기능은 새롭게 인식되어야 할 것이다. 오늘날 법에 관한 상식이 없이는 현대생활을 영위할 수 없을 정도로 법은 생활과 밀접한 관련이 있기 때문에 법을 이해하고 법질서를 지킨다는 것은 시민으로서의 도리이며, 사회발전에 기여하는 시민적 의지의 표현이라 하여도 지나친 말이 아닐 것이다.

　　대학에서의 법학교육도 이러한 사회적 요구에 부응하도록 새로운 활로를 모색하여야만 할 것이다. 대학에서의 법학개론·법학통론은 법학을 전공하는 법학도를 위해서는 법학의 입문서로서 법학에 관한 기본이론을 이해시키고 법적 사고방식(legal mind)과 소양을 함양하는 데 있으나, 교양과목으로서의 법학개론은 사회교양인으로서 갖추어야 할 법에 관한 일반지식을 주지시키어 사회를 올바르게 이해케 하는 데 목적이 있다. 그러나 법학은 그 내용이 방대하고 난해하여 전문적 지식을 바탕으로 하여야만 이해할 수 있기 때문에 법학개론 강의에 많은 어려움이 있는 실정이다.

　　전공과목으로서의 법학과 교양과목으로서의 법학이론을 하나의 교과서에 요약한다는 것은 사실상 어려운 과제로서, 잘못하면 走馬看山의 우를 범하기 쉬운 줄 알면서도 본서를 집필하게 된 것은 법학강의를 위한 현실적인 필요와 요구 때문이라 하겠다. 본서의 내용에 있어서는 법학의 기초분야인 총론편이 법학교육에 있어서 대단히 중요한 것이기 때문에 법의 기초이론을 비교적 자세히 설명하였고, 각론편에서는 반드시 알아두어야 할 주요한 실정법의 줄거리를 요약해 놓았다. 다만 대학에서 근래 교양과정과목으로서 설치하고 있는

'법과 사회', '여성과 법학' 등의 강좌의 특수한 성격을 감안하여 각론편의 민법과 형법 분야에서 그 내용과 체계를 조정하였음을 밝혀 둔다. 이러한 시도가 저자의 역부족으로 말미암아 제대로 표현되었는지 매우 우려되는 바이나, 부족한 부분은 추후에 보완할 것을 약속한다.

이제, 이 책이 법을 이해하려는 분들에게 법학연구를 위한 디딤돌로서 조금이라도 보탬이 된다면 큰 영광이요 보람이라 하겠다. 졸저의 집필은 선배·동료들이 닦아 놓은 학문적 결실을 한낱 정리해 보는 데 불과하다. 아무쪼록 기탄 없는 많은 비판이 있기를 바란다.

끝으로 본서의 출간을 맡아 주신 博英社의 安鍾萬 부사장님께 감사를 드린다. 특히 언제나 따뜻하게 맞이해 성원을 해 주는 '延世의 情'에 새삼 고마움을 느낀다. 그리고 本書의 마무리에 성심껏 애를 써 준 金大淳 교수님, 俞成國 법학석사에게 충심으로 감사를 드린다.

1983년 2월

洪 性 讚 씀

차   례

법과 사회

제 1 절   인간과 사회

　　인간은 인간과의 만남에서 비롯되고, 인간의 존재는 인간과의 공존에 있다. 개인은 사회로부터 고립되어서는 살 수 없으며 개인의 생활은 곧 사회 공동생활과 연계되어 인간의 생존 그 자체가 공동생활을 의미한다. 사회는 개인 없이 존재할 수 없고 개인은 사회 없이는 사회생활을 이룰 수 없다. 사회생활은 서로의 존재를 존중하고 공존을 위한 협력을 하는 공동체 의식을 가질 때 가능하다. 일찍이 아리스토텔레스(Aristoteles, B. C. 384~322)가 인간을 가리켜 '사회적 동물'이라고 한 것은 사람이 갖는 본능적 사회성을 갈파한 것이다. 인간은 사회공동체 구성원으로서의 한계를 벗어날 수 없고 사회생활을 통해 성숙한다. "사람은 사람에 의해서만 사람다운 사람을 만들 수 있다"고 칸트(I. Kant, 1724~1804)는 말하였다. 또한 기르케(O. Gierke, 1841~1921)는 "인간이 사람 된 까닭은 사람과 사람과의 결합에 있다"고 하였다. 사람은 사회생활을 영위함으로써 비로소 인간다운 인간이 될 수 있다.

　　사회생활은 인간이 살아가는 바탕이고 사회적 존재로서 개인의 숙명이다. 비노그라도프(P. Vinogradoff, 1854~1925)는 "사람의 사회적 소통은 자연 스스로가 명하는 것이다"라고 말하였다. 사회생활의 교류와 유대를 통해 사람은 다양한 삶을 즐기지만 사회공동생활은 배려와 협력의 결실인 동시에 분열과 갈등의 시작이다. 갈등과 불화가 불가피한 사회생활에서 공존과 공영을 위한 보편적 가치와 잣대를 만드는 것은 상생의 필요 요건이며 공동 과제이다. 터전 없이 존재 없다. 이 때문에 인간은 제도를 창출하고 제도와 공존한다.

인간은 사회제도로부터 자유로울 수 없으나 인간의 자유 의지는 존중되어야 한다. 자유는 영혼의 울림이고 삶의 에너지이다. 개인은 사회의 단순한 구성원이 아닌 자유로운 주역이기에 개인과 사회의 관계는 상호 밀접한 연관성의 차원에서 이해하여야 한다. 개인의 존엄성과 가치, 자유와 자율을 보장함과 아울러 사회생활을 공유하는 공동체 구성원으로서의 시민적 책임을 강조하는 것은 사회의 존립과 발전을 위한 필수 요건이다. 인간은 욕구를 성취하면서 살아간다. 사회가 발전할수록 모든 사람이 행복권을 함께 누릴 수 있어야 사회는 그만큼 밝게 진화한다. 인류의 역사는 자유와 풍요 속에서 개인의 문화적 삶을 즐기는 열린 사회를 실현하기 위한 노력의 과정이고 이것은 멈출 수 없는 과제이다. 하지만 인간이 그리는 이상적 사회는 아직 미완성이다.

제 2 절 사회와 규범

Ⅰ. 질서와 법

제도에는 질서와 책임이 따른다. 사회생활에서 개인의 이해관계로 상호 갈등·대립하는 경우에 분쟁의 해결책을 위한 제도적 장치를 마련하는 것은 사회제도가 갖는 존재기능의 하나이다. 사회공동생활에서 개인의 본능적 행태나 이기주의를 제어할 수 없다면 혼란과 불안, 약탈과 복수의 악순환으로 사회질서는 붕괴되고 급기야 사회는 존립할 수 없을 것이다. 홉스(T. Hobbes, 1588~1679)는 "자연 상태에서 인간은 인간에 대한 이리와 같다"고 말하면서, '만인에 대한 만인의 투쟁'(bellum omnium contra omnes)이라는 먹고 먹히는 약육강식의 힘의 논리만이 있을 것이라고 하였다. 사회형태[1]가 자연적인 친분관계인 공동사회(Gemeinshaft)나 인위적인 이해관계의 이익사회(Gesellshaft)를 불문하고 사회 자체의 안정과 평화를 유지할 질서를 필요로 한다. 두려움과 부끄러움의 자각이 질서의 시작이다. 무질서는 혼란과 불안을 낳고 사회적 공포로 이어져 사회생

---

1) 퇴니스(F. Tönnies, 1855~1936)는 사회 형태를 혈연적 공동사회(가족)와 타산적 이익사회(회사)로 구분하였다.

활의 안정을 위태롭게 한다. 불안과 공포의 제거는 질서유지의 일차적 기능이다. 질서는 안정과 번영을 위한 약속이자 공존의 규칙이다.

　　사회질서의 안정과 평온 없이는 사회생활을 영위할 수 없고 각자의 목적도 성취할 수 없다.[1] 사회의 질서유지로 생활안정을 추구하는 것은 인간의 본성인 동시에 사회성의 본질이다. 질서는 침탈에 대한 방어를 위한 사회적 균형과 안정의 단순한 규율이 아니라 자유와 권리 보장을 위한 적극적 제도이어야 한다. 질서유지와 안정은 사회의 존립을 위한 일차적 요건으로 사회공동의 책임이며, 이를 위해 사회구성원이 준수할 법칙이 필요하다.

　　질서유지를 위해 행위의 준칙을 요청함에 따라 스스로 지켜야 할 규범(norm)의식이 싹트고, 인간의 행위를 효율적으로 규제할 제도적 장치인 법을 마련하게 된다. 법은 인간이 무질서의 질서 속에서 편안히 살 수 없다는 자각에서 나온 경험적 산물이다. 사회의 무질서는 용납할 수 없는 사회의 재앙이며 질서유지는 국가의 일차적 책무이다. 괴테(J. Goethe, 1749~1832)는 "정의롭지 못한 법이 오히려 무질서보다 낫다"고 말하여 무질서와 혼란의 위험보다는 정의에 어긋나더라도 평온한 질서와 안정의 필요성을 강조하였다. 질서는 약속의 믿음이고 안정의 보장이기에 존중하여야 한다.

　　인간은 본능적 욕구를 충족하고자 자연의 순리에 어긋난 역설적인 논리의 폭력적 행동을 마다하지 않는다.[2] 프로이트(S. Freud, 1856~1939)는 "사람은 이웃과 친근하는 사회성과 미워하는 공격성을 함께 가지고 있기 때문에 공격적 충동성은 법에 의해 억제되어야 한다"고 말하였다. 인간은 성선설(性善說)에 의한 천사의 심성과 성악설에 의한 악마의 심성을 함께 갖고 있다.[3] 변절하는 인간 본성의 극단적인 양면성의 얼굴은 개인의 사회생활을 객관적·합리적으

---

1) 비노그라도프는 "어린이가 둘이서 놀 때에도 지켜야 할 규칙이 없이 각자 마음대로 행동한다면 서로 노는 목적을 이룰 수 없다"고 말하였다.

2) 융(C. Jung, 1856~1939)은 "인간의 성질은 자연에 반하는 경향을 갖는다"고 말하였다.

3) 중국 춘추전국시대의 성선설과 성악설은 인간의 본성에 관해서 천사 대 악마의 상반적 견해를 갖는다. 맹자(B. C. 372~289)는 공자의 인(仁)사상을 발전시켜 인의예지(仁義禮智)의 덕목이 인간 본성이고 "인간의 본성은 선하다"는 성선설을 주장하였다. 인간은 선천적으로 착하나 세속에 물들어 악하게 된다. 반대로 순자(B. C. 345~240)는 "인간은 본래 악한 것이며, 선이라는 것도 있으나 그것은 거짓이다"라고 성악설을 제창하였다. 인간 본성은 이기적이고 악한 것이므로 인간의 악은 필연적 결과로 본다.

로 규제할 규범을 필요로 한다. 완벽한 천사나 악마인 인간은 없기에 인간을
순화시킬 도덕적 규범이 생긴다. 공격적 폭력성 충동의 일환인 사회질서 위반
은 이기적·본능적인 행위이고, 이를 통제하기 위해서는 법 이외에 강력한 대
응책이 없다. 법은 개인의 반자연적·반사회적인 행위를 사회질서의 정상적인
궤도로 진입시키는 질서의 파수꾼이다.

Ⅱ. 규범의 당위성

칸트는 일반법칙을 사실상 존재하는 자연법칙과 인간사회를 대상으로 하
는 규범법칙으로 구분하였다.[1] 자연과 사회와의 이원론적 세계관에 입각하여
존재와 당위라고 하는 두 개의 범주에 의해 자연적 법칙과 규범적 법칙의 특
성을 구별하였다. 예를 들면 "봄이 되면 꽃이 핀다"는 사실은 원인과 결과에
관계없이 사실상의 인과관계에 지배되는 자연의 필연적 현상이다. 이것은 사
물의 존재에 대한 필연성의 법칙을 의미하는 존재(be, Sein)로서의 '있음'의 법
칙이다. 자연의 존재법칙은 인간의 의사를 초월하는 자연적인 필연성의 영역
이기 때문에 인간은 이를 창조하거나 변경할 수 없다.

이에 비하여 규범적 법칙은 예를 들면 "세금을 납부하여야 한다"는 인위적인
행위규범을 만들어 그 정당성을 부여한다. 정당성은 규범 자체의 당위성(must, Sollen)
을 인정함으로써 규범은 목적과 가치를 지향하는 '있어야 할' 가치의 법칙이 된
다. 당위성은 단순한 존재가 아닌 목적지향의 세계로서 당위의 법칙이 곧 규범
이 된다. 사람의 행위에 대해서 '하여야 한다' 등의 당위성의 규범은 인간을 규
율하는 인위적인 가치세계의 당위성의 법칙을 의미한다. 당위성의 법칙은 인위
적인 목적 규범으로서 가치의 당위성을 갖고 인간의 행위를 강제적으로 규율한다.

필연적 법칙은 원인과 결과가 반드시 부합하여 예외적 현상이 있을 수 없

---

1) 칸트를 이해하는 것은 서양 철학을 이해하는 것이다. 칸트는 그의 인식론에서 인식의
   대상은 존재해서 인식하는 것이 아니라 인식함으로써 인식 대상이 가능한 것이고, 자유는
   도덕법칙의 존재근거이며 도덕법칙은 자유의 인식근거가 된다고 주장하였다. 또한 인간
   의 이성을 선험적으로 접근하여 인간은 이성적 존재로서 자유롭게 행동하여야 한다고 하
   면서, "네가 하여야만 하기 때문에 할 수 있다"(Du kannst, denn du sollst)고 하여 도덕가
   치에 합치하는 행위의 실천을 강조하였다.

다. 하지만 규범적 법칙은 목적사항이 사실과 반드시 부합하는 것이 아니기 때문에 반규범적 사실의 발생을 예상하는 것이다. 결과에 관계없이 가치실현을 위해 특정한 행위를 강요하며 목적 실현에 어긋나는 행위는 허용되지 않는다.1) 목적의 법칙은 사회적 승인이며 사회의 절대적 가치이다.

규범은 공동생활을 위한 생활의 준칙을 사회구성원의 합의로써 만드는 질서이다. 그 중 법규범은 인간행위의 가치기준을 인위적으로 창출하여 개인의 의사에 관계없이 강제성을 지닌 당위성을 갖는다. 법규범은 사람이 공동 생활을 하기 위해 만들어낸 생활의 강제준칙을 의미한다. 사람은 법규범에 얽매여 살고 있으면서 대체로 자신이 복종하는 이유를 알지 못하고 있다. 사회가 합의한 규범의 당위성에도 불구하고 규범에 구속당하는 원리를 터득하지 못하면 기존 질서에 도전하거나 적개심까지 갖게 된다. 인간이 법규범에 저항하지 않고 준수하는 것은 사회질서를 신뢰하고 규범의 당위성을 의식적으로 따르기 때문이다. 법규범은 각자의 본능적인 세계가 아니라, 사회구성원으로서 자기 자신을 규율하는 규범적인 세계를 요구한다.

제3절 법과 현실

현실은 있는 그대로의 사회적 사실인 데 비하여 법은 있어야 할 질서를 강조하는 사회적 규범이며, 질서를 통해 사회의 안정과 번영을 추구하는 하나의 이상이다. 본래 현실과 이상은 속성상 서로 일치하기 어려운 세계이다. 그러나 법은 현실의 질서 유지에만 안주하는 것이 아니라 정의 구현을 위한 높은 이상적 세계를 지향한다. 가장 현실적인 것이 가장 합리적인 것이 될 수 있듯이 현실적인 법은 사회의 합리성·순리성을 추구한다. 법은 사회의 일반인을 대상으로 하는 현실적인 가치기준인 동시에 법의 목적을 실현하기 위해 순리적이면서 당위성을 갖는 합리적 규범이다. 법은 실제로 실행 가능한 것이어

---

1) 켈젠(H. Kelsen, 1881~1973)은 법규범은 일정한 요건(범죄)에 일정한 효과(형벌)를 귀속시키는 법적 관계라고 하였다. 법규범은 일정한 사건의 발생에 대하여 그에 적절한 법적 효과를 과하는 규범적 관계로서 비규범적인 사실상의 자연법칙과 구별하였다.

야 하며 지나친 이상만을 추구하면 실효성이 없게 되므로 시민의 현실적 법의
식과 정서가 합치되어야 한다.1)

법은 실현 불가능을 가능하게 하는 규범이 아니라 가능한 질서를 가능하
도록 보장하는 제도이다. "법은 불가능한 것을 강요하지 않는다"(lex non cogit
ad impossibilia). "네가 할 수 있으므로 해야 한다"(Du sollst, denn du kanst)는 것이
다. 법은 항상 옳은 것만은 아니며 절대적 진리나 가치보다는 평온한 질서를
우선적으로 강조한다. 그래서 법은 사회질서의 최고선을 추구하기 위해 비현
실적인 규제를 행하는 경우가 있다.2) 법은 사회질서라는 명분으로 과도하게
인간을 위축시키고 강요하고 부도덕한 인물로 전락시키기도 한다. 법 때문에
고통이나 피해를 받아서는 안 됨은 물론이다.

법은 미완성이고 완벽하지 않지만 부당·불공정·불의·불법 등 사회의
부정적 요소를 퇴치하고 예방하는 장치이고 믿음이다. 법은 당위적 규범성과
평가 규범성을 갖고 사회를 규율한다. 사회의 갈등과 분쟁, 현실과 이상의 괴
리현상 등을 합리적으로 조정하는 것이 법의 과제이다. 법은 절대적이 아닌
최선의 산물이기에 만능의 잣대가 될 수 없는 한계가 있다. 그럼에도 법을 준
수하는 이유는 현실적으로 법 이외에 강력한 규범이 없기에 법을 신뢰하고 의
지한다.3) 법은 사회의 안정과 번영을 이루기 위한 하나의 필요악이다.4)

---

1) 1980년 '가정의례에 관한 법률'은 허례허식을 금지하기 위해 경조기간 중 주류 및 음식물
   의 접대를 금지하였으나 행복추구권의 일반적 행동자유권을 침해하는 것이라고 하여 폐지
   되었다(헌법재판소 1998. 10. 15. 선고 98헌마168 결정). 또한 간통죄(형법 제241조) 폐지에
   서 보듯이 법은 이상지향적 규범이라도 시대적 정서에 맞지 않으면 존재하기 어렵다.
2) 비현실적인 법이 미국에도 있다. 키스는 5분을 넘겨서는 안 된다(아이오와주). 남편은
   한 달에 한 번 아내를 때릴 수 있다(아칸소주). 개 앞에서 나쁜 인상을 쓰면 벌금형에 처
   할 수 있다(오클라호마주). 마늘을 먹고 4시간이 지나지 않으면 연극·영화를 관람할 수
   없고, 대중교통을 이용할 수 없다(인디아나주). 일요일에는 도미노 게임을 할 수 없다(앨
   라배마주). 공개 장소에서는 수영복을 입고 노래를 부를 수 없다(플로리다주). 영국에서
   는 왕 사진의 우표를 봉투에 거꾸로 붙이는 것은 반역행위이다. 또한 도서관에서 도박행
   위 금지, 술집에서 과음 금지 등의 규정이 있다. 프랑스에서는 돼지 이름을 나폴레옹이라
   고 명칭하는 것을 금지한다.
3) 워렌(E. Warren, 1891~1974)은 "법이 없다면 조그만 양심도 없는 자가 제 세상을 만난
   듯이 날뛸 것이다"라고 말하였다.
4) 벤담(J. Bentham, 1748~1832)은 "법은 사회적 해악을 방지하기 위한 하나의 필요악이
   다"라고 말하였다.

법은 국가라는 과신이 법의 남용을 초래한다. 불법은 법 속에서 발생하고 법 위에 군림하려고 한다. 공권력 행사는 법의 집행이라는 명분으로 진실을 외면하는 경우가 있다. 사법작용에서 경찰·검사·판사·변호사 등과 피의자의 관계는 국민의 법의식과 법치주의를 가늠하는 중요한 문제이다. 디킨스(C. Dickens, 1812~1870)의 「폐가」, 카프카(F. Kafka, 1883~1924)의 「소송」, 정을병의 「육조지」와 이문열의 「어둠의 그늘」 등의 작품을 보면,1) 피의자에게 경찰은 범죄인으로 추정하여 윽박지르고 검사는 으름장을 놓는다. 판사는 미루어 알 수 있다며 고압적인 분위기를 연출하고, 변호사는 의뢰인에게 실질적 도움이 안 되는 한통속의 인물로 고발하고 있다. 이것은 사법과정의 엄격한 집행을 이유로 형사소송상 약자인 피의자에게 심리적 압박을 가한 결과에서 오는 사법제도의 경직성과 편법적인 운영으로 침해받는 인권을 묘사하고 있다.

인권보장은 법의 이념이고 인권보호는 법치주의의 척도이다. 사법과정에 대한 거부반응과 법률가에 대한 불신은 법에 대한 불신으로 이어져 법치주의의 정신이 훼손된다. 범죄행위를 철저하게 추적하는 경찰, 법적 책임을 냉엄하게 추구하는 공익의 대변자로서의 검사, 소송상 약자를 대변하는 인권 옹호자로서의 변호인, 범죄행위를 엄정하게 재판하는 판사 등의 사법기관이 상호 공조와 견제를 하고 있다. 하지만 이들의 실체적 진실 발견을 위한 헌신적 노력에 비하여 사법기관에 회의적인 시각과 거부감이 있다는 것은 법치주의의 운영에 있어서 병적 증상을 나타낸 것이다.

법치는 국민의 수준을 넘을 수 없다. 사람들은 사법기관을 통해 공권력을 느끼고 법을 준수한다. 법은 항상 원칙에 접근하면서도 원칙에 미달한다. 법이 곧 정의 자체는 아니고 법에는 불의의 법도 있다. 법의 병리는 사회의 해악과 비리로 직결되고 불법행위는 법질서 속에서 기생하여 편법과 악법이 적법한 행위로 둔갑한다.2) 법의 남용은 폭력이다. 법에 대한 부정적 시각으로는 법의 존엄성을 기대할 수 없고 현실에 눈감는 법은 밝은 미래를 열 수 없다.

---

1) 이병주의 「알렉산드리아」, 김성한의 「바비도」, 조세희의 「난장이가 쏘아 올린 작은 공」, 김홍신의 「무죄증명」, 김원일의 「압살」 등은 법이 권력과 재력에 편승하는 사회구조와 이 속에 묶인 사회적 약자의 슬픔, 법치문화의 한계성과 사회의 모순성 등을 고발한 사회성이 있는 법적 작품이다.

2) 마르칙(R. Marcic, 1917~1971)은 "인간은 불법의 창을 통해 법의 정원을 바라본다"고 하였다.

제4절 죄와 벌

I. 법적 책임

　모든 법률행위는 책임이 뒤따른다. 죄에 대한 제재로서 벌은 사회공동체의 존립과 질서유지를 위해 불가피한 조치이고 사회적 합의이다. 법에 대한 호소와 정의를 향한 염원은 끊이지 않는다. 법은 질서유지의 무한책임이 있다. 살인죄·절도죄와 같은 형사범은 반인도적·반사회적 행위가 되어 그 자체를 악(mala in se)으로 규정하여 처벌하는 데 비하여, 무허가 영업행위나 신고미필 등의 행정범은 금지된 악(male prohibatas)이기 때문에 범죄가 성립된다. 행정범은 법적 규제가 없었더라면 일반적으로 용인되는 행위로서 죄가 성립되지 않을 수 있다. 살인죄나 무허가 영업행위는 죄질이 다르더라도 다 같이 행위규범인 법을 위반하였다는 점에서는 동일하기 때문에 위법행위로서 처벌한다. 죄가 반드시 악은 아닐지라도 위법행위에 대한 법적 책임을 면할 수 없다. 죄는 법이 규정하였기 때문에 범죄가 구성되는 것이고, 법이 없으면 죄도 벌도 성립하지 않는다. "법대로 하면 된다"는 원칙은 법의 지배가 국민정서보다 우위의 규범으로 사회의 일반적 통념이 되는 법적 확신을 의미한다.

　도덕적인 비난과 법적인 책임은 서로 다른 것이다. 도덕적으로 허용하지 않는 행위, 예를 들면 간통은 비도덕적인 행위로서 사회적 비난을 받을지라도 처벌규정이 없으면 프라이버시로서 형법적 책임의 대상이 되지 않는다. 도덕적 비난에 그쳐야 할 사항을 처벌하는 것은 과잉규제로서 법의 정신에 어긋난다. 배가 너무 고파서 빵을 훔쳐 먹어야 사는 개인의 절박한 본능적 문제와 빵을 훔치는 절도행위는 반사회적 행위로서 별개라는 것이 법적 관점이다. 성경을 읽으려고 촛불을 훔칠 수는 없다. 촛불을 훔친 위법행위의 법적 책임을 묻는 것이 먼저이고 인간적 연민의 정은 차후 문제이다. 목적과 수단은 서로 관련성이 있어도 다른 개념이다. 목적이 수단과 방법을 정당화하는 것은 아니며, 목적에는 정당성이 있어야 하고 수단에는 적절성이 있어야 한다.

　위험을 당해 재난구조를 필요로 하는 사람을 주위의 사람이 구조해 주지 않는 부작위에 의한 위법행위를 도덕적으로 비난만 할 것인가 아니면 법적 책임을 지울 것인가가 문제된다. 프랑스 형법은 이른바 '착한 사마리아인 법'(the Good Samaritan Clause)[1])에 의해 타인이 위험에 처한 경우에 자신이 크게 위험하지 아니하면 사회적 구조 의무의 불이행을 불구조죄로서 처벌하고 있다.[2]) 이 법은 우리 사회의 정서상 필요함에도 불구하고 채택하지 않고 있다. 친구를 구조하다가 숨져도 반드시 구조하여야 할 직무상 의무가 없기 때문에 의사자(義死者)로서 예우하고 있을 뿐이다.[3]) 그러나 자동차 사고발생시 운전자와 동승자의 사상자 구호조치와 사고발생 신고의무를 규정하고 있다(도로교통법 제54조). 이렇듯 죄에 대한 제재로서의 벌의 규정은 사회존립의 가치와 직결되는 문제로서 사회 구성원이 결정하여야 할 법의식의 문제이다.

Ⅱ. 법과 형벌

죄와 벌은 같은 범주에 속하지만 각각 다른 뜻을 갖는다. 죄가 있기 때문에 벌칙이 성립한다. 모든 죄는 벌을 함께 가져 온다(Every sin brings its punish-

---

1) 강도에게 약탈당하여 실신상태에 있는 유대인을 주위 사람들은 못 본체 지나갔다. 유대인에게 적대적인 사마리아인이 그를 여관으로 데리고 가서 여관주인에게 보살핌을 부탁하는 온정을 베풀었다(신약성서 누가복음 10장 30~33절). 이렇듯 위험에 직면한 자를 솔선해서 구조하는 법을 착한 사마리아인 법이라 한다. 자신이 특별한 위험에 빠지지 않는 상황인데도 불구하고 응급구조를 요청하는 사람을 구조를 하지 않으면 구조 거부죄로 처벌한다. 착한 사마리아인 법은 법의 도덕화·윤리화를 강조한 것으로서 많은 국가가 채택하고 있으나(프랑스, 독일, 이탈리아, 네덜란드, 터키, 노르웨이, 중국 등), 개인의 자율성을 존중하여 법이 도덕적인 문제에 개입해서는 안 된다는 반론도 있다. 착한 사마리아인 법과 유사한 것으로서 우리나라에서는 생명이 위급한 응급환자에게 응급의료 행위(심폐소생술(CPR))를 하다가 발생한 재산상 손해와 상해에 대해서 민사상·형사상 책임은 없고, 사망에 대해서는 형을 감면하여 선의의 응급 행위자의 면책을 인정하고 있다(응급의료에 관한 법률 제 5 조의2).
2) 프랑스 형법은 "자기 또는 제 3 자의 위험을 초래함이 없이 개인적 행위 또는 구조요청에 의해 위험에 처한 타인을 구조할 수 있었음에도 불구하고 고의로 이를 하지 않은 자는 5년의 구금 및 75,000 유로의 벌금에 처한다"고 규정하고 있다(제223-6조 2항).
3) 의사자는 직무행위 외의 행위로서 자신의 생명 또는 신체상의 위험을 무릅쓰고 급박한 위해에 처한 다른 사람의 생명·신체 또는 재산을 구하기 위해 직접적·적극적 행위를 하다가 사망한 사람이다. 의사자에게는 영전의 수여 또는 보상금이 지급된다(의사상자등 예우 및 지원에 관한 법률 제 2 조~제 3 조).

ment with it). 그러나 죄를 범하면 반드시 벌을 받는 것은 아니고 더욱이 벌이 무겁다고 범죄가 감소되는 것은 아니다. 죄는 개인의 문제이나 벌은 사회적 책임 문제이고 국가의 문화주의 반영이다. 죄는 과거의 사실적 문제이나 벌은 현재와 미래의 규범적 문제이다. 죄에 대한 처벌만으로는 범죄가 근절되고 범죄인이 교정되지 않는다. 위고(V. Hugo, 1802~1885)의 「레미제라블」에서 장발장을 교화시킨 것은 처벌이 아니라 신앙심이다. 법은 인간의 외면적 행위에 대한 강제력을 가질 뿐 인간 내면의 심성을 개선하는 데 한계가 있으므로 형벌이 범죄인의 교화에 있어서 큰 의미가 없는 경우가 허다하다. 재범의 발생빈도가 증가하거나 전과자가 안하무인(眼下無人)식의 처세를 하는 사회풍토라면 법치주의에 대한 신뢰를 기대하기 어렵다.

법이 큰 고기는 빠져나가는 그물이 되거나 형벌이 솜방망이에 그치면 법의 제재에 대한 불감증이나 면역성으로 이어져 형벌의 의미는 실추되고 법의 신뢰성과 공정성이 훼손된다. 형벌에서 온정(선처)주의와 엄벌(엄격)주의는 법가치의 문제가 아니라 양 주의를 통해 범인의 교화와 범죄의 추방을 위해 형벌의 엄격성과 사회의 관용성을 조화하는 법정책적 지혜의 문제이다.1) 죄의 질이 가볍거나 온정이 필요한 경우 처벌하지 않는 관용의 포용력이 법의 정신이다. 법은 사람을 성인(聖人)으로 탄생시키는 역할은 어렵지만 악인으로 추락하는 것을 막는 것에 만족하는 것이 형벌의 임무이다. 여기에 법의 한계가 있기에 법 이외의 사회규범(도덕, 종교)에 의한 자율적·심성적인 정화가 필요하다. 법이 미워하는 것은 죄이고 죄를 지은 자가 아니다. 인간은 완벽하지 않기에 범죄를 일으킬 수 있으나 뉘우치지 않고 정당화하는 것은 또 하나의 죄를 범하는 해악이다.2) 형벌은 죄인의 응징보다도 죄인에게 억울함과 한을 극복하고 스스로 참회와 속죄를 통해 재기하도록 도움을 주어야 할 것이다.3) 법은 사람들로 하여금 착하게 살도록 범죄 없는 안전한 사회를 만드는 것이다.

---

1) 범죄학자는 평생 범죄자의 길을 면할 수 없는 흉악범을 전체 범죄자 중 6%라고 보고, 이들을 특별 관리하는 것이 범죄예방에 필요하다고 한다.
2) 톨스토이(L. Tolstoi, 1828~1910)는 "죄를 범하는 것은 인간이 하는 일이고 자기의 죄를 정당화하려는 것은 악마의 일이다"라고 말하였다.
3) 도스토예프스키(F. Dostoevskii, 1821~1881)는 "죄를 지으면 사람의 양심이 괴로워한다. 그것이 곧 죄에 대한 벌이다"라고 말하였다.

제 5 절 법 지 식

Ⅰ. 법 지식의 필요성

우리는 법이 사람들의 사회적 행위, 거래, 지위 등의 규율은 물론 자격까지 부여하는 입법만능시대에 살고 있다. 사람은 평생 법과 관련 없이 존재할 수 없고 법의 그물에서 벗어날 수 없다. 일상적인 사회생활이 곧 법적 관계로 성립되고 법의 지배를 받는다.[1] 이해관계가 얽혀진 다원적인 문화사회는 사회구성원 간의 반목과 대립으로 분규와 분쟁이 끊이지 않아 복잡한 법률관계가 발생한다. 개인의 사회생활은 법률관계로 귀결됨으로써 자신의 의사와는 무관하게 법과 직·간접적인 연관을 갖는다.

법률관계는 권리를 행사하고 그에 대한 반대급부로서 의무를 이행하는 권리와 의무의 상호관계를 의미한다. 권리의 행사에 앞서 자기결정권과 자기책임의 법적 의미를 미리 알아야 합리적인 사회생활을 할 수 있음은 말할 나위도 없다. 법은 사회생활을 위한 기본적 상식이며 생활의 살아 있는 지침이다. 법지식을 갖고서 권리를 정당하게 행사하고 의무를 차질 없이 이행하는 것은 자신의 권익을 보존하기 위한 사회생활의 기본조건이다.

법이 사회생활의 일부가 아니라 생활의 기본이 되는 시대에서 우리는 법과 호흡을 같이 한다. 개인의 법의식과 인권사상이 향상됨에 따라 법치주의적 의식이 높아지고, 법이 생활화되는 대중적인 법문화사회가 도래하였다. 하지만 보통 때는 법을 인식하지도 않고 이해하기도 쉽지 않아 관심을 갖지 않는 것이 일반적이다. 실제로 법의식이 있는 사람이어야 법의 보호를 제대로 받을 수 있는 것이 현실이다. 법의 무지로 억울함을 당하지 않도록 법 지식을 가까이 하여야 한다. 법을 알아야 논리적이며 이해관계의 다툼에서 자신의 권익을 확실하게 주장할 수 있다. 법은 특정인을 위해 존재하는 것이 아니라 모든 사

---

1) 켈젠은 "법은 미다스(Midas)왕과 유사하다. 그가 만지는 모든 것이 황금으로 변하는 것처럼 법이 관계하는 모든 것은 법의 성격을 갖는다"고 말하였듯이 법으로부터 자유로운 영역은 없다.

람의 권익을 보호하기 위한 공정한 제도이다. 권익보호는 거저 얻어지는 것이 아니고 적극적이고도 능동적인 자세로 스스로 찾아야 한다. 법의 역사는 개인의 인권보장을 위한 역사이다. 개인의 인권보장은 개인의 문제에 그치는 것이 아니라 법치주의와 직결되는 문제이므로 법적 지식의 함양은 민주시민으로서의 최소한의 의무이다.

법은 개인의 내재된 심성보다는 외부에 나타난 표출을 중시하고 과거의 사실보다도 현존의 질서를 우선시하는 냉엄한 규범이다. 한마디의 말이나 행동도 일정한 의미를 부여하기 때문에 절제와 신중을 요구한다. 법은 정제된 언어이므로 법을 알고 사리의 판단을 위해서는 높은 식견이 뒷받침되어야 한다. 법을 이해하는 것은 사회질서의 원칙과 실제, 사회현상의 인과관계를 종합적으로 파악할 수 있는 사회적 안목을 높여 준다. 법지식을 통해 사물에 대한 상황적 분석과 체계적 판단력을 함양시킴으로써 정확한 이해력과 논리적 추리력이 강화된다. 어려운 법 조문을 익히는 것은 복잡한 사회를 이해하여 사회생활에 적응하기 위한 인간수련이며 사회생활을 위한 필수적 교양이다.[1)]

법학 공부는 복잡하게 얽힌 문제를 간략하게 정리하고 반대로 단순한 것이라도 여러 측면에서 고찰하는 종합적 분석력을 키운다. 법학은 사람의 복잡하고 다양한 생각과 상황을 정리하여 개념화하고, 표현에 있어서 장황한 군말을 줄이고 내용을 요약하는 논리적 표현력을 갖게 한다. 법학도의 예리한 분석력과 정확한 언어 구사력은 상대방을 압도하는 실력이 된다. 법의 세련되고 정확한 논리력·표현력은 상대방에 대한 설득력이 될 수 있다. 특히 법학을 전공하는 사람은 이러한 수련을 통해 법적 사고력과 표현력을 축적할 수 있다. 이것은 법학 전공자에게 기본적 요건이며 저력이 된다.

법 격언에 "법은 방심하지 않는 자를 보호하고 법 위에서 잠자는 자를 보호하지 않는다", "법의 무지는 용서받지 못한다"고 한다. 법을 알지 못하였다는 사유로 반드시 무죄가 되는 것은 아니며 무지가 변명이 될 수는 없다.[2)] 법

---

1) "소년의 교양 소재로 문법이 사용되는 것처럼 성인의 교양수단으로서의 법학이 실제 직업적 필요가 있는 경우에도 사용되는 것은 그만한 이유가 있다"고 헬름홀츠(H. Helmholtz, 1821~1894)는 말하였다.

2) 카프카의 「소송」의 주인공은 경찰의 위법행위 추궁에 대해서 "나는 그런 법을 모른다"고 말하였다. 법의 무지를 인정하고 무죄라고 하면서 알지도 못하는 법을 위반할 수 없다

에 대한 무지가 죄인으로 만든다. 무식유죄(無識有罪) 유식무죄(有識無罪)의 희비가 엇갈리는 억울한 상황에 직면할 수 있다. 법적 분쟁이 발생하면 시간적·경제적 큰 손실은 물론 상당한 심적 고통이 뒤따른다. 법의 기본적 지식만 있으면 미연에 방지할 수 있음에도 불구하고 법의 무지 때문에 일상적인 매매·임대·고용·교통사고·보험 등에서 큰 피해를 보는 경우가 있다.[1] 기본적인 의료 상식을 가져야만 질병에 대한 예방과 치료가 가능하듯이 사회생활에 필요한 기본적인 법률지식을 아는 것은 생활의 지혜이며 자기 보호와 발전을 위한 기본요건이다. 영국 속담에 "아는 것이 힘이다"라고 하였고, 프랑스인은 "지식은 재산보다 낫다"라고 하였다. 아는 만큼 보이고 보이는 만큼 행동하고 즐길 수 있는 것이다. 법을 알수록 사회생활을 신뢰할 수 있다. 법을 이해하는 것은 사회생활을 위한 하나의 힘이고 자산이다.

Ⅱ. 법률과 판례의 검색

법은 특정인의 독점물이 아니고 독점할 수도 없는 모든 사람에게 개방된 공통의 생활 지식이다. 모든 사람의 법적 생활을 보호하기 위해 법 지식의 보편화·대중화가 확산되어야 하고 법률자료의 접근도 간결, 신속하여야 한다. 인터넷 검색[2]을 하면 각종 법령·판례·관보와 법률정보는 물론 세계 각국의 법제 자료를 찾을 수 있다. 특히 법률과 기술이 결합한 리걸 테크(legal tech)인 법률 검색의 인공지능(AI)의 등장으로 법률 지식과 판례를 신속하게 검색하는 기법이 발전하고 있다.

(1) 국회의 입법자료

국회정보시스템(http://likms.assembly.go.kr)은 의안정보 시스템과 국회법률정보

고 주장한다. 그러나 경찰은 "자신은 모른다고 말하면서 자신은 무죄라고 주장하는 것이 위법이다"라고 한다. 무지는 변명이나 무죄가 될 수 없다는 것이다.

1) 법을 모르거나 법적 비용을 감당할 수 없어 법의 보호를 받지 못하는 이들을 위해 대한법률구조공단, 중소기업법률지원단(9988법률지원단), 대한변호사협회, 한국가정법률상담소, 대한가정법률복지상담원 등이 전국적으로 법률 서비스를 제공하고 있다.

2) ① world.moleg.go.kr ② www.findlaw.com ③ www.westlaw.com ④ www.lexisnexis.com ⑤ www.wikipedia.org ⑥ www.eu.int ⑦ www.icj.org.

시스템으로 구성되어 검색어 입력방식과 부처별·분야별·사전식 분류 등으로 검색할 수 있다. 국회에 제출된 법률 시안에서부터 통과까지의 입법과정과 법률·시행령·시행규칙 등을 볼 수 있다.

(2) 대법원과 헌법재판소의 판례

판례의 선고일자, 검색어, 참조 조문, 사건 번호, 사건명 중 하나를 검색하면 판결 전문과 판시 사항, 판결 요지 등을 볼 수 있다. 대법원은 대법원 판례정보가 중심이 되어 하급심 판례, 행정심판 재결 등은 물론 재판예규, 행정예규, 가족관계등록예규, 등기예규 등을 제공한다. 판례의 검색은 인접검색, 구문검색, 일부일치검색 등의 편리한 기능을 제공하고 있다.[1] 대법원의 종합법률서비스는 법령의 공포일, 시행일, 명칭, 주제어 중 하나를 검색하여 찾는다. 특히 대법원의 전자소송제도로 인해 홈페이지의 이용이 활발할 것이다. 한편 헌법재판소 검색은 대법원과 비슷한 방법으로 헌법재판소 결정, 각종 정보 등을 제공한다.

[판례의 검색]

① 대법원 판례번호 '2008. 3. 26. 선고 2007도10050 판결'에서 2008. 3. 26.은 판결 선고일, 2007은 사건 접수 연도이고, '도'는 대법원 판례의 분류를 뜻하고 10050은 사건 접수번호이다. 주요 관할 사건별 표시문자는 다음과 같다(법원재판사무 처리규칙 제20조, 사건별 부호문자의 부여에 관한 예규(재일 2003-1)). 민사 1 심 단독사건 가단, 민사 1 심 합의사건 가합, 민사항소사건 나, 민사상고사건 다, 가사 1 심 합의사건 드합, 형사 1 심 단독사건 고단, 형사 1 심 합의사건 고합, 형사항소사건 노, 형사상고사건 도, 행정 1 심사건 구합, 행정항소사건 누, 행정상고사건 두, 특허 1 심사건 허, 특허상고사건 후, 선거소송사건 수, 선거상고사건 우 등으로 각각 표시한다.

② 헌법재판 사건결정의 경우에 위헌법률 심판사건 헌가, 탄핵심판사건 헌나, 정당해산 심판사건 헌다, 권한쟁의 심판사건 헌라, 헌법재판소법 제68조 제 1 항에 의한 헌법소원심판사건 헌마, 헌법재판소법 제68조 제 2 항에 의한 헌법소원 심판사건 헌바, 각종 신청사건(국선대리인선임신청, 가처분신청, 기피신청 등) 헌사,

---

[1] 인접검색은 검색어가 검색자가 지정한 인접한 거리에 있는 경우를 검색하는 것이고, 구문검색은 법률용어의 복합된 단어를 구문단위로 검색할 수 있고, 일부일치검색은 단어의 일부만 알아도 검색할 수 있는 방법이다.

각종 특별사건(재심 등) 헌아 등으로 표시된다.

③ 미국 대법원 판결의 사건번호 표기는 소송당사자인 원고와 피고의 이름, 판결 번호, 판결 선고연도를 기재한다(Roe v. Wade, 410 U.S. 113 (1973)). 또한 사건을 일괄하여 'In re'로 표시하기도 한다. 예를 들면 연방대법원의 다우 콘닝 회사에 관한 소송(In re Dow Corning Corporation, 117 S.Ct. 718 (1997)). 독일연방재판소 판례는 BGHZ(Entsheidungen des Bundesgerichtshofs in Zivilsachen), 독일연방헌법 재판소 판례는 BVerfGE(Entsheidungen des Bundesverfassungsgerichts)로 표시된다.

(3) 법제처의 국가법령정보센터

법제처 국가법령정보센터(www.law.go.kr)는 우리나라의 모든 법령과 법령연혁, 행정규칙, 조례, 규칙 등과 그 밖에 판례, 헌법재판소 결정, 법령해석, 행정심판 등의 법령정보를 통합 서비스하는 법제처의 법령정보 공식 포털사이트이다. 자치법규 정보시스템(www.elis.go.kr)에서는 각 지방자치단체의 조례·규칙 등을 검색할 수 있다. 국가법령정보센터는 검색어 입력방식과 분류검색방식을 통해 국가법령의 모든 관계자료를 서비스한다. 검색어 입력방식은 법령 명칭, 주제어, 법령 공포일자와 공포 번호 중 하나를 연관 검색어로 입력하여 해당 법령을 찾는다.

제 2 장

법의 본질

제 1 절 법의 개념

Ⅰ. 법의 뜻

1. 법의 근원

'법(jus, law, Recht, droit)이란 무엇인가' 하는 문제는 법학의 첫 관문인 동시에 마지막 문제이다. 법의 명확한 개념은 정립하기 어려운 과제로서 법의 역사와 더불어 시작된 끝이 없는 질문이다. 칸트는 "하나의 개념에 이르는 것은 아름다우나 때로는 어려운 일이다. 법학자들은 아직도 법의 개념을 찾고 있다"고 비웃을 정도로 지금도 해결되지 않은 법학의 기본적인 문제로 남아 있는 것이 사실이다. 괴테는 "인간이 알려고 노력하면 할수록 어렵게 하는 것이 법이다"라고 하여 법의 의미를 찾기가 쉽지 않음을 말하고 있다. 법이란 무엇이냐에 대해 정답은 많으나 그 해답 중에서 정답은 하나가 아니라는 것이 문제이다.

서양에서 법이라는 말은 그리스의 규범이라는 뜻의 nomos에서 찾을 수 있다. 기원전 5세기경 그리스인들은 자연의 질서를 의미하는 physis와 인간의 행위를 규제하는 인위적인 관행인 규범을 구분하기 위해 nomos라는 말을 사용하여 법은 norm(규범)과 뜻을 같이하였다. 법을 의미하는 라틴어의 jus,[1] 독일

---

1) 라틴어 정의(justum)의 어원에서 유래한 jus는 lex와 구별하여 jus는 법 일반을 지칭하고 lex는 국가가 제정한 실정법을 뜻하였다. 그리고 fas는 인위적인 인간법과 대립하여 인간을 초월하는 신(神)의 법으로 사용하였다. 법과 법률을 구분한 jus와 lex의 표현은 영어에서 law와 statute, 독일어의 Recht와 Gesetz, 프랑스어의 droit와 loi, 이탈리아어의 dritto와 legge 등의 구별과 맥을 같이한다. 이렇듯 법을 실질적 의미와 형식적 의미로 각각 구분하

어의 Recht, 프랑스어의 droit는 모두 '옳은 것'이라는 뜻을 가지고 있다. 또한 영어의 law는 '정하여진 것'이라는 어원을 갖고, 다 같이 옳은 것·정의 등을 지향하는 규범으로서의 뜻을 내포하고 있다. 동양에는 서양의 법과 같은 개념은 찾아볼 수 없으나, 법(法)이라는 한자는 물을 뜻하는 '水'와 지나간다는 뜻의 '去'가 합쳐진 문자이다. 이는 법여거수(法如去水)라는 뜻으로 법은 물을 다스리는 치수(治水)와 같이 물이 흐르듯 순리와 상식에 따라 사회를 다스리는 질서를 나타냈다고 한다.[1] 우리나라에서는 률(律)·예(禮)·의(義)·이(理)·칙(則)·본(本)·범(範) 등이 법을 뜻하였고 중국에서는 법을 3척지법(三尺之法)이라고도 하였다.[2]

법의 개념은 법철학적 차원의 문제로서 우선 법의 내용과 법이 어떠한 기능의 규범인가를 이해하는 것으로 충분하다고 하겠다.[3] 인간이 국가라는 사회적 공동생활을 영위하는 한 규범이 필요하며 이 규범은 법으로 표출된다. 법은 개인의 인권을 보장하고 국가의 통치질서를 규율하는 국가의 강제규범으로서 국민의 총의를 상징한다. 개인의 권리를 보호하고 사회질서와 공공의 이익을 실현시키기 위한 필요한 제도적 장치가 사회구성원의 합의로써 이루어지는 사회규범이 법으로서 강제화·구체화·상징화되는 것이다. 법은 질서규범이자 사회생활의 약속이며 필요조건이다. 법이 없으면 사회가 존재할 수 없고, 법이 잘못되면 법치질서가 위협받고 국가작용이 정상적으로 작동하지 않는다.

여, 전자는 법의 일반적인 의미를, 후자는 제정한 법률(성문법)을 의미한다.

1) 법이란 치(灋)의 약자로서 물(水)과 해태(廌)가 간다(去)는 뜻이 내포되어 있다고 한다. 중국의 묘(苗)족이 신에 의한 재판을 할 때 해태를 재판석 앞에 내세우면 해태는 죄인에게 달려가서 뿔로 들이받는다는 옛이야기가 있었다. 해태는 시비와 선악을 판단하고 재앙을 물리치는 신비의 상상적 동물로서 중국의 법복에 해태의 모양이 수놓아져 있고, 조선왕조시대의 대사헌과 대사간의 관복의 흉배 휘장으로도 장식되었다(최종고, 법철학, 2007, p. 161). 또한 해태는 화마를 막아준다고 알려져 궁궐의 요소에 세워 왕권을 수호하고 왕권 존엄성의 상징이 되었다. 사헌부의 관리들은 해태관을 썼으며 관리들은 해태상에 손을 얹는 관습을 통해 청렴을 다짐하였다. 오늘날에도 해태상은 법과 정의의 상징으로서 국회의사당, 청와대, 대검찰청에도 세워져 있고 서울을 상징하는 캐릭터이기도 하다.

2) 중국에서 종이가 발명되기 이전에 목편이나 죽편에 법을 기록하여 죽형(竹刑)이라 하였고, 죽간의 길이가 3척이어서 삼척지법이라 하였다.

3) 법의 개념은 법을 어느 정도 이해한 사람만이 파악할 수 있는 법철학적 문제이기에 법을 알면 알수록 법철학적 접근이 필요하다.

2. 법의 강제성

"법은 사람의 편익을 위해 제정된다"고 하는 법언처럼 법은 사회생활의 필요에 의해 사회가 만들어 놓은 규율의 강제규범이다. 법은 사회의 공동생활에서 구성원이 스스로 만들어 지켜야 할 행위의 준칙으로서 국가권력에 의해 강행되는 실효성 있는 국가적 강제규범이라고 정의할 수 있다. 칸트는 법은 강제와 동일하다고 말하였다. 특히 예링(R. Jhering, 1818~1892)은 강제력이 없는 법이란 그 자체가 모순이며 "타지 않는 불, 비추지 않는 빛"이라고 말하였다.[1] 법은 사회구성원이면 누구든지 법의 적용대상에서 예외일 수 없는 당위성과 절대성을 갖고 개인의 권리행사는 물론 국가권력의 근거와 행사에 법적 통제를 한다. 법은 법적 제재를 통해 스스로 목적을 실현할 수 있는 강제력을 갖는다는 점에서 다른 사회규범과 구별된다. 법이 만능은 아니지만 절대성을 갖고 강제력을 행사함으로써 모든 사회규범 위에 군림한다.

법은 단순히 '하지 말라'는 소극적 행위는 물론 어떤 행위를 '반드시 하여야 한다'는 적극적 행위를 강요한다. 법은 개개의 법규가 완벽한 강제적 규정을 갖지 아니할지라도 실정법으로 제정되면 법의 강제력이 보장된다. 법은 강제성의 특징을 갖지만 모든 법이 강제규정으로 존재하는 것은 아니고 사회법, 국제법 등에서 보듯이 강제적 규정이 없이 선언적 효력만 가지고도 법은 규범적 효력을 갖는다. 또한 법의 준수 여부를 개인의 자유의사에 일임하는 임의법규[2]도 있고, 법의 강제성을 간접적 방법으로 실현하거나(부부의 동거의무), 강제성 없는 정책의 방향을 제시하는 법규도 있다(기본법). 국가가 법으로서 승인하고 사회를 지배하는 한 "악법도 법이다"(dura lex, sed lex)라는 당위성이 있기 때문에 악법은 법이 아니라고 하여 거부할 수 없다. 법의 가치에 대한 판단은 사회구성원 각자의 개별적 판단이 아니고 정치적으로 조직된 국가사회의 가치

---

1) 예링은 19세기 독일의 법학자로 로마법의 연구와 법철학에 빛나는 업적을 남겼다. 개념법학적 법해석을 반대하여 목적법학의 기초를 수립하고 이익법학의 창시자가 되었다. 그의 저서로는 「로마법의 기본정신」, 「법에서의 목적」, 「권리를 위한 투쟁」 등이 있다.
2) 임의법규는 법조문에서 '… 할 수 있다', '별단의 다른 정함이 없는 경우' 등의 규정으로 강행법규에 대칭되는 개념이다. 임의법규는 당사자의 의사표시가 없거나 명확하지 않은 경우 또는 재량권의 행사를 위해 법질서에 어긋나지 않는 한 이용된다.

판단이기 때문이다.

Ⅱ. 법개념의 연혁

　법의 뜻을 논하는 역사가 곧 법학의 발달사라고 하여도 지나친 말이 아니다. 법이 무엇인지 정답은 어려워도 법개념의 정립은 시도하여야 할 과제이다. 법의 개념을 설명한 주요 학설을 시대별로 정리한다.

(1) 소크라테스(Socrates, B. C. 470~399)는 법을 정의라고 하여 법은 개인적인 이해관계에서 나오는 것이 아니라 인간의 본성에서 나온다고 하였다.

(2) 울피아누스(Ulpianus, ?~228)는 법은 선과 정의의 기술이라고 하여 법을 도덕의 한 부분으로 보았다.

(3) 소피스트(Sophist)들은 법을 자연의 뜻과 질서인 영구불변의 규범이라고 보는 자연법론과 달리 강자의 실력이라고 하였다.

(4) 몽테스키외(C. Montesquieu, 1689~1755)는 법은 사물의 본성의 필연적 관계이며 세계를 지배하는 인간의 이성이라고 하였다.

(5) 블랙스톤(W. Blackstone, 1723~1780)은 법이란 지배자가 명령하고 피지배자가 복종하도록 강제하는 행위규칙이라고 하였다.

(6) 칸트는 법을 모든 사람의 자유가 보편적 원칙에 의해 평등하게 공존할 수 있는 조건들의 총체적 합의라고 보고 개인 간의 자유를 조정하는 규범이라고 한다. 관념주의적 법은 시민적 법치국가원리와 부합하여 근대 법 이론의 근거가 되었다.[1]

(7) 헤겔(G. Hegel, 1770~1831)은 칸트를 이어 법은 자유의 이념으로서 존재하며 자유로운 의지의 실체 일반이라고 하였다.

(8) 오스틴(J. Austin, 1790~1859)은 법은 군주 또는 주권자가 그의 권위에 복종하는 사람을 상대로 제정한 주권자의 명령이라고 하였다.

---

1) 칸트는 유럽 대륙의 합리론과 영국의 경험론을 종합한 인식론에 의한 관념주의 법철학을 대변한다. 인간을 이성에 기초한 존재, 자유는 도덕적 규범의 존재근거로 이해하였다. 관념주의는 지나치게 사변적이라는 비판에도 불구하고 피히테, 헤겔 등에 이어져 독일 법철학의 기반을 마련했고 법철학은 독일을 중심으로 획기적 발전을 하였다.

⑼ 예링은 법은 이익을 향한 목적 의식의 산물이며 목적은 법의 창조자라고 하였다. "법적 강제력이 없는 법은 그 자체가 모순이며 마치 타지 않는 불, 비치지 않는 등불과 같은 것이다"라고 하였다.

⑽ 마르크스(K. Marx, 1818~1883)는 "법은 실력이다"라는 실력설을 기본으로 법은 사회의 상부구조에 속하며 지배계급의 수단이라고 한다.

⑾ 다이시(A. Dicey, 1835~1922)[1]는 법의 사회에 대한 유해성 여부를 결정하는 사회적 신념인 여론이 법의 효력의 근거가 된다고 하였다.

⑿ 홈스(O. Holmes, 1841~1935)[2]는 법은 법원이 사실상 말하는 것이며 그 이상의 아무것도 아니라고 하였다.

⒀ 비얼링(R. Bierling, 1841~1919)은 법은 행위의 준칙으로서 일반인의 법에 대한 확신이라 하였다.

⒁ 에를리히(E. Ehrlich, 1862~1922)는 국가권력에 의한 행위규범보다 사회적 관행을 중시하여 현존 질서를 살아 있는 법(living law)이라고 하였다.

⒂ 베버(M. Weber, 1864~1920)는 법은 국가가 권력적 또는 심리적 강제를 할 수 있는 현실적 인간 행동의 결정 근거인 규범이라고 하였다.

⒃ 파운드(R. Pound, 1870~1964)[3]는 법은 정치적으로 조직화된 사회의 강제력에 의한 사회공학(social engineering)적인 사회통제라고 하였다.

⒄ 라드브루흐(G. Radbruch, 1878~1949)[4]는 법을 가치와 현실을 연결하는 문

---

1) 20세기 영국의 대표적 법학자로서 영국의 전통적인 법의 지배의 원칙을 체계화하여 이른바 '다이시 전통'(Dicey Tradition)을 수립하여 영국 행정법의 아버지가 되었다. 그의 저서로는 「헌법연구입문」, 「법과 여론」, 「법의 충돌」 등이 있다.

2) 홈스는 미국의 법학자이며 대법관으로서 특히 소수의견을 대변하는 대법원의 '위대한 반대자'로서 진보적 법해석을 남겼으며 프래그머티즘 법학을 발전시켰다. 헌법에서 '명백하고 현존하는 위험의 원칙'(clear and present danger)을 선언한 것도 그였다. 미국에서 '홈스 숭배'(Holmes Worship)라는 말이 나올 정도로 그의 생애와 사상에 대해 많은 연구가 전개되고 있다. 그의 저서로는 「보통법」, 「법의 길」 등이 있다.

3) 파운드는 법의 역사적 발달의 과정을 중요시하여 사회에 나타난 법현상을 고찰하였다. 미국적인 실용주의 철학과 사회공학의 이론을 기초로 하여 법철학, 법사학 등에 많은 업적을 남겼다. 그의 저서로는 「영미법의 정신」, 「법철학입문」, 「법과 도덕」 등이 있다.

4) 라드브루흐는 독일의 법철학자로서 바이마르헌법의 기초자이며 신칸트주의(Neokantianism) 가치론에 기초한 상대주의 법철학을 주장하였다. 독일의 가치철학을 종합하여 이원적 방법론에 입각한 상대주의 법철학을 수립하여 민주주의적 법철학에 기초를 제공하였다. 저서로는 「법철학」, 「법학의 정신」, 「법과 예술」 등이 있다.

화적 개념으로 보고 법이념인 정의·법적 안정성·합목적성 등에 봉사
하는 의미 있는 실체로서, 사회생활을 위한 일반적 규범의 총체라고 말
하였다.

⒅ 켈젠[1]은 법은 법률요건에 법률효과를 귀속하는 가언적(假言的) 판단
(hypothetisches Urteil)으로서의 강제규범이라고 한다.

⒆ 슈미트(C. Schmitt, 1888~1985)는 "법은 의지의 결정, 당위성의 근원으로
서 존재의 표현이다"라고 하여 법의 인위적인 가치측면을 강조하였다.

⒇ 하트(H. Hart, 1907~1992)는 법실증주의자답게 법은 분쟁을 해결하고, 제
재를 규정하는 1차적 규범이라고 하였다.

이외에도 "법은 신의 소리다"라고 하여 법과 종교의 계시를 동일시하는
종교국가도 있었고, 절대군주주의 시대에는 "짐이 국가이고 법이다"라고 하여
군주의 명령이 곧 법이었다. 계몽주의 학자들은 '법은 국민의 총의'라고 하여
국민주권을 강조하였다. 또한 법은 '민족정신의 표현', '사회 의식의 표현', '사
회공동체의 의지', '지배자의 명령', '만인의 왕', '권력자의 도구인 동시에 피
지배자를 지키는 수단', '권력행사의 수단', '사물의 본성', '사회규범의 총체'
심지어 '밑 빠진 독' 등으로 법을 정의하기도 한다.

카우프만(A. Kaufmann, 1923~2001)은 "법은 존재와 당위와의 일치"라고 하여
사회질서가 법과 일치하고 법규범이 생활질서로 반영될 때 법은 구체화된다고
하였으나, 보덴하이머(E. Bodenheimer, 1908~1991)는 '법은 존재와 당위 사이를
연결하는 다리'라고 하였다. 또한 "국민이 원하는 것이 법이다", "민중의 행복
이 법이다"라고 하여 법의 규범성보다도 법의 가치를 국민의 뜻에 두고 있다.
불교의 공(空)사상에 의하여 법의 개념을 있다고도 할 수 없고 없다고도 할 수
없는 오직 도구로서의 법으로 이해하기도 한다. 심지어 법의 개념 정립을 위
한 논쟁은 무의미한 말의 장난이라고 보는 법의 개념 부정론까지도 있다. 특
히 칸트와 헤겔은 법을 자유 보장을 위한 기본조건으로 이해하여 법치주의의

---

1) 켈젠은 Kant학파의 영향을 받아 선험적 인식론 및 존재와 당위의 이원론의 입장에서
   법의 순수성을 내용으로 한 순수법학을 주장하였다. 주관적 가치판단과 사회학적 방법을
   배제하여 법규범을 실증적으로 분석하여 법철학에 큰 업적을 남겼다. 그의 저서로는 「일
   반국가학」, 「순수법학」, 「법과 국가의 일반이론」 등이 있다.

근거를 제시하였다.

이렇듯 법이 무엇인지 아무도 모른다고 말할 정도로 법의 정확한 개념은 아직도 정리되지 않고 있다.[1] 근래에는 법의 입법과정을 중시하여 법을 '국민적 합의', '국론 통합의 상징', '국민 의지의 표현', '민주 정치의 결실', '다수자와 소수자의 타협의 산물'이라고도 한다. 또한 인권 보장을 강조하기 위해 법을 '인권의 표상', '인권 보장의 보루', '권력 통제의 수단' 등으로 표현한다. 따라서 법 개념의 정립보다 법이 무엇인지 이해하는 것이 우선적이다.[2] 법이 무엇인지 알고 있어야만 법을 지킬 수 있고 법 개념을 정립할 수 있을 것이다. 법은 사회적 산물로서 시대성에 따라 여러 가지 의미로 해석되고 있으나, 법 이념의 구현을 위해 국민적 합의로써 제정된 국가의 강제규범이다. 법은 '정당하기 때문에 법'(jus quia justum)으로 성립되기보다는 국가의 강제력을 갖는 '명령이기 때문에 법'(jus quia issum)이 되는 속성이 있다.

제 2 절 법의 내용

I. 법의 기능

법 강제력의 가치기준에 따라 법의 목적을 추구하는 것이 법의 기능이다. 법의 기능은 법 목적의 상호 의존적 관계에서 법질서의 유지와 발전을 위한 안정성을 유지한다. 법 기능은 법의 목적을 구체화하는 실제적 문제로서 법의 내재적 가치문제인 법의 목적과 구별된다. 법은 일반적으로 ① 인권 보장적 기능, ② 사회 안정적 기능, ③ 통제적 기능, ④ 분쟁해결적 기능, ⑤ 문화적 기능 등을 갖는다.

① **인권 보장적 기능**   법은 인권보장을 위한 제도적 장치로서 권력으

---

1) 시글(W. Seagle, 1898~1977)은 '법이란 자루 속의 검은 고양이'라고 표현하였다. 자루 속에 손을 넣으면 고양이가 물어 큰 상처를 주듯이 법의 개념에 접근할수록 더욱 어려운 문제로 제기된다.

2) 치펠리우스(R. Zippelius, 1928~)는 "법 개념 없이는 법 속에 들어갈 수 없다. 그러나 법 개념은 법을 알고 난 이후에야 비로소 형성될 수 있다"고 말하였다.

로부터 개인의 자유와 권리를 보호하는 보루이고 국가는 인권을 보장할 책무를 갖는다. 법의 역사는 인권보장의 역사라고 할 정도로 법은 인권과 정의를 대변한다. 인권은 권력과의 오랜 투쟁의 소중한 산물이기에 법은 인권보장을 위한 방패이며 부당한 권력행사를 억제하는 창인 동시에 인권보장의 한계를 제시한다.

② **사회 안정적 기능** 질서유지 없이 사회는 존립할 수 없기 때문에 법의 기능은 무엇보다도 질서유지로써 사회의 안정을 보장하는 것이다.[1] 법적 안정성은 법에 의한 안정과 법 자체의 안정을 의미한다. 법은 사회질서의 상징이고 믿음이다. 법의 일관성과 안정성, 투명성, 예측가능성(foreseeability)을 보장함으로써 법은 사회를 안정적·일률적으로 규율하는 것이 가능하다.[2] 법은 속성상 현상 유지적인 안정 위주의 보수적인 성향을 갖고 있으나 사회발전을 정체시키는 것이 아니라 발전을 위한 안전장치이다.

③ **통제적 기능** 법은 국가의 강제권을 발동하는 사회통제의 수단이다.[3] 법질서의 위반행위에 공권력의 제재를 가함으로써 법은 위법행위를 허용하지 않는다. 법의 강제력은 처벌 규정이 없이 의무화 규정으로도 통제가 가능하다(예컨대 재산권 행사의 사회적 의무). 법의 통제기능은 법 앞에 평등의 원칙에 따라 개인과 국가에 동일하게 적용된다. 법의 통제는 소극적인 질서유지의 차원을 넘어 적극적으로 공공복리의 실현과 개인의 사생활 영역에까지 확대되고 있다.

④ **분쟁해결적 기능** 법은 사회생활에서 옳고 그릇됨, 선과 악을 구별하는 사회적 가치판단의 기준으로서 사회정의의 척도이다. 법은 분쟁해결을 위한 판단기준을 설정하고 분쟁해결의 방법으로 존재한다. 사법적 심판은 분쟁의 마침표이며 위법행위를 사전에 예방하는 기능도 갖는다.

⑤ **문화적 기능** 법제도는 사회생활을 결정하는 요인으로 국가의 정신

---

1) 로크(J. Locke, 1632~1704)는 "자신의 권리를 보다 효율적으로 누릴 수 있기 위해 법과 정부가 필요하다"고 말하였다.
2) 라드브루흐는 "법은 항구에서 닻을 올리고 출항하면 스스로 항로를 찾아 항해하는 배와 같다"고 말하였다.
3) 통제에는 ① 도덕적 제재(훈계), ② 종교적 제재(파문), ③ 풍자적 저주(야유), ④ 실력적 제재(폭력), ⑤ 사회적 제재(여론), ⑥ 법적 제재 등이 있다.

이고 문화를 대표한다. 법은 인간의 지적 능력의 표현인 문화의 종합적인 결
실이고 사회 규범의 가치기준으로서 시대적 문화성을 상징하는 문화규범이다.
정의의 가치를 추구하는 법은 문화의 발전을 보장하는 규범인 동시에 문화적
의지로서 국가의 문화적 수준의 척도이다.

Ⅱ. 법의 구조

절도죄가 "타인의 재물을 절취한 자는 6년 이하의 징역 또는 1천만원 이
하의 벌금에 처한다"(형법 제329조)고 규정하듯이, 법의 표현은 대체로 ' … 하면,
… 하게 된다'는 가언명제(hypothetischer Urteile)[1] 논리의 형식을 취한다. 이것은
'사람을 죽이지 말라'는 규율성 경고의 행위규범과 '… 하면 처벌한다'는 강제
규범의 의미가 있다. 하지만 모든 법규범이 이러한 범주에 속하는 것은 아니
다. 법의 존재는 타율적 규범이지만 자율적인 규범이 되거나 조직 구성의 기준
이 되고 또 복합적인 규범성을 갖는다. 법의 형태는 규범적 성격을 달리하는
행위규범·강제규범·조직규범 등으로 구성되어 서로 관련을 가지면서 법질서
를 규율한다.

① **행위규범**   행위규범은 사람은 ' … 하여야 한다'고 명령하거나, 또는
' … 해서는 안 된다'고 금지하는 규범으로서, 사람에게 일정한 사항을 준수할
것을 요구한다. 행위규범은 행위준칙을 통해 당위성을 부여하는 프로그램적
선언이 강하고 평가규범성이나 강제성은 미약하다. "권리는 남용하지 못한다"
(민법 제 2 조 2항)는 행위규범으로서 질서유지와 공공복리를 위한 제 1 차적인
기능을 갖고 있다. 개인의 행태를 규율하는 행위규범이 법의 제 1 차적인 규범
이고 강제규범이 제 2 차적인 규범이 된다.[2]

② **강제규범**   강제규범은 일정한 행위규범을 전제로 하고, 이를 위반
하는 위법행위에 대해서 제재를 가하는 강제력으로 사회질서를 유지하려는 타

---

1) 가언명제 논리와 달리 정언명령(Kategorischer Imperativ)은 도덕에서 보듯이 'A는 B이
   다'라는 전제에서 'A를 하지 말라' 또는 'A를 하라'고 하는 자율적 형식을 취한다.
2) 켈젠은 법의 본질인 강제성을 강조하는 의미에서 강제규범을 제 1 차적인 것으로 행위
   규범을 제 2 차적인 것이라고 하였다.

율적 규범을 말한다. 예를 들면 살인죄는 인간의 행위규범의 위반행위에 대한
제재로서 형벌을 가함으로써 살인행위를 하지 말 것을 강요한다. 강제규범성
은 법의 본질이다. 강제규범은 법의 구체적 적용인 재판규범에 의해 완성된다.
재판규범은 행위규범의 위반상태인 법적 요건(예: 살인행위)이 충족되면 일정한
법적 효과(예: 사형)를 부여할 것을 선언한다.

　③ 조직규범　　조직규범이란 국가·자치단체 등의 조직 또는 작용에 관
한 사항을 규정하는 규범으로서 법의 제정·적용·집행을 담당하는 기관의 조
직과 권한을 부여한다(헌법, 지방자치법). 조직규범은 조직과 운영의 원칙을 규
정함으로써 법질서를 유지하고 기능을 발휘할 수 있도록 보장한다(조직법정주
의). 조직규범은 개인 생활을 규율하는 행위규범이나 강제력을 발동하는 재판
규범과 구분된다.

제 3 절 법의 존재와 가치

Ⅰ. 법의 존재

　사람은 법을 만들어 법에 스스로 구속당하는 규율에 동의한다. 법은 인간
의 자제력의 결실이고 지혜의 산물이다. 법은 자연적으로 발생한 것이 아니라
인간행위를 규율할 필요성을 자각한 생활규범에서 비롯한 자기 구속의 질서이
고 생활조건이다.[1] 법의 존재는 강제성에 있기보다는 사회 구성원이 합의한
법의 당위성을 믿고 따르는 인식에 있는 것이다.[2] 사회 있는 곳에 법이 있다
(ubi societas ibi jus). 이 말은 사회는 일반적 규범으로서 준칙이 필요하다는 뜻
이다. 법은 사회의 필수적 요건이 됨으로써 법 없는 사회는 존재할 수 없으며

---

　1) 헤세(H. Hesse, 1877~1962)는 "법은 나무에 새싹이 붙어 있듯이 우리에게 붙어 있는 것
　　이 아니다"라고 말하였다. 법은 자연적인 것이 아니라 사회 규제를 위해 만든 하나의 인
　　위적인 생명체이다.
　2) 비노그라도프는 "법의 존립이 결정적 의미를 갖는 것은 법의 물리적 강제가 가해질 가
　　능성 때문이라기보다 오히려 사회가 만든 규범을 동의한다는 정신적 관습에 있다"고 말
　　하였다.

법은 삶의 질까지 결정한다.[1] 우리는 입법만능의 법수단국가에 의존하여 살고 있다. 법은 인간을 규제하는 필요악인 동시에 사회 해악을 제거하는 필요선이다. 법이 있기에 사회악에서 발생하는 재앙을 극복할 수 있다. 법이 있는 곳에 사회가 있는 것은 아니더라도 법질서 없이 사회는 존재할 수 없다는 의미에서 "법이 없으면 사회가 없다"는 말이 나온다. 무질서의 혼란과 폭력을 제압하는 것이 법의 임무이다. 괴테는 사람이 지옥에 산다면 "지옥에도 역시 법은 있다"라고 극언을 하였다.

법은 그 자체가 목적일 수 없고 인간에게 봉사하는 수단이고 공공선(common good)을 위한 제도이다. 개인의 자유와 권리가 다른 사람의 그것과 공존할 수 있도록 제도적으로 보장하는 안정성과 공정성의 장치가 법이다. 법은 권리행사를 보장하는 동시에 정당한 권리행사에 어긋난 행위에 대해 책임을 물어 평온의 질서를 우선으로 한다. 법은 인권을 보호하는 칼과 침해하는 칼의 양면성을 갖는 통치의 도구인 동시에 인권을 지키는 방패이다. 법은 눈물을 모르는 냉정한 비정과 함께 눈물의 의미를 아는 따뜻한 인정을 구분할 지혜를 필요로 한다. 이러한 법의 이중적 개념으로 인해 법은 귀에 걸면 귀걸이, 코에 걸면 코걸이(이현령 비현령, 耳懸鈴 鼻懸鈴)의 요술방망이가 될 우려가 있다. 법은 사회질서 유지를 위한 만능이 아닐지라도 사회의 해악을 추방하는 만능적 잣대가 되어야 한다. 법은 완전무결하지 않지만[2] 사회의 안정과 발전을 위한 제도적 장치이다.

법은 있는 그대로를 비춰주는 사회의 거울이다. 거울은 가식과 허위를 거부하고 진실을 외면하는 논리를 허용하지 않는다. 법은 투명하고 공정하여야 한다. 따라서 법은 주관적·추상적이 아닌 객관적·구체적이어야 하며 보편적·합리적 가치이어야 한다. 또한 법은 시대정신을 대변하는 사회정의의 결정체로서 문화를 상징한다. 법은 사회의 복잡하게 얽힌 관계를 규범적으로 표현하는 문화적 규범으로서 보편성과 합리성을 기본으로 한다. 법은 개념에 의한 계산일 정도로 냉정하고 논리적이다. 그러나 법은 형식성을 고집하는 경직

---

1) 드워킨(R. Dworkin, 1931~2013)은 "우리는 법 안에 살며 법에 의해 살고 있다. 법은 우리의 지위가 무엇인지를 정의해 준다"고 말하였다(Dworkin, Law's Empire, Harvard University Press, 1986, p. v).

2) 카츠(L. Katz, 1914~1976)는 "법은 허점이 많고 모든 물음에 이분법의 해결을 하고 사람들이 혐오하는 사실인데도 불구하고 처벌하지 않는다"고 말했다.

성보다는 법제도의 부드러운 유연성의 소프트웨어가 필요하다. 법의 기본구조
는 명령이 아니라 규범이고 법적이어야 한다. 법적이란 것은 법의 과정에 대
한 법의 지배를 의미하며 법의 합리적 사고를 전제로 한다. 라드브루흐는 "시
민이 원하는 것은 법률이 아니고 법적인 것이다"라고 말하였다. 사람들은 차
가운 법의 논리보다 인간적인 정서를 강조하는 생활 속의 법을 기대한다. 규
범 속의 형식적인 법이 아니라 현실 속의 살아 있는 생활법이 되어야 한다. 살
아 있는 법은 합리적이고 순리적이다.

Ⅱ. 법의 가치

가치와 질서는 인간만이 가지고 있다. 인간의 존재 가치를 이해하지 않고
는 사회의 본질을 알 수 없고 사회 현상을 파악하지 않고는 법의 본질을 설명
할 수 없다.[1] 개인과 사회, 존재와 당위의 안정적인 조화를 위해 법은 인간과
사회의 올바른 관계를 이해하여야 한다. 법은 수단일 뿐 목적일 수 없으며 인
간을 위해 존재하는 것이지 인간이 법을 위해 존재하는 것은 결코 아니다. 인
간은 수단적 존재가 아닌 목적적 존재로서의 가치가 보장되어야 하고, 인간을
수단으로 이용하는 논리는 허용할 수 없다.[2] 인간을 도구로 하는 법은 영원할
수 없다. 법의 목적은 법 그 자체가 아니라 궁극적으로 인간의 가치와 행복의
구현을 위한 가치이고 기준이어야 한다. 법은 인간존재의 사회적 표현이고 인
간의지의 결정체이다.

법은 진리를 추구하는 과학이지만 악을 증오하고 선을 지향하는 점에서
도덕과 친근하고, 사회적 책임을 강조하는 면에서 윤리와 통한다. 또한 법은
사회현상을 규율한다는 면에서 현실적인 동시에 정의를 추구한다는 차원에서
이상지향적이다. 하지만 법은 이성적 논리인 로고스(logos)만으로 부족하고 인
간적 감성인 파토스(pathos) 그리고 도덕적 이상을 추구하는 에토스(ethos)가 필

---

1) 진츠하이머(H. Sinzheimer, 1875~1945)는 '법의 양상은 법이 인간에 대해서 갖는 기본
   적인 이해에 좌우되는 것이며 인간의 파악이야말로 모든 법질서의 조정자'라고 하였다.
2) 카프카는 "인간에 대한 무관심을 체험할 수 있는 직업을 찾기 위해 법학을 배웠다"고
   하며 인간을 수단적 존재로 인식하는 법학의 부정적인 면을 비판하였다.

요하며 휴머니즘을 기본으로 하여야 한다.[1] 감성을 배제하는 법은 생명력이 없다. 법에도 감성과 영혼은 있다. 법은 강압적 논리보다는 감성적 설득이 있어야 두려움이나 저주의 대상이 아닌 정의의 상징으로서의 믿음을 줄 수 있다. 법은 착한 사람의 양심이고 지켜야 할 상식이다.

이성은 법의 생명이고 법이 보호할 가치이다. 규범은 인간의 욕망을 이성적으로 순화시켜 인간을 규율하고, 법은 인간을 사회적 인간으로 이끈다. 법은 인간의 행위를 다스리기 위해 획일성을 강조하고 있으나 자유로운 인간 존재의 다양성을 존중하여야 한다. 서로 다르다는 것은 자신의 취향이나 가치 판단이지 반드시 틀림의 문제나 차별의 대상이 아니다. 서로 다름의 벽을 허물어 포용하는 것이 사회공동체의 존재이유이다. 자유는 자신이 하기 싫은 일의 거절에서 비롯한 것이다. 삶에서 서로 다를 수 있는 권리(the equal right to be different)는 생활의 자유로서 보장되어야 한다. 이질성을 극복한 다양성의 조화는 사회의 역동성과 창의성을 이끄는 힘이며 민주주의의 본질이다. 법은 원칙의 엄격한 규범이지만 원칙의 유연성을 외면하지 않는 너그러움의 원칙(rule of lenity)을 잃지 않아야 한다. 법은 권위가 아니라 신뢰이고 법의 지배는 순리와 공정성에 있다.

법은 속성상 느리고 기존 질서를 지키려는 보수성이 강하고 외부 변화에 민감하지 않기에 창조적 변화를 위한 새로운 가치를 제시하기에는 한계가 있다. 하지만 법은 사회가 추구하여야 할 미래가치를 담아내는 시대정신을 반영하여야 한다. 변혁하여야 존재할 수 있고 변화에 따라 변화하여야 한다. "사법은 신선할수록 향기가 높다"고 베이컨(F. Bacon, 1561~1626)은 말하였다. 법은 시대정신을 제시하여야 생명력이 있다. 사회변화는 사회의 안정적 발전을 위해 법의 선도적 역할(leading role)을 요청하고 있다. 법은 모든 사람의 공통적 인식인 상식이고 살아 있는 생활규범으로서 인간의 양심과 양식을 대변한다. 법은 사회의식과 관념을 반영하는 가치체계로서 인간과 사회의 조율을 위한 논리이며 제도이고 기술이다.

---

1) 아리스토텔레스는 '수사학(修辭學, Rhetoric)이란 주어진 상황에 가장 적합한 설득수단을 발견하는 예술'이며, 상대방을 설득하려면 로고스, 파토스, 에토스 등이 필요하다고 하였다. 이들 3가지 개념은 논리학·수사학·윤리학 등으로 각각 발전하였다.

　　법은 우리 스스로 지켜야 할 약속이고 가꾸어야 할 소중한 가치로서 존중하여야 한다.[1] 자유와 정의를 위해 법이 있기에 법을 알아야 하며, 알수록 어려워지고 어려워질수록 가까워야 할 법은 사랑처럼 오묘한 것이다. 오든(W. Auden, 1907~1973)은 그의 '법은 사랑처럼'(Law like love)에서 "법은 태양이고 노인의 지혜 그리고 운명이며, 법은 법이다"(Law is the law)라고 읊었다. 법은 언제든지 어디서나 살아 있기에 빛과 같이 우리에게 다가온다. "법은 빛이다"(lex est lux). 법은 사회의 어두움을 밝게 비춰주고 사회의 비리와 악을 척결하여야 한다. "법은 어두운 곳에서 빛난다"고 볼프(E. Wolf, 1902~1977)는 말하였다. 태양은 양지보다 음지에서 빛이 나듯이 법은 사회의 어두운 곳도 두루 밝혀야만 신뢰를 받는다. 사회에서 소외받는 사람을 포용하는 것이 공동선이고 법의 임무이다. 사회정의를 위해 법은 착한 사회적 약자를 위한 빛이 되어야 한다.

[법은 사랑처럼]

　　오든의 '법은 사랑처럼'의 마지막 구절을 소개하면,

법은 사랑처럼
어디에 있는지 왜 있는지 알 수 없는 것
억지로는 안 되고 벗어날 수도 없는 것
때로는 슬퍼 울지만
우리는 좀처럼 지키지 못하는 것
Like love we don't know where or why,
Like love we can't compel or fly,
Like love we often weep,
Like love we seldom keep.

---

[1] 극작가 이오네스코(E. Ionesco, 1909~1994)는 "법은 뭐라고 하여도 필요한 것이다. 필요 불가결하기 때문에 그것은 좋은 것이다"라고 말하였다.

제 3 장

법의 체계

제 1 절 법의 연원

법의 체계는 헌법을 최고 정점으로 하여 법의 상호관계를 구성하는 법질서의 연원을 총체적으로 말한다. 법의 연원 또는 법원(法源, source of law, Rechtsquelle)은 여러 의미로 사용되고 있었으나[1] 일반적으로 법규범의 원천인 법의 존재형식을 의미하고, 법의 체계는 법의 연원을 기반으로 법의 상호간의 관계와 구성을 뜻한다. 존재형식이 사물에 존재 의미를 부여한다면 법의 존재형식은 법의 엄격한 체계와 상호간의 관계를 나타낸다. 법은 체계적이고 권위적인 사회규범이다. 법질서는 단순히 법조문의 집합체가 아니라 법규범의 통일체로 구성되어 국가 법질서의 체계화를 이룬다. 사회발전에 따른 법의 지배의 확대로 현대국가는 법의 홍수를 이루어 법수단국가(Rechtsmittelstaat)가 되고 있다.

법의 연원은 표현형식에 따라 성문법과 불문법으로 나누어진다. 성문법에는 헌법·법률·명령·자치법규·조약 등의 제정법이 있으며, 불문법에는 관습법·판례법·조리 등의 비제정법이 있다. 법의 연원 간에는 효력면에서 서로 상위법 또는 하위법의 종속관계의 법질서로서 헌법을 상위법으로 하여 법의 질서를 이룬다. 법의 진화과정은 불문법주의에서 성문법주의로 발전하였으며, 이어 성문법주의와 불문법주의가 공존하는 시대에 접어들었다.

---

1) 법원은 실질적 의미에서는 법이 성립하는 기초인 법의 타당성·근거를 뜻하고, 형식적 의미로는 법의 존재형식과 종류의 뜻으로 사용한다. 또한 법원은 법의 제정권, 법의 자료인 법전·판례집·저서 등을 의미한다.

형식은 기능 다음이다(Form follows function). 법의 형식이 어떻든 법이 사회
에서의 통제력과 실천적 기능을 행사하기 위해서는 양 주의 중 어느 한쪽만으
로는 법 운영에 어려움이 있다. 따라서 성문법과 불문법은 각자 특성을 유지
하면서 상호보완관계를 통해 사회질서를 합리적으로 규율한다. 법은 국가의
정치적·사회적·역사적 영향을 받아 고유의 법체계를 갖는다고 하더라도 법
의 이념과 원칙은 큰 차이가 없다. 성문법주의는 대륙법계라고도 하며 프랑
스·독일을 비롯한 유럽국가와 라틴 아메리카·중국·일본·우리나라가 속한
다. 불문법주의 국가는 영국·미국 그리고 영미의 지배 하에 있던 국가가 채
택하고 있으며 영미법계라고도 한다. 법의 연원을 정리하면 다음의 표와 같다.

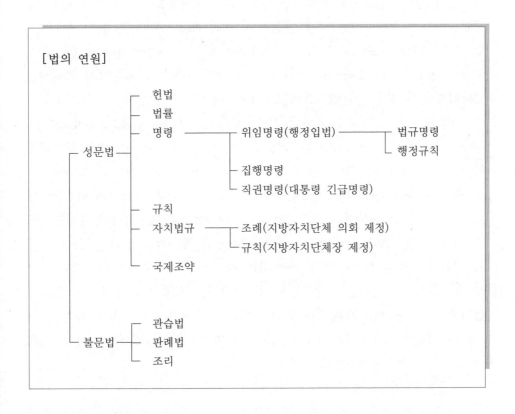

[법의 연원]

- 성문법
  - 헌법
  - 법률
  - 명령
    - 위임명령(행정입법)
      - 법규명령
      - 행정규칙
    - 집행명령
    - 직권명령(대통령 긴급명령)
  - 규칙
  - 자치법규
    - 조례(지방자치단체 의회 제정)
    - 규칙(지방자치단체장 제정)
  - 국제조약
- 불문법
  - 관습법
  - 판례법
  - 조리

제 2 절   성 문 법

Ⅰ. 성문법의 의미

성문법(written law)이란 법전의 형식을 갖추고 일정한 절차와 형식에 의해 권한 있는 기관이 제정·공포한 법을 말하며 제정법 또는 실정법이라고도 한다. 성문법이 법의 연원 중에서 중요한 지위를 차지하게 된 것은 법전이 인간의 법적 사고의 발전에서 나오는 정신적·문화적인 소산의 결실이기 때문이다. 사회생활이 복잡함에 따라 법을 체계적·구체적으로 명시하여 법의 통일·정비가 이루어져야만 생활의 안정, 나아가 법적 안정을 유지할 수 있다. 법 체제가 성문법 중심인 것을 성문법주의라고 한다. 국가권력에 대항해서 개인의 기본권을 문서로써 보장하여야 할 정치적 요청에서 성문법의 필요성을 가져왔으며, 이것은 성문법제도의 큰 공로이다.

사람의 말보다 말을 기록한 문서를 그 징표로서 우선시하고, 실제보다 이것을 제도화한 형식을 존중하는 법의 요청상 성문법주의는 불문법주의를 제압하고 있다. "법전을 가진 나라가 법전제도를 포기한 예는 찾아볼 수 없다"고 한 필드(D. Field, 1805~1894)의 말은 성문법주의의 의미를 실감나게 한다. 현대국가의 법질서는 성문법을 기본으로 하고 있으며, 불문법 국가인 영국에서도 전통적인 불문법주의를 보완하기 위해 성문법을 제정하고 있다. 국가는 성문법에 의해 권력을 행사하기 때문에 성문법이 불문법원보다 우월한 지위를 갖는다. 성문법이 법질서 속에서 차지하는 중요성은 각국의 법제에 따라 반드시 동일한 것은 아니다. 성문법은 헌법·법률·명령·자치법규 등의 순으로 그 효력이 이루어져 있고 이 외에 국제조약이 있으며, 모든 법질서는 헌법을 정점으로 하여 피라미드형으로 구성되어 있다.

성문법은 법규범을 성문화·법전화함으로써 그 내용이 고정성을 지니게 되어 변화하는 사회의 현실에 신속하고도 신축성 있게 적응하지 못하는 결점을 갖는다. 또한 성문법은 입법자의 의사를 반영·관철시키는 데 용이하므로 입법자가 자의에 빠지는 경향이 있으며, 국민의 법적 확신과 사회적 정의를 무시하여 성문법 만능주의를 가져올 우려가 있다. 성문법주의는 첫째, 법의 통일·정비로 법적 질서를 안정화시키고, 둘째, 법의 의미와 내용이 명확하여 법을 구체적으로 시행하기에 적합한 장점이 있다. 이와 달리 성문법주의는 첫째, 법의 문서화·법전화에서 오는 법의 고정된 개념으로 법의 유동적인 사회실정과 사회적 변화에 적응하기 어렵고, 둘째, 성문법은 법전이나 관보(官報)를 통해 일반인에게 공포하고 있으나 입법의 전문화·기술화로 말미암아 일반인이 이해하기가 어려운 단점이 있다. 이렇듯 성문법주의의 장·단점은 거꾸로 불문법주의의 단·장점이 된다. 성문법주의와 불문법주의의 장·단점을 비교하면 다음과 같다.

[성문법과 불문법의 관계]

	성문법주의	불문법주의
1. 법의 내용	명　확	불 명 확
2. 법 체계	통　일	통일이 어려움
3. 법의 안정성	확　실	어 려 움
4. 외국법의 계수	용　이	어 려 움
5. 법의 운영	고 정 성	신 축 성
6. 법과 사회의 거리	멀　다	가 깝 다
7. 법의 분포	대 륙 법	영 미 법

[법률의 구성]

성문법은 불문법과는 달리 일반적으로 법의 구성의 정형이 있다. 법은 전문(前文)과 본칙·부칙 등으로 구성된다. 전문에는 입법의 동기와 이념, 경과과정 등의 내용을 담고 있으며 헌법에는 전문이 있는 것이 특색이다. 본칙은 본문·총칙·통칙·벌칙·잡칙 등으로 지칭된다. 본문은 대개 조문으로 표시되고 조문에는 표제를 붙인다. 법문의 내용이 많은 대법전에서는 편(篇)·장(章)·절(節)·관(款)·조(條)·항(項)·호(號) 등의 순위로 이루어진다. 또한 조문에 별도의 추가적 조항을 증보하는 경우 조문번호의 혼란을 피하기 위해, 예를 들면 '제 1 조의2'의 형식을 취한다. 부칙은 본문에 부수적인 사항을 기술하고 보칙·세칙 등으로 표시되기도 한다.

Ⅱ. 헌 법

헌법이란 국가의 이념·조직 및 작용에 관한 국가의 근본법으로서 '규범 중의 규범'의 성질을 갖는 국가 최고의 기본법이다.[1] 헌법은 법률·명령·조약 등은 물론 국가기관의 행위보다 상위에서 국가의 법질서를 규율한다. 헌법은 국가의 통치질서를 규범화·상징화하는 정치적인 법으로서, 개인의 기본권과 국가의 통치권력의 상호관계를 주요 내용으로 한다. 정치제도의 바탕은 헌법이다. 헌법은 권력통제를 위한 거대한 메커니즘 기능을 하여 국가권력을 상호 견제·균형화시킴으로써 개인의 인권을 최대한 보장하는 데 자유민주주의 헌법의 의미가 있다. 헌법은 국민 총의의 표현이기에 국가의 이념과 가치, 국민생활의 최고 도덕규범으로서 준수되어야 한다.[2]

우리 헌법은 성문헌법이지만 서울이 수도라는 사실을 관습헌법상 인정하였다.[3] 헌법은 최상위 규범이므로 그 개정은 법률의 개정보다 엄격한 절차를 요하는 경성헌법이 일반적이다. 헌법의 규범성·안정성·정치성 등을 존중하기 위해 법률의 입법과정과는 다른 신중한 개정 절차를 거친다. 헌법 개정은

---

1) 헌법은 국가 법질서의 상징, 국민 의지의 표현(상), 자유를 위한 기술, 시민종교라고도 한다. 라드브루흐는 "헌법은 마치 군기와 같다. 탄환에 찢기면 찢길수록 명예와 신성이 더 해진다"고 말하였다. 우리 헌법은 1948년 대한민국 정부 수립과 동시 제정한 이후 많은 정치적 변혁기를 거쳐 9회의 개헌을 실시하였다(이 책, 부록 1. 우리나라 헌법개정사 참조).

2) 헌법은 국민적 합의에 의해 제정된 국민생활의 최고 도덕규범이며 정치생활의 가치규범으로서 정치와 사회질서의 지침을 제공하고 있기 때문에 민주사회에서는 헌법의 규범을 준수하고 그 권위를 보존하는 것을 기본으로 한다(헌법재판소 1989. 9. 8. 선고 88헌가 6 결정).

3) 서울이 우리나라의 수도인 것은 조선시대 이래 600여 년간 우리나라의 국가생활에 관한 당연한 규범적 사실이 되어 왔으므로 우리나라의 국가생활에 있어서 전통적으로 형성되어 있는 계속적 관행이라고 평가할 수 있고(계속성), 이러한 관행은 변함없이 오랜 기간 실효적으로 지속되어 중간에 깨어진 일이 없으며(항상성), 서울이 수도라는 사실은 우리나라의 국민이라면 개인적 견해 차이를 보일 수 없는 명확한 내용을 가진 것이며(명료성), 나아가 이러한 관행은 오랜 세월간 굳어져 와서 국민들의 승인과 폭넓은 컨센서스를 이미 얻어(국민적 합의) 국민이 실효성과 강제력을 가진다고 믿고 있는 국가생활의 기본사항이라고 할 것이다. 따라서 서울이 수도라는 점은 우리의 제정헌법이 있기 전부터 전통적으로 존재하여 온 헌법적 관습이며 우리 헌법조항에서 명문으로 밝힌 것이 아니지만 자명하고 헌법에 전제된 규범으로서, 관습헌법으로 성립된 불문헌법에 해당한다(헌법재판소 2004. 10. 21. 선고 2004헌마554·566(병합) 전원재판부 결정).

국회 재적의원 과반수 또는 대통령의 발의로 제안하여 20일 이상의 기간 공고한다. 개정안은 공고한 날로부터 60일 이내에 국회 재적의원 3분의 2 이상의 찬성 의결을 거친 후 국회의원 선거권자 과반수의 국민투표와 투표자 과반수의 찬성을 얻어야 한다(헌법 제128조, 제130조).

Ⅲ. 법   률

법률은 넓은 의미에서 법 일반을 말하는 것이나, 좁은 의미에서는 입법기관인 의회가 제정한 형식적 의미의 성문법(실정법)[1]을 뜻한다. 법률은 헌법이념을 구현하기 위한 헌법의 하위법으로 헌법에 위배될 수 없다. 입법권은 삼권분립의 원칙상 의회의 고유 권한이다. 국회는 유일한 입법기관이지만 헌법이념에 어긋나거나 입법권의 범위를 일탈 또는 기본권의 본질적인 내용을 침해하는 입법을 할 수 없다.

법률의 제정은 국회에서 법률안의 제출·심의·의결·공포 등의 4단계를 거치며, 법률안의 제출은 국회의원(의원 10인 이상 발의, 국회법 제79조 1항)과 정부가 할 수 있다. 국회 재적의원 과반수 출석과 출석의원 과반수의 찬성으로 법률안이 의결되어 정부에 이송되면 15일 이내에 대통령이 공포한다. 대통령은 국회에서 의결된 법률안에 이의가 있으면 국회에 재의를 요구할 수 있다(헌법 제53조 2항). 법률은 특별한 규정이 없는 한 공포한 날로부터 20일을 경과함으로써 효력이 발생한다. 법률의 위헌여부의 심판은 헌법재판소가 관장하고(헌법 제111조 1항), 명령·규칙 또는 처분의 헌법·법률에 위반여부는 대법원이 최종 심사한다(헌법 제107조 2항). 국회의 입법과정을 정리하면 다음 표와 같다.

---

1) 우리나라는 매년 400여 건의 법령이 제정·개정되고 있다. 2020년 12월 현재 기준 현행 법령은 4,972건으로, 법률 1,502건, 대통령령 1,762건, 총리령 90건, 부령 1,267건, 그 밖의 (국회규칙 등) 351건이 있으며, 조약은 3,350건으로 그 중 다자간 조약 715건이 있다(법제처 국가법령정보센터 참조).

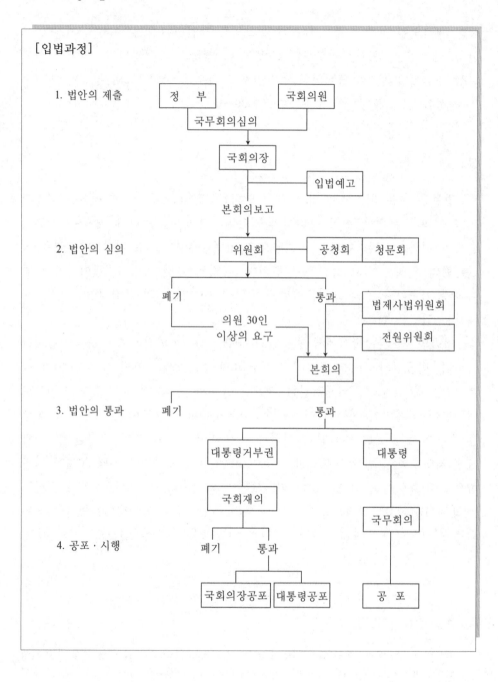

[입법과정]

1. 법안의 제출
2. 법안의 심의
3. 법안의 통과
4. 공포·시행

Ⅳ. 명   령

명령은 행정기관이 법률에 의해 제정하는 위임입법(delegated legislation)으로서 법률의 위임에 의하거나 법률을 집행하기 위한 시행명령이다. 명령은 행정부가 제정하는 입법이라 하여 행정입법 또는 법률에 종속되기 때문에 종속입법, 일반 입법권과 비슷하다는 점에서 준입법이라고도 한다. 명령은 국회의 의결을 요하지 않으며 제정권자가 행정기관이라는 점에서 법률과 상이하다.[1] 명령은 형식적 효력에서 법률의 하위에 있으므로 명령에 의해서 헌법 또는 법률을 개정하지 못한다. 그러나 국가의 위기에 대처하기 위한 긴급권의 행사로서 헌법적 효력을 가진 대통령의 비상명령(구헌법 제51조)과 법률적 효력을 가진 긴급명령(헌법 제76조)은 예외가 된다. 행정입법은 법규의 성질을 갖는 법규명령과 법규의 성질을 갖지 않는 행정규칙(행정명령)으로 구분한다.[2] 부령 형식의 행정규칙은 내부사무 처리기준이나 대통령령인 경우는 구속력을 지닌 법규명령이다. 명령은 보는 관점에 따라,

1) 제정권자를 표준으로 하여 대통령이 제정하는 대통령령, 국무총리가 제정하는 총리령, 행정 각부 장관이 발하는 부령

2) 법적 근거(수권(授權))를 표준으로 하여 법률이 위임한 사항을 처리하기

---

[1] 예를 들면 헌법 제38조에 "모든 국민은 법률이 정하는 바에 의하여 납세의 의무를 진다"는 헌법적 규정에 의하여 국세기본법이 제정되어 있고, 이를 집행하기 위해 대통령령으로서 국세기본법 시행령이 있으며, 이 밑에 이를 구체적으로 시행하기 위한 세부적인 입법으로 기획재정부령인 국세기본법 시행규칙이 있다. 그런데 집행명령은 시행령(규정) 또는 시행규칙이라고도 한다.

[2] 법규명령(위임명령·집행명령)과 행정규칙의 차이

	법규명령	행정규칙
제정근거	법령의 위임	행정권의 고유권한
성 질	타율적 행정입법	자율적 행정입법
효 력	법적 일반 구속력	행정 내부의 구속력
형 식	위임명령·집행명령·규칙	훈령·지시·예규·일일명령
효력발생	공포절차	공포 불필요

위해 발하는 위임명령, 법규의 집행을 위해 발해지는 집행명령[1]

　3) 법률의 효력을 표준으로 하여 비상명령·긴급명령·위임명령 등으로
분류된다.

[행정입법의 분류]

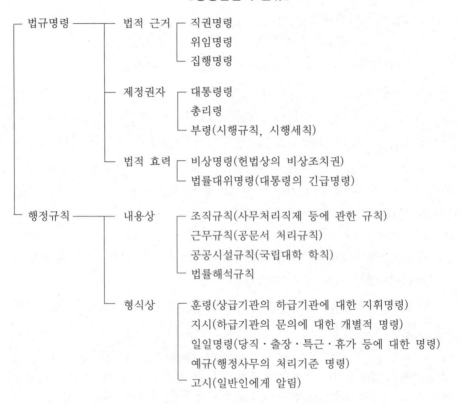

```
┌ 법규명령 ──────┬ 법적 근거 ┬ 직권명령
│               │          │ 위임명령
│               │          └ 집행명령
│               │
│               ├ 제정권자 ┬ 대통령령
│               │          │ 총리령
│               │          └ 부령(시행규칙, 시행세칙)
│               │
│               └ 법적 효력 ┬ 비상명령(헌법상의 비상조치권)
│                          └ 법률대위명령(대통령의 긴급명령)
│
└ 행정규칙 ──────┬ 내용상 ┬ 조직규칙(사무처리직제 등에 관한 규칙)
                │        │ 근무규칙(공문서 처리규칙)
                │        │ 공공시설규칙(국립대학 학칙)
                │        └ 법률해석규칙
                │
                └ 형식상 ┬ 훈령(상급기관의 하급기관에 대한 지휘명령)
                         │ 지시(하급기관의 문의에 대한 개별적 명령)
                         │ 일일명령(당직·출장·특근·휴가 등에 대한 명령)
                         │ 예규(행정사무의 처리기준 명령)
                         └ 고시(일반인에게 알림)
```

---

1) 위임명령과 집행명령의 차이

	위임명령	집행명령
의 미	위임사항의 보충적 명령	법률의 범위 내의 세부적 명령
수 권	상위법령의 근거	행정의 고유 집행권
재 입 법	새로운 입법가능	새로운 입법 불가

* 양자는 행정기관의 준입법행위로서 공포를 통해 일반 법규적 효력을 갖는다는 점에서 공통
  점이 있다.

위임입법에 의해서 범죄와 형벌을 규정하는 것은 죄형법정주의에 어긋나지 않으나 법보다 형사처벌의 대상을 확장하거나 강화하는 것은 허용되지 않는다. 또한 처벌법규의 사항을 구체적인 기준이나 범위를 규정하지 아니하고 하위법에 일괄적으로 위임하는 명령은 포괄적 위임입법 금지의 원칙에 위반한다.[1]

V. 규 칙

규칙은 질서의 준칙으로 법 이전의 규범이라는 일반적인 규정을 말한다. 규칙은 다양한 의미를 갖고 있으나[2] 제정권자, 내용, 성질 등에 따라 다르다. 헌법상 규칙은 국가기관의 독자적 입법권을 말한다. 헌법은 행정부 이외에 국가기관에게 행정의 자율성과 합리성을 위해 명령의 성질을 가진 규칙제정권을 주었다. 국회(헌법 제64조 1항)·대법원(헌법 제108조)·헌법재판소(헌법 제113조 2항)·중앙선거관리위원회(헌법 제114조 6항) 등은 각각 내부규율과 사무처리를 위해 독자적인 규칙제정권을 갖는다(국회방청규칙·법원공무원규칙·헌법재판소규칙 등).

VI. 자치법규

자치법규는 지방자치단체가 법령의 범위 내에서 제정한 자치권에 관한 규정이다. 지방자치단체는 자치입법권에 의해 조례와 규칙을 제정할 수 있다.[3]

---

1) 위임입법은 처벌 대상인 행위를 예측할 수 있을 정도로 구체적으로 정하고, 형벌에서는 형벌의 종류 및 그 상한과 폭을 명확히 규정하는 것을 전제로 허용된다(대법원 2000. 10. 27. 선고 2000도1007 판결).

2) 규칙에는 ① 헌법에 의한 국회규칙, 대법원규칙, 헌법재판소규칙, 중앙선거관리위원회 규칙, ② 행정기관의 내부질서를 규율하기 위한 각 부처의 시행세칙인 규칙, ③ 지방자치단체장의 자치법규인 규칙, ④ 일반 사문서의 약정인 규칙 등이 있다.

3) 헌법 제117조 제 1 항은 "지방자치단체는 주민의 복리에 관한 사항을 처리하고 재산을 관리하며, 법령의 범위 안에서 자치에 관한 규정을 제정할 수 있다"고 규정하여 '법령의 범위 안에서'란 '법령에 위반하지 않는 범위 내에서'를 가리키므로 지방자치단체가 제정한 조례가 법령에 위반하는 경우에는 효력이 없다(대법원 2004. 7. 22. 선고 2003추51 판결).

조례는 지방자치단체가 지방의회의 의결을 거쳐 제정하는 것이며(지방자치법 제
22조), 규칙은 지방자치단체의 장이 법령 또는 조례가 위임한 범위 내에서 제
정한 자치법규를 말한다(동법 제23조). 조례의 제정은 국회 입법과정의 기본 골
격과 동일하며 자치단체장은 긴급명령과 비슷한 선결처분권을 행사한다(지방자
치법 제109조).

Ⅶ. 조약·국제법규

조약(treaty)은 문서에 의한 국가 간의 명시적 합의문서이며, 대통령이 체결하
고 국회의 동의를 얻어 대통령이 공포함으로써 그 효력이 발생한다(헌법 제60조, 제
73조). 조약은 협정(agreement)·약정(arrangement)·협약(convention)·규약(covenant)·
헌장(charter)·규정(statute)·의정서(protocol)·결정서(act)·선언(declaration)·합의서
(agreed minute)·교환공문(exchange of note)·잠정협정(modus vivendi)·양해각서(사항)
(memorandum)·합의 의사록(agreed minutes)·concordat(로마교황이 체결하는 조약) 등의
명칭으로도 불린다.[1] 조약은 다양한 명칭과는 상관없이 조약의 법적 성립요건
을 거치면 그 효력은 동일하고 조약 당사국에게 법적 구속력을 준다. 조약은
법적 구속력이 없는 정치적·도덕적 합의에 불과한 일반적 협정이나 합의문
(서) 그리고 국가 간의 외교문서인 구상(술)서(note verbale)와 구별된다.

행정협정(executive agreement)[2]은 넓은 의미의 조약의 일종이나 일반적인 조
약과는 성질이 다르다. 행정협정은 조약이나 법률에 의하여 수권된 사항을 정한
다든가 조약을 시행하기 위해 필요한 세부적·기술적 사항을 행정부가 단독으로

---

1) 조약의 명칭은 당사국 간의 합의에 의해 결정되나, 명칭의 실제적 의미는 다소 차이가
   있다. agreement는 treaty보다는 약한 공식적인 표현이고, arrangement는 agreement보다도
   공식적 의미가 약하고, convention은 agreement보다도 특수한 것을 가리키며, protocol은
   convention보다도 제한적으로 사용된다. 일반적으로 양자 간의 조약에는 agreement, 다수
   당사자 간의 조약에는 convention을 사용하는 경향이 있다.
2) 행정협정에는 VISA협정, 문화교류협정 등이 있다. 특히 군사협력의 목적으로 국내에
   주둔한 외국 군대의 사고 처리에 관한 관할권 문제, 법질서의 상충 및 형평성 문제 등을
   다루기 위해 당사국 간의 행정협정을 체결하여 이를 해결하고 있다. 이를 위해 우리나라
   와 미국은 한미 상호방위 조약에 따른 주한미군의 법적 지위에 관한 '한미 행정협정'(Status
   of Forces Agreement : SOFA)을 체결하고 있다.

의회의 동의 없이 체결한다. 또한 당사국이 법적 구속력을 갖는 것으로 인정하
지 않는 조약, 예를 들면 공동선언문, 신사협정(gentlemen's agreement)・비공식국제
문서(informal international instrument)・사실상의 협정(de facto agreement)・비법적
협정(non legal agreement)・조약 이전의 합의문1) 등은 조약으로서의 효력을 인정
하지 않는다. 조약은 당사자 국가간의 조약(FTA협정)도 있으나 다국가를 상대
로 하는 다자간 조약(WTO협정)도 있다. 국제법 주체의 확대와 국제사회의 세
계 공동체(world community)로 발전에 따라 조약의 당사자가 국가만이 아니라
국제기구나 다국적 기업 등의 비정부기관(NGO: Non Governmental Organization)과
국가 간의 조약도 증가하고 있다(국제통화기금(IMF), 국제민간항공기구(ICAO)). 한
편 국제관습법이란 법적 구속력을 가진 국제관행으로서 국내문제 불간섭의 원
칙, 외교관 우편행위의 보장, 외교관과 군인에 대한 외교특권 인정, 국제사회의
의례적 행위인 국제예양 등을 뜻하며 조약과 함께 국제법을 구성한다. 국제관
습법을 국제법의 법원으로 인정하는 것이 세계적 추세이나 이를 부인하는 국
가에게는 적용되지 않는다.

  국제조약과 일반적으로 승인된 국제법규(유엔 헌장, 포로에 관한 제네바협약)는
국내법과 동일한 효력을 갖는다(헌법 제6조). 조약은 당사국의 조약에 대한 권
리・의무를 포기하거나 조약 위반행위가 발생한 경우 그에 대한 제재에도 불구
하고 위반행위를 철회하지 않으면 조약은 폐지된다. 유엔 헌장은 "국제연합회원
국의 헌장상의 의무와 다른 국제협정상의 의무가 상충되는 경우에는 이 헌장
상의 의무가 우선한다"(동헌장 제103조)고 규정하여 국제조약 중에는 유엔 헌장
이 우선적 효력을 갖는다.

---

1) 남북합의서에 대해 대법원은 "남북 사이의 화해와 불가침 및 교류협력에 관한 합의서
   는 남북관계가 '나라와 나라 사이의 관계가 아닌 통일을 지향하는 과정에서 잠정적으로
   형성되는 특수관계임'을 전제로, 조국의 평화적 통일을 이룩해야 할 공동의 정치적 책무
   를 지는 남북한 당국이 특수관계인 남북관계에 관하여 채택한 합의문서로서, 남북한 당국
   이 각기 정치적 책임을 지고 상호간에 그 성의 있는 이행을 약속한 것이기는 하나 법적
   구속력이 있는 것은 아니어서 이를 국가 간의 조약 또는 이에 준하는 것으로 볼 수 없고,
   따라서 국내법과 동일한 효력이 인정되는 것도 아니다"(대법원 1999. 7. 23. 선고 98두
   14525 판결)라고 판시함으로써 한반도 분단 상황의 특수한 남북관계를 규정하여 남북합
   의서의 잠정적인 효력을 인정하였다.

제 3 절 불 문 법

I. 불문법의 의미

불문법(unwritten law)이란 문서로서 성문화된 제정법이 아니고 실제상 관행으로 존재하는 성문법 이외의 법원을 뜻한다. 불문법은 입법 기관의 제정절차를 거치지 않고 자율적으로 발생한 비제정법을 의미하며 관습법·판례법·조리 등이 포함된다. 변화하는 복잡한 사회에서 고정적인 성문법만으로 대응하는 것은 법의 적용에 문제점과 결함이 필연적으로 나타나기 때문에 현대의 입법 만능시대에도 불문법의 법원성이 중요시되고 있다. 불문법은 성문법의 한계를 극복하고 이를 보완하여 역동적인 법적 현실에 신축성 있게 적응하기 위한 법으로서의 가치가 있다. 성문법 국가에서도 불문법은 일반적으로 성문법의 보충적 효력을 인정하고 있다. 법의 체계와 해석에 있어서 성문법이 경직성이 있다면 불문법은 현실적 존재 가치를 존중하는 유연성이 있다. 영미법은 관행·판례로 이루어진 대표적인 불문법이다. 성문법이나 불문법은 각국 고유의 법의 역사와 법의식 그리고 정치에서 생성된 것이므로 양법의 우수성을 단정하기는 어렵다.

II. 관 습 법

1. 관습법의 뜻

관습법(customary law)은 국가의 입법기관이 제정한 법이 아니고, 사회생활 속의 관행이 일반인의 법적 확신 내지 인식을 가짐으로써 법적 가치를 얻은 성문화되지 않은 법을 말한다. 관습은1) 사회생활에 뿌리를 두고 자연발생적으로 생성되고 사회질서와 관행이라는 규범과 일치하게 됨으로써 관습은 사회생

---

1) 관습은 반복하여 행해지는 개인의 단순한 습성과 다르고, 관습에까지는 이르지 않아도 어느 정도 사례로서 반복된 관례와도 다르다. 또한 관습은 이를 행위의 측면에서 본 관행과도 다르며, 관습을 규범적인 측면에서 본 것을 관습법이라 한다.

활의 규범이 된다. 이러한 의미에서 '관습은 법의 최선의 해석자'(optimus legum interpres consuetudo)라 할 수 있기 때문에 라드브루흐는 관습은 '법과 도덕의 예비학교'라고 말하였다. 관습은 하나의 관행으로서 특정한 사람들이 실행하고 있는 한 사회규범에 지나지 않는다. 관습에 법적 확신을 갖고 법원으로서 인정함으로써 단순한 관습이 아니고 관습법이 되는 것이다.[1] 즉 관행이 사회의 관습으로 이어지고 관습법으로 발전한다.

사회 관습을 바탕으로 생성된 관습법은 사회의 반복·계속된 관행이 전체 법질서에 어긋나지 않고 정당성과 합리성이 있어야 한다.[2] 실정법의 완전무결성을 자랑하는 제정법 만능주의에 도취되어 불문법에 부정적이어서 관습법을 인정하지 않았던 시대도 있었으나 관습법은 성문법과 대등한 효력을 일반적으로 인정하고 있다. 관습법은 사회생활의 단순한 사회적 사실로서 존재하는 사실인 관습과 구별된다. 사실인 관습은 법적 효력이 없으므로 법 해석상 의미나 기준을 갖는 데 불과하고 이를 위반하면 사회의 비난의 대상이 될 뿐이다.

---

1) 관습법의 근거에 관한 학설은 다음과 같다.
① 관 행 설: 이 학설은 사회의 특정 사항에 대해서 동일한 행위가 오랫동안 관행된 사실이 관습법으로서 성립되는 근거가 된다고 한다. "관습이기에 법적으로 정당하다"는 것이다. 지텔만(E. Zietelmann, 1852~1923)이 주장하였다. 그러나 관행인 사실 자체를 법으로 보고, 관습법과 그 내용을 이루는 관습을 혼동하여 관습이 법으로서 인정되는 근거를 밝히지 못하였다.
② 법적 확신설: 관습법이 성립하기 위해서는 국가의 승인과 관계없이 관습이 오랫동안 반복되어 일반인이 법적 확신(opinio juris)을 가짐으로써 가능하다고 주장한다. 이것은 사비니(F. Savigny, 1779~1861)의 주장으로서 관습이 관습법으로 되는 근거를 국민의 확신 속에서 구하려 하지만, 법으로서의 효력을 갖는 이유에 대한 설명으로는 미진하지만 다수설이다.
③ 국가승인설: 독일의 빈딩(K. Binding, 1841~1920) 및 공법학자들이 주장한 것으로서, 관습의 내용을 국가가 법으로 승인함으로써 관습법이 성립한다고 주장한다. 법은 국가의 입법이라는 형식을 거치는 데 반하여, 관습법은 국가가 사회의 관행에 대해서 묵시적 승인이라는 형식을 거쳐 인정하는 데 차이가 있을 뿐이다. 그러나 관습법은 국가가 승인하기 이전에도 엄연히 존재하고 있는 사실을 부인할 수 없다.
2) 사회의 반복적인 관행으로 생성된 사회생활규범이 관습법으로 성립하기 위해서는 헌법을 최상위 규범으로 하는 전체 법질서에 반하지 아니하는 것으로서 정당성과 합리성이 인정되어야 하고, 그렇지 아니한 경우에는 관습에 법적 규범인 관습법으로서의 효력을 인정할 수 없다(대법원 2005. 7. 21. 선고 2002다1178 전원합의체 판결).

2. 관습법의 성립요건

첫째, 관습법의 실체가 되는 사실적인 관습이 거듭된 관행으로 존재하여야 한다. 사회가 일정한 행위를 반복·계속할 때 이것이 규범화되어 사회관습이 존재하게 된다. 둘째, 관습의 내용이 법규범으로서의 확신과 의식을 갖는 법적 가치를 가져야 한다. 관습의 내용을 존중하여 준수하는 것이 사회의 질서유지와 그 발전을 위해 필요한 것이어야 한다. 셋째, 관습이 공공의 질서와 선량한 풍속인 공서양속(公序良俗)에 위반하지 않아야 한다. 즉 관습이 전체 법질서에 위반하지 아니하거나 또는 법령에 규정이 없는 사항에 관한 것이어야 한다. 법령과 다른 관습이 있을 경우에는 법령에 의하여 관습에 의하도록 규정한 경우에 한한다(민법 제224조 참조).

3. 법과 관습법

관습법은 사회에서 자율적으로 지속된 전통적인 관행과 생활양식을 제도화한 것이다. 관습은 사회의 오랜 관행에서 생성된 결과 실제성을 가지고 있어 현실적인 사회준칙이 된다. 법은 인위적·타율적으로 제정하는 규범이고, 관습은 자연적·자율적으로 생성되는 점에서 법과 관습법은 성립기반·제재 등에서 구별된다. 관습은 국가가 강행하는 법과는 달리 자생적으로 성립된 자유로운 규범으로 끊임없이 변화하고 사라진다. 관습은 사회의 비난을 두려워하는 심리적 강제가 곧 제재가 된다.

관습은 법 이전의 질서로서 도덕으로 발전하기도 하고, 법에 흡수되어 법제화로써 성문법이 되기도 한다. 관습도 실제로 법에 못지않게 타율적 규범으로서 사회질서 유지에 중요한 역할을 하여 법과 융합함으로써 관습이 법을 만든다(Custom makes law). 법과 관습법은 규범적으로 상호 보완작용을 통해 법질서의 일관성과 안정성을 유지할 수 있다. 관습법에는 유수(流水)사용권, 입어권, 분묘기지권, 동산의 양도담보, 수목이나 미분리 과실의 소유권을 위한 명인방법,[1] 사실혼, 서울의 수도 인정 등이 있다.

---

1) 수목의 집단이나 미분리의 과실 등에 껍질을 벗기거나 소유자 이름을 기재하거나 푯말을 세워 소유를 알리는 특수한 공시방법이다(이 책, p. 470 참조).

　동성동본불혼의 원칙[1]은 우리나라의 전통적인 윤리규범의 관행이자 불문법으로 시행하던 중 1958년 민법 제정 당시 법제화하였다(개정전 민법 제809조). 그러나 반세기가 지난 후 동성동본의 불혼은 헌법의 이념에 위배된다는 이유로 폐지하였다.[2] 또한 관습법상 여성에게 전통적으로 금기시되던 종중의 종원[3]자격을 인정하여 여성도 종회의 회원이 될 수 있다.[4] 종래의 가족법은 사회의 인식변화로 더 이상 시대적 요청에 부합하지 않아 소멸된 것이다. 사회의 관행이 관습법으로 이어지고 성문법으로 발전하였으나 시대적 변화에 따라 폐지됨으로써 법의 변화 과정을 사실적으로 보여준 것이다.

4. 관습법의 효력

(1) 사실인 관습과의 관계

　민법은 사실인 관습에 관해서 "법령 중의 선량한 풍속 기타 사회질서에 관계없는 규정과 다른 관습이 있는 경우에 당사자의 의사가 명확하지 아니한 때에는 그 관습에 의한다"라고 규정한다(민법 제106조). 따라서 당사자가 관습과 반대되는 의사를 표시하지 않는 한, 또는 당사자의 의사가 불명확할 때에만 법적인 효력을 갖고 관습에 따라 해석된다. 관습법과 사실인 관습은 사회의 관행으로 발생한 사회생활의 규범이라는 차원에서는 같으나 다음과 같은 점에서 차이가 있다. 첫째, 관습법은 당사자의 의사와 관계없이 법규로서의 효

---

1) 고대 부족국가는 부계혈족 사이의 혼인을 피하는 것이 전통이었고, 자기가 속한 동족집단에서는 배우자를 구할 수 없도록 약정한 규범에서 동성동본불혼의 원칙이 기원한다. 고려시대까지는 내혼제(內婚制)가 성행하였으나, 조선왕조시대에 이 제도가 정착하였다.

2) 동성동본불혼의 원칙은 사회적 타당성 내지 합리성을 상실하고 있음과 아울러 인간으로서의 존엄과 가치 및 행복추구권을 규정한 헌법이념 및 규정과 개인의 존엄과 양성의 평등에 기초한 혼인과 가족생활의 성립·유지라는 헌법규정에 배치된다(헌법재판소 1997. 7. 16. 선고 95헌가6-13(병합) 결정).

3) 우리나라에는 친족회와 유사한 관습상의 단체인 종중이 있고 여성은 회원이 될 수 없었다. 종중은 공동선조의 분묘수호와 제사 및 종원 상호간의 친목을 목적으로 하여 공동선조의 후손 중 성년 남자를 종원으로 구성하는 동족의 자연발생적인 독특한 단체이다.

4) 출가한 여성이 더 이상 출가외인으로 취급되지 않는 우리의 변화된 가족관계, 양성평등에 대한 국민의식, 교통과 통신의 발달에 의한 사회환경의 변화 등을 고려할 때 성년 여성에게 종원 자격을 부여하고 종중에 참여 여부는 개인의 의사에 맡겨두는 것이 종중의 본질과 특성에 부합할 뿐만 아니라 오늘날의 법질서와 우리 사회의 기본이념과 가치에 부응한다(대법원 2005. 7. 21. 선고 2002다1178 전원합의체 판결).

력을 갖고 있으나 사실인 관습은 당사자의 의사를 해석하는 기준이 되어 법률에 이를 인정하는 규정이 있을 때 비로소 보충적 효력을 가진다. 둘째, 관습법은 그것이 강행법규는 물론 비록 임의법규라 하더라도 법규범으로서 효력이 인정되나, 사실인 관습은 법규에 어긋나면 그 효력은 인정할 수 없는 것이 원칙이다. 이렇듯 관습법과 관습은 상이하지만 실제로는 양자는 그 구별이 용이하지 않다. 특히 사적 자치(private autonomy)[1]가 인정되는 범위 내에서 사실인 관습도 임의법규에 우선하여 해석의 기준이 되므로 양자를 구별할 실익은 적다고 하겠다.

(2) 관습법과 성문법의 관계

성문법이나 관습법은 다 같이 국가의 법으로서 그 사이에 우열이 있을 수 없다. 하지만 실제로 입법정책적 측면에서 그 차별이 발생하고, 관습법은 성문법에 대해서 보충적 효력을 갖고 성문법의 규정이 없는 경우 하위법으로서 효력을 갖는 것이 일반적이다.

1) **보충적 효력**   로마법에서는 관습법이 성문법을 개정할 수 있는 효력을 인정하였으나, 근세에 와서 성문법 우선주의로 말미암아 불문법인 관습법은 경시되었다. 1900년 독일민법과 1907년의 스위스민법은 관습법에 성문법을 보충하는 효력을 명문화하였다. 우리 민법 제 1 조는 "민사에 관하여 법률의 규정이 없으면 관습법에 의하고 관습법이 없으면 조리에 의한다"고 규정하고 있으며, 상법 제 1 조에는 "상사(商事)에 관하여 본법에 규정이 없으면 상관습법에 의하고 … "라고 규정하고 있어, 관습법은 성문법에 대해서 보충적인 제 2 차적 효력을 갖는다. 그러나 형법에서는 법이 없으면 범죄도 형벌도 없다는 죄형법정주의의 원칙상 관습법은 인정되지 않는다.

2) **법률변경적 효력**   관습법은 보충적 효력의 범위를 넘어 성문법을 변경할 수 있는 효력까지도 인정됨으로써 성문법 규정과 다른 내용의 관습법이 존재하는 경우가 있다. 상법 제 1 조는 " … 본법에 규정이 없으면 상관습법

---

1) 사적 자치란 자기 일은 자기 의사결정에 의해 자기 책임으로 자기가 행사한다는 사적 자유와 자율성을 의미한다. 아무도 자신의 법률행위를 간섭할 수 없다는 원칙으로서 자유주의와 개인주의의 산물이며 민법의 기본원칙이다. 사적 자치는 자기 결정권의 자유, 재산권의 자유, 계약자유, 과실 책임주의 등을 포함한다.

에 의하고 상관습법이 없으면 민법의 규정에 의한다"고 규정하여 상거래 관습법이 민법에 우선하여 적용됨으로써 상관습법은 상사에 있어서는 민법에 대한 보충적 효력과 변경적 효력을 함께 갖고 있다.

Ⅲ. 판 례 법

1. 판례법의 뜻

판례법(judge-made law, case law)이란 법원의 판례를 통해서 형성된 성문법화되지 않은 법규범을 뜻한다. 판례법은 법원의 판결 자체가 판례법이 되는 것이 아니라, 재판에서 동일한 취지의 판결이 반복되거나 최고법원의 판례를 법의 연원으로서 인정하는 경우에 성립되는 불문법이다. 관습법이 일반 사회인에 의해 생성된 자연적인 대중법이라면, 판례법은 법조인에 의해 형성된 법리적인 법조인 법으로서 관습법과 밀접한 관계에 있다. 판례법은 선례가 반복되는 의미에서 관습법의 형태를 갖고 불문법을 성립시키는 데 밀접한 관계에 있으나, 법원의 판결이라는 점에서 관습법과 다르다.

2. 판례법의 법원성

불문법주의인 영미법에서는 판례는 재판의 단순한 판결이 아니라 그 자체가 선례가 되어 판례법으로서 법원이 된다. 영미법은 판례법이 제1차적 법의 연원이 되는 판례법주의이기 때문에 구체적 사건에 대한 법원의 판결이 곧 법이 된다. 법원의 재판은 선례구속의 원칙(doctrine of stare decisis) 내지 선례존중의 원칙에 따르는 것은 필연적이다.[1] 이것은 사회의 안정을 위한 기득권(vested power) 존중의 원칙에서 기원한 것이다. 홈스는 "법은 법원에서 말해지는 것 이외에 아무것도 아니다"라고 하여 법원의 판결이 법이 되기 때문에 판례의 중요성을 강조하고 있다. 영국의 보통법 질서는 이러한 판례의 축적에서 이루어진 생동하는

---

1) 미국 야구선수가 구단의 일방적인 트레이드 통보에 대해 커미셔너에게 이의 철회를 요청하였으나 거절되자, 메이저리그(MLB)를 반독점법 위반으로 제소한 사건에서 연방대법원은 야구를 반독점법의 예외로 판시한 1922년 Holmes의 판결을 따름으로써 선례구속의 원칙을 인정하였다(Flood v. Kuhn, 407 U.S. 258, 92 S. Ct. 2099, 32 L. Ed. 2d 728(1972)).

법(law in action)이다.

이에 비하여 대륙법계에서는 법원의 판결은 다른 판결에 구속받지 않는 것을 원칙으로 하기 때문에 판례법이 법원이 될 수 있느냐 하는 문제가 제기된다. 성문법국가의 판례는 사법권 독립의 원칙상 법으로서의 법규범적 효력은 일반적으로 부정되고, 실정법 해석을 위한 사실상 해석의 기준이 되는 효력에 불과하다. 그러나 판례는 구체적 사실의 판단에 대한 법적 기준이므로 법적 구속력은 성문법 못지않게 강한 것이다. 법관은 헌법과 법률에 의하여 그 양심에 따라 독립하여 심판할 수 있기에(헌법 제103조) 판례의 법적 구속력이 제도적으로 인정되고 있지 않다. 실제로 법적 안정성을 위해 사회질서를 규율하는 효력이 강한 판례를 변경하기 어렵기 때문에 대륙법계에서도 판례는 사실상 법적 구속력을 갖는다.

사법부의 위헌심사를 통해 위헌입법을 변경·폐지할 수 있다. 법을 선언하는 사법적 해석인 판례가 성문법의 효력을 폐지함으로써 판례는 사실상 법적 구속력을 갖고 새로운 입법을 위한 근거가 된다. 판례에 의해 새로운 법을 제정하는 결과가 되어 사법에 의한 입법(judicial legislation)으로 나타난다. 새로운 판례를 만드는 것은 성문법의 개정보다 절차상 용이하다. 실제로 판례가 성문법에 대해 수정적·보충적 역할을 함으로써 판례법의 법원성(法源性)은 확고해지고 성문법 제정을 선도한다.

Ⅳ. 조   리

조리(law of nature, Natur der Sache)는 사물의 합리적·본질적 법칙인 사물필연적 도리로서 국가가 법규범으로서 인정한 법적 원리를 말한다. 조리는 사회 공동생활에서 이성적으로 승인된 사물의 본질적인 자연의 법칙 또는 정의에 따른 법의 일반원칙을 가리키며, 실정법 질서의 존재와 가치의 기초가 된다. 조리는 사회통념·경험법칙·공서양속(公序良俗)·신의성실의 원칙·법의 일반원칙·정의·자연법 등으로 표현되기도 하나, 일반적으로 합리성과 구체적으로 타당성이 있는 포괄적·보편적 가치를 그 내용으로 한다. "조리가 아닌 것은 법이 아니다", "법의 조리는 바로 법의 정신이다"라고 하여 조리가 법 그 자체는 아니지만 조리가 법의 내용을 이루고 있다는 것을 보여주고 있다. 조리는 일반적으로 법의 흠결을 보완하는 재판의 근거와 기준을 뜻한다.

사회생활관계는 복잡·다양하고 변화하는 것이기 때문에 아무리 치밀하게 성문법이 갖추어지고, 관습법·판례법이 발달한다고 하더라도 사회가 필요로 하는 모든 법률관계를 남김없이 규정한다는 것은 사실상 불가능하다. 적용할 법이 없으면 재판을 할 수 없는 재판 불능(non liquet)이 원칙이다. 하지만 국민의 재판청구권이 있는 한 법원은 구체적 사건에 적용할 법규가 없다는 이유로 재판을 거절할 수 없음은 물론이다. 형사사건에서는 법이 없는 경우는 무죄이나, 민사사건에서는 법관은 법의 흠결을 보충하여 판결을 하지 않을 수 없는 것이다. 이 경우에 법관은 '자기가 입법자라면 규정할 수 있는 원칙'인 조리에 따를 것이다.

법의 해석상 마지막 기준으로서 조리의 법원성을 필요로 함에 따라 이를 명시적으로 규정한 입법례가 많다. 스위스 민법 제 1 조 2항은 성문법이나 관습법이 모두 없는 경우 "법관은 자기가 입법자라면 법규로서 제정하게 될 것에 의하여 재판하여야 한다"고 규정하였다. 또한 오스트리아 민법 제 7 조에는 법전에 결함이 있을 때에는 '자연법적 원리'에 따르라는 규정이 있다. 우리 민법 제 1 조는 "민사에 관하여 법률에 규정이 없으면 관습법에 의하고 관습법이 없으면 조리에 의한다"고 규정함으로써 조리를 법원으로 명문화하고 있다. 그러나 형법은 죄형법정주의에 의해 범죄의 구성요건과 법적 효과를 명확하게 규정하기 때문에 민법과 달리 법의 보충적 효력인 조리의 법원성을 인정하지 않는다. 실정법에 나타난 조리의 주요 내용을 간추려 보면 헌법에는 자유·평등·정의·법적 안정성 및 인권보장, 적법절차의 원리, 행정법에는 행정의 자기구속의 원칙과 신뢰보호의 원칙, 비례의 원칙,1) 형법에는 죄형법정주의의 원칙 그리고 민법에는 신의성실의 원칙과 권리남용 금지의 원칙, 형평성의 원칙 등이 있다.

---

1) 행정법상 자기구속의 원칙이란 행정청은 스스로 정하여 시행하는 기준을 합리적인 이유 없이 변경할 수 없다는 것으로서 행정청의 자의성을 방지하여 법적 안정성을 위한 것이다. 신뢰보호의 원칙이란 행정청의 행위를 신뢰한 경우 이를 보호하여야 한다는 것으로 행정청이 행한 행위에 대해서 책임을 지라는 것이다. 비례의 원칙이란 행정권의 발동은 목적의 실현을 위한 최소한에 그쳐야 한다는 것으로 과잉금지의 원칙이라고도 한다.

제 4 절   법의 분류

법은 구속력이 있느냐의 여부에 따라 자연법과 실정법으로 크게 나눌 수 있다. 성문법인 실정법은 분류의 기준에 따라 다양하게 분류할 수 있으나, 그것은 편의상의 상대적 구분에 불과하다. 주요 법의 종류를 표로 분류하면 다음과 같다.

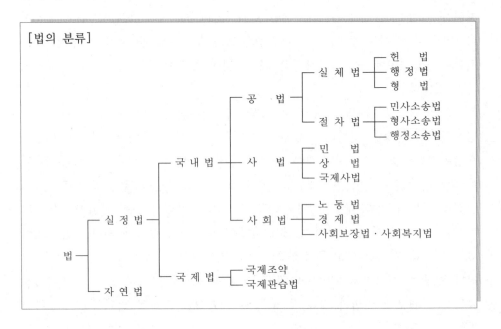

[법의 분류]

Ⅰ. 국내법과 국제법

국내법(municipal law)이란 국가의 주권이 미치는 범위 내에서만 시행되는 법을 뜻하고, 국제법(international law)은 국가 사이의 합의에 따라 국가 상호간의 권리·의무를 규율하는 국제공법을 말한다(세계저작권협약, 국가 간의 상호방위조약). 국제법은 입법기관이나 입법절차가 국내법의 경우와는 달리 각 국가의 승인에 의해 효력이 발생하는 것이 보통이며, 국내법과 국제법의 효력은 일반적으로 동일한 효력을 갖는다. 그런데 국제법과 구별하여야 할 것으로 국제사법(섭외사

법)(international private law)이 있다. 이것은 국가 간의 섭외적 사법관계에 관해서
어떤 국가의 법을 적용할 것인가를 결정하는 법으로서 국내법의 일부이다.

Ⅱ. 공법·사법·사회법

1. 공·사법의 구분

근대사회의 법질서는 개인과 국가 간의 통치관계로서의 법률관계와 개인
상호간의 대등한 관계로서의 법률관계가 이원적으로 존재하게 된다. 이러한
사회구조는 공법(public law)과 사법(private law)이라는 법의 이원적 체계를 낳게
됨으로써 헌법·형법 등은 공법에 속하고 민법[1]·상법 등은 사법에 속한다.
양법의 구분의 기준은 로마법 이후로 많은 학설상 논쟁이 있다.[2] 공·사법 구

---

1) 민법(civil law, bürgerliches Recht)은 개인의 일반적인 재산관계, 가족관계, 개인의 거래
행위 등의 사적 생활관계를 규율하는 사법관계의 기본법이며 법의 일반적 원리로서 작용
한다. 민법은 상사관계를 제외한 재산법의 중심적 기능을 하고 있다. 민법은 고대 로마의
시민권자에게만 적용하던 시민법(jus civile)에서 유래하였고, 시민법이 만민법으로 확대
적용되면서 민법의 체계를 이루었다. 우리 민법은 판덱텐 시스템에 의해 총칙·물권법·
채권법·가족법(친족법·상속법) 등으로 구성되었다. 민법전은 법조항이 1,118조에 이르
는 방대한 법전으로서 1960년부터 시행하여 30차례의 개정을 거쳐 오늘에 이르고 있으
나, 앞으로 사회변화에 따라 많은 개정이 예상된다.
2) 공법과 사법의 구분에 관한 학설은 다음과 같다.
 ① 이 익 설: 이 학설은 울피아누스가 "로마 자신을 위해 존재하는 법은 공법이고, 개
인의 이익을 위해 존재하는 법은 사법이다"라고 한 말에 기원을 두고 있으며, 이것이 로
마법 시대의 통설이었다. 공익의 보호를 목적으로 하는 법은 공법이며, 사익의 보호를 목
적으로 하는 법은 사법이라는 것이다. 그러나 실제로 공익과 사익은 서로 구분되는 명확
한 개념이 아닌 상대적인 개념이다. 법은 공익을 보호하는 동시에 사익을 보호하는 것이
기 때문에 오직 한쪽만을 일방적으로 보호하는 것은 있을 수 없다. 예를 들면 공법인 형
법은 공익보호를 목적으로 하는 동시에 개인의 생명·재산 등의 보호도 목적으로 한다.
 ② 주 체 설: 법률관계의 주체가 국가, 공공단체인 경우에 법은 공법이며, 개인인 경
우에는 사법이라고 하여 옐리네크(G. Jellinek, 1851~1911)가 주장하였다. 그러나 국가와
개인 사이의 법률관계라 할지라도 사경제 주체의 지위에서 당사자로서 대등하게 매매·
운송계약을 체결하는 관계를 규율하는 법은 사법관계이다.
 ③ 성 질 설: 법률관계의 성질에 따라 불평등한 관계를 공법이라고 하고, 대등한 관계
를 사법이라 하여 법률관계설이라도 한다. 법률관계를 권력자와 복종자 간의 종속적 법률
관계와 대등한 당사자 간의 평등한 법률관계로 구분한 것이다. 그러나 국제법이 국가 대
국가의 평등관계를 규정한 이유로 사법이 되어야 하고, 또한 민법상 부자관계가 평등관계

별의 필요성은 특정한 법적 규율을 적용하는 법기술적 요청에서 찾을 수 있다. 공·사법의 구별은 법적 분쟁에서 소송절차인 행정소송 또는 민사소송의 관할권을 결정하기 위해 필요할 뿐만 아니라 적용할 법규에 공법원리(명령복종관계) 또는 사법원리(대등한 계약관계) 중 어느 것을 적용하느냐의 문제로 귀결된다.[1] 또한 공법에서는 국가생활관계를 규율하게 되므로 대체로 사적 자치의 원칙이 배제되고, 사법에서는 일반적으로 사적 자치의 원칙이 적용되나 민법의 근친혼 금지(민법 제809조) 등의 금지규정에는 적용이 배제된다.

가 아니므로 공법관계가 되는 모순에 빠진다.

④ 생활관계설: 법률관계에서 정치적 생활관계인 권력적 통치관계를 규율하는 법을 공법이라 하고, 개인적인 생활관계인 비권력적인 동등한 생활관계를 규율하는 것을 사법이라 한다. 푸흐타(G. Puchta, 1798~1846)는 개인이 국가의 구성원으로서 이용하는 법은 공법이고, 개인으로서 이용하는 법은 사법이라고 하여 법률상의 명령·복종관계를 규율하는 법만이 공법이 된다. 이 설은 실제로 성질설과 큰 차이가 없다.

⑤ 귀 속 설: 권리·의무를 국가 또는 공권력의 주체에게 귀속시키는 법을 공법이라 하고, 사경제의 주체에게 귀속시키는 법을 사법이라 하여 법규의 귀속주체에 따라 공·사법을 구분한다. 권리·의무가 귀속하는 주체의 차이에 있다는 것으로 법규설이라고도 한다. 그러나 법률관계가 공법과 사법에 동시에 규율되는 경우를 설명하지 못한다.

⑥ 구별부인론: 국가와 개인 간의 관계는 법률상 권리와 의무의 관계이므로 공법관계나 사법관계는 본질적인 차이점이 없다는 이유로 공·사법의 구별을 인정하지 않는 법일원설(法一元說)이 있다. 오스틴은 '법은 주권자의 명령'으로서 법은 모두 국가에 의해 강제된다고 하였다. 뒤기(L. Duguit, 1859~1928)는 사회연대를 강조하는 입장에서 형식상의 기준인 양법의 구분을 부인하였다. 켈젠은 법의 이데올로기적인 영향을 배제하고 순수 법학적 측면에서 양법의 구분을 부인하였다. 영미법에서는 양법을 구별하는 법이원론은 사권과 공권의 구별을 전제한 것으로서 법 앞의 평등의 원칙에 어긋나, 공·사법의 일원주의를 주장한다.

⑦ 결 어: 실정법상 공법은 공익적·국가적·강제적·복종적 관계의 규율을 내용으로 하고, 사법은 사익적·개인적·자율적·평등적 관계를 내용으로 하는 특색이 있다. 따라서 공권력의 내용을 이루는 헌법·형법은 공법에 속하고, 개인의 신분과 재산관계를 다루는 민법·상법은 사법에 속한다. 그러나 공법과 사법 중 어느 것이 우위이냐에 관해서는 법의 역사적 변천과 가치관계에 따라 다를 것이다. 개인의 자유와 평등을 보장하기 위해서는 법 앞에 평등의 원칙에 따라 공법(권)과 사법(권)의 구별은 인정할 수 없다. 여기에 법의 지배의 원칙이 철저히 관철된 영미법이 공·사법의 구별을 부인한 이유가 있는 것이다.

1) 국립대학생의 징계처분은 사립대학과 달리 공법관계로서 행정소송에 관한 사항(대법원 1991. 11. 22. 선고 91누2144 판결)이고, 한국방송공사 직원채용관계는 사법적인 관계로서 공권력의 행사에 해당하지 않는다(헌법재판소 2006. 11. 30. 선고 2005헌마855 결정).

2. 공·사법의 구별의 상대성

법을 공법과 사법으로 나누는 것은 로마법 이래의 전통적인 법의 분류이나, 그 구별의 표준에 관한 정설은 없다. "사법은 공법의 모체이다"라고 주장하기도 하고, 이와 달리 "사법은 공법의 후견에 복종한다", "모든 사법은 공법의 지반 위에 존재한다"고 주장한다. 공·사법의 구분은 근대사회에서 국가와 사회의 이원화를 전제로 국가에 대해서는 특별한 법적 지위를 인정하려는 정치적 이데올로기 내지 법인식의 소산이라고 할 수 있다. 국가는 개인보다 우월한 지위를 인정하는 국가지상주의에서 나온 이론이다. 자유주의적 견해에 의하면 사법이 모든 법의 중심이며 공법은 사법의 울타리에 불과하다고 한다. 이에 비하여 국가주의적 견해에 의하면 사법은 공법의 범주 내에서 인정되는 사적인 활동범위를 의미할 뿐이다. 또한 양법의 구분은 본질적·필요적인 것이 아니며 분명하지도 않은 법의 분열이라는 비판도 있다. 영미법이 공권력의 남용을 우려하여 법 앞에 평등의 원칙에 의해 공·사법의 구분을 인정하지 않고 공·사법 일원화로 운영하는 것은 의미가 있다.

양법의 구분은 법 그 자체의 본질적·절대적인 구별이 아니고, 특정한 정치적·사회적인 기반 위에서 실제상의 필요에 의해 나타난 상대적인 구별에 불과하고 법기술적인 요청에 따른 구분일 뿐이다. 양법의 구분실익은 실체법적 측면에서는 적용법리의 결정기준이 되고 절차법적 측면에서는 소송절차의 편익에 있다. 양법의 구별이 강조되던 시기는 강력한 중앙집권적 전제국가가 존재하던 로마시대 및 근세였다. 19세기 자유방임주의시대에는 개인에 대한 국가의 간섭은 최소한으로 그치고, 사적 자치를 최대한으로 보장하여 사법의 영역이 확대되었다. 복지주의를 지향하는 근대국가는 사적 자치를 제한하여 사법의 공법화 경향이 나타남으로써 점차 공법의 영역이 확대되었다. 그 결과 공법·사법 구별이 명확치 않게 되었고, 공사법의 분화에서 양법의 융합이 필요함에 따라 사회법의 발달을 가져왔다.

3. 사 회 법

복지국가주의는 모든 사람에게 인간다운 생활을 보장하기 위해 경제에 대해 국가의 적극적인 관여가 필요하다. 종래의 개인중심의 시민법 원리로는 감당할 수 없는 사회적·경제적 문제를 해결하기 위해 서로 다른 성질의 공법원리와 사법원리가 공존하는 새로운 법체계로서 사회법이 출현하였다. 사회법은 공법도 사법도 아닌 양법의 요소를 동시에 가지고 있는 공·사법이 융합한 법이다. 복지국가의 구현을 위해 사회법이 크게 발달하고 있으며, 사회법에는 노동법, 경제법, 사회보장법 등이 있다.[1]

Ⅲ. 일반법과 특별법

일반법과 특별법의 구별은 법의 효력범위가 일반적·보편적 사항에 대한 것인가 또는 특수적인 사항인가를 기준으로 하여 법을 분류한 것이다. 일반법은 사람·사항·장소 등에 대해서 일반적으로 공통적인 효력범위를 갖고 적용되는 보편적인 법을 의미하고, 특별법은 특정한 사항에 국한된 효력범위를 갖는 법으로서 특례법이라고도 한다. 특정한 사항을 일반법으로 적용하기에는 적절치 않아 특별히 대응하기 위해 특례법이 필요한 것이고, 특별(례)법이란 명칭이 없이도 내용상 특별법적 지위에 있는 법률도 있다(민법의 특별법으로서 상법). 일반법과 특별법을 구별하는 실익은 법의 적용순위에서 특별법은 일반법에 대하여 우선적으로 적용하여 그 효력을 명확하게 하기 위해 필요하다. 이것은 "특별법은 일반법에 우선한다"(lex speciales derogat legi generali)고 하는 특별법 우선의 원칙으로 법적용상 중요한 원칙이다. 이와 관련하여 일반법은 넓게, 특별법은 좁게 해석하여야 한다는 원칙이 있다.

원칙법과 예외법이 일정한 사항에 관하여 그 원칙과 예외를 정하는 법인데 비하여 일반법과 특별법의 관계는 이보다 광범위한 사항에 관한 법효력의 관계인 점에서 차이가 있다. 일반법과 특별법 양자의 구별로 인적·지역적 사항 등의 기준과 범위에 따라 법적용을 달리한다. 특별법은 기본 법전의 일반

---

1) 이 책, 제15장 법과 복지국가주의 참조.

법의 분야에 속하면서도 특별한 지위를 가진다. 예를 들면 집단적 · 상습적 폭력행위를 엄벌하기 위해 형법상 폭행죄(형법 제260조) 대신에 특별법으로 '폭력행위 등 처벌에 관한 법률'을 적용한다. 또한 가정폭력을 예방 · 근절하기 위해서는 폭력범 처벌로서는 충분하지 않아 특별법인 '가정폭력범죄의 처벌 등에 관한 특례법'과 '가정폭력방지 및 피해자보호 등에 관한 법률'을 제정하였다.

[가정폭력에 관한 특별법]

가정폭력에 대한 법의 개입은 가정문제 불개입 원칙에 따라 자제하였다. 그러나 가정폭력이 심각해지자, 가정폭력을 예방하고 피해자를 보호하여 건전한 가정을 육성하기 위해 '가정폭력범죄의 처벌 등에 관한 특례법'과 '가정폭력방지 및 피해자보호 등에 관한 법률'이 제정되었다. 자녀 · 부부간 · 노인 등에 대한 폭력과 학대 등은 가정 구성원에게 신체적 · 정신적 또는 재산상의 피해를 수반하는 폭력행위로서 누구든지 가정폭력을 신고 · 고발할 수 있다. 가정폭력범죄의 현장에 출동한 사법경찰관은 피해자를 보호하기 위해 신고된 현장에 출입하여 조사할 수 있으므로(가정폭력방지 및 피해자보호 등에 관한 법률 제9조의4) 잠긴 문 안에도 강제로 들어갈 수 있다. 그러나 경찰에게 응급조치로서 폭력을 막을 권한을 주었으나 가해자를 영장 없이 체포할 권한은 없다.[1] 경찰은 법원의 결정 없이도 가정폭력의 가해자가 피해자에게 100m 이내 접근할 수 없도록 조치할 수 있다(가정폭력범죄의 처벌 등에 관한 특례법 제8조의2). 법원은 가해자의 격리 · 접근제한 · 구치소 수감 · 요양소 위탁 등의 임시조치와 접근금지 · 친권행사제한 · 사회봉사 · 수강명령 · 보호관찰 · 감호위탁 · 치료위탁 · 상담위탁 등의 보호처분을 할 수 있다.

Ⅳ. 실체법과 절차법

1. 실체법과 절차법의 뜻

실체법과 절차법은 법규범의 효력의 실질적 종류에 따른 분류이다. 실체법(substantive law)이란 권리와 의무의 실체인 권리 · 의무의 종류 · 변동 · 효과 ·

---

1) 미국에서 가정폭력이 발생한 경우 경찰은 피해자와 가해자를 격리시키고 영장 없이 가해자를 현장에서 체포할 수 있다.

내용 등에 관해 규정하는 법을 지칭한다. 절차법(adjective law)은 실체법의 내용을 실현하기 위한 절차에 관한 법을 말하며 소송법이라고도 한다. 헌법·민법 등은 실체법에 속하고, 형사소송법·민사소송법 등은 절차법에 속한다. 절차법 가운데는 직접 소송에 관한 것과 그렇지 않은 것이 있으며, 민사소송법·형사소송법 등은 전자에 속하고, 부동산등기법은 후자에 속한다.

2. 실체법과 절차법의 관계

실체법은 절차법이 있음으로써 법을 구체적으로 적용할 수 있기 때문에 양자의 관계는 실체법이 목적인 데 비하여, 절차법은 수단을 의미하여 상호 불가분의 관계에 있다. 특히 범죄수사에서 실체적 진실발견이라는 실체법의 적용도 중요하지만, 개인의 권익과 인신보호를 위해서는 절차적 과정의 중요성도 더욱 강조된다. 인권을 구체적으로 보장하기 위한 적법절차 조항과 행정의 민주화와 적정화를 위한 행정절차법 등은 절차법적 보장을 통해 실체법에 규정된 기본권을 실질적으로 보장하기 위한 법적 장치이다. 법원은 실체법과 절차법이 서로 저촉되는 경우에 실체법에 의하는 것이 원칙이다. 실체법이 존재하지 아니하더라도 재판을 거절할 수 없기 때문에 무죄판결이나 조리에 따라 판결을 할 수 있으나, 절차법이 없을 때는 재판을 진행할 수 없을 것이다.

V. 강행법과 임의법

1. 강행법과 임의법의 뜻

강행법이란 당사자의 의사에 관계없이 적용이 강요되는 법을 가리키고, 임의법(任意法)이란 당사자가 법에 규정된 바와 다른 의사의 표시가 허용되는 법을 말한다. 당사자의 의사에 의해 법의 적용을 배제할 수 있는지의 여부에 따른 법의 분류이다. 공법규정의 대부분은 강행법에 속하고, 사법분야는 임의법이 많아 일반적으로 선량한 풍속, 사회질서, 공공의 복지, 국민의 의무에 관한 규정은 강행법이고, 개인 상호간의 권리에 관한 규정은 임의법으로 되어 있다. 또한 강행법규는 사적 자치의 한계를 규정하고 임의법규는 사적 자치를 보완하는 의미가 있다. 그러나 강행법과 임의법과의 구별은 반드시 공법과 사법의 구별에 일치하는 것은 아니다. 예를 들면 민사소송법은 공법에 속하지만, 재판관할에 관하여 당사자의 합의로 관할 법원을 정할 수 있다는 규정(민사소송법 제29조)은 임의법규이다. 반대로 민법은 사법이지만 ① 행위능력 제도에 관한 규정(민법 제5조 이하), ② 물권의 종류·내용에 관한 규정(민법 제185조), ③ 친족·상속에 관한 규정(민법 제826조 이하, 제909조 이하, 제1000조 이하) 등은 강행규정이다.

2. 강행법과 임의법의 관계

법규가 강행법인가 임의법인가에 관해서 법조문에 규정한 경우, 예를 들면 '당사자의 특별한 의사표시가 없으면'(민법 제468조)이라든가, '다른 의사표시가 없으면'(민법 제473조), 또는 '할 수 있다'라고 규정한 경우는 임의법이다. 그러나 이에 대한 규정이 없는 경우에 강행법인가 임의법인가의 구별은 법의 해석에서 중요한 뜻을 갖는다. 법규정의 목적·내용·성질 등을 종합적으로 검토하여 당해 법규가 공익을 목적으로 하고 있는지에 따라 구체적으로 판단하여야 할 것이다. 양자의 구별의 실익은 당사자가 법규의 내용과 상이한 의사표시나 행위를 한 경우에 각각 효력을 달리한다는 데 있다.

임의법은 의사표시 그 밖의 행위가 임의법규의 내용과 상이한 경우에도 유효하거나(민법 제105조) 또는 적어도 불법한 것이 되지 않는다. 하지만 그것이 강행법규에 위반한 것인 경우에는 무효이거나(민법 제103조 참조), 취소할 수 있고(민법 제5조 2항 참조), 또는 일정한 제재를 받게 된다(민법 제97조, 상법 제622조 이하 참조). 또한 강행법은 법률행위 해석의 절대적 기준이 되고 있으나, 임의법은 법률행위의 해석에서 당사자의 의사나 관습에 이은 제3의 기준이 된다(민법 제106조). 행정법규에서는 행정의 신축성을 위해 행정청의 재량권을 인정하는 임의규정이 있다(예를 들면, '허가하여야 한다'가 아니라 '허가할 수 있다').

한편 강행법은 효력적 규정(능력규정)과 제한적 규정(단속규정·명령규정)으로 나눌 수 있다. 양자는 모두 일정한 행위를 금지하는 규정이지만, 법규위반의 효력 자체가 부인되느냐 또는 오직 제재만이 따르느냐에 의한 구별이다. 효력적 규정은 그 내용이 법률상의 능력에 관한 것으로서 이에 위반한 행위를 무효로 한다. 예를 들면 관할 기관의 공무원이 아닌 자와의 계약은 능력규정에 위반하여 무효이다. 제한적 규정에 위반한 행위는 반드시 무효가 아니라 유효를 인정하나, 위반행위자에 대해서 일정한 제재를 가한다(행위는 유효, 행위자는 처벌). 예를 들면 부정물품을 거래하는 경우 거래행위가 반드시 무효가 되는 것이 아닐지라도 거래위반자에게 제재를 가한다.

또한 임의법은 보충규정 및 해석규정으로 나누어진다. 양자 모두 당사자의 불완전한 법률행위를 보완한다는 점은 같다. 그러나 당사자의 의사표시가 결여된 경우에 법이 이를 보충하여 당사자의 의사에 상관없이 적용하는 것이 보충규정이다(민법 제133조, 제408조). 해석규정은 당사자의 의사표시가 존재하긴 하나, 그 의미가 불명확하여 의문이 있는 경우에 이를 결정하기 위해 적용되는 것이다(민법 제398조 4항, 제436조).

Ⅵ. 원칙법과 예외법

원칙법이란 일반적으로 적용되는 법을 말하며, 예외법이란 원칙법에 대하여 예외를 인정함으로써 원칙법을 배제하여 적용되는 법을 말한다. "예외 없는 법칙은 없다"(There is no rule but has exception). 예외는 그 자체가 규칙이라고 할 정도로 법은 예외를 인정하고 이를 최소한으로 줄이는 것이 법의 임무가 되었다. 원래 원칙법의 규정은 보편적·추상적이기 때문에 이것을 일률적으로 적용한다면, 오히려 불합리한 결과가 발생될 경우가 있을 것이므로 이를 조정하기 위해 예외법을 두었다. 예를 들면 "사람은 생존한 동안 권리와 의무의 주체가 된다"(민법 제3조)는 규정은 원칙법이나, "태아는 상속순위에 관하여는 이미 출생한 것으로 본다"(민법 제1000조 3항)고 하는 규정은 예외법이다. 동일한 하나의 법규 안에 원칙법과 예외법이 같이 포함되어 있는 경우도 있다. 예를 들면 민법은 "미성년자가 법률행위를 함에는 법정대리인의 동의를 얻어야 한다"(민법 제5조 1항)고 규정하여 미성년자의 행위능력을 일반적으로 제한하고, 그 단서(但書)에서는 "권리만을 얻거나 의무만을 면하는 행위는 예외로 한다"는 규정인데, 대체로 법령 가운데 단서는 예외법으로서의 성격을 갖는다.

원칙법에 대해서는 유추해석이나 확장해석이 허용되지만, "예외법은 엄격히 해석하여야 한다"(Exceptio eststrictissimae interpretationis)고 하는 해석상의 원칙이 있으므로 예외법의 확장해석은 인정하지 않는다. 원칙법의 증명책임은 원고 또는 청구자에게 있는 것이 원칙이나, 예외법을 적용하는 전제조건이 되는 사실의 증명책임은 일반적으로 피고 또는 피청구자에게 있다. 원칙법과 예외법은 어떤 특정한 사항에 관해서 그 원칙과 예외를 정한 법이지만, 일반법과 특별법은 이보다 넓은 범위의 특정한 사항에 대해 효력범위를 규정하고 있는 법이라는 점에 차이가 있다. 따라서 원칙법과 예외법은 동일한 법령 중에서 또는 동일한 조문 중에서 구별되나, 일반법과 특별법은 다른 법령과 법령 사이에서 구별되는 것이 일반적이다.

Ⅶ. 그 밖의 법 분류

1. 고유법과 계수법

고유법(indigenous law)은 국가 또는 민족 고유의 사회적·역사적 흐름 속에서 자연적으로 생성된 법이고, 계수법(adapted law)은 타국의 법률제도와 사상을 받아들여 제정한 법이다. 계수법에는 국가의 입법정책으로 계수하는 입법적 계수(일본의 독일민법 계수)와 사회의 관행적 계수(나폴레옹 민법의 이태리 계수, 게르만 민족의 로마법 계수)가 있다.

2. 기본법과 부속법

기본법은 정책의 기본목표나 방침을 규정하는 법이고(근로기준법), 부속법은 기본법의 시행 조치를 규정하는 법으로서 관계법 또는 보충법이라고도 한다(최저임금법).

3. 모법과 자법

법률이 다른 법률에 근거가 되는 법은 모법이고(민법), 모법의 시행에 관련한 법은 자법이다(부동산등기법). 또는 고유법을 모법(mother law), 계수법을 자법(filial law)이라고도 한다.

4. 조직법과 행위법

조직법은 국가제도의 조직과 운영에 관한 법이고(정부조직법), 행위법은 사람의 행위를 규율하는 법이다(형법).

5. 행정 관련법과 사법 관련법

행정 관련법은 행정기관의 조직과 작용에 관한 법으로 합목적성을 요구한다. 사법 관련법은 재판의 내용과 절차, 법원의 조직에 관한 법으로 실체법과 소송법을 포함하며 합법성과 법적 안정성을 강조한다.

6. 속인법과 속지법

속인법은 자국인이면 국내외 거주를 불문하고 자국법을 적용하는 법으로서 속인주의와 맥을 같이 한다. 속지법은 자국 영토 내의 모든 사람을 관할한다는 속지주의를 내용으로 한다.

7. 가족법과 재산법

가족법은 친족관계와 상속을 규율하는 신분법(친족법, 상속법)이고, 재산법은 재산적 이해관계에 관한 법(물권법, 상법)이다. 가족법은 가족의 신분관계를 규율하기 때문에 보수성·특수성이 강한 데 비하여 재산법은 합리성·보편성을 강조한다.

제 4 장

법의 이념

제 1 절 법이념의 뜻

법의 이념이란 법에 의해 달성하려고 하는 목적 또는 목표를 뜻하는 동시에[1] 법의 가치를 평가하는 척도가 된다. 법의 이념은 '법은 무엇을 위해 존재하는가' 하는 법의 실질적인 문제로서 법의 근원적인 존재가치를 규명하는 것이다. '법은 무엇인가' 하는 것이 법의 개념에 관한 외형적 문제라면, '법은 무엇이어야 하는가? 법다운 법은 무엇인가?' 하는 것은 법의 이념에 관한 내면적인 문제이다. 이념과 개념은 밀접한 관련을 맺은 유사한 뜻이나 양자는 서로 다른 의미와 가치관을 가지며 법개념은 법이념에 의해 정립된다. 법의 이념은 법의 근원에 존재하는 법의 가치와 실현의 지표로서, 법의 이상을 말하고 법의 기본원리를 제시한다. 또한 법이념은 법의 개념을 정립한 법의 정신으로 법의 목적과 기능의 관계로 직결된다.

법은 법이념에 봉사하는 실제적 규범으로서 법의 이상적 가치를 법이념에서 추구한다. 법이념의 문제는 법 해석의 관건으로서 법철학의 주요과제이다. 법의 이념은 법의 가치판단에 대한 법의 내재적·목적적 문제이다. 칸트는 "형식 없는 내용은 맹목적이고 내용 없는 형식은 공허하다"고 하였다. 이념은

---

[1] 이념은 가치에 대한 원리적인 의미가 함축되고 개념보다 상위의 가치로서 개념을 결정한다. 괴테는 "이념을 두려워하는 자는 결코 개념도 갖지 못한다"라고 말하였다. 목적은 가치와는 관계없이 추구하는 표상인 데 비하여 이념은 단순한 목적이 아니라 가치 지향적 이상이며 원리이다. 이념은 목적이 될 수 있어도 목적 그 자체가 이념일 수 없다. 이념과 목적은 엄격한 의미에서 뜻을 달리하나, 법이 실현하여야 할 가치기준인 포괄적 개념으로 일반적으로 동일하게 이해한다.

내용을 담아야만 목적을 실현할 수 있고 내용은 형식을 통해 효율적으로 이루어질 때 내용과 형식이 합치하여 목적 본연의 의미를 구현할 수 있다. 법은 법의 이념을 지향함으로써 사회의 모든 사회규범을 통합하고 강제력을 행사하는 근거가 된다.

법의 이념에 대해서 다양한 견해가 있으나[1] 이를 요약하면 자유·평등·정의·평화·문화·공공복리 등을 내용으로 하고 있다. 개별법에도 각각 그 추구하는 고유의 목적(예를 들면 헌법상 권력분립주의 원칙, 민법상 사적 자치의 원칙)이 있으나, 법의 이념은 이들보다 상위 개념으로서 법을 지배하는 기본원리이자 법의 가치이다. 헌법은 제정 유래와 기본이념을 헌법전문(preamble)에 선언하여 국가의 이념과 체제를 규정하는 것이 일반적이다.[2] 헌법이념은 자유·평등·정의·평화·공공복리 등의 개념의 정립에 그치지 않고 궁극적으로 이를 구현하려는 헌법 의지의 문제로 직결된다. 자유·평등·정의·평화·공공복리 등은 서로 밀접하게 관련되어 있기 때문에 분리하여 논의할 수 없을 정도로 함께 인권보장과 이상주의를 지향함으로써 법의 이념이 된다.

---

1) 법의 이념을 ① 플라톤(Platon, B. C. 428~348)은 정의를 원칙으로 하는 도덕생활의 실현, ② 루소(J. Rousseau, 1712~1778)는 개인의 자유와 평등의 보장, ③ 칸트는 개인의 자유로운 인격의 보장, ④ 벤담은 최대 다수의 최대 행복(the greatest happiness of the greatest number), ⑤ 피히테(J. Fichte, 1762~1814)는 민족의 유지·발전, ⑥ 헤겔은 보편의지와 특별의지의 통합, ⑦ 예링은 사회 공존질서를 위한 사회생활 조건의 보장, ⑧ 코올러(J. Kohler, 1849~1919)는 문화주의, ⑨ 슈타믈러(R. Stammler, 1856~1938)는 자유를 향한 인간 공동체의 이상, ⑩ 파운드는 시간과 장소에 따른 문화의 법적 공리를 각각 제시하였다. ⑪ 라드브루흐는 법의 이념으로서 정의·합목적성·법적 안정성 등을 들고 개인주의와·단체주의가 조화하는 문화주의를 강조하였다. 정의·합목적성·법적 안정성 등은 법의 이념으로서 널리 인용되고 있다.

2) 헌법은 전문에 ① 대한민국의 건국이념, ② 민족단결과 정의·인도·동포애의 실현, ③ 자유민주주의적 기본질서의 확립, ④ 국민의 기본권 보장, ⑤ 책임과 의무의 강조, ⑥ 국제평화주의의 추구 등을 선언하였다. 헌법전문의 정신을 구체적으로 시행하기 위해 헌법의 기본이념은 ① 국민주권주의, ② 자유민주주의, ③ 권력분립주의, ④ 기본권 존중주의, ⑤ 복지국가주의, ⑥ 문화국가주의, ⑦ 국제평화주의, ⑧ 사회적 시장경제주의, ⑨ 평화통일주의 등을 제시하고 있다.

제 2 절 자유와 평등

Ⅰ. 자유와 평등의 개념

1. 자 유

자유는 외부의 간섭이나 강요에 얽매이지 않고 자신의 선택에 따라 행복을 추구하는 권리인 동시에 인간의 본성이자 삶의 조건이다.[1] 자유는 공짜가 아닌 (Freedom is not free) 권력과의 오랜 투쟁의 결과 획득한 고귀한 산물로서 최대한 보장하여야 할 인간의 권리이다. 자유의 보장은 인류의 보편적 가치이며 인권보장의 상징이다. 루소는 "인간은 자유롭게 태어났으나 세상 도처에서 쇠사슬에 묶여 있다"고 하여 천부인권설을 주장함으로써 자유권은 국가 이전의 절대적 권리라고 주장하였다. 자유권은 본래 개인의 권리에 대해 국가권력의 불간섭을 요청할 수 있는 소극적 의미의 권리이다. 자유는 국가에 대한 권리 (right against the state)이고 국가에 대하여 적극적으로 어떠한 행위를 요청할 수 있는 적극적 권리는 아니다. 자유권은 개인의 가치와 자유·행복을 최우선적으로 보장하기 위해 국가권력의 최소한의 행사와 자유방임주의를 요구하였다.

인신보호에서 시작한 자유는 자유권을 위한 시민혁명으로 이어지고, 그 후 자유권은 정치적·경제적·사회적 영역 등의 소극적 자유에서 인간생활의 질을 향상시키는 적극적 자유로 발전하였다. 자유는 무엇으로부터의 자유에서 무엇을 위한 자유로 진화하였다. 헨리(P. Henry, 1736~1799)의 "자유가 아니면 죽음을 달라"는 자유에 대한 인간의 절규는 "인간은 존재하기 때문에 자유이다"라는 영원한 메시지로 살아 있다. 그러나 자유는 위대하나 인권보장을 위한 만능이 아니며 만능이 될 수 없다. 자유는 자유를 남용하는 자유의 적에 대한 자유까지 보호할 수 없으며, 자유의 남용에 대한 통제가 있을 때 존재할 수 있다.[2] 자유는 자기 마음대로의 일방적인 것이 아니라 타인의 자유를 존중하

---

1) 자유의 개념에 대해서 많은 논의가 있다. 헤겔은 자유의 개념을 첫째 내면적인 자유, 둘째 자신의 욕망을 실현하는 행동적인 자유, 셋째 다른 인간과의 공동생활 속에서 자신의 본연의 존재방식을 발현하는 사회적인 자유라고 보고 있다.

2) 링컨(A. Lincoln, 1809~1865)은 "타인의 자유를 부인하는 자는 자신의 자유도 누릴 가

고 그것과 공존할 때 가능한 상대적 가치이다.

자유는 개인주의와 밀접한 관련을 갖고 있으나 개인주의 그 자체는 아니다. 자유를 제도가 아닌 인간의 조건으로 보고 국가 이전의 절대적 권리로서의 자유권의 개념을 고집할 수는 없다. "자유는 제도가 아니고 그 자체이다"라는 논리는 무제한의 자유를 요구하는 반면에 "자유는 제도일 수밖에 없다"는 것은 자유를 법적 개념으로 설명하는 것이다. 칸트는 "자유의 법칙은 서로의 자유를 방해하지 않는 범위에서 자신의 자유를 확장하는 것이다"라고 하였다. 자유를 누리기 위해서는 다른 사람의 자유도 보장하는 전제조건이 있어야 한다. 자유를 인간의 조건으로 보장하더라도 자유는 자유의 책임성을 강조하는 국가 안에서의 자유(freedom in the state)를 의미하고 자유의 절대성을 주장하는 자유지상주의(libertarianism)와 구분되어야 한다. 자유는 자유방임주의나 이기주의를 의미하는 것이 결코 아니며 자유에 대한 책임을 질 때 누릴 수 있는 권리이다. 자유를 남용하기 위해 자유를 이용하는 것은 결코 허용할 수 없다. 자유는 창의성과 자율성을 바탕으로 자유의 가치 향상을 지속적으로 추구하는 유연성에 자유의 위대성이 있다.

2. 평   등

평등이란 국가에 의한 차별적인 대우를 받지 아니함을 의미하고 다른 사람과 같은 권리와 기회를 부여받는 것이다. 평등은 다른 사람보다 더 평등한 것(more equal than others)이 아닌 가치이다. 평등은 불평등성 내지 불공정성을 배제하고 모든 사람에게 동일하게 적용하는 법질서의 원리로서 국가에 대하여 평등한 보호를 요청하는 권리이다. 헌법재판소는 "평등은 국가에 대하여 합리적 이유 없이 불평등한 대우를 하지 말 것과 평등한 대우를 요구할 수 있는 국민의 권리"라고 판시하였다.[1] 법 앞에 평등은 법 적용의 평등은 물론 법 자체가 평등의 원칙에 부합한다는 것을 의미한다. 평등의 원칙이란 평등한 것은 평등하게, 불평등한 것은 불평등하게 다루는 가치를 인정함으로써 균형

치가 없다"고 말하였으며, 홉스는 "개인의 권리는 주먹을 마음껏 휘두르되 다른 사람의 코앞에서 멈춰야 한다"고 말하였다.

1) 헌법재판소 1989. 1. 25. 선고 88헌가7 결정.

과 공정을 지향하는 사회정의를 뜻한다.

평등은 '각자에게 같은 것을', '각자에 그의 것을'이라고 하는 원리를 바탕으로 '같은 것은 같게, 다른 것은 다르게'(like to like, dislike to dislike) 대우하는 것을 의미하며 '같지 않은 것을 같게'하는 것은 아니다.[1] 평등은 획일적인 절대적 공평이 아니라 합리적인 차별이고 상대적 평등을 의미함으로써 본질적으로 같지 않은 것을 동일하게 취급하면 불평등하기 때문에 정의에 어긋난다. 평등의 원칙이 부당한 차별금지를 의미한다고 하더라도 이를 적용하는 기준은 실제로는 확정되어 있지 않다. 평등의 기준을 일반적으로 독일의 판례는 자의성(恣意性)의 금지(Willkürverbot)로 해석하였으나, 미국은 합리성(reasonableness)의 원칙을 평등의 기준으로 강조하고 있다.[2] 우리 헌법재판소는 자의성의 금지[3]와 합리성[4]을 평등의 기준으로 하고 있다.

그리스 시대의 평등은 정의적 평등과 결부되어 있었고 중세의 평등사상은 신 앞의 평등으로서 의미를 갖는다. 근세에 이르러 평등은 법 앞의 평등사상으로 발전함으로써 국가권력과 사회제도에 대한 만인의 평등을 의미한다. 현대의 평등사상은 시민적 법치국가의 형식적 평등의 관념에서 발전하여 배분적 정의에 근거하는 실질적 평등을 주장한다.[5] 인간의 삶은 공평하지 않지만 불

---

1) '같은 것은 같게'와 달리 '같지 않은 것을 같게'는 사회정의의 요청에 따라 불평등을 평등화하는 것이다.
2) 미국 연방대법원 판례는 합리성의 기준을 합리적 근거(reasonable base), 회의적인 차별(suspect classicification), 기본적 이해관계(fundamental interest test), 우선적 처우(reasonable treatment) 등으로 해석하여 평등권의 발달에 영향을 주었다(Kahn v. Shevin, 416. U.S. 351 (1974)).
3) 헌법재판소 1997. 1. 16. 선고 90헌마110 결정.
4) 헌법재판소 1992. 6. 26. 선고 91헌가8 결정.
5) * 평등권에 위반하지 않는 사례
　① 고소득자에 대한 누진세(헌법재판소 1994. 7. 29. 선고 92헌바49 결정).
　② 누범가중처벌제(헌법재판소 1995. 2. 23. 선고 93헌바43 결정).
　③ 경찰 공무원의 임용결격 사유를 일반국가 공무원보다 넓게 설정(헌법재판소 1998. 4. 30. 선고 96헌마7 결정).
　④ 사립학교 교원의 면직절차를 국공립학교 교원과 달리 취급(헌법재판소 1997. 12. 24. 선고 95헌바29 결정).
　⑤ 최저 생활자를 소득세 과세대상에서 제외(헌법재판소 1999. 11. 25. 선고 98헌마55 결정).
　⑥ 국가유공자에게 공무원 임용시험에서 가산점 부여(헌법재판소 2001. 2. 22. 선고

공평을 극복하도록 공정한 기회와 과정이 보장되는 실질적 평등이며 불평등한 자유가 아니어야 한다. 평등은 사회적·경제적 불균형과 부조리를 극복하기 위한 사회정의를 뜻하며 조건·기회·대우·분배의 평등을 요구한다. 평등의 이념을 통하여 인권 향상을 지향하는 것이 평등의 목적이기에 평등의 개념은 법적 가치의 하향적 평등이 아니라 평등가치의 상향적 실현의 보편화를 위한 것이어야 한다.[1]

Ⅱ. 자유와 평등의 관계

1. 자유와 평등의 특성

자유와 평등은 인권의 상징으로 서로 밀접한 관계에서 인권의 보장과 향상을 위해 절대적 공헌을 하였으나 각각 그 내용을 달리한다. 자유와 평등은 사회정의의 실현을 위한 전제조건으로 인간의 존엄성과 가치 그리고 행복과 결부되어 인간 존재가치의 문제로 귀결된다. 평등의 원칙을 강화하면 자유의 폭은 좁아지고, 자유를 강조하면 평등은 사실상 사회적 차등으로 변질될 가능성이 있다. 평등은 자유를 전제로 하면서도 평등의 실질적 보장을 위해 자유의 한계를 필요로 한다. 자유는 자유의사에 의한 자율과 선택의 자유를 내용

2000헌마25 결정).
⑦ 법관 정년제의 차등(헌법재판소 2002. 10. 31. 선고 2001헌마557 결정).
⑧ 직계존속 살해 가중처벌(헌법재판소 2002. 3. 28. 선고 2000헌바53 결정).
⑨ 장애인 고용 의무제(헌법재판소 2003. 7. 24. 선고 2001헌바96 결정).
⑩ 변호사의 결격사유를 변리사나 공인중개사보다 더 가중(헌법재판소 2009. 10. 29. 선고 2008헌마432 결정).
* 평등권에 위반하는 사례
① 취업시험에서 군복무자의 가산점(헌법재판소 1999. 12. 23. 선고 98헌마363 결정).
② 국공립 사범대학 출신자의 교원 우선 채용(헌법재판소 1990. 10. 8. 선고 89헌마89 결정).
③ 빈곤으로 변호인의 도움을 받지 않았으나 상대방은 유능 변호인의 변론 후 결정 (Douglass v. California, 372. U.S. 353(1963)).
④ 벌금 지불능력이 없다는 이유로 $5을 1일로 환산하여 투옥(Willams v. Illinois, 399, U.S. 235(1970)).
⑤ 기혼자에게만 피임도구의 공급(Eisenstadt v. Baird, 405, U.S. 438(1972)).
1) 헌법재판소 1990. 6. 25. 선고 89헌마107 결정.

으로 하기 때문에 타율적인 규제를 거부함으로써 국가권력의 최소한의 행사가 곧 자유의 최대한의 보장을 의미한다. 그러나 평등은 국가권력의 관여로써 실현될 수 있기 때문에 개인의 자율성보다도 국가에 의한 타율성을 선호함으로써 자유와 대조를 이룬다.

인간의 삶과 인권에 대해서 자유는 개인적 책임 및 국가의 불간섭주의와 작은 정부를, 평등은 사회적 책임 및 국가의 관여주의와 정부의 역할을 각각 요청한다. 자유는 제도로부터의 해방을 요구하고 자율성과 다양성을 통해 자유로운 경쟁사회를 지향한다. 이에 비하여 평등은 불평등의 근원을 인정하지 않으며 사회제도를 통한 전체로서의 인간의 공평성을 주장하고 사회적 공정한 배분을 강조한다.1) 또한 자유가 제도 이전에 인간의 생존조건으로 자유사회를 지향한다면, 평등은 제도를 통해 평등한 배려와 존중으로 더불어 사는 공동체를 주장한다. 한마디로 자유주의는 개인의 권리가 사회의 공동선보다 우선한다는 전제에서 출발하나, 평등주의는 개인의 권리보다 공동체 정신을 강조한다.

모든 사람에게 자유와 평등의 완벽한 보장을 실현하기에는 자유와 평등의 구조적 한계가 있다. 평등의 원칙은 기회의 평등, 과정의 공정성을 보장하는 것이지 정의의 원칙에 어긋나는 결과의 평등이나 획일적인 평등을 의미하는 것은 아니다.2) 자유의 본질은 규격화된 평등한 자유가 아니고 자유로운 평등이어야 하며, 자유는 평등의 전제조건이다. 평등은 자유를 실현하기 위한 수단이지 자유의 목적이 될 수 없다. 자유 속에서 평등을 지향하는 것이며 평등 속의 자유는 아니다. 자유를 억압한 평등은 허용할 수 없다. 자유는 생활의 근원과 활력이고 창의력의 에너지이다. 자유는 인권보장의 기본적 요건이며 자유주의는 민주정치보다 우선적 가치이다. 민주정치는 자유를 보장하기 위한 체제이고 자유가 보장되지 않는 민주주의는 존재할 가치가 없다.

근대의 자유주의시대는 합리주의에 바탕을 둔 자유가 곧 행복이었기에 평등의 가치보다 중요시되었다. 하지만 개인주의·자유주의의 발달에 따른 사회

---

1) 드워킨은 "모든 사람에 대한 평등한 배려와 존중은 정치공동체의 최고의 덕이며 정치적 정당성의 기반이 된다"고 말하였다.

2) 롤스는 "평등이 기계적으로 적용되어 모두가 못사는 것보다 불평등이 공정하게 이루어지는 것이 더욱 정의롭다"라고 말하였다.

적·경제적인 불평등과 갈등이 심화되자 자유주의에 대한 비판이 제기되었다. 자유의 남용에 대한 대안으로 자유의 규제를 요청한 평등주의 이념은 각광을 받았고 시민사회의 자각을 높여 평등성을 강조하는 사회주의가 태동하였다.[1] 사회주의는 개인의 능력에 따라 일하고 능력만큼의 대가적 배분이 아니라 개인의 생존에 필요한 만큼의 시혜적 배분을 요구한다. 평등주의는 평등을 자유의 조건으로 보고 평등 없는 세상은 공정하지도 자유롭지도 않기 때문에 규제를 통해 불평등을 제거하고 공평한 기회의 보장을 강조한다. 평등주의는 실체적인 것보다 이념적인 성향을 지닌 진보적 가치로서 자유주의와 대립하여 진보주의적 내지 좌파적 논리를 수용함으로써 사회주의와 맥락을 같이 한다.

2. 자유와 평등의 갈등

자유는 억압으로부터의 해방과 행복의 가치인 데 비하여, 평등은 인간적이고 사회적 정의라는 고정적 관념이 인권 발전을 위한 자유와 평등의 협력적 역할을 외면하고 이념상 상호 대치적 문제로 제기된다.[2] 자유와 평등은 스스로 편향적 이기주의의 집착에서 갈등과 위기가 오고, 위기를 두려워하는 것이 아니라 위기극복의 절망을 두려워한다. 자유는 유산층의 몫, 강자의 논리, 무책임한 방임이고, 평등은 무산층의 꿈, 약자의 논리, 선동적 허구라는 편가르기식의 이데올로기적인 좌우파의 논리가 자유와 평등의 가치기준을 이념적으로 독선화함으로써 양자의 융합을 어렵게 한다.

자유는 성장·경제·자율·경쟁·전통 및 민족주의 등을 포함하는 보수적인 가치를 주장하는 데 비하여, 평등은 분배·복지·규제·배려·혁신 및 세계주의 등의 진보적 가치를 선호한다. 평등주의는 기회의 평등보다 결과의 평등을 강조하고 자유주의는 획일성보다 다양성, 창의성 등을 존중한다. 자유주의는 평등의 복지주의적 논리를 경시하고, 평등은 자유주의적 경쟁질서를 거부하

---

1) 전통적 민주주의는 자유민주주의와 사회민주주의로 구분되어 전자는 자유를 경제적 평등에 우선시하였고 후자는 사회적 평등을 자유보다 강조한다. 사회주의의 쇠퇴는 인권의 확대와 부의 형성에서 자유주의의 결실에 압도당함으로써 자유의 가치가 평등보다 상대적으로 우월한 것을 보여준 것이다.

2) 자유와 평등의 대치관계는 강자의 탐욕과 과시에 대한 약자의 박탈감과 질시의 정서 및 이해관계의 갈등에 있다.

는 급진성을 주장함으로써 이념논쟁의 갈등은 좌우파의 대립으로 나타난다.

자유주의가 무한 경쟁주의로 인한 자유방임주의와 이기주의, 사회적 빈부의 양극화 현상을 초래하여 사회계층 간의 갈등과 반목을 야기시켜 사회적 위기와 혼란을 거친 것은 이미 지난 역사가 보여주었다. 자유에 대한 반성과 자유의 남용을 극복하기 위한 시련과 노력은 역사적 사실이 증명한 것으로 오늘날에도 지속되어야 한다.[1] 자유의 병폐 때문에 자유의 본질을 부정할 수 없음은 물론이다. 자유의 폭이 클수록 자유를 만인이 누리기 위해서는 절제와 용인이 전제된 타율적인 규제가 필요하다. 자유가 개인의 가치와 행복을 보장하기에 한계가 있듯이 평등 역시 모든 사람에게 골고루 자유와 행복을 보장하는 것은 아니다.[2] 결과적 평등을 중요시하고 자유의 창의성과 다양성을 경시하면 자유의 역동성을 저해하고 획일주의로 변질되어 사회가 무기력증에 걸릴 우려가 있다. 평등의 이유로 자유가 부정될 수 없다. 역사의 변혁을 가져온 힘은 자유이고 자유는 인간 정신의 원동력이다.

Ⅲ. 자유와 평등의 화합과 조화

평등 없이 자유는 보장될 수 없고 자유 없이 평등은 실현될 수 없다. 모든 사람이 자유로울 때 평등하며 평등할 때 자유가 보장될 수 있다. 자유와 평등은 자유주의 사회를 지탱하는 두 기둥이고 사회발전을 이끄는 쌍두마차로서 양자는 긴장과 갈등관계가 아닌 균형과 조화를 필요로 한다.[3] 양자의 공조를 통해서만이 참된 인권의 보장과 생활의 질적 향상을 기대할 수 있다. 자유와 평등은 각각 이질성을 강조하기보다는 인권의 실질적 보장을 위한 동질성을 찾아야 한다. 자유는 공동체의 책임성을 강조하고, 평등은 공평이 아닌 공정성의 개념으로 승화되어야 한다. 자유와 평등의 문제는 이분법의 논리에 의한

---

1) 제퍼슨(T. Jefferson, 1743~1826)은 "무식하면서 자유를 누릴 수 있는 나라는 없다. 어떠한 국민도 무식하면서 위대해질 수 없다"고 말하였다.

2) 법과 현실의 괴리에서 오는 법적 관념을 주시하여 법 앞에 평등은 법적 허구(legal fiction)라는 비판을 받는다.

3) "바르게 이해된 사회주의와 진정한 개인주의는 대립적이 아니라 서로를 조건으로 삼고, 심지어 서로를 요청한다"고 보랜더(K. Voränder, 1860~1928)는 말하였다.

양자 택일의 이념적 선택의 문제가 아니다. 이것은 생활의 질 향상과 사회의
건전한 발전을 위한 양자의 적절한 배합과 합리적 개입을 요청하는 조정과 조
화의 현실적 문제로서 접근하여야 한다. 보수는 자유, 진보는 평등이라는 관
념에서 벗어나 자유주의의 무한경쟁과 불평등 극복을 위해 평등주의의 공정
성이 대안으로 제기되고, 실제로 서유럽에서 보듯이 사회국가 이념을 도입하
여 자유주의 위기를 극복할 수 있었다.

　　이데올로기는 사회를 이해하고 사회의 흐름을 제시하는 눈과 귀, 그리고
비전으로서 누구도 이념으로부터 자유로울 수 없다. 하지만 이념은 공동체의
이해관계에 대한 자각으로 삶의 수단이지 목적이 아니다. 경직된 이데올로기
는 소모적인 논쟁을 초래하여 시대적 퇴보를 자초하고 시대적 흐름에 걸림돌
이 될 뿐이다. 이데올로기의 경쟁시대는 지났다. 이념의 한계를 초월한 삶의
질을 추구하는 시대이다. 완벽한 이념은 없고 이념의 한계를 극복하는 과제만
이 있다. 자유주의와 평등주의 이념의 양극화 입장을 조절하여 이데올로기의
불신과 불안의 벽을 허물어야 한다. 자유와 평등은 상호 반목·갈등의 대립
관계가 아닌 상호 보충·보완의 균형적 가치로 융합될 때 사회의 건전한 발
전은 가속화되고 역동적인 사회로 성숙할 것이다.

Ⅳ. 자유와 평등의 법적 보장

　　헌법은 자유와 평등의 보장을 선언하는 동시에 필요한 경우 법률로써 그
제한을 할 수 있는 근거가 된다(헌법 제37조). 헌법 전문은 "자유와 권리에 따
른 책임과 의무를 완수하게 하고 … 자유와 행복을 영원히 확보할 것을 다짐
하면서"라고 선언하고, 헌법 본문에 자유권을 구체적으로 보장하였다(헌법 제
2 장). 또한 헌법 전문은 "모든 영역에 있어서 각인의 기회를 균등히 하고"라
고 선언하였으며, 헌법 제11조 제 1 항에 "모든 국민은 법 앞에 평등하다. 누구
든지 성별·종교 또는 사회적 신분에 의하여 정치적·경제적·사회적·문화
적 생활의 모든 영역에 있어서 차별을 받지 아니한다"고 하여 일반적인 평등
원칙을 규정하고 있다.[1] 세계 시민으로서의 삶을 위해 부당한 차별로 불이익

---

1) 헌법 제31조 제 1 항, 제32조 제 4 항, 제36조 제 1 항, 제41조 등 참조.

을 받지 않도록 간편한 구제 방법의 법적 보장이 필요하다(미국의 인권법, 독일의 평등대우법).1)

제 3 절 정   의

Ⅰ. 정의의 개념

1. 정의의 뜻

정의는 이상적 사회를 추구하는 보편타당한 합리적인 사회적 가치로서 모든 사람이 공감하는 최고선이다. 정의는 일반적·추상적 가치보다 개별적·구체적 타당성을 존중하는 형평성의 개념과 일치한다. 정의는 형평성과 최고선(ex aequo et bono)에 의해 이해관계의 균형적 조정자로서 역할을 하는 포괄적 가치이다.2) 법은 정의에서 유래했기 때문에 정의는 법과 동의어로 이해할 정도로 밀접한 관계에 있는 불확정개념이며 동양의 정의와는 차이가 있다.3)

정의는 정당성·공동선·공정성·공평성·형평성·합법성 등의 추상적 의미와 맥을 같이 하고 있으나 오히려 이를 포함하는 총체적 개념이다. 정의만큼 위대하고 신성한 미덕은 없다. 정의는 사회의 제 1 의 덕목이고 개인 차원

---

1) 성별·종교·장애·나이·출신지역·국가·인종·민족·용모 등의 신체조건, 혼인여부, 임신·출산여부, 사상, 정치적 의견, 학력, 형의 효력이 상실된 전과, 병력 등의 다양한 조건 때문에 고용·서비스와 일상적인 사회생활에서 차별대우를 금지하고 또한 차별당했을 때 손해배상이나 시정명령 등의 구제를 간편하게 받을 수 있어야 한다. 미국은 성적 소수자(LGBT)란 이유로 해고하지 못한다(Bostock v. Clayton Country, 590 U.S___ (2020)).

2) 대법원은 정의의 이념을 "사회정의와 형평의 이념에 맞도록 논리와 경험의 법칙, 그리고 사회일반의 상식에 따라 합리적으로 해석하여야 한다"고 판시하였다(대법원 1999. 11. 26. 선고 99다43486 판결). 또한 헌법재판소는 "헌정질서 파괴범죄를 범한 자들을 응징하여 정의를 회복하여야 한다는 중대한 공익이 있는 … "이라고 판시하여 정의의 이념을 넓게 해석하였다(헌법재판소 1996. 2. 16. 선고 96헌가2 결정).

3) 동양에서는 정의를 인의예지(仁義禮智)의 뜻이 담긴 의(義)·의리로 보고 현실의 규범성보다 도덕성을 강조하며 정의의 가치 추구에는 소극적인데 비하여 서양은 정의의 현실적·구체적 가치를 추구하는 적극적 실천성이 강하다.

이 아닌 공적 차원의 객관적 가치이다. 칸트는 "정의가 무너지면 인간은 땅위에 살 가치가 없다"고 말하였다. 정의는 냉엄한 진리라고 하더라도 양심과 도덕적 가치에 어긋나서는 안 되며 휴머니즘에 바탕을 두어야 한다.[1] 정의는 하나의 이상이어서 어느 곳에서도 그 자체로 빛이 난다.

2. 정의의 연혁

아리스토텔레스는 플라톤의 주장을 이어 정의를 공동선의 목적론에 근거하여 처음으로 체계화하였으며, 그의 배분적 정의론은 사회정의의 개념에 큰 영향을 주었다. 그리스·로마의 문명과 기독교 정신의 만남으로써 정의의 개념은 양자의 사상이 화합하여 정당성·공정성을 내용으로 발전하였다. 칸트 이후 철학자들은 목적론적 공리주의를 거부하고 정의는 개인의 자유에서 출발하여 자연법 사상의 휴머니즘이 중심이 되었다. 정의는 근대 철학의 다양한 발전의 영향을 받아 오늘에 이르렀으나 그 개념은 확정되지 않고 있다. 정의에 관한 주요 학설을 통해 정의 개념의 변화를 읽을 수 있다.[2]

---

1) 아퀴나스(T. Aquinas, 1225~1274)가 "사랑 없는 정의는 잔인하다"고 말하였듯이 정의는 인간적이어야 한다.

2) ① 피타고라스(Pythagoras, B. C. 570~495?)는 "사물은 수로서 성립되고 정의도 수에 의해 이루어진다"고 보고 정의는 균등·공평이라고 하였다.

② 소크라테스는 법과 정의를 동일하게 보고, 정의는 개인적인 이해관계에서 나오는 것이 아니라 인간의 본성에서 나온 인간의 정당한 관계라고 하였다.

③ 플라톤은 덕을 예지·용기·절제 등으로 삼분하여 이들 조화의 상태를 정의(dikaiosyne)라고 하였다. 정의는 최고의 덕이고 이를 실행하는 것이 정의이며, "자기 자신의 것을 행하라"라는 명제를 제시하였다.

④ 트라시마코스(Thrasymachus, B. C. 459~400)는 "정의는 강자의 이익 이상의 것은 아니다"라고 하여 정의와 권력을 동일시하여 소크라테스의 정의론과 대립된다. 또한 홉스도 정의는 국가권력의 의사결정이라고 하여 국가의 의사와 정의를 동일시하였다.

⑤ 울피아누스는 키케로(M. Cicero, B. C. 106~43)가 자연법의 영구불변성을 자연적 정의라고 주장한 것을 발전시켜, 정의는 '각인에게 그의 몫을 주는 것'(suum cuique tribuere)이라고 규정하여 정의의 기본적 개념이 되었다.

⑥ 아리스토텔레스는 정의의 개념을 각자가 실현하여야 할 사회적 미덕이라고 보고, 법은 정의에서 나온 것으로 이해하였다. 아리스토텔레스의 정의론은 개인주의와 단체주의의 이념의 조화인 사회정의의 이론적 근거를 제시하였고, 정의를 다음과 규정하였다.

(i) 평균적(산술적·교환적) 정의   평균적 정의는 이해득실을 평균화하고 조정하는 가치기준이다. '같은 것은 같은 방법으로'(idem per idem; like for like, unlike for unlike)의

원칙에 의해 원인과 결과가 서로 균형을 유지하도록 절대적 평등을 실현하는 것이다.

　(ii) 일반적(법률적) 정의　　일반적 정의란 개인은 단체의 일원으로서 공동생활의 일반원칙을 지킬 의무가 있으며, 의무의 내용을 법이 규정하기 때문에 법적 의무이고 절대적 정의를 의미한다. 평균적 정의를 실현하는 것은 동시에 일반적 정의를 실현하는 결과가 된다.

　(iii) 배분적(기하학적) 정의(distributive justice)　　배분적 정의는 '각자에게 그의 몫을'(suum cuique) 따른다는 원칙으로서 개인의 격차에 따라 이해관계를 배려하는 비례적 평등을 뜻한다. 이것은 일반적 정의와는 달리 개체와 전체 간의 조화를 내용으로 한다. 평균적 정의는 이해관계를 동일한 잣대로 규정하는 형식적·소극적인 평등이다. 이에 비해 배분적 정의는 구체적 상황에 따른 실질적·적극적인 내용을 갖는 공정한 대가의 정의를 뜻하여 획일적인 평균적인 정의와 대립된다.

⑦ 아우구스티누스(Augustinus, 354~430)는 정의를 영혼의 질서, 하느님의 계시인 사랑(caritas)으로 보았다. 특히 아퀴나스는 아리스토텔레스의 정의론을 신학적으로 보완하여 정의는 신의 이성(ratio divina)으로부터 도출된 자연적 질서인 공동선(bonum commune)이라고 하였다.

⑧ 라이프니츠(G. Leibniz, 1646~1716)는 정의를 자연법의 3단계로 구분하여, 첫째 엄격한 단계로 "사람을 죽이지 말라"는 교정적 정의이고, 둘째 형평의 관계로 "각자에게 그의 몫을 준다"는 배분적 정의, 셋째는 인격의 단계로 "성실하게 살아라"라는 보편적 정의라고 하였다.

⑨ 벤담은 최대 다수의 최대 행복을 위해 개인의 권리보다는 공익을 위한다는 공리주의를 주장하여 정의는 공동체 행복의 극대화를 추구하는 것이라고 한다. 개인의 존엄성보다 집단적 행복을 주장하고 정의의 가치를 계량화한 것에 비판을 받는다. 밀(J. Mill, 1806~1873)은 그의 스승인 벤담과 달리 개인의 자유로운 독립성을 강조하여 질적인 공리주의의 행복을 주장하였다.

⑩ 흄(D. Hume, 1771~1776)은 정의는 인간의 본능적 감정에서가 아니라 유익한 인간생활을 위해 이성이 만든 덕이라 하였다.

⑪ 칸트는 공리주의적 정의를 비판하여 정의의 원리를 자유와 평등의 원리로 파악하고, 정의가 없으면 인간은 지상의 존재가치가 없다고 하였다.

⑫ 파운드는 정의는 법을 통해 인간의 이상적 세계를 실현·유지하는 것이고 인간의 욕구·욕망·기대 등의 총체를 조화시키는 것이라 하였다.

⑬ 라드브루흐는 아리스토텔레스의 정의론을 인용하여 정의를 평균적 정의와 배분적 정의로 구분하였다. 전자는 병렬관계에 있는 정의이고, 후자는 상하관계에 있는 정의라고 하였다. 평균적 정의는 개인 상호간의 정의이므로 배분적 정의를 적용하여 당사자를 평등하게 하여야 한다고 주장하였다. 배분적 정의는 정의의 근원적 형태이고 법의 가치기준이고 목적이라 하였다. 이는 개인과 단체라는 불평등한 관계를 비례적 평등을 실현하는 실질적 평등이라 한다.

⑭ 켈젠은 정의를 규정하는 것은 실제적으로 실정법이며 정의의 객관적 기준은 있을 수 없다고 하면서, 정의는 자유·평화·민주주의를 포함한다고 하였다.

⑮ 코잉(H. Coing, 1912~2000)은 정의의 표준은 사물의 본성이고 사물의 본성은 인간의 본성에서 찾아야 한다고 한다. 도덕적 가치를 통해 인간의 가치와 존엄성을 보장하는 실질적 정의를 주장하였다.

⑯ 페를만(C. Perelman, 1912~1984)은 정의의 의미를 (i) 각자에게 똑같은 것을 (ii) 각자에게 그의 공적에 따라 (iii) 각자에게 그 일의 결과에 따라 (iv) 각자에게 그의 필요에 따라 (v) 각자에게 그의 계층에 따라 (vi) 각자에게 법적 자격에 따른 포괄적 개념으로 본다.

3. 정의와 자유 · 평등

정의는 자유 · 평등과 밀접한 관계로서 함께 논의해야 정의의 구체적 가치를 이해할 수 있다.[1] 서로 대립관계인 자유와 평등이 조화를 이룰 때 정의는 합리적 가치 기준으로서 이상적 가치를 추구할 수 있기 때문이다. 정의는 자유 · 평등을 바탕으로 사회제도의 제 1의 덕목으로서 최고선의 가치를 갖는다. 하지만 모든 사람에게 자유와 평등의 완벽한 보장을 실현하기에는 자유와 평등의 구조적 한계가 있고, 정의는 상대적 개념에 머문다. 자유와 평등의 추상적 가치가 정의로 구체화되며 그 중심에는 자유가 있다.

자유 없는 정의는 독선과 오만을 낳고 평등 없는 정의는 가식과 위선을 낳는다. 자유 · 평등 없는 정의는 허상으로 의미가 없으며 존재할 수 없다. 자유는 억압에 항거하고, 평등은 불공정을 배척하여 함께 정의를 실천한다. 자유보다 평등을 앞세우면 자유도 정의도 이룰 수 없다. 자유의 향상과 평등의 확산은 정의로워야 하고 자유와 평등의 균형과 조화의 잣대를 정의에서 찾아야 한다. 자유와 평등 속에서 인간적인 삶을 누리고 억울함이 없는 사회를 이루는 최소한도의 가치기준이 정의이다.

인류 역사는 정의를 실현하기 위한 투쟁으로서 자유의 질적 향상과 평등의 실질적 확산을 내용으로 한다. 그리스 · 로마시대는 정의가 가치 판단의 기본이었으나, 미국 독립과 프랑스 혁명의 영향을 받은 근대사회는 자유와 평등이 정의보다 우선적 가치였다. 자유와 평등의 정신은 진화한다. 자유의 책임성과 평등의 합리성이 조화된 정의의 실현이 국가의 과제이다.

---

⑰ 롤스(J. Rawls, 1921~2002)는 정의를 개인의 자유와 사회적 · 경제적 분배에 관한 문제로 보면서 공정성(fairness)에서 정의의 본질을 찾고 공동선을 강조하였다.

⑱ 하버마스(J. Harbermas, 1929~)는 실천적 정의보다 보편적 가치의 합의를 위한 다양한 의사 소통의 과정을 중시하는 절차적 정의를 주장한다.

⑲ 샌델(M. Sandel, 1953~)은 롤스와 같은 학파이면서도 자유를 바탕으로 한 공동선을 강조한다. 정의의 내용인 행복의 극대화, 자유권의 존중, 미덕의 추구 등의 상대적 가치 등을 사회공동체의 입장에서 도덕적 이상과 현실의 관계를 논하고 있으나 정의의 개념을 제시하지 못하였다.

1) 자유가 신과 권력으로부터의 자유를 의미한다면 평등은 신 앞의 평등에서 법 앞에 평등으로 발전하였다. 자유 · 평등의 대립적 가치를 화합하는 것은 인권 중심의 정의이다.

4. 정의의 현대적 의미

사회에 다양한 특성과 가치가 존재하는 한 영구불변의 가치인 절대적 정의는 찾을 수 없고 정의의 개념은 추상적인 이념을 면치 못한다.[1] 정의는 절대적 개념을 요청하면서 시간과 공간의 제약을 받는 상대적 개념으로 머무는 상대성을 피할 수 없다. 정의는 공동체의 가치를 추구하는 상대주의적 정의이고 독점적 배타적 정의가 아니다. 파스칼(B. Pascal, 1623~1662)이 "피레네 산맥 이쪽에서의 정의는 저쪽에서는 불의가 된다"고 말하였듯이 정의의 개념은 정치적·사회적 상황에 따라 결정되는 한계를 넘을 수 없다. 정의의 개념이 상대적이라는 이유로 정의의 이념을 부정할 수 없음은 물론이다. 정의를 위장한 불의를 고발하는 것이 정의의 존재 가치이다.[2]

개인의 행복권을 보장하여야 한다는 자유주의 논리와 공동선과 사회적 미덕을 강조하는 공동체주의의 대립적 시각에서 정의의 본질이 나타난다. 개인의 과도한 자유를 경계하고 공동선을 추구하는 것이 시대적 요청이지만 자유를 외면한 정의는 무의미한 것이다. 최근에는 정의를 획일적으로 개념화하기보다는 정의를 구체적 가치 판단 기준으로 해석하는 경향이 있다. 정의는 권력과 인권, 권리와 의무, 공익과 사익, 부와 가난, 소득과 배분, 전쟁과 평화 등의 서로 대치되는 상호관계가 개인의 자유 보장과 사회적 공동선과의 균형을 이루도록 도덕적 가치와 기준을 합리적으로 제시하여야 한다.

법에서는 이성적 옳음(rightness)이 도덕적 착함(goodness)보다 우선한다. 정의는 옳음을 뜻하는 정당성의 만능적 가치로 발전하여 법적 판단의 근거 또는 초법적 가치가 되기도 하지만 공정성을 동반해야 한다. 정의는 정당성을 실현하기 위해 공정성을 요청하고 공정성은 정당성에서 비롯된다. 공정성이란 자유·평등·정의의 삼위일체를 위한 균형적 가치와 책임의 정당성을 공감해야 가능한 사회적 가치이다. 정당성이 가치 개념과 가치판단의 문제라면 공정성

---

1) 정의는 다원주의와 연결되는 추상적 개념의 내용이 될 수밖에 없는 가치의 빈 껍질이라는 평가를 받기도 한다.
2) 라이프홀츠(G. Leibholz, 1901~1982)는 "무엇이 정의에 부합하는 것인가라는 적극적인 판단은 어려우나 무엇이 정의에 위반하는가는 비교적 확실하게 판단할 수 있다"고 말하였다.

은 균형과 조화의 가치 실현에 주력하여 정당성을 완성한다. 정의가 인간을 위한 진리의 가치라면 정당성과 공정성의 적절한 조화점을 찾아야 한다. 사회적 갈등의 극복과 공동선의 추구 등을 위해 정의의 배분적 원칙인 공정성이 강조된다. 정의는 과정이 공정하여야 결과가 정의로워질 수 있고 신뢰받는다. 공정성은 정의의 실현을 위한 교정적 정의로 이어지고 절차적 정의를 요구한다. 설득력이 없는 정의는 맹목적이고 절차를 무시한 정의는 설득력이 없다.

정의는 가치 판단을 위한 질적 문제로서 모든 사람이 확신하는 보편타당한 가치이다. 정의는 모든 사람을 위한 것이지 특정인을 위한 편의적 정의나 선택적 가치의 정의가 아니며 누구도 독점할 수 없다. 정의는 사회 문제에 명확한 가치와 기준을 제시하기에는 한계가 있고 만능도 아니다. 정의론은 자체의 개념화보다도 복잡한 현실과 인간의 이상을 연결하기 위해 정의가 제시할 합리적 기준의 설정에 초점이 모아져야 한다.[1] 정의에 반하는 부조리와 불의를 정의로 치유하는 것이 정의의 기술이다. 정의는 절대적인 실질성을 갖고 있는 것이 아니라 인간이 실질화를 위해 노력하는 가치이며 목적이라고 볼 수 있다. 정의를 대체할 보편적인 절대적 가치는 아직 없다. 정의는 우리가 달성하기 어렵더라도 성취하여야 할 이상적 가치이다.

Ⅱ. 법과 정의

1. 정의와 실정법

정의의 본질을 선언하고 정의에 봉사하는 것이 법의 역할이다. 로마법은 "법은 정의의 규범이며 이를 위반하는 것은 모두 해악이다"라고 선언했다. 정의는 법보다 상위 개념이 아니지만 법은 정의로서 나타난다. 정의는 법을 통해 실현되는 실천적 이념이고 사회의 규범적 가치기준이 된다. 그러나 법은 항상 정의로운 것만은 아니다. 법은 정의를 창출하지만 정의 그 자체는 아니고 정의를 지향할 때만 존재 이유와 가치가 있는 것이다. 법이 추구하는 정의

---

1) 정의는 "내 것이 절대적이 아니기 때문에 네 것도 절대적이 아니다"라는 부정적인 가치가 아니라, "내 것이 소중하면 네 것도 소중하고, 내 것이 있기에 네 것이 더욱 가치가 있다"라는 긍정적 인식을 통하여 상대방의 가치를 존중하고 화합하는 개념이어야 한다.

는 법보다 상위에서 법을 지도하는 보편적·합리적 정의여야 한다. 정의는 상대적 가치이나 법은 절대적 힘을 가지고 있다. 법은 일종의 폭력이나 국가가 용인하기 때문에 정의가 된다. 법과 정의가 적법절차를 요구하는 것은 이 때문이다. 정의가 없는 힘은 폭력에 불과하며 힘없는 법은 정의가 될 수 없다.1) 정의는 법의 생명이고 상징이므로 법은 정의를 향한 의지이어야 한다.2)

정의의 개념에는 실정법 질서 내에서의 정의인 법내적(法內的)인 정의와 실정법을 초월하는 법 초월적 정의로 구분할 수 있다. 전자는 국가권력이 통치질서로서의 법의 목적을 실현하는 실정법을 우선시한다. 실정법은 법적 안정성을 요청하는 까닭에 법은 곧 질서를 나타내고 정의를 의미한다. 이에 비하여 후자는 실정법에 때로는 비판적이어서 실정법 만능주의에 회의적이고 위법한 통치 질서를 부정하는 정의를 옹호한다. 하지만 정의는 두 머리의 야누스(Janus)로 변신해 불의가 정의로 둔갑해 악법을 정당화하기도 한다. 법치주의는 정의의 가면을 쓴 악법을 추방하는 데 있다.

"정의가 무너지더라도 세계는 살아야 한다"(pereat justitia, vivat mundus), "악법도 법이다"(dura lex, sed lex)라는 것은 법적 안정성에 법과 정의의 가치를 두는 실정법 우선의 해석이다. 그러나 로마시대 이후 법학 입문서의 첫 교훈인 "세상은 망하더라도 정의는 행해져야 한다"(fiat justitia, pereat mundus), "정의는 죽지 않는다"(Justice cannot die), "하늘이 무너져도 정의를 세우라", "정의만이 통치의 기초이다", "악법은 법이 아니다"라고 하는 법언은 정의를 통치의 최고 가치로 인정하는 것이다. 자연법론자는 정의에 위반한 법은 악법으로 보고 법의 효력을 인정하지 않는다. 법이나 정의는 사회적 합의와 신뢰가 있기 때문에 정당한 것이다. 법은 정의로운 수단과 목적을 통해서 정립되어야만 정당성을 인정받고 정의를 위한, 정의에 의한, 정의의 법이 될 수 있다.

---

1) 파스칼은 "힘없는 정의는 실효성이 없으며, 정의 없는 힘은 압제이다. 힘없는 정의는 반항을 초래하고 정의 없는 힘은 탄핵이 된다. 그러므로 정의와 힘은 결부되어야 한다"고 하여 정의와 힘의 결합을 주장하였다.
2) 라드브루흐는 "법률이 정의를 향한 의지를 의도적으로 부정한다면, 예를 들면 자의에 따라 인권을 지키기를 거부한다면 이러한 법률은 효력이 없으며 국민은 이를 따를 책임이 없다. 법률가도 이것의 법으로서의 성질을 부인할 용기를 가져야 한다"고 말하였다.

2. 정의의 도덕성

법과 정의는 불가분의 관계이나 반드시 동일한 가치기준을 갖는 것은 아니고, 인권을 존중하는 최소한의 도덕적 가치와 책임을 공유함으로써 경계를 허물 수 있다. 정의의 도덕성을 이해하지 않고는 정의의 문제를 해결하기 어려울 것이다.[1] 법과 정의는 불의나 부도덕성의 금지보다는 선행이나 미덕을 적극적으로 추구하고 도덕적 가치를 강조하는 것이 바람직하다. 법대로 시행한다고 하여 모두 정의가 되고 도덕성이 있는 것은 결코 아니다. 홉즈는 "정신 차리게. 우리는 법을 집행하는 것이지 정의를 집행하는 것이 아니다"라고 말하였다. 폭력과 침략전쟁이 심지어 정의의 이름으로 행세한다. 정의가 진실을 외면하면 신뢰와 도덕성을 잃고 위선과 폭력으로 전락한다. 권력이 정의를 악용하면 정의는 불의로 변질되고 법은 정의의 가면을 쓴 악법과 폭력으로 타락한다. 소크라테스, 예수 그리고 모어(T. More. 1478~1535), 루터(M. Luther, 1483~1546), 갈릴레오(Galileo, 1564~1642) 등 진리의 선각자들은 법의 심판에 의해 사회 이단자로서 처벌되었다. 그들은 정의로 위장한 법으로 희생되었다. 악법이 정의의 법으로 둔갑하던 개념법학의 형식적 논리는 이제는 종식되어야 한다.

[소크라테스의 죽음]

소크라테스는 불경죄와 청소년 선동죄로 사형선고를 받았다. 그의 제자들이 부당한 재판에 항의하면서 탈옥을 권유하자, 이를 물리치고 사약을 마셨다. 그는 자신의 신념의 정당성을 확신하였고 어떠한 타협도 거부하였다.[2] 그의 죽음을 악법의 논리에 의해서 희생된 법적 사례로만 이해하기에는 우리에게 시사하는 바가 크다. 그는 법실증주의 논리에 복종한 것이 아니라 탈옥의 위법성을 우려하여 자신의 신념에 충실하기 위해 순교자로서 영원히 사는 죽음을 택한 것이다. 그는 법만능주의의 희생자이고 만능적인 시민투표로써 처형된 중우정치의 피해자이다. 이른바 '소크라테스의 변론'으로써 자기의 사상을 설파하여 법의 악법성을 고발

---

1) 교전국 쌍방 간에 발생한 병사의 대조적인 순국이라는 죽음의 의미 그리고 열 사람의 생명을 구하기 위해 한 사람이 희생의 재물이 되는 경우와 한 사람의 생명을 위해 열 사람이 희생하는 경우의 죽음에 대한 정의와 도덕의 의미는 동일한 것이다.
2) 쿠르트 리스, 악법도 법이다(Curt Riess, Prozesse, Die Unsere Welt Bewegten), 문은숙 옮김, 이룸출판사, 2008, pp. 15-40.

함과 아울러 철학자로서 그들의 무지를 깨우치고자 굽힘이 없이 당당하였다. 그는 법을 초월하여 실천으로써 그의 사상을 완성하였고 죽음으로써 세상을 깨우쳐 준 인류의 위대한 선각자이다.

3. 정의의 법적 보장

정의의 개념을 헌법에 처음으로 규정한 것은 1787년 미국의 헌법이었다. 헌법 전문에 "우리들 미국 국민은 … 정의를 확립하고"라고 명시하였다. 그리고 독일기본법은 "독일국민은 불가침 · 불가양의 인권을 지상의 모든 인간 공동체 · 평화 · 정의의 기초로 신봉한다"고 규정하였다(동법 제 1 조 2항). 우리 헌법은 전문에서 " … 정의 · 인도와 동포애로써 민족의 단결을 공고히 하고"라고 선언하여 정의의 실현을 헌법에 보장하였다. 법에 대한 존경심보다는 먼저 정의에 대한 믿음과 책임감의 시민 의식이 필요하다.

Ⅲ. 정의와 법적 안정성 · 합목적성

1. 법적 안정성

법적 안정성이란 법에 의해 보호되는 사회질서의 안정을 말하며 사회적 평온과 평화를 전제로 한다. 법은 사회 안정 속에서만 존재할 수 있다. 법의 1차적 기능은 사회질서를 유지하는 것이며, 사회질서의 안정은 법질서의 안정을 전제로 한다. 법적 안정성은 법에 의한 안정뿐 아니라 법 자체의 안정을 요구한다. 법의 일관성, 명확성, 예측가능성, 확실성, 엄격성 등이 보장되어야 법질서의 안정성을 유지할 수 있다. 법적 안정성은 객관적 요소로서 법의 신뢰성 · 항구성 · 투명성 · 명확성과 법적 평화를 의미한다. 법적 안정성의 주관적 측면은 법규범은 원칙적으로 존속력을 갖고 자신의 행위기준으로 작용할 것이라고 믿는 법에 대한 개인의 신뢰보호원칙이다. 신뢰보호란 상대방의 법률행위를 믿고 행위를 한 경우 이를 보호하여야 한다는 것이다.[1]

시효제도, 법률불소급의 원칙, 민법상 점유보호(민법 제192조), 공소시효(형법 제78조), 행정법상 신뢰보호의 원칙, 국제법상 현상유지(status quo) 등을 인정

---

1) 헌법재판소 1996. 2. 16. 선고 96헌가2 결정.

하는 것은 법적 안정성을 기반으로 일차적으로 사회질서의 안정을 시도한 것이다. 법적 안정성을 위해서는 불의가 무질서보다 낫다는 것이고, 법의 실효성을 확보하기 위해서는 법적 안정성이 우선적으로 필요하기 때문이다. 심지어 쿠데타로 집권한 국가권력에 대해서도 법적 안정성을 이유로 그 규범성을 인정하였다.[1] 법적 안정성의 유지는 국민의 법의식 수준에 비례한다. 법적 안정성의 요구는 성문법의 발달을 가져왔고, 법해석에 있어서 법실증주의의 우위성을 가져오게 하였다.

법적 안정성의 극단적인 요구는 악법도 법이라는 명분을 인정함으로써 법질서의 안정이 아니라 법의 불신 내지 법의 악용을 초래할 우려가 있기 때문에 법적 안정성이 법이념의 전부가 되는 것은 아니다. 법적 안정성이 정의의 이념과 반드시 일치할 수 없으며, 법질서의 안정을 이유로 법의 이념을 저버릴 수 없음은 말할 나위도 없다. 법이 안정성을 이유로 법의 이념에서 벗어나면 시효제도에서 보듯이 법의 사각지대와 법의 역기능이 발생하여 법의 신뢰성을 해치거나 불법을 초래할 수 있다.[2] 법적 안정성을 고수하는 것은 현존질서의 긍정에만 치우쳐 심지어 위법이 적법으로 변질되는 결과를 가져와, 법의 정당성에 회의를 일으키는 경우가 있다. 질서유지가 법의 중요한 이념이지만 그것이 법의 이념 전부가 아님은 물론이며 법의 신뢰가 절대적인 권리로서 보호되는 것은 아니다.

2. 합목적성

법에서의 합목적성(Zweckmäßigkeit)이란 법질서가 국가이념과 가치관에 따라 효율적으로 결정·실행되는 기준을 뜻하며, 법의 목적·가치에 구체적으로 합치되는 원리를 말한다. 법의 합목적성은 국가 법질서에 의해 법을 구체적·합리적으로 제정·적용하는 원칙이며, 목적을 위하여 수단과 방법을 가리지 않는 것이 아니라 목적과 수단이 일치하는 합리적인 것이어야 한다. 법의 목

---

1) "법적 안정성이라는 법의 또 다른 요구에 기하여 내란행위로 수립된 질서에 대하여도 일응의 규범력을 인정하는 것이며, 따라서 내란으로 성립한 통치체제가 그 후 내란정부로 단정된다고 해서 그 정부가 행한 대내외적인 행위의 법적 효력이 인정될 수 없게 되어 법적 공백상태와 혼란이 초래되는 것은 아니며 헌정질서가 중단되는 것도 아니다"라고 판시하였다(헌법재판소 1995. 12. 15. 선고 95헌마221 결정).
2) 키케로는 "법을 지나치게 고수하면 오히려 불법을 초래할 수 있다"고 말하였다.

적은 국가의 목적과 직결되기 때문에 법의 합목적성은 국가의 목적에 의해 결정되며 국가관에 따라 달라진다. "국민의 행복이 최고의 법률이다"(salus populi suprema lex est), "국민이 원하는 것이 법이다"(Was das Volk wunscht, ist Recht)라고 하여 합목적성의 내용을 국민이 요구하는 기준에 합치하도록 한다. 또한 "법의 합목적성은 도덕적 선이다"라고 하여 법의 합리성을 도덕성에 맞추기도 한다. 법의 합목적성은 사회의 가치관에 따른 상대적인 개념이다. 법의 목적은 사회적·정치적·사상적 배경에 의해 구체적 내용이 결정된다. 정의가 법의 내용을 일반화·추상화하는 데 비하여, 합목적성은 법을 개별화·구체화하는 경향이 있다. 법의 합목적성은 법이 요구하는 가치관에 따라 법의 목적을 현실화한다.[1] 법의 합목적성은 개인 간의 이익충돌 그리고 자유와 질서의 반목, 개인주의와 단체주의의 대립·모순되는 가치관을 조절하는 합리적 기준을 제시함으로써 법의 목적을 실현할 수 있다.

3. 정의·법적 안정성·합목적성의 상호관계

법이념의 상호관계는 법의 개념과 가치를 결정한다. 라드브루흐가 주장한 법이념인 정의·법적 안정성·합목적성 등은 법질서 유지의 필요요건이면서도 상호 모순적이며 또한 상호 보완관계에 있다. 정의나 합목적성은 법의 내용에 관한 법이념의 문제이고 법적 안정성은 적용상의 문제이다. 정의는 법의 일반적·추상적·이상적 개념인 데 비하여 합목적성은 법의 개별적·구체적·가치적 개념이고, 법의 안정성은 실제적·현실적·실천적 개념이라 할 수 있다. 정의는 합목적성에 의해서 구체화되고 법적 안정성에 의해 보장된다. 법적 안정성은 정의를 필요로 하고 있으나 법의 합목적성에 소극적이다. 합목적성은 법적 안정성을 거부하고 기존 정의의 관념에 수정을 요구한다. 법적 안정성은 사회질서의 유지를 위해 법의 내용이 비록 정의나 합목적성에 부합하지 않더라도 강제성을 요구한다.

법이념으로서 정의·법적 안정성·합목적성 등을 제시한 라드브루흐도 그

---

1) 라드브루흐는 법의 합목적성에 관해서 개인주의·초개인주의(전체주의)·인격주의(문화주의) 등의 이념 선택의 문제로 이해하였다. 즉 개인주의는 개인의 가치를 중시하여 다수의 이익으로부터 개인의 가치를 보호하려는 가치관이고, 초개인주의는 전체의 이익을 중시하여 국가이익이 개인이익에 우선한다는 것이다. 그리고 초인격주의는 문화를 중시하며 개인은 문화적 가치실현에 중심이 되고 법과 국가는 문화에 봉사한다는 가치관이다.

상호 관계에 대해서 모순을 지적했을 뿐 해결하지 못하였다.[1] 법이념에서 정의만을 강조하면 "세상은 망하더라도 정의는 살아야 한다"는 법의 이상론을 주장하게 되고, 합목적성을 강조하면 "국민의 행복이 최고의 법이다"라고 하여 법의 편의성을 우선시하게 된다. 또한 법적 안정성을 강조하면 "악법도 법이다"라고 법의 형식성을 주장하는 결과를 가져온다. 법적 안정성을 이유로 법의 합목적성이 보장되는 것은 아니며, 법의 합목적성이 법의 이념이나 정당성에 부합한다고 단정할 수 없다. 목적이 정당하더라도 방법과 수단이 정당하지 않으면 합목적성은 인정할 수 없다.

라드브루흐는 법질서의 유지가 정의나 합목적성보다 중요한 것이므로, 법에 있어서 "정의나 합목적성은 법의 제 2 의 과제이나 법적 안정성인 질서·평화는 제 1 의 과제이다"라고 하여 법적 안정성의 기능을 중시하였다. 법적 안정성만을 강조하면 법은 정의와 합목적성에 부합하지 않아 자기모순에 빠지게 된다. 정의와 합목적성·법적 안정성은 서로 모순된다고 하더라도 법이 추구하여야 할 당위적인 목표인 까닭에 이를 삼위일체로서 합리적으로 조화시키는 것이 법의 이념이며 과제이다.

이렇듯 정의·법적 안정성·합목적성 등의 사이에 상호간 대립·갈등이 발생하지만 상호 보완되어야만 법의 정당성·합리성 등을 실현할 수 있다. 실제로 이들 간에 충돌이 있는 경우 어느 것을 우선시켜야 할지는 시대와 장소의 여건에 따라 다르게 해석되는 상대적 가치이기 때문에 구체적인 사항에 따라 개별적으로 해결하여야 하며, 무엇보다도 국민의 법의식이 중요한 작용을 한다. 전체주의 국가시대는 국가의 목적과 안정을 위해 합목적성의 원리가 우선시된다. 또한 자연법을 중요시하는 시대는 정의의 이념이 최고의 가치기준이 되고, 법실증주의시대는 법적 안정성이 강조되고 정의나 합목적성이 소홀히 되었다. 법체계에서도 헌법과 형법은 정의의 이념이, 그리고 행정법은 합목적성의 이념이, 민법이나 소송법에는 법적 안정성의 이념이 비교적 강하게 작용한다.

---

[1] 라드브루흐는 "나는 모순을 지적했지만 해결하지는 못하였다. 그러나 위의 세 문제는 서로를 요구하면서 때로는 날카로운 모순을 보이고 있으나 이 이념들이 마침내 법을 전면적으로 지배하고 있다"고 말하였다.

제 4 절 법이념과 공공복리

I. 공공복리의 개념

사회공동의 행복과 이익 및 번영을 추구하는 공공복리가 현대국가의 새로운 기본원리로서 법의 이념으로 등장하였다. 공공복리(public welfare, common benefit)는 공익, 공동의 이익, 또는 공공의 이익, 사회 일반적 이익, 사회구성원의 이익, 전체의 행복, 보편적 가치, 공동선(bonum commune) 또는 공공의 안녕질서 등으로 표현되고 개인의 권익과 대립되는 다의적 개념이다. 공익은 엄격한 의미에서 국가의 안전보장·질서유지와 같은 소극적인 개념이 아니라 복지국가의 이념을 향한 적극적 개념이다. 공익은 국가의 안전보장·질서유지·공공복리 등을 포함하는 넓은 의미의 포괄적 개념으로서 사익을 압도하여 개인의 인권과 대치되는 구도로 나타난다.

공공복리는 인권에 대한 규제의 근거로서 작용하고 있다. 공공복리의 개념을 어떻게 정립하느냐에 따라 인권이 명목상에 불과할 수 있다는 것을 주시하여야 한다. 공공복리는 특히 복지국가의 이념을 구현하기 위한 적극적 의미를 갖기 때문에 시대와 상황에 따른 가변적인 불확정 개념이다.[1] 법 주체의 권리행사의 상충으로 분쟁을 야기하는 경우 공공복리는 그 해결의 대승적 기준이 될 수 있다. 예를 들면 개인의 흡연권과 혐연권의 반목관계에서와 같이 기본권이 충돌하는 경우 상위기본권 우선의 원칙에 따라 하위기본권의 제한이 가능하기 때문에 흡연권은 혐연권을 침해하지 않는 범위 내에서 인정한다.[2]

---

[1] 복지국가주의의 사회복지는 제15장 법과 복지국가주의 참조.
[2] 흡연구역과 흡연금지구역을 지정한 것이 기본권 침해라는 헌법소원에서 헌법재판소는 "흡연자와 비흡연자가 함께 생활하는 공간에서의 흡연행위는 필연적으로 흡연자의 기본권과 비흡연자의 기본권이 충돌하는 상황이 발생된다. 흡연권은 사생활의 자유를 실질적 핵으로 하는 것이고, 혐연권은 사생활의 자유뿐만 아니라 생명권에까지 연결되는 것이므로 혐연권이 흡연권보다 상위의 기본권이라 할 수 있다. 이처럼 상하의 위계질서가 있는 기본권끼리 충돌하는 경우에는 상위기본권 우선의 원칙에 따라 하위기본권이 제한될 수 있으므로, 흡연권은 혐연권을 침해하지 않는 한에서 인정되어야 한다. 흡연은 비흡연자의 기본권을 침해할 뿐만 아니라 흡연자 자신을 포함한 국민의 건강을 해치고 공기를 오염

사익을 무한히 추구하면 공공복리는 존재할 수 없다. 공공복리는 개인의 자유와 권리의 희생 위에 존재하는 것도 아니고, 사회구성원 개개인의 복지의 총화를 의미하는 것도 아니다. 또한 공공복리는 사회 전체의 평균적 이익이 아님은 물론 전체적 이익을 의미하는 초개인적인 이익도 아니다. 공공복리는 개인의 이익추구를 부정하는 것이 아니고 사회공동체 생활에서 모든 구성원의 이익이 조화되는 차원에서 실현되어야 하고, 사회구성원이 골고루 이익을 공동으로 누리는 국민 전체의 행복 개념이 되어야 한다. 따라서 공공복리는 사회구성원 모두에게 공통되는 공존공영을 위한 행복·이익·복지·질서 등을 뜻하며, 개인의 이익과 공공의 이익을 조정하여 개인의 기본권을 최대한 보장하기 위한 사회정의의 원리로서 이해되어야 할 것이다. 오늘날 공공복리의 개념은 공익우선주의의 차원이 아닌 복지국가주의를 바탕으로 개인의 행복지수를 높이는 적극적 차원으로 발전하여야 할 것이다.

Ⅱ. 사익과 공익의 균형·조화

개인의 자유와 권리가 이웃에 재앙이 되면 그것은 자유의 남용이기에 자유를 제한하는 것은 사회보존을 위한 필연적 요청이고 당연한 결과이다. 사회공동생활에서 개인의 권리의 행사는 결코 무제한한 것이 아니라 타인의 그것과 조화되어야 한다는 내재적인 한계를 갖게 되는데, 그 조화의 이념과 기준이 공공복리로서 표현된다. 그러나 공익을 지나치게 강조하여 "공익은 사익에 우선한다"(Gemeinnutz geht vor Eigennutz), "공익이 먼저이고 사익은 그 다음이다"라는 선공후사(先公後私)의 정신이나, "사익은 공공복리에 따른다"는 전체주의 내지 집단주의적인 공익우선주의에서 사익이 억압당하는 것을 허용할 수 없음은 물론이다. 반대로 "사익은 공익에 우선한다", "공익은 사익을 위해 존재한다"는 사익우선주의는 권리의 독선과 남용이고 허용할 수 없는 이기주의이다.

시켜 환경을 해친다는 점에서 개개인의 사익을 넘어서 국민 공동의 공공복리에 관계된다. 따라서 공공복리를 위해 개인의 자유와 권리를 제한할 수 있도록 한 헌법 제37조 제 2 항에 따라 흡연행위를 법률로써 제한할 수 있다"고 판시하였다(헌법재판소 2004. 8. 26. 선고 2003헌마457 결정).

개인주의적인 이기주의 때문에 공익의 안정과 실현이 난관에 봉착하는 것을 좌시할 수 없는 것이 현실적 요청이다. 사익의 제한이 인권의 침해임에도 불구하고 공익적 차원에서 허용이 불가피하게 되었다.[1]

　이렇듯 합치되기 어려운 사익과 공익 양자 간의 이율배반적인 양극화 현상을 절충하여 양쪽 이익의 균형과 조화를 법이 어떻게 조절하느냐는 법이념의 문제로 대두된다. 공공복리는 사익과 공익의 이데올로기 문제가 아니라 양자의 균형과 화합을 통해 인권보장과 함께 공익을 실현하기 위한 법기술상의 문제로 접근하여야 한다. 두 이익의 대립은 어느 하나를 결정하는 선택의 문제가 아니다. 내 것이 소중하면 네 것도 소중하다는 형평주의의 원칙을 바탕으로 사익과 공익이라는 양자가 거시적인 면에서 상생을 위해 타협하는 조화의 문제이다. 사익과 공익은 상호 이익의 조화를 통해서 궁극적으로는 사회공동체를 통한 각각의 이익 추구가 가능한 것이다. 공공복리는 사회의 안정과 번영을 위한 사회구성원의 합의이며 신뢰하는 가치를 의미한다. 사회공동체는 공동체의 화합과 발전을 위해 개인의 사회적 책임을 요구하고 역사적 공동체를 지향한다.

　사익과 공익은 상생을 통해서만 존재할 수 있는 공존관계이다. 공익의 실현을 위해 사익을 규제하고, 사익의 보호를 위해 공익의 한계를 규정하는 것은 사익과 공익의 형평과 조화로써 사회의 안정과 균형적 발전을 구현하기 위한 조치이다. 다수자 중의 소수자를 돌보거나 열 사람 중 아홉 사람을 제치고 한 사람의 약자를 보호하는 것은 법의 책무이다.[2] 이와 반대로 아홉 사람을 위해 한 사람을 희생하거나 공익을 위해 개인의 권리 침해도 법은 허용한다.[3]

---

1) 공공의 알 권리를 충족하기 위해 사회 유명인사의 사생활이 예외적으로 공개가 가능하고, 공공의 예방적 안녕질서를 유지하기 위해 감시 카메라 설치, 공항에서의 알몸 투시기 검색 그리고 공익 목적을 위한 개인 재산권 행사의 제한 등은 개인 인권의 침해이나 공익적 차원에서 허용하고 있다.

2) 공공복리는 공리주의를 거부하고, 사회 전체를 위하는 것이라도 소수자나 개인의 자유와 권익을 희생시켜서는 안 되며 오히려 그들의 권익을 우선적으로 배려해야 공익이 실현된다고 롤스는 주장한다.

3) "공공의 복리는 개별 이익에 우선한다"는 슬로건은 나치스(Nazis)나 공산주의와 같은 전체주의 국가에서 전체 이익의 절대적 우선을 의미하지만, 자유국가의 공공복리는 개인의 권익을 절대 경시하지 않는다.

개인과 전체의 이익 대립에서 합리적 조절을 통해 사익의 보장은 물론 공익의 실현을 동시에 이루는 것은 복지국가의 과제이며 국가의 책무 중의 하나이다. 이를 위해 사회국가원리의 도입이 불가피하다. 국가는 인권을 실질적으로 보장하고 이를 위해 개인은 공공에 대한 사회적 의무를 다하여야 한다. 헌법은 개인의 자유와 권리의 보장함과 동시에 공공복리를 위하여 이를 제한하는 근거와 그 한계를 규정하고(제37조 2항), 재산권의 행사는 공공복리에 적합할 의무를 규정하고 있다(제23조 2항).

제 5 절   법이념과 평화

I. 인권과 평화

평화는 일반적으로 대립·갈등·반목·전쟁 등이 없는 평온하고 화목한 질서인 동시에 이러한 분쟁·교란을 폭력이 아닌 이성적으로 해결하는 조용한 질서이다.[1] 무질서·파괴·전쟁 등의 폭력을 법적인 절차에 의해 안정적·합리적으로 해소하는 것이 평화의 목적이다. 평화를 위해 평화적 방법을 수단으로 하는 점에 평화의 뜻이 있다. 평화는 폭력 추방과 폭력으로부터의 해방을 뜻하며, 인권과 정의를 지키기 위한 인간의 의지이다. 하지만 전쟁을 방지하는 평화의 보장은 아직 없는 상황이고 전쟁의 위험은 사라지지 않고 있다. 평화는 희망으로 이루어지는 것이 아니므로 평화를 지키기 위해서는 전쟁도 불사하는 공동체적 합의가 필요하다.

법은 평화의 산물이며 평화를 떠나서는 존립할 수 없다. 전시에는 법은 침묵하고(Laws are silent amid arms), 폭력 속에서 법은 멈추는 수모를 당한다. 평화

---

1) 평화는 전쟁과 대립되는 다의적 개념이며 전쟁이 없는 상태로서 정의, 질서, 비폭력, 평온, 자유 등의 조용한 이미지가 포함되어 있다. 서양에서의 평화는 전쟁이 없는 상태로서 외향적·물질적·실력적·정치적인 환경에 중점을 두고 있다. 그러나 동양권에서는 증오하지 않는 마음의 편안한 상태를 바탕으로 내향적·정신적·비폭력적·비정치적 심성을 강조한다. 동양적 평화관에 의한 간디(M. Gandi, 1869~1948)나, 킹(M. King, 1929~1968) 등이 비폭력 저항운동으로써 인권운동을 성공한 것은 시사하는 바 크다.

는 법이 실현하여야 할 우선적 가치이다. 평화는 화합을 통해 공존·공영하는 인간의 지혜이며 행복이므로 법이 보장할 법의 목표이며 임무이다. 법은 평화를 통해 자유와 평등을 보장한다. 자유와 평등은 평화 속에서 보장이 가능하고, 평화는 인권보호의 전제조건이다. 무질서와 폭력은 자유와 평등에 대한 해악인 동시에 평화의 적이다. 평화는 자유·평등을 추구하는 정의의 질서이고 불의가 아니라 정의를 바탕으로 가능하기 때문에 정의가 평화를 지켜야 한다. 정의 없이 평화는 없다. 폭력과 불의 속에서 평화는 물론 자유·평등도 꽃 피울 수 없다. 자유 없는 평화는 노예의 평화이고 평등 없는 평화는 차별과 억압의 평화이므로 자유·평등이 없는 평화는 굴종과 암흑의 위선적 평화에 불과하다.

II. 국제사회와 평화

국제사회는 평화시대라고 하더라도 국지적인 무력행사로 불안과 전쟁의 공포가 끊이지 않는다.[1] 전쟁이 원칙이고 평화는 예외라고 하여도 지나치지 않을 정도로 분쟁해결을 무력에 의지하고 평화는 명분에 불과하다. 전쟁이 전쟁을 낳는 악순환이 평화를 파괴한다. 단순히 전쟁의 부재가 평화는 아니다. 양과 늑대가 함께 노는 평화의 세상은 존재할 수 없듯이 강대국일수록 전쟁을 노린다. 평화는 강자의 특권이고 약자는 평화를 누리기 어려운 것이 국제정치의 현실이다. 전쟁은 분쟁의 종지부를 찍는다. "전쟁은 누가 옳은가를 결정하지 않는다. 누가 살아 남는가만을 결정한다"고 러셀(B. Russell, 1872~1970)은 말하였다. 평화는 주어지는 것이 아니라 지키는 것이며 문서로써 보장되지 않는다. "평화를 원하면 전쟁을 대비하라"(si vis pacem, para bellum)고 로마의 베게티우스(F. Vegetius Renatus, ?~?)는 경고했다.

평화는 국가 생존의 문제와 직결된다. 평화의 의지가 없는 한 전쟁의 공포와 인류의 비극은 계속될 것이다. 전쟁은 신도 막지 못한다. 평화를 보장하고 폭력을 응징하기 위한 강력한 제도적 장치를 요구하는 것은 인류의 한결같은

---

1) 인류 역사 3,500년 동안 전쟁이 없는 기간은 약 230년이고 3,270년은 전쟁이었다. 우리는 유사이래 930번의 외침으로 42회 전쟁과 무력 충돌로 7년에 한 번꼴로 전쟁을 겪었다고 한다.

염원이나, 현실적으로 평화는 멀기만 하다. 평화는 하나의 국가만으로 이룰 수 없기 때문에 국제적 공조가 필요한 인류의 최대과제이다. 평화수호는 평화적 공존을 의미하므로 법 없이는 평화도 없다. 법은 평화를 상징하며 이를 보장할 책무가 있다. 전쟁을 방지하고 평화를 지키는 제도적 장치는 법의 지배에 의해서만 가능하다. 평화 보장을 위해 초국가적인 법이 필요한 것은 이 때문이다. 헌법은 항구적인 평화적 국제질서로서 인류공영을 위한 국제평화주의(헌법 제 5 조 1항)와 평화통일주의(헌법 제 4 조)를 지향하고 있다.

제 5 장

법과 사회규범

제 1 절 사회규범의 공존

사회규범에는 법규범을 포함하여 정치·경제·도덕·예(禮)·관습·종교 등의 규범이 각각 중요한 역할을 하고 있다. 이들 규범의 본래의 형태는 서로 미분화의 상태로 혼합되어 사회생활을 포괄적으로 규제하는 사회적 규범이었다. 사회의 다양한 발달과 사회생활의 복잡화 그리고 규범 자체의 특수성으로 말미암아 상호간의 분화현상이 발생하였다. 그 결과 규범은 특유한 이념과 독립적 위치를 갖고 각각 다른 가치와 논리를 추구하는 사회규범으로서 독자적으로 존립하게 되었다. 오늘날에도 사회규범들은 엄격히 분리되어 존재하는 것이 아니라 서로 밀접한 관계를 갖고 공존하고 있어, 그 차이점을 구분하는 것은 쉽지 않은 문제이다. 사회질서는 다양한 규범들이 각각 다른 가치기준을 갖고 있으나 서로 연계되어 전체적으로 사회생활의 질서를 규율한다. 법도 여러 규범 중 일부이나 국가권력에 의한 강제력을 행사함으로써 다른 규범보다 절대적으로 우월한 위치에 있다.

법은 사회규범을 바탕으로 성립되고 발달하였다. 모든 사회규범이 법이 되는 것은 아니지만 법제화는 가능하다. 법은 고유의 이념을 통해 모든 질서를 규제함으로써 다른 사회규범은 법의 지배원칙에서 벗어날 수 없다. 법이 사회규범의 총체로서 다양한 사회규범의 내용을 수용하는 것은 법의 정당성과 실효성을 위해 필요한 것이다. 법이 사회규범 중의 규범으로서 최고성을 가질지라도 모든 규범은 각각 고유의 존재 의미와 가치관을 갖고 있는 것을 간과할 수 없다. 법은 사회규범 중에서 강제성·절대성을 가지고 있으나 만능이 아니고 만능이 될 수 없는 규범이며 만능이 되어서도 안 된다. 법의 한계를 극복하고 건전한 사회질서를 유지하기 위해 법 이외의 다른 규범이 함께 필요하다. 사회규범에는 법보다 오랜 역사와 강력한 영향력을 행사하는 관습이나 종교도 있다. 사회규범은 각각 고유의 가치관을 갖고 인간의 행위를 규율함으로써 법과 더불어 사회질서를 유지하는 근간이 된다. 규범질서를 위반하는 경우 일차적으로 해당 규범에 의해 해결하는 것이 규범의 존재 의미에 부합할 것이다. 사회규범이 본연의 기능을 하지 못하면 총체적인 사회질서의 파괴나 붕괴로 이어지므로 이를 방지하기 위해 법이 필요하다.

제 2 절 법과 정치

Ⅰ. 법과 정치의 관계

인간 대 인간의 생활관계는 사회에서 협력 또는 대립이라는 힘의 관계에 바탕을 두고 전개되는 정치적 관계이다. 정치사회는 여러 계층 간 정치적 이해의 대립으로 경쟁과 투쟁이 계속되는 힘의 논리가 전개되고, 지배세력을 장악한 권력층에 의해 일정한 사회규범이 형성된다. 법은 국가권력을 존재의 근거로 하고 있으며 법의 내용은 국가권력에 따라 의미를 갖는 정치적 산물이다. 법은 본질적으로 정치적이다. 집권층의 정치이념에 적합하도록 법을 정립하여 사회를 지배하는 법의 통치 작용이 정치라 할 수 있다.[1] 정치는 현실적 권력을 지향하고 법은 이상적인 정의를 추구한다.

정치는 정치적 목적을 실현하는 권력작용인 동시에 법을 수단으로 하는 실력행사라는 의미에서 정치는 법을 통해 이루어지고 정치의 작용은 법의 실행으로 나타난다. 이런 뜻에서 라스키(H. J. Laski, 1893~1950)는 "법은 정치의 흐름이다"라고 하였다. 법은 본질적으로 정치적인 것이며 정치를 떠나서는 법이 존재할 수 없고 법치는 정치의 수준을 넘을 수 없다. 공정한 법치는 공정한 정

---

1) 정치(政治)라는 한자용어에서 '政'의 본래 의미는 바르지 못한 것을 바르게(正) 매로 쳐서(攵) 바르게 만들어 다스린다(治)는 뜻이다.

치에서 나오고 왜곡된 정치가 왜곡된 법치를 낳는다. 정치는 법을 만드는 힘이므로 법은 정치의 아들이며 권력자를 위해 봉사하지 않으면 안 될 숙명이다. 법은 정치와 분리될 수 없어 "법은 정치 행위이다"라고 주장한다. 법은 권력의 수단이 됨으로써 끝내는 정치의 시녀이고, 정치가 법을 지배하지 않고는 나라를 통치할 수 없다고 극언을 한다.

법질서는 지배자에 의해 형성되고 폐지되는 것을 부정할 수 없다. 하지만 법은 단순히 정치질서를 지키는 수단적 역할에서 탈피하여 정치권력 자체가 지켜야 할 궤도에 대한 통제기능에 가치가 있다. 정치는 존재에 우선한다고 한다. 정치가 존재의 조직을 위한 규범이라면 법은 조직의 규범을 제시함으로써 정치를 규율한다. 권력 남용을 억제하고 정치의 탈선을 바로 잡는 것은 법치이다. 정치를 상대방을 제압하는 패권적 힘의 논리가 아니라 법의 지배 원칙에 의해 묶어 놓는 것이 법의 임무이다. 정치를 권력적 통치 작용의 현실적 원리라고 본다면 법은 통치 작용인 동시에 통제하는 규범적 원리이다.

정치는 법을 제정하는 힘이 되기도 하고 법을 파괴하는 힘이 되어 법치주의를 악용하기도 한다. 정치는 국가목적의 실현을 위한 적극적인 목적활동이다. 이에 비해 법은 소극적인 사회질서의 유지로 표출되어 양자는 상호 대립관계가 성립된다. 정치가가 일을 서두르면 법률가는 실수 없이 천천히 하자고 주의를 주듯이 정치는 적극적·능동적 규범인 데 비하여, 법은 소극적·수동적 성향의 규범이다.1) 법과 정치는 그 구조와 기능면에서 본질적으로 서로 견제와 조화를 이루는 불가분의 관계이다. 양자는 본질적으로 긴장 내지 견제관계에 있으면서도 서로 공존과 협력을 필요로 한다. 힘이 법을 따르게 하는 규범이 정치이고 법치이다. 정치는 계층 간의 대립을 해소하고 통합을 이루는 민주적 과정이다. 법 역시 사회통합 수단으로서의 국민적 합의라는 점에서 정치와 동일한 기반을 갖고 있으며 정치와 법은 국민의 신뢰를 전제로 가능하다.

법은 국가권력이 뒷받침되어야 가능한 것이나, 법이 정치권력에 종속하면 법의 규범성보다는 사실적인 권력성이 강하게 나타나 '힘이 권력이다', '힘이 정

---

1) 정치는 국론 통합과 권력 행사를 위해 부드러워야 하나, 법은 사회질서의 유지와 권력의 통제를 위해 엄격하여야 한다. 정치는 정치적 신축성을 중시함으로써 정치적 책임은 모호한 속성을 갖고 있으나, 법은 법의 원칙을 고수하여 법적 책임을 끝까지 추궁한다.

의이다'라는 정치만능이 되어 정치는 불신을 받는다. 정치의 불신은 법의 불신으로 이어진다. 정치는 사람에 의한 자기 마음대로의 통치가 아니라 국민적 합의로써 만들어진 법에 의한 정치가 되어야 한다. 볼테르(F. M. Voltaire, 1694~1778)는 "법에 복종하는 정치가 최상의 정치이다"라고 하여 법에 의한 정치를 강조하였고, 예링은 "법은 최선의 권력정치이다"라고 말하여 법이 권력을 통제하고 정치가 법에 구속되는 것을 요구하였다. 법이든 정치이든 그 목적과 수단, 과정 등이 법치주의의 이념에 부합하여야 하는 것이 민주주의의 기본원칙이다. 민주주의의 원칙인 다스리는 자와 다스림을 받는 자는 동격이며 동일체라는 것을 보장하는 것이 법치주의이다. 정치적으로 시작하여 정치적으로 끝나는 정치의 메커니즘의 속성에 대립해서 법적 규범에서 출발하여 법의 지배로써 정치를 규범화하는 것이 법이다.

II. 정치에 대한 법적 통제

법치국가는 법에 의해 구속을 받는 국가를 말하며 전체주의 국가와 대립된 개념이다. 법치주의를 표방하지 않는 국가는 없기 때문에 법적 구속력이 실제로 국가권력을 통제할 수 있는 국가를 법치국가라 할 수 있다. 법치국가에서 법이 정치에 우선하느냐 아니면 정치가 법에 우선하느냐의 문제는 국가와 법의 본질에 관한 문제로 제기된다.[1] 대체로 정치 우위설은 법을 통치의 수단인 정치적 산물이라고 한다. 법이 국가를 만드는 것이 아니라 국가가 법을 제정하기에 법은 정치 위에 존재할 수 없으며 정치의 영향을 받는 법의 한계를 지적한다. 법은 정치질서 내에서 존재할 수 있으나 정치는 법을 초월하여 존재할 수 있다고 한다.

이와 달리 법 우선설은 국가는 법의 근원이며 법적 제도에 불과하다고 한다. 법은 국가 권력 밑에 있는 것이 아니고 그 위에서 국가 통치질서를 지배한다는 의미에서 정치보다 우위의 가치개념이다. 법 우위설은 사람에 의한 지배

---

1) 법학의 영향을 받은 전통적 정치학과 법을 낮게 평가한 현대 정치학은 법의 작용에 대한 이해가 다를 수 있으나, 정치학은 법과 정치에 관한 학문으로서의 기능을 외면할 수는 없다.

를 거부하고 법의 지배를 원칙으로 하기 때문에 정치는 법의 구속을 피할 수 없고 민주주의 원칙에도 부합한다. 정치는 만능이 아니며 법규범 내에서 가능한 규범이기에 법은 정치의 권력행사를 감시함으로써 정치는 법에 구속받는다. 법적 질서를 보장하고 이를 실행하기 위해 국가가 존재하는 것이고 정치도 이에 따라야 한다. 법치국가는 국가권력의 통제를 위한 법적 구속력을 강화하고 정치에 대한 법의 우위를 보장하는 포괄적 개념이다.1) 대통령의 고위공무원 임명권이나 외교권 등이 통치권자의 정치행위라는 이유로 법적 통제에서 제외되고 있으나, 법제도의 취지와 법의 정신에 위배될 수 없음은 물론이다. 정치가 본래의 목적을 이루도록 정치규범을 법의 지배로써 통제하는 정치의 사법화가 법의 책무이다.

[법과 안티고네]

그리스 신화의 오이디푸스(Oedipus)왕은 왕위계승을 위한 왕자의 난으로 두 아들을 잃었다. 권력투쟁 중에 죽은 에테오클레스 왕자는 전사자로서 예우를 받았으나, 다른 왕자 폴리니케스는 반역자로서 장례식조차 금지하도록 숙부인 크레온(Creon)왕은 명령하였다. 그러나 오이디푸스의 딸 안티고네(Antigone)는 국법을 위반하고 혈육의 도리로서 오빠의 장례를 거행하였다. 왕의 명령을 거역한 죄로 끝내 그녀는 감옥에서 자살하였다. 왕의 명령은 정치적인 실정법이고 안티고네의 행위는 정치를 초월한 자연법적 행위이다. 왕명이 자연적인 혈연관계를 인위적으로 반역자와 애국자, 적과 동지로 구분한 것이다. 이것은 왕의 명령인 실정법에 대한 자연법의 도전으로서 자연법의 우위를 강조하는 동시에 정치에 대한 법의 우위를 의미하는 논거로서 회자(膾炙)되고 있다.

Ⅲ. 법과 혁명

혁명은 적법한 절차에 따르지 않는 헌정질서의 급격한 변혁으로서 비합법적인 실력수단으로서 이루어진다. 혁명은 기존 헌정질서를 파괴하는 폭력행위

---

1) "법치국가는 우리에게 하나의 정치적 개념일 뿐만 아니라 문화적 개념이기도 하다. 그것은 질서에 대하여 자유를, 이성에 대하여 생명을, 규칙에 대하여 우연을, 형식에 대하여 실질을 지키는 것, 요컨대 목적과 가치 자체를 단지 목적과 가치를 위한 수단에 대항하여 지키는 것을 의미한다"고 라드브루흐는 말하였다.

로서 위법행위이다. 그러나 혁명은 낡은 구질서를 타파하고 새로운 의미의 질서를 세우는 위기탈출의 초법적인 행위로서 불의에 항거하는 저항권이 될 수 있다.1) 혁명이 성공하면 적법한 행위로 전환되어 면죄부를 주고 권력투쟁의 승자가 패자를 심판하는 정치재판이 전개된다. '지면 역적이고 이기면 왕'이 되는 상황으로 반전되고, '실패한 혁명은 위법이나 성공한 혁명은 합법'이 보장되는 것이다. 성공하지 못한 혁명은 저항권의 행사가 아니라 내란죄의 범죄행위라는 사실의 법적 딜레마에 빠진다. 권력의 불법행사는 독재로 통하지만 초법적인 권력행사는 혁명으로 이어져 합법이 되고 새로운 법질서가 탄생한다.

혁명을 비록 역사적으로 불가피한 저항권의 행위로 인정한다고 하더라도 그의 뿌리에는 국민적 공감대가 있어야 하며, 국민적 지지가 없는 혁명은 쿠데타 (coup d'état)에 불과하다. 쿠데타는 폭력에 의한 비합법적인 정치적 변혁인 점에서는 혁명과 유사하나 지배자의 권력이동에 그치는 정변인 점에서 정치 체제와 지배권력의 총체적 변혁인 혁명과 상이하다. 쿠데타는 무력에 의한 비합법적 정권교체로서 정치 체제는 큰 변화가 없다. 비록 쿠데타가 성공할지라도 민주적 절차가 아닌 폭력으로 헌법질서를 위배하면 위법행위로서 그 책임을 면할 수 없다.2)

---

1) 라스웰(H. Lasswell, 1902~1978)은 혁명에 대해서 권력과 사회의 급격한 변화인 정치혁명과 사회혁명을 논하였으나 헌법질서의 수호를 위한 국민적 저항권의 혁명이 주목받는다. 혁명은 형태에 따라 '위로부터의 혁명', '아래로부터의 혁명', '옆으로부터의 혁명' 등으로 나눌 수 있다. 위로부터의 혁명은 지배계급에 의해 단행된 프로이센의 슈타인(H. Stein, 1757~1831)의 개혁을 말하고, 아래로부터의 혁명은 시민혁명인 미국 혁명, 프랑스 혁명 그리고 러시아 공산주의 혁명 등을 들 수 있다. 옆으로부터의 혁명은 국민의 지지로 지식계층(학생)에 의한 민주혁명인 4·19혁명이 해당된다.

2) 헌법이 정한 민주적 절차에 의하지 아니하고 폭력에 의하여 헌법기관의 권능행사를 불가능하게 하거나 정권을 장악하는 행위는 어떠한 경우에도 용인될 수 없다. 따라서 군사반란과 내란행위는 처벌의 대상이 된다(대법원 1997. 4. 17. 선고 96도3376 전원합의체 판결).

제 3 절 법과 경제

I. 법과 경제의 관계

경제는 법에 의해 규율되는 거래생활 자체이며 법의 목적을 결정하는 요인이 된다. 경제는 시장경제의 원리에 의해 자유로운 이윤을 추구하는 하나의 사실행위이나, 법은 경제행위의 규제로써 사회정의를 지향하는 질서규범이다. 법과 경제는 서로 밀접한 관계를 갖고 사회생활의 질서를 형성하고 있으므로 질서중심의 법은 경제에 대해 논리적으로 우선하여야 한다.[1] 법질서가 부의 형성에 직접적인 요인은 아니더라도 재산권의 보호와 경제적 활동은 법적 보장이 있기에 가능하다. 법은 생활조건의 향상과 경제질서의 안정을 위해 경제에 개입이 불가피하다.

법은 경제질서에 대해 가치판단의 기준을 제시하고 시장경제 원리에 관여함으로써 경제활동을 규제할 수 있으나 경제는 법의 이념을 제한할 수 없다.[2] 경제는 이익 창출과 효율성을 우선시하고 있으나, 법은 경제의 반사회적 행위와 불공정성을 고발하고 사회정의를 추구함으로써 법과 경제는 상호 갈등관계를 나타낸다. 법은 경제의 자율성·합목적성 등을 인정하면서도 법에 어긋나지 않는 범위에서 경제적 자유를 보장하고 이를 위반하는 경제활동을 규제함으로써 법이념을 실현한다.

II. 법이념과 경제질서

근대 시민사회는 재산권의 자유로부터 출발한 자본주의를 이념으로 하여 발전하였으나, 부의 양극화 현상에서 오는 사회적·경제적 병폐는 자본주의의

---

1) 슈타믈러는 "사회경제는 인간 공동생활의 소재이고 법은 이 공동생활의 형식이며, 법에 의한 외적 규제 없이는 인간의 사회생활은 논리적으로 존재할 수 없다"고 한다.
2) 마르크스는 유물사관에서 법은 사회의 상부구조인 이데올로기에 속하고 경제에 의해 규정된다고 하는 경제제일주의의 오류에서 벗어나지 못하였다. 그러나 켈젠은 주체성 없는 물질인 경제는 법의 이념을 제한할 수 없다고 한다.

위기를 초래하였다. 자본주의의 구조적 모순은 자본주의를 받쳐주는 자유주의·민주주의의 위기로 이어졌다. 사회경제의 균형적 발전을 통해 경제적 약자를 보호하고 모든 사람에게 인간다운 생활을 보장하기 위해 자본주의의 모순과 한계의 극복은 불가피하였다. 자본주의는 자신의 위기를 시장경제 원칙의 테두리 안에서 패러다임을 바꾸어 스스로 자본주의의 수정·보완을 성공한 점에 의미가 있다.

재산권의 자유와 자유시장경제의 원칙은 법이 보호하여야 할 기본원칙인 동시에 법이 새롭게 정립할 개념으로 대두되었다. 자유시장원리는 이윤과 효율성의 극대화를 지향하고 있으나, 사회의 배분적 정의를 실현하려는 사회정의와 배치됨으로써 양자의 조화를 통한 복지주의의 새로운 경제질서가 그 충돌의 해결책이 되었다. 재산권의 절대적 자유에서 상대적 자유로, 개인본위의 경제질서에서 사회본위의 경제질서 등으로의 전환이 불가피하였다. 또한 자유시장경제의 자율적 조절 기능의 한계로 사회적·경제적 모순이 제기됨에 따라 국가의 개입에 의한 경제질서의 조정과 규제를 위해 사회국가 원리가 도입되었다. 사회국가의 원리는 자유시장경제의 원칙을 바탕으로 하면서도 복지국가주의와 사회정의의 실현을 목표로 한다.[1) 이것은 자유경제의 원칙과는 상충되었으나 자유시장경제의 원칙과 더불어 법의 이념으로서 자리매김하였다.

경제에 대하여 중립적이던 국가는 경제에 대한 관여를 강화하고 있다. 헌법이 국가 경제질서의 기본원칙을 선언하고 이를 보장하는 것은 현대헌법의 특징이다. 헌법은 "경제질서는 개인과 기업의 경제상의 자유와 창의를 존중함을 기본으로 한다"고 선언하였다(제119조 1항). 국가는 자유경제를 지향하면서도 모든 국민에게 인간다운 생활을 보장하고 국민생활의 균등한 향상을 통한 복지국가의 실현을 목적으로 경제에 관한 규제와 조정을 할 수 있다(헌법 제119조 2항). 그러나 국가의 경제에 대한 개입은 시장경제를 지향하는 한 최소한에 그쳐야 한다.

---

1) 사회국가란 한마디로 사회정의의 이념을 헌법에 수용한 국가, 사회현상에 대하여 방관적인 국가가 아니라 경제·사회·문화 등의 모든 영역에서 정의로운 사회질서의 형성을 위해 사회현상에 관여하고 간섭하고 분배하고 조정하는 국가이며, 궁극적으로 국민 각자가 실제로 자유를 행사할 수 있는 실질적 조건을 마련해 줄 의무가 있는 국가이다(헌법재판소 2002. 12. 18. 선고 2002헌마52 결정).

Ⅲ. 경제의 민주화

헌법은 개인과 기업의 경제상의 자유와 창의를 존중하는 동시에 균형 있는 국민경제의 성장 및 안정과 적정한 소득의 분배, 시장지배와 경제력의 남용방지, 경제주체 간의 조화 등을 통해 경제의 민주화를 지향한다(제119조 2항). 경제의 민주화는 자유경제를 바탕으로 복지국가주의와 사회정의를 실현하기 위해 경제에 대해 규제와 조정을 하는 경제질서를 뜻한다. 헌법은 자유시장경제의 원칙과 사회국가의 이념을 혼합하여 경제의 민주화를 통한 복지국가주의를 목표로 한다. 국가는 경제주체 간의 조화와 발전을 위해 계층 간·지역 간·업종 간의 균등한 발전 및 국토와 자원의 합리적 관리를 위해 경제에 관한 규제와 조정을 한다.

경제의 민주화를 구현하기 위해 경제적 약자와 강자의 격차 해소 및 상생, 복지주의의 실현, 노사 간 이익의 분배, 폭리행위와 독과점 금지, 소비자 보호 등을 위한 국가의 적극적인 관여가 필요하다.[1] 경제의 민주화는 사회경제적 약자의 보호, 빈부의 양극화 해소, 공정한 시장경제질서의 보장, 경제주체 간의 균형적 발전 등을 기본내용으로 하여야 한다. 경제의 균형적 발전은 공정성을 위한 것이지 획일성을 위한 균형성을 의미하는 것은 아니다. 경제의 민주화는 성장과 복지를 함께 실현하기 위한 방법이지 목적은 아니며, 시장경제의 건전화로써 경제발전의 기반을 굳혀 그 수혜를 모든 사람에게 고루 확산하는 것이다. 경제의 민주화는 이를 통해 국민경제의 균형적 발전을 위한 경제 체질의 건실화를 추구하는 것이어야 하며 경제 성장의 발목을 잡는 요인이 되어서는 안 된다.

---

1) 우리 헌법의 경제질서는 사유재산제를 바탕으로 하고 자유경쟁을 존중하는 자유시장경제를 기본으로 하면서도 이제 수반되는 갖가지 모순을 제거하고 사회복지·사회정의를 실현하기 위해 국가적 규제와 조정을 용인하는 사회적 시장경제질서로서의 성격을 띠고 있다(헌법재판소 2001. 6. 28. 선고 2001헌마132 결정).

제 4 절   법과 언론

Ⅰ. 언론의 자유와 책임

언론은 정보를 제공하는 대중매체로서 사회생활의 지적 상호작용을 연결하는 수단인 동시에 국민의 알권리를 충족시키는 지식·정보의 공급원이다. 언론의 자유는 말·글·화상 등을 통한 의사표현과 전달매체를 통한 의견과 사상의 표현, 보도의 자유를 뜻한다. 또한 언론의 자유는 신문·방송의 자유를 비롯한 알권리, 액세스(access)권, 반론권, 언론기관 설립의 자유 등 정보와 보도의 자유를 내용으로 하고 출판과 통신의 자유를 동반한다. 사회공동체는 커뮤니케이션 속에 존재한다. 언론의 자유는 의견과 사상의 전달·교환의 자유를 넘어 모든 자유의 외부적 표현의 자유로 발전함으로써1) 정신적·정치적 자유의 기본이다. 미디어는 자유의 메시지이다. 언론의 자유는 그 자체가 목적이기보다는 언론의 자유를 통해 국민의 자유로운 의사를 형성·표현하는 과정으로서 민주주의의 필수 불가결한 요건이다.2) 민주정치는 여론정치를 의미한다.

불의와 권력남용을 고발하고 여론을 대변·선도하는 것은 언론의 사명이다. 언론은 국가 권력의 제 4 의 권력부(the Fourth Estate)라고 할 정도로 언론의 감시·비판으로부터 예외적인 영역 없이 막강한 영향력을 행사한다. 그러나 언론기관은 하나의 기업으로서 시장경제의 논리로부터 자유로울 수 없는 구조적 한계를 지니고 있다. 언론 매체의 보도에 따라 진실과 허위, 선과 악이 바뀌어질 수 있고 심지어 선동적인 여론몰이도 가능하다. 언론기업의 거대화·독점화·권력화·세계화로 인하여 언론의 객관성·중립성·공정성은 기대하기 어려워짐에도 불구하고 그로부터 나오는 정보와 지식은 사실상 인간의 의식과 행동을 지배한다. 언론은 보편적 진실성을 추구하지 않는다고 하더라도

---

1) "당신의 주장에 공감하지 않지만 당신의 말할 권리는 절대 옹호한다"는 볼테르의 말처럼 언론의 자유는 반대의 자유를 존중하는 개방된 공간으로서 표현의 자유의 초석이 된다.
2) 제퍼슨은 "만일 신문 없는 정부를 택할 것이냐? 정부 없는 신문을 택할 것이냐 묻는다면 나는 주저 없이 정부 없는 신문을 택할 것이다"라고 말하여 언론의 중요성을 한마디로 요약하였다.

보도의 정확성과 공정성은 언론의 생명이고 책임이다. 언론의 자유는 공정성·공공성·책임성을 전제로 한다.

Ⅱ. 언론과 법치주의

다이시(Dicey)는 여론을 사회적 신념이며 법의 근거라고 말하였다. 하지만 언론이 여론을 대변한다고 하더라도 그 자체가 곧 보편적 가치 기준이라고 단정할 수는 없으며,1) 절대성을 가진 법이 되기에는 규범적 한계가 있다. 언론은 법과 달리 절차적·규범적 과정보다도 결과적·상황적 효과를 중시하기 때문에 법의 보편성·타당성의 원칙과는 반드시 일치하지 않는다. 법의 가치 기준이 절대적이라면 언론은 가치 기준의 상대성을 인정함으로써 감성적·대중적·이기적 경향이 있으나, 법은 논리적·보편적 정당성을 강조한다. 또한 언론은 여론의 동향에 민감하여 변동성·유동성이 있으나, 법은 질서의 유지를 위해 일관성·안정성을 강조하고 여론에 흔들리지 않고 법의 원칙을 고수한다. 사회변동에 민감한 언론과는 달리 법은 안정 속에서 변화를 요청하고, 질서를 파괴하는 변화는 허용하지 않는다.

언론은 정론을 통해 언론의 자유를 스스로 쟁취하였다. 언론의 자유 보장에 민감한 언론과 언론의 자유의 한계를 주시하는 법은 긴장 내지 견제관계에 있다. 법과 언론은 권력을 감시·견제하고, 사회적 해악과 불의를 고발함으로써 사회정의와 공익성을 지향하는 점에서 공통의 사명을 갖고 있다. 언론의 자유 없이는 권력 남용을 사실상 견제하기 어려운 것이 사회구조이다. 언론은 민주적 사회과정의 현실적인 매체인 사회규범으로서 절차적 법치주의의 기반이다. 법과 언론은 민주주의의 파수꾼으로서의 동일한 기능을 행사함으로써 국민의 신뢰를 받는 동시에 공정하게 행사할 책임이 있다. 법치주의는 공개와 투명성을 전제로 국민에게 봉사하여야 하며 그 과정에 언론의 정확한 보도와 공정한 보도·비판이 필요하다.2)

---

1) 피상적 국민정서인 여론은 절차적 토론을 통해 도출되는 공론과 다르다. 키케로는 "민중만큼 정해지지 않은 것은 없고, 여론만큼 애매한 것은 없다"고 말하였다.

2) 경찰서장이 오보를 낸 뉴욕타임즈를 명예훼손죄로 고소한 사건에서 연방대법원은 공적

언론의 자유는 권력통제의 출발이고 법치국가 발전의 척도이다. 언론의 민주적 기능을 중시하여 언론의 자유에 우월적인 지위를 인정하는 것은 현대 헌법의 특징이다.1) 언론의 사명이 무거운 만큼 본연의 책임에서 벗어나는 언론을 규제하는 것은 언론의 발전을 위해 필요하다. 언론의 자유 역시 법질서의 테두리를 벗어날 수 없으며, 타인의 명예나 권리 또는 공중도덕이나 사회윤리를 침해해서는 안 되는 한계가 있다(헌법 제21조 4항). 언론의 자유는 보장되어야 하지만 사실상 악의(actual malice)가 있으면 그 책임을 면할 수 없다.2) 언론 보도에 대한 피해자의 반론권은 언론의 공정성과 객관성을 향상시키는 청구권으로서 언론의 자유를 침해하지 않는다.3)

제 5 절   법과 도덕

I. 법과 도덕의 구분

1. 법과 도덕의 관계

인간으로서 지켜야 할 사회적 도리 및 행위인 도덕은 법과 가장 밀접한 관련이 있는 사회규범이다. 본래 법과 도덕은 결합된 하나의 사회규범을 이루었으나, 사회생활이 다양화·규범화됨에 따라 법이 도덕에서 분화되었다. 도덕적 정서와 법규범이 일치하지 않아 발생한 갈등은 두 규범의 영역의 차이에 의한 분리 문제로 제기된다. 법과 도덕의 관계는 법이 무엇이냐는 문제와 더

문제가 비록 명예훼손의 내용을 담고 있더라도 사실상 악의를 입증하지 못하면 공무원에 대한 공공연한 비판과 공적 문제에 대한 토론의 자유를 보장한다고 판결하였다(New Times Co. v. Sullivan, 376 U.S. 254, 84 S. Ct. 710, 11 L. Ed. 2d 686(1964)).

1) 헌법재판소 1998. 4. 30. 선고 95헌가16 결정.

2) 미국 대통령 루즈벨트(T. Roosevelt)는 자신을 술주정뱅이로 매도한 잡지사에 대해 명예훼손죄로 고소를 제기했다(Roosevelt v. Newett. Marquett County, MI 1913). 기사가 허위사실로 판명되고 잡지사는 책임을 지게 되었다. 그는 "손해배상은 의미가 없으며 중요한 것은 진실이고 진실의 판단은 권력이 아니라 재판이다"라고 말하였다. 진실에 의해 오해를 풀었으면 충분하다면서 다만 1달러의 손해배상금을 청구하였다.

3) 헌법재판소 1991. 9. 16. 선고 89헌마165 결정.

불어 법학에 있어서 시작이고 마지막 문제인 법의 영원한 과제이다.[1]

아리스토텔레스가 최초로 법과 도덕을 구분하였으나 로마시대의 법은 도덕과 혼재하였다.[2] 성문법제도가 국가의 기본질서로 정착함에 따라 법과 도덕의 구별은 뚜렷하게 되었다. 법실증주의는 실정법 우선주의에 의해 법과 도덕을 구분하였으나, 자연법론은 법과 도덕을 동일한 규범으로 이해하였다. 실정법만능주의에 회의를 느낀 신이상주의 법학자들은 법과 도덕의 융합의 필요성을 강조하였다. 법과 도덕이 결별을 선언한 이후 다시 양자는 법질서의 실효성을 위해 그 조화를 모색하고 있다.

2. 법과 도덕의 차이

법과 도덕의 구분에 관해서 많은 견해가 있으나,[3] 부분적 설명에 그치고

---

1) 예링은 법과 도덕의 구별을 '법철학에서의 케이프 혼(Cape Horn)'이라 하여 선박 항해의 가장 위험한 코스를 뜻하는 남미 최남단의 곳인 케이프 혼에 비유하였다.

2) 울피아누스는 "법은 '정의와 선의 기술'이라 하여 법을 도덕 질서의 한 부분으로 보았다.

3) ① 법의 외면성과 도덕의 내면성 : 법은 사람의 외면적·물리적 행위인 외부에 표출된 행동만을 규율하고, 도덕은 사람의 내면적·정신적인 의사를 규율한다는 슈타믈러의 주장이다. 내심의 의사가 위법이라도 외부로 표출되지 않으면 위법이 아니라는 것이다. 그러나 행위는 내면적인 의사와 결부되어야만 인간의 행태로 나타난다. 또한 법은 합법하게 행위를 하는 한 그 행위의 동기를 묻지 않으나, 도덕은 의무와 동기의 일치를 요구함으로써 도덕은 규범에 맞는 심정까지 요구하고, 법은 규정에 적합한 행위만을 요구하는 데 그친다는 것이다. 그러나 인간의 행위는 내면적 심리과정과 분리시키어 논의할 수 없는 복합적인 것이므로 법은 도덕과 같이 외부적 행위뿐 아니라 개인의 마음속의 의사인 내면적·심리적 요인을 규율한다(선의·악의의 구분, 심리유보).

② 법의 타율성과 도덕의 자율성 : 인간의 의사는 자유라는 칸트의 개인주의 사상을 전제로 법은 타율에 의한 외부적인 힘을 요인으로 하는 타율성의 본질이 있으나, 도덕은 자신의 양심에 기초한 자율성에 있다는 것이다. 그러나 법적 의무도 적극적으로 실행하는 한 자율적이며, 도덕이 타인을 규제하는 측면에서는 타율적이다. 법과 도덕은 타율성에서 시작하여 자율적인 규범이 되기도 한다. 법과 도덕은 다같이 외부로부터 영향을 받아 성립하고 그 실효성은 타율성에 의해 실행된다는 점에서 이 학설은 타당하지 않다.

③ 법의 현실성과 도덕의 이상성 : 법은 일반 사회인에게 평등하게 행해지는 현실적 규범이나, 도덕은 미래 지향적으로 사회평균인이 지키기 어려운 이상적인 규범이라는 것이다. 그러나 법은 현실의 질서뿐만 아니라 미래의 이상을 제시하는 기능이 있다. 법과 도덕은 사회 일반인을 상대로 현실을 바탕으로 한 이상적인 규범을 추구하는 점에서 동일하다.

④ 법의 양면성과 도덕의 일면성 : 법은 권리 의무를 주고받는 대가성의 양면관계이나, 도덕은 의무의 일면(방)성이 특성이고 반대급부 없이 양심적 의무만이 있다는 베키

보편적·본질적 구별기준에는 충분하지 않다. 대체로 도덕은 선에 가치를 두고 인간의 내면성을 중심으로 양심적·심리적 자율성을 강조한다. 이에 비하여 법은 정의를 이념으로 하여 외부적 행위에 중점을 두고 국가권력의 강제력으로서 나타나는 타율적·물리적인 규범이다.[1] 또한 도덕은 사회의 공동선을 구현하기 위해 대가성의 관계없이 개인의 인격성·윤리성을 중시하는 비권력적 규범이며 초경험적·절대적 가치로서 변함이 없다. 그러나 법은 국가의 목적을 실현하기 위한 국가의 강제규범으로서 사회성·합법성을 내용으로 하며 실증적·상대적 가치로서 가변성이 있다. 도덕은 최대한도로, 법은 최소한도로 적용하는 것이 바람직한 사회질서임에도 불구하고 법은 국가권력의 강제력으로서 사회에 절대적으로 군림하고 있으며 이것이 법의 본질이다. 법은 도덕과 성질, 형식, 적용 등에서 다르나 궁극적 구분은 법과 도덕의 규범성이 갖는 강제력의 유무가 기준이 된다.

오(G. Vecchio, 1878~1970)의 주장이다. 도덕은 개인의 인격성을 전제로 하여 행위자에게 일방적 지시만을 뜻하나, 법은 사회성을 전제로 권리와 의무를 동시에 부과한다는 것이다. 그러나 법에도 권리는 없고 일방적인 의무만이 있는 경우도 있다(국가의 기본권 보장의무).

⑤ 법의 강제성과 도덕의 비강제성: 법은 국가의 강제력에 의한 권력적·사회적·물리적 강제성이 보장되고 있으나, 도덕은 강제성 없이 인간의 양심에 따르는 비권력적·인격적·심리적 강제이므로 국가권력에 의해 강제되지 않는다. 그러나 법에도 강제성이 없는 프로그램 규정(사회법)과 강제권을 행사할 수 없는 채무(자연채무, 도의상의 의무)도 있다.

⑥ 켈젠은 법과 도덕의 구별은 양자가 무엇을 요구하고 또한 금지하는가 하는 점에서 인식할 수 있는 것이 아니라, 어떻게 일정한 행위를 요구하고 금지하는가 하는 점에서 판단할 수 있다는 형식적 구분을 주장하였다. 그러나 양자의 구분은 행위 형태에 있는 것이 아니라 강제성이라는 실제적인 구분에 있다.

⑦ 위의 설명 이외도 법은 경험적(a posteriori) 규범, 도덕은 선험적(a priori) 규범이고, 법은 보편적 규범, 가언명령인 데 비하여 도덕은 개별적 규범, 정언명령이라고 주장한다. 또한 법과 도덕의 차이를 위법행위에 대한 처벌의 두려움과 도덕성 결여에 대한 부끄러움을 느끼는 인간의 심성에서 구별을 찾는 윤리적인 견해도 있다. 칸트는 개인주의적 윤리관을 배경으로 법과 도덕을 구별하였다.

1) 토마지우스(C. Thomasius, 1655~1728)는 사람의 내적 평화를 위한 도덕규범은 강제할 수 없으나 법은 외적 평화를 위한 규범이므로 강제할 수 있다고 말하였다.

Ⅱ. 법과 도덕의 조화

1. 법과 도덕의 화합

법과 도덕은 개념상 구별이 가능하지만 이상적 질서를 지향하기 위해 뿌리를 같이 하는 사회생활의 행위규범을 이루고 있기에 내용에서 서로 합치하는 부분이 많다. 도덕은 법의 타당성의 근거인 동시에 목적으로 작용한다. 법과 도덕은 서로 명확하게 분리되기 어렵고 다만 구별될 수 있을 뿐이다. 법질서와 도덕적 가치의 불가분의 관계는 두 개의 원이 마치 교차하는 모양과 같다. 법과 도덕의 관계를 표로 보면 다음과 같다.

첫째, 법과 도덕은 서로의 가치가 부합·중복하는 법과 도덕의 일원론으로서(①) 법은 도덕을 배경으로 강력한 법규범이 될 수 있으나 목적과 방법은 서로 다르게 작용한다.

둘째, 법과 도덕이 병행·공존하는 바람직한 경우인 법과 도덕의 이원론으로서(②) 사회질서를 위해 서로 보완관계이지만 이를 구분하는 기준이 문제가 된다.

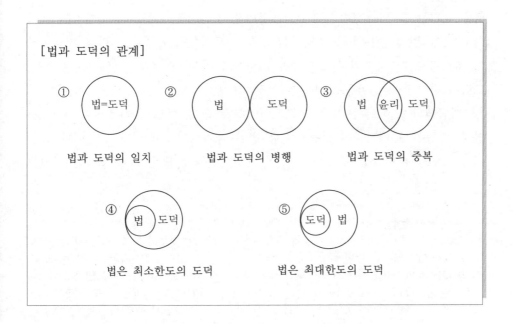

[법과 도덕의 관계]

① 법=도덕 법과 도덕의 일치

② 법 도덕 법과 도덕의 병행

③ 법 윤리 도덕 법과 도덕의 중복

④ 법 도덕 법은 최소한도의 도덕

⑤ 도덕 법 법은 최대한도의 도덕

셋째, 법과 도덕이 중복·일치되는 부분은 양자의 교차 경우로서(③) 윤리나 예로 통한다.

넷째, 법은 도덕 중에서 특별히 그 실현을 강제할 필요가 있는 경우에 성립하는 경우이다(④). 옐리네크는 법은 도덕적 내용을 갖는 것이 많아 도덕과 중복·포용되는 규범인 것을 중시하고, '법은 최소한도의 도덕'(ethisches Minimum)이라고 하였다.

다섯째, 법의 강제력이 도덕보다 실효성이 강하므로 도덕적 가치의 실현이 가능하다는 의미에서 슈몰러(G. Schmoller, 1838~1917)는 '법은 최대한도의 도덕'(ethisches Maximum)이라고 하였다(⑤). 법과 도덕과의 관계를 중시하는 측면에 따라 이렇듯 상이한 견해가 나온 것이다.

법과 도덕은 자연질서를 바탕으로 사회 공동선의 실현이 목적이다. 도덕성이 결여된 법은 공허하다(leges sine moribus vana). 실제로 법은 도덕을 바탕으로 할 때 강력한 규범성을 가지나 도덕적 지지를 받지 못하면 법으로서의 가치와 타당성이 적어 존립 기초도 약해진다. 하지만 모든 도덕이 법규범으로서 성립할 수 없고, 법으로서 강행되는 것도 적당하지 아니하다. 도덕은 법을 통해 실현할 수 있으나, 반드시 도덕성이 실현되는 것은 아니고 오히려 법 자체가 도덕을 해치는 경우도 있다. 1794년 프로이센 일반법은 부부간의 도덕적인 은밀한 행위를 법제화하여[1] 도덕의 법률화를 시도하였다.[2] 법은 도덕적 영역이라도 실제로 법적 강제력이 필요하면 법제화가 가능하고(이혼부부의 자녀 면접권), 도덕적 사항이라는 이유로 예외를 인정하지 않는다.

위법행위가 아니기 때문에 그것이 도덕적으로 반드시 허용된다고 할 수 없다. 간통죄를 폐지하거나 동성애를 법이 금지하지 않더라도 간통이나 동성애가 도덕상 바람직한 것이라고 할 수 없다. 법과 도덕은 각각 고유의 영역이

---

1) 프로이센 일반법(Allgemeines Landrecht für die Preussischen Staaten, ALR) 제 2 편 1 장의 부부생활에 관해서 "부부는 부부간의 의무를 장기간에 걸쳐 거부해서는 안 된다"(제178조), "부부 중 어느 편이 건강에 위험이 있을 때는 이 의무의 이행을 요구할 수 없다"(제179조), "처는 어린이에게 수유중 동침을 거부할 수 있다"(제180조)라고 규정하였다.
2) 1919년 미국의 금주법(Prohibition Act)은 청교도의 금욕정신을 법률에 도입한 도덕성이 짙은 법이었으나 현실을 외면한 법으로 사문화되자 1931년 폐지하였다. 또한 1985년 러시아도 금주법을 발표하였으나 사회가 금주문화를 무시하였기 때문에 실패하였다.

있기에 동일시할 수 없다는 것을 증명한 사례이다. 법과 도덕이 그 가치에서 서로 합치하는 경우, 예를 들면 민법상의 권리남용금지의 원칙(민법 제 2 조 1항)은 도덕적 가치를 법률화함으로써 법적 의무가 된 것이다. 하지만 교통질서는 본래 도덕과는 무관한 것이 법적 의무가 됨으로써 결국 도덕적 의무로 전환되었다. 이것은 라드브루흐가 말했듯이 법은 '법의 도덕적 세계로의 귀화'를 서둘러야 하는 동시에 도덕은 '도덕 규범의 법의 세계로의 귀화'를 지향함으로써 법과 도덕의 조화를 통해 법질서의 안정과 실효성을 가질 수 있다.

사회적 부정행위에 대한 법과 도덕의 가치기준이 상이하여 가치판단의 혼돈이 발생한다. 뇌물을 받은 사람이 사법적 무죄로 판정되어도 도덕적 면죄가 되는 것은 아니다. 법적 책임이 없어도 혐의를 받았다는 사실 자체만으로도 공직자로서의 도의적 책임은 면할 수 없다. 법적 무죄가 반드시 도덕적 결백을 의미하는 것은 아니고 도덕적 결백이 곧 청렴성은 아니다. 도덕적 결백과 법률상 무죄는 차원을 달리하는 책임이다. 결백은 주관적·양심적 가치이나 무죄는 객관적·법률적 문제이다. 건전한 사회는 법보다 도덕성 우위를 요구한다. 사회적으로 책임 있는 지위에 있는 자에게 그 몫에 어울리는 도덕적 책임을 요구하는 노블리스 오블리제(Noblesse oblige)가 법보다 우선적 가치여야 하는 이유이다. 많은 것을 받은 사람은 많은 책무가 요구되는 것(Much is given, Much is required)이 법 이전에 도덕적 요청이다.

2. 법의 도덕화

법과 도덕의 지나친 분화현상으로 말미암아 법은 법대로, 도덕은 도덕대로 각각 가치세계를 추구한 결과, 사회질서의 모순과 혼란을 초래한다. 법질서의 실효성을 강화하기 위하여 도덕적 가치를 법에 접목함으로써 강력한 사회의 규범성을 확보할 수 있다. 최소한의 도덕률(공서양속)을 법으로 지키는 것은 바람직한 사회규범이다. 도덕과 법의 규범적 화합은 도덕적 규범을 법이 흡수하여 도덕의 법률화를 시도하는 동시에 법의 도덕화를 통해 법의 도덕성을 확대하여 사회질서를 선도한다. 법의 도덕화 또는 도덕의 법제화를 성문법에 명시하고 있는 국가가 증가하고 있다(독일민법 제266조, 스위스민법 제 2 조 참조). 민법 제 2 조는 "권리의 행사와 의무의 이행은 신의에 따라 성실히 이행하여야 한다"는 신의성실의 원칙과 권리남용금지의 원칙을 규정하고 있다. 그리고 형법 제20조는 " … 사회상규에 위배되지 아니하는 행위는 벌하지 아니 한다"고 규정하고 있다. 사회상규란 법질서를 기본으로 한 건전한 도의심과 일반인의 윤리 감정을 뜻하는 것으로 위법성 조각사유의 일반적 기준이 된다.

제 6 절   법과 윤리

윤리는 양심에 따라 올바르게 처신하는 인간의 바람직한 도리의 사회규범이다. 도덕은 인간의 도리에 대한 가치개념으로서 개인의 내면성을 규율하는데 비해 윤리는 개인 행위의 도덕적인 외면성을 중시하는 현실적·실천적 규범이다. 도덕은 가치 판단을 낳았고 윤리는 의무를 강조한다. 윤리는 법과 도덕의 요구인 선행과 공익성을 자율적으로 추구하는 행위 규범으로 법과 밀접한 관계를 갖는다. 법은 윤리를 사회질서의 이성적 가치로서 존중함으로서 법의 윤리성을 강조한다.[1] 윤리는 기본적으로 선량한 풍속과 건전한 사회질서의 유지 및 선행을 권장하기에 윤리에 어긋나는 법은 도덕적으로 정당성을 인정받을 수 없다. 법의 정신 위에 윤리정신이 있다. 민법 제103조는 "선량한 풍속 기타 사회질서에 위반한 사항을 내용으로 하는 법률행위는 무효로 한다"고 규정함으로써 반윤리적 행위를 반사회적 행위로서 규제하고 있다.

윤리는 사회에서 획일적인 규범성을 가질 수 없고 고유의 윤리의식을 통해 개별적인 규범성을 갖는다. 윤리 규범은 여건과 대상에 따라 다양한 준칙이 존재할 수 있지만 법에 위배될 수 없음은 물론이다. 윤리는 일반적 상황에서는 규범적 가치가 있으나, 극한 상황에서는 윤리의 보편적 가치의 예외가 허용되는 경우가 있다. 예를 들면 사람을 살리기 위해 한 사람의 희생이 불가피한 경우, 이를 허용하는가의 실존적 차원의 상황윤리(situation ethics)가 제기된다(긴급피난의 탈출). 극한 상황에서는 일반적인 윤리규범보다는 구체적 상황에 따른 개별적 해결이 필요할 것이다. 하지만 상황윤리는 법의 예외적인 특

---

1) 헤겔은 윤리를 '역사적·정신적인 것을 지배하고 있는 이성적 법칙'이라고 하여 법의 윤리성을 강조하였다.

수한 경우를 지나치게 강조하고 있으나 예외가 원칙이 될 수 없는 것이다. 윤리적으로 비난받지 않는다고 법적 책임을 면할 수는 없다.

제 7 절 법과 종교

Ⅰ. 법과 종교의 차이

종교는 개인의 내심적 신앙을 기초로 초인간적인 절대자에게 귀의하기 위한 규범으로서, 현실을 초월하여 내세를 상징하는 신의 세계로 향하는 신비한 신앙적 계율이다. 종교는 영혼의 구원을 위해 신자에게 교리와 계율을 제시하고 신앙생활을 강조한다.1) 그러나 법은 국가질서의 유지를 위해 현실성·강제성을 바탕으로 공권력을 행사할 수 있다는 점에서 종교와 본질적으로 차이가 있다. 법은 국가권력에 의해 강제되는 타율적·현실적 규범인 데 비하여, 종교는 개인의 신앙의 세계에서 성립하는 자율적·초현실적 규범으로서 종교적 교리를 위한 신앙 공동체의 규율이다. 또한 종교는 신앙인을 상대로 특수성·차별성 등을 갖고 다른 종교에 대해서 배타적인 성향이 있다. 하지만 법은 모든 사람을 적용대상으로 하는 보편성·평등성을 갖고, 신에 대한 의무중심의 일방적인 종교와 달리 권리·의무관계의 양면성을 내용으로 한다.

법과 종교는 현세와 내세라는 차원을 달리하는 개념이지만 법과 신앙에 대해 각각 존엄성을 강조하고 그 권위에 대한 절대적 복종이라는 점에서 공통적이다. 이러한 측면에서 법학과 신학은 절대적인 가치의 추구와 교조적(敎條的)인 성격을 갖는다는 측면에서 유사한 점이 있다. 또한 종교는 하나의 계율로서 개인생활의 규범에 머무르지 않고 사회 정화에 기여하고 있고, 법 역시 사회생활에서 도덕성·사회성을 강조한 점에서 법과 종교는 사회질서의 유지를 위해 줄기를 같이 하는 규범이다. 법은 개인의 사회생활에 공통적·일률적으로 적용되지만, 종교는 개인의 신앙 속에 있고 단일의 법질서와 달리 법질

---

1) 스펜서(H. Spencer, 1820~1903)가 "사람은 삶이 무서워서 사회를 만들고, 죽음이 두려워서 종교를 만들었다"고 말하였듯이 종교는 스스로 내세를 위한 구도의 길을 강조한다.

서 내에서 다원적인 종교의 자유로 나타난다.

Ⅱ. 법과 종교의 관계

고대사회는 제정일치(祭政一致)사상에 따라 법과 종교가 미분화상태였다.[1]
모세(Moses)의 십계명(the Ten Commandments)에서 보듯이 종교규범은 동시에 법
규범이며 통치수단이었다.[2] 중세 서구에서는 기독교와 법이 혼합되어 평등사
상·이자금지·혼인·파문(excommunication) 등에 관한 종교적 계율이 일빈사회
를 규율하였다. 교회법(jus ecclesiasticum, canon law)은 국가권력, 사회, 도덕 등을
지배함으로써 그 영향력이 막강하였고, 오늘날에도 교회법의 요소는 실정법에
많이 남아 있다(혼인, 이자, 징계). 중세에는 종교법이 세속법을 지배하였으나 근
세 이르러 세속법이 교회에까지 미치고 있다.[3] 유럽에서 정치가 종교의 영향
에서 벗어나는 데는 종교개혁 이후 약 200년의 진통을 거쳤고, 아직도 일부
회교국가에서는 이슬람 율법이 법으로서 율법국가의 전통을 이어가고 있다.
종교적 배경 없는 문화가 인류 역사에 존재하지 않은 것처럼 종교는 법에 많
은 영향을 준 규범이다. 근세 이래 정치의 탈종교화와 교회의 세속화로 정교
분리의 원칙과 종교에 대한 국가의 중립적 위치가 이루어져, 법은 국가법을
의미하고 교회법은 종교 내부에서만 적용되는 자치법적 효력을 갖는다.

신앙과 신비주의, 내면성과 자율성에 기초를 두고 있는 종교의 본질은 법
적 형식주의와 국가주의, 강제성과는 조화되기 어려운 것이다.[4] 레프고우(E.
Repgow, 1180~1233)는 "신은 기독교의 보호를 위하여 두 자루의 칼을 지상에 주
었다. 하나는 황제에게, 다른 하나는 교황에게 주었다"고 하여 국가권력의 세

---

1) 울피아누스는 "법학은 신의 일과 사람의 일에 대한 지식이다"라고 말하였다.
2) 모세의 출애굽기에서 유래되는 십계명은 유태인의 종교규범에서 법규범으로 발전하였
   으며, 그 후 기독교의 영향으로 서구 사회의 도덕생활의 중심이 됨으로써 유럽의 법질서
   에 큰 영향을 주었다.
3) 나폴레옹법전은 소유권의 개념을 확대하여 교회의 재산권 분쟁에 대해서 법적 해결방
   법을 처음으로 도입하였다.
4) 교회법학자 조옴(R. Sohm, 1841~1917)은 "법적 형식주의는 교회의 복음주의를 결정할
   수 없고, 법적 강제는 기독교적 생활을 강제할 수 없다"고 말하였다. 또한 톨스토이는 "법
   은 전적으로 종교와 모순되며 모든 법은 법으로서 신에 반한다"고 말하였다.

속권과 신의 세계인 신권을 구분하였다. 하지만 황제와 교황은 영역권의 지배로 인한 갈등[1]으로 전쟁까지 불사하였다. 근세 이후로 종교의 영역인 이른바 하느님 주권은 종교 내에서 절대적이지만 세속적인 법의 지배를 벗어날 수 없는 한계가 있다.[2] 법과 종교의 규범은 각각 존립의 기반과 강제력의 방법이 상이하여 상호 대치관계에 있다. 그러나 신앙의 계율[3]은 영적인 세계의 규범에 머물지 않고 스스로 사회적·문화적 기능을 함으로써 법질서에 부합하고 있다. 종교와 법의 길은 다르지만 양자는 사회질서의 안정, 사회정의, 평화 등을 목적으로 하는 점에서 궤도를 같이 하고 있기에 신앙의 다원주의를 보장하는 현대사회에서 법과 종교는 새로운 차원에서 접근하여야 할 것이다.

종교는 세속에 대한 초월과 영혼의 구원을 위한 인간의 신성한 노력임에도 불구하고 국가권력에 의해 한결같이 신앙의 자유가 보장된 것만은 아니었다. 인간이 전능한 절대자를 믿고 의지하는 것은 유한한 권력자에 대한 도전이었고, 특히 종교의 자유·평등·박애사상 등은 체제 유지에 걸림돌로서 탄압의 대상이 되었다. 종교는 박해를 받기도 하고 권력에 이용을 당하는 시련을 받았으나 종교를 국교로 하는 국가도 있다.[4] 대부분의 국가는 종교와 정치를 분리하여 국교는 인정하지 않고, 종교의 자유를 보장함으로써 다종교 사회를 문화의 하나의 축으로서 포용하고 있다.

신앙의 자유는 국가권력과의 오랜 투쟁의 결과 획득한 자유주의 산물로서 종교의 자유가 보장되지 않은 곳에서 자유주의를 기대하기 어렵다. 종교의 자유는 정신적 자유의 근원으로서 이를 실행하는 상징이다. 평등의 이념은 신

---

1) 1077년 신성로마제국 황제 하인리히 4세가 로마 교황 그레고리우스 7세에게 카노사(Canossa)의 굴욕을 당한 이후 황제와 교황의 서임권 충돌은 계속되었다.

2) 라드브루흐는 "법은 기독교에 반하는 것이라 할지라도 기독교는 법 없이는 존립할 수 없다"고 하여 기독교와 법의 상호관계를 설명하였다.

3) 기독교의 십계명은 ① 야훼 이외의 다른 신을 섬기지 말라. ② 우상을 섬기지 말라. ③ 하느님의 이름을 망령되게 부르지 말라. ④ 안식일을 거룩히 지키라. ⑤ 너희 부모를 공경하라. ⑥ 살인하지 말라. ⑦ 간음하지 말라. ⑧ 도둑질하지 말라. ⑨ 이웃에 대하여 거짓증언을 하지 말라. ⑩ 네 이웃의 재물을 탐내지 말라 등이다. 불교의 오계(五戒)는 ① 생명체를 죽이지 말라(不殺生), ② 남의 것을 훔치지 말라(不偸盜), ③ 사음하지 말라(不邪婬), ④ 거짓말을 하지 말라(不妄語), ⑤ 술을 마시지 말라(不飮酒) 등이다.

4) 이탈리아·스페인은 가톨릭이 사실상의 국교이고 태국은 불교가 국교이다. 특히 회교주의 국가에서는 법이 이슬람 율법에 종속되어 종교가 곧 법이다.

앞의 평등에서 비롯되었다. 인간이 영혼의 구혼을 신앙에 의지하는 한 종교적 신념은 절대적 가치로서 보장되고 최대한 존중하여야 한다. 종교의 자유는 ① 종교를 믿거나 안 믿을 자유, ② 종교의 선택의 자유, ③ 종교의 교육·포교의 자유, ④ 종교의 유무에 의한 불이익을 받지 않을 자유, ⑤ 종교상의 의식·예배·축제 등의 종교적 행위의 자유, ⑥ 종교적 집회와 결사의 자유 등과 이상과 같은 종교행위나 종교집회 및 결사에 참가여부를 강요당하지 않을 자유 등을 포함하는 종교상의 포괄적 자유이다.

[교 회 법]

로마 가톨릭교회가 교회의 조직과 운영, 신도들의 신앙생활을 규율하기 위해 공의회를 거친 교령(敎令)으로 이루어진 교회법전이다. 교회법은 하느님의 법, 자연적인 신법, 교회가 만든 인정법(人定法) 등을 포함하고, 이 중 인정법이 협의의 교회법이다. 비오 10세가 「신로마교회법전」을 개정하여 가톨릭교회 법전으로 사용하고 있다. 교황은 공의회(council)가 외부와 차단된 콘클라베(conclave)에서 비밀로 선출하며 그 임기는 제한이 없다.

Ⅲ. 종교 자유의 한계

인간의 정신 세계에 기초를 둔 내적인 믿음의 자유는 제한할 수 없는 절대적 자유이다. 하지만 종교적 행위가 외부로 표출되는 대외적 행위의 자유는 제한이 가능한 상대적 자유에 속한다.[1] 모든 자유는 국가안전보장·질서유지·공공복리 등을 위해 법률로써 제한할 수 있다(헌법 제37조 2항).[2] 종교적 의식행위로서 간음행위나 일부다처제, 안수기도로 상해를 준 경우, 위법한 내용의 설교, 종교행위를 이유로 교회 밖의 사람의 명예를 훼손한 행위 등은 허용되지 않는다. 국기에 대한 경례를 우상숭배라는 종교적 이유로 거부할 수

---

1) 대법원 1997. 6. 27. 선고 97도508 판결.
2) 시험 시행일을 일요일로 정한 것은 다수 국민의 편의를 위한 것이므로 이로 인하여 특정 종교인의 자유가 어느 정도 제한된다고 하더라도 이는 공공복리를 위한 부득이한 제한으로 보아야 할 것이고 그 정도를 보더라도 비례의 원칙에 벗어난 것으로 볼 수 없고, 종교의 자유의 본질적 내용을 침해한 것으로 볼 수도 없다(헌법재판소 2001. 9. 27. 선고 2000헌마159 결정).

없다.1) 신앙고백은 종교시설 내에서 자유이나, 신앙은 실천으로써 사회적 공감대가 이루어져야 정당화되는 것이다. 종교가 세속의 만능적인 최종 재판관을 자처할 때 종교는 본연의 사명에서 일탈할 우려가 있다. 성역은 성직자의 자율권이 보장된 신성한 곳이나 법으로부터 예외지역이 아님은 물론이다. 성직자는 성직자 이전에 시민으로서의 권리와 의무를 갖는다. 성직자의 행위에 적법성이 보장된 것은 성직자로서의 행위라기보다는 성직자의 직무행위가 사회적으로 정당하고 적법성이 인정되기 때문이다.

제 8 절 법과 양심

I. 양심의 자유

양심은 진지하고 구체적인 마음의 소리로서 선과 악, 정의와 불의를 구분하는 자각과 양식, 신조의 지침이다. 따라서 양심은 스스로 가치판단을 추구하는 도덕적·윤리적 마음가짐으로서 정의를 지향한다. 양심은 자신의 판단에 따라 행위를 결정하는 자율적 규범인 동시에 법 이전에 인간의 존엄과 가치 문제이다. 양심은 비양심적 행위를 자제하는 도덕적 의무와 양심의 구체화를 위한 권리를 내용으로 한다. "누구도 양심이나 사색에는 벌을 줄 수 없다", "누구도 생각하는 것만으로는 처벌받지 않는다"고 하여 양심과 사상은 절대적 자유이다. 모든 국민은 양심의 자유를 갖는다(헌법 제19조). 양심의 자유는 인격적 존재 가치를 위해 인간의 마음과 사상을 외부로부터 침해받지 않는 자유로서 인간의 가치와 존엄성을 유지하기 위한 필수적 조건이다. 양심의 자유는 내심의 가치적·윤리적 판단을 위한 정신적 자유의 근원이며 전제로서 민주주의와 법치주의의 기본요건이다. 양심과 이성은 언제 어디서든지 법의 생명이다.

양심은 그 형성과 실현에서 스스로 판단하고 행동함으로써 자신의 존재가치를 대변하는 인격적 권리이며 주관적 권리이다. 양심의 자유는 ① 양심 형성의 자유, ② 양심 고백의 자유, ③ 양심을 지키는 자유, ④ 사상의 자유 ⑤ 침묵의 자유,

---

1) 대법원 1976. 4. 27. 선고 75누249 판결.

⑥ 반대할 수 있는 자유 등을 포함하는 인간 내면성의 정신적 자유로서 보장되어야 한다. 양심의 자유가 인간의 윤리적·내심적 영역에 속하는 객관성을 강조한 것이냐[1] 또는 소수자 보호를 위한 주관적 양심이냐[2]에 대해서 논의가 있다.

Ⅱ. 양 심 범

양심의 자유는 양심에 따른 행동을 보장하기 위한 전제조건이다. 양심은 법과 대립적 관계는 아니다. 양심의 자유가 절대적인 자유라 하더라도 내심의 자유를 벗어나 양심이 외부적으로 표출될 때 표현의 자유의 한계 문제로서 제기된다. 양심은 측정할 수 없는 인간의 정서이나, 법은 양심의 가치를 사실적으로 증명하여야 할 사회규범의 잣대이다. 양심 형성이 개인의 내심에 있는 한 양심의 자유는 보호되어야 하지만 양심의 결정을 외부에 표명하거나 실현하는 경우는 일반 자유권과 같이 상대적 자유로서 제한을 받는다.

양심적 자유는 최대한 보장할 인격적 가치이지만 모든 법률적 의무를 거부할 수 없다. 양심적 가치가 반드시 무죄가 되는 것은 아니고 양심범은 법질서의 예외일 수 없으므로 기본권 제한의 일반원칙(헌법 제37조)에 의해서 결정하여야 한다. 형사상 불리한 진술거부권(헌법 제12조 2항), 증언거부권(국회에서의 증언·감정 등에 관한 법률 제 3 조, 형사소송법 제148조, 민사소송법 제314조), 언론 취재원에 대한 진술거부권, 양심적·종교적 병역거부,[3] 일기장의 비밀,[4] 휴대전

---

1) 헌법재판소 2002. 1. 31. 선고 2001헌바43 결정.

2) 헌법재판소 2004. 8. 26. 선고 2002헌가1 결정.

3) 대법원은 병역의무를 국가 안보 차원에서 우선적 가치로 인정하였으나(대법원 2004. 7. 15. 선고 2004도2695 전원합의체 판결), 종교적 병역 거부자를 양심의 자유와 소수자 보호를 위해 처벌할 수 없다고 번복하였다(대법원 2018. 11. 1. 선고 2016도10912 전원합의체 판결). 헌법재판소는 대체복무제를 인정하지 않은 것은 양심의 자유를 침해하는 것이라고 결정하였다(헌법재판소 2018. 6. 28. 선고 2011헌바379 결정). 양심적 병역거부를 양심의 자유를 위해 허용하지만 병역의무의 평등이라는 헌법적 가치를 훼손하거나 국가 안보의 현실적 여건을 간과해서는 안 된다. 이스라엘과 노르웨이는 여성에게도 병역의무가 주어져 국민 총력전을 펼친다. 대체복무제도를 미국은 종교적 신념뿐만 아니라 정치적·사회적·도덕적 신념의 경우에도 인정하고 있으나(U.S. v. Seeger, 380 U.S. 163(1965); Welsh v. U.S. 398 U.S. 333(1970)), 특정 전쟁에 대한 거부를 목적으로 하는 병역기피는 허용하지 않는다(Gillette v. U.S. 401 U.S. 437(1971)).

4) 대법원 1975. 12. 9. 선고 73도3392 판결.

화의 비밀 보호 등은 양심의 자유로서 보장한다. 그러나 수형자의 준법 서약서 제출 거부,[1] 사죄광고의 강제,[2] 도로교통법상 음주측정 거부,[3] 의사의 환자 의료비 내역의 국세청 제출 거부,[4] 위법 사실의 공표명령 거부,[5] 주민등록법상 지문 날인 거부[6] 등은 개인의 양심의 문제이지만 양심의 자유에 포함되지 않는 위법행위이다.

제 9 절 법과 예

예는 사람을 예의 바르게 선도하는 도리이고 개인의 사회적 행동지침이다. 예는 법과 도덕의 두 규범이 중복되는 영역이고 윤리에 비하여 타율적 강제성이 강하다. 법은 행위규범에 대한 정당성의 기준으로서 범죄행위에 대해 일반적으로 사후처벌로써 선행을 유도한다. 이와 달리 예는 인격성의 문제로서 악행을 하지 못하도록 사전예방으로써 선행을 강요하는 사회생활의 행위규범이다. 예는 법의 관점에서는 도덕에 가깝고 도덕적 관점에서는 상당히 법규성이 강하다. 서양에서는 예를 자연법의 도덕적 행위로 보는 경향이 있다. 동양에서는 생활철학으로 발달하였으나[7] 지나친 예는 허례·허식이라는 비판을 받는다.

조선왕조의 예의 기본이념은 충효사상이고, 이것은 국가의 통치이념이고 기본규범이었다.[8] 법은 도덕이나 예 규범의 실천을 위한 강제적 제도에 불과

---

1) 헌법재판소 2002. 1. 31. 선고 2001헌바43 결정.
2) 헌법재판소 1991. 4. 1. 선고 89헌마160 결정.
3) 헌법재판소 1997. 3. 27. 선고 96헌가11 결정.
4) 헌법재판소 2008. 10. 30. 선고 2006헌마1401 결정.
5) 헌법재판소 2002. 1. 31. 선고 2001헌바43 결정.
6) 헌법재판소 2005. 5. 26. 선고 99헌마513 결정.
7) 중국의 유가(儒家)와 법가(法家)의 법에 대한 논쟁에서 법가는 법은 사람이 직접 제정한 국가의 최고 규범이고 국가권력의 수단으로서 법을 인식하였다. 이와 달리 유가는 예적 규범을 실행하는 것이 정치이고 도덕이며 법이고 예는 자연적인 순리라고 하였다.
8) 공자는 "예가 아니면 보지도 말고, 듣지도 말고, 말하지도 말고, 움직이지도 말라"(非禮勿視 非禮勿聽 非禮勿言 非禮勿動)고 하였다.

하고 예의 실천을 위한 보조물, 즉 예주법종(禮主法從)으로 인식하였다.[1] 법은 예를 위반한 경우에 제재를 가하는 수단으로 이용하였다. 법은 몰라도 예를 지키고 예를 지키면 법을 지키는 것이라 믿어 덕치주의와 예치주의를 숭상하고 법치주의보다 중요시하였다.[2] 오늘날 우리 사회의 미풍양속을 유지·발전하고 추상적인 법치주의 질서의 보완을 위한 현대적인 예의 규범적 해석이 필요하다.

---

1) 논어에서는 국가를 법으로 이끌고 형벌로 다스리면 법을 어기고 염치를 잃어버리지만, 덕으로 인도하고 예로써 다스리면 백성은 염치를 알아 착하게 된다고 하였다(道之以政 齊之以刑 民免而無恥, 道之以德 齊之以禮 有恥且格).

2) 예는 상민에까지 내려가지 않으며 형벌은 군자에까지 올라가지 않는다고 하여 예치주의를 우선시하였다.

제 6 장

법학과 법률가

제 1 절   법   학

Ⅰ. 법학의 개념

법학(Jurisprudence, Rechtswissenschaft)[1]은 법에 관한 체계적 인식과 법질서를 연구목적으로 하는 학문으로서 개인의 자유와 사회질서의 조화를 규범적인 측면에서 모색하는 학문이다.[2] 따라서 법학은 법규범의 내용뿐 아니라 법질서와 사회의 관계, 개인의 법의식과 행위, 법과 사회제도와의 관계 등을 종합적 연구대상으로 한다. 법학은 다른 학문과는 달리 사회의 규범성을 강조함으로써 법에 의한 사회의 안정과 발전을 위한 제도적 장치로서의 법을 연구하는 학문이다. 법학은 규범적인 동시에 가치 지향적인 학문이다.

법의 절대적인 가치는 사실상 존재할 수 없기에 법학은 자연과학과 같이 하나의 진리를 찾는 것이 아니다. 법학은 목적론적 추론을 거부하는 자연과학과는 달리 사회질서의 안정과 정의의 실현이라는 목적론(telos)에 근거한다.

---

1) 법학이란 개념은 라틴어의 juris prudentia라는 용어에서 비롯되었다. juris는 법을, prudentia는 지혜와 총명을 뜻하여 법학은 실천을 위한 법지식을 의미한다. 고대에 아리스토텔레스의 '법률론'이 있었으나 법률은 독자적인 영역을 갖지 못하고 철학에 속하였다. 로마법의 발달에 따라 법학은 철학에서 분리·독립하여 로마법의 이론적 기반이 되었고 법학을 선과 정의에 관한 학문으로 정의하였다.

2) 법질서는 사회현상의 유동성과 밀접하게 관련되어 있다. 이 때문에 자연과학에서의 필연적 원칙과는 달리 일반적인 개연성을 대상으로 하는 법학의 과학성에 회의적인 사람도 있다. 그러나 법의 세계에 나타난 법의 이념을 찾아 법을 객관화하고 이론적 접근을 하는 데 학문적 가치가 있다.

법학은 사회악을 고발하고 사회정의의 실현을 사명으로 하는 정의의 학문이다. 법학은 법이념에 어긋나는 행위를 거부하여 권리의 정당한 행사를 보호하고 부당한 권리침해를 허용하지 않는다. 법은 권리를 전제로 하고 권리는 법의 중심개념이 됨으로써 법학은 권리를 위한 권리의 학문이라 할 수 있다.

자연의 세계는 사실의 존재를, 가치의 세계는 당위성의 원칙을 대상으로 한다면 법학은 존재와 당위성의 논리를 아울러 추구하는 종합적 학문이다. 또한 법학은 사람의 가치와 사회질서의 조화를 현실적으로 추구하는 실천적 학문이다. 말하자면 법학은 죄인이 참회하는 인간적 눈물에 공감하면서도 눈물을 머금고 벌로써 제재하는 냉엄한 사회적 잣대를 다룬다. 또한 법학은 문학, 철학처럼 기초적 순수학문이 아니라 의학과 같이 실천적 · 응용적인 직업 전문학문이다. 직업학문으로서 법학은 학문의 균형적 이론을 바탕으로 구체적 문제의 합리적 해결에 초점을 맞춘다.

Ⅱ. 법학의 특성

1. 법학의 내용

사회과학은 자연과학과는 달리 사실의 발견보다 사실의 의미를 부여한다면 법은 사실의 사회적 가치를 추구한다.[1] 법학은 사회과학에 속하면서도 법규범을 통한 가치 지향적인 학문이라는 점에서 가치와 관계없이 사회적 사실을 연구대상으로 하는 다른 사회과학의 영역과 연구방법이 다르다.[2] 사회과학은 일반적으로 인간과 사회와의 관계에서 그 인과관계의 연구에 중점을 두고 있으나, 국가 규범에 관한 학문인 법학은 사회현상 자체와 그 분석보다도 사

---

1) "법학은 이해적, 개별화적, 가치관계적 학문이다"라고 라드브루흐는 말했다.

2) 사회과학에서 자주 제시하는 논제로서, 한 컵의 물이 반 잔이 되었을 때 '벌써 반을 비웠다'(half-empty)와 '아직 반이 남았다'(half-full)는 표현으로 각각 개념정리가 된다. 전자는 소극적 · 부정적이라면 후자는 적극적 · 긍정적 사고의 결과이다. 그러나 컵의 물은 '벌써'도 아니고, '아직'도 아닌 반 컵의 물일 뿐이다. 컵의 물은 반 컵이라는 사실보다도 물이 당사자에게 어떠한 의미를 갖느냐가 사회과학적으로 중요하다면, 법학은 이를 바탕으로 자연상태의 물이 아닌 법률상 물건인 물의 가치, 이동과정과 법규범의 관계를 연구대상으로 한다.

회공동생활을 가능하게 하는 질서의 추구가 학문적 주요 관심사이다. 또한 사회과학은 일반적으로 관찰·조사 등의 경험적·실증적 방법을 이용하고 있으나, 법학은 치밀한 체계, 정교한 논리, 정확한 표현, 명확한 정리 등의 독특한 이론적 구성을 가지고 있다. 법학은 사회의 현실과 법의 규범성이 조화되도록 사회현상에서 발생하는 법적 분쟁을 합법성[1])에 의해 해결하고 사회악의 제거와 치유에 초점을 맞춘다.

법학은 가치판단을 위해 단순하면서도 복잡하고, 복잡하면서도 단순한 논리를 추구하는 개념의 학문이다. 사비니가 "법학은 개념으로 행하는 계산이다"라고 말할 정도로 법학은 얽힌 이해관계를 명쾌하게 해결하는 논리중심의 학문이다. 법학은 개념의 논리적 규범성을 강조하는 규범적 학문이기보다는 규범적 논리성을 강조하는 논리적 학문이다. 법학은 가치 지향성과 포괄성·논리성 등을 강조하고 지적 능력, 상상력, 창의력, 표현력 등의 지적 사유와 체계를 바탕으로 하는 사리판단의 실천적 학문이기에 다양한 학문의 총체이며 법이론의 대결장이다.

법학은 현실적 규범과 이상적 세계를 조절하여 사회정의를 수립하기 위한 가치지향적 학문이기에 해석법학이 법학의 중심이 된다. 따라서 이론 간에는 타협이 어려우나 법해석과 입법은 타협이 가능한 것이다. 법해석은 법의 이념과 가치를 실현하기 위한 법의식의 표현으로서 실제 사례를 해결하기 위한 법지식을 숙달하는 과정이다. 법학 연구는 포용적인 학문적 접근을 위해 다양한 인문학적 소양이 필요하다. 인간과 사회의 관계에 대한 넓고 깊은 통찰력을 위해 법학은 법에 종속된 인간이 아니라 인간을 이해하는 성숙한 인격 완성의 뒷받침을 요구한다. 그래서 법학은 청년보다 의연한 장년이 전공할 인간적 학문이라고 한다. 법학을 연구하는 사람에게 학문성보다는 인간성을 강조하는 것은 이 때문이다.

법은 용어가 추상적·개념적·논리적이면서 단조롭고 이해가 어려워 법학은 정이 들지 않는 경직된 학문이다. 하지만 법의 함축된 내용은 참되고 깊은 묘미가 있어 읽으면 읽을수록 법의 소리가 나는 생동적인 학문이다. 법을 통

---

1) 바이체커(C. F. Weizsäcker, 1912~2007)는 "사회과학의 주제가 인간사회라면 법학의 연구주제는 합법성(Legalität)이다"라고 말하였다.

해 인간관계와 사회질서의 현실을 터득함으로써 어른스러워지고 반사회적 행위를 고발하는 정의의 사도로서의 사명감을 심어 준다. 괴테가 "법학은 맥주와 같다. 처음에는 치를 떨지만 마실수록 뗄 수 없는 것이다"라고 말했듯이 법학의 이해도가 깊어질수록 그 뜻을 깊이 만끽할 수 있을 것이다. 또한 라반트 (P. Laband, 1838~1918)는 "법학은 여성과 같다. 멀리하면 달려오고 가까이하면 달아난다"고 하여 법학을 여성의 심리에 비유하고 있다.[1] 법학은 멀리하면 필요성을 절감하게 되고, 그렇다고 이에 접근하면 할수록 어려워져 이해하기 힘든 고차원의 학문으로서 비유하고 있다.

2. 리걸 마인드

리걸 마인드(legal mind)란 법이론의 이해를 바탕으로 법질서에 적응하는 법적 사고력 및 소양 그리고 법에 대한 창의적 접근방법이다. 리걸 마인드는 법학을 연구하는 사람의 기본자세로서 법이론과 실제의 종합적 연구를 거쳐 형성되고 리걸 마인드를 통해 법률가로서 성숙한다. 법학교육은 리걸 마인드를 훈련시키는 과정으로 법적 해결능력을 키우는 기본적 실무교육이다. 법률가는 배타적인 법체계에 갇혀서 법지식의 습득에만 몰두하고 필요한 법의 요령만 숙지함으로써 학문상 편협하고 폐쇄적인 학풍에 안주할 우려가 있다. 리걸 마인드를 통해 넓은 시각과 균형적 사고로써 법적 쟁점에 대해 공정성과 유연성으로 접근하여 다각적인 토론을 거쳐 합리적 판단을 유도한다.

리걸 마인드는 법의 이론과 실제의 규범적 조화를 위해 지엽적인 분석보다 종합적 해석, 과거의 추궁보다 미래 지향적인 대응책을 제시하는 법의 실천적 접근이다. 리걸 마인드의 함양을 위해서는 획일적이고 경직된 법학연구에서 벗어나 법이론, 사례연구(case method), 문답식 토론강의(socratic method)[2] 등의

---

1) O. Holmes는 법을 연인에 비유하여 다음과 같이 읊었다.
  "우리가 만일 법을 연인이라고 부를 수 있다면, 외로운 가운데서도 그칠 줄 모르는 열정을 통해서만 그녀의 애정을 얻을 수 있는 연인이며, 인간이 신에 가까워지기에 필요한 모든 능력을 집중시켜야만 구할 수 있는 연인이다. 추구하기 시작하다가 매력이 없다고 포기하는 자는 그녀의 고귀한 모습을 보도록 허락받지 못한 자이거나 그런 위대한 노력을 할 열정을 가지지 못한 자일 것이다."
2) 소크라틱 강의는 정해진 답을 찾는 것이 아니라 수많은 답의 가능성에 대해 다양한 접

종합적 연구와 인접학문과의 폭넓은 소통이 이루어져야 한다. 특히 리걸 마인드는 법률지식의 축적과 이용방법에 그치기보다는 법률가적 덕망과 성숙한 인간성의 함양으로 이어져야 할 것이다. 리걸 마인드를 위한 강의 기법은 법의 이해와 비판, 법해석의 다양성과 창의성, 인접학문과의 관계 등을 종합하는 법학 강의로서 미국 로스쿨에서 시작되었다.[1]

Ⅲ. 법학의 체계와 분류

법학은 내용에 따라 실정법학과 기초법학 또는 체계적 분류인 법해석학(법리학)·법사실학·법가치학, 법철학적인 분류인 법실증주의와 자연법론 등으로 구분된다. 법학의 체계와 내용을 분류하면 다음 표와 같다.

1. 실정법학과 기초법학

(1) 실 정 법

실정법은 성문법과 불문법을 포함한 일반적인 법을 말하며 실증법이라고도 한다. 법의 기본질서는 실정법(positive law)으로 법치국가의 근간을 이루고 있으나, 기존 법질서를 위한 법해석에 머물고 사회 변화에 소극적이다. 완전한 실정법은 없다. 실정법의 올바른 이해를 돕기 위해 기초법학이 필요하며, 기초법학의 바탕 없는 실정법의 해석·적용은 형식적 법해석으로 그칠 우려가 있고, 고식적 사고의 법해석은 법 남용의 근거를 제공한다.

근을 중심으로 질문과 답이 계속된다. 문답식 토론강의는 이론강의 중심에서 벗어나 일방적인 주입식 강의보다 주제에 대한 질의응답과 지속적 토론, 사례인용, 연구발표 등을 중시하는 강의기법이다. 주어진 문제에 대하여 포괄적 논의와 문제의 제기 등을 반복하면서 비판적 사고를 통해 스스로 터득케 하여 아이디어를 창출하는 교수법이다. 문답식 토론강의는 하버드 법학전문대학원의 특징으로 랑델(C. Langdell, 1826~1906)이 시작하였다.

1) 오스본(J. Osborn Jr.)의 '하버드 공부벌레'(The Paper Chase)라는 영화에서 문답식의 토론이 치열하게 전개되는 강의실을 소개하였다. 교수는 학생들에게 다음과 같이 말하였다. "학생들은 스스로 공부하는 것이다. 나는 여러분들의 마음을 훈련시킨다. 여러분들은 이곳에 멍청한 바보로 입학하였다. 그러나 이곳에서 만약 살아남는다면 여러분은 법률가처럼 생각하는(thinking like a lawyer) 법을 터득하고 떠나게 될 것이다."

[법학의 체계]

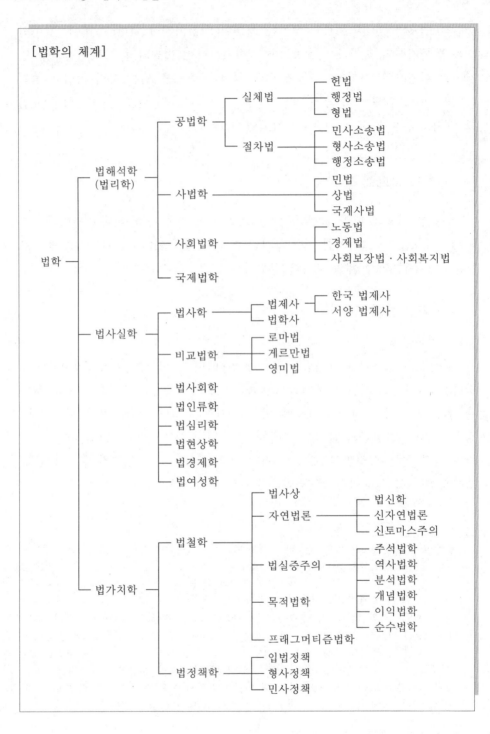

(2) 기 초 법

기초법학이란 법의 기본이론과 실정법의 해석을 위한 기초연구분야로서 실정법학과 구분되는 개념이다.[1] 기초법학은 실정법을 제외한 법의 기본적·포괄적 연구로서 다른 학문분야와 연계된 법철학·법사학·비교법학 등을 말한다. 기초법학은 실정법 위주의 형식적·편협적인 법해석을 극복하여 연구방법을 다양한 차원에서 접근하고, 인접학문과의 교류를 통해 법학에 활력을 줌으로써 새로운 분야의 기초법학이 거듭 탄생할 것이다. 학문간의 경계선이 흐려지고 학제간(interdisciplinary)의 교류가 활발해지고 있다. 법사회학·법심리학·법인류학·법여성학 등은 이러한 변화의 산물로서 법학을 선도하고 있을 정도이다. 법학의 흐름은 실정법학의 경직성·특수성·개별성 등의 접근보다는 기초법학의 유연성·포괄성·종합성 등을 통한 법의 이해를 필요로 한다.

2. 자연법론과 법실증주의

(1) 법학과 법철학

법철학은 법학의 방향을 제시하고 법해석의 바탕이 되는 법학의 이론적 접근이다. 법학은 법의 실천적 차원에서 법의 규범성을 강조하고 있으나 법철학은 법의 본질적 차원에서 법의 가치성을 추구한다.[2] 법철학은 법의 본질을 철학적 가치와 방법으로 접근함으로써 실천철학의 성질을 갖는다. 법철학은 법과 사회질서의 관계를 규정함으로써 단순한 법의 철학이 아니라 법의 지배에 의한 사회철학이라 할 수 있다. "철학 없는 법학은 출구 없는 미궁이다"라고 라이프니츠가 말하듯이 법학은 철학적 방법론의 영향을 받아 법철학의 변천사와 궤도를 같이 하여 발달하였다. 법학은 자연질서를 존중하는 자연법론과 실정법 중심의 법해석론을 강조한 법실증주의로 양맥을 이루고 있다.

---

1) 미국에서 기초법학은 법철학이라는 제목으로 논의되어 왔으나 최근에는 jurisprudence 또는 legal theory라고 불리고 있어 법의 일반이론은 실정법을 제외한 법의 기초이론을 비롯한 법철학·법사회학·법사학 등을 포함하는 법학의 통합적 기본이론을 뜻한다.
2) 칸트는 "법학은 법이 오직 무엇을 명령하느냐의 문제에 답할 뿐이지만, 법철학은 무엇을 일반적으로 법이라고 이해하지 않으면 안 되는가의 문제에 해답하는 것이다"라고 하였다.

(2) 자연법론

자연법에서 법은 인간이나 사물의 본성을 바탕으로 자연 질서와 정의를 선험적으로 인식한 법질서로서 국가가 만든 법이 아니라 초국가적인 법이다. 자연법은 시공을 초월한 초경험적·이상적인 영구불변의 규범이다. "법은 자연 질서를 존중한다"는 법격언이 말하듯이 자연법은 법의 당위성보다 존재론적 자연 질서를 존중한다. 자연법은 "악법은 법이 아니다"라고 주장하고 자연 질서에 어긋나는 법을 거부하면서 법과 도덕과의 합치를 강조하여 이상주의적인 법을 추구한다. 자연법은 법의 존재성, 사물의 본성, 자연 질서, 정당성, 미덕, 순수성, 필연성, 항구성, 합리성, 이성, 이상 등을 내용으로 하고 인간중심을 강조한다. 자연법의 근거는 고대의 자연 질서에서, 중세의 신의 질서를 거쳐 현대에 이르러 인간 이성의 합리적 질서로 발전하였다.

자연법은 불완전하여 개념이 모호하고 인간 본성과 자연에 대해 추상적 정의에 그쳐 법제화하기 어렵고 성문법 발전에 따라 영향력이 감소하고 있다. 자연법의 추상적 관념론은 실정법 우선주의를 벗어날 수 없는 한계가 있으나 실정법의 정당성 여부를 평가하고 입법권을 견제하는 역할이 있다. 자연법은 실정법만으로는 해결할 수 없는 영역에서 실정법의 상위 가치로서 존재할 필요성은 변함이 없다. 인권사상의 발달로 인권중심의 자연법 사상은 새롭게 부상하고 있다. 자연법은 관념주의 법학, 자유법론, 법사회학, 실용주의 법학 등에 영향을 주었다.

(3) 법실증주의

법실증주의는 국가의 실정법 중심의 법해석론으로 법의 당위적 규범성을 기본으로 하고 법의 공익성을 강조한다. 법실증주의는 사회적·경험적·인위적 질서를 바탕으로 법의 실증성·규범성을 강조하여 "법은 법이기 때문에 효력을 갖는다", "법은 법이다", "법은 주권자의 명령이다", "악법도 법이다"라고 주장한다. 법실증주의는 자연법의 비논리성·허구성·존재성·감성적 규범 등에 대립하여 법의 논리성·실제성·당위성·이성적 규범 등을 강조하고 실정법 질서의 규범성을 우선으로 한다. 법실증주의는 존재와 당위성의 이원론에 의해 법의 정당성은 법의 실증적 규범성에 내재한다고 주장한다. 또한 법실증주의는 자연법론과 달리 법과 도덕을 구분하고 불문법을 법원으로 인정하는 데 소극적이고 법적 안정성을 강조한다.

법실증주의는 성문법의 발전을 통해 법치국가의 제도적 장치로서 크게 기여하였으나 입법만능주의와 형식적 법치주의 법해석에 치중한 결과 개념법학[1])이라는 비판을 받는다. 법실증주의는 실정법의 당위성을 주장하면서도 그 법이 무엇인가에 대해서는 명확한 답을 제시하지 못하고 법의 남용에 대한 통제에는 소극적이다. 법실증주의는 주석법학(주석학파), 공리주의 법학, 역사법학, 개념법학, 목적법학, 분석법학, 순수법학 등으로의 변화에 영향을 주었다.

(4) 자연법과 법실증주의의 관계

아리스토텔레스가 자연법과 실정법을 구분한 이후[2]) 자연법론과 법실증주의의 상호 대립·반목의 논리가[3]) 법학 발전의 이론적 근거가 되었다. 양 법리의 갈등은 사회질서에서 '있는 상태'인 자연법적 존재와 '있어야 할 상태'인 실정법의 당위성의 관계로서 현실과 이상의 조화를 위한 갈등으로 귀결된다. 인권보장에서 자연법론은 자유는 국가 이전의 천부적·초국가적 자연권이라고 주장하고, 저항권을 옹호하지만 법실증주의는 자유를 법질서 내에서 존재하는 법적인 권리라고 말한다. 자연법론은 인간 중심의 자연적 질서에 치중하고 법 위에 인간이 존재한다는 것이다. 법실증주의는 사회 중심의 인위적 질서의 당위성을 강조하고 법 아래 인간의 삶이 있다는 전제에서 출발하였다.

자연법은 느끼는 것이고 실정법은 암기하는 것이라고 한다. 자연법의 추상적 가치를 실정법으로 구체화하기에는 한계가 있고 실정법의 가치를 자연법에 의존하기에는 자연법의 개념이 확고하지 않다. 실정법의 효력은 자연법의 우위에 있으나 자연법의 이상주의를 거부할 수 없다. 실정법이 사회질서를 이상적으로 규율하지 못하고, 인간이 이상적인 법의 세계를 포기하지 않는 한 자

---

1) 개념법학은 형식적 법치국가의 입법만능주의를 뜻한다. 예링은 법의 완전무결한 논리성을 과신한 고식적·교조적인 형식적인 법해석은 법조문에 얽매여 "개념에서 출발하여 개념에서 그친다"고 비판하여 개념법학(Begriffsjurisprudenz)이라고 하였다.

2) '서양철학은 플라톤의 각주'라고 할 정도로 철학의 태두인 플라톤은 그의 제자 아리스토텔레스와 함께 자연법 사상의 이념적 기초를 확립하였다.

3) 사비니는 자연법을 철학자의 근거 없는 오만이라 하였고, 라드브루흐는 법실증주의자를 권력의 우상 숭배라고 극언하였다.

연법론과 법실증주의는 일치할 수 없을 것이다. 자연법론은 실정법의 당위성과 실증성을 부정할 수 없듯이 법실증주의는 실정법 이전의 자연법 원리를 배제할 수 없다. 자연법은 법실증주의에 대한 비판적 역할과 합리성을 추구하여 실정법의 보완기능을 한다. 실정법 만능주의를 통제하기 위해서는 자연법의 원리가 필요하고, 법의 실효성을 보장하려면 추상적인 자연법론은 한계가 있어 법실증주의적 규범성이 필수적이다.

자연법론과 법실증주의는 다른 체계의 법규범이지만 법이념은 반드시 상호 모순되는 것은 아니라 서로 가치를 인정하고 필요성을 요구한다. 양 법리에 따라 법해석의 차원이 다를 수 있으나 법의 정신이나 원리를 벗어날 수 없다. 법은 존재와 당위성, 현실과 이상의 조화를 위해 필요한 규범이므로 법에는 두 법리의 논리성이 공존한다.1) 양 법리의 문제는 자체의 우열이 아니라 법제도를 위한 법해석의 기술에 있다. 자연법론과 법실증주의는 상호 배타적·부정적 관계가 아니라 법학의 양 기둥으로서 보완과 조화를 통해서만 법적 효력을 극대화할 수 있다. 양 법리의 법적 도그마에 의한 양자택일적 접근은 한계에 이르렀다. 관념적인 법실증주의를 극복하여 자연법의 가치를 포용하는 법학의 발전적 자세가 요구된다.

[자연법론과 법실증주의의 논쟁]

자연법론자는 정의를 무시한 법은 법률의 형식을 갖추었어도 불법으로 보고 법으로서의 효력을 인정하지 않는다. 악법을 따르는 것은 또 하나의 악이라고 한다. 라드브루흐는 "참을 수 없는 정도의 악한 법은 법이 아니고 법으로서의 효력을 상실한다"고 주장하였고 악법에 복종하는 것은 범죄행위라고 하였다. 그러나 켈젠은 순수법학의 입장에서 실정법 질서가 악이라도 현실적 규범으로서의 법이라고 주장하였다. 악법도 적법절차에 의해 제정되었으면 법규범으로서의 구속력은 승인되어야 한다고 한다. 한편 하트는 사악한 법도 법이라고 하였고, 풀러(L. Fuller, 1902~1978)는 하트와 '실증주의와 법에 대한 신의'라는 논쟁에서 나치스(Nazis) 법은 법의 원칙을 위반하였기에 처음부터 법이 아니라고 비판하였다. 또한 드워킨은 법과 도덕의 관련성과 자유를 중시하여 법실증주의를 비판하였다.

---

1) 카우프만은 "법에는 자연법성과 실정법성의 양극성이 존재한다"고 말하였다.

Ⅳ. 법학의 실제

1. 법학의 불신

법은 수학적이면서도 수학이 아니다. 법의 예측 가능성과 일관성은 법의 원칙이지만 일관성 없는 법의 논리가 법의 불신을 키운다. 법은 실정법의 명문 규정이 절대적이나 원칙의 예외를 인정하고 있다. 예외 없는 원칙은 없으나 예외가 원칙으로 변형하여 법을 남용한다. 법의 논리는 완벽하지 않고 법의 해석은 가치관에 따라 다를 수 있다. 법은 존엄하고 공정하지만 법을 다루는 사람의 편견·독선·위선 그리고 이기주의 등이 법의 정신을 훼손시킨다. 원칙보다 상황논리에 의한 편법주의와 편파적 법해석 그리고 법의 남용과 조령모개(朝令暮改)식의 법개정 등이 법의 불신을 가져와 법학의 회의를 느끼게 한다.

"유스티니아누스(Justinianus)가 명예를 준다." 이것은 법학을 통해 사회적 출세를 약속한다는 뜻으로 법학이 출세 지상주의의 학문으로서 과대 포장되기도 한다. 더욱이 법이 권력의 시녀, 금전의 마술사로 전락하였다고 비난받는 것은 법의 악용에 대한 법치주의 자체의 무기력한 통제로 말미암아 법의 권위와 법률가의 신뢰를 스스로 추락하였기 때문이다. 또한 현실과 이상의 갈등에서 법이 지나치게 현실에 집착하거나 기득권 존중주의에 부합하여 미래지향적 새로운 가치에 늦장 대응하거나[1] 보수화하는 경향은 법에 대해 회의적 시각을 준다. 법이 미래지향적인 이상보다 현실에 안주하는 고식적 타성과 사회질서를 우선시하는 법학의 경직된 자만심은 법학에 대한 불신을 가속화시킨다.[2] 법의 존재 가치는 흐려지고 법학은 법해석에 만족하는 한계를 나타내고 법조인은 법에 맹종한다.

이렇듯 법에 대한 회의적 시각은 법학에 대한 거부반응으로 이어지기도 한다. 쉴러(F. Schiller, 1759~1805)는 법학을 '빵을 위한 학문'(Brotwissenschaft)이라고 비웃었고, 하이네(H. Heine, 1797~1856)는 법학을 '가장 압제적인 학문', 로마

---

1) 미래학자 토플러(A. Toffler, 1928~2016)는 "기업은 시속 100마일로 가장 빠르게 달리고 있으나 법은 시속 10마일로 가장 느리게 달린다"고 말하였을 정도로 법은 사회 변화에 둔감한 느림보로 사회의 변혁에 빠르게 대응하지 못하는 경향이 있다.

2) "법이나 권리니 하는 따위는 영원한 질병처럼 계속 유전되는 것이다"라고 괴테는 '파우스트(Faust)'에서 말하였다.

법 대전을 '악마의 성서'라고 하고 법학을 이기적 학문이라고 비난하였다. 키르히만(J. Kirchmann, 1802~1884)은 "입법자가 3개의 법조문을 개정하면 법의 문헌은 휴지화된다"고 하여 법학은 무가치한 학문이라고 비판하였다.[1] 그러나 포이어바흐(P. Feuerbach, 1775~1833)는 철학도였으나 법학도로 전향하여 복수의 학문의 수용에 힘입어 형법학자로서 명성을 남겼다. 법학의 무미건조한 형식논리에 염증을 느껴 루터(M. Luther, 1483~1546), 칼뱅(J. Calvin, 1509~1564), 괴테,[2] 쉴러, 하이네, 플로베르(G. Flaubert, 1821~1880) 등은 법학연구를 도중에 포기하였다. 그들은 비록 법학을 포기하였어도 법지식과 법학적 수련을 기반으로 더욱 큰 빛을 남길 수 있었으며 실제로 그들은 법학교육에 크게 감사하였다.

2. 법학의 발전

법학은 로마시대 이후 약 2,000년 이상의 학문적 역사를 갖고 있다. 법학이 대학의 효시인 중세 서구의 대학에서 신학·의학과 더불어 3학부를 구성하여 그 중심을 이루고 있었던 것은 심오한 학문으로서의 전통과 권위를 반영한 것이다. 법 문화의 꽃인 로마제국이 멸망한 이후 법학은 12세기 이태리의 볼로냐(Bologna) 대학에서 활발한 로마법 연구로 법학 융성기를 맞아 오늘에 이르고 있다. 근래 법학에 대한 비판은 인접학문인 정치학·사회학·경제학 등과 학제 간의 공동연구를 통해 법학의 발전을 위한 다각적인 노력을 가속화시키고 있다. 법학은 사회과학과는 구별되는 학문이었으나 다른 사회과학의 영

---

1) 키르히만은 1847년 '법학의 학문으로서의 무가치성'이라는 강연에서 ① 학문은 불변의 대상을 전제로 하는 데 비하여 법학은 입법자가 만든 실정법이라는 시대적 산물을 대상으로 한다. ② 법은 이론보다는 정서나 감정에 보다 관련이 있다. ③ 법은 현실에 뒤지기 때문에 실천적으로 무가치한 것이며 입법자의 세 마디 개정이라는 말에 모든 법서는 휴지가 되고 부지런한 법률가들도 무지한 자로 만든다고 극언하였다.
2) 라드브루흐가 인간 중의 인간이라고 극찬한 괴테는 그의 파우스트(Faust)에서 "나는 아무래도 법학에 취미를 붙일 수 없다. 그토록 사람의 마음을 나쁘게 받아들일 수 없으니까"라고 말하였다. 법학을 경멸하고 법률가 직업에서 손을 뗀 괴테가 만년에 그의 아들에게 법학 수업을 시키기 위해 하이델베르그 대학의 티보 교수에게 추천장을 쓴 것은 흥미로운 일이다. 한 인물을 넘어서 하나의 문화라고 칭송되는 괴테는 법학을 배우고 대문호가 되었다.

역에까지 확대되고 새로운 전문분야의 법학을 창출하고 있다.[1]

　　로마법 시대 이후로 많은 역사적 변동에도 불구하고 본질적인 큰 변화 없이 일관되게 공통된 원칙을 고수한 분야가 법학이다. 법학이 보수적이어서가 아니라 법의 이념이 불변의 진리이고 정의를 실현하려는 한결같은 인간의 의지가 있기 때문이다. 법학의 과제는 변화하는 사회적 요구를 수용하여 그 요구 자체를 법의 이념에 따라 앞장서 변화시키는 것이다. 완전무결한 법질서나 법학은 과거에도 없었고 장래에는 해결할 과제만이 있을 뿐이다. 법지식은 특정인이나 특수한 영역에 머무르지 않고 일반화·생활화되고 있다. 법학에는 복수의 정관사를 붙여서 표현될 수 있는 고유한 제도는 이미 존재하지 않고 법은 개방적이고 보편화되었다. 법은 사회의 정적 안정에 안주하는 것이 아니라 사회변동에 적극적으로 대응하는 생동력을 보여야 한다. 새로운 첨단과학기술의 발전에 따라 시대가 요구하는 법전의 발 빠른 제정이 필요하고, 지구촌시대의 개막으로 법학의 연구분야도 다양화·전문화·세계화 등에 초점을 맞추어야 한다.

　　정의를 외치는 소리는 누구나 가능하지만 정의를 세우는 일은 많은 노력과 투자가 필요하다. 오늘날 미국이 짧은 역사 속에서 모범적인 법치국가로 발전하게 된 요인의 하나는 법학전문대학원(Law School)[2]이 배출하는 우수한 법조 인재들의 역할이 크다고 하겠다. 법학교육이 국제적 법률시장에서 경쟁하기 위해서는 세계화(globalization)시대가 요구하는 법학교육으로 충전하여야

---

1) 해당 분야가 법학에 속하더라도 법학 전공자보다 해당 전공자가 중심이 되는 특별법의 연구영역, 예를 들면 사회법·경제법·언론법·국제거래법·의료법 등의 관련법규의 전문화가 새롭게 이루어지고 있다.

2) 미국의 법학전문대학원은 학사학위 소지자가 학부의 전공에 관계없이 로스쿨 입학자격시험(LSAT : Law School Admission Test)을 거쳐 진학할 수 있다. 미국변호사협회(American Bar Association)가 공인한 로스쿨은 196개교에 이른다. 학문과 실무를 겸한 3년의 과정을 수료한 후에는 법학박사학위(J.D. : Juris Doctor)를 취득하고 법조인 자격시험(Bar Exam)을 응시할 수 있는 자격이 부여된다. 합격자는 응시한 주에서 변호사 인증을 받고 로클럭(law clerk)이나 법무법인(law firm)에서 활동한다. 또한 로스쿨에는 석·박사과정(LL.M., LL.D., SJD)을 설치한 곳도 있으나 교수나 법조인은 다같이 J.D과정을 이수함으로써 학계와 법조계가 동반자적 역할을 각각 담당하고 있다(www.abanet.org). 우리나라도 2009년부터 미국식의 로스쿨제도가 도입되어 법학전문대학원 입학을 위해서는 법학적성시험(LEET : Legal Education Eligibility Test)을 거쳐야 한다.

한다. 법학은 국내 내수용이 아닌 세계를 상대로 하는 국제적 학문이라는 인식이 있어야 한다. 다방면의 학문적 배경을 갖춘 전문 법조인을 양성하여 시민에게 가까이 다가가 질 높은 법률서비스를 제공함은 물론 법문화의 세계화 시대에 대비하여야 한다.

제 2 절   법 률 가

I. 법률가의 사명

법은 공정하게 적용되어야 하고 엄격히 준수되어야 한다. 재판을 상징한 법의 여신 테미스(Themis)는 양 손에 저울과 칼을 각각 들고 눈을 감은 자세로 서 있다. 공정한 재판을 위해 보이는 것에 현혹되지 않고 어느 누구의 영향도 받지 않기 위한 냉엄한 자세이다. 편중·편견을 원천적으로 배제하고, 마음을 비워 공정한 재판에만 전념하기 위한 결연한 의지이다. 법은 이러한 정정당당한 자세를 법률가에게 요구한다. 사람들은 법률가들에게 선비정신을 갖춘 원칙론자가 되기를 바란다. 법률가는 모름지기 겸허하고 공정하고 떳떳하고 강직하여야 하며, 이것은 곧 법에 대한 신뢰로 이어질 것이다.

법률가는 법을 상징하고 법은 법률가에게 명예를 준다. 법률가는 높은 도덕성, 탁월한 식견, 인권옹호와 사회정의의 구현을 위한 사명감을 가져야 한다.[1] 법조인의 어떠한 비리도 용서하지 않는 것은 법조인을 법의 대변인으로 믿어 법복의 권위를 인정하고 세속적 성직자로 존중하기 때문이다. 법률가, 특히 법조의 3두마차인 판사·검사·변호사 등의 법조인은 서로 견제와 경쟁관계인 동시에 협조관계로서 사법권을 이끈다. 이들은 법을 위한, 법에 의한, 법의 사람들로서 사법정의의 구현을 위해 언제나 용기 있게 실천하여야 한다. 법률가는 법의 선두에 서는 동시에 법을 정리하는 마지막 위치에 있는 법의 봉사자이며

---

1) 라드브루흐는 "법학도의 고민은 젊은 신학도만이 이해할 수 있는 고민이다"라고 하면서, "어떠한 순간도 자기의 직업이 사려 깊은 것이라는 사실을 충분히 의식하지 못하는 법률가는 훌륭한 법률가가 될 수 없다"고 말하였다.

사회정의의 기수이다.1)

법률가는 스스로 자만에 빠져 상대방의 의사 수용에 인색하고, 아집이 강할 뿐 아니라 절충과 조화보다는 양자택일적인 논리의 집념을 갖는다고 한다. 또한 법률가는 '악법도 법'이라고 주장하는 집념과 "악법은 법이 아니다"라는 용기를 함께 갖는 상반된 논리의 마술사라고 비판을 받기도 하고, 불의를 정의로 둔갑시키는 궤변자라고 지탄받기도 한다.2) 법조인은 법과 원칙에 충실하고 소신과 지조를 갖추고 있으나 이기주의에 탐닉함으로써 상상적 창의력과 포용력, 시대적 변화를 이끄는 지도력이 부족하다고 한다.3) 법조인으로서의 지혜와 덕망을 갖추어야 법전의 노예, 재판의 승부사라는 비아냥거림에서 벗어날 수 있다.

법의 논리에 맹종하는 편협한 법률가보다는 폭넓은 교양, 풍부한 인간성, 사회적 사명감, 시대가 요구하는 지식, 포용력의 겸허한 인성 등을 갖춘 법률가를 필요로 하는 시대이다. 블랙스톤(Blackstone)은 법학교육의 목표를 '신사로서의 길'을 가르치는 데 있다고 하여 법학에서 법률가의 사람됨을 강조하였다. 법률가라면 정의의 사도로서 전 인생을 투영하는 법률가로서의 혼이 필요하다. 법률가는 집념의 손과 냉철한 머리, 뜨거운 가슴, 창의력을 발휘하는 예술성이 필요하다.4) 법률가는 법 기술자가 아닌 법 이론가인 동시에 솔선수범의

---

1) 법학계는 정상을 허용하지 않을 정도로 사명감과 경쟁심이 넘쳐 오만과 나태는 자멸을 초래한다. 법학은 수재가 할 학문이지 천재의 학문은 아니라고 한다. 평범에서 최고를 추구하는 것이 법학도이다. 법학도의 손에는 법전을, 머리에는 정의를, 가슴에는 열정을 간직하고 1당 1,000인을 상대할 수 있는 기개로써 끊임없이 노력하는 인재들이 운집하는 한 법학은 학문 중의 학문으로서 발전을 계승할 것이다.

2) 법률가를 긍정과 부정의 양단 논법에 의해 세상을 바라보는 순진한 원칙론자, 죽은 자도 살리는 집념의 화신(化身) 또는 변호사와 화가는 백색을 흑색으로 쉽게 만드는 사람이라고도 한다. 한편 라드브루흐는 "법률가는 세상에 존재하는 다양한 색채의 세계를 잊고 오직 7색의 기본색에만 집념하였다는 사실을 갑자기 깨닫는 날이 언젠가는 올지 모른다"고 말하였다. 이렇듯 타협보다 원칙, 원칙보다 집념에 충실한 법률가의 기백을 칭송하면서도 포용력을 아쉬워하고 있다.

3) 너스바움(M. Nussbaum, 1947~)은 야심차고 이상적인 젊은이들이 법학교육을 받은 후 편협하고 도구적인 목적만을 지닌 법률가가 되는 것을 우려한다.

4) 니저(L. Nizer, 1902~1994)는 손으로 만든 것은 노동이고 손과 머리로 만든 것은 기술이고, 손과 머리 그리고 가슴으로 만든 것은 예술이라고 말하였다.

실천자이고[1] 영혼을 가진 법 창조자이어야 한다. 법조인도 상상력과 창의력이 요구되는 미래지향적 변혁의 시대이다. 법률가는 법의 상징처럼 법률가답게 생각하고 처신하여야 한다.

법률가는 돌다리도 두들겨 확인하는 신중성·완벽성의 속성 때문에 원론적인 냉정한 인간으로 그려진다. 또한 법이 질서유지를 강조하는 것이 기득권의 보호로 보여 법률가들이 보수주의적·형식주의적 성향의 귀족으로 인식된다. 선민의식의 자만심에서 오는 지나친 아집은 권위주의자로 보여 일반인으로부터 멀어진다. 법률가들은 형식과 관행에 얽매여 요령과 반복에 능통한 자기 생산적이고 일반인의 접근이 어려운 폐쇄적 영역에 있다. 법률가에 대한 벽은 높아 보인다. 법률가는 법전을 알기 이전에 인간을 이해하는 진지한 자세가 우선되어야 하며, 비인간적인 법제도에 인간미로서 접근하는 마인드를 가져야 한다. 인간적 약자를 도와주기 위해 의사는 인간육체의 생명을 다루고, 성직자는 인간영혼의 생명을 어루만지고, 법률가는 인간정신의 생명을 지키고 있다고 한다. 버거(W. Burger, 1907~1995)는 "법률가는 단순히 법적 해결사이기보다 분쟁의 치유자가 되어야 한다"고 말하였다.[2] 법률가는 법적 분쟁의 승부사가 아닌 불의를 고발하는 대변인, 사회적 약자의 보호자 그리고 사회정의의 실천자가 되어야 신뢰와 존경을 받을 수 있다.

우리 속담은 '법률가는 허가받은 도둑', 영국 격언에는 "착한 법률가는 악한 이웃이다"라고 혹평했고, 독일 격언에는 법률가를 '악한 그리스도의 교도' 또는 '법전의 노예', '나쁜 수학자는 나쁜 법률가'로 매도하기도 하였다. 사비니는 법률가를 '뺀질하게 세련된 판텍텐 음유시인(troubadour)'이라고 비꼬았다. 톨스토이는 "사람과 사람과의 관계가 사랑 없이 법적으로 이루어질 수 있다고 믿는 것이 법률가의 죄악이다"라고 하여 법률가의 냉정함을 꼬집었다. 로델(F. Rodell, 1907~1980)은 막강한 영향력으로 사회를 지배하는 '현대의 주술사'라고

---

1) "국민에게 법을 지키라고 강요하기 이전에 법을 만든 사람과 집행하는 사람이 솔선수범하여야 한다"라는 하버드 로스쿨의 게시문을 유념하야 한다.
2) 미국 대법원장이었던 버거는 "법조계는 법정 투쟁의 자극에 마비되어 분쟁의 치유자가 되어야 한다는 사실을 잊어버리고 있다. 의사가 많은 의료비용에도 불구하고 항상 공공의 신뢰를 얻고 있는 것은 치유자로 인식되기 때문이다"라고 말하였다.

비난하였다.1) 또한 루터는 "오직 법률가일 뿐, 그 이상이 되지 못한 법률가는 불쌍한 존재이다"라고 말하듯이 법률가는 본연의 사명과 봉사에 전념할 것을 촉구하였다.

그러나 세네카(L. Seneca, B. C. 4~A. D. 65)는 "법률가는 영원한 시인이다"라고 말하여 법률가의 순수성과 이상주의를 찬양하였다. 또한 홈스는 "법률가는 잿더미 속을 뒤져 불씨를 찾아내는 천재이다"라고 말하면서 "법은 시인이나 예술가가 있을 곳은 아니다. 법이란 사색가의 직업이다"라고 하여, 법률가에게 냉철한 판단력의 직업의식을 요구하였다. 볼프(E. Wolf, 1902~1977)는 "법률가는 사랑스럽지 않으나, 없을 수 없는 존재이다"라고 하여 법률가의 존재를 역설하고 있다. 이렇듯 법률가에 대한 평가는 곱지만은 않아 수긍할 만한 말도 있고 왜곡·과장의 말도 있다. 이것은 법제도에 대한 일반의 인식부족에서 오는 것일지라도 법률가에 대한 기대와 신뢰만큼 실망과 불신도 크다는 것을 보여주는 것이다.2)

---

1) 로델은 그의 '저주받으리라, 법률가여'에서 부족국가 시대에는 주술가, 중세에는 승려가, 오늘날에는 법률가들이 대중을 착취하는 계층이라고 꼬집었다.

2) 법조계의 의미 있는 유머가 있다.
   * 판사가 법정에서 피고인에게 물었다. "피고인은 변호사를 왜 선임하지 않았는가?" 이에 피고인은 "변호사는 내가 횡령하지 않았다는 사실을 알게 되자 나와의 관계를 끊었다"고 대답한다.
   * 도시에 한 변호사가 있으면 가난하나 변호사가 둘 있으면 모두 부자가 될 수 있다.
   * 변호사는 모르는 것이 있더라도 절대 모른다고 말하지 않고 일단 아는 척을 하되 최대한 애매한 정답을 제시한다.
   * 카운슬러에는 나이 많은 의사와 젊은 변호사를 선택하라.
   * 법률가는 사건에서 이기면 사필귀정이고 정의의 승리라고 말한다. 지게 되면 명백한 부당성을 밝히기 위해 상소를 권유한다. 그러나 상소에서도 지게 되면 법이 그러니 도리가 없다고 말한다.
   * 배고픈 변호사가 굶주린 사자보다 무섭다.
   * 판사는 정의가 아닌 법을 집행하는 것이다.
   * 사건에 관해서 죄인은 알고 있으나 말하지 않는다. 증인은 서론을 알고 본론, 결론은 모른다. 감정인은 본론을 알고 서론, 결론을 모른다. 변호사는 서론, 본론, 결론은 알고 있으나 서론을 강조한다. 검사는 서론, 본론, 결론을 알고 있으나 결론을 강조한다. 판사는 서론, 본론은 모르나 결론을 안다.

[눈을 감은 법의 여신 테미스]

그리스 신화의 법과 정의의 여신 테미스는 공정한 심판이 되도록 마음을 비우기 위해 눈을 감은 채 조용히 서 있다. 또한 테미스의 딸인 법의 여신 디케(Dike)는 한 손에 저울을, 다른 손에 칼을 갖고 눈을 감고 서 있다. 저울은 법과 재판의 상징으로서 개인 간의 다툼을 해결하기 위한 잣대로서 법의 평등과 공정성을 나타내는 것이고, 칼은 재판의 결과를 실현하는 수단인 동시에 사회질서를 위반하는 자에 대한 제재를 의미한다. 또한 그녀는 옳고 그릇됨을 공정하게 판별하기 위해 눈을 감은 엄숙한 자세이다. 어느 누구의 영향도 받지 않겠다는 강한 의지와 조용한 마음의 눈으로 공정하게 판단한다는 뜻이다. 이들의 모습은 엄정한 재판을 위해서는 마음을 비우고 양심에 따라 공정하여야 한다는 교훈을 보여줌으로써 법과 재판의 상징이 되었다.

Ⅱ. 법조윤리

중세 이후 법조인을 성직자·의사와 같이 가운을 입는 신성한 직업인으로 존경하여 세속적 성직자로 부르는 이유는 법조인은 법조윤리와 신뢰성, 책임성 등을 갖추었기 때문이다. 법률가에게 직업윤리를 강조하는 것은 법조인은 인간이면서도 인간을 심판하는 냉엄한 위치에 있기에 특별한 법조윤리가 요청된다. 법조윤리는 법조인이 직무수행에서 준수하여야 할 행동기준으로서 도덕적 원리와 덕목을 말한다. 법조윤리는 법조인 개인의 직업윤리뿐만 아니라 법률 전문가 집단의 법조윤리를 포함한다. 법조인은 법률시장의 직업인으로서의 한낱 법률 상인이 아니며 법조윤리를 지키는 법률 전문가로서 법률 서비스의 제공자이다. 법조인의 유형을 ① 법률관료 모델(legal bureaucrats), ② 법률전문가 모델(legal profession), ③ 법률기업가 모델(law business) 등으로 분류하면[1] 법조인의 모델에 따라 법조윤리도 달라진다.

우리나라 법조인은 종래의 권위적인 법률관료 모델에서 법조윤리 의식이 투철하고 시민에게 다양한 법률 서비스로 봉사하는 미국의 법률전문가 모델로 이행하는 과도기에 있다고 하겠다. 법률전문가로서의 법조인의 사명은 큰 틀에서 동일할지라도 그 직무 영역에 따라 요구되는 법조윤리의 규범은 서로 다

[1] 한인섭 외 공저, 법조윤리, 박영사, 2011, pp. 15~17.

르다. 법관과 검사는 공무원으로서의 공직윤리와 법조인으로서의 법조윤리가 함께 적용되고 있으나, 법관은 직책상 검사보다 더 무거운 법조윤리 의무를 갖는다. 변호사는 법관이나 검사와 다르게 법률 서비스 공급자로서 변호사 단체의 법조윤리를 적용한다. 법관·검사·변호사 등은 법률전문가로서 공통의 사명감을 가지면서도 법관윤리, 검사윤리, 변호사윤리 등이 각각 적용된다.

제 7 장

법의 발전과 계통

제 1 절 법의 발전과정

법은 사회의 변동에 따라 끊임없이 생성·변경·발전·소멸 등의 변화과
정을 거치면서 사회질서를 규율한다. 법은 사회변화의 하나의 수단이고 본질
적으로 유동적이다. 변화하지 않는 법은 생명력이 없다. "법은 안정을 요구하
나 정지되어서는 안 된다"는 파운드의 말과 같이 사회 발전에 대응하는 법의
변화는 필연적이고, 법은 사회를 합법적으로 변화시킨다. 법은 정치적 목적,
역사적 배경, 경제적 요인, 사회적 요구, 문화적 발전, 종교적 규범 그리고 시
대적 요청의 다양한 복합적 요인에 의해 결정된다.[1] 법은 사회규범 중에서 분
화되어 국가 통치권의 수단인 성문법으로 발전하였고 국가 발전에 따라 대규
모의 법전편찬으로 장식하는 것이 동서고금의 공통된 현상이다. 유스티니아누
스 대제의 로마법 대전, 나폴레옹의 프랑스 민법전, 조선왕조의 경국대전 등은
그 시대를 대표하는 위대한 문화적 유산이다.

법은 법질서·법제도·법문화 등을 포함한 복합적 관념으로 이들은 법의
기반과 내용이 되고 있다. 국가 법체계는 민족의 문화적 산물로서 법의 전통
을 뜻한다. 법이 동일한 계통의 영역에 속하는 법문화권의 공통적 성격을 법
계(法系)라고 한다. 법계는 각국의 법을 계통적으로 분류한 법계보를 의미하고,
법문화는 법계 속에서 법제도와 법사상의 특성을 총체적으로 지칭하는 개념이

---

1) 법은 국가의 지정학적 여건, 국민성, 종교, 풍속, 심지어 기후와 생활양식에도 영향을
받아 국가의 법문화를 결정짓는다고 몽테스키외는 말하였다.

다. 법계의 상호 교류를 법의 계수(繼受, reception)라 한다. 국가의 고유법은 법의 계수를 통해 다른 국가의 법문화에 영향을 주고 때로는 융합하여 새로운 법질서를 창출한다. 법문화는 공통된 특색을 지닌 고유의 법문화권이 형성되어[1] 상호간 영향을 준다.

　　법의 연혁 · 특성 · 제도 등은 법제사와 비교법을 통해 이루어져 법계 연구와 밀접한 관련을 갖는다. 법의 계수는 외국법을 수용하는 고유법의 발전이고 외국법에 대한 종속을 의미하는 것은 아니다. 법계는 국가가 속한 문화권에서 발전하여 외국에 전수된다. 게르만법계는 로마법계로 계수 · 흡수되어 사라졌고, 이집트법계와 같이 민족과는 관계없이 사라지는 경우도 있다. 로마법계는 법계를 생성한 국가와는 관계없이 프랑스, 독일에 계수되고 다시 각 국가로 계수되어 존속하고 있다.

　　근대 국가체제의 발달에 따라 법제도는 특성적 · 비합리적 · 불문법적인 법에서 보편적 · 합리적 · 성문법적인 법을 지향하고 있고, 법은 국가권력 중심에서 인권보장 중심으로 획기적 발전을 하였다. 인권보장은 법치국가의 기본원칙이 되었으나 인권과 국가권력의 상호관계에 의해 규정되고 통치구조는 법계에 따라 다른 특성을 나타낸다. 법계는 서로 유사점이 많아져 공통화와 공조화 현상을 보임으로써 법제간의 간격을 해소하고 있다. 법은 서구를 중심으로 발전하였고, 법제사도 세계문화사의 하나의 분야로서 유럽의 법제사를 중심으로 논의하고 있는 실정이다.[2] 근대법에 영향력을 미친 법계는 성문법 체계인 대륙법계(Continental law, Civil law)와 불문법 체계인 영미법계(Anglo-American law)로서 법체계의 쌍벽을 이루고 있다. 양 법계는 민족성과 역사, 사회제도 등을 달리하는 국가의 특성으로 말미암아 법의 정신, 존재형식과 법운용에서 대조적인 면을 보이고 있다.

---

1) 고대 아테네법은 민중적인 대중법, 로마법은 권위적인 법조인법, 영국법은 불문법적인 판례법, 프랑스법은 개인주의적인 자유법, 독일법은 논리적인 성문법, 미국법은 실용주의적인 생활법 등의 법문화적 특성이 있다.
2) 법제사는 서양법제사를 중심으로 로마 법제사, 게르만 법제사, 영미법사 등으로 구분하고 있으나 한국 법제사를 비롯한 아시아 법제사를 포함한 연구가 필요하다.

제 2 절 법의 변천

Ⅰ. 원시시대의 법규범

원시사회는 특별한 사회적 규범이 분화·발달하지 못하여 사회를 지배한 사회규범은 습속(習俗)이라는 일종의 관습이었다. 이것은 오늘날 관습처럼 법·도덕·종교 등과 구별된 것이 아니라 서로 미분화된 상태에서 혼합된 사회규범이었으며 이를 원시적 규범이라 한다. 원시적 규범은 신비한 영적인 힘에 의해 지배된 종교적 색채가 강한 집단적 의식과 계율이고 강제성을 가진 일종의 원시적 법규였다. 원시시대의 법의 생성은 체계적인 법제도 이전의 토템(totem)·터부(taboo)·복수·탈리오(talio) 등의 원시적 습속에서 출발하였다.

1) 토 템   원시사회는 동식물 같은 자연적 물건을 의인화(擬人化)하여 그것을 조상으로 모신다든지 숭배하여 사회의 상징적 존재로 받들었다. 이런 제도를 토테미즘(Totemism)이라 하고 그 자연물을 토템(totem)이라 칭한다. 원시사회는 자신을 토템에서 정기를 받은 동일체로서 믿고 이것과 정신적·문화적으로 결속되어 있었다. 자기의 토템인 동식물을 먹어서도 안 되기 때문에 동식물이 보호될 수 있었고, 같은 토템에 속하는 남녀간에 결혼을 금지함으로써 근친결혼을 허용하지 않는 제도가 행하여졌다.

2) 터 부   터부란 신의 벌로서 제재가 따르는 사회적 금기를 말한다. 원시사회에는 특정한 행위의 금지 또는 특정한 사람이나 사물과의 접촉을 금지하거나 특정 사물을 신격화하여 접근을 금기시하였다. 만약 이 금지사항을 위반하면 개인은 물론 종족이나 사회 전체에 초자연적인 힘의 제재에 의해서 질병·불행·죽음 등의 재앙이 온다고 믿었다. 금기사항은 개인과 사회의 안전을 위해 엄격히 준수하고 터부를 위반하는 행위는 곧 반사회적 행위로 처벌하였다. 터부는 원시인의 자연에 대한 공포심인 원시적 종교와 결합하였고 이것이 사회규범으로 준수되어 사회를 규율하였다.

3) 복 수   타인의 침해에 대한 보복은 자기방어를 위한 인간의 본능적 요구로서 원시사회는 개인적 복수 또는 가족복수나 부락복수가 공공연하

게 자행되었다. 복수로써 그 침해에 대해 제재를 가함과 동시에 자신의 안전을 확보하였다. 복수에 의한 응보의식은 원시사회의 질서를 유지하는 기능을 하였으나 복수의 악순환을 초래하였다. 원시시대는 개인의 직접 복수시대였으나 국가의 출현으로 국가권력에 의한 제재인 간접 복수시대가 열렸다. 복수를 위한 당사자 간의 목숨을 건 혈투(Fehde)는 1152년 유럽에서 란트평화령(Land-friedensgesetz)이 금지할 때까지 시행되었다. 복수는 원시적 정의의 일종이고 법의 역사는 복수의 합리적 과정이라 할 수 있다.

4) **탈 리 오**   탈리오는 '눈에는 눈을, 이에는 이를'(an eye for an eye, a tooth for a tooth)이라고 하는 법 격언이 말하듯이, 피해자가 입은 손해와 동일한 정도의 손해를 가해자에게 행하는 보복행위인 동해보복(同害報復)을 말하며 반좌법(反坐法)이라고도 한다. 이것은 원시사회에서 정의 관념의 소박한 표현으로서 무제한적인 복수를 허용하던 무질서 단계에서 한 걸음 발전한 단계의 규범이다. 피해자는 가해자에 대해서 보복의 균형을 취하여 응보적 정의의 감정을 만족시킴으로써 개인 간의 폭력에 의한 복수의 악순환을 금지시키고 가해자의 재복수가 허용되지 아니하였다. 탈리오의 법칙은 고대 바빌론의 함무라비 법전에서 처음으로 발견되었고[1] 모세법전, 로마의 12표법 등에서 볼 수 있다.

5) **공권력에 의한 재판제도**   원시사회의 습속은 사회적으로 규범화되어서 지배층의 지배권을 옹호하고, 개인의 생명·신체·재산 등을 보호하면서 사회질서를 유지하였으나, 국가의 권력이 강화되면서 공권력이 이를 대신하였다. 개인적 제재나 자력구제 대신에 규문(糾問)절차(inquisitorial system)[2]에 의해 심문과정을 거치는 일종의 소송절차가 시작되었다. 개인적 복수를 금지시킨 것으로는 헤브라이(Hebrai)법계에서 인정한 피난처제도(asylum)가 있다.[3] 신성

---

1) 함무라비 법전에는 "다른 사람의 눈을 뽑은 자는 똑같이 눈을 뽑는다", "아들이 아버지를 때리면 아들의 손을 자른다", "임산부를 때려 임산부와 태아가 죽으면 가해자의 딸도 처형한다"는 규정 등이 있다.
2) 규문절차는 지역 유력인사의 면전에서 심문을 통해 사건을 처리하는 절차에서 비롯되었다. 소송법상 규문주의란 소추기관과 재판기관이 분리되지 않고 재판의 심리와 절차가 재판관에 집중되는 재판절차로서 당사자주의에 대립되는 개념이다. 규문주의는 피고인이 충분한 방어권을 행사할 수 없는 폐단이 있어 근세에 이르러 폐지되었다.
3) 고조선, 삼한시대에 하늘에 제사를 지낸 소도(蘇塗)가 피난처이다.

불가침의 도피장소에 죄인이 피신해 오면 우선 보호하여 복수를 면하게 하였고, 범인을 상대로 심판을 함으로써 재판의 시초가 되었다.

　원시사회 재판에서 사제가 판결하는 신명(神命)재판(Oracle)1)이나 육체적 고통 결과에 따라 죄의 유무를 판단하는 시련재판(trial by ordeal)2) 그리고 소송 당사자의 직접적인 결투의 승패로써 시비를 판정하는 결투재판(trial by combat)3)은 중세기까지 이어졌다. 국가통치의 조직화에 따라 법은 일반적인 사회규범에서 분화·독립하여 체계적인 법규범으로 발전하고 다른 사회규범보다 우위의 공권력이 되었다. 종래의 관행 등의 형식으로 존재하던 피해자가 가해자를 직접 단죄하는 자력구제나 사적 복수, 사적 재판 등이 금지되고 국가의 수사권·재판권에 의한 형사제도와 배상제도가 등장하였다.

Ⅱ. 고대사회의 법

　고대사회는 원시시대에 비하여 사회의 구성이 복잡하고 조직도 진보하여서 중앙집권의 강화를 위한 수단으로 지배자의 명령인 성문법을 제정하기에 이르렀다. 하지만 성문법 이외에 불문법 특히 관습법이 성문법보다도 중요시된 결과 사회 전체의 규범은 법치주의의 영역에는 도달하지 못한 단계였다. 이 시대의 법의 일반적인 특색은 세계에서 가장 오래된 법전인 바빌로니아의 함무라비법전(Code of Hammurabi),4) 고대 인도의 계율집인 마누법전(Code of Manu), 모세의 계율(Decalogue of Moses) 등에서 보듯이 법은 종교적·관습적·도덕적인

---

1) 신명재판은 신을 대신하여 사제가 재판관으로서 선악을 판결하는 신탁재판이다. 12세기에 이르러 영국의 헨리 2세는 신명재판을 폐지하였다.
2) 시련재판은 재판의 결과는 신만이 알 수 있기 때문에 물, 불, 독 등을 써서 피고에게 육체적 고통이나 시련을 주고, 그 결과에 따라 유죄 여부를 판단하였다. 함무라비 법전에서는 범죄 혐의자를 강물에 던져 익사하지 않으면 결백이 증명되어 고발자는 사형에 처하고, 익사하면 혐의자는 유죄가 인정된다. 또한 끓는 물에 손을 넣고 상처를 입지 않으면 무죄로 인정한다.
3) 결투재판은 재판이 어려운 분쟁에서 당사자의 뜻에 의해 결투로써 유무죄를 판정하는 일종의 복수로서 게르만법에서 근원하여 유럽에서 시행되었다.
4) 함무라비법전보다 약 300년 앞선 B. C. 2100년경 우르(Ur)제국에서 우르 남무 법전(Code of Ur-Nammu)을 편찬한 것으로 알려지고 있다(류승훈, 법으로 풀어 가는 역사기행, 법률출판사, 2015, pp. 34~37).

요소가 혼합되어 미분화된 상태로 사회를 규율하였다. 그 후 로마의 12표법 (Law 12 of Table, lex duodecim tabularum), 시민법(ius civile), 만민법(ius gentium) 등에 나타나고 있는 바와 같이, 법은 종교·관습·도덕 등의 규범으로부터 불완전하지만 분화되어 사회를 통제하는 기능을 하였다.

초기의 로마법은 관습법으로서 발달했으나, 이것을 성문법으로 제정한 것이 12표법(表法)이었고 로마 제정시대는 포고문의 형식으로 성문법이 제정되었다. 로마법 초기에 로마시민을 위한 속인주의법인 시민법은 로마제국이 세계대국으로 확장됨에 따라 영토 내의 모든 사람을 지배하기 위해 만민법으로 발전하였다. 속지주의 성향의 만민법은 로마시민 이외의 점령지 외국인에게도 적용됨으로써 로마법은 세계법으로 발전하였다. 로마는 당시 주변의 열강인 그리스, 마케도니아에 비하여 경제적·문화적으로 열악한 여건이었으나, 법제도의 완비를 통해 역사상 강대한 제국을 발전시켰다. 530년경에 유스티니아누스(Justinianus) 황제는 유스티니아누스법전(Corpus Iuris Civils)을 제정하여 오늘날 대륙법계의 기초가 되었다.

[함무라비법전]

함무라비법전은 바빌로니아의 함무라비 왕(B. C. 1782~1688)이 기원전 1750년경 제정하였으며 세계에서 완전한 형태의 법전으로 가장 오래된 것으로 기록되고 있고 프랑스 루브르 박물관이 소장하고 있다. 법전은 돌기둥에 설형문자로 새겨져 있고 샤마슈신으로부터 법전을 받는 그림이 조각되어 있다. 이것은 고대법의 특징으로서 법은 신이 준 것이라는 것을 뜻하는 것이다. 이 법전은 282개 조문으로 구성되었으며, 농경사회의 법 이외에도 상법 규정까지 포함하였고 종교적 색채의 규정이 적은 것이 특색이다.

[12표법]

12표법은 기원전 약 450년경에 편찬된 로마 최초의 법전으로 12장의 동판에 기록되었다. 이 법전은 귀족과 평민 간의 투쟁의 결실로서 평민의 법적 지위를 보장하였다. 12표법은 기존 관습법을 성문화한 것으로 로마법의 기초가 되었으며 소송법·사법·공법 이외에 제례법을 포함하고 있다.

[마누법전]

마누법전은 기원전 약 200년경 마우리아 왕조(B. C. 322~185)시대에 제정된 것으로 추정되며, 고대 인도의 힌두교 계율집으로 12장 수천의 시구로 구성되어 있다.

[시민법과 만민법]

로마제국 초기에 로마법은 로마 시민에게만 적용되는 속인주의적 시민법이었으나 세계제국으로 확장되자 영토 내의 모든 사람을 지배하기 위한 속지주의적 만민법을 필요로 하게 되었다. 거래법을 체계화한 만민법은 로마제국 모든 영토에 적용하였다. 로마법은 시민법에서 출발하여 만민법을 거쳐 세계법으로 발전함으로써 법에 의한 세계의 지배를 가능하게 하였다.

[유스티니아누스법전]

로마제국의 유스티니아누스 대제가 533년에서 565년에 걸쳐 12표법 이래 약 천년에 걸친 로마의 법률문서를 집대성하여 편찬한 로마의 모든 법령을 총칭하는 것으로 고토프레두스(D. Gothofredus, 1549~1622)에 의해 '로마법대전'이라는 명칭이 붙었다. 이 법전은 학설을 집성한 울피아누스의 학설휘찬(學說彙纂, Digesta, Pandectae), 법의 원리를 논한 가이우스의 법학제요(法學提要, Institutiones), 칙법을 종합한 칙법휘찬(勅法彙纂, Codex) 그리고 이 법전의 완성 후 대제의 사망 전까지 공포된 칙법을 수록한 신칙법(新勅法, Novellae) 등 4부의 약 900종으로 구성되었다. 학설휘찬은 트리보니아누스에 의해 법학자의 저작물 2,000여 권을 정리하여 50권으로 재편집한 법학서로서 그 편제를 총론(칙)과 각론(칙)으로 대분하였다. 이러한 법전 체계를 판덱텐(Pandekten) 체계[1]라 하며, 로마니스텐(Romanisten)의 법학체계를 대표하여 프랑스 법계의 법학제도(Institutiones) 체제와 대조를 이루고 있다. 로마법대전은 찬란했던 로마제국을 상징하는 법률문화의 유산으로서 후세 각국의 법제에 큰 영향을 주었다.

---

1) 판덱텐 법체계란 법전의 전반부에 총칙을 규정하고 총칙(론)에는 법 전반의 기본원칙을 제시하고 구체적인 개별조항은 각칙(론)에 규정하는 법전의 체계를 말한다. 판덱텐 체계는 우리 민법에서 보듯이 총칙·물권법·채권법·친족법 등으로 분류하여 법전을 구성한다. 로마법의 판덱텐 체계와 달리 인스티투티오네스(Institutiones) 체계의 프랑스 민법전은 사람의 법·재산법·소송법 등으로 구분하고 있다. 독일 민법전이 판덱텐 체계를 채택한 이후로 법전에 기본이 되고 있다. 그러나 판덱텐 시스템은 법을 추상적 개념으로 명문화하기 때문에 일반인에게는 난해하고 시대 변화에 적응하기 어렵다는 이유로 영미법은 이를 수용하지 않았다.

Ⅲ. 중세 및 근세사회의 법

중세는 게르만 부족국가 시대로부터 봉건주의 시대를 거쳐 중앙집권적 군주국가의 형성기에 이르는 시대였으므로 엄격한 신분관계를 규율하는 봉건주의법이 발달하였다. 이 시대는 기독교 세력이 강대하여 교회법(Canon Law)이 지배하였다. 교회법은 사회의 일반 거래생활을 규율하는 법으로서는 적당치 않아 상인단체의 자치법규가 제정되었다. 지중해·대서양·북해 등의 항구를 중심으로 상사 및 해상에 관한 관습법이 발달하여 각 도시는 자치법규로서 도시법(Stadtrecht)을 제정함으로써 근세법제의 선도적 역할을 하였다. 로마제국이 게르만의 침공으로 멸망하자 찬란했던 로마의 법제 역시 폐허로 변하여 중세기의 이른바 문화의 암흑시대가 도래하였다.

게르만 민족이 유럽을 지배하자 그들 고유의 관습법이 널리 전파됨으로써 게르만법은 로마법과 쌍벽을 이루어 대륙법의 형성에 큰 영향을 주었다. 중세에는 기독교에 의한 종교재판이 신성한 재판이라는 이름 아래 이교도에 대해서 마녀사냥(Hexenprozess)식의 보복적 처형수단으로 이용되기도 하였다.[1] 국가는 근대국가적인 중앙집권을 확립하지 못하여 상인단체와 도시가 자치입법권을 가지고 있었으며, 지방에 따라 각각 상이한 관습법이 지배하였고 법의 통일을 이루지 못하였다.

사회제도는 신분적·봉건적인 토지영유제 및 상공업의 독점적 길드(Guild)제에 기초를 두고 있었다. 이 시대의 법은 법의 실효성을 보장하기 위해 그 내용이 신분적·고정적이어서 탄력성을 잃은 엄격법(strict law)시대를 이루었다. 유스티니아누스법전은 개인 간의 사법관계에 중점을 두었으나, 1532년 신성로마제국의 카를 5세는 독립된 형법전인 카롤리나 형법(Constitutio Criminalis Carolina)을 제정하여 국가 형벌권을 강화하였다. 근세에 이르러 국가의 권력이 강화·확대됨으로써 법은 종교·관습 등의 규범으로부터 완전히 분화되어 본연의

---

1) 1632년 갈릴레오는 코페르니쿠스의 지동설(地動說)을 지지한다는 사유로 종교법정에 섰다. 노약한 갈릴레오는 모진 수난과 고문을 당한 끝에 지동설을 부정하는 맹세를 강요받았다. 그러나 그는 맹세가 끝나자 "어쨌든 지구는 돌고 있다"고 말하며 그의 신념을 굽히지 않았다.

법규범의 기능을 담당하게 되었다.

한편 영국은 지정학적으로 대륙의 정치적 혼란기의 영향을 받지 않고 비교적 안정적 정치풍토에서 기존의 질서를 존중하는 불문법 질서를 발전시켰다. 1215년 존(John)왕에 항거하여 대헌장(The Magna Charta)을 제정함으로써 인권보장의 최초의 선언이 되었다. 대헌장의 인권보장 정신은 1628년 권리청원(Petition of Rights), 1674년 인민협정(Agreements of People), 1679년 인신보호법(Habeas Corpus Act), 1689년 권리장전(Bill of Rights) 등을 거치면서 인권보호를 위한 적법절차를 보장하여 인권보장을 한걸음 발전시켰다. 영국에서는 일찍이 순회재판소의 재판관이 전국을 순회하면서 관습법에 의해 재판을 하였다. 판결을 선례로 하여 보통법재판소에 의한 판례법이 형성되었고, 보통법(Common Law)이라는 영국 특유의 불문법이 형성되어 대륙법과 상이한 법체계를 이루었다.

[대 헌 장]

대헌장은 왕과의 타협의 산물이기 때문에 진정한 의미의 인권보장에는 미흡하였으나 근대 인권선언의 효시로서 개인의 생명·신체의 자유, 재산권의 보장을 최초로 선언한 역사적 선언문이다. 대헌장은 서문과 63개 조문으로 구성되어 그 내용은 대체로 9개로 분류된다. 다섯째 내용의 법률과 사법개혁에 관한 조항에서, "자유인은 적법한 재판 또는 법에 의하지 아니하고는 체포·구금·추방되거나 또는 재산을 침해당하거나 박탈당하지 아니한다"고 규정하였다(동헌장 제39조). 대헌장은 그 후 5세기에 걸쳐 영국의 실질적 인권선언에 기폭제가 되어 프랑스 대혁명의 인권선언과 미국독립선언에 큰 영향을 주었다.

[보 통 법]

보통법은 영국의 전통, 관습, 판례 등을 기본으로 12세기 이후 채택된 소송내용과 절차로 생성된 불문법으로 전국에 적용되는 통일 관습법을 말한다. 보통법은 관습법으로서 대륙법의 성문법에 대조되는 영국 고유의 시민법 질서이다. 그러나 비체계적인 보통법만으로는 사회발전의 규율에 부응하지 못하게 되자 형평법과 많은 특별법을 제정하여 보통법을 보완하였다.

Ⅳ. 근대사회의 법

근대에 이르러 산업혁명은 사회·경제의 비약적인 발달을 가져왔고 새로운 시민계급과 자본주의가 등장하였다. 자유·평등의 사상을 기반으로 정치·경제·사회 등의 모든 분야에서 봉건적 구제도를 타파함으로써 근대적 의미의 법에 의한 중앙집권적 시민국가가 탄생하였다.[1] 시민사회는 개인주의·자유주의를 사상적 배경으로 정치적으로는 민주주의를, 경제적으로는 자본주의의 바탕에서 성립·발전하였다. 자유·평등의 사상과 법치주의는 근대국가의 성립과 발전에 이론적 근거가 되었고 인권보장에 큰 공헌을 하였다. 이러한 사상을 배경으로 하여 개인의 기본권은 1776년 미국의 독립선언, 1789년 프랑스의 인권선언 등에 의해서 인권의 천부적 불가침의 절대적 권리로 선언되었고, 개인의 법적 지위는 메인(H. Maine, 1822~1888)이 지적한 바와 같이 "신분에서 계약으로"(from status to contract)[2] 이행되어 평등의 원칙에 의한 계약자유가 거래행위의 기본이 되었다.

근대 시민법이 출현한 이후 인간이 인간을 지배하거나 예속시키는 주종관계가 부정되고 법은 모든 인간을 자유와 평등의 주체로 선언하였다. 시민법은 사유재산권의 보장·계약자유(사적 자치의 원칙)·과실책임의 원칙 등을 기본이념으로 발전하였다. 이를 근대 민법의 3대 원칙이라 한다. 인권보장을 전제로 하는 법치주의국가가 성립되고, 인권에 대한 헌법적 보장이 확립됨으로써 개인은 법률상 권리·의무의 주체로서 인정되었다. 그 결과 법의 개념은 종래의 의무본위의 사상으로부터 권리본위의 법률관계로 그리고 국가중심의 법으로부터 개인중심의 법으로 변천하였다.

---

1) 근대사회는 문화·사회·산업·법제 등에서 르네상스(Renaissance)·프랑스혁명과 산업혁명(Revolution)·로마법 수용(Reception) 등의 3R을 바탕으로 근대적 법치국가의 출현이 가능하였다.

2) "신분에서 계약으로"란 말은 메인이 그의 저서 「Ancient Law」에서 기술하였다. 사회의 법률관계의 기초가 가족적·폐쇄적 신분관계로부터 근대에 이르러 개인의 자유로운 의사의 합의인 계약관계로 이행하였다고 주장하면서 사회의 발전과정을 설명하였다. 이것은 개인주의·자유주의의 사상에 기초한 결정체였으나 현대에 이르러 "계약에서 제도로"(from contract to institution) 또는 "계약에서 법규로" 이행하고 있음을 볼 수 있다.

법제는 지방적 입법 또는 관습법에서 탈피하여 국가의 입법권에 의해 중앙
집권적인 통일적 성문법전으로 정비되고, 법치주의 원리가 근대의 법질서를 지
배하였다. 최초의 근대적 입법전으로서는 프랑스 루이 14세 시대의 상사칙령(1673)
을 시작으로, 1776년 미국 헌법, 1791년 프랑스 헌법, 1794년 프로이센 일반란
트법, 1804년 프랑스 민법 등이 있다. 독일은 주(Land)를 중심으로 한 지방분권
주의가 강하여 중앙집권의 발달이 늦어, 계수된 로마법인 독일보통법을 사용
하다가 이른바 민법전 논쟁을 거쳐 1896년 독일 민법전(Bürgerliches Gesetzbuch
für das deutsche Reich, BGB)을 제정하였다. 유럽의 법은 서양문화의 유산인 기독
교의 영향과 근대 철학의 인문주의 사상을 기본으로 발전하여 유럽 각국의 근
대화·민주화의 기반이 되었다. 성문화된 서양법은 세계 각국에 계수되고 법
을 통한 세계 지배로 지구촌 시대가 열렸다.

[미국 헌법전]

미국의 독립선언으로 탄생한 미국 헌법은 국민주권주의와 자유·평등의 이념을
선언한 세계에서 가장 오래된 성문 헌법전이다. 3권분립의 원리를 최초로 명문화
하여 입법부·행정부·사법부 상호간의 견제와 균형을 통한 대통령제를 실시하였
다. 미국 헌법은 수정조항(Amendment)이라는 부분적 개정을 통해 특히 인권보장을
절차법적으로 규정하여 오늘에 이르고 있다.

[나폴레옹 법전]

프랑스 민법전은 나폴레옹을 기념하기 위해 나폴레옹 법전(le code napoleon)이라
고도 하며,1) 민법전 이외에 편찬된 상법, 형법, 민사소송법, 형사소송법 등을 합
하여 나폴레옹 5법전이라 한다. 프랑스 민법전은 총칙 및 사람·물권·재산권 취
득 등의 3편 2,281조로 구성되어 지금까지 100회 이상의 개정을 거쳐 오늘에 이
르고 있다. 프랑스 민법전은 자유·평등을 바탕으로 소유권과 계약의 자유를 명
문화한 근대 민법전의 선구자로서 근대 개인주의 민법의 모범이 되었으며, 독일

---

1) 나폴레옹은 전쟁 중에도 민법전 제정에 열의를 갖고 큰 영향을 주었다. "나의 진정한
영광은 전투에서의 승리가 아니다. 전투는 많은 승리의 기억을 말살할 것이다. 아무도 말
살할 수 없는, 영원히 살아있는 것은 나의 민법전"이라고 말할 정도로 민법전의 자부심이
대단하였고 항상 탐독하였다. 스탕달(H. Standhal, 1783~1842)은 작품을 집필할 때 민법
전을 읽으며 문체를 다듬었고, 프랑스(A. France, 1844~1924)는 집필 전 반드시 민법전을
정독하였다고 한다.

민법전과 대조를 이루고 있다. 프랑스 민법전은 1838년 네덜란드, 1865년 이탈리아, 1889년 스페인 등의 민법전 그리고 미국의 루이지애나 주, 캐나다의 퀘백, 남미 제국에 영향을 주었다.

[독일 민법전]

1871년 독일제국의 탄생과 더불어 빈트샤이트(B. Windscheid, 1817~1892)는 판덱텐 법학에 의한 민법 초안을 만들었다. 게르만법 주의자인 기르케는 초안이 개인주의적이고 독일의 고유법을 경시하였다는 사유로 반대하였으나, 로마니스텐과 게르마니스텐의 타협을 거쳐 민법은 1896년에 제정되어 1900년부터 시행되었다. 독일 민법은 총칙·채권법·물권법·친족법·상속법 등 총 5편 2,385개조의 법전으로 용어가 세련되고 논리가 명확하여 19세기 독일 법률문화의 집대성으로서 법률문화사에 길이 빛나는 법전이다. 독일 민법은 우리나라를 비롯하여 그리스, 터키, 일본, 중국 등에 영향을 주었다.

V. 현대사회의 법

현대적 복지국가의 발달과 국제사회의 갈등이 국가의 적극적인 역할을 요청함에 따라 국가기능과 인권보장의 새로운 관계의 모색을 요구하고 있다. 개성화·다원화·양극화·정보화되는 복잡다양한 현대사회의 변화에 맞추어 실질적 인권보호와 사회적 약자의 보호, 사회공동체의 발전 등을 규율할 새로운 법의 원리가 필요한 시대이다. 법제도의 흐름은 영미법계의 불문법 시스템의 실용성과 대륙법계의 성문법 시스템의 논리성을 혼용하는 법의 보편주의 시대이다. 서구 국가의 전통적인 법리가 세계의 법질서에 크게 영향을 미치면서 법의 보편화·국제화가 진행되고 있다. 국가의 정체성과 국경의 개념이 느슨해지고 있음에도 각자도생주의와 자국우선주의는 강대국일수록 경쟁적이다. 그러나 세계화는 지구촌에서 피할 수 없는 인류 공존의 요청이다. 국제공조를 위한 세계법의 공통화가 필요함에 따라 공통적 국제기준으로 통합되는 국제적 법의 지배(international rule of law)의 필요성이 나타나고 있다.

6T산업1)의 발달 및 인공지능과 첨단기술의 융합에 의한 4차 산업혁명이 전개됨에 따라 사회는 빠르게 변하고 문명 이기의 역기능인 테크노포피아

---

1) 6T(Technology)산업은 정보산업 IT, 생명공학 BT, 나노기술 NT, 환경에너지산업 ET, 문화콘텐츠 CT, 우주항공산업 ST 등을 말한다.

(technophobia)도 커져 법 인식의 변화를 가져오고 있다. 기존법학의 패러다임을 넘어 인권보장을 위한 새로운 법질서를 기대하고 있다. 개인의 법적 지위의 향상, 생활양식의 변화, 4차 산업혁명 등의 제도 변혁을 규제할 법의 변화는 불가피하다. 인권보장과 기아, 환경보호와 기후변화, 신종 전염병 유행(pandemic), 자원 전쟁, 범죄의 국제화, 난민, 평화 등은 현대국가의 중요한 과제이나 국가가 단독으로 해결할 수 없을 정도로 국제사회가 연관됨으로써 새로운 공동과제로 제기되고 있다. 기존의 관념은 변화하고 발상의 전환만이 문명적 격동기를 극복할 수 있는 지름길이나 그 중심에는 인간이 있고 이를 위해 법이 존재하여야 한다. 변화하여야 생존이 가능한 변혁의 시대이다. 세기적 전환기에 중요한 것은 우리가 어떠한 상황에 처해 있느냐가 아니라 위기를 새로운 발전의 기회로 만드는 창의적 의지가 관건이다.[1]

[영국 · 미국 · 프랑스 · 독일의 법정신]

영국인 · 미국인 · 프랑스인 · 독일인 등이 공원에 있는 의자에 각각 앉자 못에 찔렸다. 영국인은 아무 일도 없는 듯이 슬며시 가버리는 신사도를 보였다. 미국인은 사람들에게 이를 알려 대책을 논의한다. 프랑스인은 떠들썩하게 불만을 표시하며 배상을 요구한다. 독일인은 벌떡 일어나 망치를 가져와 못을 박는다. 이것은 네 국가의 국민성을 단적으로 비교하는 우스개 이야기이나 기억할 만하다. 또한 영국은 전통과 의회주의, 미국은 실용성과 자본주의, 프랑스는 패션과 예술, 독일은 과학과 철학 등으로 국가의 이미지가 상징된다. 자유를 사랑하는 자세도 영국인은 부인처럼, 미국인은 친구처럼, 프랑스인은 애인처럼, 독일인은 부모처럼 즐긴다고 한다. 이들 4국은 민족 · 사상 · 사회제도 등을 달리하여 각각 고유한 국가체제와 법질서를 갖고 여러 분야에 걸쳐 경쟁적으로 오늘날 세계 각국에 많은 영향을 주었다.

① 영국은 지정학상 대륙의 급변하는 사회변혁의 영향을 받음이 없이 지정학적인 영광의 고립(splendid isolation)에서 영국적인 보수주의 · 전통주의를 고수하였다. 대륙으로부터의 고립은 대륙과는 차별화된 영국의 자긍심으로 이어졌다. 영국인은 왕국의 존엄과 발전을 국민의 긍지와 영광으로 의식하여 국가를 제국

---

1) 헤겔은 「법철학 요론」에서 "미네르바(Minerva)의 올빼미는 황혼이 짙어질 때 날개를 치며 날기 시작한다"고 말하였다. 미네르바는 고대 그리스 지혜의 여신이고 올빼미는 그가 부리는 새로서 미네르바 여신은 때를 찾아 난다는 뜻이다.

(empire)으로 보고 있다. 영국은 앵글로 색슨을 위한 제국지상주의 국가이다. 국민은 제국을 전적으로 신뢰하고 제국은 국민의 신임을 배경으로 하여 힘의 논리를 앞세워 제국주의와 민주주의를 내세워 한때 세계를 지배하였다. 왕권의 횡포에는 혁명이 아닌 권력과의 타협으로 위기를 점진적으로 극복하는 현실주의를 택하였다. 영국민은 절대 군주정을 입헌군주제로 진화시킨 정치력을 바탕으로 의회주의를 정착시켜 의회주의와 민주주의 모국으로 발전하였다. 역사상 최초로 인권선언을 하였고 산업혁명의 주역으로서 대영제국을 건설하여 세계를 리드하였다. 이념보다 경험주의적 현실을 중시하는 풍토에서 법제도는 경험주의적·실제적 관행을 바탕으로 영국적인 특유의 전통적 법질서를 지키는 대표적인 불문법국가이다. 공법·사법을 구분하는 법이론의 복잡성보다는 법의 단일성을 바탕으로 법의 현실적 적용에 치중한다. 영국의 법의 지배 원칙은 의회주의와 함께 영국이 세계를 군림하는 사상적 무기 역할을 하였다. 영국은 전통과 선례를 긍지로 믿고 대륙법계에 대응하여 Common law를 바탕으로 영미법계를 대표하고 있다.

② 미국은 2세기의 짧은 역사와 다수민족의 이민으로 구성되었음에도 신대륙에 새로운 세계 일류국가를 건설하여 오늘날 세계를 지배하는 초강대국이 되었다. 미국은 자유·평등·민주주의 등에 대한 국민의 강력한 의지와 긍지를 기반으로 건국한 다수민족의 화합체인 선량한 시민(good citizen)국가이다. 국민들은 인권사상과 시민정신, 자본주의와 뉴 프론티어(new frontier) 정신이 투철하여 American Dream을 성취하였다. 그들은 전통과 권위보다는 개척과 도전을, 규제보다는 자율을, 형식보다는 실질을 중요시하여 자유와 평등을 행동으로 보여 이를 성취한 자유주의국가이다. 미국은 팍스 아메리카(Pax Americana)시대를 배경으로 인권주의를 내세워 세계적인 영향력을 행사하고 있다. 미국이 국어를 영어로 채택하듯이 미국법은 영국법을 계수하였으나 사법권 우월주의, 적법절차, 배심제도, 로스쿨 등에서 미국적인 독특한 법제로 발전하였다. 실용주의 철학의 영향으로 프래그머티즘법에 의한 법의 현실주의적·사회공학적 측면을 강조한다. 미국법은 영국의 불문법 체계를 기반으로 하면서 성문 헌법주의를 도입함으로써 법치주의는 이민국가의 다양성을 통합하는 사회질서의 잣대가 되었다. 다양한 민족의 집합체인 신흥국가 사회를 규율하기 위해서는 엄격한 법치주의의 정착이 필요하였다. 전통을 바탕으로 하는 영국법과는 달리 미국법은 뉴딜정책과 같은 진보적 사회발전과 국가이익 우선 등의 미국 사회의 역동성을 뒷받침하고 있다. 미국법의 영향력은 미국을 대체할 세계 질서가 개편될 때까지 지속될 것이다.

③ 프랑스는 프랑스혁명의 결과로 자유·평등사상이 발달하여 시민의식이 높았다. 프랑스인은 개인주의·자유주의의 영향으로 국가를 개인의 인격처럼 하나의

인격체(person)로 의식하였다. 국가와 개인과의 관계를 대등한 지위로 보고, 개인의 의사에 반하는 국가의 존립을 거부하였다. 국가는 국민의 합의에 의해서만 성립이 가능하고, 이를 저버린 국가권력에 대한 저항권을 당연시하였다. 이것이 근대 시민혁명의 이념이 되었고 반면에 국가권력의 강화를 억지하여 오랜 정치적 불안을 겪어 왔다. 프랑스는 국민주권주의 사상에 투철하여 권력의 집중강화를 견제하였으며, 근대적 성문법 국가를 최초로 이루어 개인의 편익을 위한 서비스 행정이 발달하였다. 자유주의의 이념에 투철하여 국가보다 개인을, 공익보다 사익을 중시하는 개인주의적·자유주의적 법질서를 형성함으로써 프랑스법은 개인주의의 상징이 되고 있다. 라틴족의 자유분방한 기질은 오늘날 진보주의 사상을 선도하고 있다.

④ 독일은 국가를 민족(nation)으로 보고, 국가를 떠나 민족은 존재할 수 없고 민족을 떠난 개인은 있을 수 없다고 하여 국가와 민족을 동일시하였다. 독일은 게르만 민족의 저력과 공동체의식을 긍지와 자산으로 인식함으로써 민족주의를 부추기면 전쟁도 불사하는 게르만 민족 지상주의국가이다. 이것이 열강에 비하여 근대화에 낙후되었던 독일을 단시일에 강대국으로 만든 국가관이다. 이른바 독일 군인식의 과묵한 성실성, 단합을 존중하는 게르만의 소박성과 공동체사상은 개인의 자유보다 공익과 사회질서에 충실하였다. 독일의 법질서는 형식 논리성을 중요시하여 사익보다 공익을, 시민성보다는 국민성을, 그리고 국가의 공권력을 강조하는 단체주의 법정신에 투철하였다. 이러한 보수적 성향에서 인권사상은 활발하지 못하였으나, 독일의 관념주의 철학은 정교한 법이론을 발달시켜 법학에 큰 영향을 주었다. 독일의 성문법주의는 각국, 특히 탈아입구(脫亞入歐, 아시아를 벗어나 유럽으로 진입)의 정책으로써 근대화를 추진하던 일본의 법제에 영향을 주었다.

제 3 절   대 륙 법

Ⅰ. 대륙법의 개념과 특성

대륙법계는 프랑스·독일을 중심으로 유럽대륙에서 발달한 법계로서 로마법(Roman law)과 게르만법(Germanic law)을 기초로 발달한 법계이다. 대륙법계는 로마·게르만법계(romische germanische Rechtsfamilie)라고도 하며, 세계의 성문법의 국가가 이 계통에 속한다. 대륙법은 로마의 유스티아누스 황제의 로마법대전과 게르만의 관습법을 뿌리로 하여 발달하였고 프랑스·독일·스위스 등의 성문법 제정에 큰 영향을 주었다. 근대 자연법학자의 합리주의 사상은 당시 근대국가의 건설을 위한 계몽주의 군주의 야심과 결합하여 각국에 법전편찬이 활발하게 전개되는 계기가 되었다. 특히 독일의 관념철학의 영향은 대륙법의 논리적 체계를 뒷받침하였다. 대륙법계는 영미법계의 불문법주의와는 달리 법체계가 성문법 중심으로 되어 있어 논리성이 우수하고 공·사법을 구분함으로써 19세기부터 국가공권력의 관념을 도출하여 사법이론과 다른 공법이론을 발전시켰다.

대륙법의 법문화적 특성은 한마디로 법의 추상적인 규범화와 체계화로서 영미법과 대조적이다.[1] 대륙법계는 로마법의 영향을 받아 개인주의적·논리적인 성문법주의를 내용으로 한다. 법해석은 영미법의 경험에 의한 귀납적 해석과 달리 분석적·연역적 방법으로 접근하여 체계적이다. 양법계는 법 언어도 차이가 있다. 대륙법은 법의 개념화 정립으로 법 용어가 세련되고 논리적이어서 법은 명확한 의미를 갖고 이론적 논리가 정연하다. 이에 비해 영미법은 법의 개념이 상황 설명에 의해 의미를 나타내어 불명확한 경향이 있으나 법의 현실성을 중시한다. 대륙법은 영미법에 비해 배심제도가 발달되지 않았으나, 사법재판과 독립된 행정법원을 설치하였다. 대륙법의 성문법주의는 법전의 제정을 통해 법치주의를 실현함으로써 각국의 법 제정에 크게 기여하였다.

---

1) 대륙법과 영미법의 차이

	대 륙 법	영 미 법
근 원	로마법	게르만법
형 식	성문법, 법전통일	불문법, 보통법
법률용어	개념화	상황설명
공법·사법	구분	단일
해석 방법	논리적·연역적·경직성	경험적·귀납적·유연성
법치주의 유형	실체적 법치주의	절차적 법치주의
권력분립	행정권 우월주위, 행정법원	사법권 우월주의
배심제도	미약	발달
분 포	독일, 프랑스, 한국, 일본	영국, 미국, 그 식민지국가

대륙법도 국가에 따라 차이점이 있어 프랑스 민법은 18세기 자유주의적 개인주의, 독일 민법은 19세기의 성숙한 개인주의, 스위스 민법은 20세기의 단체주의 사상을 내포하고 있다.

대륙법계를 구성하는 로마법과 게르만법은 시민법 관계를 규율하기 위해 사법을 중심으로 발달하였다. 로마법은 법조법·도시법·상법 등의 특성을 갖는 데 비하여, 게르만법은 민중법·농촌법·농민법 등의 특색을 나타내어 양 법계가 비교된다. 또한 게르만법은 법 분열의 경향이 강하며 관습법주의, 법의 상징주의, 공·사법의 융합, 단체주의사상 등을 그 특색으로 한다. 이에 비해 로마법은 성문법주의, 법의 논리적 체계, 공·사법의 구분, 개인주의사상 등을 그 내용으로 한다.

오늘날 대륙법계는 개인주의적·의사주의적 색채가 강한 프랑스법계와 단체주의적·형식주의적 경향이 있는 독일법계로 구분할 수 있다. 프랑스법계에 속하는 국가는 이탈리아·벨기에·룩셈부르크·스페인·포르투갈 기타 남미제국과 캐나다의 퀘벡주, 미국의 루이지애나주와 플로리다주 등이다. 독일법계에 속하는 국가는 스위스·네덜란드·스웨덴·노르웨이·덴마크 등의 게르만계 국가이며, 중국·일본·우리나라도 대륙법계 중 독일법계에 속한다. 이스라엘·남아연방·필리핀 등은 대륙법계의 영향 아래에 있었으나 영국과 미국의 지배로 혼합형이 되었다. 중동의 아랍국가는 대륙법계에 속하나 이슬람법의 영향을 벗어나지 못하고 있다. 한편 북유럽의 스웨덴·노르웨이·핀란드·덴마크 등은 지리적·문화적·언어적 유사성과 인접성으로 일찍이 비슷한 법체계를 가지고 있다. 북유럽 국가들은 로마법의 영향을 받았으나 대륙법계와 같이 로마법을 계수하지 않고 독자적인 스칸디나비아법계를 이루고 있다.

Ⅱ. 로 마 법

1. 로마법의 발전

로마법은 B. C. 753년 도시국가 형태로 시작한 로마의 초기부터 6세기 중엽 유스티니아누스 동로마 황제가 로마법대전을 완성하기에 이르기까지의 1300년에 걸쳐 생성·발전된 법이다. 로마법은 그리스의 심미적인 철학과 사상을 바탕으로 기원 후 약 2세기 동안에 조직적인 법체계가 수립되었다. 2세기부터 약 100년 동안에 법학의 찬란한 발전을 보았는데, 이 시대를 법학사상 고전시대로서 법학융성시대라고 한다. 로마법대전은 이 고전시대의 법학자의 업적을 집대성하여 법전화한 것이다. 로마법은 도시국가의 시민법에서 출발하여 강대한 로마제국 통치의 법으로 그리고 보편적인 세계법으로 발전함으로써 문명사적 의미를 갖고 있다. 로마제국은 영토의 확장으로 국제교류가 빈번해지자 속인주의적 로마 시민법의 한계를 벗어나 속지적인 만민법으로 발전함으로써 거래법이 체계화되었다. 로마 시민법은 로마의 관습, 법학자의 해석 등으로 이루어진 불문법이었으나, 만민법은 로마는 물론 점령지역에도 공통적으로 적용하는 성문법이 중심이었다.

　로마법은 입법 활동을 통해 이루어지기보다는 법학자의 학설과 견해를 법제화한 법학자의 해답서와 황제의 칙령에 바탕을 두고 있다. 또한 성문법을 보충하기 위해 행정관의 명령인 명예법(ius honorarium)을 제정하였다. 로마법의 발달은 시민법과 만민법이 통합하여 세계법으로 발달하는 법의 발전과정을 보여 주었다. 하드리아누스(Hadrianus, 117~138) 황제는 법학자[1]의 사실적 판단과 학설을 해답법(jus respondendi)이라 하여 법률(lex), 칙법(constitutio), 원로원 의결(senatus consultum), 고시(edictum) 등과 동일한 법적 효력을 인정하였다. 법학자의 간결 명료한 법언은 법의 창조가 되었고, 법학은 법학자의 입법권에 힘입어 눈부신 발전을 하였다. 로마제국 분열 후 527년 동로마제국의 유스티니아누스 황제는 로마에 전수된 학설법(學說法)·칙법(勅法)·법학 교과서 등을 종합·정리하여 유스티니아누스법전(로마법대전)을 제정하였다. 로마법은 로마법대전을 중심으로 발달하여 대륙법계의 기초가 되고 오늘날에 이어지고 있다.

2. 로마법의 정신

　로마법은 일찍이 사람의 법인 jus와 신의 법인 fas를 구분하여 종교적 요소가 법학에 영향을 주지 않았다. 초기의 속인주의적 시민법에서 속지주의적 만민법의 발달로 로마법은 보편적인 세계법으로 부상하는 계기가 되었다. 로

---

1) 트리보니아누스(Tribonianus), 울피아누스(Ulpianus), 파울루스(Paulus), 파피니아누스(Papinianus), 가이우스(Gaius) 등의 5인의 법학자의 법해석은 법적 구속력을 가졌다.

마법은 권리의식이 투철한 개인주의적 색채가 강하고, 거래의 발달에 따라 사적 자유를 강조함으로써 이를 뒷받침하는 사법이 발달하여 로마법은 로마사법을 의미한다. 사변적인 논리성보다 현실적인 실질성을 선호하던 로마인의 정신은 법에서도 이론적 체계보다 구체적 해결에 초점을 맞추었다. 로마법은 법이론보다 실무법학이 중심이었다. 로마는 법치제도를 완비하여 개인의 경제활동의 자유를 보장함으로써 세계대국으로 발전하는 기반을 다졌고 법을 통해 안정적으로 세계를 지배하였다.

로마법은 자유와 재산권의 개념을 법제화하여 화폐경제를 발전시키는 바탕을 만들었다. 또한 법의 보편주의에 의해 법률행위의 공정성과 신의성실(bona fides)의 원칙을 강조하였고, 가부장적 권위주의의 가족법은 가족제도를 발전시켜 사회의 안정에 기여하였다. 로마법은 성문법의 발달로 법의 합리주의를 강조하고 합리주의를 통해 법학의 발달을 가져왔다. 개인주의, 자유주의, 합리주의, 보편주의, 성문법주의 등이 로마법의 특색이며 불문법의 게르만법과 대조를 이룬다. 로마법의 정신은 유럽국가의 근대법 제정에 결정적 영향을 주었다. 로마법은 로마의 평화(Pax Romana)시대를 이끌어 인류문화의 금자탑으로 오늘에까지 법학연구에 깊은 영향을 주고 있다.

12세기에 이태리 볼로냐(Bologna) 대학의 주석학파(Glossatoren)가 로마법 연구를 부활시켰다. 게르만법이 로마법화되고 로마제국의 법적 권위가 각국에 로마법 계수를 촉진하였다. 로마법은 법제도의 근간으로서 각국의 고유법과 융합하여 보편적인 법으로 발전하였다. 로마 문화는 법의 문화이고 로마법은 인류문화의 위대한 유산이다. 예링은 "로마는 세계를 세 번이나 지배하였다. 처음에는 무력, 두 번째는 기독교, 세 번째는 법에 의해 지배하였다"라고 찬양하였다. 로마법은 로마제국의 멸망 후에도 유럽의 법질서를 지배하였을 뿐만 아니라 법학의 뿌리를 이루고 있다. 예링은 "로마법을 통해 로마법 위에"(durch das romische Recht ober das romische Recht hinaus)라고 말하여, 법학에서 로마법 연구의 중요성을 역설하였다. "모든 길은 로마로 통한다"는 말이 있듯이 법학은 로마법에서 비롯되었다.

Ⅲ. 게르만법

게르만법은 게르만 민족의 전통적인 불문법을 의미한다. 중세기 게르만 민족의 대이동 후에도 게르만 민족은 혈연적인 소집단 생활을 하였던 까닭에 민족의 생활규범 자체인 관습법이 게르만의 법이었다. 게르만법의 존재형식을 보면 초기에는 관습법의 형태로서 도덕규범과 분화되지 못하였다. 그 후 사회생활의 규범에 관해 구체적인 문답형식으로 구전(口傳)되어 오다가 점차 추상적인 법언(法言) 또는 법 격언의 형식으로 요약되어 게르만 사회에 유포되어 왔다. 이러한 형식의 관습법이 오랫동안 계속되었으며, 각 부족들의 포괄적인 법전이 나타난 후에도 관습법이 지배하였다. 13세기에 이르러 관습법을 바탕으로 개인에 의한 법서적이 편찬되기 시작하였다. 그 대표적인 것이 레프고우 (E. Repgow)의 「작센슈피겔」(Sachsenspiegel)이며, 작센 지방에서는 법전과 같은 효력을 가졌고, 이것이 독일 국내에 퍼져서 법전편찬의 기초가 되었다. 그 후 관습법시대가 지나가고 로마법을 계수함으로써 외국법 계수시대가 열려 게르만법의 로마법화 현상이 나타나고 게르만법은 큰 변혁을 가져왔다.

Ⅳ. 프랑스법

프랑스는 전통적으로 개인주의와 자유주의를 배경으로 발전한 결과, 법이념도 자유와 평등사상이 뿌리를 이루고 있다. 사람은 원천적으로 자유로운 존재이며, 국가권력은 개인의 자유에 관여하지 말라는 자유방임주의적 국가관이었다. 개인의 자유는 우선적으로 보장되어야 하고 행정은 시민사회를 위한 하나의 국가기능으로 인정하여 개인주의·자유주의 법사상을 제시하였다. 1673년 루이 14세 시대의 상사칙령(Ordonnance sur de Recht)은 최초의 근대적 입법이었다. 특히 1804년 나폴레옹 민법전은 사유재산권의 절대적 보장·계약자유·과실책임 등을 내용으로 한 근대 민법전의 효시였으며 지금껏 시행되고 있다. 프랑스는 일찍이 계몽주의사상의 영향으로 국민주권주의가 발달하여 국민의 권력에 대한 견제가 강하였다. 국가행정을 권력적 관계보다 비권력적인 국가기능을 중시하고 행정을 국민을 위한 공공서비스로 이해하여 자유주의 법학이론이 발달하였다. 특히 국무원(Conseil d'Etat)[1]의 판례를 중심으로 행정법이 발달하여 프랑스는 행정법의 모국으로 알려지고 있다. 프랑스법은 제정법이나 판례법에서 독일보다 먼저 발달하였으나 법의 체계는 독일이 앞서고 있다.

V. 독 일 법

독일은 지방분권이 강하고 중앙집권의 약화로 전국적으로 적용되는 법제도의 확립이 프랑스에 비하여 늦었다. 로마법을 계수한 보통법(Gemeines Recht)이 원칙적으로 사용되고 각 지방의 고유법(Landrecht)이 보충적으로 적용되었다. 독일법은 로마법을 이론적으로 체계화하여 보통법학을 수립하고 판덱텐 법학의 이론체계를 완성하였다. 독일의 법학은 사비니에 의한 로마법을 중시하는 로마니스텐(Romanisten)과 게르만법을 주장하는 기르케의 게르마니스텐(Germanisten)의 학문적 경쟁으로 법의 발전이 가속되었다. 1900년 시행된 독일 민법전은 19세기 독일 법률문화를 상징하는 것으로 근대적 민법의 모범이 되었다. 독일법은 일반적으로 게르만의 단체주의적 사상을 배경으로 하여 사익보다 공익을 우선시하고 프랑스법의 개인주의와는 대조를 이루었다.

독일은 영국·프랑스 등의 열강보다 뒤늦은 근대화를 독려하기 위한 역사적·정치적 특수성으로 말미암아 국가권력의 강화와 중앙집권적인 행정권의 우위를 중시한 결과 국가공권력의 관념을 도출하여 공법이론이 발달하였다. 독일의 법치주의는 행정작용의 통제를 영미법의 절차법과는 달리 실체법적으로 규율함으로써 개인의 인권보호에는 소극적이었다. 독일 고유의 관념철학은 법학의 이론적 발달에 큰 공헌을 하여 독일이 세계적인 법학 연구의 전당으로서 융성하는 발판이 되었다. 바이마르헌법은 19세기적인 자유주의적 이념을 보완하여 모든 국민에게 인간다운 삶을 보장하는 생존권을 선언함으로써 20세기 사회국가적 이념을 제시하였다. 제 2 차 세계대전 후 독일은 동서로 양분되었다. 서독은 본 기본법(Bonner Grundgesetz)의 민주국가로, 동독은 사회주의 국가로 대립되었으나 1990년 독일의 통일로써 동독의 법률은 소멸되었다.

---

1) 콩세유데타는 행정재판기관으로 파기원(Cour de cassation)과 사법부를 구성한다.

제 4 절   영 미 법

Ⅰ. 영미법의 개념과 특성

영미법은 영국법과 이를 계수한 미국법을 의미하며 대륙법과 대칭되는 개념이다. 영미법의 근원인 영국법은 로마법과 대륙법의 영향을 크게 받지 않고 독자적으로 생성·발전된 결과, 법적 사고나 제도·운영에서 이질적인 법계를 형성하였다. 영미법은 대륙의 정치적 격변을 거치지 않아 일관성 있게 영국의 전통과 법원의 판례에 뿌리박은 불문법주의이다. 영국만큼 고유법의 판례법이 현대까지 이어져 내려오는 불문법 국가는 없다. 영미법은 영국 특유의 보통법(Common Law)과 법의 지배원칙을 전통과 내용으로 함으로써 대륙법 국가의 법치국가와는 다른 자유주의적인 법제도를 발전시켰다. 영미법은 법전을 중시하는 형식적·이론적인 대륙법의 법질서보다 실질적·현실적인 불문법주의로서 사회현상에 신축적·적극적으로 대응한다. 영미법은 의회주의와 경험주의를 바탕으로 법의 지배, 법 앞에 평등, 적법절차, 불문법주의, 배심제도, 공·사법의 일원화, 소송절차, 법학교육[1] 등의 특성을 갖고 있다. 홈스는 "법의 생명은 논리가 아니라 경험에 있다"고 하여 영미법의 특성을 표현하였다. 영미법은 영국·미국 그리고 그들의 과거 식민지 국가였던 캐나다·오스트레일리아·뉴질랜드 등에 분포하고 있다. 오늘날 세계 법질서는 영미국가의 국력을 바탕으로 한 영미법계의 영향을 받고 있다.

1. 판례법주의

영미법은 판례법을 기본으로 하고 체계적인 성문법전이 없는 것이 특색이고 제정법은 특수한 법 영역에 한정되고 있다. 법을 법조문에서 인식하기보다는 사법과정의 관찰을 통해 이해하고 선례구속의 원칙(doctrine of state decisis)을 존중한다. 법 개념의 추상적·논리적 해석보다도 구체적·실제적 측면에서 개

---

[1] 법률가 양성에서 영국은 도제 교육식의 실무가에 의한 실제적인 법 훈련이고, 대륙에서는 대학의 이론적 법학교육을 통해 법률가를 배출하였다.

별적 사례의 실증적 해석에 초점을 둔다. 영미법은 법전을 중시하는 형식적·이론적인 대륙법의 성문법주의보다 실질적·현실적인 판례법주의로서 사회현상을 규율하는 신축성·실제성을 보이고 있다. 대륙법이 논리적·연역적인 법해석 방법인 데 비하여, 영미법은 경험적·귀납적인 법해석이 중심이다. 바꾸어 말하면 영미법은 나무를 볼 때 숲속에서 자라는 나무를 보는 연역적 방법이 아니라 나무를 통해 숲을 보는 귀납적 접근방법의 법해석이다. 대륙법의 특성이 원칙주의의 경직성에 있다면 영미법은 합리주의의 유연성을 특성으로 한다. 영미법은 법적 분쟁에서 구체적인 해결책을 중시하는 법적 추리방법이 발달하였다. 사법과정에서 대륙법의 판사는 법전의 해석자에 불과하지만 영미법에서는 법 발전의 담당자 역할을 한다.

2. 법의 지배 원칙

영미법은 전통적인 법의 지배(rule of law) 원칙과 법 앞에 평등사상을 기본이념으로 하여 사법권에 의해 국가권력을 통제함으로써 인권보장에 충실한 점은 대륙법에 비하여 월등하다. 법의 평등원칙은 법의 지배원칙의 중심으로서 영미법의 전통이다. 사법과정에서 적법절차주의(due process of law)를 강조하고 사법권의 독립성 보장, 공·사법 일원화주의, 배심제도의 도입 등은 법의 민주화를 통해 인권신장에 크게 기여하였다. 분쟁소송에서 판례를 통한 구체적 해결책의 제시에 중점을 두고 소송절차, 증거법규에 관한 절차법이 발달하여 실체법보다 중요시하였다. 영미법은 사법과 공법의 구분을 거부하여 국가와 개인의 법 앞에 평등을 실현하고 절차적 법치주의를 발전시켰다. 영미법은 대륙법계 국가의 행정우선주의와 달리 행정을 법에 종속시켜 행정의 자율성을 원칙으로 개인의 자유와 창의를 존중하고 작은 정부를 지향하였다.

3. 배심제도

영미법은 사법권의 독립을 강조하면서도 재판과정의 민주성과 공정성을 보장하기 위해 배심제도를 도입하였다. 영미법계의 특징이 나타난 분야는 재판과정이다. "진실은 해당 당사자들의 강력한 진술에 의해 잘 밝혀진다"는 법언에서 보듯이 형사재판에서 공격권과 방어권이 당사자 간에 대등하게 전개된다. 판사는 재판의 공정한 진행자로서 배심원의 사실 판단을 중심으로 판결을 선언한다.

II. 영 국 법

앵글로 색슨족의 관습법은 11세기 노르만의 정복에 의해서 점차 쇠퇴하고 전국에 적용되는 영국 고유의 보통법이 발달하였다. 보통법은 관습을 기초로 국왕재판소의 판결로 구성된 판례법으로서 영국 전역에 공통적으로 적용되는 통일법이다. 보통법은 재판관들의 실무적인 판결을 통해 형성된 경험주의적 법으로서 법질서의 기본이 되었다. 보통법은 법의 조직화·개념화보다 사건의 판례로서 이루어진 판례법이 중심이 되는 불문법주의이다. 보통법은 사회적 관행의 계속성을 중요시한 선례구속 원칙의 판례법주의, 법의 지배 등을 내용으로 성립·발전하였다. 보통법은 불문법인 판례법 체계형식을 취하기 때문에 판례집인 Year Books[1]와 English Report, Law Report가 영국법에서 법연원의 역할을 하고 있다. 그러나 보통법만으로는 점차 시대적 요청에 적응하지 못하자 보통법을 보완하기 위해 형평성·정의 등을 내용으로 하는 형평법(Equity)을 제정하고 형평법 법원(Court of Equity)을 설치하였다.

형평법은 보통법의 적용을 제한하여 선례에 구애됨이 없이 구체적 타당성을 존중하고 재판관의 합리적 재량의 범위를 크게 인정하였다. 1873년에는 통일적인 재판소를 설립하여 형평법을 우선적으로 적용하였다. 영국법은 선례에 기속하는 보통법과 합리주의를 강조하는 형평법이라는 서로 다른 법 체계의 조화로써 인권보장과 의회주의 발전의 바탕이 되었다. 형평법 법원은 기존의 판례에 구속되지 않고 권리에 있어서 정의와 도덕성을 강조하고 재판의 구체적 타당성 발견을 위한 판사의 판결권을 확대하였다. 영국은 상당수의 성문법을 제정하였으나 아직도 보통법이 영국법의 근간을 이루고 있다. 오늘날에도 통일된 민법전이 없이 개별적 판례법으로 이루어져 있다. 영국의 전통적인 법의 지배원칙은 의회주권주의의 뒷받침과 이를 다이시가 체계화하여 절차법적 과정을 중시하는 절차적 법치주의로 발전하였다. 영국은 헌법전이 없음에도

---

1) 에드워드 1세(1239~1307)부터 헨리 8세(1509~1547)까지의 판례집이다.

불구하고 인권주의가 발달한 것은 의회주의의 우월성과 법의 지배 원칙이 활발하였기 때문이다.

Ⅲ. 미 국 법

　미국은 초기에는 영국법을 많이 계수하였으나 독립 후 미국법의 형성기에는 반영(反英)감정으로 말미암아 영국법의 계수에 대한 반발이 일어났다. 루이지애나(Louisiana)주를 비롯한 소수의 주에서는 프랑스법을 계수하였기 때문에 대륙법이 부분적으로 미국법에 영향을 주어 법의 성문화가 시작되었다. 영국과 달리 성문헌법을 제정함으로써 성문법주의의 영향을 받아 법전 편찬이 활발해지고, 신생 민주국가로서의 미국의 특유한 정치적·사회적 여건에 따라 독자적인 법을 발전시켜 나갔다. 영국과는 달리 사법부 우위의 영향으로 판례집의 정비가 촉진되어 연방과 각 주재판소는 판례집을 발간하고 있다. 사법부의 위헌입법 심사제도(헌법재판, judicial review),1) 배심제도, 적법절차주의, 소송절차 그리고 로스쿨을 통한 법조인 양성 등은 미국법의 특색을 이루는 동시에 영미법계의 기반이 되었다. 미국법은 영국법을 계수하였으나 입법권에 대한 사법권의 우위를 통한 법의 지배, 성문헌법전의 제정, 대법원 판례의 시대적 변화 등의 독자적인 발전으로 영국의 불문법제도와는 많은 차이가 있다. 법치주의의 엄격한 집행을 통해 다인종으로 구성된 신생국가의 통합과 질서를 유지하고 민주정치의 기초를 굳건히 하였다.

　법 연구에서 법현실주의(legal realism)에 의해서 학문이 실무이고 실무가 학문의 내용을 이루고 있으며, 이념적·관념적인 것보다 실질적·분석적 방법이 채택되고 있다. 미국법은 미국적인 실용주의(pragmatism) 철학의 영향으로 실용주의 법학의 발전을 가져와 실제적인 법의식을 강조하였다. 1930년대 뉴딜(New Deal) 입법의 합헌성을 인정한 대법원의 판결은 헌법혁명(constitutional revolution)이라고 할 정도로 사회변혁을 선도하여 미국 발전의 기반이 되었다. 미

---

1) 1803년 마버리 사건(Marbury v. Madison)에서 "무엇이 법률이냐를 판단하는 것은 법원의 의무이다"라는 판결로 대법원의 법률심사권을 인정함으로써 대통령과 의회를 견제하였다.

국 법원은 전통적인 판례구속의 원칙에 구애됨이 없이 자신의 판례를 번복하
는 데 주저하지 않는 신축성을 보인다. 미국의 연방을 구성하는 50개의 각 주
는 연방과 독립한 입법권과 행정권, 사법권 등을 가지고 있어 연방과 각 주
그리고 주(state)와 주 사이에 상호간 복잡한 법적 문제가 발생한다. 이것을 해
결하기 위해 주법을 초월한 통일 상법전(Universal Commercial Code)의 제정을
가져왔다. 미국은 특유의 사법권 우위를 바탕으로 사법적 적극주의(judicial
activism)를 통해 법을 시대적 변화에 맞추어 탄력적으로 해석하였다.

제 5 절 이슬람법

　　이슬람법계는 이슬람교가 신봉하는 알라(Allah)의 뜻을 법효력의 근거로
한 법과 종교가 일치한 제정일치주의이다. 이슬람법의 기본원칙은 신권정치
(theocracy)에서 출발한다. 이슬람 율법이 곧 법이 되고[1] 실정법은 이슬람 율법
의 하위법에 불과하다. 이슬람법에서는 법은 알라신이 마호메트를 통해 인간
에게 선포한 알라의 뜻이기 때문에 절대적이고 현실 세계의 입법권의 권위를
인정하지 않는다. 이슬람법에서 법을 준수하는 것은 법의 강제력 때문만은 아
니라 창조주인 신에 대한 믿음에서 오는 도덕적 양심과 규율에 의해서 법을 지
키는 것이다. 법은 종교규범을 시행하기 위한 하위규범으로서 이슬람의 율법에
복종하도록 규율하는 수단이 된다. 이슬람법은 이슬람교의 최소한 교리를 알지
못하면 법을 이해할 수 없다.

　　이슬람법은 코란을 중심으로 유추해석을 허용하고, 금지규정을 위반한 경
우 이에 대한 일반적 제재 규정은 없다. 이슬람법계는 대체로 원리적 이슬람
교를 믿는 국가들을 지배하고 있다. 율법은 정통파를 자처하는 수니파(sunnites)
와 페르시아 전통이 혼합된 이단파인 시아파(shiite)로 분류된다.[2] 이슬람 율법

---

1) 이슬람법의 법원에는 ① 알라신이 무하마드(Muhammad, 570~632)에게 계시한 이슬람
　성서인 코란(Koran), ② 예언자들의 신앙적 생활을 기록한 수나(Sunna), ③ 코란과 수나
　를 보충하는 회교도 학자들의 공통된 견해와 이슬람족의 전체 합의의 뜻인 이즈마(Ijma),
　④ 이들의 내용에 대한 유추해석인 키야스(Kiyas) 등이 있다.
2) 수니파에는 ① 하나피(hanafi : 터키, 러시아, 아프카니스탄, 파키스탄), ② 말리키(maliki :

의 원리주의와 세속주의의 갈등과 사회 근대화로 인하여 법제도의 변화 현상이 나타나고 있고 특히 재산법 분야가 성문화되고 있다. 특히 이슬람 율법은 돈을 빌려 주는 대가로 이자를 받는 것을 금지하는 수쿠크 채권법(sukuk)[1]이 있다.

제6절 사회주의법

사회주의법은 마르크스주의(Marxism)를 이념으로 하는 사회주의국가의 법계로서 대륙법적 체계를 갖고 있다. 사회주의법은 변증법적 계급투쟁의 논리에 의해 법을 권력의 수단으로 이용함으로써 법의 이념과는 배치된다.[2] 법은 국가권력과 결합한 지배도구의 수단으로 권력의 필요에 따라 제정하였고, 법치주의를 정치권력을 합법화하는 규범으로 보고 인권을 탄압한다. 사회주의법은 개인의 인권을 무시하고 국가 권력을 강화하는 전체주의 법질서이다. 권력구조는 전통적인 의회주의와 달리 권력을 노동계급에 집중하는 회의제정부 형태(conventional government)[3]를 채택한다. 구소련의 사회주의법계는 중국, 북한 등 사회주의 국가에 영향을 주었고 자유민주주의 법질서에 도전하고 있다.

북아프리카), ③ 샤피이(shafii : 말레이시아, 인도네시아), ④ 한발리(hanbali : 사우디아라비아, 아랍국가)가 속하고, 시아파에는 이란, 이라크 등이 있다.

1) 수쿠크 채권법은 이자 대신에 이익금과 비슷한 수수료·배당금 등을 지불한다. 이것은 이자를 금지한 종교적 도그마를 우회하는 이슬람식 금융제도이다.

2) 마르크스는 공산당 선언에서 부르주아를 비난하며 "당신들의 법이란 법률로 제정한 당신들 계급의 의사일 뿐이다. 이 의사의 내용은 당신들 계급의 존재를 위한 물질조건 속에 이미 포함되어 있다"고 주장한다.

3) 회의제란 입법부가 국가의 모든 권력을 독점하고 행정부에 대한 의회의 우위로 특징짓는 권력집중인 정부형태를 말하며 회의제 정체라고도 한다. 회의제에서 의회는 단원제인 것이 원칙이고, 국가원수의 권한은 의례적·대표적인 사항에 한정된다. 회의제의 고전적 형태는 영국의 제1차 청교도혁명 시의 장기의회(Long Parliament)의 지배에서 찾을 수 있다. 1961년 5·16 군사쿠데타로 최고 통치기관이 된 국가재건최고회의가 회의제를 채택하였다.

제 7 절 중 국 법

중국에서는 춘추시대 말기인 B.C. 536년 정(鄭)나라 재상 자산(子産. B.C. 585~522)이 형정(刑鼎)[1]을 제정하고, B.C. 513년 진(晉)나라에서도 형정을 만들면서 성문법시대를 이루었다. 진시황(秦始皇, B.C. 259~210)은 제자법가(諸子法家)[2]의 사상을 치국의 기본으로 하여 법전을 정비하고 혼란의 분열시대를 통합하여 통일국가의 면모를 과시하였으나 10년을 넘지 못하였다. 법가의 사상은 실정법주의이며 법은 형법 위주였으며 서양의 형법보다 발전하였다. 고대 중국에서는 서양에 오히려 앞서는 법제도를 발전시켜 왕권과 사회질서의 안정을 이루었다. 율령은 여러 왕조를 거치며 지속적으로 발전하였으며, 당(唐)나라 때는 국력의 팽창과 더불어 고도의 법전체계를 갖추고 사법절차에서도 많은 발전을 이루었다. 중국은 일찍이 인(仁)을 기본으로 한 유교사상이 사회질서를 지배하였다.

중국은 여러 왕조의 교체에도 불구하고 정치나 사회체제가 변화 없이 정체함에 따라 새로운 법제의 탄생은 없었고 전통적인 법제를 계수하는 데 그치었다. 중국은 서양과 달리 일찍이 중앙집권국가로 발전함에 따라 국가 통치권을 중심으로 공법분야는 발달하였으나, 사법분야는 처음부터 주요 대상이 아닌 것이 로마법과 상이하였다. 근세에 이르러서도 중국의 법제는 여전히 유교적 문화에서 오는 사회적 한계와 폐쇄성에서 벗어나지 못함에 따라 세계 법제사의 변방으로 전락하였다. 오늘날 중국이 강대국가로 부상함에도 불구하고 그에 걸맞는 법문화의 발전은 사회주의 이념의 제약 속에서는 한계가 있다.

---

1) 형정은 솥 모양의 청동기(鼎)에 법을 새긴 법전이다. 이것은 돌에 새긴 함무라비 법전이나, 동판에 새긴 로마의 12표법에서 보듯이 법전을 널리 알리고 법을 후대에 이어 가겠다는 법치를 위한 의지의 표현이다.

2) 제자법가는 춘추전국시대 제자백가(諸子百家) 가운데 하나의 학파로서 통치원리는 군자의 법과 법을 행하는 수단인 술(術)이라고 주장하였다. 법가는 유가(儒家)가 주장하는 인과 예를 내용으로 한 덕치주의에 대항하여 법치주의를 통해 군주권력의 확립과, 중앙집권의 강화, 부국강병 등을 시도하였다. 법가의 사상은 한비자(韓非子, B.C. 280~233)에 의해 완성하여 진(秦)과 한(漢)나라 시대 융성하였으나 공자의 유가사상에 의해 퇴조하였다.

제 8 절   우리나라의 고유법

고조선 시대에 이미 팔조금법(八條禁法)이 있어 우리나라의 최고의 법전으로 기록되고 있다. 그 후 373년 고구려 소수림왕 2년과 520년 신라 법흥왕 7년 각각 법을 제정하였다는 기록은 있으나 전해 오지 않고 있다. 우리나라는 지정학상의 이유로 일찍이 중국 문물의 영향을 받아 유교문화권으로 발달하였다. 삼국시대 이후로 당률(唐律)·송률(宋律)·원률(元律)·명률(明律) 등을 계수함으로써 조선왕조에 이르기까지 법의 성문화에서 중국법계의 영향을 받았다.

조선왕조는 1392년 건국 초부터 조선경국전(朝鮮經國典, 태조 3년),[1] 경국육전(經國六典, 태조 6년) 등의 법전을 완비하였고, 성종대에 이르러 경국대전(經國大典)이 종합적인 법전으로 제정되었다. 그 후 왕권을 강화하기 위해 경국대전속록(經國大典續錄, 성종 23년), 대전후속록(大典後續錄, 중종 38년), 속대전(續大典, 영조 23년)을 편찬하였다. 1785년 정조는 경국대전과 속대전을 종합하여 대전통편(大典通編, 정조 9년)을, 고종은 왕조 마지막 법전인 대전회통(大典會通, 고종 2년)을 각각 편찬하였다. 특히 조선왕조는 군주의 전횡과 탈선을 막기 위한 제도적 장치로서 상소제도 및 사간원(司諫院)·사헌부(司憲府)·홍문관(弘文館) 등 이른바 삼사(三司)제도가 활발하여, 왕이 이들의 직간을 존중하였다는 사실은 자못 의미가 있다.

조선왕조는 법불가경개(法不可更改; 법은 경솔하게 변경하지 않는다)사상에 의해 법 개정은 신중하였다. 근대적 의미의 법치주의는 아닐지라도 법전을 완비하여 법에 의한 왕권정치를 표방하였으나 재판권은 지방수령이 행사하였다.[2] 1894년 갑오개혁의 홍범14조(洪範十四條)에 의한 사법제도의 변혁으로 근대적

---

1) 1394년 민본주의 사상을 주장한 정도전은 周禮의 六典에 따라 기본 통치법전으로서 조선경국전을 제시하였으나 법전화되지 않았다.

2) 지방수령인 군수, 부사, 현감 등이 민사·형사사건을 처리하고, 각 도의 관찰사가 상소심과 중요한 형사사건을 관할하였다. 관찰사의 판결에 불복하면 중앙의 형조에 상소할 수 있었다. 왕의 특명을 받아 암행어사가 지방관을 대신해 일종의 부정기 순회재판을 하였다. 중앙의 사법기관으로 사헌부, 호적을 담당하는 한성부, 범죄를 다스리는 의금부 등이 있었다.

법원이 설치되었다. 향약, 계, 두레 등은 민간에서 생성된 지역적 관행으로 사회질서 유지에 공헌하였다. 조선왕조 말기에 이르러 근대적 사법제도가 도입되었고 중국법제와 완전히 고별하였다. 그 후 일본을 거친 대륙법계 특히 독일 법제의 영향을 받아 오늘에 이르렀으나 가족법은 우리 고유한 법의 전통으로 이어지고 있다.

[8조 금법]

고조선시대에 제정된 8조 금법(8금법)은 우리나라의 가장 오래된 법전으로 기록되고 있다. 그 내용은 ① 사람을 살인한 자는 사형에 처하고(相殺以當時相殺), ② 상해를 입힌 자는 곡물로 배상하고(相傷以穀償), ③ 물건을 훔친 자는 노비로 삼고 속죄하는 자는 1인당 50만전을 내야 한다(相盜者 男沒入爲其家奴 女子爲婢 欲者贖者人 五十萬)는 것 등이다. 8조 금법은 8개 조항 중 오직 3개 조항만 전해 오고 있으나, 당시의 사유재산제와 노예제를 실시한 것으로 보아 상당한 수준의 법질서를 갖춘 것을 알 수 있다.

[경국대전]

조선왕조 최초의 법전인 경국육전(經國六典, 1397)이 반포된 이후, 5차례의 수정을 거쳐 건국 92년 만에 성종은 경국대전(經國大典, 1484)[1]을 완성하여 1485년부터 시행하였다. 경국대전은 왕조의 기본법으로 국왕을 정점으로 중앙집권적 관료제의 통치규범을 확립하고, 이·호·예·병·형·공(吏戶禮兵刑工) 등의 6조(六曹)체제의 6편으로 구성되었다.[2] 경국대전은 조종성헌(祖宗成憲)의 존중과 법체제의 일관성을 고수함으로써 그 개정이 허용되지 않았고, 법전 초기의 틀을 벗어나지 못한 법의 경직성을 이어왔다. 그러나 경국대전은 중국법의 영향에서 벗어나 고유법을 제정하고 민본정책의 수단으로서 나름대로의 법질서를 수립하였다.

---

1) 경국대전은 오늘날 전해오는 우리나라의 유일한 법전으로서 조종지법(祖宗之法)의 영원한 성헌(成憲)이라 불렸다.

2) 경국대전의 육조 중 이조는 왕실(왕과 세자는 제외), 정부직제, 관리임면 등을, 그리고 호조는 재정, 경제, 토지제도 등을, 예조는 외교, 국가와 가족제도, 의례 등을 관장하였다. 특히 의례에 대해서 '국조오례의'(國朝五禮儀)를 편찬하여 ① 길례(吉禮), ② 제례, ③ 빈례(賓禮), ④ 군례(軍禮), ⑤ 흉례(凶禮) 등의 각종 의식과 예절을 자세히 규정하여 예의지국으로서의 면모를 보였다. 병조는 군제와 군사 등을, 형조는 형벌, 재판, 노비 등을, 공조는 건설, 계량의 관리 등을 각각 관장하였다.

제 8 장

법과 언어

제 1 절 법 언어와 법 규범

　언어는 생각하는 인간의 종합적 능력이며 인간정신의 자기표현이다. 언어는 단순한 감정의 표현을 위한 매체가 아니고 선악을 구별하여 비판하는 메시지로서 개인의 행동을 규율한다. 또한 언어는 실제를 반영하기보다는 실제를 만들어 확인시키고 실제현상을 창조하는 수단이고 의식구조이다. 인간은 언어를 통해 자기의 세계를 창조함으로써 언어는 영역별로 특성을 갖는다. 법규와 각종 공문서에 사용하는 낱말들은 일반적으로 법률용어라 부르고 이를 언어학적 측면에서 법 언어(Rechtssprache)라 한다. 법 언어는 연설문·설득문·교훈 등의 표현형식을 극복하고 표현방법과 형식이 간결한 논리적인 문체의 형식을 지니게 되었다. 법 언어는 법의식과 법질서가 접근하도록 이어주는 매체이며, 특히 성문법국가에서 일상인의 언어생활에 크게 영향을 미친다.[1]

　법은 언어로 형상화되기에 언어는 법해석의 자료인 동시에 한계가 된다. 법률은 언어에 의한 체계이고 법률가의 세계는 용어의 세계(world of words)이다. 용어는 말과 글로써 전달하는 상대방에 대한 공방의 무기이고 화해와 설득의 표현기술이다. 몽테스키외가 "법은 말하는 입이다"라고 말하였듯이 법학은 말의 학문이다. 법률가는 말로써 상대방을 제압하는 직업인이다. 하지만 법의 적용은 사실발견에 있는 것이며 법적 표현의 언어에 치중해서는 안 된다.[2] 정제된 전문어

---

[1] 1804년 프랑스 민법전은 자유·평등을 내용으로 하여 법문장이 간결하고 문체가 평이하여 이해하는 데 어려움이 없어 널리 애용된다.

[2] 글이란 본래 무엇을 쓰느냐(what to do)가 우선이고 어떻게 쓰느냐(how to do)는 다음

에 지나치게 집착하면 사고와 표현 자체가 경직되고 권위적이 될 수 있다.

　모든 전문어가 그렇듯이 법 언어도 전문성을 이유로 일상적 언어생활로부터 멀어져 자기만의 특수한 언어가 되는 경향이 있다. 법전은 용어가 세련되고 논리가 정연한 법 문장을 필요로 한다. 법은 언어로 형상화된다. 법 언어는 하나의 사실에 대한 개념을 법문으로 개념화시킬 때만 성립된다고 하더라도 내용이 추상적이고 함축적이어서 쉽게 이해하기 어려운 경우가 많다. 법은 문장의 마침표 점 하나도 효력을 인정할 정도로 논리적 엄격성을 요구한다. 실정법의 개념은 다의적이고 불확정적인 법 기술적인 표현이 많기 때문에 법 조문의 불완전성을 면할 수 없다. 법 언어의 지나치게 추상화된 개념과 논리적인 형식성 때문에 법의 해석은 어려운 말의 장난이 될 가능성이 크다고 우려되고 있다. 법은 모든 사람이 알 수 있도록 평범한 문체이어야 하며 내용이 난해하여 마치 어려운 기호처럼 특정인을 위한 것이어서는 안 된다.

　법전은 누구나 쉽게 이해할 수 있도록 시민을 위한, 시민의 법전이어야 하며 전문인을 위한 법이 되어서는 법의 본연의 의미에 어긋난다.[1) 법문이 국민을 법을 이해 못하는 법맹(法盲)으로 만들어서는 안 된다. 법 언어가 일반인이 쉽게 접근할 수 있도록 간결하고 부드럽고 명확하게 표현함으로써 닫혀 있는 전문적인 영역의 문을 개방하여야 한다. 법 언어를 일반 시민의 눈높이에 맞추어 쉽게 이해시키는 것은 법 생활화의 지름길이고 법률가의 책임이다.

　법 언어가 전문적인 논리성을 이유로 특정인의 전유물로 독점된다면 법은 특정인의 언어로 전락하여 시민으로부터 멀어지고 법의 생활화는 어려워질 것이다. 실제로 법 언어와 판결문이 어려워 일반인들은 법으로부터 소외감을 갖는다. 특히 판결문 특유의 길고 지루한 문장을 읽어 보면 긍정과 부정의 구분이 헷갈리는 난해한 문체나 완곡어법(婉曲語法)을 사용해 곤혹스러워진다.[2) 판결문의 특성을 중시하거나 전문성을 강조하는 것보다 평이한 문장체로 표현하

의 문제이다.

1) 라드브루흐는 법 언어를 "개인의 창작이 아니고 법의 정신 그 자체가 만들어 낸 도구이다"라고 하였다.

2) 국어학자들은 한 문장이 50자일 때가 가장 읽기 편하다고 한다. 그러나 판결문은 한 문장이 300~400자로 구성되는 것이 많아 문장이 단문으로 끝나지 않고, '~한 바', '~하고', '했으므로' 등으로 이어져 이해하기 어려운 지루한 글이 된다.

여 대중적 친근감과 설득력을 높여야 한다. 판결문은 판결문의 정형성에서 벗어나 일반인에게 감동적이고 이해하기 쉽도록 최소한의 문학성이 요청된다. 판결문의 생명은 명확하고 간결한 논리성에 있다. 판결문은 모든 사람이 쉽게 이해할 수 있고 자유스럽게 열람할 수 있도록 공개되는 사법 서비스가 되어야 한다.[1] 지식과 정보는 독점될 수도 없고 독점해서도 아니 된다는 것이 알 권리의 요구이다.

제 2 절   법 격언

　　법 격언이란 일반 격언과 같이 사회생활 속에서 오랜 기간 동안 자생한 법의식에 대한 일반인의 정신적 산물로서 법언(法諺)이라고도 한다. 법 격언은 법의 교훈으로 전승되어 법률가의 잠언(箴言)으로 사용되고, 법의 해석을 위한 문구로 사용되는 금언·명구(名句)·비유·경구(警句) 등의 형식으로 법률가들에게 널리 알려져 있다. 법 격언은 법이 아닐지라도 법해석의 기준이 되어 법률가의 행위를 구속하고 시대와 공간을 초월하여 계속적으로 법의 정신을 이어주는 살아 있는 법 언어이다. 법 격언은 영혼이 있기에 생명력이 있다.

　　법 격언은 그 문장이 간결하고 함축성 있는 말로서 법의 원리나 원칙을 제시하여 심오하고도 순박한 묘미를 풍겨주고 있다. 법리는 본래 간결하고 명확하다. 법 언어의 내용은 사리가 당연한 자연법적 사항도 있고 시대상과 사회상에서 유래하는 법규범의 생생한 논리를 보여주기도 한다. 법 격언은 법역사의 증인이고 법해석을 위한 법의 필연적 조리이기도 하다. "법이 없을 때 법 격언이 대신한다"(In default of the law, the maxim rules)고 할 정도로 법 격언은 법해석의 지침이다. 법 격언을 모르고는 올바른 법의 정신과 연혁을 이해할 수 없다고 하여도 지나친 말이 아닐 정도로 법학서적에 예외 없이 사용되고 있다.[2] 수많은 법 격언 중에서 법의 기본원리에 관한 것을 정리해 본다.

---

1) 판결문 공개는 미국 100%, 일본은 70% 정도이나 우리는 30% 정도이다.

2) 법 격언에 대한 최초의 저작은 베이컨(F. Bacon, 1561~1626)의 「법 격언」(Collection of Some Principal Rules and Maxims of the Common Law, 1620)이라고 알려지고 있다.

I. 법의 일반원칙

- 원인이 있으면 결과가 있다. 원인이 그치면 효과도 그친다.

  Effectus sequitur causam.

  The effect follows the cause.

- 사회가 있는 곳에 법이 있다.

  Ubi societas, ibi jus.

  Where here is society, there is a law.

- 신의(성실)는 지켜져야 한다.

  Fides servanda.

  Good faith must be observed.

- 약속은 엄수해야 한다.

  Pacta sunt servanda.

  Contracts are to be kept.

- 당사자의 합의는 법을 만든다.

  Consensus facit legem.

- 당사자의 합의는 법률을 무시한다.

  Conventio vincit legem.

  The agreement of the parties overrides the law.

- 예방은 구제보다 낫다.

  Prestat cautela quam medela.

  Prevention is better than cure.

- 법은 이성의 명령이다.

  Lex est dictamen rationis.

  Law is the dictate of reason.

- 필요(긴급)는 법을 기다리지 않는다. 긴급은 법을 무효화한다.

  Necessitas non habet legem.

- 누구든지 법 위에 있는 자는 없다.

  Nemo est supra leges.

No one is above the law.
- 법률은 방심하지 않는 사람을 구제하며 잠자는 자를 구제하지는 않는다.

  Vigilantibus et non dormientibus jura succurrunt.

  Laws come to the help of the vigilant, not, of the sleepy.
- 법률은 때때로 잠자는 일은 있어도 결코 죽지 않는다.

  Dormiunt aliquando leges, nunquam moriuntur.

  Laws sometimes sleep, but never die.
- 법은 만인에 대해 하나의 입을 가지고 말한다.

  Lex uno ore omnes alloquitur.

  The law speaks to all with one mouth.
- 법은 사람의 편익을 위하여 존재한다.

  Hominium causa jus constitutum est.

  Law is established for the benefit of man.
- 법률은 정의와 공평을 지지한다.

  Law favors justice and right.
- 법은 빛이다.

  lex est lux.
- 법은 자연의 질서를 존중한다.

  lex spectat naturae ordinem.
- 악한 관습이 좋은 법을 만든다.

  Schrechte Sitten machen gutes recht.
- 법은 만인에 대하여 하나의 입을 가지고 말한다.

  lex uno ore omnes alloquitur.
- 예외법은 엄격히 해석하여야 한다.

  exceptio eststrictissimae interpretationis.
- 법은 지체를 싫어한다.

  Law hates the delays.
- 법이 명확하지 않으면 법이 아니다.

  Where the law is uncertain, there is no law.

· 가진 것이 없으면 줄 수도 없다.

· 법은 불법에 길을 비켜주지 않는다.

· 법 있는 곳에 불의는 없다.

· 공평하고 선량한 것이 법 중의 법이다.

II. 법의 해석

· 장소는 행위를 지배한다.

　Locus regit actum.

　The place governs the act.

· 신법은 구법을 폐지한다.

　Lex posterior derogat priori.

· 특별법은 일반법을 폐지한다.

　Generalibus specialia derogant.

　Special things derogate from general.

· 동일한 사물에 대해서는 소권은 두 번 존재하지 않는다.

　Bis de eadem re ne sit actio.

· 같은 것은 같은 방법으로

　Idem per idem.

　Like for like, unlike for unlike.

· 눈에는 눈을, 이에는 이를

　An eye for an eye, a tooth for a tooth.

· 일반적인 규칙은 일반적으로 이해된다.

　Generalis regula generaliter est intelligenda.

　A general rule is to be understood generally.

· 결함을 가지지 않은 법은 없다.

　Non est regula quin fallat.

　There is no rule but it may fail.

· 법의 무지는 용서하지 못한다.

Ignorantia legis neminem excusat.

Ignorance of law excuses no one.

· 누구든지 법률을 모른다고 간주되지 않는다.

Memo censetur ignorare legem.

· 선의는 항상 추정된다.

La bonne foi est toujours présumée.

· 동일한 사물에 관하여 재차는 불가하다.

Ne bis in idem.

· 의사표시는 행위이다.

Voluntas reputatur pro facto.

The will is to be taken for the deed.

· 침묵한 자는 동의한 것으로 본다.

qui tacet, consentire videtur.

Silence shows consent.

· 의심스러울 때는 관대한 것을 좇아야 한다.

In dubio, pars mitior est sequenda.

when in doubt, for the accused.

· 인민의 복지는 최고의 법이다.

Salus populi est suprema lex.

· 합리적인 관습은 법과 함께 준수해야 한다.

Obtemperandum est consuetudini rationabili tanquam legi.

A reasonable custom is to be obeyed like law.

· 관습은 법의 최량의 해석자이다.

Consuetudo est optimus interpres legum.

Custom is the best expounder of the law.

· 조리가 아닌 것은 법이 아니다. 조리는 법의 정신이다.

Ratio legis est anima legis.

Nothing is law that is not reason.

· 법이 애매하거나 불명확할 때에 법을 따르는 것은 비참한 것이다.

Misera est servitus, ubi jus est vagum aut incertum.

It is a miserable slavery where the law is vague or uncertain.

· 선례는 정의와 마찬가지로 법이다.

Precedents have as much law as justice.

· 법은 사실에 치중할 것이며, 문자에 치중해서는 안 된다.

Leges non verbis sed rebus sunt impositae.

Laws are imposed on things, not words.

· 전시에는 법은 침묵한다.

Sikent leges in ter arma.

Laws are silent amidst arms.

· 불법에는 평등이 없다.

keine Gleichheit im Umrecht.

· 잘못된 표시는 손해가 되지 않는다.

falsa demostratio non nocet.

· 시간상 첫째가 우선권이 있다.

prior tempore, potior jure.

He who is first in time is preferred in right.

· 법을 안다는 것은 단지 법률의 조항을 준수하는 것이 아니고 법의 효력 및 권위에 따르는 것이다.

scire leges, non hoc est verba earum tehere, sed vimet potestatem.

· 손이 손을 지킨다.

Hand wahre Hand.

· 법이 없을 때 법격언이 대신한다.

In default of the law, the maxim rules.

· 누구든지 동일한 범죄로 두 번 처벌받지 않는다.

No man ought to be twice tried for the same offence.

· 이익을 얻은 사람은 손해도 부담한다.

cujus est commodum, ejus est onus.

· 사용주는 사용인이 행한 피해를 변상해야 한다.

The master is liable for injury done by his servant.

· 같은 이유에 같은 법이 적용된다.

ubi eadem ratio, idem jus.

Ⅲ. 권 리

· 권리 있는 곳에 구제수단이 있다.

Ubi jus ibi remedium.

Where there is a right, then is a remedy.

· 타인의 권리를 해치지 않을 정도로 자신의 권리를 행사하라.

Sic utere tuo ut alienum non laedas.

So enjoy your own rights as not to injure those of another.

· 권리는 의무를 부담한다.

Rights carry duties.

· 자기의 권리를 행사하는 자는 누구에게도 해하는 것이 아니다.

Qui suo iure utitur neminem laedit.

· 권리는 나쁜 것에서 발생할 수 없다.

Jus ex injuria non oritur.

· 공권은 개인 당사자의 합의에 의해 변경될 수 없다.

Jus publicum privatorum pacits mutari potest.

· 누구든지 상대방에게 소송을 제기할 수 있다.

Anybody can sue anybody.

· 권리를 주장하는 자는 증명 책임을 진다.

Wer das Recht geltend macht, trifft die Beweislast.

· 승낙이 있으면 침해가 아니다.

· 권리는 거저 주어지는 것이 아니라 찾는 것이다.

· 나의 자유는 타인의 자유가 시작하는 곳에서 멈춘다.

Ⅳ. 정   의

· 세상은 망하더라도 정의는 살아야 한다.

　fiat justitia, pereat mundus.

· 정의는 죽지 않는다.

　Justice cannot die.

· 정의가 무너지더라도 세상은 살아야 한다.

　pereat justitia, vivat mundus.

· 악법도 법이다.

　dura lex, sed lex.

· 정의는 거역해서는 안 되고 또 지체해서도 안 된다.

　justitia non est neganda, non differenda.

　justice is not to be denied or delayed.

· 모든 권리는 정의로부터 샘 솟는다.

　justitia omnia jura emanant.

　From justice, as a fountain, all rights flow.

· 호의와 선물은 정의를 해친다.

　Favor and gifts disturb justice.

· 지체된 정의는 정의가 아니다.

　Justice delayed is justice denied.

· 피레네 산맥 이쪽에서의 정의는 저쪽에서는 불의가 된다.

· 악법은 법이 아니다.

Ⅴ. 소 유 권

· 소유자는 사고로 인한 손실을 부담한다.

　Casum sentit dominus.

· 소유권은 의무를 지닌다.

　Eigentum verpflichtet.

· 매매는 임대차를 깨뜨린다.

　Kauf bricht Miete.

· 씨를 뿌린 자가 거둬들인다.

　Wer sät, der maht.

· 종물은 주물(의 처분)에 따른다.

　Res accessoria sequitur rem principalem.

　An accessory follows the nature of its principal.

· 위험은 그 물건 자체의 소유자에게 있다.

　Cujus est dominium, ejus est periculum.

　The risk lies upon the owner of the subject.

· 물건을 받는 자는 처분할 수 있는 자이다.

　Cujus est dare, ejus est disponere.

· 갖지 않은 자는 주지 못한다.

　Who has not, he gives not.

· 누구도 자기가 가진 권리 이상은 타인에게 줄 수 없다.

Ⅵ. 공　익

· 일부는 전체 속에 포함된다.

　In toto et pars continetur.

　A part is included in the whole.

· 법률은 공공의 안녕을 존중한다.

　Law favors the public quiet.

· 전체는 일부보다 낫다.

　Totum praefertur unicuique parti.

　The whole is preferable to any single part.

· 공공의 필요는 개인의 필요보다 더 우월하다.

　Necessitas publica major est quam privata.

　Public necessity is greater than private.

· 공익은 사익에 우선한다.

  Gemeinnutz geht vor Eigennutz.

· 법은 만인을 위한 복지를 좋아한다.

  Law favoreth things for the commonwealth.

Ⅶ. 기   타

· 무에서 유를 낳을 수는 없다.

  Ex nihilo nihil fit.

  From nothing nothing comes.

· 해야 할 것은 하지 않으면 안 된다.

  Factum infectum fieri nequit.

  What is done can not be undone.

· 수단을 파괴하는 자는 그 목적도 파괴한다.

  Qui destruit medium, destruit finem.

  He who destroys the means destroys the end.

· 피에 가까울수록 재산에도 가깝다.

  Je nähr dem Blut, jenaher dem Gut.

· 왕은 악을 행할 수 없다.

  King can do no wrong.

· 사람은 귀보다도 눈을 믿는다.

  Man glaubt den Augen weiter als den Ohren.

· 입에서 나온 말은 사라지고 기재한 것은 후에 남는다.

  vox emissa volat, litera scripta manet.

· 법의 생명은 논리가 아닌 경험에 있다.

  The life of law has not been theory; it has been experience.

· 진실은 해당 당사자들의 강력한 진술에 의해 잘 밝혀진다.

  Truth is best discovered by powerful statements on both sides of the
  question.

· 과실 없으면 책임 없다.

  No liability without fault.

· 죄는 보상받을 수 없다.

  Crime does not pay.

· 하늘 아래 새로운 것은 없다.

  nihil nivi sub sole.

· 법관은 판결로써 말하고 변명하지 않는다.

  judices non tenentur exprimere causam sententia suae.

· 누구든지 자신의 재판에 재판관이 될 수 없다.

  nemo judex in re sua.

  No man should be judge in his own case.

· 악은 스스로 드러난다.

  Evil exhibits itself.

· 절대 권력은 절대적으로 남용한다.

  Absolute power abuses absolutely.

· 침묵한 자는 동의한 것으로 본다.

  qui tacet consentire videtur.

· 인격적인 사항은 그 인격에 따른다.

  Personalia personam sequuntar.

· 침묵은 공모이고 외면은 동조이다.

· 사람 밑에 사람 없고 사람 위에 사람 없다.

· 한 명의 무고한 사람을 만드느니 열 명의 범인을 놓치는 것이 낫다.

· 법은 귀에 걸면 귀걸이 코에 걸면 코걸이(耳懸鈴 鼻懸鈴)이고, 녹비(鹿皮)
  에 가로 왈(曰)자이다(사슴 가죽에 쓴 가로왈(曰)자는 가죽을 잡아당기면 일(日)
  자가 되고 왈(曰)자도 가능해서 조작이 쉬운 것을 비유).

· 등겨 먹은 개는 들키고 쌀겨 먹은 개는 안 들킨다.

· 범행의사 없이는 범행도 없다.

· 진실은 밝히(냉정)고 처벌은 고려(따뜻)하여야 한다.

· 더러운 손을 가진 사람은 법의 도움을 받지 못한다.

· 법의 걸음걸이는 느리고 범인의 걸음걸이는 빠르다.

· 사람 나고 법 났지 법 나고 사람 난 것 아니다.

· 법 위에 사람 있고 사람 아래 법 있다.

· 주먹은 가깝고 법은 멀다.

· 법정에 출석하지 않는 자는 죄를 자백한 것이다.

· 법은 앞을 보고 뒤를 보지 않는다.

· 남의 눈에 눈물 내면 제 눈에는 피눈물 난다.

· 떨리는 손으로 판결문을 작성할 수 없다.

· 빚 주고 뺨 맞는다.

· 죄 지은 놈 옆에 있다가 벼락 맞는다.

· 법은 모든 것을 정식으로 행하여진 것으로 추정한다.

· 양 한 마리 때문에 소송을 하는 자는 소 한 마리를 잃는다.

· 하나의 소송은 또 하나의 소송을 유발한다. 재판 3년에 기둥뿌리 빠진다.

제 3 절 법문의 약어

· ad hoc	특별한 목적
· aka(also known as)	으로 알려진
· bona fide	선의
· consensu omnium	만장일치
· de facto	사실상
· de jure	법률상
· de novo	재차
· ex lege	법에 의하여
· ex officio	직권으로
· ex parte	일방적으로
· ex post facto	소급하여
· habeas corpus	인신보호영장

· in dubio pro reo(fisco)   의심스러울 때는 피고인(국고)의 이익으로

· in re   에 관하여

· inter se   상호간의

· intra vires   권한 내의

· ultra(extra) vires   월권행위

· ipso facto   사실에 의하여

· prima facie   일단 추정

· quid pro quo   대가성

· vice versa   역(逆)도 또한 같다.

· LL.B. · LL.M. · LL.D(J.D. · SJD). 법학사 · 법학석사 · 법학박사

제4절 법과 문학

Ⅰ. 법과 문학의 갈등

　문학은 사실과 허구를 엮어 인간의 의미를 탐구하고 법학은 사회의 법질
서를 연구하는 학문이라고 일반적으로 정의한다. 문학은 직관과 영감으로 구
성되는 허구적 창작의 세계이나, 법학은 논리와 정의를 내용으로 하는 현실적
규범의 세계이다. 따라서 문학은 사회규범을 극복하고 인간 심성을 미화하여
이상적인 인간상을 추구하고 있으나, 법학은 인간의 도리를 강조하여 법질서
안의 인간을 강조한다.[1] 문학은 감성에 호소하고 인간주의를 추구하고 있는데
비해 법은 이성에 의한 강제성을 선호하고 사회질서를 우선시한다. 문학은 사
회질서에 얽매인 인간성의 해방을 찬미하고 법은 사회질서에 구속된 인간의

---

1) 시인과 변호사의 차이를 비교하는 유머가 있다. 어느 시인이 변호사에게 "법률가들은
진실을 위한 글로써 시인들보다 많은 돈을 버는 것에 대해 어떻게 생각하느냐"라고 물
었다. 변호사는 "우리의 글은 살아 있는 사람들을 다루는 것이고, 시인의 글은 대체로
오래전에 죽은 사람들을 다루고 있다. 또한 변호사는 정신적 압박과 피해를 치유해주고
있으나, 시인은 정신적 해방과 환상에 스스로 도취토록 하기 때문이다"라고 대답하
였다.

사회성을 기본내용으로 한다.1) 또한 문학은 사회적 모순을 비판·항거하여 자유를 지향하고 있으나, 법학은 기존의 법규범에 의해서 사회를 규율하고 법질서를 존중한다. 문학은 '그럼에도 불구하고' 발생한 우연성에 대해 사랑의 아름다움으로서 조명한다. 이와 달리 법은 '그렇기 때문에'란 이유로 인과법칙에 의해서 정의를 강조한다. 법은 인간관계를 규범적으로 다루어 사회질서의 안정을 우선시하기 때문에 자유의 한계를 설정한다. 문학은 상상적 픽션(fiction)의 세계이나, 법학은 현실적인 사회질서(fact)의 세계이므로 양자 간에는 존재와 당위라는 가치기준이 서로 다른 갈등관계에 있기도 한다.

　　문학이 다루는 인간과 사회의 관계는 법으로부터 자유로울 수 없는 제약된 공간이기 때문에 문학적 상상력은 법에 대해 회의적 내지 부정적이다. 법은 당위의 법칙으로서 사회 변화에 대해 보수적인 안정성을 중요시하고 있으나, 문학은 사회 변화에 대해 이상적인 진보성향을 갖는다. 시대성에 경직된 법과 시대정신에 민감한 문학은 상호 대립적이어서 문학은 법에 대해서 비판과 거부감을 보이고, 법은 문학의 반사회성에 대해 규제를 한다. 문학과 법은 개인과 사회의 관계를 존재와 당위라는 한계선에서 고찰한다. 문학과 법은 인간을 대상으로 하면서도 인간의 내면성과 외면성의 측면에서 각각 접근함으로써 그 차원을 달리한다. 삶의 갈등에 대해서 문학은 인간적 관점에서 인간의 착함과 정을 강조하고 있으나 법은 규범적 잣대에서 인간성의 악을 고발한다.

　　문학은 법을 사회적 족쇄로 두려워하였고, 법은 문학을 사회적 이단으로 경계하며 서로 멀리하기도 하였다. 규범의 사회는 새로운 발상과 표현에 대해 거부감과 피해의식을 갖고 질시와 의구심으로 대하는 경향이 있다. 법은 검열이라는 칼로 문학에 많은 상처를 주었다. 법이 발간을 금지한 금서는 멀리는 단테(Dante)의 '신곡'에서부터 근래 파스테르나크(B. Pasternak)의 「의사 지바고」에 이르기까지 많은 작품이 음란성 또는 반체제라는 이유로 출판 정지되었다. 유명한 작품 중에 많은 금서들은 검열의 위협을 무릅쓰고 사회의 금기사항을 자유롭게 표현하거나 권력의 부당성을 고발하는 작가의 위대한 저항정신이 정

---

1) 법은 개인의 권리를 보장하고 개인 간의 갈등을 해결해 주는 수단임에도 불구하고 법을 단순히 인간의 구속 수단으로 보는 것은 국가와 개인을 대치관계로 보기 때문이다. 사회질서로부터 도피는 있어도 자유로운 영역은 없다.

당하였다는 것을 보여준다. 작가의 저항성은 이상주의를 향한 고뇌이고 예지로서 가능성의 세계를 제시하는 문학의 성향에 영향을 준다. 잘못된 법의 잣대로 말미암아 작가의 정신이 침해되거나 금지된 작품이 유명해지는 반문화적인 풍토는 더 이상 없어야 한다. 문학의 창의성은 최대한 존중하여야 하지만 창의성을 이유로 진실을 왜곡하거나 선정성을 과대 표현하는 것은 허용할 수 없다. 문학은 허구이며 실제가 아니지만 현실적 표현이기에 사회적 질서에 어긋날 수 없는 것이다.

Ⅱ. 법과 문학의 공존

문학은 허구를 설정하여 인간성을 바탕으로 이상적 진리를 추구하나, 법은 현실적 진실을 추구함으로써 둘다 불의를 고발하고 사회정의를 생명으로 한다. 허구를 통해 진실을 보여주는 것이 문학이라면 진실을 통해 정의를 선언하는 것이 법의 임무이다. 법의 이념과 문학의 이상은 인간의 존엄성 보장과 정의의 실현이라는 공통점을 공유하고 각자 고유의 가치를 인정함으로써 서로 공존할 수 있다. 법과 문학은 현실사회를 바탕으로 인간과 사회의 본연의 가치를 내용으로 하는 점에서는 같은 범주에 있다.[1] 양자는 사회구성원인 인간 자체와 인간이 속한 사회의 본질을 이해하지 않고는 학문으로서의 의미가 없다. 사회를 벗어나 인간은 생존할 수 없고 인간을 떠나 사회는 존재할 수 없기 때문이다.

법은 인간에 대한 고정적인 관념에서 벗어나 법 울타리 안의 정형화된 인간보다 문학 속의 자유인으로서 이해하는 것이 필요하다. 법은 인간을 규율하고 문학은 인간을 해방시킨다는 측면에서 법과 문학은 대립관계로 나타난다. 그러나 법의 규율은 사회 구성원 전체를 위한 사회적 규제이고, 문학의 인간해방은 사회규범에서 해방이 아닌 인간적 구속과 일상적 생활로부터의 자유를 뜻함으로써 법과 문학은 인간중심의 사회적 책임성을 저버릴 수 없다. 문학이나 법학은 인간을 개인으로서의 가치를 존중하고 아울러 사회구성원의 개체로서

---

1) 라드브루흐는 "법과 문학은 처음에는 서로 긴밀한 관계를 가졌을 뿐 아니라 오히려 한 덩어리를 이루고 있었다"고 말하였다.

이해하는 것이 필요하다.

　법조인이 지도적 사회인으로서 갖추어야 할 마음의 양식 그리고 교양의 함양과 정서 순화를 위한 기본적 덕목으로서 인문학적 소양과 인간적 도량은 아무리 강조하여도 지나치지 않다. 법학을 깊이 연구하기 위해서 풍부한 문학적 소양의 뒷받침이 필요한 것은 이 때문이다.[1] 창의성과 상상력이 부족한 법률가에게 문학은 법의 경직성과 논리성의 한계를 벗어나 사고의 폭을 넓혀주고 사회현상을 포용하는 인간적 지혜를 키운다. 인간과 사회를 다루는 법과 문학은 서로 무관한 것이 아니라 인간성의 발견이라는 차원에서 서로 연관성을 갖고 불가분의 관계로서 사회정의 실현에 기여하여야 한다. 인간을 이해하지 않고는 사회를 규율할 수 없고 사회질서를 모르고 오묘한 인간관계를 묘사할 수 없다.

　문학과 법학은 시대적 문화의 산물이며 시대상을 나타내는 사회의 거울이다. 양자는 사회라는 공통기반을 같이하여 문화 발전에 기여하고 있기에 법과 문학은 사회적 요청을 외면할 수 없다. 문학의 소재로서 인간과 인간의 사랑이 주제를 이루는 것은 사랑이 인간정신의 표현이고, 이것이 자유로 통하는 길이기 때문이다. 문학이 사회적 교본으로서의 가치와 기능을 강조한다면 사회가 요구한 법규범을 문학 작품에 투영함으로써 법과 문학은 공존할 수 있다. 하지만 법은 인간관계를 규범적으로 다루어 사회질서의 안정을 우선시하기 때문에 자유의 한계를 요구한다.

　사회의 질서유지 없이 인간의 사랑을 논할 수 없으며 인간의 사랑을 체험하지 않고는 사회질서를 이해할 수 없다. 이러한 뜻에서 사랑과 사회질서는 별개의 것이 아니고 표리일체의 관계에 있다고 하겠다. 기존질서의 존중을 이유로 문학 속의 사랑이 제한을 받는 것은 문학은 사회질서의 한계를 초월할 수 없기 때문이다. 그러나 창작의 자유는 표현의 자유로서 보장되어야 하며, 법의

---

[1] 우리나라 사법연수원이 연수생에게 권장하는 10권의 책은 다음과 같다. ① 플라톤, 소크라테스의 변론, ② 몽테스키외, 법의 정신, ③ 라드브루흐, 법철학, ④ 정약용, 정선 목민심서, ⑤ 마리 자겐슈나이더(M. Sagenschneider), 재판, 권력과 양심의 파워게임, ⑥ 밥 우드워드·스콧 암스트롱(B. Woodward·B. Armstrong), The Brethren, 지혜의 아홉 기둥, ⑦ 야마모토 유지(山本祐司), 일본 최고재판소 이야기, ⑧ 간디, 자서전, ⑨ 도스토예프스키, 죄와 벌, ⑩ 풍몽룡(馮夢龍), 열국지.

잣대로 문학의 가치를 논할 수 없음은 말할 나위도 없다. 법과 문학이 상호 접근함으로써 문학 속의 법으로서 인간과 사회의 관계를 정확히 파악하고 진솔하게 표현할 수 있다. 법학은 문학이 추구하는 인간 본성의 발견을 간과해서는 안 되며, 문학은 표현의 자유를 이유로 사회질서를 벗어날 수 없다.

Ⅲ. 법과 문학의 동행

법이 인간 자체를 외면하고 형식적인 법조문에 얽매인 데 식상하여 법학도에서 문학으로 전향한 문인들이 많이 있으며 그 중에는 괴테와 하이네 등이 있다. 그들은 법의 존재를 부인한 것이 아니라 법의 이념이 실현되지 않는 법과 현실에 대한 회의와 항의를 표시한 것이다. 그들은 법학을 포기하였지만 작품을 통해 개인의 자유와 사회질서의 본질적 관계를 깊이 있게 다루었다. 진솔한 인간성의 이해를 위해 문학적 이상과 법적 현실의 갈등을 포용하여 법질서의 참된 잣대를 제시함으로써 새로운 법의 의미를 부각시켰다. 법과 문학은 사회 공동생활에서 발생하는 삶의 갈등을 다룬다. 문학작품이 인간의 갈등을 다룬다면 문학은 갈등 해소의 잣대인 법의 가치를 부인할 수 없다. 셰익스피어, 괴테, 위고, 도스토예프스키, 톨스토이 등 위대한 작가들은 법에 대한 식견과 성찰, 비판 등이 날카롭고 뛰어났다.

법이 문학의 소재로 자주 이용되기에 두 분야 사이의 깊은 유사성을 추론하려는 유혹에 빠지는 경향이 있으나 문학과 법은 목적 자체가 상이하다. 하지만 위대한 문학작품 중에 인간과 사회질서의 관계를 사회정의에 의해서 심판한 법문학 작품이 많이 있다. 사회적 문제 제기에서 법과 문학이 서로 다르게 각을 세우는 것이 아니라 법이 곧 문학이 되어 함께 초점을 맞추었다. 위대한 문학작품은 대체로 법적 소설이고 법에 대한 이해 없이 그 내용을 이해할 수 없다. 작품의 소재로 법을 선택하는 것은 법의 과제인 선과 악, 이상과 현실, 자유와 질서, 존재와 당위 등의 사회적인 다양한 갈등과 대립이 사회생활의 실제이기 때문이다. 자유·평등·정의 등의 법이념은 사회의 불합리·부조리를 고발하고 인간성의 착함과 아름다움을 추구하는 문학 정신을 이어 받음으로써 완성할 수 있다.

괴테의 「파우스트」에서 보듯이 법률상 유죄사건을 문학 속의 법을 통해서 무죄선고를 한 경우도 있다. 법적 문제가 문학적 소재가 될 수 있는 것은 법적 정의에 공감하기 때문이다. 셰익스피어(W. Shakespeare, 1564~1616)의 「베니스의 상인」은 법적 해석이 법이론상 완전하지 않으나 작품성의 진실과 정의가 공감을 줌으로써 법을 압도한 것이다. 작품의 사실이나 내용(contents)보다 그 맥락 (context)을 중요시하기 때문이다. 법과 문학의 두 영역이 접근하여 불후의 명작이 탄생한 경우는 많이 있다.1) 작품을 통해 인간과 사회의 관계를 설정하기 위해서는 법적 지식의 도움이 있어야 함은 물론이다. 법적 접근이 문학적 소양에 기초가 되는 것이다.

셰익스피어의 「베니스의 상인」, 위고의 「레미제라블」, 도스토예프스키의 「죄와 벌」, 톨스토이의 「부활」, 스탕달(M. Stendhal)의 「적과 흑」, 호손(N. Hawthorne, 1804~1864)의 「주홍글씨」, 드라이저(T. Dreiser, 1871~1945)의 「미국의 비극」(영화 젊은이의 양지), 카프카의 「소송」 등을 보면 마치 일종의 모의재판에 참석한 것처럼 느껴져 문학작품 속에서 법의 이념과 실제를 볼 수 있다. 문학작품이 법의 해석이고 법의 정신이 문학작품으로 표현됨으로써 문학이 법의 영역에, 법이 문학의 영역에 접근하여 문학의 세계와 법학의 구분이 어려워진다. 도스토예프스키는 "재판의 기록은 어떤 문학작품보다 긴장이 충만한 것이다"라고 말하고, 그의 「죄와 벌」에서 인간의 한계상황에서 벌어지는 고도의 범죄심리학을 이용하였다. 법과 문학은 서로 연관을 맺으면서 발전하는 상호작용을 가져야 한다.

읽을수록 삶의 진수를 생각하게 하는 세계명작은 인간정신의 위대한 유산이며, 그 저자는 인류의 스승으로서 추앙된다. 명작이 발산하는 인간주의는 법률가에게 경직된 사고를 극복하여 폭넓게 인간정신을 구현할 수 있는 계시를 줄 것이다. 또한 판결문이 유명한 문학작품을 인용하여 일반인에게 친근해지면 법은 모든 사람에게 보다 쉽게 접근하여 설득할 수 있을 뿐 아니라 법문화 향상에 기여할 것이다. 셰익스피어의 작품은 영미국가의 문화계에서 세속적 경전과 같이 애송된다. 1993년 한 연구에 의하면 미국 법원의 판결문에 셰익

---

1) 소설의 테마에서 법적 문제를 다룬 유명한 작품이 많이 있다(안경환, 법과 문학 사이, 까치사, 1995 참조).

스피어의 작품 인용이 단연 1위였고,[1] 그중 가장 빈도가 높은 구절은 「로미오와 줄리엣」의 '장미의 이름'[2]이었다.

　죄의 대가로서 범죄인에 대한 응분의 법적 제재가 범죄문제의 모든 해결이 되는 것은 아니고 해결을 위한 시작일 뿐이다. 죄인으로 하여금 벌을 통해 속죄하고 새롭게 태어나도록 교도를 하는 것이 법의 바람일 것이다. 그러나 법은 일반적으로 인간의 외면성과 행위의 결과를 중요시하기 때문에 인간의 내면성과 행위의 원인을 이해하고 규제하기에는 어려움과 한계가 있다. 이를 극복하기 위해서 법적 조치 이외에 죄인의 선량한 인간성 회복을 위한 접근이 필요하다면 도스토예프스키의 「죄와 벌」, 톨스토이의 「부활」 등에서 보듯이 그것은 문학의 휴머니즘(humanism)에서 찾는 것도 하나의 방법이 될 것이다.

　인간의 존엄성 및 가치를 실현하고 사회정의를 구현하기 위해서는 문학과 법학은 서로 교류와 접근을 통해 인간과 사회에 대한 보다 깊은 이해가 있어야 한다. 법규범과 문학의 인도주의는 다를 수 있더라도 인간성의 이해를 위해 서로 다가가야 한다. 문학은 법에 대한 일반인들의 의식수준을 보여 주는 거울이 되기도 한다. 법에서의 개인을 추상적인 인간이 아니라 구체적인 인간으로 이해하여야 할 법과 문학의 공통적 과제가 있다. 인간을 이해하기 위해서는 법의 논리보다 인간성의 순수성을 추구하는 문학에 귀를 기울일 필요성이 있으나, 인간성을 강조한 나머지 법질서를 무시하는 무책임은 허용되지 않는다.

　법과 문학의 가치는 각각 존중되어야 하고 나아가서 삶의 질을 향상하고 문화적 발전을 위해 서로 공통점을 모색하여야 한다. 문학이 인간의 행복한 삶

---

1) 명작 중에서 셰익스피어의 작품을 인용한 판례가 800건을 넘어 1위였으며, 그의 작품의 257개 구절과 어록 297개가 판례에 인용되었다(안경환, 법, 셰익스피어를 입다, 서울대학교 출판문화원, 2012, pp. 372~373).

2) 〈장미의 이름〉
　이름이 뭔가요? 장미의 이름은 장미가 아니라도
　향기는 마찬가지.
　로미오는 로미오로 부르지 않아도
　당신이 가진 고귀한 가치는 변치 않는 것
　로미오, 그 이름을 벗어 던지세요.
　그대에게 어울리지 않는 그 이름 대신
　저의 모든 것을 가지고 가세요.

의 가치를 창출하는 목적에 기여한다면 법은 이를 보장하기 위한 수단의 기능을 함으로써 법과 문학은 사회질서의 두 축으로서 서로 소통해야 발전할 수 있다. 법에 내재하고 있는 문학성 또는 문학에 내재하고 있는 법은 각각 법학의 한 분야 그리고 문학의 한 분야로서 접근할 필요성이 있다.1) 법률가의 문학에 대한 관심은 문학적 수사학(修辭學)(rhetoric)에 있기보다는 문학이 추구하는 휴머니즘에 주목하여야 한다. 이것은 법의 가치를 훼손하는 것이 아니라 법의 이념의 폭을 넓히기 위해 수용할 가치이다.

[셰익스피어의 「베니스의 상인」]

셰익스피어의 「베니스의 상인」, 「햄릿」, 「말괄량이 길들이기」, 「뜻대로 하세요」 등의 작품은 그 테마가 법률문제로서 고도의 법적 내용을 담은 법희곡(legal drama)인 법문학 작품이다. 베니스의 상인은 빌린 돈을 약속대로 갚지 못한 사유로 계약에 의해서 인육(人肉)을 잘라내겠다는 채권자의 주장에 대한 정당성 여부를 다룬 것이다. 채무자 안토니오와 채권자 샤일록 간에 체결한 악의적인 고리채 계약의 효력에 대해서 여판사 포셔는 형평의 원칙과 도덕적 당위성에 의해 채권자에게 패소판결을 내렸다. 그러나 이 판결에 대해서 계약 준수의 원칙에 의한 권리주장이 정당하다는 설, 법과 정의에 의한 명판결이라는 설, 그리고 반인륜적 계약은 처음부터 무효임에도 불구하고 법적 오류를 범하였고, 민사사건과 형사사건을 혼동하였다는 등의 비판이 있다.2) 오늘날 이 계약은 반사회적·반도덕적·반인륜적 위법행위로서 무효이므로 계약이 성립할 수 없다. 이 작품의 구성에 비록 법적 문제가 있더라도 정의의 원칙을 구현하고자 우선적으로 극적인 상황을 연출한 것은 만인이 공감할 것이다. 셰익스피어의 작품은 대체로 법의 규범성보다는 인간성과 정의를 강조하였다는 점에 설득력이 있다.

---

1) 법과 문학(law and literature)이 아니라 법문학(legal literature)으로 표현하는 것이 적절하다고 한다(이상돈, 법문학, 신영사, 2005, p. 26).

2) R. Posner, Law and Literature, Harvard University Press, 1988, pp. 90~96.

제 9 장

법의 효력

제 1 절 법의 정당성과 실효성

법의 목적을 실현하는 강제력을 법의 효력이라 하며 사회를 구속하는 힘을 의미한다. 법의 강제력은 법으로서의 당위성을 보장한다. 법의 목적을 실현하려는 당위성의 근거를 법의 정당성(legitimacy) 또는 타당성이라 한다. 정당성은 법이 실력을 행사할 수 있는 실정법상 합법성(legality)으로 나타난다. 하버마스는 "법치국가에서 법의 정당성은 합법성의 근거이고 합법성은 정당성의 실현 수단이다"라고 말하였다. 합법성은 반드시 법의 정당성을 의미하는 것은 아니지만 법은 정당성을 가져야만 신뢰성을 갖는다. 법의 규범적 정당성을 실현할 수 있는 강제력의 발동을 법의 실효(현)성이라 한다. 법은 규범적 정당성과 실제적 실효성을 동시에 갖추어야 본연의 효력이 발생한다. 이를 법의 실질적 효력이라 한다. 또한 법의 실질적 효력은 구체적인 실정법을 통해 시간적·공간적·인적 등의 일정한 범위 내에서 효력을 갖는다. 이를 법의 형식적 효력이라 한다.

법의 효력은 목적의 정당성과 수단의 적정성을 전제로 발생하며, 이것이 법의 본질이 되어야 한다. 법은 당위적인 정당성을 가짐으로써 이를 실천하는 강제적인 실효성을 갖는다.[1] 법의 강제력보다 법의 정당성이 법의 존재 이유인 동시에 법효력의 최종적 근거이다. 벨첼(H. Welzel, 1904~1977)은 "힘으로서

---

1) 훗설(G. Husserl, 1893~1973)은 "법은 그의 구속력을 받는 모든 법 주체가 깊이 잠들어 있는 동안에도 또한 정당하다"고 말하였다. 또한 칼뱅은 "법은 침묵하는 관헌이고, 관헌은 살아 있는 법"이라 말하여 법의 정당성에 의해 발동하는 강제성의 관계를 설명하였다.

의 법은 강제할 뿐이나, 가치로서의 법은 의무를 부과시킨다"고 말하여 법의 정당성의 가치를 우선시하였다. 법의 정당성이 법의 가치이고 목적이라면 법의 실효성은 가치실현을 위한 효율적인 제재이고 수단이다. 법의 정당성과 실효성은 필수적 요건으로 서로 불가분의 관계로 결합되어 있다. 법이 정당성은 있으나 강제성이 없으면 사문화될 것이고,1) 이와 반대로 강제성은 있으나 정당성이 없으면 법의 남용이 된다. 하지만 법은 강제력인 처벌규정이 없는 경우(헌법 제23조 2항)에도 의무화 규정으로써 강제력을 사실상 행사한다(예컨대 자전거 이용시 안전모착용 의무화). 법은 법이기에 스스로 정당성에 의해 강제력을 행사할 수 있는 실효성을 가짐으로써 법의 정당성이 보장된다. 법의 정당성은 실체적 정당성은 물론 법의 절차적 정당성을 요청한다.

제 2 절 법효력의 근거

'법의 근거는 무엇인가'라는 법의 정당성의 근거는 법철학상 난해한 문제로 남아 있다. 법의 효력은 법의 의미와 근거가 무엇이냐는 문제와 밀접한 관련을 갖고 있으므로 법의 실질적 효력에 관한 학설을 검토한 후,2) 형식적 효

---

1) 켈젠은 "법은 정당성만 가지면 그 효력이 있으며 실효성까지 요구할 필요가 없다. 한 사람의 복종자도 없고 또 범죄인이 사실상 처벌받지 않는다 하더라도 법은 여전히 효력이 있는 것이다"라고 주장하였다. 실정법이 규범으로서의 정당성을 가지고 있으면 법규의 적용은 실효성을 보장할 수 있는 가능성이 있다는 것이다.

2) 법효력의 근거에 관한 학설을 연대순으로 보면 다음과 같다.
　① 신 의 설 : 신의설(神意說)은 절대적 존재로서의 신의 계시에 복종하여야 한다는 것으로서 법의 근거를 신의 의사에서 구하기 때문에 과학적 논리가 없는 종교적 견해라 하겠다.
　② 자연법설 : 법의 근거를 영구불변의 자연법에서 찾아 자연법이 실정법의 근거라고 스토아(Stoa)학파가 주장하였다. 그러나 자연법은 관념적·무정부주의적이라는 비난을 면하지 못하며, 추상적인 가치의 자연법을 실정법의 타당성의 근거로 인정하기에는 객관적 근거가 희박하다.
　③ 사회계약설 : 국가는 국민의 자율적인 합의에 의해 이루어지고 법은 구성원인 국민의 총의의 표현이라고 로크, 루소 등이 주장하였다. 국가는 시민의 사회계약에 의해 성립하였다는 데서 법의 정당성을 구하고 있다. 그러나 국가나 법이 사회계약에 의해서만 성립되는 것이 아니기 때문에 이 설은 하나의 가설에 불과하지만, 논리적 정당성을 추구하는 면에서 사회계약설의 민주성은 높이 평가된다.

력인 법효력의 기본원칙에 접근하는 것이 순서일 것이다. 법의 정당성의 근거

---

④ 명 령 설 : 분석법학파인 오스틴은 법의 본질을 통치권자인 국가의 명령이라고 본다. 법적 정당성의 근거가 통치자의 명령이기 때문에 법을 준수한다고 설명할 뿐 법적 근거가 무엇인지에 대해서는 이론적 설명이 없다.

⑤ 실 력 설 : "실력은 법이다", "법은 권력이다", "권력은 정당한 것이다" 또는 "권력은 법에 우선한다"고 하여 법을 실력의 표출로 보고 법의 근거를 지배자의 권력에서 찾으려 한다. 일찍이 소피스트(sophist)에서 비롯되어 마르크스주의자들이 애용하는 이론이다. 메르켈(A. Merkel, 1836~1896)이 주장한 실력설은 법의 외면적인 측면만을 파악하고 있을 뿐 그 내면적인 당위성을 설명하는 데는 충분치 않다.

⑥ 역사법설 : 법을 자연적으로 발생하는 민족정신의 발현으로 보고, 법의 효력의 근거는 민족의 법적 확신에 있다는 학설이다. 19세기 초 사비니가 비역사적 자연법 사상에 대항하여 제시하였으나, 법의 근거를 지나치게 민족의 신비한 역사적 확신에서 구하고 있다.

⑦ 승 인 설 : 법은 사회가 승인하기 때문에 지켜야 한다는 것이다. 비얼링은 법의 효력의 근거는 일반인이 법에 대해서 승인하는 정신적 지지에 있다고 주장하였으나, 법은 개인의 임의성을 배제하고 강행성을 본질로 하기 때문에 법의 승인과 법의 존립은 직접적인 관련이 없는 것이다.

⑧ 이 념 설 : 법이 효력을 갖는 것은 법의 이념과 목적이 타당하기 때문이라는 것이다. 라드브루흐는 법의 효력은 실정법질서나 권력과 같은 사실에서 나온 것이 아니라 보다 높은 당위성인 초실정법적 가치에서 근원한다고 한다. 그러나 이 설은 법의 이념에 어긋나는 악법이 법으로서의 효력을 갖는 근거를 설명할 수 없다는 문제점이 있다.

⑨ 사회의식설 : 법은 사회의식의 표현이며 형성된 사회의사로서 개인의 의사를 구속한다는 것이다. 그러나 어떤 의사가 사회의 공통적인 의사로 성립되는지가 확실치 않으며 또한 그 의사가 법의 기초가 된다고 하는 것은 지나친 의제(擬制)라는 비판을 받는다.

⑩ 여 론 설 : 다이시는 입법이 여론에 의해서 형성되는 사실을 살피어 여론이 법 제정의 근원이라고 하였다. 그러나 소수의 여론에 압도되어 법을 제정할 때, 법의 규범적 정당성의 근거가 될 수 없다. 한편 헤겔은 이 점을 중시하여 여론의 배후에 존재하는 객관적인 이념이나 보편적 의사를 법의 효력근거라 하였다.

⑪ 법단계설 : 켈젠은 실정법의 정당성의 근거를 근본규범(Grundnorm)이라는 가설에서 찾기 때문에 근본규범설이라고도 한다. 그러나 헌법보다 우위에 있는 근본규범이 무엇인지에 대해서 설명이 없다.

위의 학설들을 살펴보면 법의 규범적 정당성의 보편적인 근거를 제시하기에는 충분치 않다는 것을 엿볼 수 있다. 법이 현실사회에서 규정대로 실현되는 것은 사회적 규범으로서의 정당한 목적을 지니고 있기 때문이다. 바꾸어 말하면 사회의 요구가 법을 통해서 실현될 수 있기 때문에 법이 정당성을 갖는 것이다. 예링은 "목적은 모든 법의 창조자이다"라고 하였고, 또한 라드브루흐도 법에서 구체적인 가치기준은 목적에 있다는 것을 주장하였다. 법의 가치는 법이 실현하려는 가치지향적인 목적의 실현이며 이것이 법의 근거가 될 것이다. 법률은 각각 고유의 목적을 갖고 있을지라도 그 근원에 있는 법의 일반원리의 존재야말로 법질서의 전제조건인 까닭에 법의 이념이 법질서를 이루는 근간이 됨으로써 법의 정당성의 근거가 될 것이다.

는 대체로 법에 선행하는 초월적인 규범에서 유래한다는 주장과 법 자체가 갖고 있는 내재적인 정당성에서 근거한다고 하는 학설로 양분된다. 또한 자연법론자들은 법의 근거를 신의 뜻 또는 자연의 원리에 두고, 역사학파는 민족에, 분석법학파는 국가명령에 기초를 두는 반면에 법실증주의자들은 상위규범의 법질서에서 그 근거를 각각 찾는다.

제 3 절   법의 효력범위

I. 법효력의 기본원칙

법은 자유·평등의 원칙, 정의의 원칙, 적법성의 원칙, 신의성실의 원칙, 형평성의 원칙, 비례의 원칙 등의 법의 이념을 기본원리로 하여 효력을 발생한다. 법의 효력은 사람에게만 적용되는 것이 아니라 시간과 공간까지 미치며 조직적으로 사회질서를 규율한다. 법은 강제성 이외에 상호 이익의 조정, 정책의 시도(행정지도) 등의 비강제적 내용도 포함하는 다양한 효력을 갖고 있다. 법의 지배를 실현하기 위해 많은 법의 제정이 필요함에 따라 법으로부터 자유로운 영역은 좁아지고 법의 적용 부분은 확대됨으로써 입법 만능시대가 되고 있다. 법규의 목적과 내용이 상이한 까닭에 법효력이 서로 경합하여 상호간에 저촉이 발생하기도 한다. 법이 서로 부딪치는 경우 법이념에 따라 통일적·체계적인 법질서 내에서 합리적으로 정리할 기본원칙이 필요하며, 일반적으로 다음의 원칙이 적용된다.

1. 상위법 우선의 원칙

상위법은 하위법에 우선하여 적용한다. 법의 단계적인 구조인 헌법·법률·명령·규칙·자치법규 등의 순위로 법은 우선순위가 정해지며 하위법은 상위법의 효력에서 벗어날 수 없으며 상위법에 종속한다. 법은 최고 상위법인 헌법에 기속하는 법체계상 순위를 가진다. 헌법의 이념이나 규정에 어긋난 법률은 위헌입법이다. 명령에도 명령권자의 행정조직상 위계질서가 있어 부령보다는 대통령령이 우선한다. 상위법은 하위법에 비하여 대체로 포괄적이고 일반적인 규정으로 구성되어 있다. 하위법은 상위법을 집행하기 위한 구체적이고 개별적 규정이며 상위법의 효력 내에서 제정이 가능하다. 하위법은 상위법 없이 존재할 수 없다. 상위법에 어긋나는 하위법은 무효이고, 상위법이 금지하지 않는 내용이면 하위법은 금지할 수 없다.

한편 법률에도 주된 법이 있고 주된 기본법을 보충하기 위해 부속법(보충법)이 있는 경우가 있다. 주된 법과 부속법은 종속관계가 아니더라도 부속법은 기본법보다 하위에 있어 기본법은 부속법에 우선한다. 예를 들면 재산법의 기본법으로 민법이 있고, 민법질서를 보완하기 위한 부속법인 부동산등기법, 제조물책임법 등은 민법보다 하위에 있다.

헌법이나 법률 등의 상위법의 제정·개정은 입법주체인 국회의 의결을 거치는 복잡한 과정이 필수적이다. 명령이나 규칙 등의 하위법은 비교적 가벼운 입법절차를 거쳐 제정되기 때문에 상위법에 어긋나는 경우에도 법률보다 쉽게 개정할 수 있다. 법률의 상위법인 헌법 위반 여부는 헌법재판의 결정에 의하고, 법률보다 하위에 있는 명령·규칙의 심사권은 대법원에 있다(헌법 제107조 2항). 또한 상위법인 헌법과 특별법이 충돌하는 경우에는 특별법은 헌법에 종속하기 때문에 위헌법률이 될 것이다. 예를 들면 폭력행위 처벌에 있어서 특별법인 '폭력행위 등 처벌에 관한 법률'이 형법보다 우선적이라 하더라도 상위법인 헌법에 위반할 수 없음은 물론이다.

2. 신법우선의 원칙

신법은 구법을 폐지하는 신법우선의 원칙에 의해 "신법이 구법을 폐지한다"(lex posterior derogat priori). 신구 양법이 저촉되는 경우에 신법이 구법보다 우선적으로 적용되나, 신법을 소급해서 효력을 인정하지 않는 것이 원칙이다. 이 원칙은 같은 사항에 대해서 동일 순위의 두 개의 법규가 저촉되는 경우에 적용되는 것이므로 일반법의 변경으로 기존의 특별법은 영향을 받지 않는다. 신법우선의 원칙은 권리는 "시간상 첫째가 우선권이 있다"(prior tempore, potior jure)라는 법언과 맥을 같이 한다. 신법 우선의 원칙은 기득권의 보호와는 달리 입법권의 우위를 나타낸 것이다. 범죄 후 법률의 개정으로 형이 구법보다 경한 경우에는 신법에 의하지만 신법에 경과규정을 두어 신법의 적용을 배제할 수 있다.[1] 재판은 재판 시가 아닌 행위 시의 법을 적용한다. 그러나 신법이 행위 시의 법보다 피고인에게 유리하다면 신법을 적용한다. 행위가 구법에서 유죄이나 신법에서 무죄로 규정하면 무죄가 된다.

3. 특별법 우선의 원칙

특별법은 일반법에 우선한다(Special things derogate from general). 일반적인 규칙은 일반적으로 적용하는 것이 원칙이나 특정한 목적의 법은 일반적인 것보다 특별히 우선적으로 적용한다. 특별법 우선의 원칙은 "법 위에 법이 있을 수 없다"는 원칙의 예외로서 특별한 사항에 적극적으로 대처하기 위해 특례법의 존재를 인정한 것이다. 특별법은 구체적인 사항을 내용으로 하기 때문에 일반법과 특별법의 관계는 법규범 사이에 법의 적용 내용이나 대상, 효과 등의 차이가 있을 때 발생한다. 예를 들면 폭력행위를 엄벌하기 위해 일반법인 형법상 폭행죄(제260조)보다 특별법인 '폭력행위 등 처벌에 관한 법률'(제2조)을 적용하거나, 교통사고의 신속한 처리를 위해 운전자에 대한 형법상 과실치상죄(제266조)보다 '교통사고처리 특례법'(제3조)을 우선적으로 적용한다. 한편 헌법에서 정당은 정치적 자유를 보장하기 위해 집회결사의 자유(제21조)보다 정당에 관한 조항(제8조)을 적용한다. 또한 구법이 특별법이고 신법이 일반법인 경우에도 특별법이 우선한다. "일반적 신법은 특별한 구법을 폐지하지 못한다"(lex posterior generalis non derogat legi priori speciali)는 원칙이다. 이것은 신법우선 원칙의 예외로서 구 특별법은 신 일반법에 우선하는 것이다.

4. 행위지법 우선의 원칙

모든 사항은 행위지의 법에 구속된다. "장소는 행위를 지배한다"(locus regit actum)는 원칙으로서 소재지가 법의 관할지역이 된다. "로마에 가면 로마법에 따르라". 현재 존재하는 영역의 법을 우선적으로 적용함으로써 속지주의의 기원이 된다. 장소에 관한 효력은 행위자는 물론 목적물의 소재지도 포함한다. 또

---

1) 형을 종전보다 가볍게 형벌법규를 개정하면서 그 부칙으로 개정된 법의 시행 이전의 범죄에 대하여 종전의 형벌법규를 적용하도록 규정한다 하여 형벌불소급의 원칙이나 신법우선의 원칙에 위배되는 것은 아니다(대법원 1999. 4. 13. 선고 99초76 판결).

한 계약 장소는 계약의 행위와 방법을 지배한다. 지방자치단체나 연방제국가의 주(州)는 각각 지역의 특수성을 인정하는 자치법규를 제정하여 행위지법의 우선적인 자치입법권을 행사하고 있다.

5. 일사부재리의 원칙

일사부재리의 원칙은 결정된 사항에 대해서 재론을 하지 않는다는 것이다. 일사부재리의 원칙(ne bis in idem)은 재판에서 판결이 확정되면 그 후 같은 사건에 대해서 다시 심판하는 것을 금지한다는 원칙으로서 이중처벌 금지의 원칙이다. 헌법은 "동일한 범죄에 대하여 거듭 처벌받지 아니한다"(제13조 1항)고 규정하여 국민의 기본권을 보호하고 있다. 이 원칙은 영국 보통법에 "누구도 동일 범죄에서 다시 위험에 빠지는 일은 없다"고 하는 이중위험 금지의 원칙(double Jeopardy)과 동일한 내용이다.[1] 하지만 처벌은 원칙적으로 범죄에 대한 국가 형벌권의 행사인 형벌을 의미하는 것이고, 국가가 행하는 일체의 제재나 불이익처분이 모두 그 처벌에 포함되는 것은 아니다.[2] 공무원에 대한 형사처벌과 징계처분은 제도의 목적이 다르기 때문에 병과할 수 있다. 한편 일사부재의(一事不再議)의 원칙은 회의에서 일단 부결된 의안은 같은 회기 중에 다시 발의하거나 심의하지 못한다는 원칙을 말한다.

6. 형평의 원칙과 비례원칙

형평의 원칙이란 이익주체 간의 법익의 대립이 있는 경우 한 쪽에 치우치지 않고 비례의 원칙에 따라 균형과 조화를 유지하는 개별적 사례의 정의를 의미한다. 균형은 자기 이익의 주장이 일방적으로 타인의 이익을 제압하는 것이 아니라 각자 이익의 추구를 통해 상호 이익의 조화를 유지하는 합리적인

---

1) 독일 헌법재판소는 양심적 병역 거부자의 되풀이되는 병역 거부에 대한 반복적 처벌은 이중처벌금지 원칙에 위배된다고 판시하였다(BVerfGE 23, 191(202ff)).

2) 청소년의 성매수자에 대한 신상공개제도가 이중처벌금지의 원칙에 해당하느냐의 여부에 대하여 헌법재판소는 "신상공개는 형벌로서의 수치형이나 명예형에 해당하지 않으므로 형벌부과 후 신상공개를 명하는 것은 이중처벌의 금지의 원칙에 위반되지 않으며, 처벌이 아니므로 법관에 의한 재판을 받을 권리도 침해하지 않는다"고 결정하였다(헌법재판소 2003. 6. 26. 선고 2002헌가14 결정).

이익형량의 원칙(balance of interest)이다. 형평성이나 공평성은 평등을 지향하는 유사성은 있으나 형평은 균형을 위한 실질적 평등을 의미하고, 공평은 기회의 평등을 위한 절차상의 평등을 뜻한다. 법의 형평성은1) 이익 갈등의 중재자로서 이익 균형을 통해 법 앞의 평등을 실현하여 공정성을 지향한다.

비례원칙은 상호 권익의 균형성을 유지하기 위한 이익의 한계를 말하며 과잉금지의 원칙이라고도 한다. 형평의 원칙이 쌍방 간 이익의 수평을 위한 균형성과 공평성이고 산술적인 균등성이라면, 비례원칙은 상호 이익의 충돌을 막기 위한 상호 이익의 안배이고 기하학적인 조화에 있다. 권익의 형평성이나 비례성은 법의 이념에 부합하는 상대적인 가치를 의미하며 사회적 책임을 요구한다. 국가의 권력행사는 목적 달성에 필요한 최소한의 범위 안에서 행사하여야 하며 목적과 방법 사이에 균형성이 이루어져야 하는 것이 비례원칙이다 (경찰법상 수사비례의 원칙).

7. 기득권 존중의 원칙

기득권 존중(불가침)의 원칙이란 이미 법에 의해 취득한 권리는 새 법에 의해 변경·소멸할 수 없다는 것이다. 일단 부여한 권리를 함부로 제한·변경·박탈하는 것은 권리 침해일 뿐 아니라 법적 생활의 안정성과 법률관계의 현상 유지(status quo)를 해칠 우려가 있다. 기득권에 대한 침해는 재산권 침해로 이어지기 때문에 기득권 존중의 원칙은 사유재산권 보장에 큰 공헌을 하였다. 시효제도, 법률불소급의 원칙, 행정법상 신뢰보호의 원칙 등은 법적 안정성에 중점을 두는 기득권 존중과 맥을 같이 한다. 그러나 기득권 존중의 원칙은 제한할 수 없는 절대적 권리는 아니다.

8. 법률불소급의 원칙

(1) 개   념
법의 효력은 법 시행기간 중에 발생한 사항에 대해서만 적용되고 그 시행

---

1) 형평성이나 공정성은 법 앞의 평등을 전제로 하고 있으나 형평성이 상황과 무관하게 차별 없는 일관성의 균등을 의미한다면 공정성은 주어진 상황에 따라 편파적이 아닌 올바른 가치의 기준을 의미한다.

이전에 발생한 사항에 대해서는 소급하여 적용되지 않는다는 것을 법률불소급의 원칙이라고 한다. 이것은 행위시에 적용되지 않은 사항, 즉 효력발생 이전에 완결된 사항은 사후에 제정된 법률에 의해 범죄가 될 수 없다는 것으로 사후법(ex post facto law) 제정 금지의 원칙이다. 법의 소급효를 인정하여 신법을 적용한다면 법률생활의 일관성과 예측가능성이 동요되고 법질서가 혼란에 빠질 우려가 있어 법적 안정성을 위한 것이다. 또한 소급입법을 제정하여 개인의 권리를 침해하거나 보복적으로 악용할 우려가 있기 때문에1) 이를 허용하지 않는 것이 법치주의 원칙이다.

헌법은 "모든 국민은 행위시의 법률에 의하여 범죄를 구성하지 아니하는 행위로 소추되지 아니하며 … "(제13조 1항)라고 규정하였고, "모든 국민은 소급입법에 의하여 참정권의 제한 또는 재산권의 박탈을 받지 아니한다"(제13조 2항)라고 규정하였다. 형법은 "범죄의 성립과 처벌은 행위시의 법률에 의한다"(제1조 1항)고 규정하였다. 이를 형벌불소급의 원칙이라고 한다. 소급 또는 사후입법에 의한 소추나 제재를 금지함으로써 법률(형벌)불소급의 원칙은 죄형법정주의 원칙 중의 하나로서 세계인권선언(동 선언 제11조 2항)도 규정하고 있다.

[죄형법정주의]

"법률이 없으면 범죄도 없고 형벌도 없다"(nullum crimen sine lege, nulla poena sine lege)는 형법의 원칙이다. 범죄에 대해 형벌을 과하기 위해서는 성문 법규에 미리 명확히 규정하여야 한다는 원칙으로 죄형전단주의에 대립되는 개념이다. 죄형법정주의는 국가 형벌권의 남용으로부터 개인의 자유를 보장하기 위한 제도적 장치이다. 죄형법정주의는 절차적 법치주의를 의미하며 행정권은 물론 입법권이나 사법권의 남용으로부터 개인의 권리보호를 포함한다. 죄형법정주의는 1215년 영국 대헌장(Magna Charta)에 근원을 두고 있으며, 포이어바흐(Feuerbach)가 제창하였다. 헌법은 "모든 국민은 신체의 자유를 가진다"고 구체적으로 선언하고(헌법 제12조~제13조), 형법 제1조가 이를 규정하고 있다. 죄형법정주의는 법치주의를 비롯하여 관습형법의 배제, 소급효력의 금지, 유추해석의 금지, 절대적 부정기형의 금지 및 법령의 명확성, 형벌의 적정성 등의 원칙을 포함하며, 의심스러운

---

1) 1960년대 정치적 급변기에서 정치풍토의 정화를 이유로 정치인의 참정권을 제한하는 보복적 소급입법인 '반민주행위자공민권제한법'(1960년), '정치활동정화법'(1962년), '정치풍토쇄신을위한특별조치법'(1980년) 등을 제정한 바가 있었다.

경우는 피고인의 이익(in dubio pro reo)으로 보호한다(무죄추정의 원칙).

(2) 소급효 금지의 예외

소급효 금지의 원칙은 사후입법에 의해 행위자에게 불이익한 소급효를 인정하지 않는 것이다. 하지만 이것은 절대적인 원칙은 아니다. 신법을 소급하여 적용하는 것이 오히려 사회의 현실적 요구에 적합하고 정의·형평의 이념에 맞는 경우 또는 국민에게 이익을 주고 불이익을 제거하는 경우에는 소급효력을 예외적으로 인정한다.[1] 형법은 "범죄 후 법률의 변경에 의하여 그 행위가 범죄를 구성하지 아니하거나 형이 구법보다 경한 때에는 신법에 의한다"(형법 제1조 2항)고 규정하여 형벌불소급의 원칙의 예외를 인정하였다.[2] 또한 민법은 "본법의 특별한 규정이 있는 경우 외에는 본법 시행일 전의 사항에 대하여도 이를 적용한다"(민법 부칙 제2조)고 규정하였다. 이렇듯 법률불소급의 원칙의 예외를 인정한 것은 신법에 의하는 것이 오히려 구법보다도 개인의 권익보호와 사회적 요청에 부합할 뿐만 아니라 법적 안정성을 기대할 수 있기 때문이다.

---

1) ① '5·18 민주화운동에 관한 특별법'은 "헌정질서 파괴범죄에 대하여 국가의 소추권 행사의 장애사유가 존재한 기간은 공소시효가 정지된 것으로 본다"고 규정하여 5·18 광주학살 관련자들을 처벌할 수 있는 법적 근거를 마련하였다. 이에 대하여 공소시효 규정이 소급입법에 해당하는 헌법위반의 여부에 관해서 헌법재판소는 "왜곡된 한국 반세기 헌정사의 흐름을 바로잡아야 하는 시대적 당위성과 아울러 집권과정에서의 헌정질서 파괴범죄를 범한 자들을 응징하여 정의를 회복하여야 한다는 중대한 공익이 있는 반면 … 공소시효가 완성되지 않은 이상 예상된 시기에 이르러 반드시 시효가 완성되리라는 것에 대한 보장이 없는 불확실한 기대일 뿐이므로 그 신뢰보호이익은 상대적으로 미약하여 위헌이라고 볼 수 없다"고 판시하였다(헌법재판소 1996. 2. 16. 선고 96헌가2 결정).
   ② 과오급된 보험급여의 환수를 위한 구상금 소송에서 대법원은 "법령의 소급적용, 특히 행정법규의 소급적용은 일반적으로는 법치주의의 원리에 반하고, 개인의 권리·자유에 부당한 침해를 가하며, 법률생활의 안정을 위협하는 것이어서, 이를 인정하지 않는 것이 원칙이고, 다만 법령을 소급적용하더라도 일반 국민의 이해에 직접 관계가 없는 경우, 오히려 그 이익을 증진하는 경우, 불이익이나 고통을 제거하는 경우 등의 특별한 사정이 있는 경우에 한하여 예외적으로 법령의 소급적용이 허용된다"고 판시하였다(대법원 2005. 5. 13. 선고 2004다8630 판결).
2) 헌법재판소는 "법률불소급의 원칙은 진행 중인 사실에 대한 소급 적용중지를 의미하는 것이 아니라 법률행위가 아직 완성되지 아니하고 진행 중인 사실에 대해서는 새로운 법령을 적용할 수 있다"고 판시하였다(헌법재판소 2001. 2. 22. 선고 98헌바19 결정).

Ⅱ. 법의 시간에 대한 효력

1. 법의 시행과 폐지

(1) 법의 시행

법은 제정과 동시에 효력이 발생하는 것이 아니고 시행하는 날로부터 효력을 발생한다. 법의 공포일[1]로부터 시행일까지의 시행예정 기간을 주지기간 또는 시행 유예기간이라 하고, 법령의 부칙에 효력 발생시기를 규정하는 것이 일반적이다. 하지만 법은 시행일로부터 폐지일까지 발생한 사항에 대해서만 적용되고, 그 이전 또는 이후에 발생한 사항에는 적용되지 않는 것이 원칙이다. 그러나 이것은 법률 적용상의 원칙에 지나지 않으며 법을 제정하는 입법행위까지 구속하는 것은 아니다. 법률은 특별한 규정이 없는 한 공포한 날로부터 20일을 경과함으로써 그 효력을 발생하는 것이 원칙이며(헌법 제53조 7항), 대통령령·총리령·부령도 특별한 규정이 없는 한 이에 따른다.

(2) 법의 폐지

법의 효력이 소멸되는 폐지에는 명시적 폐지와 묵시적 폐지가 있다. 명시적 폐지란 명시적 규정에 의해 법이 폐지되는 것이다. 법이 폐지되면 위법행위가 면소판결이 된다. 또한 법령에 유효기간이 정해진 경우 그 기간의 만료로써 폐지되는 한시법(Zeitgesetz)이 있다. 한시법은 법률이 그 효력의 발생시기와 종기를 정하여서 제정한 법률로서, 예를 들면 부칙에 "이 법은 ○○부터 적용하여 ○○까지 그 효력을 가진다"는 규정을 두는 입법이다.

유효기간을 정하여 제정된 법은 법정기간인 제척기간이 경과함으로써 당연히 효력을 상실한다. 제척기간은 시간의 경과에 따라 권리가 소멸된다는 점에서 소멸시효와 같으나, 권리의 존속기간이 예정되고 권리의 불행사를 요건으로 하지 않는 점에서 소멸시효와 다르다.[2] 또한 신법의 명시적 규정에 의해 구법

---

1) 법령의 공포시점은 정확하게 법령이 게재된 관보의 최초 구매 가능시점으로 보고 있다.
2) 소멸시효와 제척기간은 법질서의 안정을 위해 일정기간의 경과로써 권리를 소멸시킨다는 점에서는 동일하다. 소멸시효는 권리의 불행사에 따른 권리소멸이나, 제척기간은 미리 정한 권리의 존속기간 내에 권리의 불행사로 권리가 소멸하여 권리관계를 신속히 확정하는 데 뜻이 있다. 그러나 소멸시효는 권리가 소급적으로 소멸하고 시효의 중단제도와 권

의 일부 또는 전부가 폐지된다고 정한 때에는 구법은 당연히 폐지된다. 구법의 일부만이 폐지된 경우에는 폐지되지 아니한 부분은 신법과 함께 효력을 갖는 것은 물론이다. 한편 명시적 규정에 의한 폐지가 아닌 묵시적 폐지에는 구법의 규정이 신법에 저촉되는 경우(신법 우선의 원칙)와 목적사항이 완료되어 법의 효력이 소멸되는 경우가 있다.

2. 시   효

시효란 특정한 사실상태가 일정기간 계속되는 경우에 그것이 진실한 권리관계에 합치하는가의 여부를 묻지 않고 그 사실 상태를 존중하여 그에 따른 법률상의 효과를 인정하는 제도이다. 시효제도에 의해서 법의 효력이 발생하거나 소멸되는 것이 원칙이다. 시효제도를 인정한 이유는 첫째, 일정한 기간 동안 계속된 사실상태로 발생한 새로운 법률관계를 인정함으로써 거래의 안정과 사회질서를 유지할 수 있다. 둘째, 사실상태가 오래 계속되면 증거 인멸, 증언의 부정확, 상황의 변화 등으로 진실한 권리관계가 밝혀지기 어렵고 처벌의 필요성도 떨어지기 때문이다. 셋째, 오랜 기간 동안 자신의 권리를 행사하지 않고 권리 위에 잠자는 자를 법이 보호할 가치가 없다는 것 등이다.

그러나 시효를 인정할 수 없는 사실이 생겼을 때 시효의 진행을 중단시킬 수 있다. 이를 시효의 중단이라 하며 청구, 압류 또는 가압류, 가처분, 승인이 시효의 중단사유이다. 시효가 중단되면 이미 진행한 시효기간은 효력을 전부 상실하게 되고 그 중단사유가 종료하였을 때로부터 다시 시효기간을 계산한다(민법 제178조). 예를 들면 음식점 주인이 시효완성 이전에 외상값을 청구하면 그 청구일로부터 다시 시효기간이 시작된다.

민법상 시효에는 물권의 취득원인이 되는 취득시효(민법 제245조 이하)와 소멸시효가 있다. 민법상 소멸시효는 1년 단기소멸시효(제164조)부터 채권의 소멸시효 10년(제162조)까지 있고, 상법은 민법보다 짧아 대체로 5년 이내로 규정하고 있다. 행정법상 금전채권의 소멸시효는 5년이며, 형법상 소멸시효는 단기 1년부터 장기 30년이다(형법 제78조).

리포기가 있으나, 제척기간은 권리가 장래에 향하여 소멸하고 제척기간이 경과하면 당연히 소멸하고 권리포기가 인정되지 않는다.

형사소송법상 공소시효는 범죄 발생 후 일정기간 기소하지 않으면 국가의 소추권을 소멸시키는 제도이다. 공소시효가 완성되면 면소판결1)로써 재판은 종결되며, 공소시효 기간은 범죄의 경중에 따라 1년 이상 25년 이하이다(형사소송법 제249조). 반인륜적 또는 흉악범죄, 반국가적 범죄, 성범죄 등의 시효제도를 예외적으로 폐지한 것은 범죄 퇴치, 시민의 법적 정서에 부합할 뿐 아니라 과학 수사기법의 발달에 따라 범죄 추적이 가능하기 때문이다. 아동·청소년에 대한 성범죄의 공소시효는 피해자가 성년기에 이른 때부터 시작한다. 반인륜적·반인도적 범죄(집단학살)의 시효는 국제법상 인정하지 않는다(전쟁범죄 및 반인도적 범죄에 대한 시효의 부적용에 관한 협약).

[소멸시효와 취득시효]

① 소멸시효 기간

6개월 : 유실물 소유

1년 : 숙박비, 음식비, 입장료, 대석료, 교육비, 운송비, 노역인 임금

2년 : 보험금 및 적립금의 반환청구권(상법 제662조)

3년 : 손해배상청구권, 이자, 부양료, 급료, 공사대금, 상품판매대금, 의사·변호사·변리사·공증인·법무사 등의 수임료, 교통사고 보험청구권과 합의서

5년 : 공과금, 과태료, 신용카드 적립금

시효 폐지 : 13세 미만자 또는 장애인에 대한 성폭력, 사형에 해당하는 살인죄, 내란죄, 외환죄

② 취득시효란 타인의 동산을 점유한 자가 소유의 의사로 10년간 평온·공연하게 점유하거나 점유가 선의·무과실로 개시된 경우에는 5년의 경과로 소유권을 취득하는 것을 말한다(민법 제246조). 타인의 부동산을 20년간 소유의 의사로 평온·공연하게 점유한 자가 시효완료 시 등기함으로써(점유 취득시효), 또는 부동산의 소유자로 등기한 자가 10년간 소유의 의사로 평온·공연·선의·무과실로 부동산을 점유한 때에는 그 소유권을 취득한다(등기부 취득시효)(민법 제245조).

---

1) 면소판결은 ① 확정판결이 있은 때, ② 사면이 있은 때, ③ 공소의 시효가 완성되었을 때, ④ 범죄 후의 법령개폐로 형이 폐지되었을 때에 선고를 하여야 한다(형사소송법 제326조).

3. 경 과 법

신법과 구법의 적용상 문제를 해결하기 위해 제정된 법을 경과법이라고 한다. 이것은 별도의 법으로 제정하지 않고 일반적으로 신법의 부칙에 그 해결방법을 규정하는 특별 경과규정을 둔다. 예를 들면 민법부칙·형법부칙 등이 있다. 법령의 제정 또는 개정이 있을 경우, 구법 시행시에 발생한 사항에 관해서는 구법이 적용되고, 신법 시행 이후에 발생한 사항에 관해서는 신법이 적용되는 것이 원칙이다. 그러나 사건 처리시의 법령이 행위시의 법령보다 당사자에게 불리하게 개정된 경우 특별한 규정이 없다면 행위시의 법령을 적용한다. 또한 구법 시행 시 발생한 법률행위가 신법 제정 이후에도 지속되어 법률행위가 완성되지 않고 진행 중인 사실에 대해서는 새로운 법률이 적용된다. 이를 부진정(不眞正) 소급이라 한다. 신법의 적용에 있어서 새로운 입법으로 침해받는 이익의 보호가치와 실현하고자 하는 공익적 가치를 비교형량하여 사익이 우월한 경우는 부진정 소급은 인정하지 않을 수 있다.1)

Ⅲ. 법의 사람에 대한 효력

1. 속인주의

(1) 속인주의의 개념

법의 적용범위를 정함에 있어서 사람을 기준으로 하느냐, 영역을 기준으로 하느냐에 따라 속인주의와 속지주의의 두 개의 입법주의가 대립하고 있다. 속인주의란 국민은 자국의 영역 또는 타국의 영역에 있거나 그 소재 여하를 불문하고 자국법을 적용하는 원칙으로 국적주의에 의해 법의 관할권을 행사하는 것이다.2) 속인주의는 자기 나라 국민은 자국의 법을 적용한다는 국가의 대인

---

1) 대법원 2002. 12. 10. 선고 2001두3228 판결.

2) 내국인의 출입을 허용하는 폐광지역 개발지원에 관한 특별법 등에 따라 카지노에 출입하는 것은 법령에 의한 행위로 위법성이 조각된다고 할 것이나, 도박죄를 처벌하지 않는 외국 카지노에서의 도박이라는 사정만으로는 그 위법성이 조각된다고 할 수 없다(대법원 2004. 4. 23. 선고 2002도2518 판결).

주권(personal supremacy)에서 유래한다. 이에 비해 속지주의는 영토주권(territorial supremacy)에 의해 자국의 영역 내에 있는 사람은 내·외국인을 불문하고 모두 자국법을 일률적으로 적용한다는 원칙이다. 속인주의는 국적법상의 혈연관계를 중시하는 혈통주의(jus sanguinis), 그리고 속지주의는 소재지 중심의 출생지주의(jus soli)와 맥락을 같이 한다.1)

(2) 외교적 보호권

국가는 외국에 거주하는 자국민을 보호하기 위해 국제법상 외교적 보호권을 가지며, 개인은 자국의 외교적 보호권을 포기할 수 없다. 재외국민이란 자국의 국적을 갖고 있으면서 외국에 생활 근거지를 갖고 거주하는 사람이다. 외교적 보호권은 재외국민 보호를 위한 속인주의의 특별한 적용으로서 외국의 속지주의와 마찰이 발생할 우려가 있다. 자국민이 거주국의 국민에 비하여 불평등하거나 불법적인 대우를 받는 경우와 거주국의 사법적 구제절차가 충분하지 않은 경우에 국가는 자국민을 구제할 권리가 있다. 남미 국가들은 외국의 영향력을 배제하기 위해 칼보조항(Calvo Clause)을 이용하였다. 칼보조항은 외국인은 거래행위에서 자국의 외교적 보호에 호소하지 않는다는 계약이다. 국가의 재외국민 보호에서 거주국가 국민과 동일한 대우를 하는 내국민대우주의와 국제표준을 보호기준으로 하는 국제기준주의가 대립하고 있다. 국가 간의 사회적·문화적 차이로 거주국의 법적 처리가 국제적 기준에 비하여 자국민에게 부당한 대우를 하는 경우(예를 들면 간통에 극형으로 처벌하는 국가와 불처벌주의 국가 간 형량의 큰 차이가 발생하는 경우)에 자국민의 외교적 보호권이 제기된다.

(3) 속인주의의 예외

법은 특수한 신분을 가진 자에게는 효력이 미치지 않는 경우가 있다. 대통령은 내란 또는 외환의 죄를 범한 경우를 제외하고는 재직 중 형사상의 소추를 받지 아니하고(불소추특권)(헌법 제84조),2) 대통령의 통치행위는 법적 구속을

---

1) 출생으로 국적을 취득하는 경우, 부모의 국적을 따르는 혈통주의와 출생지를 기준으로 하는 출생지주의가 있다. 혈통주의에는 독일·스위스·일본·한국 등이 있으며, 출생지주의는 미국·영국·라틴 아메리카의 여러 나라 등이 채택하고 있다.

2) ① 대통령의 불소추 특권에 관한 헌법의 규정(헌법 제84조)이 대통령이라는 특수한 신분에 따라 일반국민과는 달리 대통령 개인에게 특권을 부여한 것으로 볼 것이 아니라 단

받지 않는다. 국회의원은 현행범인인 경우를 제외하고는 회기 중 국회의 동의 없이 체포 또는 구금되지 아니하는 불체포특권(헌법 제44조 1항)을 가지며, 회기 전에 체포 또는 구금된 때에는 현행범인이 아닌 한 국회의 요구가 있으면 회기 중 석방한다. 국회의원은 국회에서 직무상 행한 발언과 표결에 관하여 국회 외에서 책임을 지지 아니하는 면책특권을 갖는다(헌법 제45조). 국회의원의 특권은 국회의원에게 국회에서 자유롭게 의사활동을 할 수 있도록 자율성과 독립성을 보장하기 위한 제도이나 법 앞의 평등에 어긋난다. 또한 공무원의 공무집행은 위법행위가 아닌 한 책임을 지지 않는다. 특히 교원은 현행범인인 경우를 제외하고는 소속 학교의 장의 동의 없이 학원 안에서 체포되지 아니한다(교원의 지위 향상 및 교육활동 보호를 위한 특별법 제4조). 교원의 불체포특권은 교원의 신분보장과 인격권을 보장하기 위한 교육자에 대한 배려이다.

2. 속지주의

(1) 속지주의의 개념

속지주의란 자국의 영역 내의 모든 사람에게 법의 관할권을 행사하는 것이다. 국가의 상호평등과 상호주의 원칙에 의해 내외국인을 불문하고 주재지 국가의 법이 일률적으로 적용한다. 속지법주의는 "장소는 행위를 지배한다", "영지 내에서 발생한 것은 영지법에 따른다"는 행위지법 우선의 원칙에 기초

지 국가의 원수로서 외국에 대하여 국가를 대표하는 대통령이라는 지위에 있는 대통령이라는 특수한 직책의 원활한 수행을 보장하고, 그 권위를 확보하여 국가의 체면과 권위를 유지하여야 할 실제상의 필요 때문에 대통령으로 재직 중인 동안만 형사상 특권을 부여하고 있음에 지나지 않는 것으로 보아야 할 것이다. … 헌법이나 형사소송법 등의 법률에 대통령의 재직중 공소시효의 진행이 정지된다고 명백히 규정되어 있지는 않다고 하더라도, 위 헌법규정은 바로 공소시효 진행의 소극적 사유가 되는 국가의 소추권 행사의 법률상 장애 사유에 해당하므로, 대통령의 재직중에는 공소시효의 진행이 당연히 정지되는 것으로 보아야 한다(헌법재판소 1995. 1. 20. 선고 94헌마246 결정).

② Nixon 미국 대통령은 자신이 연루된 Watergate사건에서 삼권분립의 원칙상 자신은 대통령으로서 측근과의 대화나 통화에 대해 그 내용의 발표를 거부할 수 있는 권리를 갖는다고 주장하였다. 이에 대하여 연방대법원은 대통령의 특권은 무제한적으로 인정되는 것이 아니며 형사재판에서 불가결한 증거인 경우는 국방·외교상의 비밀유지를 위한 경우를 제외하고는 인정할 수 없다고 판결하였다(United States v. Nixon 418 U. S. 683, 94 S. Ct. 3090, 41 L. Ed. 2d 1039(1974)).

를 둔다. 국가가 배타적인 속인주의를 벗어나 속지주의를 필요로 함에 따라
속지주의가 보편적이다. 속인주의와 속지주의가 충돌하면 영토주권이 대인주
권에 우선하므로 속지주의가 적용된다.

(2) 기국주의

선박이 등록된 선적국은 공해상에서 기국(旗國, flag state)선박[1])에 대한 법
적 관할권을 가지며, 이를 기국주의라 한다. 기국주의란 선박이나 항공기는 등
록된 국가의 국기를 게양하고, 운항 중에 발생한 행위에 대해 기국법을 적용
하는 원칙으로서 속지주의의 확대를 의미한다. 기국주의는 공해에서 선박 운
항의 자유를 보장하고 공해의 질서를 유지할 수 있다. 하지만 군함은 외국선
박이 해적행위, 밀무역, 노예무역 등의 불법적 행위를 행한 것으로 판단되는
경우에 임검·나포할 수 있다.

(3) 정치범과 난민의 불인도의 원칙

1) **정치범 불인도의 원칙**   자국에 입국한 타국의 정치범 인도를 거부
하는 정치범 불인도의 원칙은 일찍이 서구에서 확립된 국제관습법의 원칙이
다. 정치범[2])은 사상적 확신범으로서 일반 형사범과 달리 정치적 박해로부터
피신하여 자신의 정치이념에 부응하는 피난국의 보호를 요청하기 때문에 범죄
인 인도의 대상에서 제외된다. 정치적 박해로부터 망명자의 비호를 규정한 것
은 1793년 프랑스 헌법이었고, 정치범 불인도의 원칙을 명문화한 것은 1833년
벨기에이다.[3])

---

1) 선박은 그 선적(船籍)이 속하는 나라의 국기를 게양함으로써 기국은 선적국과 같은 의
   미가 된다.
2) 정치범의 구체적인 개념에는 정설이 없다. 순수한 정치범의 개념은 어떤 범죄는 정치범
   으로 인정할 수 없다는 측면에서 일반적으로 정의된다. 무정부주의자의 범죄, 전시반역
   (war treason), 전쟁범죄(war crime), 화폐·유가증권의 위조, 항공기 납치, 제노사이드
   (genocide), 살인 및 납치행위, 테러행위 및 테러지원활동, 국가원수 및 그 가족에 대한 살
   해, 고문, 은행강도 등은 정치범죄로 인정하지 않는다. 특히 민간 항공기에 대한 테러범
   에 대한 처벌은 2001년 9월 28일 유엔 안전보장이사회가 결의하였고(이사회 결의 1373,
   3항 F), 폭탄 투척행위에 대해서는 '폭탄 투척테러의 진압을 위한 국제협약'(International
   Convention for the Suppression of Terrorist Bombings)이 있다.
3) 프랑스 나폴레옹 3세의 암살을 계획한 범인이 벨기에로 도망가자 프랑스의 범인 인도
   청구를 받고 벨기에는 난처한 입장에 처하였다. 약소국인 벨기에는 국가 간의 분쟁을 피

2) 난민 불인도의 원칙   국제법상 난민이란 정치·사상·인종·종교·국적 등을 이유로 국적국으로부터 박해를 받거나 박해받을 현저한 우려가 있다는 충분한 근거가 있는 공포로 인하여 외국에 거류하며 국적국으로의 송환을 희망하지 않고 비호를 구하는 사람을 말한다(1951년 난민의 지위에 관한 협약). 난민 자격의 부여판단은 유엔 난민고등판무관(UNHCR; UN High Commissioner for Refugees)이 결정하며 난민체류국은 난민고등판무관과 협력할 의무가 있다.[1] 난민의 지위가 인정되면 국적국의 외교적 보호권은 배제되고 난민은 일차적으로 체류국의 보호를 받는다. 그리고 난민고등판무관 사무소의 보호를 받아 강제송환금지의 원칙(principle of non-refoulement)에 따라 송환당하지 않는 권리를 갖는다. 정치적인 난민 이외에 경제적·환경적으로 급박한 상황에 처한 난민에게도 난민의 인도주의적 보호를 제한적으로 인정하는 것은 인권의 세계적 보호 추세에 부합하는 것이다.

(4) 속지주의의 예외

1) 헌법상의 제한   참정권, 병역의무 등과 같은 헌법상의 권리·의무는 국가적 이익을 위해 자국에 거주하는 외국인에게는 적용하지 않는다.

2) 형법상의 예외   내란죄, 외환죄, 국기에 관한 죄, 통화 및 유가증권에 관한 죄 등은 대한민국 영역 밖에서 죄를 범한 외국인에 대하여도 형법을 적용한다(형법 제 5 조).

3) 국제법상의 제한   국가의 원수, 외교사절[2] 및 그 가족, 입국 승인을

하기 위해 정치범 불인도법을 개정하여 국가원수 또는 그 가족에 대한 가해행위는 정치범죄로 인정하지 않는다는 규정을 1856년 범죄인 인도법에 추가하였다. 이를 벨기에 조항(Belgian Clause) 또는 가해조항(attentat clause)이라고 한다.

1) 난민 지위 판정에 대해서 난민 체류국은 협력할 의무가 있으나 구속력이 없어 사실상 난민 체류국의 영향력이 크게 좌우한다. 중국은 탈북자를 경제적 사유에 따른 불법체류자로 인정하고 북한과 맺은 '변경질서관리 의정서 — 밀입국자송환 협정'(1986)에 의해 난민으로 인정하지 않고 있으나 난민 개념의 확대, 인도주의 및 인권의 세계적 보호 추세와 강제송환금지 원칙에 어긋난 인권침해이다.

2) 외교특권이 적용되는 외교사절에는 ① 국가원수에게 파견되는 대사 및 로마교황청 대사 및 이와 동등한 지위를 갖는 기타 사절단의 장, ② 국가원수에게 파견되는 공사 및 로마교황공사, ③ 외무부장관 등이다(외교관계에 관한 빈 조약 제14조 1항). 외교사절의 각종 계급은 의례행위상의 문제이고 면책특권에 대해서는 아무런 차이가 없다.

받은 군대,[1] 군함 등은 접수국의 사법권이 미치지 않아 법의 적용을 받지 않는다. 이를 외교사절의 외교특권, 치외법권 또는 외교관 면책특권(diplomatic immunity)이라고도 한다(외교관계에 관한 비엔나 협약).[2] 유엔 사무총장과 유엔 기관의 책임자 등에게도 일정 범위에서 외교특권이 인정되고 있다. 외교특권은 외교사절에 대한 불가침과 특권을 인정하여 자국의 영토의 연장과 유사한 국제법상 특별한 대우를 받으며, 외교관으로서 재임 중에만 유효하다. 외교사절이 주재국의 법질서를 위반하면 사법권의 집행 없이 접수국은 파견국에 외교관의 소환을 요구하거나 추방하는 권리(persona non grata)가 있다. 영사[3]는 본국을 대표하는 기관이 아니므로 영사의 외교특권은 일반 외교특권과 대체로 유사하나 제한적이다. 영사는 파견국의 통상 및 경제상 이익과 파견국 국민을 보호하기 위해 외국에 주재하는 국제법상 국가의 기관으로서 1963년 '영사관계에 관한 비엔나 협약'에서 규정하고 있다.

[외교특권]

외교사절은 업무상의 편의를 위해 국제관례상 주재국가의 민사 · 형사 재판권과 행정권, 조세권 등으로부터 면제와 공관 · 주거 · 문서 · 통신 · 외교행낭(diplomatic pouch) 등의 불가침 및 증언의 거부, 외교관의 업무수행의 편의와 안전 등을 보장받는다. 국가원수, 외교사절, 유엔 사무총장, 국제사법재판소 재판관, 일정한 유엔 기관의 책임자와 외국군대 및 토지와 시설물, 군함 · 군항공기 등은 체류국가에서 외교특권과 면제권을 갖는다. 외교특권은 외교관과 외교공관에게 주재국의 영토 내에서 국제법상 특별한 지위를 인정한 것이고 외교관 본국의 국가행위(act of state)에 해당하지 아니한 개인행위(예컨대 상업활동, 부동산 소유)는 적용되지 않는다. 외교공관의 정치범이나 난민의 비호권(right of diplomatic asylum)은 국가주권과 인권보호의 갈등문제로 제기되고 있다.

---

1) 주한미군에 대해서는 한미방위조약 제 4 조에 의한 한미행정협정에 따라 한국의 형사재판권은 미치나 민사재판권은 미치지 않는다.
2) 외교관은 체류국가의 법을 준수하지 않을 특권을 갖는 것이 아니라 재판관할권이 면제되는 특권을 누릴 뿐이다.
3) 영사란 외국에 주재하면서 본국 및 자국민의 일정한 이익(여권 · 호적 · 공증 · 상업 등)의 보호를 담당하는 국가기관을 말한다. 영사에는 영사직무에 전임하는 직무영사와 명예영사가 있다. 명예영사는 자국민임을 요하지 않으며 주재국의 국민을 위촉할 수 있다. 직무영사에는 총영사 · 영사 · 부영사 · 대리영사 등이 있다.

4) **국제사법상의 제한**　　　국제사법상 외국인이 주재국의 법의 적용을 받지 않는 경우가 있다. 제한능력자(미성년자, 피성년후견인, 피한정후견인, 피특정후견인)·혼인·친자관계·유언 등 일반적으로 사람의 신분 또는 능력에 관한 사항은 각국의 풍속·관습·문화 등을 달리함에 따라 특수한 법규를 요구하므로 이에 관해서는 본국법의 적용을 받는 것이 원칙이다. 예를 들면 미국에서 출생하는 한국인은 속인주의에 의해 한국의 국적법의 적용을 받는 동시에 미국법의 속지주의에 의해 이중적 적용을 받는다. 이러한 문제를 해결하기 위해 준거법인 국제사법이 있다.

3. 속인주의와 속지주의의 병행

국가 주권주의의 발전과 국제사회의 교류확대로 대부분의 국가는 속지주의를 원칙으로 하고 속인주의를 병용하여 양자의 절충·조화를 시도하는 것이 세계적 추세이다.[1] 우리 형법은 속지주의를 원칙으로 하여 국내에서 발생한 외국인의 국내범죄(제2조)는 물론 우리 영역 밖에서 대한민국 또는 우리 국민에 대한 외국인의 범죄(내란죄·외환죄)에 적용한다. 또한 우리나라의 영역 밖에 있는 선박·항공기 내에서 범행을 한 외국인에게도 적용함으로써 선박·항공기를 영역의 연장으로 한다. 한편 영역 밖의 한국인이 외국에서 범한 죄에 대해서 형법을 적용하는 속인주의를 채택함으로써(제3조) 내국민의 국외범에도 형법을 적용한다.[2] 내국인이 외국에서 확정판결을 받았다고 할지라도 속인주

---

1) ① 일본인 여자가 한국인 남자와의 혼인으로 인하여 한국의 국적을 취득하는 동시에 일본의 국적을 상실한 뒤 한국인 남자와 이혼하였다고 하여 한국 국적을 상실하고 일본 국적을 다시 취득하는 것이 아니고 동녀가 일본국에 복적할 때까지는 여전히 한국의 국적을 그대로 유지한다(대법원 1973. 4. 23. 선고 73마1051 판결).

　　② 미국은 호주나 캐나다 등과 같이 그 나라의 국민이 되는 자격으로서 국적제도를 두지 않고 시민권제도를 두고 있는바, 이러한 국가에서의 시민권은 국적과 그 법적 성격이나 기능이 거의 동일하다고 할 것이어서, 대한민국의 국민이 미국 시민권을 획득하면 구 국적법 제12조 4호 소정의 '자진하여 외국의 국적을 취득한 자'에 해당하여 우리나라의 국적을 상실하게 되는 것이지 대한민국과 미국의 '이중국적자'가 되어 법무부장관의 허가를 얻어 국적을 이탈하여야 비로소 대한민국의 국적을 상실하게 되는 것은 아니다(대법원 1999. 12. 24. 선고 99도3354 판결).

2) 필리핀국에서 카지노의 외국인 출입이 허용되어 있다고 하여도 형법 제3조에 따라 필리핀국에서 도박을 한 피고인에게 우리나라 형법이 당연히 적용된다(대법원 2001. 9. 25.

의 원칙상 자국법의 적용을 받는다.

4. 보호주의와 세계주의

　　보호주의는 범죄인의 국적 및 범죄지에 관계없이 자국 또는 자국민의 법익을 침해하는 범죄, 예를 들면 공문서 위조(형법 제225조), 허위공문서 작성(형법 제227조), 또는 해외의 자국민에 대한 범죄행위 등에 대해서도 법을 적용한다는 원칙이다.1) 세계주의는 범죄의 소탕이라는 국제적 연대성에 의해 범죄인 및 범죄지에 대한 국적 여하를 불문하고 반인류적·반인권적 범죄, 예를 들면 집단살해죄(genocide), 반인도주의적 범죄, 전쟁범죄행위, 마약, 테러, 납치행위 및 통화위조, 탈세행위 등에 대해 해당국이 관할권을 행사한다는 원칙이다. 국제 범죄행위를 퇴치하기 위한 국제적 사법공조에 따라 대한민국 영역 밖에서 집단살해죄 등을 범하고 대한민국 영역 안에 있는 외국인에게도 법이 적용된다(국제형사재판소 관할 범죄의 처벌 등에 관한 법률 제3 조). 형법은 외국인의 국내범(제5 조, 제6 조)에 대해서는 보호주의를 시행하고 외국통화위조범(제207조 3항)에게는 세계주의를 채택하고 있다.

5. 외국인의 법적 지위

　　외국인이란 자국 국적이 아닌 자와 무국적자로서 국내에 거주하고 있는 사람을 말한다. 외국인의 국적국은 자국민을 보호할 국제법상의 외교적 보호권에 의해 개인을 보호한다. 외국인은 본국과 체류국가 법의 이중적 지배를 받는 것이 원칙이다. 외국인은 내국인과 동일한 공·사법상 권리를 갖고 법의 적용을 받는다. 그러나 참정권·병역의무 등과 같은 권리·의무는 국가적 이익을 위해 외국인에 대해서는 적용되지 않으며 특별한 경우를 제외하고는 정치활동을 하여서는 안 된다(출입국관리법 제17조).

　　외국인이 출입국관리법의 규정을 위반한 때는 출국정지 또는 강제퇴거시

선고 99도3337 판결).

1) 외국에서 행한 범죄행위에 대하여 외국에서 확정판결을 받았다 할지라도 자국법에 의해서 다시 처벌할 수 있다. 동일한 범죄에 대해 형이 집행되었을 때에는 정상참작의 사유가 될 수 있다(형법 제7 조).

킬 수 있고(동법 제29조, 제46조), 국익을 위해 외국인의 권리능력을 제한할 수 있다(선박법 제 2 조, 항공안전법 제10조). 특히 권리를 제한하는 경우에는 국가 상호주의에 따라 그의 본국법이 대한민국에 인정하는 것과 같은 정도로 특별한 대우를 받는다(국가배상청구, 출입국관리, 토지소유권). 우리 국적과 외국 국적을 가진 복수국적자는 한국국적을 가지고 있는 동안에는 우리 국민이다.1) 국적을 상실한 자는 그 때부터 국민으로서의 권리를 가질 수 없다. 국외의 외국인일지라도 내란죄, 외환죄 등은 우리 형법의 적용을 받는다. 외국인에 관한 사항은 국제사법의 적용을 받는다. 국익에 필요한 경우 복수국적이나 시민권제도2)를 허용하는 국적제도의 유연성이 필요한 국제화 시대이다.

Ⅳ. 법의 장소에 대한 효력

"장소는 행위를 지배한다", "사람은 장소에 따른다", "터전 없이 존재 없다"는 법언은 법의 장소에 대한 지배력을 뜻한다. 법은 국가의 영역 전체에 걸쳐 적용되며, 이를 영토주권이라 한다. 국가의 영역은 주권이 미치는 범위로서 영토·영수3)·영공 등을 포함한다. 법의 효력은 영역 안의 자국민·외국인을 불문하고 모든 사람에게 미치며, 지방자치단체가 제정한 조례·규칙은 그 지방자치단체 안에서만 적용된다. 선박·항공기는 자국의 영토의 연장으로 보기 때문에 공해상은 물론 타국의 영역 내에 있어도 그 안에서 죄를 범한 외국인은 선박·항공기 소유국가의 형법의 적용을 받는다(형법 제 4 조).4) 외국 국적의

---

1) 만 20세가 되기 전에 복수국적자가 된 자는 만 22세가 되기 전까지, 만 20세가 된 후에 복수국적자가 된 자는 그 때부터 2년 이내에 하나의 국적을 선택하여야 하며 이를 이행하지 않으면 대한민국 국적을 상실한다(국적법 제12조).

2) 시민권은 국민과 같은 말이나 국적에 의한 일반적 시민권이 아니라 국적 취득을 위한 국민 지위의 단계적 개념으로 이해하고 있다. 시민권자는 외국인이지만 거류국가의 국민과 유사한 제한적인 권리·의무를 갖는다. 시민권제도는 글로벌 시대에 국적 개념의 변화에 따라 시민권 보장의 필요성을 반영한 것이다. 시민권자는 국적을 취득하는 것이나 영주권자는 영주할 수 있는 권리를 취득하는 점에서 구분된다. 미국의 시민권은 영주권을 받은 이후에 상당한 절차를 거쳐 취득할 수 있다.

3) 영수(領水, territorial waters)에는 영해(territorial sea), 내수(internal waters), 군도수역(archi-pelagic waters), 해협 등이 포함된다. 내수에는 호수, 하천, 운하, 항구, 만, 내해 등이 있다.

4) 민간항공기의 납치범에 대해서는 항공기 등록지 국가가 재판관할권을 갖는 것이 원칙이나

항공기 추락사건의 재판관할권은 항공기의 추락지 국가가 행사할 수 있다.[1]

영해의 범위는 18세기의 대포의 착탄거리에 근거를 둔 3해리였으나, 1958년의 유엔해양법협약은 기선(baseline)으로부터 12해리 이내에서 영역을 설정할 수 있도록 규정하였다.[2] 연안국가는 영해에 접속한 일정한 범위의 해양에 접속수역, 배타적 경제수역, 대륙붕, 군도수역 등을 설정하고, 공해 상공에는 방공식별구역·비행정보구역 등을 선언하여 영해·영공의 사실상 지배권을 확장하고 있다. 연안국은 외국선박이 연안국의 법을 위반하는 경우에 외국선박을 공해상까지 추적하여 나포할 수 있는 추적권(right of hot pursuit)을 행사한다. 영해 밖의 바다는 공해(high sea)로서 공해자유의 원칙에 의하여 모든 국가에게 공해사용이 개방되고, 선박은 영해국가에게 해를 주지 않고 통과할 무해(無害)통과권(right of innocent passage)을 갖는다. 한편 영공은 영토와 영해의 상공으로서 대기가 존재하는 대기상공(air space)인 영공에 한정한다. 영공 밖의 외기권(outer space)인 우주 관할에 대해서는 국제우주법(international space law)이 다루어야 할 것이다.

[접속수역·배타적 경제수역·대륙붕·군도수역·방공식별구역·비행정보구역]

① 접속수역(contiguous zone) : 연안국이 자기 영해에 접속한 일정한 해역에서 관세·재정·위생·출입국관리 등에 관한 관할권 행사를 위해 설정할 수 있는 일정한 범위의 해역을 말한다. 접속수역의 범위는 기선으로부터 24해리 이내의 설정을 유엔해양법협약에서 규정하고 있다.

② 배타적 경제수역(EEZ, exclusive economic zone) : 연안국은 어족자원, 해양자원, 해양환경을 관리하기 위해 200해리 내의 배타적 관할 수역을 설정하여 주권적 권리를 행사한다. 이를 배타적 경제수역이라 하며 영해가 아닌 주권 행사의 제3의 특별해역이다

③ 대륙붕(continental shelf) : 연안에 인접하여 영해기선으로부터 200해리 또는

항공기 착륙지 국가도 관할권을 갖는다(항공기의 불법납치방지를 위한 헤이그 협약 참조).
1) 중국항공기의 추락사고로 사망한 중국인 승무원의 유가족은 중국항공사를 상대로 우리나라 법원에 손해배상을 청구하였다(대법원 2010. 7. 15. 선고 2010다18355 판결).
2) 우리나라의 영해는 12해리이고 일정 수역은 12해리 이내에서 영해의 범위를 따로 정할 수 있다(영해 및 접속수역법 제 1 조).

200해리 밖으로 원만하게 육지가 계속 연장된 350해리 이내의 해저 지역이다. 이 해저는 수산자원뿐만 아니라 지하자원이 풍부하여 유엔해양법협약은 연안국의 대륙붕 천연자원에 대한 배타적 관할권을 인정한다.

④ 군도수역(archipelagic waters) : 다수의 도서로 형성된 군도국가의 외곽을 직선으로 연결하여 이루어지는 내측 수역을 말한다. 군도국(群島國)이란 하나 또는 그 이상의 군도에 의하여 구성되는 국가를 말한다(인도네시아, 필리핀), 군도국가의 경우 군도수역을 넘어서 일정한 범위까지의 수역이 영해가 된다.

⑤ 방공식별구역(ADIZ, air defense identification zone) : 타국 항공기의 영토 접근을 식별하기 위해 영공 외곽의 일정한 공해 상공에 설정한 공중 감시구역이다. 방공식별구역은 공해 상공의 비행 자유의 원칙에 어긋나 국제법상 관할권을 인정받지는 못하고 있으나, 국가 자위권의 행사를 위해 영공 방위를 위한 필요한 조치(전투기 출격 등)를 할 수 있다.

⑥ 비행정보구역(FIR, flight information region) : 비행 중인 항공기에게 운항정보를 제공하고, 항공기 사고 발생 때 수색 및 구조를 위해 국제민간항공기구(ICAO)가 분할·설정한 공중 관제구역이다. 비행정보구역은 영공과는 다른 개념으로 원활한 항공교통을 위해 구분해 놓은 공간으로 방공식별구역보다 관할 범위가 넓다.

제 4 절 법효력의 한계

Ⅰ. 개인의 자유와 법의 한계

국가는 국민을 대표하여 인권보호와 국리민복, 국가안전과 번영을 지향한다는 점에서 정통성과 정당성, 강제성 등을 갖고 개인 위에 군림한다. 하지만 개인의 법적 지위의 향상으로 국가권력의 절대적 우위보다 국가권력과 개인의 권익의 조화가 필요하게 되었다. 국가권력은 정당한 이유에 의해 법으로써 개인의 자유를 침해하는 경우에도(헌법 제37조 2항) 인권보장을 위해 정당한 사유를 제한적으로 인정하는 추세이다. 인권 의식이 높아짐에 따라 '법이 개인의 자유를 어느 정도 보장할 것인가?'가 법의 한계로서 나타난다. 인간의 자연적 욕구나 자유를 과도하게 간섭하거나 과잉 규제하는 법은 실효성을 기대할 수 없다. 법의 한계는 국가권력 행사의 한계인 법규범적 한계의 문제이다. 법의 남용을 방지하고 그 부작용을 최소화하여야 한다.1)

Ⅱ. 사생활의 자유

사생활의 자유는 자신의 생활이 다른 사람에게 알려지거나 또는 다른 사람의 간섭을 받지 않고 자기만의 사적 영역을 홀로 간직할 수 있는 프라이버시와 개인생활의 비밀을 보호받을 권리를 의미한다.2) 사생활의 자유는 법이 용인하는 한계를 벗어나지 않는 한 법으로부터 자유로운 영역으로 최대한 보호받아야 한다. 개인의 은밀한 영역까지 법적 대상이 되는 것은 삶의 의미와 가치, 인격권과 행복권의 침해인 동시에 법의 남용으로서 법에 대한 거부감을 줄 뿐이다. 헌법은 "모든 국민은 사생활의 비밀과 자유를 침해받지 않는다"(제17조)고 규정하여 사생활의 자유를 보호하고 있다. 그러나 공적 인물은 보통 사람에 비하여 일반 국민의 알 권리의 대상이 되고 그 공개가 공공의 이익이 되기에 사생활에 대한 공공의 알 권리를 인정하고 있다.3)

사생활의 자유는 미국에서는 사생활의 부당한 제한이나 공개에 대한 간섭 저지권으로, 독일에서는 인격권의 내용으로서 사생활의 비밀 보호를 이해하는 경향이 있다. 법이 사생활에 관여하지 않고 자율에 위임함으로써 사생활의 자유가 보장된다. 하지만 사생활의 자유는 법의 규제가 없다고 하여 행복을 누리는 것만은 아니고 역설적으로 법의 관여가 오히려 사생활을 보호할 수도 있다. 공권력의 확대와 정보통신의 발달로 사생활 영역은 규제받지만 동시에 사생활의 질과 공공이익을 증진시킬 수 있다. 예를 들면 운전자의 안전띠 착용 등은 사생활의 자유영역을 벗어나 개인과 공익을 위해 법의 규제의 대상이다.4)

---

1) 정약용은 형법책을 흠흠신서(欽欽新書; 삼가고 또 삼가는 책)라고 하여 법 남용을 경고하였다.

2) 프라이버시권은 영국 보통법상 불법행위에서 소극적 의미의 혼자 있을 권리(the right of the individual to be let alone)로 인정된 이후 미국에서는 자유와 행복추구권을 실현하기 위한 적극적인 권리로서 보장되었다(Griswold v. Conneticut, 381. U.S. 479(1965)).

3) 헌법재판소 1998. 7. 24. 선고 96다42789 결정.

4) 운전자가 좌석 안전띠를 착용하는 문제는 더 이상 사생활 영역의 문제가 아니어서 사생활의 비밀과 자유에 의하여 보호되는 범주를 벗어난 행위이다(헌법재판소 2003. 10.

Ⅲ. 자기결정권

자기결정권은 자기행복을 위해 스스로 자유롭게 결정할 수 있는 절대적 권리로서 사적 자치의 주요 내용이 된다. 자기결정권은 법이 규율할 수 없는 인간 고유의 정신적 행위로서 자유의 기본조건이며 모든 권리의 출발점이 된다. 자유와 창의력 그리고 행복추구권의 폭을 넓히기 위해서는 타율성보다는 자율성이 필요하고, 외부의 간섭 없이 자기책임에 의한 자기결정권이 우선되어야 한다. 자율성을 보장하기 위한 사회적 조건을 조성하는 것이 법의 임무이다. 법은 보호할 가치 있는 대상을 보호하여야 한다. 법의 효력은 그 목적에 적합하도록 최소한 범위에 그쳐야 하며, 간섭과 규제를 최소화하여 개인의 자기결정권을 존중하여야 한다. 자기결정권에서 생활방식(life style)의 자유,[1) 생명·신체의 처리결정의 자유,[2) 출산(reproduction)의 자유,[3) 동성혼의 자유,[4) 대리모의 자유,[5) 성적 행위의 자유, 양심의 자유 등이 새로운 문제로 제기되고 있다. 환자는 자신의 신상 정보에 대한 알 권리를 바탕으로 자기결정권을 행

---

30. 선고 2002헌마518 결정).

1) 경찰관 머리카락의 길이를 제한하는 규정에 대해서 미국 대법원은 정부는 경찰관의 외모를 동일하게 함으로써 일반인의 눈에 띄기 용이할 뿐만 아니라 그 유사성을 통해 단체심을 높일 수 있는 점에서 그 제한은 개인과 재산의 안전을 증대시키는 데 합리적인 관련성이 있기 때문에 합헌이라고 하였다(Kelley v. Johnson, 425 U.S. 238(1976)).

2) 안락사, 존엄사, 장기이식, 인체조직 기증(피부, 뼈, 눈), 시신기증 등과 같은 자기 생명·신체의 처분에 관한 자기결정권은 생명의 존엄성과 환자 및 보호자의 인간적 고통, 의학적 현실 등을 고려하는 신중한 검토가 필요하다.

3) reproduction의 자기결정권이란 자식을 가질 것인가의 여부를 결정할 수 있는 권리로서 낙태와 관련된 프라이버시문제로 제기된다. 미국 연방대법원은 임신중절금지법에 대해서 여성은 임신 후 6개월까지는 낙태할 수 있는 권리를 가진다고 하여 임부의 프라이버시권을 과도하게 제한한 낙태법에 대한 위헌성을 인정하였다(Roe v. Wade, 410. U.S. 113(1973)).

4) 동성혼(homosexuality)을 허용하는 국가가 증가 추세이고 성 전환 없이 성 선택권을 인정하는 국가도 있다(아르헨티나, 독일). 동성애자·양성애자·성전환자 등의 성적 소수자(LGBT : lesbian, gay, bisexual, transgender)의 자기결정권이 존중되고 있다.

5) 아이를 원하는 부모에게 인공수정에 의해 아이를 출산해주는 대리모(surrogate mother)를 합법화한 국가(인도, 태국, 러시아, 미국 캘리포니아주와 코네티컷주)가 증가함에 따라 대리모는 아기공장으로 상업화되고 있다. 대리모제도가 불임부부에게 생명을 안겨주는 인간적 행위이냐? 생명윤리에 어긋난 반인륜적 행위이냐? 그리고 대리모계약의 유효성, 친권관계 등의 논쟁이 있다.

사함으로써 자신이 직면하게 될 상황에 대해서 책임의식을 가질 수 있다.[1]

Ⅳ. 호의적 관계·신사협정·경미한 사건

개인의 양심과 정을 위주로 하는 인간적 관계, 예를 들면 애정·효성·예의·우정 등의 정서적 행위나 부담 없는 인간적인 친절행위, 보살핌, 사교적 행위 등과 같은 호의적 행위는 강제할 수 있는 법적 사항이 아니다. 이것은 사회적 정서와 호의에 관한 문제인 동시에 바람직한 규범적 가치로서 정을 주고 받는 관계는 법적 규율과는 무관한 비법률적 행위이다.[2] 호의적 행위는 약속대로 이행하지 않는 경우에는 강제할 수 없다는 점에서 법률행위와 구별된다.

개인 간의 상호관계가 대가적인 거래관계가 아닌 호의적 관계라고 할지라도 본래 의도와는 달리 상대방에게 피해를 주는 경우는 법적 규제의 대상이 될 수 있다. 예를 들면 행인이 자동차 후진 지시를 잘못하여 사고가 발생한 경우라든가 또는 자동차 동승자는 운전자에게 안전운전을 촉구할 주의의무가 있는 것이 아니므로,[3] 자동차의 호의적 동승으로 사고가 발생하면 운전자는 호의라는 이유로 면책되는 것은 아니다.[4] 호의적 행위로 손해가 발생하면 신의성실과 형평의 원칙에 어긋나 법률문제로 제기된다. 한편 당사자 간에 약정한 신사협정(gentleman's agreement)의 의무를 이행하지 않는 경우에는 법적 구속력이 없어 이행청구나 손해배상을 청구할 수 없을 것이다.

---

1) 독일 연방법원은 "환자의 자기결정권을 존중하면 환자의 의사에 대한 신뢰가 손상되는 것이 아니라 증진된다. 의사의 설명의무는 형식 이상의 것이고 환자로 하여금 자신의 장래에 대한 책임의식을 강화시키는 데에서 의미를 찾을 수 있다"고 판시하였다(BGHZ. 1958. 12. 9).

2) 후보자의 회계책임자가 자원봉사자인 후보자의 배우자, 직계혈족, 기타 친족에게 식사를 제공한 행위는 지극히 정상적인 생활형태의 하나로서 역사적으로 생성된 사회질서의 범위 안에 있는 것이어서 사회상규에 위배되지 않는다(대법원 1999. 10. 22. 선고 99도2971 판결).

3) 대법원 2005. 9. 29. 선고 2005다25755 판결.

4) 출근길에 태워준 동승자가 운전자의 과실로 피해를 당하는 경우 운전자는 호의적 동승이라는 이유만으로 책임이 경감되거나 면책되는 것은 아니며 불법행위책임을 인정한다(대법원 1996. 3. 22. 선고 95다24302 판결).

경미한 사건에 법이 개입하는 것은 법의 과잉 규제일 수 있다. "꽃 도둑은 도둑이 아니다"라는 법격언이 있듯이 한 송이의 꽃을 꺾었다고 하더라도 꽃이 특별한 가치가 있는 것이 아니고 흔히 보는 꽃이라면 재물에 관한 죄로 처벌할 수 없을 것이다. 죄는 되나 처벌하지 않는 것은 과잉 범죄화(over-criminal-ization)가 바람직하지 않기 때문이다. 그러나 공원·보호구역 등에서 꽃을 함부로 꺾어 자연을 훼손한 경우는 환경보호를 위해 경범죄로 다스린다(경범죄 처벌법 제 3 조). 또한 더러운 물건(담배꽁초, 껌, 쓰레기 등)을 함부로 버리거나 인근소란 행위, 노상방뇨, 과다노출, 장난전화, 지속적 괴롭힘 등이 경미한 범법 행위라고 하더라도 경범죄로 처벌한다(경범죄 처벌법 제 3 조). 경범죄를 처벌하는 것은 개인의 자유와 권리를 보호하고 사회의 기초질서 유지, 공중도덕, 공중보건 등을 위해 법의 최소한의 규제가 필요하기 때문이다.

욕설, 말싸움, 기분을 상하게 하는 몸짓이나 스킨십 등의 순간적·감정적 행위나 국가기관 비방은[1] 모욕죄(형법 제311조)가 성립하지 않는다. 또한 '부모가 그런 식이니 자식도 그런 식이다',[2] '불쌍하고 한심하다',[3] '일방적인 견해에 놀아나고 있기 때문에',[4] '꼴통', '개새끼' 등의 말은 악의적인 모욕과 경멸이라고 보기에는 무리가 있어 모욕죄에 해당하지 않는다. 하지만 '첩년', '만신(무당)',[5] '저 망할 년',[6] '듣보잡',[7] '보슬아치·메갈리아·워마드(여성 비하 은어)',[8] '콩가루 집안', 사이버 모욕(악플, 댓글) 등은 모욕죄에 해당된다.

개인 간의 단순한 쌍방 폭행, 말싸움과 같은 경미한 사건이나 개인의 명예에 관한 사건은 피해자가 원하지 않으면 처벌하지 않는 것이 개인의 이익을 위해 필요하기 때문에 친고죄와 반의사불벌죄로서 처벌하지 않는다. 법적용을

---

1) 국가 행정기관은 명예훼손의 주체가 아니므로 피해자가 될 수 없다. 국가기관은 국민의 감시와 비판의 대상이며 이를 위해 표현의 자유가 보장되어야 한다(대법원 2016. 12. 27. 선고 2014도15290 판결).

2) 대법원 2007. 2. 22. 선고 2006도8915 판결.

3) 대법원 2008. 7. 10. 선고 2008도1433 판결.

4) 대법원 2008. 12. 11. 선고 2008도8917 판결.

5) 대법원 1981. 11. 24. 선고 81도2280 판결.

6) 대법원 1990. 9. 25.선고 90도873 판결.

7) 대법원 2011. 12. 22. 선고 2010도10130 판결.

8) 서울중앙지방법원 2018. 7. 18. 선고 2017노2742 판결.

보류하는 것은 법보다도 개인의 의사와 명예를 위한 자기결정권을 중요시하기 때문이다. 그러나 법이 보호할 가치와 그 가치를 주장하는 권리는 다른 문제이다. 법이 보호할 가치가 없다는 이유로 권리조차 부인할 수 없음은 물론이다.

[친고죄와 반의사불벌죄]

① 친고죄는 죄질이 경미하거나 피해자의 의사를 존중하기 위해 고소권자가 고소를 하여야만 수사를 착수할 수 있어 고소가 소송의 전제조건이 된다. 친고죄는 반의사불벌죄와 달리 범죄에 대한 수사행위 자체를 피해자의 의사가 좌우한다. 친고죄는 고소를 해야 죄가 되는 범죄행위이고 반의사불벌죄는 피해자의 의사에 반하면 벌이 없는 범죄행위이다. 친고죄에는 범인과 피해자가 친족상도례가 적용되는 재산관련죄(절도·강도·사기·공갈·권리행사 방해범죄), 모욕죄, 사자명예훼손죄가 있다. 친고죄는 범인을 알게 된 날로부터 6개월을 경과하면 고소하지 못하고, 고소를 하지 않기로 합의를 하더라도 상황에 따라 고소를 다시 제기할 수 있다.[1] 그러나 강간, 강제추행 등 형법상 모든 성폭력 범죄와 공중 밀집장소에서의 추행, 통신매체를 이용한 음란행위 등의 모든 성범죄에서 친고죄와 반의사불벌죄가 폐지되어 피해자의 고소가 없어도 처벌이 가능하다(성폭력범죄의 처벌 등에 관한 특례법 제18조).

② 반의사불벌죄는 피해자가 처벌을 원하지 않는다는 의사를 표시할 때에는 범죄를 수사하더라도 공소권이 소멸하여 처벌할 수 없는 범죄행위를 말한다. 반의사불벌죄는 해제조건부 범죄라고도 하며 불처벌 의사는 1심판결 전에 하여야 한다. 친고죄와 달리 고소를 취소하면 다시 고소할 수 없다. 폭행죄, 협박죄, 과실치상죄, 명예훼손죄, 사이버스토킹 등이 이에 해당된다.

---

1) 대법원 1999. 12. 21. 선고 99도4670 판결.

제10장

법의 해석과 적용

제 1 절   법의 해석

I. 법해석의 의미

법의 해석이란 추상적으로 규정되어 있는 법규정의 의미와 내용을 특정한 사건에 구체적으로 적용하기 위해 법개념을 합리적으로 밝히는 것을 말한다. 법해석은 법이 지닌 뜻을 구명하는 이론적·기술적 문제이기 때문에 객관적· 논리적이어야 하며, 법규의 단순한 언어학적 해석이 아니라 법적용을 위한 법규범상의 문제이다.[1] 법해석은 입법자의 의사를 재현하는 형식논리적 해석이 아니라 법적용을 위한 현실적 해석이므로 개별적 사례로부터 출발하여 일반적 규범에 도달하는 귀납적 방식이다. 문언의 일반적 해석이 개념에 의해 안에서 밖으로 의미를 도출한다면 법해석은 밖에서 안으로 의미를 부여하는 신앙적 교리해석과 유사한 교조적인 경향이 있다.

법해석은 법이념의 구현을 위한 인간의 의지이다. 법 격언에 '법의 입법자는 추상적이고 이상적이며 언제나 변함없는 인격자'라고 한다. 하지만 인간은 완벽한 존재가 아니고 더욱이 사회가 변화하면서 입법자가 예상하지 못하였던 해석상 문제에 직면하게 되는 입법의 한계가 나타난다. 성문법은 고정적이고

---

1) 예를 들면 형법 제329조 절도죄의 '타인의 재물'에 대한 법해석에 있어서 첫째 '재물'이란 유체물에 한하지 않고 관리할 수 있는 자연력을 포함하고(민법 제98조), 둘째 '타인의'는 타인의 소유뿐만 아니라 점유로도 족하며, 정당한 권원에 의할 것을 요하지 않으며, 셋째 '타인'은 자연인은 물론 법인도 포함한다고 하는 것이 법적 해석이다.

추상적인 개념이어서 아무리 치밀하게 법규를 정립하더라도 유동적인 사회현상을 완벽하게 성문법으로 사실상 규정할 수 없다. "결함을 가지지 않은 법은 없다", "필요는 법을 소용없게 한다. 필요는 법을 무효화한다", "법의 극치는 불법의 극치"(summun jus, summua juria)라는 법언이 있듯이 법의 완전무결을 기대할 수 없다.[1] 완벽한 법은 존재하지 않고 존재할 수도 없다. 법의 불완전성이나 흠결을 시정·보완하기 위한 복잡한 입법조치보다는 합리적인 법해석이 효율적이고 신축성이 있으므로 입법의 한계를 극복하는 대안이 될 수 있다.

법해석의 합법성은 해석의 합리성을 의미한다. 입법자의 시각과 법해석자의 시각은 다를 수 있다.[2] "평론가는 작가보다 현명하다", "법의 해석자는 입법자보다 총명하다"고 한다. 과거의 저작자나 입법자보다 현재의 눈높이가 사실적이고 정확하다는 뜻이다. 때문에 법해석은 과거의 법조문에만 얽매일 수 없는 현실적인 지혜의 문제로서 시대성과 사회성의 반영에 적극적이어야 한다.[3] 법은 자율성보다 타율성을 강요함으로써 "선한 법은 존재하지 않으며 착한 해석자만이 존재한다"고 한다. 그래서 법해석의 신축성과 관용성이 필요하고 예외 규정의 적용은 최소화해야 한다. 법의 현실적인 대응력이 최선의 법해석일 수 있으나 법해석은 기술이 아니라 법 창조적 가치판단에 있다.[4]

법은 최고선이라도 그 가치는 상대적이기에 옳은 것과 옳지 않은 것을 판단하는 절대적·만능적인 잣대는 아니다. 법해석은 무엇이 적법이냐를 판가름하는 것이고 궁극적으로 무엇이 옳으냐를 확정하기에는 한계가 있다. 법해석은 최고선이 아니면 최선의 차선책을 찾는 것이며 차선책이 곧 최선책은 아님은 물론이다. 따라서 법해석은 사실의 적법성을 추구함으로써 정답의 문제라

---

1) 로마의 유스티니아누스 황제는 자신이 제정한 법전을 완전무결한 것으로 믿고 해석상의 혼란을 피하기 위해 법전의 주석서가 나오는 것을 금지하였지만 허사였다. 나폴레옹도 그가 완벽하다고 믿었던 프랑스 민법전이 공포된 후 주석서가 나온 것을 보고 "나의 법전은 없어졌다"고 한탄하였다.

2) 칸토로비츠(H. Kantorowicz, 1877~1940)는 법의 해석과 적용은 해석자가 바라는 결과에 따른 의사의 소산이라고 주장한다.

3) 라드브루흐는 "법해석은 앞서 생각된 것을 추구하는 것이 아니라 생각된 것을 마지막까지 생각하는 것이다"라고 말하였다.

4) 켈젠은 "법적용은 동시에 법창조이다. 이 양자는 절대적 대립관계에 있는 것이 아니다"라고 주장했다.

기보다 합리적 가치의 선택 문제이다. 복수해석이 가능하고 인용하는 학설(통설, 다수설, 소수설, 반대설)에 따라 해석은 다를 수 있다. 법의 규범성을 위해 법해석은 가치 판단의 보편성과 법정책적 고려를 하지 않을 수 없다. 법해석은 모든 사람이 수긍하는 일반적 합리성과 구체적 타당성의 법적 확신을 주고 법적 안정성이 손상되지 않도록 명확성과 일관성이 있어야 한다.[1] 법해석이 진실의 발견보다 법적 논리성만을 강조하면 불의를 묵인하고 진실이 왜곡되는 법의 악용을 초래할 우려가 있다.

Ⅱ. 법해석의 원칙

법해석은 법적 관점에서 문제를 해결하기 위한 수단 내지 과정이며, 특정한 해석방법과 일치된 결론만을 요구하는 것은 아니다. 다양한 법해석 방법에서 어떤 방법을 선택하는지는 법해석자의 자유이다. 학리적 이론에는 타협이 어려우나 입법이나 법해석은 타협과 절충에 의한 합리성의 추구가 가능하다. 이론의 제기에는 최선만이 있고 차선이 통하지 않으나 해석에는 최선을 위한 차선이 가능한 것이다. 법해석은 문제의 상황과 성격에 따라 적합한 해석방법을 택하여 입법의 취지에 따라 논리적 타당성, 사회적 합리성 등에 부합하는 종합적·체계적인 해석이 되어야 한다.

법해석은 해석을 위한 해석방법이 되어서는 안 되며 법의 목적에 부합하여야 한다. 하지만 법해석은 법의 본질을 이해하는 법철학적 안목과 해석방법의 차원에 따라 다를 수 있다.[2] 법해석을 법의 분석적인 측면과 규범적인 측면으로 구분하면 분석적인 문제는 법의 개념과 목적을 분석하고, 규범적인 문제는 법의 가치를 논의한다. 법해석은 법개념의 분석보다 규범적인 측면에서 법과 인권, 정의, 공익 등의 관계에 대한 해석방법 문제로 귀결할 것이다.

---

1) 법은 원칙적으로 불특정 다수인에 대하여 동일한 구속력을 갖는 사회의 보편타당한 규범이므로 이를 해석함에 있어서는 법의 표준적 의미를 밝혀 객관적 타당성이 있도록 하여야 하고, 가급적 모든 사람이 수긍할 수 있는 일관성을 유지함으로써 법적 안정성이 손상되지 않도록 하여야 한다(대법원 2013. 1. 17. 선고 2011다83431 전원합의체 판결).
2) 사비니는 법해석의 방법으로 ① 문리해석 ② 체계적 해석 ③ 역사적 해석 ④ 목적론적 해석 등을 제시하여 이 구분이 법해석의 기본이 되었다.

① **기능적 해석**   법의 기능적 해석은 법의 기능성·형식성에 치중한 실정법 본위의 해석이며 법을 위한 해석기술에 불과한 형식적·문언적 해석이다. 기능적 해석이 법실증주의에 봉사하면 법이 남용될 우려가 있는 것은 이 때문이다. 기능적 해석은 법의 목적과 실제 상황을 외면하고 법의 규범성을 지나치게 강조하여 법의 근본취지와 현실에 부합하기 어렵다.

② **경험적 해석**   법의 경험적 해석은 법적 문제점을 사회경험적으로 분석하여 사실을 중시하는 법해석이다. 경험적 해석은 법해석의 신축성이 있으나 법해석의 체계적인 일반성보다는 개별성을 강조하여 법의 일관된 규범성을 경시할 우려가 있다. 법해석의 구체성을 강조하는 점에서는 경험적 해석이 의미가 있으나 성문화된 법의 목적보다 개별적 해석이 일반적 법규범이 되기에는 법체계상 한계가 있다. 경험적 해석은 선례를 중시하는 불문법 체계에서 이용하는 해석방법이다.

③ **역사적 해석**   법의 역사적 해석은 입법의 동기와 연혁을 바탕으로 입법자의 의사를 기준으로 법을 해석하는 것이다. 입법의 의지를 존중하는 주관적 해석으로 법해석의 명백성과 객관성을 보장할 수 있다. 그러나 입법자의 의사를 확인하기 어렵고 과거 입법자의 의사를 현실에 적용하기에는 시대적 흐름에 적합하지 않을 수 있다. 더욱이 법의 제정 시와 해석 시 간의 현격한 사회적·경제적 차이가 있을 때 역사적 해석은 한계에 부닥친다.

④ **목적론적 해석**   법의 목적론적 해석은 법의 목적과 취지를 기본으로 하여 법질서와 현실의 조화를 위한 합리적·체계적 해석이다. 법의 목적은 과거 입법자의 의사가 아니라 법규범 자체의 내용과 취지를 뜻한다. 목적론적 해석은 법의 형식성을 극복하여 법의 규범성을 구체화하는 법정책적 해석으로 법해석에서 가장 중요시한다. 목적론적 해석은 확장해석·축소해석·유추해석 등의 법해석에서 이용된다. 하지만 목적론적 해석은 입법취지가 명확하지 않은 경우에 해석자의 주관적 판단의 해석이 될 우려가 있다.[1] 법의 창조자로서

---

1) 대법원은 폭력행위 등 처벌에 관한 법률 제3조 제1항의 "위험한 물건이란 구체적 사안에서 사회통념에 비추어 그 물건을 사용하면 상대방이나 제3자가 생명 또는 신체에 위험을 느낄 수 있는지 여부에 따라 판단한다"(대법원 2004. 5. 14. 선고 2004도176 판결)고 판시하였다. 따라서 각목, 빈 맥주병 등은 위험한 물건이나 당구큐대는 위험한 물건에 해당하는 경우도 있고(대법원 2002. 9. 6. 선고 2002도2812 판결), 해당하지 않는 경우(대

사명을 갖는 법해석자는 목적론적 해석을 선호하는 경향이 있으며, 판례는 대체로 입법취지를 강조하는 목적론적 해석에 적극적이다. 예를 들면 '성폭력범죄의 처벌 등에 관한 특례법'은 대중교통수단, 공연·집회 장소 그 밖에 공중이 밀집하는 장소에서의 성추행자를 처벌한다(동법 제11조)고 규정하는데, 찜질방도 이 곳에 포함된다는 것이 목적론적 해석이다.[1]

법해석은 일방적인 논리의 주장이 아니라 해석을 위한 다양한 논리적 접근방법으로 공통점을 모색하고 교차 검증을 통한 해석의 오류를 시정하여 사회가 공감하는 법적 가치를 창출하는 것이 중요하다. 법해석은 개념법학적인 단순한 논리의 전개가 아닌 인간적 경험의 바탕에서 존재와 당위성을 조화시키는 현실적·합리적 해석이 되어야 한다. 법해석은 일반적으로 대전제(propositio major), 소전제(propositio minor), 결론 등을 거치는 삼단논법(syllogism)의 기법을 이용한다.[2] 법해석은 첫째 법규의 의미와 취지·목적을 명확히 밝히고, 둘째 이를 기본으로 하여 법규를 실제로 어떻게 적용할 것인가를 구체적으로 확정하고, 셋째 법규가 실제 사회규범으로서 효력을 갖도록 살아 있는 법의 가치와 규범성을 찾아야 할 것이다. 법해석은 법의 근본취지(ratio legis)를 찾아 법이 현실과 조화를 이루는 규범이 되도록 당사자의 이해관계를 합리적으로 조정하여 법이념을 실현하는 적극적 판단이어야 한다.

법원 2004. 5. 14. 선고 2004도176)도 있어 해석기준과 목적에 따라 하나의 물건이 흉기가 될 수도 있고 아닐 수도 있다.

1) 공중이 밀집한 장소란 현실적으로 사람들이 빽빽이 들어서 있어 서로 간의 신체적 접촉이 이루어지고 있는 곳만을 의미하는 것이 아니라 찜질방 등과 같이 공중의 이용에 상시적으로 제공, 개방된 상태에 놓여 있는 곳 일반을 의미한다(대법원 2009. 10. 29. 선고 2009도5704 판결).

2) 미국 대법원의 위헌입법 심사권을 인정한 1803년 마버리 사건(Marbury v. Madison, 5 U.S.(1Cranch) 137, 2L. Ed. 60)의 판결요지는 전형적인 삼단논법의 형식으로 유명하다.
대명제 : 사법부의 권한과 의무는 법의 본질을 말하는 것이다.
소명제 : 대법원은 사법부이다.
결   론 : 대법원의 권한과 의무는 법의 본질이다.

제 2 절 법해석의 방법

법의 해석이 법적 구속력을 가지느냐의 여부에 따라 유권적 해석과 학리적 해석으로 나누어지며, 또 학리적 해석은 해석의 방법에 따라 문리적 해석과 논리적 해석으로 분류하는 것이 일반적이다.

I. 유권적 해석

유권적 해석(authentic interpretation)은 국가의 권한 있는 기관에 의해 법규범의 의미가 해석·확정되는 법적 구속력이 있는 해석으로서 공권적 해석이라고도 한다. 유권해석은 다시 입법적 해석·사법적 해석·행정적 해석 등의 세 가지로 나누어진다.

1. 입법적 해석

입법적 해석이란 입법기관이 법조문 자체에 해석규정을 둠으로써 특정한 법규의 내용 또는 문구의 의미를 밝히는 것으로 법령상 개념의 정의이다. 이는 법령에 의해서 법령의 용어를 정의하는 해석 규정이기에 법의 해석이 아니라 하나의 입법이라고 할 수 있다. 입법적 해석은 첫째로, 해석이 필요한 법규와 동일한 법령 중에 해석규정을 두는 것이 보통이나, 법령 중의 문구의 뜻에 관한 해석규정을 별도로 그 부속법령에 두는 경우도 있다. 예를 들면 민법에서 "본법에서 물건이라 함은 유체물 및 전기 기타 관리할 수 있는 자연력을 말한다"(민법 제98조)라고 규정한 것은 전자의 예에 속하고, 수표법에서 "본법에서 휴일이라 함은 국경일, 공휴일, 일요일 기타의 일반휴일을 이른다"(수표법 부칙 제66조)라고 규정한 것은 후자의 예에 속한다.

둘째로, 입법적 해석은 개념적인 규정 이외에 법조문의 해석에 편의를 주기 위한 예시적 규정과 또 다른 법규의 해석의 범위를 표시하는 간주규정이 있다. 전자의 예로서는 민법은 비영리법인의 목적에 관해서 "학술·종교·자선·기예·사교 기타 영리 아닌 사업을 목적으로 하는 사단 또는 재단은 … "

(민법 제32조)이라고 규정하여 비영리법인에 관한 예시를 하였고, 후자의 예로 서는 형법은 "본장의 죄에 있어서 관리할 수 있는 동력은 재물로 간주한다" (형법 제346조)라고 규정하여 절도·강도죄의 객체로서의 재물의 범위를 표시하 고 있다.

2. 행정적 해석

행정적 해석은 행정관청이 행하는 법적 해석이다. 행정관청은 법을 집행하 는 형식으로 법을 구체적으로 해석하기도 하고[1] 또는 상급관청이 하급관청에 대한 감독권의 일환으로서 회답·훈령·지령 등의 형식으로 법을 해석하는 경 우도 있다. 하급관청은 상급관청의 법해석에 구속되고 이에 위반하는 법의 해석 을 할 수 없다. 행정관청은 재판의 판결과 같이 최종적 권위가 있는 법해석을 하지 못할지라도 같은 계통의 상급관청의 회답 등은 하급관청에 대해서 사실상 구속력을 갖는 까닭에 행정적 해석도 유권해석이 된다. 행정적 해석에 이의가 있는 경우에는 행정소송에 의해 변경·취소할 수도 있어서 궁극적으로 사법적 해석이 행정적 해석보다도 우위에 있다.

3. 사법적 해석

사법적 해석은 법원 특히 최고법원인 대법원의 판결의 형식으로 나타나는 법의 재판상 해석이다. 영미법 국가는 법원의 판례가 법원(法源)이 되는 까닭 에 사법적 해석은 법적 구속력을 갖는다. 대륙법계에 속하는 성문법 국가는 영미국가와는 달리 판례가 완전한 구속력을 가지지 못하므로 사법적 해석이 절대적인 권위를 갖는다고는 볼 수 없다. 그러나 법원의 판결이 판례법의 수 준에 이르렀을 경우에는 판례에 의한 사법적 해석은 입법적 해석이나 행정적 해석보다 우위의 유권해석이 된다. 사법적 해석은 법원이 하는 해석이므로 재 판상 판결이라고도 하며 법해석의 최종해석이 된다.

---

1) 전국 부동산 중개업 협회는 변호사가 부동산 중개업을 할 수 있느냐의 여부를 법무부 에 질의한 데 대하여 "변호사는 공인중개사처럼 중개 대상물의 매도인(임대인), 매수인 (임차인) 등 당사자 양측의 사이에서 계약을 성사시키기 위한 알선행위는 할 수 없다"라 고 회답하였다(법무 61005 140호, 2002. 1. 24). 이는 공인중개사의 중개업무를 변호사의 법률업무와 구분한 행정적 해석이다.

Ⅱ. 학리적 해석

학리적 해석(doctrinal interpretation)이란 학술적 해석인 이론적 접근에 의해 법규의 의미를 해석하는 방법을 말한다. 이 해석은 법이론을 기초로 한 개인의 법에 관한 자유로운 견해에 지나지 않으므로 강제력을 갖지 못하여 무권(無權)해석이라고도 한다. 해석방법은 방법 중의 어느 것이 옳으냐의 문제가 아니라 우선적으로 문리해석을 통해 가능한 해석방법을 상호 보완하여 법의 목적에 접근하는 것이다. 학리해석에는 문리적 해석과 논리적 해석이 있다.

1. 문리적 해석

문리적 해석은 문언적 해석이라고도 말하고, 법규의 자구·문언 등을 언어학적 의미로 해석하는 방법을 말한다. 문리적 해석은 성문법규에 대한 중요한 제1차적 해석방법으로 언어의 가능한 의미를 넘는 법해석은 허용할 수 없다. 법률은 형용사가 어느 위치에서 무엇을 강조하느냐 또는 조사가 어디에 있느냐에 따라 그 의미가 달라질 수 있을 정도로 법문은 함축적이어서 문리적 해석은 해석의 기본이 된다. 하지만 법적 해석은 문리적 해석에만 그쳐서는 완전한 해석이 될 수 없고 문리적 해석은 어디까지나 법해석의 첫 단계에 지나지 않는다.

문리적 해석에서 법문 용어의 의미를 법의 제정 당시로 할 것인가가 문제된다. 이에 대해서 법조문의 자구를 제정 당시의 의미로 해석하여야 한다는 연혁적 해석설과 해석 당시의 의미로 해석하여야 한다는 진화적 해석설로 나누어진다. 법은 현실적인 생활을 규율하는 것이기에 적용시를 기준으로 해석하여야 법적 확신과 사회규범으로서의 타당성을 가질 수 있다.[1] 또한 법률용어는 예를 들면 선의[2]와 악의에서 보듯이 통상의 의미와는 다른 특수

---

1) 민법 제103조의 "선량한 풍속 기타 사회질서에 위반한 사항을 내용으로 하는 법률행위는 무효로 한다"는 규정에서 '선량한 풍속'이란 시대나 장소에 따라 한결같지 않을 것이므로, 해석 당시의 일반적인 도덕가치에 의할 것이지 입법 당시를 표준으로 할 것이 아님은 물론이다.
2) 선의(善意)는 일반적으로는 착한 마음 또는 호의를 뜻하나 법률용어로서는 어떤 사정을 알지 못한다는 의미로 사용되고, 악의(惡意)는 통상적으로는 상대방을 해칠 의사를 뜻하나 법률용어로서는 어떤 사정을 안다는 의미로 사용된다. 법률관계에서 당사자의 이러한 내

한 뜻을 가지고 있으므로 법조문의 의미를 법의 목적에 합치하도록 해석하
여야 할 것이다.

2. 논리적 해석

논리적 해석은 법규의 문자나 문장의 의미에만 구애되지 않고, 법전 전체
에 대한 체계적 논리성에 입각하여 입법의 목적·결과 등을 고려한 종합적인
논리적 방법에 의한 체계적 해석방법이다. 논리적 해석은 법규의 주관적 의미
를 초월한 객관성의 의미 확보에 이바지한다. 그러나 지나친 형식논리에 편중
되면 법이 실제 사회에 적합하지 않게 되는 모순이 발생하게 된다. 논리적 해
석에는 확장해석·축소해석·반대해석·물론해석·연혁해석·보충해석·유추해
석·비교해석 등이 있다. 특히 확장해석·축소해석·유추해석 등은 법조문의 목
적 이외에 실제와 사리에 맞는 타당한 법해석을 추구함으로써 법의 합리성을
위한 목적론적 해석이다.

(1) 확장해석

확장(대)해석은 법문의 용어를 그 의미보다 확대시켜 해석함으로써 법의
타당성을 확보하려는 해석방법이다. 확대해석은 법조문 자구의 원래의 의미를
이탈하지만 입법의 목적에 합당한 것이다.[1] 예를 들면 '마차통행금지'라는 푯
말이 붙어 있을 경우에 이 법문의 말을 소에게까지 확장시켜 우마차통행금지
로 해석하는 것과 같은 경우이다. 또한 형법의 폭행죄(형법 제260조)에서 폭행
의 개념은 신체에 대한 유형력 행사에 국한되지 않고, 여자의 머리카락을 자
름으로써 외관상 손상을 준 경우는 물론 사람이 참기 어려운 괴롭힘과 고통을
주는 반복된 고함·폭언이나 소음[2] 등을 포함하는 확대해석을 한다. 사기죄

면적인 의식은 경우에 따라서 법률효과에 중대한 영향을 미친다(민법 제110조 2항 참조).
[1] 청소년보호법 제30조 8호는 누구든지 청소년에게 "이성혼숙을 하게 하는 등 풍기를 문
란하게 하는 영업행위를 하거나 이를 목적으로 장소를 제공하는 행위"를 하여서는 안 된
다고 규정하고 있는바, 위 법률의 입법취지가 청소년을 각종 유해행위로부터 보호함으로
써 청소년이 건전한 인격체로 성장할 수 있도록 하기 위한 것인 점 등을 감안하면, 위 법
문이 규정하는 이성혼숙은 남녀 중 일방이 청소년이면 족하고 반드시 남녀 쌍방이 청소
년임을 요하는 것은 아니다(대법원 2001. 8. 21. 선고 2001도3295 판결).
[2] 대법원 2003. 1. 10. 선고 2000도5716 판결.

(형법 제347조)는 개인의 재산상 침해뿐 아니라 건전한 유통질서 보호를 목적으로 하기 때문에 세일을 가장한 정상적 판매도 사기죄에 해당한다. 하지만 형벌법규에서는 죄형법정주의의 원칙에 따라 피고인에게 불리한 확장해석은 허용되지 않는다.[1]

(2) 축소해석

축소해석은 확장해석과는 반대로 법조문의 용어를 그 의미보다 축소시켜 해석하는 것을 말한다. 법조문이 규정한 언어적 표현을 제한하는 해석이므로 제한해석이라고도 한다. 예를 들면 '차량통행금지'라는 푯말이 있는 경우에 자동차는 차 속에 포함되지만 자전거라면 통행 가능하다고 해석하는 방법이다.

(3) 반대해석

반대해석은 법규에 명시한 규정이 없는 경우에 법의 목적에 비추어 법문이 표시한 효과와 그 반대되는 효과를 인정하는 해석방법이다. 예를 들면 민법에서 "부부의 일방이 일상의 가사에 관하여 제 3 자와 법률행위를 한 때에는 다른 일방은 이로 인한 채무에 대하여 연대책임이 있다"(민법 제832조)고 규정되어 있기 때문에 일상가사에 관한 일이 아니면 부부는 연대책임이 없다고 하는 해석이다.

[부부의 연대책임]

부부의 누구에게 속한 것인지 분명하지 아니한 재산은 부부의 공유로 추정한다(민법 제830조 2항). 부부의 한쪽이 진 일상의 가사채무에 대하여는 부부가 함께 연대책임을 진다. 일상가사란 부부 공동생활에 필요한 모든 사항을 뜻하지만 그 범위와 정도는 각 가정에 따라 다르며, 일반적으로 생활에 필수적인 일상품구입비, 자녀들의 양육비, 의료비, 가옥임대료, 전기·수도·전화요금 등의 공과금 지급 등이다. 그러나 일상가사에 관한 채무라 할지라도 제 3 자에 대하여 다른 일방에게 책임이 없다는 것을 명시한 경우에는 연대책임을 지지 않는다(민법 제832조).

(4) 물론해석

물론해석은 법조문의 규정으로서 명시되어 있지 않은 사항일지라도 사물

---

1) 대법원 2006. 11. 16. 선고 2006도4549 판결.

의 성질상 또는 입법정신에 비추어 보아 당연히 그 규정에 포함된 것이라고 해석하는 방법이다. 예를 들면 '마차통행금지'에는 마차는 물론 자동차도 포함된다고 해석하는 것이다. 또한 자동차 고장으로 주정차하는 경우(도로교통법 제34조)에 접촉사고도 포함하는 해석이다.

(5) 연혁해석

연혁해석이란 법의 해석에서 입법의 연혁, 특히 법안의 이유서와 입안자의 의견·의사록 및 관계위원의 설명 등을 자료로 해서 법규의 의미를 보충하여 그 진의를 찾아내는 해석이다. 연혁해석은 입법자의 입법취지를 밝혀 법을 해석하는 것으로 입법자의 의사해석이고 진화적 해석과 구별된다.

(6) 보충해석

보충(완)해석 또는 수정해석이란 법규의 문자나 문장이 법규의 목적에 위반하여, 법조문의 의미가 명확치 않은 경우 이를 보충하여 그 법규의 진의에 맞도록 해석하는 것으로 변경해석이라고도 한다. 이는 법조문의 표현이 잘못되었을 때 이를 변경하거나 보충하여 법의 흠결을 보완하는 해석이다. 보충해석은 법적 안정성을 해칠 위험성이 있으므로 엄격히 해석하여야 한다. 예를 들면 민법에서 "인접지의 수목 뿌리가 경계를 넘은 때에는 임의로 제거할 수 있다"(민법 제240조 3항)라고 규정하고 있는데, 제거된 수목의 뿌리는 누구에게 속하는지 불분명하므로 법을 보충하여 해석하여야 한다.

(7) 유추해석

1) 유추해석의 뜻   유추해석(analogy)[1]이란 법령에 직접적인 규정이 없는 경우에 이와 성질이 유사한 다른 사항에 관한 법령을 적용하여 같은 법적 효과를 인정하는 해석이다. 유추해석은 입법정신을 찾아 법을 적용하는 법해

---

1) 어느 공원 입구에 붙은 '차마통행금지'라는 푯말에 대해서 문리적 해석을 하면 자동차나 마차 따위는 출입금지가 된다. 그런데 차마통행금지의 취지는 공원의 평온을 유지하기 위한 것이라는 논리적 해석에서 출발하여 확장해석을 하면 손수레도 출입금지로 이해되나, 공원의 환경을 보아 어린이 차를 차에서 제외하면 축소해석이 되고, 자전차도 통행금지시키면 물론해석이 되고, 운전기사는 통행이 허용된다는 해석은 반대해석이 된다. 또한 승마도 푯말의 뜻에 따라 통행금지라고 이해되는바, 이것을 유추해석이라 한다.

석이라 할 수 있으며, 반대해석과는 서로 대립하게 된다. 예를 들면 사찰·교회 등 법인이 아닌 사단의 법률관계에 대해서 민법은 물건소유관계 이외에는 아무런 규정을 두고 있지 않으나 총회의 결의, 구성원의 변동, 사무집행기관 또는 감독기관의 선임 등은 민법의 사단법인 규정을 유추적용한다(민법 제57조, 제96조 참조). 또한 '주차금지'라고 하는 경우에 말을 매는 것도 금지되어 있다는 취지로 해석하는 것이다.

유추는 어디까지나 구체적 사건에 대한 원칙의 적용이고 조리에 의한 법의 결함을 보충·보완하는 것에 불과한 것이고, 원칙의 설정 그 자체는 아니라는 의미에서 입법이라고 볼 수 없다. 법규가 모든 사항을 빠짐없이 법으로 규정한다는 것은 거의 불가능하다. 만일 유추해석이 허용되지 않는다면 법의 사회규범으로서의 효율성은 크게 감소될 뿐만 아니라 비슷한 사항에 법이 상이하게 적용되어 오히려 부당한 결과가 생길 우려가 있기 때문에 유추해석이 필요한 것이다. 유추해석은 기존의 법규 내용에 어긋날 수 없기 때문에 ① 법규가 유추해석을 인정하지 않는 경우, ② 유추해석이 피고인에게 형사상 불리한 경우, ③ 유추해석의 결과가 부당한 경우 등은 허용할 수 없을 것이다. 유추해석은 법의 흠결을 보완하기 위해 이용되고 있으나 확장해석과 달리 법조문의 구속을 받지 않더라도 법의 취지에 따른 해석이기 때문에 실제로 확장해석과 구분하기 어렵다.[1]

2) **확장해석·준용·원용**　　유추해석은 법의 적용을 탄력적으로 하여 입법의 미비를 보충하고 법의 해석이 시대의 변화에 적응하는 장점이 있다. 하지만 유추해석의 판단기준은 자기 마음대로 할 수 있기 때문에 법적 안정성을 해칠 우려가 있다. 유추해석은 법의 해석에서 법규의 의미를 확장하는 결과를 가져오는 까닭에 일종의 확장해석이라고 할 수 있다. 확장해석은 기존법규의 법문을 바탕으로 논리적으로 확대해석함으로써 법의 진의를 확정하려는

---

1) 군용물 분실죄에서의 분실은 행위자의 의사에 의하지 않고 물건의 소지를 상실한 것을 의미한다고 할 것이며, 이 점에서 하자가 있기는 하지만 행위자의 의사에 기해 재산적 처분행위를 하여 재물의 점유를 상실함으로써 편취당한 것과는 구별된다고 할 것이고, 분실의 개념을 군용물의 소지 상실시 행위자의 의사가 개입되었는지의 여부에 관계없이 군용물의 보관책임이 있는 자가 결과적으로 군용물의 소지를 상실하는 모든 경우로 확장해석하거나 유추해석할 수는 없다(대법원 1999. 7. 9. 선고 98도1719 판결).

해석이다. 그러나 유추해석은 명문규정이 없는 사항에 명문규정에 있는 사항과 성질상 유사함을 이유로 하여 확대적용한 경우이다. 확장해석은 법조문에 의한 확장으로서 적어도 법규 자체가 이미 예상하고 있는 범위 내의 해석이다. 이에 비해 유추해석은 법규가 예상하지 않았던 사항에 대해서 그 사항의 내용과 성질이 같다는 이유로 다른 법규를 적용하는 것이다.[1) 유추해석은 간접적으로 나타나는 법규의 내용을 인식하는 것이지만, 확장해석은 법문이 직접적으로 나타내는 법규의 내용을 인식하는 것이다.

한편 유추는 준용이나 원용(援用)과 구별된다. 준용은 어떠한 사항에 관한 규정이 서로 유사하나 그 본질이 같은 경우에 약간의 필요한 변경을 가하여 적용시키는 것이다. 준용은 입법기술상 규정의 중복과 번잡함을 피하고 법조문의 간략화를 위해 동일한 사항에 대해서 다른 법규의 적용을 명문으로 규정한 경우이므로(민법 제210조, 제290조 등) 명문이 없더라도 유사한 다른 사항에 확장적용하는 유추와는 다르다. 또한 유추는 준용되는 규정을 전제로 하지 않는다는 점에서 준용과 다르다. 법해석상 적용규정이 없는 경우 일반적으로 규정 내용을 준용하고, 준용규정이 없는 경우는 문헌이나 사례 등을 원용한다. 원용이란 자기의 이익을 위해 특정한 사실을 인용하여 법률상 주장 또는 항변하는 것으로서 소멸시효의 원용, 증거의 원용, 항변의 원용 등이 있다.

3) 유추해석의 금지와 죄형법정주의   형법에서 유추해석은 형법에 명시되지 않은 행위가 처벌됨으로써 개인의 권리가 침해될 위험성이 있기 때문에 죄형법정주의의 원칙상 인정되지 않는다. 하지만 개인의 기본권보장 정신과 죄형법정주의의 정신은 형법의 해석에서 '의심스러울 때에는 피고인에게 유리하게'(in dubio, pro reo)라는 법 격언이 말하듯이 불명한 사실이 있는 경우 피고인에게 유리하도록 해석할 것을 요청한다. 따라서 형법의 목적에 비추어 법의 논리성이 허용하는 범위 안에서 합리적으로 행하는 한 유추해석은 죄형

---

1) 미성년자에 대한 간음죄(형법 제305조)의 처벌에서 강간죄(형법 제297조)와 강제추행죄(형법 제298조)의 "예에 의한다"는 의미는 미성년자의 강간·강제추행죄의 처벌에 있어 그 법정형뿐만 아니라 미수범에 관하여도 강간죄와 강제추행죄의 예에 따른다는 취지로 해석되고 이러한 해석이 형벌법규의 명확성의 원칙에 반하는 것이거나 죄형법정주의에 의하여 금지되는 확장해석이나 유추해석에 해당하는 것으로 볼 수 있다(대법원 2007. 3. 15. 선고 2006도9453 판결).

법정주의의 원칙에 반하지 않는다고 본다. 유추해석은 범죄 추방에 필요할 뿐만 아니라 피고인의 이익을 반드시 침해하는 것만은 아니다.

(8) 비교해석

비교해석이란 법규의 의미를 구법이나 외국법 등과 비교·대조하여 해석함으로써 법의 의미와 내용을 명백히 하는 것을 말한다. 외국법을 많이 계수한 나라는 그 모법과의 비교해석이 더욱 중요성을 갖는다.

제 3 절 법의 적용

Ⅰ. 법적용의 개념

법적용은 법해석으로 확정된 구체적 사실에 대해서 법적 가치판단을 하는 것으로 법이 실제로 실현되는 것을 의미한다. 법은 제정·집행·적용과정을 거쳐 법의 효력을 구현한다. 법적용은 법원이 아닌 그 밖의 국가기관도 할 수 있으나 법원의 판결이 최종적이다. 법적용을 위해서는 구체적 사실을 확인하고 법규범을 적용하기 위한 사실의 인정이 필수요건이다.

Ⅱ. 사실의 확정

사실의 확정은 법의 적용 유무를 결정하는 중요한 문제로서 당사자가 공격·방어로 제출하는 증거에 의해 사실의 진부(眞否)와 정부(正否)가 가려진다. 사실의 인정 내지 확정은 사회에 실제로 발생한 사건을 있는 그대로 자연적으로 인식하는 것이 아니라 법적으로 가치 있는 사실만을 선택하여 확정하는 법적 인식작용이다. 예를 들면 같은 폭행이라도 소요죄(형법 제115조) 또는 공무집행방해죄(형법 제136조)에서의 폭행인지 또는 살인의 의사인지 또는 상해·강도·강간의 목적인지 아니면 단순한 폭행인지의 결정을 법적으로 판단하는 것이다. 사실의 확정은 폭행의 법적 개념에서 보듯이 폭행에 관련된 법의 목적 차원에서 해석한 법적인 인식작용이다. 재판에서 판단의 기초가 되는 사실은 과거의 사실이다. 과거의 사실은 지나가 버린 것이고 엄밀한 의미에서 사라져 버린 사실이기에 복원하는 것은 실제상 어려운 문제이다. 일반적으로 법의 해석·적용의 문제는 법률문제인 데 비하여, 사실확정의 문제는 사실상의 문제이다. 사실의 인정은 사실의 입증·추정·간주(看做) 등의 방법에 의한다.

[폭행과 폭력]

폭행이란 사납고 거친 비인격적인 행동이나 몸가짐을 일반적으로 의미하나, 법적인 의미는 모든 유형력의 행사를 말하기 때문에 그 뜻은 범죄에 따라 반드시 동일하지 않다. ① 최광의로는 소요죄·다중불해산죄(형법 제116조)의 폭행으로서 사람과 물건을 가리지 않고 행하는 일체의 유형력 행사를 뜻한다. ② 광의로는 사람에게 가하여진 유형력의 행사로서 공무집행방해죄·특수도주죄(형법 제146조)의 폭행, ③ 협의로는 사람의 신체에 대한 유형력의 행사로서 강요죄(형법 제324조)·폭행죄(형법 제260조 2항)의 폭행, ④ 최협의로는 타인의 활동을 제압하여 항거를 불능하게 할 정도의 강한 유형력의 행사로서 강간죄(형법 제297조)·강도죄(형법 제333조)의 폭행, ⑤ 사람을 크게 놀라게 하는 고함, 괴롭힘을 주는 반복된 폭언, 참기 어려운 고통스러운 소음, 강제적 옷 벗김 등도 폭행이 될 수 있다. 한편 폭력은 불법 또는 부당하게 행사되는 정신적·물리적인 강제력의 행사로서 넓은 의미의 폭행을 뜻한다. 형법 제12조의 " … 저항할 수 없는 폭력이나 … " 또는 '폭력행위 등 처벌에 관한 법률'이 규정한 '폭력'이 그 예이다.

1. 입 증

(1) 증 거

입증이란 법적 분쟁에서 사실의 존재·진실 여부를 확신하게 하는 자료나 증거에 의해 사실의 내용을 확정하는 것을 뜻한다. 사실의 확정은 법을 적용하기 위한 필수적 과정이며 확정의 근거가 되는 자료를 증거라 하고, 증거를 증명 또는 제시하는 것을 입증이라고 한다.[1] 증거는 사실확정의 근거가 되고, 사

---

1) 증명은 상대방이 확신을 갖게 할 정도의 확실한 증거를 제시함으로써 어떤 사실을 명확히 하려는 주장인 데 반하여, 소명(疏明)은 상대방이 확신을 가질 정도까지는 아니더라도 일단 확실하다고 추측하는 정도의 증거를 제시하는 것이다. 증명과 소명은 일반적으로 같은 뜻으로 사용하고 있으나 소송법상 그 구분은 명확하다. 또한 변명과 석명(釋明)은

실의 확정은 다시 법률적 가치판단의 기초가 됨으로써 증거는 법적 판단을 결정하는 중요한 요소이다. 현재의 사실 그 자체는 증거 없이도 증명력을 인정할 수 있으나 과거의 사실은 증거에 의해 증명되고 확정되는 것이다. 증거는 가능성이나 개연성이 아닌 명백하고 확실한(clear and convincing) 물증과 확신이어야 한다.

형사소송법에서는 사실의 인정은 증거에 의해 증명한다고 규정하여 증거재판주의를 원칙으로 한다(제307조). 그러나 증거는 사실을 증명 또는 추론하기 위한 수단에 그친다. 증거의 사실적인 가치인 증명력은 결국 인간의 인식작용인 논리법칙과 경험법칙에 따른 합리적 판단에 의해 결정할 수밖에 없다. 증거재판주의는 실체적 진실발견을 위한 수단이지 목적은 아니다. 증거우선주의는 증거수집을 위해 불법수사를 행할 우려가 있으므로 위법하게 수집된 증거(독 나무)에서 발견된 증거(독 과실)는 재판의 증거로 사용할 수 없다. 바꿔 말하면 독 있는 나무의 열매는 독이 있다는 것이다. 이를 독수독과(毒樹毒果, fruit of poisonous tree)의 원칙(위법한 수집증거의 배제원칙)이라 한다.

소송법은 공판중심주의에 의해 진행되고 증거의 증명력은 법관의 자유로운 판단인 합리적인 자유심증에 의한다는 자유심증주의[1]를 채택하고 있다(민사소송법 제202조, 형사소송법 제308조). 민사소송에서는 당사자 간에 다툼이 있는 사실에 한정하여 증거로써 증명함을 요하지만(민사소송법 제288조), 실체적 진실주의를 추구하는 형사소송에서는 자백한 사실이라도 증거에 의하지 아니하면 인정되지 아니한다(형사소송법 제310조). 증거는 증거방법, 증거자료, 증거원인, 증거능력, 증거력, 검증 등과 연관을 갖는다.[2]

다 같이 자기의 입장을 변호하고 설명한다는 뜻이나, 석명은 소송법상 당사자에게 입증을 촉구하는 것이다.

1) 자유심증주의(Prinzip der freien Beweiswurdigung)는 법정증거주의에 대응하는 소송법의 개념이다. 법정증거주의는 일정한 증거가 있으면 사실을 반드시 인정하거나 사실을 증명할 증거가 없으면 일정한 사실을 인정할 수 없다는 것이다. 소송법상 실체적 진실발견을 위해서는 자유심증주의가 형식적인 법정증거주의보다 합리적인 제도이다. 자유심증주의는 증거의 증명력만을 법관의 자유로운 판단에 맡기는 것이지 증거가 될 수 있는 증거능력까지 법관의 판단에 일임하는 것은 아니다.

2) ① 증거방법이란 법원이 사실에 대한 심증자료를 얻는 근거로서 인증과 물증이 있다, 인증에는 증인 · 감정인 · 당사자 등이 있고, 물증에는 문서 · 검증물 등이 있다. ② 증거자료

증거의 증명력은 실제에서는 입증이 불가능한 경우도 있고 어려운 경우도 적지 않다. 이 경우에 사실을 주장하는 쪽에서 증명하는 것이 원칙이다. 이를 증명책임(burden of proof) 또는 거(입)증책임이라 하고, 입증책임은 소송을 제기한 원고에게 있다. 사실의 증명은 공적 기관의 문서에 의한 증명이 가장 확실하지만 이와 유사한 제도로서 공증(notary)과 우편상 내용증명이 있다.

[공증과 내용증명]

① 공 증: 공증은 중요한 법률행위에 관해 증거를 보존하고, 권리자의 권리실행을 간편하고 확실하게 하도록 공증인이 사실관계를 입증하는 제도를 말한다. 공증은 공증 인가를 받은 합동법률사무소와 법무법인이 할 수 있다. 공증에는 공정증서의 작성과 사서증서의 인증, 전자문서 등의 인증 등이 있다(공증인법 제2조). 공정증서는 공증인이 공증인법에 따라 작성한 문서로서 어음·수표에 첨부하여 강제집행을 인낙한다는 취지를 적은 공정증서 등이 있다(공증인법 제56조의2). 또한 사서증서의 인증은 촉탁인으로 하여금 공증인 앞에서 사서증서에 서명 또는 날인하게 하거나 사서증서의 서명 또는 날인을 본인이나 그 대리인으로 하여금 확인하게 한 후 그 사실을 증서에 적는 방법으로 한다(공증인법 제57조). 전자문서의 인증은 전자문서의 전자서명이 당사자의 의사인지 또는 전자화문서가 원본과 일치하는지를 공증하는 것이다. 공증제도는 분쟁을 예방하거나 분쟁 발생 시 유력한 증거로 활용할 수 있다. 공정증서를 작성하면, 지급이 이행되지 않을 경우 번거로운 재판절차를 거치지 않고, 공정증서를 작성한 공증사무소에서 집행문을 부여받아 강제집행을 할 수 있다(민사집행법 제56조, 제59조).

② 내용증명: 내용증명이란 발송인이 수취인에게 특정 문서를 언제 발송하였다는 사실을 우체국이 공적으로 증명하는 등기우편제도이다. 이것은 법률상 각종의 최고, 승인, 계약의 해제·취소 등 권리·의무의 변경에 대해서 후일 당사자 간의 분쟁 등이 생겼을 때 증거로서 주로 이용되고 있다. 내용문서는 원본과 원본을 복사한 등본 2부를 작성하여 우체국과 발송인이 각각 등본 1통식 보관하고 원본

란 증거방법을 통해 알게 된 내용으로서 증언·감정의견·당사자의 진술·문서의 기재 내용과 검증의 결과 등이 있다. ③ 증거원인이란 법원이 사실인정을 위해 심증의 기초가 된 증거자료나 정황을 말한다. ④ 증거능력이란 증거가 증거방법이나 증거조사의 대상이 될 수 있는 요건을 말한다. ⑤ 증거력이란 증거조사의 결과가 구체적으로 법원의 심증에 영향을 미치는 효과나 결과로서 증거가치라고도 한다. ⑥ 검증은 법원이나 수사기관이 증거를 위한 자료를 직접 검사하여 증거자료를 얻는 증거조사이다. 입증하는 방법은 제한이 없으나 물증·인증·서증(書證)·검증·현장검증·당사자심문·증인심문·감정 등이 있다.

1통은 수취인에게 우송한다. 내용증명에 대한 답변서가 없으면 불이익을 받을 수 있다. 내용증명은 발송한 날로부터 3년까지 재차 증명을 받거나 등본의 열람을 청구할 수 있다. 내용증명은 단지 내용과 발송 사실만을 우체국에서 증명해 줄 뿐이고, 그 증명은 사법기관의 판단사항이므로 내용증명 발송만으로 법적 효력이 인정되는 것은 아니다.

(2) 증거의 분류

증거는 법규 적용의 대상이 될 사실 인정의 자료로서 그 성격과 내용에 따라 물증·심증, 직접증거·간접증거(정황증거), 본증(本證)·반증, 본래증거·전문증거, 단순증거·종합증거 등으로 구분할 수 있다. 증거에는 사람에 의한 인적 증거와 물건을 중심으로 한 물적 증거가 있으며, 양자를 합하여 물증이라고 한다. 물증은 뚜렷한 증거가 없이 마음속에 증거로서 형성되는 내심적 확신인 심증과 구별된다. 증거재판주의 원칙상 심증만으로는 처벌할 수 없기 때문에 심증을 증명하기 위해 물증이 필요하다. 증명의 대상이 되는 사실의 증명에 직접 이용되는 증거를 직접증거라 하며 간접사실을 증명하는 증거를 간접증거 또는 정황증거라 한다.

정황증거란 사실의 존재나 발생을 간접적으로 추측하게 하는 간접증거를 말한다. 정황증거는 사실인정의 가능성으로서 증거능력은 있어도 증명력은 미흡해서 정황증거만으로 유죄를 인정하기 어렵다. 직접증거와 간접증거는 필요한 증거가 확정된 사실과 직접적 또는 간접적 관련이 있느냐의 차이에 의한 구별이며, 두 증거 사이에 증명력의 차이가 있는 것은 아니다. 예를 들면 독극물에 의한 살인사건에서 음식에 독극물을 넣는 현장을 직접 목격한 증인의 증언은 직접증거가 되고, 범인에게 독극물을 판매한 약사의 증언은 살인 사실의 간접증거가 된다. 또한 거증책임의 증명을 주장하는 증거를 본증, 그것을 상대방이 부인하는 증거를 반증이라 한다.

[솔로몬의 지혜]

두 여인은 아기를 각자 자신의 자식이라고 주장하면서 이스라엘의 솔로몬(Solomon, ?~B. C. 912)왕에게 누가 생모인가를 판정해달라고 하였다. 솔로몬왕은 칼을 가져와 살아 있는 아이를 둘로 나누어 각각 갖도록 명령하였다. '갑' 여인은 왕의 지시대로 나누기를 원하였고, '을' 여인은 아기를 죽이지 말고 '갑' 여인에게 주기를 청하였다. 왕은 더 이상 심리 없이 '을' 여인을 생모로 인정하였다(열왕기상, 제3장 제16절~제28절). 생모의 심성을 유도하여 물증 없이 심증에 의한 지혜로운 판결을 솔로몬의 지혜(Wisdom of Solomon)라고 한다. 오늘날 자기 혈육을 찾기 위한 친자관계 확인소송이라도 증명책임과 증거재판주의 등을 거치는 번거로움을 거쳐야 한다. 증명책임은 누명을 받는 억울한 사람에게는 무거운 짐이 된다. 진실은 본인만이 아는 것이며, 조작된 증거가 진실로 둔갑하는 증거만능주의를 경계하여야 한다.

(3) 증   인

법원은 모든 사람을 증인1)으로 심문할 수 있다. 증인은 자기에게 불리한 증언을 할 의무는 없으며 증인의 인권은 보장되어야 한다. 증언은 진술자의 형식적 진정성과 실질적 진정성이 인정되어야 한다. 법정에서의 허위진술은 위증죄(형법 제152조)로 처벌하지만 수사기관에서의 거짓말은 피의자의 방어권 차원에서 용인되고 있다. 법원은 증인이 일정한 주거가 없을 때 또는 소환이나 동행명령에 응하지 아니할 때 구인할 수 있다(형사소송법 제73조, 민사소송법 제312조).

[증인의 권리와 의무]

법원은 법률에 다른 규정이 없으면 누구든지 증인으로 신문할 수 있다(형사소송법 제146조)2)고 규정하여 국민은 증인으로서 법원에 출석할 의무를 지니고 있으므로 증인은 출석을 거부할 수 없다. 그러나 증언이 자기와 자기 가족에게 형사상 불리한 사항이거나 업무상 관계로 알게 된 사실로서 타인의 비밀에 관한 것은 증언을 거부할 수 있다(형사소송법 제148조, 제149조). 증인은 법률에 따라 여비,

---

1) 증인과 감정인에 관한 법조계의 유머가 있다. "증인은 무엇인가를 보았으나 그것에 관해 아무것도 이해하지 못한다. 감정인은 아무것도 보지 않았으나 모든 것을 이해하고 있다. 그러나 판사는 어떤 것을 보지도 못했고 그것에 관해 이해하고 있지 못한다."

2) ① 당해 사건의 수사경찰관을 증인으로 인정하였다(대법원 2001. 5. 29. 선고 2000도2933 판결).

② 증인의 증언능력은 연령문제가 아니라 기억에 따라 말할 수 있는 정신적 능력이므로 지적 수준에 따라 구체적으로 판단하여야 한다고 하여 사건 당시 만 4세 6개월이고 증언 당시 만 6세 11개월인 피해자인 유아의 증거능력을 인정하였다(대법원 1999. 11. 26. 선고 99도3786 판결).

일당, 숙박료 등을 청구할 수 있다. 법원의 출석요구에 정당한 이유 없이 출석하지 않는 증인에게 500만원 이하의 과태료를 부과하고(형사소송법 제151조), 불출석으로 인한 소송비용을 부담시키며, 정당한 사유 없이 소환에 응하지 않는 경우에는 구인[1]할 수 있다.

(4) 자 백

법정에서 원고와 피고는 진술, 자백, 침묵, 부인, 부지(알지 못함), 소명 등의 주장과 항변으로 공격과 방어를 한다. 침묵이 자백으로, 부지가 부인으로 통할 우려가 있기 때문에 구두보다는 서면 준비가 필요하다. 강요는 심리적 강압의 부당한 행위이므로 형사상 자기에게 불리한 진술을 강요당하지 않는다(자기부죄거부의 원칙). 특히 자백은 모든 증거에 우선하는 '증거의 왕'이라 하여 자백의 증거력을 우선시한다. 그러나 증거의 임의성이 없는 자백이나 임의성이 있는 자백이라도 피고에게 불리한 유일한 증거인 경우는 유죄의 증거로 삼지 못한다(헌법 제12조 7항).[2] 형사소송의 신속한 진행을 위해 자백을 하면 형량을 감면해주는 유죄인정 심사제도(플리바게닝, plea bargaining)[3]가 있다.

2. 추   정

추정(inference)은 어떤 사실의 입증이 불명확한 경우 법이 당사자의 입증상 불편을 피하기 위해서 또는 공익상의 이유로 사실의 존재 여부를 일단 정리하고, 이에 상당하는 법률효과를 인정하는 것을 말한다. 이를 법의 추정적 효력

---

[1] 구인이란 증인을 지정한 장소에 인치하여 구금하는 대인 강제처분이다. 구금이 필요 없다고 인정되면 인치한 때로부터 24시간 내에 석방하여야 한다(형사소송법 제71조).

[2] 피고인의 검찰에서의 자백은 피고인이 검찰에 연행된 때로부터 약 30시간 동안 잠을 재우지 아니한 채 검사 2명이 교대로 신문을 하면서 회유한 끝에 받아낸 것으로 임의로 진술한 것이 아니라고 의심할 만한 이유가 있는 때에 해당한다고 보아 형사소송법 제309조의 규정에 의하여 그 피의자 신문조서는 증거능력이 없다(대법원 1997. 6. 27. 선고 95도1964 판결).

[3] 플리바게닝은 피의자가 자백하고 사법과정에 협조한 자에게 불기소처분이나 형벌을 감면하는 제도이다. 검사와 피의자, 변호인 간에 피의자의 유죄를 인정하는 대신에 피의자가 받을 형벌의 종류와 형량을 합의하고 법원은 이에 따라 판결하는 것이다. 플리바게닝은 신속한 재판을 위한 일종의 유죄조건의 합의 판결로서 영미법 국가에서 채택하고 있다(Santobello v. New York, 404 U.S. 257(1971)). 형사사건의 신속한 처리를 위해 필요한 제도이나 판사의 형량 판단권에 대한 침해라는 비판이 있다.

이라 한다. 증거가 없거나 증거로서 불충분한 경우에 이미 나타난 사실을 일단 믿어 증거로서 대치할 필요성이 법적용상 필요하다. 추정은 제시한 증거의 반대가 증명될 때까지 유효하다는 뜻이다. 추정은 사실의 발견과 확정보다도 법적 생활의 안전성을 유지하기 위해 진실과는 관계없이 현재 상황을 우선 잠정적으로 인정하는 이른바 일단추정(prima facie)의 이론에서 기원한 것이다.[1]

추정은 반대의 증거가 없는 경우 일정한 사실을 기정사실로서 일단 가정해 놓은 법의 편의적 해석이다. 법은 "침묵하는 자는 승낙한 것으로 추정한다", "법은 모든 것을 정식으로 행하여진 것으로 추정한다"는 것이 법의 일반적 해석이다. 법은 사회질서의 안정을 이유로 기존의 질서를 일반적으로 존중함으로써 추정을 부인하는 자에게 불리하게 작용한다. 추정은 입증을 기다리지 않고 사실을 가정하여 확정하는 것이므로 추정에 의해 불이익을 받은 자는 반증(rebuttal)을 제시하여 추정을 번복시킬 수 있음은 물론이며 이 점이 간주와 다르다.

헌법은 "형사피고인은 유죄의 판결이 확정될 때까지는 무죄로 추정한다"(헌법 제27조 4항)라고 규정하여 인권보호를 위한 무죄 추정의 원칙을 선언하였다. 또한 민법에서 "점유자는 소유의 의사로 선의·평온 및 공연하게 점유한 것으로 추정한다"(민법 제197조 1항)라고 규정한 것은 점유라는 현재의 사실 상태를 일단 정당한 것으로 보고, 이를 보호하여 사회의 질서를 유지하려는 것이다. 그리고 2인 이상이 동일한 위난으로 사망한 경우에 동시사망으로 추정하는 경우(민법 제30조)도 우선 공익상의 필요에 의해서 사망시기를 일률적으로 보는 것이다. 특히 민법은 "아내가 혼인중에 임신한 자녀는 남편의 자녀로 추정한다"(민법 제844조 1항)고 규정하여, 일단 친생자관계를 인정하고 있으나,[2] 이어 "부부의 일방은 제844조의 경우에 그 자가 친생자임을 부인하는 소

---

1) prima facie란 '첫눈에 인정할 수 있는 자명한'이라는 뜻이다. 법률관계가 불확실한 사실을 일단 존재하는 것으로 인정하여 법적 효과를 발생시키는 것을 말한다. 일단추정은 법률관계가 명확하지 아니한 경우에 당사자 간의 분쟁을 회피하기 위해 일반적으로 존재하는 기준에 의해 우선 판단하여 안정적인 법률관계를 유지하는 법해석상의 기술이다. 기존의 질서를 우선적으로 보호하기 위해 "특별한 사정이 없으면 준수하여야 한다" 또는 "도덕적으로 다른 이유가 없으면 준수하여야 한다" 등을 내용으로 한다.

2) 처가 혼인중에 아이를 잉태하면 그 아이는 일반적으로 남편의 아이가 확실하다. 민법은 혼인중에 잉태한 아이는 남편의 자식으로 추정하였으나 그렇지 않은 경우, 예를 들면 부정행위, 인공수정 등의 잉태로 남편의 자식이 아닌 경우에는 반증을 들어 그 추정을 번복

를 제기할 수 있다"(민법 제846조)라고 규정하여, 법률상의 추정사실은 반증을 들어 이를 부정할 수 있도록 규정하고 있다.

행정법에서 하자있는 행정행위가 비록 위법이더라도 공권력의 신뢰보호와 법적 안정성이라는 법기술적 요청에 의해 적법성 추정을 받고 위법성이 판결될 때까지 효력을 발생한다. 이를 행정행위의 공정력 또는 예선적 효력이라 한다.[1] 예를 들면 국세청의 부당한 과오납금에 대한 환급 소송자는 납세를 완납한 후 이의신청을 하는 이른바 선 집행, 후 판결에 따른다. 또한 감독기관의 위법한 영업정지처분에 대해 행정소송으로써 시정을 요구하는 것은 우선적으로 행정행위의 적법성을 추정하기 때문이다.

3. 간   주

간주(fiction)란 공익 또는 법정책상의 이유로 사실의 진실 여부와는 관계없이 일정한 사실을 기정사실로 확정함으로써 반증을 들어도 이를 번복할 수 없도록 사실관계를 종결시키는 것이다. 이것은 사실의 존재 여부와 관계없이 법이 권위적으로 단정하여 법의 효과를 인정함으로써 법정책상 기정사실화하는 것이며 사실의 의제(擬制)라고도 한다. 의제는 사실상 허구의 실제적 효율성을 인정한 것이다. 간주제도는 법이 존재한 후에 가능하기 때문에 법이 없으면 간주도 없다. 간주는 실제로 진실에 반할 수도 있지만 진실을 무시하는 것이 아니라 진실을 존중하는 것이다. 법문에는 이를 '본다'라고 규정하고 있다.

간주는 별도로 취소의 절차를 거치지 아니 하고는 반증만으로는 그 효과가 번복되지 않는 점에서 추정과 다르다. 예를 들면 "국내에 주소 없는 자에 대하여는 국내에 있는 거소를 주소로 본다"(민법 제20조), "실종선고를 받은 자는 전조의 기간(일반실종 5년, 특별실종 1년)이 만료한 때에 사망한 것으로 본다"(민법 제28조)라든가, "죄에 있어서 관리할 수 있는 동력은 재물로 간주한다"(형법 제346조)는 규정 등이 그 예이다. 또한 민사소송에서 상대방의 주장을 명백

시킬 수 있다. 민법은 이를 위해 '친생자 부인의 소'를 인정하고 있다(민법 제846조).

1) 행정행위의 공정력이란 행정행위는 당연무효가 되는 경우를 제외하고는 권한 있는 기관에 의해 취소될 때까지는 일단 유효한 행위로서 상대방을 구속하는 효력을 말한다. 예를 들면 부당한 과세처분에 대한 이의신청은 우선 부과된 세금을 완납한 후 가능한 것이다.

히 다투지 않았으나 변론 전체의 취지로 보아 다툰 것으로 인정될 경우를 제
외하고는 침묵은 자백한 것으로 간주한다(민사소송법 제150조 1항).

[실종선고]

주소지를 떠난 부재자의 생사불명의 상태가 일정한 기간 계속된 경우에 그 사람
의 재산관계나 가족관계를 오랫동안 불확정 상태로 방치할 수 없는 것이다. 사망
의 물적 확증이 없다고 하더라도, 이해관계인이나 검사의 청구로 법원은 실종선
고를 할 수 있다(민법 제27조). 그리고 실종자의 생사불명의 기간이 보통실종의
경우에는 5년, 전지(戰地)에 임한 자, 선박 침몰사고, 항공기 추락사고 기타 사망
의 원인이 될 위난에 의한 특별실종의 경우에는 1년의 기간이 만료되면 실종자는
사망한 것으로 본다. 따라서 재산은 상속되고 배우자는 재혼이 가능하다. 만일 실
종자가 살아 온다면 실종선고의 취소를 선고받아야 한다. 실종선고의 취소는 실
종선고 후 취소 전의 선의로 한 행위의 효력에는 영향을 미치지 않는다.

제11장

법과 권리·의무

제1절 권 리

I. 법률관계

인간과 인간의 사회생활관계가 법적 관계로 이어져 법의 규율을 받는 사회생활의 측면을 법률관계라 한다. 모든 생활이 법의 규율을 반드시 받는 것은 아니다. 도덕·종교 등에 의해서 규율되고 법의 지배를 받지 않는 생활관계도 있고, 임대·혼인 등과 같이 법의 대상이 되는 생활관계도 존재한다. 전자를 사실관계라 말하고, 후자를 법률관계라 한다. 또한 법적 구속력이 없는 호의관계는 법률관계와 다르며 이것은 대가성 여부에 따라 구분될 것이다. 법률관계는 권리 대 의무와의 대응관계로 나타나며 한마디로 주고받는(급부 대 반대급부) 관계로서 법률관계의 기본원칙이다. 이것은 법에 의해서 보장되는 일정한 생활이익인 법익(Rechtsgut)을 향유하는 힘으로서의 권리와 이에 대응하여 상대방측에서는 일정한 작위 또는 부작위를 행하여야 할 법률상 구속으로서의 의무와의 관계로 나타난다. "내가 원하기 때문에 네가 해야 한다고 하는 것은 의미가 없다. 그러나 내가 해야 하기 때문에 너도 해야 한다고 하는 것은 옳은 판단이며 이것이 법의 기초이다"라고 조이메(J. Seume, 1763~1810)는 말하였다. 인간관계는 대등한 것이고 권리·의무의 관계는 대가적인 것이다. 따라서 권리가 있는 곳에는 그것에 상응하여 의무가 발생하며 권리와 의무는 원칙적으로 하나의 법률관계의 양면을 이룬다.

법은 권리의 규칙이다. 권리는 법치주의에 의해서만 보장받을 수 있는 법치국가의 상징으로서 법률관계의 출발점이며 종점이 된다. 권리는 무한한 것이 아니며 법에 의해 보장되는 '법에 있어서의 권리'(Recht im Recht)를 의미한다. 법과 권리는 밀접·불가분의 관계이며, 법질서의 주요 부분은 수많은 권리의 집합과 그 대립관계로 구성되었다. 법질서는 보편적·추상적인 현상으로서 불특정 다수인을 대상으로 하기에 특정한 경우에 이를 개별화·구체화하는 법률관계로 나타나고 특정인을 위해 권리가 부여된다. 때문에 권리는 객관적·추상적인 내용을 지니는 법의 주관적·구체적인 표현이라고 할 수 있다.[1] 권리는 인권에서부터 사법상의 물권·채권에 이르기까지 그 종류와 범위가 다양하여 권리와 의무의 관계와 형태에 대해서도 사회·경제의 발달에 따라 복잡하고 다양한 발전을 거듭하고 있다.

과거 봉건제도 하에서 개인은 군주에 대해서 무한한 의무만을 일방적으로 부담하는 신분적인 예속관계에 있었다. 개인의 권리라는 관념이 없었기 때문에 법률관계는 권리적 측면보다는 오로지 상대방에 대한 의무인 명령·복종관계에서 규율되었다. 개인주의·자유주의 사상의 발달로 개인의 법적 지위가 향상함에 따라 근대의 법률관계의 기본은 일방적인 의무본위로부터 상호 대등한 권리본위로 이행되어 권리 중심의 법질서가 되었다. 그러나 현대에 이르러 근대적 의미의 절대적 권리는 사회·경제적 요청에 따라 상대적 권리로 수정이 불가피하게 되어 권리는 의무를 수반하게 되었다. 권리행사의 남용을 방지하고 공공복리의 실현을 위해 권리행사의 한계를 정함으로써 권리는 사회적 의무를 수반하는 권리·의무의 융합시대로 전환하였다.

Ⅱ. 권리의 개념

1. 권리의 내용

① **법에 의한 권리**　　권리는 법에 의해 주어지는 것이므로 법이 존재하

---

1) 법과 권리의 밀접한 관계는 그 용어에서 나타난다. 라틴어의 jus, 독일어의 Recht, 프랑스어의 droit, 이탈리아어의 diritto, 스페인어의 derecho, 슬라브어의 pravo 등은 모두 법과 권리의 두 뜻을 함께 갖는다. 그것은 법이 객관적·일반적·추상적인 데 대하여, 권리는 주관적·특수적·구체적이란 점에 차이가 있을 뿐이다. 법은 객관적인 법으로, 권리는 주관적인 법으로 표현한다.

여야 비로소 권리가 보장된다. 법이 없는 곳에는 권리가 존재하지 아니하며, 법이 인정하지 않는 권리는 권리가 아니다. 또한 법은 권리의 내용과 한계를 규정하여 권리를 보호한다.

② **법률상의 힘으로서의 권리**　　권리는 법률상의 힘이다. 힘이란 법적 이익의 향유를 위해 필요한 행위를 할 가능성을 말하며 사실상의 힘인 권력과는 다르다. 권리는 힘 그 자체가 아니라 이익을 향유할 수 있는 수단이다. 권리자가 이익을 얻기 위해서는 힘의 발동으로서 권리의 행사가 있어야 하며, 권리의 침해가 발생한 때에는 그것을 제거하기 위해 권리의 보호를 청구할 수 있다.

③ **이익을 향유할 수 있는 권리**　　권리는 일정한 이익의 향유를 목적으로 한다. 권리는 특정한 이익을 특정인으로 하여금 법의 보호 하에 누릴 수 있게 한다. 일정한 이익이란 사회생활상의 이익으로서 보호의 가치가 있는 이익이면 재산적 이익은 물론 비재산적 이익, 예를 들면 자유권·신용권 등도 포함한다.

2. 권리의 본질

권리는 법과 불가분의 관계로서 법이 보호할 가치이다. 권리는 법률상 보호할 가치가 있는 일정한 이익을 누리는 것을 가능하게 하는 법적 힘으로서 다른 사람과의 법적 관계를 명확하게 한다. 권리에 의무가 수반되더라도 권리 자체를 부인할 수 없다. 권리의 내용이 개인 의사의 자유 또는 의사의 힘, 개인의 이익인가에 대해서 논쟁이 있다.[1]

---

1) 권리의 본질에 관한 이론에는 다음의 학설이 있다.

　　① 의 사 설: 의사설은 개인의 의사를 권리의 본질이라고 보는 견해로서 칸트나 헤겔은 의사의 자유를 권리의 본질이라고 하였고, 빈트샤이트는 권리를 의사의 힘 또는 의사의 지배라고 한다. 권리주체는 의사주체이므로 유아는 의사능력이 없으므로 권리를 가질 수 없게 된다. 그러나 태아는 손해배상청구(민법 제762조), 재산상속(민법 제1000조) 등의 경우에는 이미 출생한 것으로 보아 권리능력을 인정하고 있다. 이 학설은 의사무능력자의 권리를 부인하는 결과가 되어 이들이 갖는 권리를 설명하지 못한다.

　　② 이 익 설: 예링은 의사설의 결함을 보충하여 권리를 법률상 보호된 이익이라고 하였다. 권리주체와 의사주체는 반드시 같을 필요는 없으므로 의사능력이 없는 유아도 권리주체가 될 수 있다. 그러나 권리주체와 수익주체는 언제나 같아야 함으로써 반사적 이익

3. 권리와 구별되는 개념

(1) 권원·권능·권한·권력

권원(權源)은 어떤 법률적 또는 사실적 행위를 하는 것을 정당화하는 근거로서 법률상의 원인인 권리의 원천을 말한다. 예를 들면 어떤 물건을 사실상 지배하지 않더라도 언제든지 이를 지배할 수 있는 소유권이 이에 해당한다. 권능(Befugnis)은 권한과 일반적으로 같은 뜻으로 쓰이나 권리의 내용인 개개의 기능을 말한다. 예를 들면 민법은 "소유자는 법률의 범위 내에서 그 소유물을 사용·수익·처분할 권리가 있다"(제211조)고 규정함으로써 소유권은 권리의 내용으로서 목적물을 사용할 권능, 수익할 권능, 처분할 권능 등을 포함한다. 권리가 1개의 권능인 경우에는 권리와 권능은 같이 다룬다. 권한은 단체의 기관이나 개인의 대리인이 법률상 또는 계약에 의해 유효하게 행할 수 있는 행위의 범위나 자격을 말한다. 국가 또는 지방자치단체의 권한에 대해서는 직

과 같은 것을 설명할 수 없게 된다. 예를 들면 친권과 같이 권리자에게 아무 이익을 주지 않는 권리에 대해서 이익설로는 이 점을 설명하지 못한다. 이익이란 권리의 목적 또는 권리행사의 결과에 불과한 것이지 권리의 본질 그 자체는 아니다.

③ 의사 이익설 : 권리의 본질은 이익의 보호를 위해 법이 인정한 의사의 힘 또는 의사의 자유를 승인함으로써 보호되는 이익이라고 한다. 옐리네크 및 베커(E. Beker, 1826~1911)가 주창한 학설로서 의사설과 이익설의 절충설이므로 결과적으로 그 양자의 결함을 그대로 지니고 있다.

④ 법 력 설 : 법력설(法力說)은 생활이익의 충족을 위해 법이 부여한 법률상의 힘을 권리의 본질이라고 한다. 메르켈은 이익설을 발전시켜 권리란 특정한 이익을 위해 특정인에게 주어진 법률상의 힘이라고 보았다. 보호받을 이익이 없이 권리는 발생하지 않지만 권리는 구체적인 이익이 있든 없든 간에 존재한다. 따라서 이익은 재산적 이익뿐 아니라 생명권·환경권 등과 같은 비재산적 이익도 포함된다.

⑤ 권리부인설 : 콩트(A. Comte, 1798~1857)와 뒤기는 권리의 형이상학적 개념을 부인하고 실증주의와 사회연대주의의 입장에서 법은 의무를 중심으로 형성되어야 하고, 권리를 중심으로 하여서는 안 된다고 주장하며 권리본위사상에 반대하였다. 권리는 일종의 사회적 기능에 불과한 법적 의무의 반사적 형태에 지나지 않는다는 것이다. 그러나 법률관계에서 의무본위를 강조하고 권리의 적극적인 가치를 부인하는 것은 법 자체를 부인하는 결과가 된다.

⑥ 결 어 : 법력설은 권리의 본질을 법률상 주어진 힘이라고 정의하고, 이 힘을 주장하는 수단을 개인의 의사로 보고 동시에 이 힘을 인정하는 목적을 이익이라고 한다. 법력설은 의사설과 이익설의 결점을 보충한 것으로서 권리에 대한 일반적 견해이다.

권·직무라고 부르기도 한다. 권리는 대등한 상대적 관계로서 특정한 내용에 대한 것이나 권력은 일방적인 명령복종 관계의 절대적·포괄적인 지배라는 점에서 권리와 구별된다.

(2) 반사적 이익·법률상 보호이익

반사적 이익(reflective interests)은 법규가 권리를 부여하였기 때문에 직접 받는 이익이 아니라, 법규가 사회 일반을 대상으로 정한 규정의 반사적 효과로서 받는 간접적인 이익으로서 반사권이라고도 한다. 바꾸어 말하면 법시행의 결과 그 반사로서 간접적으로 일정한 이익을 누릴 뿐, 그것을 권리로서 적극적으로 청구할 수 없는 권리를 말한다. 반사적 이익은 권리, 법률상 이익, 사실상 이익 등보다 좁은 의미의 이익을 말한다. 권리와 반사적 이익의 구별의 필요성은 권리는 행정쟁송의 대상이 되나 반사적 이익은 행정쟁송으로 구제받을 수 없다는 점에 있다. 예를 들면 공원을 조성하면 개인은 그 곳에서 휴식을 취하는 이익을 누리지만 공원의 조성을 요구할 권리가 없다. 또한 영업허가를 받은 기존업자가 후발업자의 신규영업허가로 자기 이익을 침해받는다는 이유로 그 영업허가 취소청구를 할 수 없다.[1]

법률상 보호이익은 개인의 이익을 보호하는 명문의 규정이 없더라도 법의 목적상 순수한 공익에 해당하지 않고 개인의 구체적 이익을 법률상 보호할 가치가 있는 사실상 이익을 말한다. 법률상 보호이익은 공권의 확대추세에 따라 반사적 이익과는 달리 직접적 이익을 말한다. 법률상 보호이익은 공권과 반사적 이익의 중간 영역의 이익으로서 재판을 통해 구제받을 수 있는 법적 권리이다.[2] 예를 들면 건축법에 의해 주거지역 내에서 연탄공장 건축허가 제한으로 인근주민이 받는 보호이익[3]은 법률상 이익으로 보호하여야 한다. 또한 도로의 용도폐지 처분으로 인하여 직접적인 이해관계를 가지는 사람이 그와 같

---

1) 대법원 1963. 8. 31. 선고 63누101 판결.

2) 법률상 보호되는 이익이란 당해 행정처분의 근거 법률에 의하여 보호되는 직접적이고 구체적인 이익을 말하고, 제3자가 당해 행정처분과 관련하여 간접적이거나 사실적·경제적인 이해관계를 가지는 데 불과한 경우는 여기에 포함되지 아니한다(대법원 1999. 10. 12. 선고 99두6026 판결).

3) 대법원 1975. 5. 13. 선고 73누97 판결.

은 이익을 현실적으로 침해당한 경우에는 그 취소를 청구할 법률상 이익이 있다.[1] 권리·법률상 보호이익·반사적 이익 등의 구분은 인권보장 및 복지국가의 발달, 공권의 확대 등으로 사실상 구별의 실익이 없어 정당한 권리로서 보호되고 있다.

Ⅲ. 권리의 분류

권리는 일반적으로 법을 공법과 사법의 이원적 체계의 구별에 대응하는 공권·사권으로 양분하고, 양자를 혼합하여 사회법에 의한 사회권(생존권)으로 분류한다. 사회권은 복지국가의 발달에 따라 적극적인 청구권으로 발전을 하고 있다. 공권·사권·사회권의 성질과 형태는 사법과 공법·사회법의 관계에 따르는 것이 일반적이다. 권리의 분류는 로마법의 사법분야에서 발달하였고, 그 후 근대 국가의 성립에 따라 사권과 다른 공권력 이론이 발전하였다. 권리의 분류는 일반적으로 사권의 분류 방법이 기본이고, 사권의 분류가 이 공권의 분류보다 한층 정밀하고 체계적이다.

1. 공   권

공권이란 공법관계에서 당사자가 갖는 권리를 말한다. 공권은 사권과는 달리 지배권으로서 명령·복종의 특성이 있다. 공권은 국내법상 공권과 국제법상 공권으로 나눈다.

(1) 국내법상의 공권

국가·공공단체 및 개인이 공법관계에서 갖는 권리, 특히 통치관계에서 갖는 권리이다. 공권은 사권과 달리 강행규정을 내용으로 하므로 공권은 개인 당사자의 합의에 의해 변경될 수 없다. 공권에는 국가 및 공공단체가 지배자로서 국민에 대해 갖는 국가적 공권과 국민이 국가 또는 공공단체에 대하여 갖는 개인적(국민적) 공권이 있다.

1) **국가적 공권**   국가적 공권이란 국가나 공공단체가 통치자로서 국민

---

1) 대법원 1992. 9. 22. 선고 91누13212 판결.

에게 명령·강제할 수 있는 지배권으로서 공권력이라고도 한다. 국가적 공권
은 작용을 기준으로 하여 입법권·행정권·사법권 등으로 나뉘고, 또한 권리
의 목적을 표준으로 하여 행정조직권·재정권·군정권(軍政權)·형벌권·경찰
권·공기업권 등으로 분류되고, 권리의 내용에 따라 명령권(하명권)·강제권·
형성권 등으로 구분된다.

  2) 개인적 공권   개인적(국민적) 공권이란 국민이 국가에 대해서 가지
는 기본적 권리이고 헌법에 의해 보장된 인권을 뜻한다. 이 권리는 ① 인간의
존엄과 가치·행복추구권, ② 평등권, ③ 자유권적 기본권, ④ 생존권적 기본
권, ⑤ 청구권적 기본권, ⑥ 참정권 등으로 크게 분류된다. 개인적 공권은 그
특성에 따라 자유로운 행사가 제한되어 사권처럼 자유롭게 양도·이전·포기
등을 할 수 없으며 압류가 금지되는 경우도 있다.1) 공권은 권리인 동시에 의
무라는 상대적 성질을 갖고 있으며 당사자의 합의에 의해 변경할 수 없는 것
이 사적 자유를 원칙으로 하는 사권과 구별된다.

  (2) 국제법상의 공권

  국제법상의 공권이란 국가가 국제법상의 주체로서 갖는 권리로서, 독립
권·평등권·자위권·자존권·외교권 등으로 분류된다.

  2. 사   권

  사권이란 사법상의 권리로서 개인 상호간의 재산과 신분관계에서 인정되는
개인적 권리를 말한다. 사권은 인격 대 인격의 서로 대등한 위치에서 자유로운
의사에 의해 권리를 행사하는 것이 원칙이며 자율과 책임을 수반하는 사적 자
치원칙이 보장된다. 사권관계는 국가 또는 공공단체가 통치관계를 떠나서 개인
과 대등한 지위에서 비권력적 행위를 하는 경우에도 성립한다(물품의 구매). 사권
의 분류는 권리 분류의 일반적인 기초가 되고 있다.

  사권의 분류는 ① 권리의 내용에 따라 인격권(생명권, 명예권)·신분권(친족

---

  1) 공무원의 봉급권은 양도·압류·담보 등에 제공할 수 없다. 다만 연금권은 일정한 경우
    담보·체납처분의 대상이 될 수 있다(공무원연금법 제32조). 공권의 이전은 행정청의 허
    가나 인가를 조건으로 이전이 가능한 경우가 있다. 선거권이나 소권은 포기할 수 없다(대
    법원 1961. 11. 2. 선고 4293행상60 판결).

권, 상속권)·재산권(물권·채권·지식재산권)·사원권(주주의 권리), ② 효력 범위
에 따라 절대권(인권, 물권)·상대권(특정인에게만 행사권)·기대권(희망권, 조건부
권리), ③ 권리의 이전 가능성에 따라 일신전속권(인격권)·비전속권(재산권), ④
권리의 독립성에 따라 주된 권리(원본채권)·종된 권리(이자채권)로 각각 구분할
수 있다. 절대권은 모든 사람이나 물건에 대해 적용할 수 있으나 상대권은 일
정한 사항에 제한적으로 적용된다. 절대권과 상대권은 법규정에서 강행규정(물
권법상 물권법정주의)과 임의규정(채권법상 계약행위)에서 각각 발생한다. 또한 일
신전속권과 비전속권은 권리의 양도성·상속성 또는 인격적 가치 등의 유무에
따라 구분한다. 특히 권리의 작용과 효력에 따른 ① 지배권, ② 청구권, ③ 형
성권, ④ 항변권, ⑤ 기대권, ⑥ 감시권 등의 분류는 권리의 속성을 보여 주는
것이다. 사권을 분류하면 다음 표와 같다.

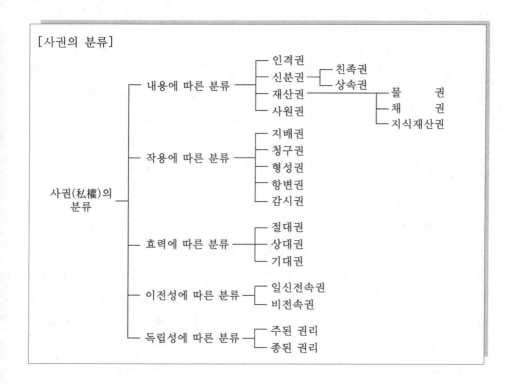

[사권의 분류]

(1) 지 배 권
지배권은 타인의 행위를 개입하지 않고 물건에 대해서 직접 지배·구속하

는 절대적 권리로서 권리의 객체를 배타적으로 지배하는 절대적 집행권이다. 지배권은 대내적으로 직접 명령·강제권을 행사하고 대외적으로 배타적 권리를 지닌다. 지배권은 의무자의 이행 없이 직접 권리의 내용을 실현할 수 있으므로 다른 권리의 작용보다 강력한 직접적인 독점력을 가지며 이에는 물권·친권자의 보호권 등이 있다. 지배권은 청구권이나 항변권보다 우위에 있는 절대권이고 대세권(對世權)이다.

(2) 청 구 권

청구권은 특정인(채권자)이 다른 특정인(채무자)에게 일정한 행위(작위·부작위)의 요구를 청구하는 권리이다. 청구권은 권리를 확인하는 주장과 달리 자기의 권익을 청구하는 것이다. 청구권은 청구권의 근원인 권리와 결합하고 있어 권리와 분리해서 청구권만을 양도할 수 없다. 청구권의 실현을 위해서는 타인의 행위를 필요로 하는 점에서 물건을 직접 장악하는 지배권과 다르다. 동일한 목적을 가진 다수의 청구권이 공존하는 청구권 경합에 있어서 그 우선순위가 문제가 된다. 청구권에는 물권적 청구권과 채권적 청구권이 있다. 청구권은 상대권으로서 일종의 처분적 성질을 갖고 채권에 속하지만 채권과 구별된다. 채권은 청구권을 주요 내용으로 하지만 취소권·항변권 등도 포함하고 있다. 청구권은 물권·채권·가족권 등에도 발생하여 양도의 제약을 받는 대인권이나, 채권은 특정인에게만 일정한 급부를 요구할 수 있고 원칙적으로 양도가 가능하다.

(3) 형 성 권

형성권(Gestalltungsrecht)은 권리자의 일방적 의사표시(취소권, 동의권) 또는 법원의 판결(혼인취소권)에 의해 법률관계의 형성인 발생·변경·소멸 등의 법적 변화를 일어나게 하는 권리이다. 형성권은 법률효과의 요인인 동시에 법률효과를 발생시키는 권리로서 가능권이라고도 한다. 형성권은 새로운 법률관계를 형성한다는 점에서 복종관계의 지배권과 다르고 타인의 행위를 개재시키지 않는다는 점에서 청구권과 다르다. 형성권은 상대방의 행위에 구속력을 주는 것이 아니라 새로운 법률효과의 요인이 되는 권리이다. 공무원의 파면처분이 부당하다는 법원의 판결이 곧 공무원의 원상복직을 명하는 구속력은 없고 해당기관에게 복직심의를 거쳐 새로운 임명관계를 기대하는 것이 형성권이다. 형성권의 행사는 법률행위(취소·추인)와 준법률행위(확인·통지), 사실행위(어업권의 취득) 등으로 나타난다. 전세금청구권, 매매대금감액청구권(민법 제572조 1항), 공작물 매수청구권(민법 제283조 2항) 등은 청구권이라 불리지만 형성권에 해당한다.

(4) 항 변 권

항변권은 타인의 청구권 행사에 대해 그 청구를 거절할 수 있는 권리로서 청구거부권 또는 반대권이라고도 한다. 항변권은 상대방의 권리를 일반적으로 인정하면서 그 법률효과의 일방적인 변경을 요구하는 것이다. 항변권은 상대방의 권리를 승인하면서도 그 권리의 작용을 저지하는 것으로서 상대방의 공격에 대한 방어에 그치는 소극적인 점에서 지배권이나 청구권과 구별된다. 예를 들면 부동산 매매계약에서 잔금지급이 지체되는 경우 소유권 이전등기 이행의 연기로서 항변하는 것이다. 소송법상의 항변권은 실체법상 항변권의 범위 내에서 권리행사를 저지할 수 있다. 보증인의 최고(催告) 및 검색(檢索)의 항변권(민법 제437조),[1] 쌍무계약에 있어서 동시이행의 항변권(민법 제536조)[2] 등이 이에 속한다.

(5) 기 대 권

기대권은 권리의 성립요건의 일부만 갖추고 나머지 요건이 장차 실현되면 권리를 행사할 수 있는 상태에 대해 법이 보호해 주는 희망권을 말한다. 기대권은 장래에 권리를 취득할 수 있는 가능성이고 확정적 권리는 아니다. 예를 들면 조건부 권리(민법 제148조), 할부판매에서 대금완불 전에 매수인이 갖는

---

1) 보증인이 채권자에게 먼저 주채무자가 채무를 이행할 수 있는지를 알아보라고 주장할 수 있는 권리를 최고·검색의 항변권이라 한다. 최고의 항변권이란 채권자가 보증인에게 채무의 이행을 청구하였을 경우, 보증인은 채무자가 변제능력이 있는 사실 및 그 집행이 용이한 것을 증명하여 먼저 주채무자에게 청구할 것을 요구하는 권리이고, 또한 주채무자에 대해서 집행할 것을 청구하는 것을 검색의 항변권이라 한다. 보증채무는 주채무자가 변제하지 않을 때 비로소 변제하는 종된 채무이므로 보증인은 채권자에 대해 최고의 항변권과 검색의 항변권을 가진다(민법 제437조~제438조).

2) 동시이행의 항변권이란 쌍무계약의 당사자 일방은 상대방이 채무이행을 제공할 때까지 자기의 채무이행을 거절할 수 있는 권리를 말한다. 이는 쌍무계약에서 공평의 원칙상 인정되는 것으로서 계약 양쪽의 채무는 서로 대가적 관계에 있기 때문이다. 항변권이 있는 한 상대방의 채무이행을 거절해도 채무불이행은 발생하지 않으며, 유치권과 그 취지를 같이한다.

소유권취득 기회, 상속개시 전의 추정상속인의 지위 등의 이익을 말한다.

(6) 감 시 권

감시권은 법인의 업무가 부정 또는 부당하게 집행되는 일이 없도록 구성원 스스로 감시·검사하는 권리이다. 감시권은 시정요구와 책임추궁을 통한 집행권에 대한 통제권을 뜻한다. 감시권은 개인과 법인의 이익을 위해 필요할 뿐만 아니라 공익에도 부합하므로 구성원으로서 고유의 권리인 동시에 이를 성실히 수행해야 할 의무이다. 감시권에는 감사의 감사권(민법 제67조, 상법 제412조), 조합원의 조합 업무·자산상태 검사권(민법 제710조), 유한책임사원의 회사 회계장부·대차대조표의 열람권과 회사 업무·재산상태의 감시권(상법 제277조) 등이 있다.

제 2 절 의 무

Ⅰ. 의무의 개념

의무는 자신의 의사와 관계없이 일정한 작위 또는 부작위를 강제당하는 법률상의 구속을 의미한다.[1] 권리가 법률상의 힘이며 그 내용이 특정한 권익인 데 비하여, 의무는 법적 구속이며 내용은 특정한 불이익이다. 권리와 의무는 별개가 아니라 상호 불가분의 관계이며 권리행사에 대한 책임으로서 권리는 의무를 전제로 한다. 의무는 일방적 부담이 아니라 권리행사를 위한 과정이고 권리는 이에 상응하는 의무가 따름으로써 권리와 의무는 형평이 유지된다. 권리의 행사에 앞서 의무의 이행이 강조되어야 하고 의무 불이행은 위법

---

1) 의무의 본질에 관한 학설은 다음과 같다.
　① 의 사 설 : 의무는 법에 의한 의사의 구속이라고 한다. 그러나 의사능력이 없다고 하여 의무를 면제할 수 없다.
　② 책 임 설 : 의무를 법률상 책임으로 보는 견해로서 의무와 책임을 혼동하고 있다. 의무와 책임은 항상 결합되는 것이 아니고 책임 없는 의무(소멸시효 완성 이후의 채무)도 있다.
　③ 법적 구속설 : 의무란 의무자의 의사와 관계없이 일정한 구속력을 갖는다는 것으로서 다수설이다. 권리는 포기가 가능하나 의무는 포기할 수 없는 법적 구속력이 있는 것이다.

행위가 되어 법적 제재가 따른다. 의무는 작위(국방의 의무), 부작위(퇴거 의무), 급부(납세의 의무), 수인(受忍)(재산권 행사의 제한) 등의 의무를 내용으로 한다. 공법상 의무는 당사자의 자유로운 법률관계로 성립되는 것이 아니라 법령에 의해 일방적으로 발생한다는 점에서 사법상의 의무와는 다르다. 공법상 권리에도 의무가 동반하는 권리가 있다. 재산권의 보장과 그 행사의 의무(헌법 제23조)·교육권(헌법 제31조)·근로권(헌법 제32조) 등은 권리인 동시에 의무의 성질을 함께 갖고 있으며, 특히 참정권의 행사를 위해 투표권의 의무를 강조하기에 이르렀다. 사법상 친권은 권리인 동시에 의무이다(민법 제913조).

법률상 의무를 특정인에게 준다고 하여 반드시 상대방에게 이에 상응하는 권리를 주는 것은 아니다. 권리와 의무는 각각 독립된 존재이지만 권리가 있는 곳에는 언제나 이에 따른 의무가 있다. 이와 달리 의무가 있는 경우에 반드시 이에 대응하는 권리가 존재한다고 할 수 없다. 의무는 보람과 영광의 길이라 한다. 모든 공직자는 선거에서 정치적 중립의무가 있기 때문에 대통령도 국정의 최고책임자로서 정치적 중립의무가 있다.[1] 공무원은 국민 전체에 대한 봉사자(헌법 제7조)로서 특별행정법 관계에 의해 본연의 임무에 충실하도록 직무상 특별의무를 갖는다.

고객에 대해 높은 사회적 책임을 지는 변호사[2]·의사(한의사)[3]·약사[4]·

---

1) 대통령은 헌법기관으로서의 지위에서 직무를 수행하는 때에는 원칙적으로 정당정치적 의견표명을 삼가야 하며, 나아가 대통령이 정당인이나 정치인으로서가 아니라 국가기관인 대통령의 신분에서 선거관련 발언을 하는 경우에는 선거에서의 정치적 중립의무를 받는다(헌법재판소 2004. 5. 14. 선고 2004헌나1 결정).

2) 소송대리를 위임받은 변호사는 그 수임사무를 수행함에 있어 전문적인 법률지식과 경험에 기초하여 성실하게 의뢰인의 권리를 옹호할 의무가 있으며, 구체적인 위임사무의 범위는 변호사와 의뢰인 사이의 위임계약의 내용에 의하여 정하여지는 것이지만, 위임사무의 종료단계에서 패소판결이 있었던 경우에는 의뢰인으로부터 상소에 관하여 특별한 수권이 없는 때에도, 그 판결을 점검하여 의뢰인에게 불이익한 계산상의 잘못이 있다면 의뢰인에게 그 판결의 내용과 상소하는 때의 승소가능성 등에 대하여 구체적으로 설명하고 조언하여야 할 의무가 있다(대법원 2004. 5. 14. 선고 2004다7354 판결).

3) 의사는 환자에 대해 진료 의무, 비밀준수 의무, 진료기록 의무, 설명의무, 주의의무 등이 있다. 특히 의사의 설명의무는 의사가 환자에게 수술 등 침습(侵襲)을 가하는 과정 및 그 후에 나쁜 결과 발생의 개연성이 있는 의료행위를 하는 경우 또는 사망 등의 중대한 결과 발생이 예측되는 의료행위를 하는 경우에 있어서 응급환자의 경우나 그 밖에 특단의 사정이 없는 한 진료계약상의 의무 내지 침습 등에 대한 승낙을 얻기 위한 전제로서 일반적으로

간호사1) 등은 직업윤리상 권리의 주장보다 의무 이행을 강조하는 대표적인
직업군으로서 일반적으로 상대방에게 ① 업무에 관한 설명 의무, ② 업무에
대한 최선의 의무, ③ 비밀준수 의무, ④ 기록 의무 등이 있다. 특히 수임자로
서 업무에 대한 최선의 의무는 업무결과 발생을 예견할 의무와 잘못된 결과
발생을 방지할 의무를 포함한다. 이에 대해 위임자는 위임한 업무의 진행을
위해 ① 협력의무, ② 고지의무, ③ 수수료 지급의무 등을 가짐으로써 위임자
와 수임자는 형평의 대등한 관계를 이룬다.

교통사고로 인하여 사람을 사상(死傷)하거나 물건을 손괴한 때에는 그 차
의 운전자나 승무원은 즉시 구호조치와 사고발생을 신고할 의무가 있다(도로교
통법 제54조).2) 따라서 교통사고 구조의무 불이행자(뺑소니 또는 도주차량)3)는 처

행해진다. 그러나 의료행위에 따르는 후유증이나 부작용 등의 위험발생 가능성이 희소하다
는 사정만으로 의사의 설명의무가 면제될 수 없으며, 그 후유증이나 부작용이 당해 치료행
위에 전형적으로 발생하는 위험이거나 회복할 수 없는 중대한 것인 경우에는 그 발생가능성
의 희소성에도 불구하고 설명의 대상이 된다(대법원 2002. 10. 25. 선고 2002다48443 판결).
4) 약사로서는 사용설명서에 부작용에 대한 경고가 표시되어 있는 의약품을 단순 판매하
는 경우와는 달리 감기약을 조제함에 있어 조제 전에 스트븐스-존슨 증후군 등 부작용의
발생가능성을 미리 설명하여 부작용의 존재를 알 길이 없던 환자측의 승낙을 받아야 하
는 것이고, 그 발생가능성이 극히 희소하다는 점만으로는 그와 같은 설명의무가 면제된다
고 할 수는 없다(대법원 2002. 1. 11. 선고 2001다27449 판결).
1) 의사의 잘못된 처방을 확인하지 않고 엉뚱한 약을 주사해 환자를 의식불명의 상태에 빠
지게 한 간호사에게 기계적으로 처방에 따르기 전에 처방 내용을 다시 확인하여 사고를
막기 위한 주의를 제대로 기울이지 않은 간호사의 배상책임을 인정하였다(대법원 2009.
12. 24. 선고 2005도8980 판결).
2) 교통사고 발생시의 구호조치의무 및 신고의무는 교통사고 발생 운전자에게 고의・과실
혹은 유책・위법 유무에 관계없이 부과된 의무이므로 당해 사고의 귀책사유가 없는 경우
에는 위 의무가 없다 할 수 없고, 또 위 의무는 신고의무에만 한정되는 것이 아니므로 타
인에게 신고를 부탁했어도 현장을 이탈한 경우 그 의무를 다한 것이라고 할 수 없다(대법
원 2002. 5. 24. 선고 2000도1731 판결).
3) ① 교통사고 피해자의 병원이송 및 경찰관의 사고현장 도착 이전에 사고운전자가 사고
현장을 이탈하였다면, 비록 그 후 피해자가 택시를 타고 병원에 이송되어 치료를 받았다
고 하더라도 운전자는 피해자에 대한 적절한 구호조치를 취하지 않은 채 사고현장을 이
탈하였다고 할 것이어서, 설령 운전자가 사고현장을 이탈하기 전에 피해자의 동승자에게
자신의 신원을 알 수 있는 자료를 제공하였다고 하더라도 피고인의 이러한 행위는 '피해
자를 구호하는 등 조치를 취하지 아니하고 도주한 때'에 해당한다(대법원 2004. 3. 12. 선
고 2004도250 판결).

벌을 받는다(특정범죄 가중처벌 등에 관한 법률 제5조의3). 또한 운전자는 파란 교
통신호가 깜박거리는 횡단보도에서도 보행자를 보호할 적극적 의무가 있다.[1]

의무는 책임과 구별되는 개념이다. 책임은 의무위반으로 말미암아 형벌·
강제집행·손해배상 등의 제재를 받게 되는 기초이다. 의무는 책임을 수반함
으로써 그 구속성이 확보되는 것으로 책임은 의무의 담보이다. 그런데 의무가
책임을 수반하지 않는 경우로서 책임 없는 의무가 존재한다. 이러한 채무를
자연채무라 한다. 자연채무란 채무자가 자발적으로 변제를 하면 유효한 변제
가 되지만 변제를 하지 않는 경우에 채권자가 법원에 청구소송을 제기할 수
없거나 승소판결을 받아도 강제집행을 할 수 없는 채무를 말한다. 예를 들면
도박판에서 오고간 돈은 위법행위에 의한 급부행위로서 불법원인급여에 해당
하여 이를 청구할 수 없다.

II. 의무의 분류

의무에는 인간이기에 갖는 자연적 의무인 보편적 의무(사랑, 효도)와 합의
로써 발생하는 법적 의무가 있다. 자연적 의무는 합의에 의한 의무가 아닌 도
덕적 의무이나, 법적 의무는 공동체의 구성원으로서 발생하는 연대성의 포괄
적 의무로서 준법의무이다. 국민의 준법의무는 헌법에 이를 규정하지 않았으
나 주권자로서 모든 국민은 당연히 법을 준수할 의무가 있다.[2] 의무는 공권과
사권에 대응하여 공법상 의무와 사법상 의무로 분류할 수 있다. 공법상 의무
로는 납세의 의무(헌법 제38조), 국방의 의무(헌법 제39조), 교육의 의무(헌법 제31
조), 근로의 의무(헌법 제32조), 환경보존의 의무(헌법 제35조),[3] 재산권행사의 공

---

② 교통사고 야기자가 피해자를 병원으로 데려다 준 다음 피해자나 병원측에 아무런 인
적 사항을 알리지 않고 병원을 떠났다가 경찰이 피해자가 적어 놓은 차량번호를 조회하
여 신원을 확인하고 연락을 취하자 2시간 쯤 후에 파출소에 출석한 경우 도주에 해당한
다(대법원 1999. 12. 7. 선고 99도2869 판결).

1) 녹색등 점멸신호는 보행자가 준수하여야 할 신호일 뿐이지 운전자가 부담하는 보행자
보호의무에 관해 영향을 미칠 수는 없다(대법원 2009. 5. 14. 선고 2007도9598 판결).

2) 헌법재판소 2002. 4. 25. 선고 98헌마425 결정.

3) 헌법 제35조는 "모든 국민은 건강하고 쾌적한 환경에서 생활할 권리를 가지며, 국가와
국민은 환경보전을 위해 노력하여야 한다"고 규정하였다. 환경보전 의무는 "노력하여야

공복리의 의무(헌법 제23조)[1] 등이 있으며, 이를 국민의 기본의무라고 한다. 기본적 의무는 국민 개인이 통치권의 대상으로서의 지위에서 부담하는 의무이다. 한편 사법상 의무로는 민법이 규정한 신의성실의 원칙과 권리남용 금지의 의무(민법 제 2 조), 부부간의 의무(민법 제826조),[2] 친권상의 의무(민법 제913조)[3] 등이 있다.

　　의무의 내용을 표준으로 적극적 의무와 소극적 의무로 분류할 수 있다. 적극적 의무는 어떤 행위를 할 것을 내용으로 하는 의무로서 법의 명령규정에 의해 발생하는 행위의무이며 금전채무, 물건의 반환의무 등이 이에 속한다. 소극적 의무는 어떤 행위를 하지 않을 것을 내용으로 하는 의무로서 법의 금지규정에 의해 발생하는 부작위의무이다. 소극적 의무의 내용이 되는 부작위에는 단순부작위(무단횡단 금지 의무)와 용인(인용)이 있다. 용인은 타인의 일정한 행위를 참고 이의를 제기하지 않는 부작위 의무이다. 예를 들면 매연 등의 방산물이 이웃 토지의 통상적인 용도에 해당한 경우는 이웃 거주자는 이를 용인할 의무가 있다(민법 제217조 2항). 하지만 용인의 의무에도 한계가 있으며 용인으로 피해가 발생하면 법적 책임이 뒤따른다. 또한 의무는 목적 달성에 필수적 의무이냐의 여부를 기준으로 주된 의무와 부수적 의무로 구분된다. 예를 들면 매매계약에 있어서 매도인의 목적물 이전 의무와 매수인의 대급지급 의무는 주된 의무이고, 매도인의 목적물 이전까지의 선량한 관리자의 의무와 매수인의 공과잡비 부담의무는 부수적 의무이다.[4]

한다"고 규정하여 도덕적 의무로 볼 수 있으나 헌법상 강제할 수 있는 법적 의무이다(김철수, 헌법개설, 박영사, 2007, p. 218).

1) 헌법 제23조 제 2 항은 "재산권의 행사는 공공복리에 적합하도록 하여야 한다"고 규정하여 재산권을 남용하지 않을 의무, 토지를 적극적으로 이용·개발할 의무, 민법상 권리남용의 금지 등을 내용으로 한다. 특히 농지와 산지 기타 국토의 효율적 이용을 위해 농지소유권, 묘지의 면적 제한 등을 법률로써 제한하고 있다.

2) 민법 제826조 제 1 항은 "부부는 동거하며 서로 부양하고 협조하여야 한다. 그러나 정당한 이유로 일시적으로 동거하지 아니하는 경우에는 서로 인용하여야 한다"고 규정하였다.

3) 민법 제913조는 "친권자는 자를 보호하고 교양할 권리·의무가 있다"고 규정하고 있다.

4) 채무불이행을 이유로 매매계약을 해제하려면 당해 채무가 매매계약의 목적 달성에 있어 필요 불가결하고 이를 이행하지 아니하면 매매계약의 목적이 달성되지 아니하여 매도인이 매매계약을 체결하지 아니하였을 것이라고 여겨질 정도의 주된 채무(주된 의무)이어야 하고 그렇지 아니한 부수적 채무(부수적 의무)를 불이행한 데에 지나지 아니한 경우

제3절 권리·의무의 주체와 객체

Ⅰ. 법적 주체

법적 주체란 권리·의무가 귀속하는 법률관계의 평등한 주체로서 법적 인격체를 말한다. 법적 주체는 인간에만 한하는 것이 아니고, 독자적인 사회생활을 영위하는 사람의 단체 또는 재산의 집단도 법적 인격자로서 권리능력을 갖기 때문에 자연인과 법인을 포함한다. 인공지능의 전자인간에게도 법인과 같이 법 인격성을 부여하기도 한다(유럽연합). 따라서 법조문에서 '··· 한 사람'이라고 표시된 법적 인격체는 자연인뿐 아니라 특별한 경우를 제외하고는 법인 및 외국인도 포함한다. 한편 권리·의무의 객체란 권리 또는 의무의 목적으로서 지배되는 대상을 말하며 사람의 행위·명예·재산권 등도 대상이 된다.

Ⅱ. 법 인

법인이란 자연인이 아니면서 권리·의무의 주체로서 법이 인정한 자를 말한다. 법인은 자연인 고유의 권리·의무에 관계되는 것을 제외하고는 자연인과 동일하게 사회적 실체로서 자기 고유의 권리와 목적을 갖고 법률행위를 한다. 법인 설립에 관한 입법주의에서1) 민법은 허가주의를 채택한 결과 법인 설립에는 법률이 정한 요식행위를 갖추어야 한다. 법인은 정관에 의해 집행기관

에는 매매계약의 전부를 해제할 수 없다(대법원 1997. 4. 7. 선고 97마575 판결).

1) 법인 설립에 대해서 다음과 같은 입법주의가 있다.

　① 자유설립주의: 법인의 설립은 아무런 제한 없이 설립신고로써 가능하다.

　② 준칙주의: 법인 설립의 요건을 미리 법률이 규정하고 그 요건이 충족되면 당연히 법인설립이 가능하다(영리법인, 노동조합).

　③ 허가주의: 법인 설립에서 행정관청의 허가를 필요로 하는 경우로서 허가는 행정관청의 재량이다(민법 제31조).

　④ 인가주의: 법이 규정한 설립요건을 갖추고 행정관청의 인가를 받음으로써 법인 설립이 가능하다(학교법인).

　⑤ 특허주의: 법인 설립을 위해 특별법의 제정이 필요하다(국책은행, 공법인).

　⑥ 강제주의: 법인 설립을 국가가 강제하는 경우이다(변호사회, 의사회).

으로서 대표와 이사, 감독기관으로서 감사, 의사결정기관으로서 총회 등의 필수적 기관을 두어야 한다. 법인의 대표기관에는 이사, 임시이사, 특별대리인, 청산인 등이 있다. 법인은 대표기관을 통해 대외활동을 하며, 대표기관의 법률행위는 법인 자신의 행위로서 법인이 책임을 진다. 그러나 법인의 행위능력을 벗어난 대표기관의 행위는 개인의 행위가 되며, 개인행위라고 하더라도 직무상 행위로 인정되면 법인 대표자의 행위에 해당할 것이다.[1]

　　법인의 종류는 공법인 · 사법인 또는 영리법인 · 비영리법인 그리고 사단법인 · 재단법인 등으로 구분할 수 있으며,[2] 다음의 표와 같다. 사단법인이나 재단법인은 영리목적이 아닌 사회 일반의 이익(장학사업, 학술 · 예술사업, 자선사업)에 이바지하기 위해 설립된 공익법인이다(민법 제32조, 공익법인의 설립 · 운영에 관한 법률 제 2 조). 사단법인은 일정한 목적과 조직으로 결합된 사람의 단체로서 일반회사와 달리 영리추구를 목적으로 하지 않는다. 재단법인은 공익적 목적을 위해 바쳐진 일단의 재산관리 기구로서 비영리적 단체이다. 사단법인은 인적 결합관계인 점에서 조합과 유사하나 단체성이 강하다는 점에서 조합과 구별된다.[3] 또한 사단법인은 경제적 약자인 농어민이나 중소 상인, 소비자들이

---

1) 행위의 외형상 법인의 대표자의 직무행위라고 인정할 수 있는 것이라면 설사 그것이 대표자 개인의 사리를 도모하기 위한 것이었거나 혹은 법령의 규정에 위배된 것이었다 하더라도 위의 직무에 관한 행위에 해당한다고 보아야 한다(대법원 2004. 2. 27. 선고 2003다15280 판결).

2) 공법인은 공익적 목적에 의해 설립 · 조직되고 국가의 감독을 받는다. 공법인은 공법적 규제를 받는데 비하여 사법인은 사법의 적용을 받고 사적 자치의 원칙이 보장된다. 영리법인과 비영리법인은 법인의 목적이 영리 추구의 여부에 따라 구분된다. 공익적 사업을 하더라도 이익을 목적으로 하면 영리법인이다. 비영리법인은 학술 · 종교 · 사교 등 영리가 아닌 사업을 목적으로 하는 민법상 사단법인이다. 비영리법인이라도 재단사업의 목적을 위해 한정적으로 영리사업이 가능하다(학교법인의 수익사업, 병원의 진료비 등). 비영리법인으로서 사단법인과 재단법인은 구성요소에 따라 구분된다.

3) 사단은 사람과 같은 권리의무의 주체인 법인으로서 단체성을 갖고 사단이라는 단체가 구성원을 대표하여 표면에 나타난다. 사단은 단체성이 강하여 구성원은 개성을 상실하고 총회를 통해 단체의 운영에 참여하고 사단의 자산이나 부채도 모두 사단 자체에 속한다. 그러나 조합은 조합원이 상호출자하여 공동사업을 약정하는 계약으로서 파트너십(partnership)을 중시한다. 조합의 설립은 엄격한 요식행위를 요하지 않으며 단체적 단일성이 약하여 구성원이 표면에 나선다. 조합은 대리권을 수여받은 자가 운영하고 조합의 재산은 조합원의 합유 형태로서 조합원이 공동으로 부담한다. 단체 명칭이 조합이더라도 조합의 내용이 법인이면 사단법인에 속한다. 특별법에 의해 창립되는 노동조합 · 협동조합 · 공공

직접 조합원으로 참여하여 생산 · 구매 · 판매 · 소비 등의 경제활동을 하는 협동조합[1]과 사회적 기업(social enterprise)[2]과 구분된다.

단체로서의 조직을 구성하고 총회의 운영, 재산의 관리 등을 정관에 기재하여 사단의 실체는 있으나 법인등기를 하지 않아 권리능력이 없는 단체를 법인격 없는 사단이라 한다. 권리능력 없는 사단은 사단법인의 규정이 유추적용되고 단체의 자산은 구성원 전원의 총유이다. 권리능력이 없는 사단에는 지역단체인 자연부락을 비롯하여 종중, 사찰, 교회, 불교신도회, 주택조합, 아파트 주민단체,[3] 채권확보를 위한 청산위원회 등이 있다.

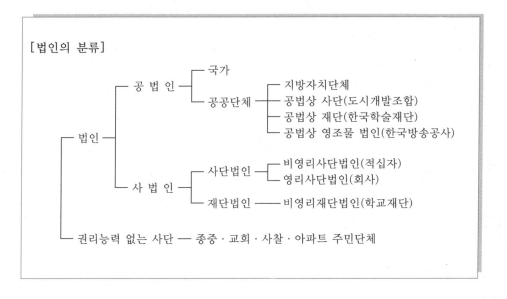

[법인의 분류]

조합 등은 명칭과 달리 사단법인이다.
1) 협동조합은 자본금의 제한이 없고 조합원은 출자액과 관계없이 1인 1표의 의결권을 행사한다. 금융, 보험, 의료 등의 업무를 제외한 모든 분야에서 자유롭게 조합을 설립할 수 있다.
2) 사회적 기업은 취약계층 지역주민의 삶의 질을 높이기 위한 사회적 목적을 추구하기 위해 비영리조직과 영리기업의 중간 형태의 영업활동을 하는 기업이다(사회적기업 육성법 제 2 조).
3) 공동주택 입주자가 구성한 입주자 대표회의는 단체로서의 조직을 갖추고 의사결정기관과 대표자가 있을 뿐 아니라 현실적으로 자치관리 기구를 지휘 · 감독하는 등 공동주택의 관리업무를 수행하고 있으며 특별한 사정이 없는 한 법인격 없는 사단으로서의 능력을 가진다(대법원 1991. 4. 23. 선고 91다4478 판결).

제 4 절   권리의 행사와 제한

Ⅰ. 권리행사의 개념

권리의 행사란 권리자가 자기의 권리를 주장하여 권리의 내용을 구체적으로 실현하려는 행위, 말하자면 권리의 내용인 이익을 향유하려는 행위를 말한다. 권리의 행사는 권리자의 자유에 속하는 것이기 때문에 권리를 행사하든 행사하지 아니하든 또는 이를 포기하든 모두 권리자의 자유이다. 법은 "권리위에서 잠자는 자는 권리자로서 보호할 가치가 없다"고 하여 권리의 불행사는 일정한 불이익을 가져오기 때문에 소멸시효에서와 같이 간접적으로 권리의 행사를 강제하는 경우가 있다. 권리의 주장은 권리에 관해 다툼이 있을 때 권리의 존재를 상대방에게 승인시키는 점에서 권리를 실현하는 권리의 행사와 구별된다. 권리는 상호간의 승인이 있기에 권리로서 존재할 수 있다. 권리는 의무를 전제로 가능하며, 권리행사는 상호간 이익의 조절과 조화를 위한 사회적 책임이 따르는 상대적인 것이다.

Ⅱ. 권리행사의 제한

1. 권리행사의 한계

로마법 시대부터 "자기의 권리를 행사하는 자는 누구에 대하여도 불법을 행사하는 것이 아니다", "자기의 권리를 행사하는 자는 누구도 해치지 아니한다" 등의 법 격언은 사권의 행사는 자유라는 원칙을 표현한 것이다. 권리본위의 개인주의적 시민법에서는 권리의 행사는 권리자의 자유이며 제한이 없고 타인의 관여를 인정하지 않는 자유방임적이다. 또 권리행사의 결과 타인이 불이익을 입는 경우라도 권리행사는 반드시 불법이 아니라는 원리이다. 그러나 개인본위·권리본위를 바탕으로 한 근대시민법은 20세기 사회·경제적 변천의 영향을 받아 권리의 사회성·책임성을 강조하기에 이르렀다.

권리행사의 자유에 대한 수정으로서 자기에게는 이익이 없고 타인을 해칠 목적으로 타인에게 피해를 주는 시카네(chicane, Schikane)금지의 원칙이 있다. 하지만 이것은 악의적인 권리행사의 금지로서 권리행사의 한계와는 거리가 있다. 권리의 사회적 책임성은 권리행사의 상대성과 공공성을 요구함으로써[1] 권리행사의 절대적 자유에 대한 수정이라는 형식으로 사익과 사익, 사익과 공익의 조화를 요청하였다. 헌법이 규정한 재산권 행사의 공공복리 적합성의 원칙에 따라 민법은 제2조 제1항에서 "권리의 행사와 의무의 이행은 신의에 좇아 성실히 이행하여야 한다"고 규정하고, 동조 제2항에서 "권리는 남용하지 못한다"라는 규정을 두어 권리행사에 관한 일반적인 원칙을 명시하고 있다. 이를 신의성실의 원칙(fides servanda, Treu und Glauben, bonne foi, good faith)이라 한다.[2]

2. 신의성실의 원칙

1) 개 념 민법상 신의성실의 원칙과 권리남용 금지의 원칙은 사법 분야는 물론 모든 법의 기본이념으로서, 개인의 권리행사는 신의에 어긋나지 않도록 상대방에게 성실하게 행하여야 한다는 원칙이다. 신의성실의 원칙은 사회생활을 공유하는 공동체 구성원의 사회적 의무와 책임을 강조하는 공동체 의식을 강조한 것이다. 신의성실의 원칙은 로마법의 신의(fides)원칙에서 기원하여 프랑스 민법이 "계약은 신의에 따라서 이행하여야 한다"고 처음으로 명문화하였다(동법 제1134조). 신의성실의 원칙(신의칙)은 법률행위에서 권리의 행사는 신의를 저버리거나 형평성의 원칙에 어긋나게 이행하여서는 안 된다는 권리행사의 한계를 제시한 것이다. 이는 실제적이며 경험적인 법이념으로서 사회의 가치관·윤리관에 따라 결정될 것이지만, 궁극적으로 판례를 통해 사

---

1) 토지를 종래의 목적으로도 사용할 수 없거나 더 이상 법적으로 허용된 토지이용방법이 없어서 실질적으로 사용·수익할 수 없는 경우에 해당하지 않는 제약은 토지소유자가 수인하여야 하는 사회적 제약의 범주 내에 있는 것이고, 그러하지 아니한 제약은 손실을 완화하는 보상적 조치가 있어야 비로소 허용되는 범주 내에 있다(헌법재판소 2005. 9. 29. 선고 2002헌바84등 결정).

2) 신의성실의 원칙은 스위스 민법이 명문으로 규정하여 각국의 입법에 영향을 주었다. 스위스 민법 제2조는 "모든 사람은 권리의 행사와 의무의 이행에 있어서 신의성실에 따라 행동하여야 한다"고 규정하고, 이어 "권리의 명백한 남용은 법률의 보호를 받을 수 없다"고 규정하였다.

회생활의 합리성과 타당성의 원칙을 기준으로 하여 그 내용이 개별적·구체적으로 결정되어야 할 것이다.[1]

대법원은 "법률관계에서 상대방의 신의에 반하여 권리를 행사하는 것이 정의 관념에 비추어 용인될 수 없을 정도의 상태에 이르는 경우는 신의성실의 원칙에 위배된다는 이유로 그 일방적인 권리행사는 부정할 수 있다"고 판시하였다.[2] 권리의 행사가 신의성실의 원칙에 어긋나는 경우는 권리의 남용이 되어 권리의 행사가 허용되지 않고, 의무의 내용이 이에 위반하는 경우에는 의무 불이행의 책임을 지게 된다. 신의성실의 원칙에서 파생된 것으로 사정변경의 원칙과 실효의 원칙이 있다.

2) 사정변경의 원칙   "계약은 지켜야 한다"(pacta sunt servanda)는 원칙에 의해 계약행위는 준수되어야 한다. 그러나 법률행위의 성립 당시에 당사자가 예견하지 않았거나 또는 예견할 수 없었던 중대한 사정변화가 후일 발생한 경우에 본래의 계약대로 이행하는 것은 당사자에게 불공정하고 부당한 것이다. 사정변경의 원칙(clausula rebus sic stantibus)은 중대한 사정변경으로 인해 본래의 약속대로 이행할 수 없는 내용을 적절하게 변경할 수 있다는 원칙이다.[3] 따라서 사정변경의 원칙은 신의성실의 원칙에 의해 당사자가 그 내용을 변경할 것을 상대방에게 청구하거나 또는 해제할 수 있다. 시설변경청구권(민법 제218조 2항), 지상권에서 지료증감청구권(민법 제286조), 증여계약해제청구권(민법

---

1) 아파트 분양자는 단지 인근에 공동묘지가 조성되어 있다거나 쓰레기 매립장의 혐오시설이 건설 예정이라는 사실을 분양 계약자에게 고지할 신의칙상의 의무가 있다(대법원 2006. 10. 12. 선고 2004다48515 판결).

2) 대법원 2002. 3. 15. 선고 2000다13856 판결.

3) ① 사정변경의 원칙의 판례: 회사의 임원이나 직원의 지위에 있기 때문에 회사의 요구로 부득이 회사와 제3자 사이의 계속적 거래로 인한 회사의 채무에 대하여 보증인이 된 자가 그 후 회사로부터 퇴사하여 임원이나 직원의 지위를 떠난 때에는 보증계약성립 당시의 사정에 현저한 변경이 생긴 경우에 해당하므로 사정변경을 이유로 보증계약을 해지할 수 있다(대법원 1990. 2. 27. 선고 89다카1381 판결).
② 사정변경의 원칙을 불인정한 판례: 매매계약을 맺은 때와 그 잔대금을 지급할 때의 사이에 장구한 시일이 지나서 … 애초에 계약할 당시의 금액표시대로 잔대금을 제공한다면 그동안에 앙등한 매매목적물의 가격에 비하여 그것이 현저하게 균형을 잃은 이행이 되는 경우라 할지라도 민법상 매도인으로 하여금 사정변경의 원리를 내세워서 그 매매계약을 해제할 수 있는 권리는 생기지 않는다(대법원 1963. 9. 12. 선고 63다452 판결).

제557조), 임대차에서 임대료 증감청구권(민법 제628조) 등이 그 예이다.

3) 실효의 원칙　　권리자가 권리를 포기한 것으로 인정할 만한 행위를 한 경우 또는 오랫동안 권리를 행사하지 않은 경우는 타인으로 하여금 권리의 행사가 없는 것으로 믿을 만한 정당한 사유가 된다. 그럼에도 본인이 새삼스럽게 그 권리를 행사하는 것은 신의성실의 원칙상 인정할 수 할 수 없다.[1] 이것을 실효의 원칙이라고 하며, 권리행사의 선행 행위에 어긋나는 후행 행위는 상대방의 신뢰를 해치기 때문에 권리자의 상대방을 보호하기 위한 제도이다. 이것은 '선행 행위와 모순되는 행위의 금지 원칙'(venire contra factum proprium) 으로 게르만법의 권리의 불행사로 인한 권리상실 제도와 영미법의 금반언(禁反言, Estoppel)의 원칙[2]과 같은 취지이다.

3. 권리남용 금지의 원칙

1) 개　　념　　권리의 남용이란 외형적으로는 권리의 행사인 것처럼 보이나, 실제로 권리행사의 사회성·공정성에 어긋나기 때문에 신의성실의 원칙에 적합한 권리의 행사로서 인정할 수 없는 부당한 행위를 말한다. 권리의 행사가 사회생활의 통념상 허용될 수 없을 정도로 타인에게 손해를 줌으로써 신의성실의 원칙에 위배되면 권리남용이 될 것이다. 권리행사의 남용 여부를 판단하는 기준은 권리의 사회성이라든가 당사자 간의 이익형량의 원칙, 특별한 기득권의 보호[3] 등이 적용될 것이다. 따라서 권리의 부당한 행사나 정당한 업

---

1) 회사로부터 퇴직금을 수령하고 징계면직 처분에 대해 전혀 다툼이 없이 다른 생업에 종사하여 오다가 징계면직일로부터 2년 10개월이 지난 때에 제기한 해고무효확인의 소는 실효의 원칙에 비추어 허용될 수 없다(대법원 1996. 11. 26. 선고 95다49004 판결).

2) 에스토펄 원칙은 자신의 과거주장과 상반된 주장을 금지하는 것으로 기록, 날인증서, 행위에 의한 금반언 등이 있으나 표시에 의한(by representation) 금반언이 중요하다. 타인이 상대방의 표시를 믿고 행동한 경우 상대방은 후에 자기의 표시가 진실에 위반하였다는 이유로 이를 번복할 수 없다는 원칙으로 거래안전을 위해 중요한 작용을 한다(민법 제452조, 상법 제24조, 제39조 참조).

3) 조망이익의 향유를 하나의 중요한 목적으로 하여 그 장소에 건물이 건축된 경우와 같이 당해 건물의 소유나 점유자가 그 건물로부터 향유하는 조망이익이 사회통념상 독자의 이익으로 승인되어야 할 정도로 중요성을 갖는다고 인정되는 경우에 비로소 법적인 보호의 대상이 되는 것이라고 할 것이고, 그와 같은 정도에 이르지 못하는 조망이익의 경우에는 특별한 사정이 없는 한 법적인 보호의 대상이 될 수 없다(대법원 2004. 9. 13. 선

무 집행이 아닌 행위, 사회상규에 어긋난 권리행사는 보호받지 못한다. 사회상규에 위배된 행위란 법의 정신·사회윤리·도의적 정서 내지 사회통념에 비추어 용납할 수 없는 부적절한 행위를 뜻한다. 권리남용이 인정되는 경우는 일반적으로 ① 권리의 행사가 사회생활의 관념과 신의성실의 원칙상 도저히 용인할 수 없거나 사회생활의 한계를 벗어난 경우, ② 권리의 행사가 신의성실의 원칙에 어긋나는 결과를 초래하여 부당한 이익을 얻기 위한 방편에 불과한 경우, ③ 권리의 행사가 권리자에게 아무런 이익이 없이 상대방의 이용을 방해하고 막대한 손해와 고통을 줄 목적으로 권리를 행사하는 경우[1] 등이다.

2) 권리남용에 대한 제재   민법은 권리남용의 효과에 대해서 일반적인 조항은 두지 않았으나, 권리행사의 종류 및 그 결과에 따라 다음과 같은 효과가 발생한다.

① 권리침해의 배제를 청구하는 청구권이 남용이 되면 민법 제216조 이하의 상린관계(相隣關係)의 규정에서 볼 수 있듯이 청구권의 효력이 부인된다.[2]

② 권리의 행사가 남용으로 인정되는 경우에는 위법한 행위로서 손해배상의 책임을 지게 되거나 법률효과가 발생하지 않는다.[3]

고 2003다64602 판결).

1) 대법원 1964. 7. 14. 선고 64아4 판결.

2) ① 건물의 건축으로서 인근지역의 일조 방해 정도가 사회통념상 일반적으로 인용하는 수인한도를 넘어서는 경우에는 그 건축행위는 정당한 권리행사로서의 범위를 벗어난 권리남용에 이르는 위법한 가해행위로 인정한다(대법원 2001. 6. 26. 선고 2000다44928·44935 판결).

② 공로에 이르는 통로로 사용되는 '갑'소유의 토지 위에 인근상가의 출입구를 봉쇄하기 위한 블록 담장을 설치한 행위가 상가의 수익·사용을 방해하고 상가 소유자에게 고통이나 손해를 줄 목적으로 행한 것이라면 권리남용에 해당한다(대법원 2010. 12. 9. 선고 2010다59783 판결).

3) ① 외국에 이민을 가 있어 주택에 입주하지 않으면 안 될 급박한 사정이 없는 딸이 고령과 지병으로 고통을 겪고 있는 상태에서 달리 마땅한 거처도 없는 아버지와 그를 부양하면서 동거하고 있는 남동생을 상대로 자기 소유 주택의 명도 및 퇴거를 청구하는 행위가 인륜에 반하는 행위로서 권리남용에 해당한다(대법원 1998. 6. 12. 선고 96다52670 판결).

② 과거사 정리위원회의 진실규명 과정에서 무고함이 밝혀진 사람이 국가를 상대로 손해배상을 청구한 경우에 국가가 국가배상책임은 인정하면서도 소멸시효 완성으로 인해 손해배상을 해 줄 수 없다는 항변은 신의성실의 원칙에 반하는 권리남용으로서 허용할 수 없다(대법원 2011. 1. 13. 선고 2009다103950 판결).

③ 권리남용이 심한 경우, 예를 들면 친권남용은 권리를 박탈당하기도 한다(민법 제924조).[1)]

[상린관계]

상린관계(Nachbarschaft)란 인접하고 있는 부동산 소유자 또는 이용자 상호간의 부동산 이용관계를 조절하기 위해 서로 그 권능을 일정한 범위까지 양보·협력할 것으로 규정하여 공동생활의 안전과 발전을 유지하는 제도이다. 실제생활에서 소리·연기·진동·냄새·증기·먼지 등의 공해가 인근에 파급될 경우, 이웃은 어느 정도 참아야 한다. 하지만 그 정도를 넘어 생활의 안온방해로 고통이나 불편을 주는 생활방해는 권리의 남용이 된다. 민법이 규정한 상린관계 규정에는 인지사용권(민법 제216조), 매연 등에 의한 인지에 대한 방해금지(민법 제217조), 상수도와 하수도의 이해관계(민법 제218조, 제221조~제230조), 경계표·담·개골창(구거, 溝渠) 등의 설치문제(민법 제237조~제239조), 나무줄기·목근의 제거문제(민법 제240조), 토지심굴(深掘)제한(민법 제241조), 차면시설의무(민법 제243조), 지하시설 등의 제한(민법 제244조) 등이 있다.

4. 권리의 부당한 행사 금지

(1) 토지 재산권의 규제

토지는 인간생활의 질을 결정짓는 기본적 자연조건으로서 영구적으로 생산에 기여하는 자연자원이며 민족 공동의 자산이다. 또한 토지는 생산·재생산을 할 수 없는 한정된 자원으로 그 가치는 영구성·불변성·희소성 등의 특성을 갖고 있다. 일반적으로 토지 소유는 재산권의 가치로 가장 선호하는 안전한 자산이다. 하지만 토지는 거래의 수단인 상품이면서도 한낱 상품으로서만 다룰 수 없는 특성이 있기에 토지재산권의 현대적 의미와 규제는 중요한 사회·경제적 문제로 제기된다.

사람이 토지를 과다하게 소유하면 토지가 인간을 지배하는 결과를 가져와, 토지에 대한 강한 소유 욕구에 대한 국가의 공익적 규제가 토지 발전사의 중

---

1) 자녀들의 양육과 보호에 관한 의무를 소홀히 하지 아니한 모의 간통행위로 말미암아 부가 사망하는 결과가 초래한 사실만으로써는 모에 대한 친권상실 선고사유에 해당한다고 볼 수 없다(대법원 1993. 3. 4. 선고 93스3 판결).

심이 되고 있다. 토지문제가 사회적 · 경제적으로 심각하지 않았던 농경시대에
는 사법적 규제만으로 충분하였다. 그러나 산업사회의 발달에 따른 토지수요
의 급격한 증가와 토지 투기를 규제하기 위해 토지에 대한 공법적 규제가 필
요함에 따라 토지의 공개념이 대두되었다.¹⁾ 특히 비좁은 땅에 과밀한 인구밀
도 그리고 개발 가능한 토지가 한정된 국토에서 토지이용의 효율화 · 극대화를
통한 국토개발의 시책을 마련하는 것은 늦출 수 없는 국가적 과제이다. 종래
의 토지 개념으로는 한정된 공간인 토지의 절대부족, 인구과밀에 따른 주거환
경의 악화, 국토의 종합적 개발, 국책사업, 공해문제, 환경파괴 등의 근본적 해
결을 기대하기 어렵다.

토지 재산권에 내재된 공익성 · 사회성을 강조함이 없이 환경적 생활의 질
향상을 통한 복지국가의 실현은 난관에 봉착할 것이다. 도시계획, 토지이용 및
개발계획, 국토의 보존 · 개발 등을 위해 한정된 국토의 이용을 거시적이고 전
체적인 차원에서 종합적으로 다루기 위한 토지정책이 필요하다. 토지문제는
개인의 재산권 보장이라는 정적인 울타리에 안주할 수 없을 정도로 동적인 토
지이용의 공공성을 요청하고 있다. 토지 재산권의 특별한 규제는 재산권의 보
장과 직결되는 문제로서 토지 소유권을 부정하는 것은 결코 아닐지라도 토지
이용의 공익성을 위해 불가피하다.

토지의 현대적 개념은 종래의 토지재산권의 관념에 대한 제2의 토지혁명
이라고 할 정도로 토지의 이용성을 강조한다. 토지이용의 효율화를 위해서 종
래의 토지소유 중심주의로부터 토지이용 중심주의로 지향하는 것은 사회적 ·
경제적 요청이다. 국가는 국토의 효율적이고 균형 있는 이용 · 개발과 보존을
위해 법률로써 필요한 조치를 취할 수 있다(헌법 제122조). 토지는 첫째, 주거용
이나 직접적 생산수단으로 사용되어야 하며 자산증식의 수단이나 투기의 대상
이 되는 것은 원칙상 규제하여야 된다. 둘째, 토지의 소유보다 그 이용의 극대
화에 중점을 두어야 한다. 셋째, 토지는 공공복리를 위해 우선적으로 이용되어
야 한다.

---

1) 토지 공개념의 의무를 구현하기 위해 택지소유상한법, 토지초과이득세법, 개발이익환
수법 등을 제정하였으나 개발이익환수법을 제외하고는 폐지되었다.

(2) 교육법상 아동징계

교사의 학생에 대한 체벌이 징계권[1]의 행사로서 정당행위에 해당하려면 교육상의 필요가 있고 다른 교육적 수단으로는 교정이 불가능하여 교육상 불가피한 경우에 허용한다. 따라서 체벌행위가 이 한계를 벗어나면 정당한 행위로 볼 수 없을 것이다. 대법원은 "학생에게 신체적 · 정신적 고통을 가하는 체벌, 비하하는 말 등의 언행은 교육상 불가피한 때에만 허용되는 것이어서, 학생에 대한 폭행, 욕설에 해당하는 지도행위는 학생의 잘못된 언행을 교정하려는 목적에서 나온 것이었으며 다른 교육적 수단으로는 교정이 불가능하였던 경우로서 그 방법과 정도에서 사회통념상 용인될 수 있을 만한 객관적 타당성을 갖추었던 경우에만 법령에 의한 정당한 행위로 볼 수 있을 것이다"라고 판시하였다.[2]

---

[1] 교사의 교습권은 교과과정 편성권 · 교육방법 결정권 · 평가권 · 징계권 등을 가지며, 교육방법에 있어서 훈육 · 훈계 · 징계 등을 주는 교육방법 선택권이 있다. 징계권에는 교육적 벌을 위한 체벌권이 포함된다. 그러나 체벌은 폭력이고 학생과 교사와의 신뢰관계를 훼손하며, 학생의 학습권 향상에 도움이 안 되는 전근대적인 교육방식이라는 비판을 받는다.

[2] 대법원 2004. 6. 10. 선고 2001도5380 판결.

제12장

법과 인간

제1절 자연인

Ⅰ. 법적 인간

　법개념은 인간의 이해를 전제로 하여야 하지만 인간 존재와 가치는 법적 논리에 의해서 해결될 수 없는 한계가 있다. 인간은 권리·의무의 주체로서의 법적 지위를 보장받고 숙명적으로 법질서 안의 인간으로 생활한다. 모든 사람은 생명권의 주체로서의 가치와 존엄성은 존중받아야 하는 동시에 사회인으로서의 책임은 강조되어야 한다. 생명권은 인권의 출발점인 동시에 종착점이다. "사람은 세상에 두 번 태어난다. 한 번은 어머니로부터 하나의 생명체로, 또 한 번은 인간으로서 사회에 태어난다"고 루소는 말하였다. 부모로부터의 출생은 자연인으로서 개인적 광영이지만 사회인으로서 출발은 사회 구성원으로서의 의무가 주어진다. 개인적 삶이 자연인으로서 존재의 문제라면 사회인으로서 공동생활은 사회적 당위성의 문제로서 법적 대상이 된다.

　법 위에 사람 있고 사람 아래 법 있다. 법에서 인간은 한낱 자연인이 아닌 자유롭게 권리를 행사하고 의무를 이행하는 법률상의 사람인 법적 인격체를 뜻한다. 인간은 개별적 인간상이 아니라 사회적 인간 일반을 의미하는 법에서의 인간(a man in law)으로 나타난다. 법적 인간은 개성적 인격체가 아니고 사회적으로 정형화된 법률상 주체이다. 또한 법적 인간은 추상적 인간인 사회 일반의 보통 사람이고 그 이상도 그 이하도 아니다. 법적 인간은 공통적 보편성을 갖는 사회 속의 인간으로서 선량한 시민의식의 소유자인 법률인(homo juridicus)을 요청한다. 하지만 법은 추상적인 법적 인격체의 보호에 머물지 않고 사회 공동체 속의 구체적 인간의 존재와 가치를 새롭게 조명하여야 한다.

Ⅱ. 배　　아

배아(embryo)란 발생학적으로 정자와 난자가 수정한 후 조직·기관의 분화가 형성되기 전까지의 생체적 세포군 단계를 말하고 그 이후를 태아로 구분한다. 초기 배아는 수정된 후부터[1] 원시선(primitive streak)[2]이 나타나기 이전의 세포로서 모체에 착상되어 배아상태에 이르지 않은 배아를 말한다. 초기 배아는 형성중인 생명의 첫 단계이지만 현재로서는 착상 전의 배아를 인간으로서 인정하기에는 한계가 있다.[3] 인간배아 연구를 위해 자율성을 보장하고 연구 대상자의 사생활은 비밀로서 보호되어야 한다(생명윤리 및 안전에 관한 법률 제3조).

Ⅲ. 태　　아

생명의 기원은 수태 후 14일이 지나 착상한 때부터 태아로 본다. 태아는 잉태 순간부터 생명체이기에 생명권은 존중·보호되어야 한다. 태아는 출생 이전이므로 권리능력을 가질 수 없으나 로마법 이후 태아의 권익 보호를 위해 제한적 권리능력을 인정한다. 태아의 손해배상 청구(민법 제762조), 재산상속(민법 제1000조 3항), 대습상속(민법 제1001조), 유류분권(민법 제1112조) 등에서는 이미 출생한 것으로 본다. 태아의 법적 인격을 인정하면서도 낙태죄(형법 제270

---

1) 인간 생명의 시작은 수정란의 ① 수정 시, ② 착상 시, ③ 원시선 발생 시 등으로 견해가 갈린다. 종교계는 수정란이 만들어지는 순간을 생명체의 탄생으로 인정한다.

2) 수정란이 모체에 수정된 후 대개 14일의 배아기를 지나면 원시선이 척추와 척수를 형성하여 각 기관으로 분화·발달한다.

3) 현재 자연과학 수준에서는 배아와 독립된 인간 간의 개체적 연속성을 확정하기 어렵고, 사회적 승인이 없어 착상 전의 배아를 인간으로서 인정하기에는 한계가 있다(헌법재판소 2010. 5. 27. 선고 2005헌마346 결정).

조)는 폐지되었으나,[1] 낙태의 찬반론은 계속되고 있다.[2]

Ⅳ. 출   생

생명의 시작과 끝은 의학적 문제이나 법에 의해 규정된다. 인간의 생존이 시작하는 출생의 어느 시기를 법적 출생으로 볼 것인가는 태아의 상속권, 손해배상청구권 또는 태아의 사산 여부를 결정하는 중요한 문제로 제기된다. 출생의 시기에 대해서 로마법 이후로 많은 논의가 있다.[3] 출생 시기는 법의 목적과 적용에 따라 차이가 있어 헌법은 수태설, 민법은 전부노출설을 출생의 시점으로 이해하고 있다. 또한 형법은 영아살해죄(형법 제251조)에서 분만 중 또는 분만 직후의 영아를 살해하는 것이 요건이므로 진통이 시작되는 순간(진통설)부터 출생의 시기로 본다.

Ⅴ. 사   망

사망에는 자연사 이외에 실종선고(민법 제27조), 동시사망(민법 제30조), 인정사망(가족관계의 등록 등에 관한 법률 제87조), 뇌사(장기 등 이식에 관한 법률 제16조) 등의 의제사망제도가 있다. 사망의 시기를 심장박동과 호흡이 멈추는 심폐사로 보고 있으나 예외적으로 장기이식의 경우에 뇌사를 인정하고 있다. 뇌사는 뇌의 모든 기능이 되돌릴 수 없는 상실 또는 혼수상태(coma)를 넘은 죽음 직전 상태를 말한다. 하지만 원인불명의 혼수상태에 있는 환자는 뇌사자가 아니다. 사망 시기는 의사의 진단서로 인정되나 2인 이상의 동시사망으로 사망시간의 입증이 어려운 경우 동시사망으로 추정하고, 특별한 사변(수재·화

---

1) 헌법재판소. 2019. 4. 11. 선고 2017헌바127 결정.

2) 태아를 보호하는 낙태 반대론(pro-life)과 프라이버시와 자기결정권, 여성의 건강권 등을 위해 낙태 찬성론(pro-choice)이 대립되고 있으나 낙태 자유가 세계적 추세이다.

3) 출생의 시기에 대해서 다음과 같은 학설이 있다. ① 태아가 잉태한 시기(수태설), ② 분만이 개시되는 진통이 시작한 시기(진통설), ③ 태아가 모체로부터 일부 노출된 시기(일부노출설), ④ 태아가 모체로부터 완전히 노출된 시기(전부노출설), ⑤ 태아가 모체로부터 분리되어 스스로 호흡하거나 처음 우는 시기(독립호흡설, 초성설) 등이 있다.

재) 등으로 사망의 증명이 어려운 경우는 행정기관이 인정사망을 한다. "삶이란 사람들 사이에서 머무르는 순간(inter homines esse)이고, 죽음은 사람들 사이에서 머무름을 그만두는 것(desinere inter homines esse)이다"라고 일찍이 로마인들이 말하였다. 죽음은 인간이 숙명적으로 거쳐야 할 고통과 헤어짐이기에 마지막 인격권과 행복권을 위해 삶의 질과 동일하게 죽음의 질에 대한 자기결정권은 존중하여야 할 것이다.

[안락사와 존엄사]

안락사(euthanasia)란 아름다운 죽음이라는 뜻의 라틴어이다. 안락사는 회복 불가능하여 죽음이 임박한 중환자에게 고통을 줄이고 편안히 숨을 거둘 수 있도록 도와주는 의료행위이다. 안락사는 환자의 생명을 단축하는 적극적인 행위인 점에서 그 위법성이 문제된다(촉탁 · 승낙 살인죄, 자살 교사 · 방조죄). 그러나 존엄사(death with dignity)는 치료행위가 더 이상 무의미한 말기 임종환자가 연명치료행위의 중단을 요구하는 경우에 치료행위를 거둔다는 점에서 소극적 안락사이다. 죽음 직전의 환자에게 인위적인 생명연장 치료(심폐소생술, 인공호흡, 약물투여)를 하여 식물인간화[1]하는 것은 무의미한 생명의 연장이고, 환자와 보호자에게 고통의 연속일 뿐이며 인간의 존엄성과 행복권 보장에 부합하지 않는다. 행복하게 살(well being) 권리 못지않게 인간으로서 행복하게 죽을(well dying) 권리도 존중하여야 한다. 자기결정권의 행사로 인격권과 행복권이 실현된다면 죽음의 순간에 대한 환자의 임종선택권은 존중되어야 한다.[2] 아름다운 죽음은 없어도 인간다운 죽음은 있어야 한다. 존엄사는 죽음의 질을 높이기 위해 환자의 뜻에 따라 인간으로서의 존엄과 품위를 갖추어 편안하게 생을 마감하는 것이다. 회생과

---

[1] 식물인간은 인간의 의식을 관할하는 대뇌 기능은 중지되었으나 호흡중추가 있는 뇌간(腦幹) 기능은 살아 있는 상태에서 숨을 쉬고 심장박동과 반사기능은 있으나 뇌 손상으로 인지능력이나 의식이 완전히 손실된 경우이다. 호흡중추와 순환중추는 작동하지만 무의식 상태로 3개월 이상 지속되면 의학계는 식물인간이라 부르며 회복이 어려운 것으로 보고 있다. 심폐 기능이 살아 있기 때문에 연명치료를 통해 생명은 상당한 기간 유지되는 점에서 뇌사와 구분된다. 뇌사는 심장은 움직이고 있으나 대뇌와 뇌간 모두 죽어 있는 상태로 1~2주일 후면 심장 박동이 멈춰 사망에 이른다. 뇌사는 의학적으로 생명의 회생을 포기한 상태(DNR : do not rescue)로서 신체 장기이식의 대상이 될 수 있는 순간이다.

[2] 회복 불가능한 환자에게 치료를 계속하는 것은 인간의 존엄과 가치를 해치는 것이어서 환자의 의사를 추정해 치료를 중단하는 것이 사회상규나 헌법정신에도 부합한다(대법원 2009. 5. 21. 선고 2009다17417 판결).

회복의 가능성이 없어 사망이 임박한 환자는 '사전연명의료의향서'나 '연명의료 계획서'에 의해 연명 의료행위의 중단을 요구할 수 있다(호스피스·완화의료 및 임종과정에 있는 환자의 연명의료결정에 관한 법률(웰 다잉법) 제11조).

VI. 장기이식과 인간복제

장기이식(organ transplantation)이란 인체의 장기, 조직, 세포 등에 손상이 발생하여 본래의 기능이 떨어지거나 상실된 장기를 회복하기 위해서 타인에게서 받은 장기를 옮겨 넣는 일련의 장기이식 의료행위를 말한다.[1] 장기이식은 자발적인 동의를 얻어 이루어져야 하고, 장기 등의 적출·이식을 위한 매매를 금지하며, 이를 위반하면 2년 이상의 유기징역에 처한다(장기등 이식에 관한 법률 제7조, 제45조). 의학과 생명공학의 발달로 장기이식은 확산될 것이나 이에 따른 인도적·사회적 문제가 제기된다.

인간복제(human cloning)의 체세포 복제는 난자와 정자의 결합인 수정 과정 없이도 난자 세포만으로 복제 생명체를 탄생시킬 수 있다.[2] 인간 복제의 생명 윤리적 문제에 대해서 반대론자들은 복제는 창조주의 질서에 대한 파괴이며 정자와 난자의 수정 직후부터 하나의 생명체로서의 존엄성은 보장하여야 한다고 주장한다. 그러나 찬성론자는 인간을 복제하는 것은 허용할 수 없어도 치료 연구목적으로 인간 배아를 이용하는 것은 의학 발전을 위해 필요하다고 주장한다. 배아의 형성 과정은 의학과 생물학, 생명공학 등의 발전에 큰 영향을 주기 때문에 현재의 난(불)치병(알츠하이머병, 암, 당뇨병, 심혈관병)이나 노화 등의 치료 연구로 사용되는 것을 막기는 어려울 것이다. 과학기술은 인간을 위해 존재하여야 하지만 인간을 지배하기 때문에 심각성이 있다.

---

1) 장기이식에는 ① 자신의 장기를 자신에게 이식하는 자가이식, ② 타인의 장기를 이식하는 동종이식, ③ 살아 있는 사람이 기증하는 생체이식, ④ 뇌사자의 장기를 이식하는 뇌사자이식, ⑤ 동물로부터 이식하는 이종이식 등이 있다.

2) 복제기술은 생식세포 복제와 체세포 복제가 있으나 1997년 복제양 돌리가 체세포 복제 기술에 의해 탄생된 이후로 체세포 복제방법이 활용되고 있다. 체세포 복제는 생명체의 몸에서 추출한 난자의 핵을 빼고 그 대신 체세포를 착상하면 똑같은 복제 생물을 만들 수 있는 원리이다.

제 2 절 법적 인격체

Ⅰ. 권리능력

모든 사람은 평등한 법적 인격자로서 법률행위의 주체가 되고, 권리자로서 법에 의해 권리능력을 누릴 수 있다. 권리능력이란 권리·의무의 법적 주체가 될 수 있는 지위 또는 자격을 말한다. 민법은 "사람은 생존하는 동안 권리와 의무의 주체가 된다"(민법 제3조)고 규정함으로써 권리능력은 출생에서 사망 시까지를 그 존속기간으로 한다. 모든 사람은 사회적 여건에 관계없이 권리능력을 가지며 법인은 일정한 범위 내에서 권리능력을 갖는다. 일반적으로 특정한 법적 효과를 발생하기 위한 능력에 관한 규정은 강행규정이므로 권리능력 없는 자 또는 권리능력 없는 사항에 대한 법률행위는 무효이다.

Ⅱ. 행위능력

1. 행위능력과 제한능력

행위능력은 법적 주체가 단독으로 유효하게 법률행위를 할 수 있는 법적 능력으로서 의사능력을 전제로 하여 책임을 질 수 있는 자격 또는 능력을 말한다. 친권자나 후견인 등의 법정대리인의 도움이 필요하지 않은 정상적인 사람이면 누구나 행위능력자이다.

사람은 동등한 권리능력을 가질 수 있으나 개인의 법적 능력의 차이로 완전한 권리행사를 할 수 없는 행위능력 제한자를 특별히 보호하고 있다. 정상적인 사회활동 행위를 할 수 없는 ① 미성년자, ② 피성년후견인, ③ 피한정후견인, ④ 피특정후견인 등을 민법은 제한능력자로 규정하여 후견제도로써 보호하고 있다. 제한능력에 관한 규정은 강행규정이고 행위능력을 제한하는 계약은 무효이다. 행위능력이 제한된 자의 행위는 의사능력이 없는 자의 행위와 달리 무효가 아니고 취소할 수 있다.

2. 제한능력자제도와 후견인

제한능력제도는 종래의 행위무능력제도(미성년자·한정치산자·금치산자)를 개선하여 행위능력 제한자에게 신상의 편익(치료, 요양)과 권리 보호, 재산관리 등 폭넓은 도움을 주는 후견제도이다. 후견인에는 ① 성년후견, ② 한정후견, ③ 특정후견, ④ 임의후견 등이 있고 각각 임무를 달리한다. 후견인은 가정법원이나 후견계약에 의해 선임할 수 있고 맞춤형 임의 후견계약을 미리 체결할 수 있다(민법 제5조~제17조). 후견의 개시는 후견인 재판 확정시이다.

[제한능력자제도]

	미성년자	피한정후견인	피성년후견인	피특정후견인
대 상	만 19세 미만	사무처리능력 부족한 자	사무처리능력 지속적 결여자	일신상 후원이 필요한 자
행위능력	원칙적 보유	원칙적 보유	제한적 보유	제한 없음
후견 내용	법률행위	법률행위	재산관리 의료 요양 복지	일시적 또는 특정 사무의 후원
후견인 권한	제한적인 대리권, 동의권, 취소권	미성년자와 같음	포괄적 대리권, 취소권	제한적 대리권
구민법 명칭	미성년자	한정치산자	금치산자	신설

1) **미성년자**   민법은 성년의 시기를 19세로 정하고 19세에 달하지 않은 자를 미성년자로 규정한다.[1] 그러나 약혼과 혼인 연령은 남녀 모두 18세로 하고 미성년자가 혼인을 할 때에는 성년의제(擬制)제도를 도입하여 성년자로 본다(민법 제826조의2). "혼인하면 성인이 된다"(Heirat macht mündig)는 관행과 가장으로서 독립적인 사회생활의 필요에 따른 것이다. 미성년자가 법률행위를

---

1) 성인의 연령을 하향하는 세계적 추세와 사회·경제적 현실을 감안하여 민법은 성년 연령을 20세에서 19세로 낮추었다. 성년시기를 미국·프랑스·독일은 18세, 오스트리아는 19세, 일본·스위스·대만은 20세로 각각 규정하였다. 청소년이란 만 19세 미만의 자를 말하고 만 19세에 도달하는 해의 1월 1일을 맞이한 자는 제외된다(청소년보호법 제2조).

할 때에는 법정대리인의 동의를 얻어야 하며 그러하지 아니하면 취소할 수 있다.[1] 하지만 권리만을 얻거나 의무만을 면하는 행위, 법정대리인의 처분을 허락받은 재산이나 허락을 얻은 특정한 영업 등에 관해서는 미성년자는 성년자와 동일한 능력을 갖는다. 또한 미성년자는 ① 대리행위, ② 소액의 금전거래 같은 일상적 행위, ③ 임금청구 등은 법정대리인의 동의 없이 혼자 할 수 있다.

형법은 14세 미만의 자는 형사미성년자로서 벌하지 아니한다(제9조). 청소년의 사회적·신체적 조숙화의 경향에 따라 형사미성년자의 연령기준은 낮아지고 있다.[2] 특히 촉법소년은 형벌을 부과하는 대신에 소년원에 보내거나 소년법상 보호관찰처분을 받는다.[3] 법이 규정한 미성년자의 연령별 능력을 보면 다음 표와 같다.

---

1) 미성년자가 법률행위를 함에 있어서 요구되는 법정대리인의 동의는 언제나 명시적이어야 하는 것은 아니고 묵시적으로도 가능한 것이며, 미성년자의 행위가 위와 같이 법정대리인의 묵시적 동의가 인정되거나 처분 허락이 있는 재산의 처분 등에 해당하는 경우라면 미성년자로서는 더 이상 행위능력을 이유로 그 법률행위를 취소할 수 없다(대법원 2007. 11. 16. 선고 2005다71659 판결).

2) 형사미성년자의 연령은 미국에서는 각주마다 상이하여 만 7세 미만인 주도 있고, 영국은 만 10세 미만, 네덜란드는 만 12세 미만, 프랑스는 만 13세 미만, 일본, 독일은 만 14세 미만, 이탈리아, 스웨덴은 만 15세 미만, 중국은 만 16세 미만 등으로 규정하고 있다.

3) 청소년 범죄를 범죄소년·우범소년·촉법(觸法)소년 등으로 구분하여 훈방조치, 감호위탁, 수강명령, 사회봉사명령, 보호관찰, 의료 및 요양시설의 감호·위탁, 소년원 송치 등의 보호처분을 한다. 촉법소년과 우범소년은 소년법원에서 다룬다. ① 범죄소년은 14세 이상 19세 미만의 소년을 말한다. 범죄소년이 벌금 이하의 형에 해당하는 범죄이거나 보호처분에 해당하는 사유가 인정될 때에는 소년법원에 송치하고 그렇지 않은 경우는 일반 성인범죄와 같다. ② 우범소년은 성격 또는 환경에 비추어 형법에 저촉되는 행위를 할 우려가 있는 만 10세 이상 19세 미만의 소년을 말한다. ③ 촉법소년은 만 10세 이상 14세 미만의 소년으로서 소년보호 사건으로 처리된다. 청소년의 비행 예방과 재발 비행 방지교육을 위해 법무부의 청소년비행 예방센터(대안교육센터)를 운영하고 있다.

[미성년자의 연령별 권리능력]

연　　령	권리능력	관 련 법
14세 미만	◦ 형사미성년자	형법 제 9 조
15세 미만	◦ 근로계약금지, 취업제한	근로기준법 제64조
16세 이상	◦ 원동기 장치 자전거 운전면허	도로교통법 제82조
	◦ 법정증인 선서가능	민사소송법 제322조,
		형사소송법 제159조
17세 이상	◦ 주민등록증 발급	주민등록법 제24조
	◦ 유언가능	민법 제1061조
18세 이상	◦ 선거권 행사[1]	공직선거법 제15조
	◦ 자동차운전면허 취득	도로교통법 제82조
	◦ 부모 동의 얻어 약혼·혼인	민법 제801조, 제807조
	◦ 경범죄 처벌법상 처벌	경범죄 처벌법 제 6 조 제 2 항
	◦ 제 1 국민역 편입과 군입대	병역법 제 8 조, 제20조
	◦ 일반순경 응시자격	경찰공무원법 제15조
	◦ 청소년관람불가의 영화관람	영화 및 비디오물의 진흥에 관한
		법률 제 2 조 제18호, 제29조 제 4 항
19세 미만	◦ 청소년 보호대상	청소년보호법 제 2 조
	◦ 소년교도소 수용	형의 집행 및 수용자의 처우에 관한
		법률 제11조
19세 이상	◦ 병역판정검사 대상	병역법 제11조
	◦ 성인시기	민법 제 4 조
	◦ 부모 동의 없이 약혼·혼인	민법 제800조
	◦ 교도소 수용	형의 집행 및 수용자의 처우에 관한
		법률 제11조

　　2) 피한정후견인　　　피한정후견인이란 질병, 장애, 노령, 그 밖의 사유로
인한 정신적 제약으로 사무를 처리할 능력이 부족한 사람으로 본인, 배우자, 4
촌 이내의 친족, 미성년후견인, 미성년후견감독인, 성년후견인, 성년후견감독
인, 특정후견인, 특정후견감독인, 검사 또는 지방자치단체의 장의 청구에 의하
여 가정법원의 한정후견 개시의 심판을 받은 사람을 말한다(민법 제12조). 피한

---
　　1) 선거권 연령 16세 : 오스트리아·브라질, 17세 : 인도네시아, 18세 : 미국·영국·일본·
독일·캐나다, 20세 : 대만.

정후견인은 종래의 한정치산자와 유사한 개념으로 원칙적으로 행위능력을 갖는다. 피한정후견인이 법률행위를 함에는 한정후견인의 동의를 얻어야 하며 그러하지 아니하면 취소할 수 있다. 다만, 일용품의 구입 등 일상생활에 필요하고 그 대가가 과도하지 아니한 법률행위에 대하여는 그러하지 아니하다(민법 제13조 4항).

가정법원은 피한정후견인이 한정후견인의 동의를 얻어야 하는 행위의 범위를 정할 수 있으며, 본인, 배우자, 4촌 이내의 친족, 한정후견인, 한정후견감독인 또는 검사의 청구에 따라 한정후견인의 동의를 얻어야만 할 수 있는 행위의 범위를 변경할 수 있다(민법 제13조 2항). 그러나 한정후견인의 동의를 필요로 하는 행위에 대하여 한정후견인이 피한정후견인의 이익이 침해될 염려가 있음에도 그 동의를 하지 않는 때에는 가정법원은 피한정후견인의 청구에 따라 한정후견인의 동의에 갈음하는 허가를 할 수 있다(민법 제13조 3항).

3) **피성년후견인**　　피성년후견인이란 질병, 장애, 노령, 그 밖의 사유로 인한 정신적 제약으로 사무를 처리할 능력이 지속적으로 결여된 사람으로서 본인, 배우자, 4촌 이내의 친족, 미성년후견인, 미성년후견감독인, 한정후견인, 한정후견감독인, 특정후견인, 특정후견감독인, 검사 또는 지방자치단체의 장의 청구에 의하여 가정법원의 성년후견 개시의 심판을 받은 사람이다(민법 제9조). 피성년후견인은 종래의 금치산자와 유사한 개념이다. 성년후견은 재산행위뿐만 아니라 치료·요양·복지 등의 폭넓은 도움을 주기 위한 후견제도이다. 피성년후견인의 법률행위는 취소할 수 있으나, 일용품의 구입 등 일상생활에 필요하고 그 대가가 과도하지 아니한 법률행위는 취소할 수 없다. 가정법원은 취소할 수 없는 피성년후견인의 행위의 범위를 정할 수 있으며, 본인, 배우자, 4촌 이내의 친족, 성년후견인, 성년후견감독인 또는 검사의 청구에 따라 그 범위를 변경할 수 있다(민법 제10조 참조).

4) **피특정후견인**　　피특정후견인은 질병, 장애, 노령, 그 밖의 사유로 인한 정신적 제약으로 일시적 후원 또는 특정한 사무에 관한 후원이 필요한 사람으로서 본인, 배우자, 4촌 이내의 친족, 미성년후견인, 미성년후견감독인, 검사 또는 지방자치단체의 장의 청구에 의하여 가정법원의 특정후견의 심판을 받은 사람을 말한다(민법 제14조의2). 특정후견은 본인의 의사에 반하여 법률행

위를 할 수 없으며, 가정법원은 특정후견의 기간 또는 사무의 범위를 정하여
야 한다. 특정후견은 피특정후견인이 정신적·육체적 쇠약으로 신상보호 또는
재산관리를 위한 후견인이 필요할 때를 대비한 맞춤형 도우미 제도로서 새로
이 도입하였다.

Ⅲ. 의사능력

의사능력은 자기의 의사를 결정하고 그에 따른 행위의 의미와 결과를 판
단할 수 있는 정상적인 정신적 능력을 말하며 자연인에 국한한다. 의사능력을
판단하는 객관적·획일적 기준은 없고 구체적인 행위에 대해 개별적으로 판단
하여야 한다.[1] 특히 일상적인 의미만을 이해하여서는 알기 어려운 특별한 법
률적 의미나 효과가 부여되어 있는 경우에 의사능력이 인정되기 위해서는 그
행위의 일상적인 의미뿐 아니라 법률적인 의미나 효과에 대해서도 이해할 수
있을 것을 요한다.[2] 어린이, 만취자, 정신질환자 등의 행위는 정상적인 의사결
정을 할 수 없는 의사능력 제한자의 행위로서 무효이지만 의사무능력자가 항
상 제한능력자가 되는 것은 아니다(만취상태의 행위가 의사무능력을 이유로 항상 무
효는 아니다). 의사능력자라고 하더라도 상대방에 대한 의사표시의 흠이 없어야
한다.

Ⅳ. 책임능력

1. 민법상 책임능력

책임능력은 자기의 행위에 대한 책임을 인식할 수 있는 정신적 지능을 말
하며 자기 행위가 불법행위로 책임을 발생하게 됨을 인식할 수 있는 능력이
다. 책임능력자는 불법행위에 대해 법적 책임이 있으나 책임능력이 없으면 배

---

[1] 의사능력은 자신의 행위의 의미와 결과를 정상적인 인식력과 예기력을 바탕으로 합리적
으로 판단할 수 있는 정신적 능력 내지 지능을 말한다. 의사능력의 유무는 구체적 법률행
위와 관련하여 개별적으로 판단하여야 한다(대법원 2006. 9. 22. 선고 2006다29358 판결).
[2] 대법원 2009. 1. 11. 선고 2008다58367 판결.

상책임이 없다. 책임능력의 여부는 구체적인 사항에 따라 개별적으로 판단한다. 미성년자가 자신의 행위능력을 변식할 지능이 없을 때 또는 심신상실 중의 가해행위는 책임조각사유가 되어 손해배상책임이 없다(민법 제763조). 그러나 고의·과실로 말미암아 심신상실을 초래하였을 때는 그러하지 아니하다. 미성년자를 감독할 법적 의무자는 불법행위에 대해 책임을 진다. 미성년자의 책임능력을 어느 정도 연령으로 할 것이냐에 대해서는 개별적인 사항에 따라 일정하지 않으나[1] 대체로 16세부터는 책임능력이 있는 것으로 보고 있다.

2. 형법상 책임능력

책임능력은 자신의 행위를 인식하여 법률상 허용되는 여부를 판단하는 능력과 그에 따라 행동하는 행동 제어능력이다. 정신 이상이나 약물·알콜 중독 등에 의한 정신적 장애로 인하여 옳고 그릇됨의 판별이나 행동능력이 결여한 상태인 심신상실은 형사상 무책임인 책임조각사유이고,[2] 심신미약은 책임감소사유이다. 14세 미만자[3]와 심신장애로 인하여 사물을 변별할 능력이나 의사를 결정할 능력이 없는 자는 벌하지 않는다(형법 제9조, 제10조). 또한 심신장애로[4] 인하여 사물을 변별한 능력이나 의사를 결정할 능력이 미약한 자는 형을 감경할 수 있고(형법 제10조), 농아자는 형을 감경한다(형법 제11조).

행위자가 고의 또는 과실로 자신을 심신장애의 상태에 빠지게 한 후 범죄를 범한 경우인 '원인에 있어서의 자유로운 행위'(actio libera in causa)는 책임을 면할 수 없다. 원인에 있어서의 자유로운 행위는 책임능력이 없는 상태에서

---

1) 17세 학생의 오토바이 운전 중 사고에 손해배상책임을 인정하였으나(대법원 1994. 2. 8. 선고 93다13605 판결), 14세 학생이 야간에 운동 중의 학생을 넘어뜨려 상해를 준 경우는 손해배상책임을 인정하지 않았다(대법원 1978. 11. 28. 선고 78다1805 판결).

2) 유죄라도 정신장애가 있으면 책임능력이 없다(guilty but insane)는 영미법상 맥나텐 원칙(M'Naghten Rules)이 있다. 정신병자인 맥나텐은 1843년 영국 수상 R. Peel의 암살을 시도하였으나 실패하였다. 그는 환상을 가진 정신이상의 발작이라는 이유로 무죄를 선고받았다(M'Naghten's Case 1843 10 C & F 200).

3) 형벌 법령에 저촉되는 행위를 한 10세 이상 14세 미만인 소년은 소년부의 보호사건으로 심리한다(소년법 제4조).

4) 도벽의 원인이 충동조절 장애의 성격적 결함이라도 매우 심각하여 정신병을 가진 사람과 같은 경우에는 절도 범행은 심신장애로 보아야 한다(대법원 2002. 5. 24. 선고 2002도1441 판결).

이루어지더라도 행위의 결정적 원인이 행위자가 정상적인 책임능력 상태에서 자유롭게 행동한 것이다. 위험의 발생을 예견하고 자의로 심신장애를 야기한 자의 행위는 형벌의 대상이 된다(형법 제10조 3항).[1]

V. 당사자능력

당사자능력은 일반적으로 당사자가 소송법상 원고나 피고가 될 수 있는 권리능력의 당사자 적격문제로서 민법상 권리능력과 일치하는 개념은 아니다. 당사자능력이 없는 소송은 각하되나, 소송능력은 소송법상의 행위능력으로서 소송 무능력자의 행위는 무효이다. 당사자능력·소송능력·변론능력은 소송법상 효과적으로 법률행위를 할 수 있도록 법적 능력을 부여하기 위한 법적 기술상의 문제이다.

제 3 절 인   권

I. 인권의 본질

1. 인권의 개념

인권은 인간이 인간이기 때문에 당연히 가질 수 있고 누릴 수 있는 인간의 고유의 권리이며 인간만이 갖는 천부적 권리이다.[2] 인권은 사람이 사람답

---

1) 음주 만취한 후 운전을 결행하여 교통사고를 일으켰다면 피고인은 음주시에 교통사고를 일으킬 위험성을 예견하였는데도 자의로 심신장애를 야기한 행위에 해당하므로 심신장애로 인한 감경 등을 할 수 없다(대법원 1992. 7. 28. 선고 92도999 판결).

2) 인권(human right)의 표현에 있어서 헌법은 독일법의 영향을 받아 기본권(basic right)으로 사용하고 있다. 프랑스 인권선언(제2조)은 자연권으로, 미국의 버지니아 헌법(제2조)은 천부적 권리로 표현하여 인권을 자연법상의 권리로 보고 있다. 엄격한 의미에서 인권은 인간의 포괄적 권리를 뜻하나 기본권은 헌법이 보장하는 국민의 기본적 권리라는 실정법상의 권리를 말한다. 대륙법계 국가는 인권의 실정법주의를 택하여 헌법에 규정함으로써 인권과 기본권을 동일시하고 있다. 헌법이 보장한 기본권은 인간의 권리와 맥을 같이하고 있기 때문에 인권과 기본권을 구분할 이유가 없다고 하겠다.

게 살기 위한 자연적인 권리로서 인간의 존엄성·가치·행복 그리고 자유와 평등을 의미하며 사람으로서 실존하기 위한 최소한의 권리이다. 인권은 모든 사람이 공감하고 공유하는 인간의 보편적 가치로서 예외를 인정할 수 없다. 사람의 생명은 하나뿐인 신성한 것으로 지구와도 바꿀 수 없는 고귀한 것이고 사람의 무게는 지구보다 무거운 소중한 것이다. 루소는 "인권을 포기하는 것은 인간을 포기하는 것이며, 이는 인간의 의무를 저버리는 것이다"라고 말하였다.

역사는 인권보장을 위한 기록이며 인권의 향상을 위한 끈질긴 투쟁사이기도 하다. 인권보장은 국가가 부여한 것이 아니라 국가권력으로부터 쟁취한 산물이기에 국가 권력보다 중요시하여야 한다. 국민이 국가를 위해 존재하는 것이 아니라 국가는 인간을 위해 존재한다는 원칙을 세워야 한다.[1] 인권사상은 시민사회를 탄생시킨 뿌리이고 민주주의와 자본주의 발달의 원동력이 되었다. 하지만 동양사회에서는 국가권력 중심의 전통사상이 근대적 의미의 인권사상이 성숙하는 데 걸림돌이 되었다.[2] 오늘날에도 국력에 비하여 인권의 보편성 가치의 보장에 소극적이어서 인권 후진국의 오명을 벗어나지 못하고 있는 국가가 있다.[3] 인권을 탄압하는 시대는 끝나야 한다. 인권은 인류의 공통적 가치이고, 삶의 질적 향상을 위해 지속적으로 추구하여야 할 공동 목표이다. 인권보장은 국가의 기본적 책무로서 법치주의로 통하는 길이며 법치주의에 의해서만 보장이 가능하다.

2. 인권사상

1) **근대법에서의 인간상** 인권사상의 발전과정은 인권의 역사이며 자유와 평등의 발전과 맥을 같이한다. 고대 그리스·로마에서 싹이 튼 철학적

---

1) 소로우(H. Thoreau, 1817~1862)는 "우리는 먼저 인간이어야 하고, 그 다음에 국민이어야 한다"고 말하였다.

2) 오랜 역사를 가난과 권력에 시달렸던 아시아인이 개인을 법적 주체로서 파악하는 시민법의 정신을 수용하기에는 사회·경제적으로 힘에 겨운 것이었다. 절대주의 국가관과 아시아의 종교적 인생관은 인권사상의 실천력이 되기에는 상대적으로 한계가 있었다.

3) 인권은 국가의 주권보다 우선될 수 없으며 국가의 내정문제로서 국가별 특수성을 갖는다고 주장하면서 체제유지를 위해 억압받고 있다.

인권사상은 근세의 사회계약론과 자연법론에 의해 천부적 인권론이 주장된 18세기에 이르러 체계화되었다. 근대 이전의 인간은 일반적으로 주체가 아니라 통치의 수단과 거래의 대상인 객체에 불과하였다. 인간은 자유인과 비자유인으로 구분되어 비자유인은 법적 주체가 될 수 없는 한계가 있었다. 개인은 공동체의 단순한 구성원에 불과하여 자기의사와는 관계없이 생래적 신분에 따라 권리·의무가 각각 부여된다. 지배적 계층만이 권리를 가질 뿐이며 그 밖의 사람은 무한한 의무만을 부담하였다. 인권사상이 활발하게 논의된 것은 르네상스와 계몽주의의 영향을 받은 개인주의·자유주의 인권사상이 기폭제가 되었기 때문이다. 로크는 "자연상태에서 인간은 자유와 독립을 균등히 누리는 천부의 권리를 향유하며, 이 권리는 사회에서 어떠한 규약을 가지고도 박탈하지 못한다"라고 하였다.

근대는 한마디로 종래의 권위주의에 억압당하던 개인을 해방시켜 개인의 천부적 인권을 선언한 시민사회의 출현에 역사적 의의가 있다. 근대시민법은 그 근원을 자유로운 개인의 존재에 중점을 두고 사회계약설에 의해 국가의 본질을 이해하였다. 근대사회의 법적 인간상은 "사람은 자기 자신을 위해 존재하고, 세계는 오직 자기를 위해 존재한다"(Die Welt ist für mich da)는 권리본위의 극단적인 이기적·영리적 개인주의를 내용으로 하였다. 또한 '신의 영광을 더하기 위해'(Ad maiorem Dei gloriam) 인간은 그에게 복종하여야 한다는 기독교사상은 신 앞에서 인간의 평등을 당연한 것으로 인정하였다. 법은 의무에 구속된 인간이 아니라 권리본위의 자유인에 초점을 맞추었다.

시민법은 봉건적 굴레와 차별의 신분에서 탈피하여 평등한 인간관계를 선언하였다. 사회제도의 불평등한 요소를 제거하여 개인 간의 행위는 대등한 사회적 계약관계로 변모함으로써 거래는 '신분에서 계약으로'(from status to contract) 변화하였다. 인간의 불평등관계는 평등한 계약관계로 나타나서, 서로 평등하다고 가정되었고, 법률행위에서 서로 대등한 권리를 요청하였다. 거래 당사자는 상품적 가치의 평등한 추상적 주체로 인정하고 계약자유의 원칙이 성립되었다. 근대시민법이 창안한 법적 인격체의 개념은 평등의 원칙이 기본이 되었으나, 현실적 차별상황을 해결하기보다는 사실을 미봉하는 데 불과하였다. 법적 관념이 제시한 인간상은 구체적 인간이 아니고 형식적으로 구성된 추상적 인간에 지나지 않았다. 공법에서의 사회계약설, 형법에서의 심리적 강제설, 그리고 계약자유 등을 내용으로 하는 근대민법의 이론구성은 이러한 인간상에 기초한 것이다.

2) 현대법에서의 인간상   근대 시민법이 의제(擬制)한 법 인격체로서의 자유인은 개인의 개별성·구체성을 무시한 일반적·추상적·획일적인 인격이었다. 인간은 법 앞에 평등하다고 규정하였으나 그것은 형식적 의미의 평등이었지 실질적 의미의 평등은 아니다. 시민법의 추상적인 인간상이 얼마나 허구적인 개념이었는지는 사회 경제적 갈등 속에서 인간 존재가 소외 내지 무시당함에도 인간적 삶을 보장할 수 없는 자유주의·자본주의의 한계에서 확인할 수 있다.

사회 경제적 변화는 자유주의적인 인권사상에서 인간다운 생활을 보장하는 복지주의적 인권관념으로의 발전을 요청하였다. 이를 위해 소극적인 자유권을 보완하고자 적극적인 사회권이 등장하였다. 자유주의적인 추상적 인격의 자유의 보장에 머물지 않고 법은 구체적 인간상을 강조하고 인간다운 삶의 질을 통해 인간의 가치를 중시하였다. 법의 대상은 동질적인 개인의 인격보다는 이질적인 인간이기 때문에 라드브루흐는 이것을 '인격(Person)에서 인간(Mensch)으로의 전환'이라고 지적하였다. 인간을 평등한 일반적 인격체로만 보는 것이 아니라 경제적 강자 대 약자, 근로자 대 사용자 등의 관계와 같이 개별적 인간상을 직시한 것이다.[1]

프롬(E. Fromm, 1900~1980)은 과거 인간의 비극은 인간이 노예적 신분의 비인간적인 시달림을 당한 것이었으나, 현대 인간의 위기는 물질문명 지상주의의 결과로 인간이 로봇으로 전락되는 반인간적인 상황에 있다고 하였다. 개인은 거대한 물질문명 앞에서 자아를 상실한 채 생활이 아닌 생존하기 위한 획일적 삶만을 강요당하고 있다고 하여도 지나친 말이 아니다. 제도에 얽매인

---

1) 헌법에서의 인간상은 이념적 통일체로서의 국민 전체를 뜻하며 주권자로서의 국민적 지위를 강조한다. 형법의 인간상은 사회 안정과 개인(범죄인)의 반사회적 행위의 관계를 조화시키기 위해 구체적 인간상을 중시한다. 민법은 개인의 자유의사를 존중하는 형식적 인간상을 전제로 한다. 친족법에서의 인간상은 혈연적인 공동체적 의식이 둔화되고 자립적인 핵가족으로서의 개인으로 분화되고 있다. 상법의 인간상은 거래관계의 당사자이기 때문에 개인적 여건에 구애됨이 없이 사회본위의 보편적이고 정형화된 인간상으로 나타난다. 사회법의 인간상은 법적 인간상의 변천의 결과로 새롭게 정립된 구체적 인간상의 대표적 제시로서 생존권을 강조한다.

인간을 극복하여 인간본위의 제도를 마련하는 것이 필요하다. 과거에는 사회로부터 외면당하고도 개인의 존립이 가능하였으나, 현대는 현실로부터 고립되어서는 살 수 없고, 현실에서 도피해서는 어느 것도 이루어질 수 없는 사회공존의 시대이다. 개인본위의 법질서로부터 사회본위의 법질서로 전환하였다고 하더라도 개인의 자유와 권리가 경시되는 것은 결코 아니며, 오히려 소외된 사회적 약자의 권리보호에 중점을 두어야 한다. 법은 개인과 전체와의 합리적 조화를 통해 삶의 질 향상을 위한 인권보장을 강조하여야 한다.

3. 인권의 내용과 특성

모든 국민은 인간으로서의 존엄과 가치, 행복추구권을 가지며 법 앞에 평등하다(헌법 제10조, 제11조). 사람은 성별·종교·인종·출신 또는 사회적 신분에 의해 생활의 모든 영역에서 부당한 간섭과 차별을 받지 않으며 국가는 인권을 보장할 의무가 있다. 인간의 존엄과 가치의 보장은 인간 개인의 인격권과 행복권을 의미하는 절대적 권리로서 모든 기본권의 궁극적인 목적조항이고 그 밖의 기본권은 이것을 구현하기 위한 수단조항이라고 할 수 있다.

인권의 관념은 추상적·형식적 권리에 그쳐서는 안 되며, 모든 사람이 삶의 가치와 즐거움을 누리는 실질적 행복권을 목표로 하여야 한다. 인권보호는 민주발전의 척도로서 국민의 법의식 그리고 시대와 장소에 따라 정도의 차이는 있어도 인권은 인류 공통의 보편적 가치이다.[1] 인권은 실정법이 규정하는 권리에 한정되지 않고 인간가치의 실현에 필요한 자연법상의 고유한 권리를 포함한다. 인권은 헌법에 열거되지 아니한 이유로 경시되지 않는 포괄성을 보장한다(헌법 제37조). 따라서 헌법에 규정하지 아니하여도 기본권 존중정신에 입각하여 정치참여권,[2] 자녀에 대한 학습권, 국적 취득·포기의 자유, 개인 및

---

1) 첫째, 인권은 인간으로서 당연히 누려야 할 자연법적 권리이다. 둘째, 인간으로서의 존엄과 가치는 절대적으로 존중·보장되어야 한다. 셋째, 인간은 법 앞에 평등하며 인종·성별·출신·사회적 신분·종교 등에 의해서 차별받지 않는다. 넷째, 국가는 인권을 최대한으로 보장할 의무를 지며, 인권의 본질적 내용을 침해할 수 없다. 다섯째, 인권은 부당하게 침해받지 않으며 침해당하는 경우는 법적 구제가 보장되어야 한다. 여섯째, 아동·노약자·장애자·여성 등의 사회적 약자에 대한 특별한 배려가 있어야 한다.
2) 정치적 기본권은 국민이 정치적 의사를 자유롭게 표현하고, 국가의 정치적 의사형성에

기업활동의 자유 등은 헌법이 보장한다. 인권사상의 확산은 학생의 인권보장을 위한 학생인권조례를 제정하기에 이르렀다.[1)

　인권은 신성불가침의 권리인 자연법상의 권리라고 주장하는 자연법론자와 법률이 인정하는 국가 내의 권리로서 실정법상의 권리라고 주장하는 법실증주의의 대립·반목을 통해서 발전하였다. 인권은 인간이 날 때부터 갖는 천부적 인권성을 지닌 자연법적 권리라는 것을 인정하는 것이 인권보장의 출발이다. 인권은 국가가 보장한 자연법적인 권리로서의 성질이 강하다. 자유민주주의를 채택하고 있는 한 인권보장은 법의 목표이며, 이는 인권의 실질적 보호를 통해서만 가능하다.

　인권은 초기에는 자유를 위해 국가권력에 대한 소극적·방어적 기본권으로 출발하였으나, 복지국가의 요청으로 자유는 물론 생존권 보장을 위해 국가권력에 대한 적극적·능동적 권리로 발전하였다. 모든 사람의 인간다운 삶의 보장을 위해 실질적 자유를 요청함으로써 자유권의 보장만으로는 한계가 있기 때문에 자유권을 보완하기 위해 생존권이 등장하였다. 생존권은 인권의 실질적인 보장을 위해 자유권의 한계를 규정하였으나 자유권의 보장을 전제로 가능한 권리이며 성취할 수 있다.[2) 생존권의 보장을 이유로 자유권을 부정하는

참여하는 정치적 활동을 총칭하는 것으로 넓게 인식하고 있다. 정치적 기본권은 기본권의 주체인 개별 국민의 입장에서 보면 주관적 공권으로서의 성질을 가지지만, 민주정치를 표방한 민주국가에 있어서는 국민의 정치적 의사를 국정에 반영하기 위한 객관적 질서로서의 의미를 아울러 가진다(헌법재판소 2004. 3. 25. 선고 2001헌마710 결정).

1) 학생인권조례에 대해서 학생 이전에 인간으로서의 권리를 존중하고 학생의 자유로운 학습권과 자율권을 강조하는 측과 학생 신분에 어울리지 않는 자유로 인한 탈선과 방임을 우려하고 교사 본연의 수업권을 제한한다고 평가하는 측이 대립하고 있다. 성장과정의 청소년에게 필요한 도리와 독립심과 자제력을 심어주고, 건전한 민주시민으로서의 사회성과 책임성을 인식하도록 하는 인성교육이 무엇보다 중요하다.

2) 자유권과 생존권의 관계

	자 유 권	생 존 권
내　용	자유권의 보장	인간다운 삶 보장
이　념	근대 시민사회의 자유국가론	현대 복지국가주의
배　경	개인주의·자유주의	단체주의·사회주의
특　성	국가로부터의 자유	국가에 의한 권리
권　리	소극적·규범적	적극적·선언적
관　계	생존권보다 먼저 발달	자유권을 전제로 보장

것이 아니라 자유권과 생존권의 이율배반적인 개념을 수정·보완하여 상호 조
화를 이루는 것이 복지국가의 목표이다.

Ⅱ. 인권의 분류

1. 자유권적 기본권

자유권이란 국민이 국가권력으로부터 침해를 받지 않고 자유를 누릴 수
있는 권리이다. 자유권은 국가에 대해 적극적으로 권리를 요청할 수 있는 권
리는 아니지만 국가의 부당한 침해에 대해 그 침해를 배제하여 줄 것을 청구
할 수 있도록 개인의 자유보장을 위한 포괄적 권리이다. 자유권은 인권보장이
중심이 된다. 헌법이 보장한 자유권에는 ① 신체의 자유(제12조),[1] ② 거
주·이전의 자유(제14조),[2] ③ 직업선택의 자유(제15조),[3] ④ 주거의 자유(제16
조),[4] ⑤ 사생활의 자유와 비밀보장(제17조), ⑥ 통신의 자유(제18조),[5] ⑦ 양심

---

[1] ① 계구(戒具, 수갑, 포승) 사용행위는 기본권 제한을 최소화하면서도 도주, 자살 또는
자해의 방지 등과 같은 목적을 달성할 수 있음에도 불구하고 헌법 제37조 제 2 항에 정해
진 기본권 제한의 한계를 넘어 필요 이상으로 장기간, 그리고 과도하게 청구인의 신체거
동의 자유를 제한하고 최소한의 인간적인 생활을 불가능하도록 하여 청구인의 신체의 자
유를 침해하고, 나아가 인간의 존엄성을 침해한 것으로 판단된다(헌법재판소 2003. 12.
18. 선고 2001헌마163 결정).
② 참고인에 대한 동행명령제도는 참고인의 신체의 자유를 침해하기 때문에 영장이 필
요하다(헌법재판소 2008. 1. 10. 선고 2007헌마1468 결정).
[2] 외교통상부가 전쟁 또는 테러의 위험이 있는 해외 위난지역에서의 국민을 보호하고자
해외 위난지역에서의 여권사용, 방문 또는 체류를 금지한 고시는 국민의 생명·신체 및
재산을 보호하기 위한 것이므로 그 목적의 정당성과 수단의 적절성이 인정된다(헌법재판
소 2008. 6. 26. 선고 2007헌마1366 결정).
[3] 단순한 여가활동이나 취미활동은 직업의 개념에 포함되지 않으나 겸업이나 부업은 삶
의 수요를 충족하기에 적합하므로 직업에 해당된다. 대학 재학생이 방학이나 휴학 중에
학원강사로서 일하는 행위는 어느 정도 계속성을 띤 소득활동으로서 직업의 자유의 보호
영역에 속한다(헌법재판소 2003. 9. 25. 선고 2002헌마519 결정).
[4] 주거(주택, 사무실, 상점)의 압수나 수색을 할 때에는 법관의 영장이 있어야 한다. 주거
에는 주택은 물론 사무실, 상점, 호텔, 차량 등이 해당된다.
[5] 신병훈련기간 동안 전화사용을 하지 못하도록 정하고 있는 규율이 신병교육훈련생들의
통신의 자유 등 기본권을 필요한 정도를 넘어 과도하게 제한하는 것이라고 보기 어렵다
(헌법재판소 2010. 10. 28. 선고 2007헌마890 결정).

의 자유(제19조), ⑧ 종교의 자유(제20조), ⑨ 언론·출판·집회·결사의
자유(제21조),1) ⑩ 학문·예술의 자유(제22조), ⑪ 재산권의 자유(제23조) 등이
있다. 특히 개인의 신체의 자유를 구체적으로 보장하기 위해 헌법은 ① 죄형
법정주의(제12조 1항), ② 고문금지와 묵비권(제12조 2항), ③ 법관의 영장제도(제
12조 3항), ④ 변호인의 조력을 받을 권리(제12조 4항), ⑤ 체포·구속이유의 고
지 의무(제12조 5항), ⑥ 구속적부 심사제(제12조 6항), ⑦ 자백의 증거능력 제한
(제12조 7항), ⑧ 형벌불소급의 원칙과 일사부재리 원칙(제13조 1항), ⑨ 연좌제
금지(제13조 3항), ⑩ 형사피고인의 신속한 재판을 받을 권리(제27조 3항) 및 무
죄추정의 원칙(제27조 4항)2) 등을 규정하고 있다.

2. 생존권적 기본권

생존권은 국민의 인간다운 삶의 보장을 위해 국가의 관여와 보호를 요청
할 수 있는 적극적 권리로서 사회권이라고도 한다. 생존권은 소극적인 자유권
만으로는 사회적·경제적 생존권을 보장할 수 없기 때문에 이를 보완하여 생
활의 질 향상을 위한 사회권적 기본권이다. 자유권이 자유를 위한 권리라면
생존권은 빵과 사회복지를 위한 권리로서 양자는 서로 대치적이 아닌 조화와
보완관계로써 인권의 향상과 복지국가를 목표로 한다. 기본권 중에는 자유권
적 기본권과 생존권적 기본권의 성격을 아울러 가지고 있는 기본권이 있다(교
육을 받을 권리). 생존권에는 ① 교육을 받을 권리(제31조),3) ② 근로의 권리(제32

---

1) 야간 옥외집회에 관한 일반적 금지를 규정한 집시법 제10조 본문과 관할 경찰서장에
의한 예외적 허용을 규정한 단서는 그 전체로서 야간 옥외집회에 대한 허가를 규정한 것
이라고 보지 않을 수 없고, 이는 헌법 제21조 제2항에 정면으로 위반된다(헌법재판소
2009. 9. 24. 선고 2008헌가25 결정).
2) 무죄추정의 원칙은 피의자·피고인의 보호를 위해 ① 강제처분의 제한, ② 부당한 처우
금지, ③ 의심스러울 때는 피고인의 이익으로 한다, ④ 불구속 수사 등을 요청한다.
3) 교육을 받을 권리는 국민이 능력에 따라 균등하게 교육을 받을 것을 공권력에 의하여
부당하게 침해받지 않을 권리와 국민이 능력에 따라 균등하게 교육받을 수 있도록 국가
가 적극적으로 배려하여 줄 것을 요구하는 권리로 구성된다. 전자는 자유권적 기본권 성
격이, 후자는 사회권적 기본권의 성격이 강하다고 할 수 있다. 검정고시 응시자격을 제한
하는 것은 국민의 교육받을 권리 중 그 의사와 능력에 따라 균등하게 교육받을 것을 국가
로부터 방해받지 않을 권리, 즉 자유권적 기본권을 제한하는 것이므로, 그 제한에 대하여
는 헌법 제37조 제2항의 비례원칙에 의한 심사, 즉 과잉금지원칙에 따른 심사를 받아야

조), ③ 근로자의 노동 3 권(제33조), ④ 생존권과 사회보장에 관한 권리(제34조),¹⁾ ⑤ 환경권(제35조), ⑥ 결혼·가족·보건에 관한 권리(제36조)²⁾ 등이 있다.

3. 청구권적 기본권

청구권적 기본권은 국민이 적극적으로 국가에 대해 특정한 행위를 요청하거나 국가의 특별한 보호를 청구하는 권리로서 ① 청원권(제26조), ② 재판청구권(제27조), ③ 형사보상청구권(제28조), ④ 국가배상청구권(제29조), ⑤ 범죄피해자 구조청구권(제30조) 등이 있다.³⁾ 생존권이 추상적인 청구권인 데 비하여 청구권적 기본권은 국가에 대한 구체적인 권리보호청구권이다.

4. 참 정 권

참정권은 국민이 국가기관으로서 공무에 참여하는 정치 참여권으로서 ① 선거권(제24조),⁴⁾ ② 피선거권과 공무담임권(제25조), ③ 국민투표권(제72조, 제130조 2항) 등이 있다. 참정권은 국민이 주권자로서 국가의사 형성과정과 국정의 담당자로서 참여하거나 권력행사를 통제 내지 견제하는 정치적 권리이다.

한다. 이 조항의 입법목적은 고등학교 퇴학자의 응시 증가를 줄이고 정규 학교교육과정의 이수를 유도하기 위함이므로 그 입법목적이 정당하다 할 것이고, 고등학교를 퇴학한 후 일정한 기간 동안 응시를 제한한다면 내신관리를 위해 고등학교를 퇴학할 것인지를 고민하는 자에 대하여는 고등학교 자퇴 여부를 숙고하게 할 것이므로 방법의 적절성이 인정된다(헌법재판소 2008. 4. 24. 선고 2007헌마1456 결정).

1) 인간다운 생활이란 그 자체가 추상적이고 상대적인 개념으로서 그 나라의 문화의 발달, 역사적·사회적·경제적 여건에 따라 어느 정도는 달라질 수 있는 것이다. 국가가 인간다운 생활을 보장하기 위한 생계 급여의 수준을 구체적으로 결정함에 있어서는 국민 전체의 소득수준과 생활수준, 국가의 재정규모와 정책, 국민 각 계층의 상충하는 갖가지 이해관계 등 복잡 다양한 요소를 함께 고려해야 하므로, 생활이 어려운 장애인의 최저생활보장의 구체적 수준을 결정하는 것은 입법부 또는 입법에 의하여 다시 위임을 받은 행정부 등 해당기관의 광범위한 재량에 맡겨져 있다(헌법재판소 2004. 10. 28. 선고 2002헌마328 결정).

2) 직업군인과 의무복무군인을 구분하여 남성 단기복무장교에게 육아휴직을 허용하지 아니하는 것이 헌법상 용인될 수 있는 재량의 범위를 명백히 일탈하여 청구인의 양육권을 침해한다고 볼 수 없다(헌법재판소 2008. 10. 30. 선고 2005헌마1156 결정).

3) 이 책, pp. 524~535 참조.

4) 집행유예자와 수형자의 선거권행사 제한은 선거권을 침해하고 평등원칙에 위반된다(헌법재판소 2014. 1. 28. 선고 2013헌마167 결정).

Ⅲ. 인권의 역사

1. 영국의 인권선언

1215년 존(John) 왕의 횡포에 대항하여 제정한 대헌장(Magna Charta)에서 신체의 자유를 보장한 것이 인권보장의 최초의 선언이었다. 대헌장은 국왕과의 협약의 산물로서 근대적 의미의 인권보장에는 미흡했으나 인권선언의 효시가 되었다. 대헌장의 정신을 계승하여 1628년 권리청원, 1674년 인민협정은 신체의 자유를 비롯한 양심 및 종교의 자유, 재산권 등을 보장하였다. 권리청원은 "사람은 국가의 법에 의하거나 적법절차에 의해서만 체포·구금된다"고 규정하여 적법절차제도를 채택하였다. 1679년 인신보호법은 신체의 자유를 위한 인신보호 영장제도를 도입하여 절차적 보장을 강화하였다. 그 후 1689년 명예혁명의 결과 권리장전은 청원권과 언론의 자유, 형사사건의 적법절차의 보장 등을 선언하여 종래의 인권선언을 구체화함으로써 인권보장을 한결음 발전시켰다.

로크에 의해 대표되는 영국의 자유주의 인권사상은 개인의 생명·자유·재산 등의 보호를 내용으로 하였다. 블랙스톤, 벤담, 밀, 다이시 등의 자유주의 사상은 인권의 천부적 권리, 평등주의, 의회주의 등을 역설하였고 이를 바탕으로 영국은 성문법의 규정 없이도 인권사상을 전통으로 이어 오고 있다. 인권보장을 위한 일련의 시민혁명은 근대 시민혁명의 선구자가 되어 미국독립선언과 프랑스 혁명에 큰 영향을 주었다. 그러나 영국의 시민혁명은 전통적으로 인정한 인권보장을 확인 또는 그의 향상을 요구한 투쟁이었지 엄격한 의미에서 봉건제도의 구조를 타파한 혁명은 아니었다. 영국의 시민혁명은 구제도의 타도에 의한 새로운 질서의 수립이 아니었으므로 인권보장은 봉건제도 안에서 왕과의 타협의 산물로서 정착하였다. 이러한 점에서 봉건적·신분적 질서와 구체제를 부정하고 법 앞에 평등을 실현하여 개인의 자유를 실현한 프랑스 혁명이나 미국독립선언과는 구별된다.

2. 미국의 인권선언

1776년 버지니아주 헌법(Virginia Bill of Rights)은 "누구든지 법률 또는 재판에 의하지 아니하고는 자유를 침해당하지 않는다"고 규정함으로써(동 헌법 제8조) 생명권·자유권·재산권 등은 천부적인 자연권적인 인권으로서 보장하였다. 이것은 근대적 의미의 인권의 내용을 제시한 선언으로서 그 후 각국 성문헌법의 모델이 되었다. 미국독립선언은 자유·평등·행복추구권 등을 천부적 인권으로 보장하였다. 그 후 1791년 수정헌법(Amendment)에서 종교의 자유, 언론·출판·집회·결사의 자유, 신체의 자유, 소유권, 주거자유 등 인권보장조항을 구체적으로 규정하였으며, 특히 적법절차조항을 규정한 것은 획기적인 것이다.

영국과는 달리 미국의 인권사상은 미국독립의 이념적 근거와 추진력이 되었다. 미국의 독립선언과 프랑스 인권선언은 국가권력으로부터 자유와 평등을 보장하기 위한 것이었으나, 프랑스와는 달리 미국은 인권사상을 기본으로 하여 신생국가가 탄생하였다는 점에서 역사적 의미가 있다. 인권보장은 구체적인 헌법조항에 의하기보다는 연방대법원의 인권옹호를 위한 적극적인 판례를 통해 절차법적으로 보장함으로써 인권국가의 모범을 보였다. 법의 지배원칙과 사법부에 대한 국민적 신뢰를 바탕으로 미국은 세계 인권문제를 주도하고 있다. 그러나 미국은 1863년 링컨 대통령이 노예해방을 선언하였으나 연방대법원은 인종차별을 "분리하였으나 평등하다"(separate but equal)라고 하여 합헌으로 인정하였다. 그 후 약 1세기가 지난 1950년대에 이르러 연방대법원은 인종차별은 본질적으로 평등하지 않다고 위헌을 선언함으로써1) 미국은 인종차별을 합법화했던 인권사의 불명예를 지니고 있다.

3. 프랑스의 인권선언

프랑스는 볼테르·몽테스키외·루소 등의 계몽주의 철학자들에 의한 인권사상의 고취로 프랑스혁명이 비롯되고 시민혁명의 결과 인권보장이 선언되었다. 1789년 프랑스 인권선언에서 "인간은 자유롭고 평등한 권리를 지니고 태어나 생존한다. 사회적 차별은 공공의 이익을 위해서만 가능하다"(동 선언문 제1조)고 선언하였다. 인권선언은 인권의 자연법적·천부적인 성격을 내용으로 하였으며 모든 국가적인 불행이 인권을 존중하지 않는 권력에서 비롯된다는

---

1) Brown v. Board of Education, 347 U.S. 483(1954).

것을 강조하였다. 또한 인권보장과 권력분립이 이루어지지 않은 국가는 헌법을 가졌다고 볼 수 없다고 선언하였다(동 선언 제16조).

인권선언은 자연권으로서 평등권, 신체의 자유, 종교의 자유, 표현의 자유 등을 규정하였으며, 특히 소유권은 신성불가침의 권리로서 보장하였다. 이러한 내용은 1791년 헌법에 수용되어 근대헌법에서 자유주의 사상의 기본이념이 되어 1946년 제4공화국에 이어지고 있다. 사회계약론과 국민주권주의 사상에 근거한 프랑스의 인권선언은 영국과는 달리 구체제의 폐지와 동시에 자유·평등 사회의 확립에 있었으며 세계인권사의 선구자가 되었다. 프랑스의 인권은 자유주의와 개인주의사상을 내용으로 발달하였으나, 제1차 세계대전 이후 제2차 세계대전 이전까지는 인권사상이 사회적 기본권을 강조하여 진보적 성향을 보였다. 오늘에 이르러서는 자유주의와 사회주의사상을 포용하여 인권의 세계화를 실천하고 있다.

[프랑스 인권선언]

프랑스 인권선언은 자연법적 인권사상과 계몽주의 영향을 받아 자유·평등·국민주권을 요구한 프랑스 혁명의 기본이념을 선언한 것이다. 프랑스 인권선언의 본래의 명칭은 '인간과 시민의 권리선언'이며 총 17조로 구성되었다. 이것은 미국 독립선언과 함께 인권보장과 민주주의의 초석이 되었다.

4. 독일의 인권선언

칸트에 의해서 대표되는 이상주의 인권사상은 도덕적인 인간의 자유를 강조하였으나, 독일에서는 전통적으로 국가권력에 대한 신뢰가 강하였기 때문에 인권사상이 영국이나 프랑스에 비해 상대적으로 발달하지 못하였다. 강력한 국가관과 법실증주의로 인하여 인권사상이 발달하지 못하였고 인권을 실정법적 권리로 인식하였다.[1] 1807년 베스트팔렌(Westfalen), 1808년 바이에른(Bayern) 헌법에서 인권보장을 규정한 것이 인권선언의 시작이라 할 수 있다. 그 후 바이마르헌법이 인간다운 생활의 보장과 소유권의 상대성을 규정함으로써 사회

---

1) 독일의 관념주의 철학은 "혁명이 인간의 본질적 자유를 실현시킬 수 없다"고 주장하였고, 개인의 이익보다 공익성을 강조하는 독일의 법실증주의와 국가권력의 중앙집권화의 영향으로 독일은 인권사상이 상대적으로 발전하지 못하는 결과를 가져왔다.

국가적 원리에 의한 인간다운 삶을 보장하는 사회적 기본권을 최초로 보장하였다. 1949년 본(Bonn) 기본법은 "인간의 존엄성은 불가침이다. 이를 존중하고 보호하는 것은 모든 국가권력의 의무이다"(동 헌법 제 1 조)라고 규정하였다. 나치시대의 인권유린에 대한 반성에서 인간의 존엄성의 보장과 이를 위한 국가의 의무를 선언하였으며, 이것은 1990년 통일 독일 기본법(Grundgesetz)으로 이어졌다.

Ⅳ. 인권보장의 현대적 추세

1. 자유권의 생존권화

자유주의적 인권은 개인의 추상적·형식적 평등을 내용으로 한 인격의 자유를 의미하여 실질적인 생활권 보장에는 불충분하였다. 생존권에서의 인권은 개인을 추상적인 인격체에서 하나의 구체적 인간으로 보고 실질적 평등을 통해 인간다운 생활의 보장을 선언한 것이다. 자유권의 수정 내지 보완으로써 사회국가 원리를 내용으로 하는 사회적 기본권이 바이마르 헌법에서 처음으로 탄생되자 각국의 헌법에 영향을 주었다. 생존권의 출현은 자유와 빵을 함께 갖고자 자유와 평등원칙을 보완하여 복지국가주의로 지향하기 위한 것이다. 이를 위해 인권은 자유권의 소극적 권리에서 탈피하여 국가에 대해 적극적인 생존권적인 인권을 강조하였다. 근대적 자유권 중심의 인권관념에서 현대적 생존권 중심의 인권으로 발전한 것이다.

2. 인권의 국제적 보장과 구제

(1) 인권의 국제적 보장

제 2 차 세계대전의 참혹상을 목격한 인류는 이에 대한 반성과 극복책으로서 인권을 한낱 국가적 보장에 머물지 않고 범국제적 보장 차원의 문제로 제기하였다. 1948년 세계인권선언(Universal Declaration of Human Rights)은 인권사의 새로운 전기를 맞은 최초의 국제적 조약으로서 '인간의 존엄성과 평등 그리고 불가양의 권리'를 선언하여 자연법적 인권사상을 강조하였다. 1966년 유엔총회는 국제인권규약(International Covenant on Human Rights)을 채택하여 인권의 보편화·세계화가 이루어졌다. 국제인권규약은 '경제적·사회적 및 문화적 권리에 관한 국제규약'(ICESCR, International Covenant on Economic, Social and Cultural Right)과 '시민적 및 정치적 권리에 관한 국제규약'(ICCPR, International Covenant on Civil and Political Right) 및 의정서 등으로 구성되었다.[1]

인권 침해를 국제평화와 안전을 위협하는 국제적 범죄행위로 간주하기에 이르러 인권의 국제적 보장이 실현되고 있다.[2] 인권보장은 국제기구(국제형사재판소)가 독립적으로 관할할 수 있을 정도로 국제화됨으로써 인권 위반국가 및 개인의 책임추궁이 확산되고 있다. 인권에 대해서 주권국가의 국내법적 특수성을 고려한 상대주의와 국경을 초월한 인권의 절대적 가치를 강조하는 보편주의가 대립하고 있다. 전통 국제법에서 허용하지 않던 인도주의를 위한 국제적 제재가 인정됨으로써[3] 국가적 특수성을 이유로 인권의 상대주의를 합리화할 수 없게 되었다. 인류의 보편적인 가치인 인권의 관념이 철벽같은 국가주권주의를 무너뜨리고 있다. 최근에는 새로운 제3세대의 인권선언[4]이 제기

---

1) ICESCR을 사회권 규약 또는 A규약, ICCPR을 자유권 규약 또는 B규약이라고도 한다. 우리나라는 1999년에 국제인권규약이 발효되었다.

2) 1968년 '전쟁범죄 및 반인도적 범죄에 대한 시효의 부적용에 관한 협약'은 반인도적 범죄에 대해서는 공소시효를 인정하지 않는다. 1987년 '고문 및 그 밖의 잔혹하고 비인간적인 또는 굴욕적인 대우나 처벌의 방지나 처벌 방지에 관한 협약'은 고문 금지와 고문을 형법상 범죄로서 처벌할 의무를 부과하였다. 1998년 유럽의 인권법(Human Right Act)은 생명권보호, 비인간적인 형벌금지, 강제노역 금지, 조약상의 평등권 등을 강조하였다.

3) 1993년 구 유고 내전에서 인종청소(ethnic cleansing)범죄 처벌을 위한 구 유고 국제형사재판소(International Criminal Tribunal for the former Yugoslavia)와 1994년 르완다 내전의 집단살해(genocide)범죄를 처벌하기 위한 르완다 국제형사재판소(International Criminal Tribunal for Rwanda)는 인도적 범죄에 대한 국제적 제재를 국제법상 인정한 것이다. 북한의 인권개선을 위해 2004년 미국의 북한 인권법(North Korean Human Rights Act of 2004)을 시작으로 일본, 우리나라가 북한 인권법을 제정하여 북한 인권에 적극적 개입을 선언하였다.

4) 제1세대 인권(first-generation rights)은 국가간섭으로부터 자유를 위한 시민적·정치적 권리를 강조하였다. 제2세대 인권은 복지사회를 위한 경제적·사회적·문화적 권리를 중시하였다. 제3세대 인권(third-generation rights)은 개인은 물론 국제공동체가 인권보장을 범세계적으로 공동 대처하는 평등한 권리로서 평화를 향유할 권리, 경제적·사회적 발전을 향유할 권리, 건강한 환경을 향유할 권리, 인류의 공동유산을 향유할 권리, 국경을 초월하여 교신할 권리, 인도적 원조를 받을 권리, 자기결정권 등을 포함한다(김대순, 국제법론, 삼영사, 2002, pp. 495~497).

되었고, 인권 탄압 국가는 국제적 고립을 면할 수 없으며 국제사회의 책임 있는 구성원이 될 수 없을 것이다. 유엔의 인권보호기관에는 유엔 인권이사회를 비롯하여 '여성에 대한 모든 형태의 차별 철폐에 관한 협약'에 의한 여성차별철폐위원회(CEDAW), '고문 및 그 밖의 잔혹한, 비인간적인 또는 굴욕적인 대우나 처벌의 방지에 관한 협약'에 의한 고문방지위원회(CAT), '모든 형태의 인종차별 철폐에 관한 협약'에 의한 인종차별철폐위원회(CERD), '장애인 권리협약'에 의한 장애인권리위원회(CRPD) 등이 있다.

(2) 인권의 개인통보제도

인권의 국제적 보장과 개인의 국제법상 지위 향상에 따라 개인의 인권 침해는 국내법적 구제 이외에 국제적 구제를 보장받고 있다. 인권을 침해당한 개인은 유엔 인권이사회(UNHRC, Human Rights Council)[1]의 자유권 규약위원회에 그 구제를 청원함으로써 국제사회의 사법적 구조의 도움을 받을 수 있다. 이를 개인통보절차(Individual Complaint/Communication)라 한다. 자유권규약위원회는 개인의 청원사실을 해당 국가에 통보하고 해당 국가가 이에 대한 석명서를 제출하면 국제인권조약의 위반여부를 심사·결정하여 개인과 국가에 통보한다. 결정은 법적 구속력이 없는 권고사항이나 인권침해를 국제사회가 제재할 수 있는 근거를 제시한 점에서 인권보장의 획기적 발전이다. 개인통보제도는 인권의 국제적 보장의 실효성을 위해 개인의 국가 고발권을 인정한 것이다.[2]

3. 사회적 약자의 보호

경제발달에 따라 외형상이나 양적으로는 풍요로운 사회로 발전하였으나, 인권의 사회보장 조건으로서의 사회적·경제적인 질적 여건은 이에 크게 못 미치고 있다. 경제적 발달에 비례하여 그 수혜자는 그만큼 증가하지 않고 빈부의 격차, 계층 간의 갈등의 골은 깊어지고 있다. 더욱이 사회구조의 급격한 변화와 전통적 가족제도의 해체, 물질지상주의는 사회인식과 사회의 기본구조를 흔들어

---

1) UN 경제사회이사회 보조기관인 UN 인권위원회(Commission on Human Rights)는 인권의 국제적 보장을 강화하기 위해 UN총회 산하의 UN 인권이사회로 확대 개편되었다.

2) 청원은 ① 국내절차를 거칠 것, ② 익명의 통보가 아닐 것, ③ 통보권한의 남용이 아닐 것, ④ 조약규정과 모순되지 않아야 하며 상소는 인정되지 않는다(www.ohchr.org 참조).

사회는 각박하고 혼탁해져 사회적 약자의 생활은 더욱 어려워지고 있다. 저소득층·장애인[1]·노인[2] 등은 외부의 도움 없이는 건전한 생활을 누리기 힘든 사회적·경제적으로 취약한 계층이다. 경쟁사회의 후유증과 가난에 지친 사람들은 현실에 좌절하고 사회적으로 소외된 계층으로 계속 증가하고 있다. 그들은 거창한 인권보장보다 소박한 삶의 보장이 절실한 경제적·사회적 약자이다. 이들의 빈곤·질병·장애·무지·소외감·불만 등은 개인적 차원에서 해결할 수 없을 정도로 깊어져 개인적 책임을 넘어 사회 전체의 보호책임이 되었다.

사회적 약자를 외면하는 것은 그들의 권리행사가 미약한 이유로 인간을 차별한다는 비난을 면할 수 없을 것이다. 사회적 소수자로서 사실상 고립된 보이지 않는 사람들(invisible men)을 보호하는 것은 사회안전망을 위한 국가의 기본적 책무이다. 사회적 약자의 보호를 등한시하고는 복지국가를 논할 수 없고, 이들을 돌봄이 없이는 인권의 보편화를 이룰 수 없다. 사회적 취약계층의 실질적 생존권 보장은 모든 사람의 인권문제라는 사회공동체 인식이 전제되어야 한다. 사회적·경제적 약자의 보호는 복지국가를 실현하려는 국가적 역량의 문제이고 미래를 보장하는 우리의 의지와 직결한다.

4. 사적 기관의 인권침해에 대한 구제

민주국가라면 권력으로부터 인권보장을 위한 제도적 장치가 보편화되었다. 그러나 언론기관의 오보로 인한 인권침해나[3] 거대 기업과 다국적 기업의 횡

---

[1] 2019년 장애인수는 약 267만명(전체 인구의 약 5.4%)이나 선천적 장애에 비해 사고, 질환 등의 후천적으로 발생하는 비율이 88.1%에 이른다.

[2] 우리나라가 2000년대 고령화사회에서 2017년 고령사회를 거쳐 2026년 초고령사회(65세 이상 어르신이 총 인구의 20%)의 인구 격변기로 진입하는 기간이 약 25여 년이 걸리는 데 비해 프랑스 155년, 미국 88년, 독일 78년, 일본 36년이 소요된다. 기대수명은 2018년 81.5세, 2030년 83.1세로 증가하는 추세로서 정년 후 무위도식 기간이 길어지면서 준비 없는 노년이 부담이고 사회적 재앙이 되고 있다. 독거노인은 현재 126만명에서 2035년에는 343만명(노인 인구의 23.3%)으로 증가할 것이다. 노인 1인 가구의 빈곤율은 76.6%로 전체 가구 빈곤율 14.6%의 5배이고 OECD국가 중 1위이다.

[3] ① 언론매체의 보도가 개인의 명예를 훼손하더라도 공공의 이익을 위한 것이면 진실이라고 믿을 만한 상당한 이유가 있는 경우에는 위법성이 없다(대법원 1996. 5. 28. 선고 94다33828 판결). ② 언론기관이 진실한 것으로 오인하고 보도한 경우에 그 오인에 정당한 이유가 있는 때에는 위법성이 조각된다(헌법재판소 1999. 6. 24. 선고 97헌마265 결정).

포로 인한 사적인 인권침해의 구제는 그 침해에 비하여 완벽하지 않다. 이들은 막강한 사회적 영향력을 행사하여 사실의 왜곡과 은폐, 피해자에 대한 보복, 피해자의 반론의 기회조차 묵살하는 횡포를 자행하는 경우가 있다. 보이지 않는 힘을 배경으로 한 기업의 인권침해는 기업의 활동의 일환으로 행하여지는 것이므로 그 피해 산정과 구제도 어려운 실정이다. 거대 기업과의 분쟁에서 개인은 역부족의 한계에 직면함으로써 그 피해는 개인적 피해에 그치는 것이 아니라 사회 전체가 입는 피해로 이어진다. 기업의 사회적 책임을 추궁하여 개인의 합리적 피해 배상이 간편하게 이루어져야 한다.

V. 헌법상 기본권의 제한과 한계

1. 기본권 제한의 근거

"나의 자유는 남의 자유가 시작하는 곳에서 멈춘다"라는 법언이 있듯이 모든 사람이 자유를 누리기 위해서는 타인의 자유와 조화를 유지하기 위해 자유의 한계가 있다. 일찍이 프랑스 인권선언은 "자유는 타인을 해하지 않는 범위 내에서 모든 것을 행할 수 있다"(동 선언 제4조)고 선언하였다. 자유의 한계는 곧 자유의 본질과 통하는 것이며, 인권의 한계가 필요한 것은 인권을 누리기 위한 전제조건이다. 국가는 국민의 기본권을 최대한 보장할 의무는 있지만 기본권은 어떠한 제한도 받지 않는 국가 이전의 절대적 권리가 아니라 국가질서 내에서 보장되는 상대적 권리이다. 자유는 타인의 자유를 침해하지 않을 의무와 헌법질서와 도덕률의 존중 등과 같은 내재적 한계를 갖고 있다.

자유가 국가 이전의 권리라고 강조할지라도 사회적 구속을 받지 않는 자유의 무책임한 행위나 자유의 반사회적 행위를 허용할 수 없다. 사회공동체 유지와 발전을 위한 기본권의 제한은 불가피한 당연한 조치이다. 인권보장은 법적 보호를 필요로 하면서도 법질서와 자주 충돌한다. 누구든지 정당한 공권력 행사나 공익적 요청에 대해서 인권보장을 이유로 거부할 수 없다.[1] 헌법은

이렇듯 언론 기관의 허위보도에 대해 면죄부를 주고, 억울한 보도 피해자의 보호를 소홀히 하고 있다.

1) 교도관이 마약류 사범의 구치시에 행하는 신체의 정밀검사는 수인하여야 할 모욕감이

기본권 제한의 원칙으로 일반적 법률유보를 두고 있다. 헌법 제37조 제 2 항은 "국민의 자유와 권리는 국가의 안전보장·질서유지 또는 공공복리를 위해 필요한 경우에 한하여 법률로써 제한할 수 있으며, 제한하는 경우에도 자유와 권리의 본질적 내용을 침해할 수 없다"고 규정하여 기본권의 제한의 근거와 그 한계를 명시하였다.

(1) 국가안전보장

국가안전보장은 국가의 독립과 영토의 보존 등이나 헌법질서의 유지, 헌법기관의 보전 등과 같은 국가의 존립과 안전보장의 확보를 말한다.1) 국가의 안전보장은 국가목표의 최우선적 과제로서 자유·평등·평화 등의 전제조건이며 국가의 안보를 위해서는 자유·평등의 제한은 불가피하다. 국가안전보장을 위한 기본권 제한의 법률에는 형법, 국가보안법 등이 있다.

(2) 질서유지

질서유지란 헌법의 기본질서 이외에 공공의 안녕질서와 도덕질서의 유지, 반사회적 행위의 예방 등 사회 질서의 평온을 말한다. 사회질서에 대한 명백하고도 현존하는 위험(clear and present danger)이 존재하는 한 기본권의 제한이 가능하다.2) 공공복리가 국가의 적극적 목적인데 비하여 질서유지는 상대적으로 소극적 목적이다. 평상시의 치안질서 유지를 위한 각종 법률 및 특별한 위급상황에 발동하는 계엄법이 있다.

나 수치심에 비하여 반입 금지품을 차단함으로써 얻을 수 있는 수용자들의 생명과 신체의 안전, 구치소 내의 질서유지 등의 공익이 보다 크므로(법익균형성), 과잉금지의 원칙에 위배되었다고 할 수 없다(헌법재판소 2006. 6. 29. 선고 2004헌마826 결정).
1) 국가의 안전보장은 국가의 존립·헌법의 기본질서의 유지 등을 포함하는 개념으로서 결국 국가의 독립, 영토의 보전, 헌법과 법률의 기능, 헌법에 의하여 설치된 국가기관의 유지 등의 의미로 이해될 수 있을 것이다(헌법재판소 1992. 2. 25. 선고 89헌가104 결정).
2) 명백·현존하는 위험의 원칙은 미국 헌법상 기본권 제한의 기준이다. 1919년 Schenck 사건(Schenck v. U.S. 249 U.S. 47. 52(1919))에서 '명백하고도 현존하는 위험의 원칙'은 표현의 자유에 대한 규제의 근거로서 홈스 대법관이 제시하였다. 표현의 자유를 방치함으로써 발생할지 모르는 해악이 명백하고 급박하여, 이를 제한하지 않고는 예상되는 위해를 제거할 수 없는 경우에 한하여 자유의 제한이 허용될 수 있다는 원리이다. 따라서 단순한 위험의 가능성 내지 중대성이 있다는 이유만으로 표현의 자유를 규제해서는 안 된다는 것을 의미한다.

(3) 공공복리

공공복리란 개인의 이익과 사회의 이익의 조화를 통한 복지국가 차원의 적극적 개념이다.[1] 국가 안보와 질서유지를 위한 소극적 차원이 아닌 적극적으로 공공복리의 실현을 위해서도 기본권 제한이 가능하다.

2. 기본권 제한의 한계

(1) 과잉금지와 본질적 내용침해 금지

인권은 가능한 최대한도 보장하고 필요한 최소한으로 제한하여야 한다. 국가의 안전보장·질서유지·공공복리 등의 실현을 위해 법률로써 기본권의 제한이 불가피할지라도 제한의 필요성과 한계를 정하는 과잉금지의 원칙이 적용되어야 한다. 과잉금지의 원칙이란 국민의 기본권의 제한에 대한 국가권력 작용의 한계를 명시한 것으로서 그 목적의 정당성, 방법의 적정성, 피해의 최소성, 법익의 균형성 등을 의미하며 그 어느 하나에도 저촉이 되면 위헌이 된다는 헌법의 원칙을 말한다.[2] 과잉금지의 원칙은 기본권 제한의 남용을 방지하기 위해 기본권 침해의 목적과 그 방법의 형평성의 유지를 위한 비례원칙을 의미한다. 자유의 제한은 개인이 당하는 불이익보다 공공의 이익이 더욱 크고 명확하여야 한다.[3] 기본권 제한은 필요한 최소한에 그쳐야 하며 그 기본권을 실현할 다른 수단이 있다고 하여 기본권의 제한이 정당화되는 것은 아니다. 또한 국민의 기본권을 법률로써 제한하는 경우에도 그 본질적인 내용을 침해

---

1) 이 책, pp. 83~86 참조.
2) 국가작용 중 특히 입법작용에 있어서 과잉입법금지의 원칙이라 함은 국가가 국민의 기본권을 제한하는 내용의 입법활동을 함에 있어서 준수하여야 할 기본원칙 내지 입법활동 등의 한계를 의미하는 것으로서, 국민의 기본권을 제한하려는 입법의 목적이 헌법 및 법률의 체제상 그 정당성이 인정되어야 하고(목적의 정당성), 그 목적의 달성을 위해 그 방법이 효과적이고 적절하여야 하며(방법의 적정성), 입법권자가 선택한 기본권 제한의 조치가 입법목적 달성을 위해 설사 적절하다고 할지라도 보다 완화된 형태나 방법을 모색함으로써 기본권의 제한은 필요한 최소한도에 그치도록 하여야 하며(피해의 최소성), 그 입법에 의하여 보호하려는 공익과 침해되는 사익을 비교형량할 때 보호되는 공익이 더 커야 한다(법익의 균형성)는 법치국가의 원리에서 당연히 파생되는 헌법상의 기본원리의 하나인 비례의 원칙을 말하는 것이다(헌법재판소 1997. 3. 27. 선고 95헌가17 결정).
3) 헌법재판소 2010. 12. 28. 선고 2008헌바157 결정.

할 수 없다. 본질적 내용의 침해란[1] 자유권의 제한으로 말미암아 그 본래의 존재가치가 훼손되어서 자유권의 내용이 유명무실화되는 상태를 의미한다.

(2) 경찰권 행사의 한계

경찰은 공공의 안녕질서와 위해방지를 위해 법에 의해 국민에게 명령·강제하는 국가 법집행의 일선기관이다. 경찰업무는 사회적 위해를 제지·예방하기 위해 개인에 대한 직접 실력행사를 내용으로 하기 때문에 법규에 불확정개념이 많아 그 권한을 남용할 우려가 있다. 경찰권은 경찰법규에 따라 발동하더라도 개인의 기본권 보장을 위해 경찰권의 행사에는 법 집행의 주의 의무와 한계가 있음은 물론이다.[2]

경찰권의 한계에는 첫째, 경찰은 공공의 질서에 직접 관계가 없는 개인의 생활관계에는 개입하지 않는 경찰공공의 원칙이 있다. 이에는 사생활 불가침, 개인의 경제생활이나 민사관계 불간섭 등의 원칙이 있다. 둘째, 경찰권 행사는 경찰법 위반 행위 또는 그 위반 발생의 책임이 있는 자에게 발동하는 경찰책임의 원칙이 있다. 경찰권 발동의 대상에 무관한 사람에게 피해를 주어서는 안 된다. 셋째, 경찰권 행사는 사회질서 유지를 위한 필요한 최소한에 국한되어야 하는 경찰비례(과잉금지)의 원칙이 있다. 경찰권 행사의 목적과 수단·방법 사이에 균형을 지켜 위법행위의 진압에 과잉 실력행사를 금지하는 것이다.[3]

---

1) 기본권의 본질적 내용은 만약 이를 제한하는 경우에는 기본권 그 자체가 무의미하여지는 경우에 그 본질적인 요소를 말하는 것으로서, 이는 개별 기본권마다 다를 수 있을 것이다(헌법재판소 1995. 4. 25. 선고 92헌바29 결정).

2) ① 경찰관직무집행법에 의한 경찰관 무기 사용은 범죄의 종류, 죄질, 피해법익의 경중, 위해의 급박성, 저항의 강약, 범인과 경찰관의 수, 무기의 종류, 무기사용의 태양, 주변의 상황 등을 고려하여 사회통념상 상당하다고 평가되는지 여부에 따라 판단하여야 하고, 특히 사람에게 위해를 가할 위험성이 큰 권총의 사용에 있어서는 그 요건을 더욱 엄격하게 판단하여야 한다(대법원 2004. 5. 13. 선고 2003다57956 판결).

② 경찰관이 범인 검거를 위해 가스총을 사용하는 경우 인체에 대한 위해를 방지하기 위해 상대방과 근접한 거리에서 상대방의 얼굴을 향하여 이를 발사하지 않는 등 가스총 사용시 요구되는 최소한의 안전수칙을 준수함으로써 장비 사용으로 인한 사고발생을 미리 막아야 할 주의의무가 있다(대법원 2003. 3. 14. 선고 2002다57218 판결).

3) 교통신호위반 도주자에게 발포는 경찰관직무집행법(제11조)에 의한 총기사용 허용범위를 벗어난 것이다(대법원 1999. 6. 22. 선고 98다61470 판결).

제13장

법의 작용

제 1 절 법률행위

Ⅰ. 법률행위의 개념

법률행위는 개인의 의사표시를 법률요건에 따라 법률효과를 발생시키는 법적 작용을 말한다. 사회생활은 권리와 의무의 대등한 법적 관계로서 법률행위로 나타난다.[1] 법률관계가 이루어지기 위해서는 개인이 원하는 내용이 의사표시를 통해 외부로 표출되어 상대방이 인식할 수 있는 법률행위이어야 한다. 법률행위는 의사표시를 전제로 성립이 가능한 점에서 단순한 인식작용인 준법률행위나 정신작용을 요건으로 하지 않는 사실행위(물건을 파괴)나 천재지변과 같은 불가피한 사실행위와 구분된다. 준법률적 행위는 의사표시와 상관없이 인식·판단 등의 정신적 작용에 대해 일정한 법적 효과가 발생한다. 준법률적 행위에는 의사표시 이외의 정신작용인 사실의 판단, 관념의 통지(특정인 또는 불특정 다수인에게 알림), 확인(사실이나 법률관계의 존재여부 확정), 공증(존재여부의 공적 증명), 수리(유효한 행위로 접수) 및 감정의 표시 등이 있다.

법률행위에서 의사표시는 법률관계의 성립요건으로서 법률관계를 발생(취득)·변경·소멸(상실)시킨다. 법률관계의 원인을 법률요인이라 하며 그 결과를 법률효과라 하고, 법률요건을 구성하는 개개의 사실을 법률사실이라 한다. 따라서 권리·의무의 변동은 법률효과이고 그 변동을 발생시키는 사실의 총체가

---

[1] 법률행위는 실정법적 개념이 아니라 법적 행위에 대한 일반적 개념(사법행위·공법행위·행정행위)이고 실정법에는 다양한 용어(신고, 허가, 취소 등)로 나타난다.

법률요인인 성립요건이다. 예를 들면 물건의 매매행위에서 매도인의 청약행위와 매수인의 승낙행위가 합치된 법률사실을 바탕으로 매매의 법률요건으로서 매매계약이 성립되면 목적물 이전과 대금지급이라는 매매의 법률효과가 발생함으로써 매매행위가 완성되는 것이다.

1. 성립요건

법률행위의 성립요건은 법률관계가 갖추어야 할 요식행위로서 그 효력요건에 따라 다를 수 있다. 법률행위의 일반적 성립요건(유효요건)으로, ① 내용의 확정, ② 법률상(in jure)·사실상(de facto) 실현가능성, ③ 적법성, ④ 타당성, ⑤ 상대방에게 통지 등이 필요하다. 성립요건을 갖추지 못한 법률행위는 법률행위의 불성립(부존재)(예컨대 매매계약서의 허위작성)으로 당연이 무효이지만 성립요건에 하자가 있는 법률행위는 무효 또는 취소의 사유가 된다. 법률행위는 적법성 요건을 갖추어야만 적법행위로서 효력이 발생한다. 법에 어긋난 위법행위, 예를 들면 헌법위반·불법행위·탈법행위·월권행위·채무불이행·불공정행위 등은 적법요건을 충족하지 못한 법률행위이다.[1]

2. 효력요건

법률행위는 성립과 동시에 효력이 발생하는 것이 일반적이지만 특별한 효력요건을 필요로 하는 경우도 있다(예컨대 조건부 매매계약). 법률행위의 성립요건과 효력요건이 완비되어야 법적 효력이 발생하고 법률행위는 완성된다. 예를 들면 부동산 매매계약이 이행되어도 등기 이전을 해야지만 매매의 효력이

---

1) 합법행위는 법질서에 합치하는 것으로서 적법보다도 형식적인 법규범에 적합한 행위이다. 적법행위는 법에 어긋나지 않아 법이 허용하는 행위이다. 위법행위는 법이념에 어긋나 법이 허용할 수 없는 넓은 의미의 법 위반행위로서 불법행위·탈법행위·월권행위·과실행위·범죄행위·채무불이행(채무의 이행지체, 이행불능, 불완전이행)·부당노동행위 등이 있다. 불법행위(tort)는 법규보다는 법정신에 위반되어 법적 가치가 인정되지 않는 위법행위로서 피해자에게 손해배상책임이 있다. 탈법행위는 법 자체에는 직접 위반되지 않으나 법의 정신에 어긋난 위법행위로서 탈세행위 또는 법정이율 이외에 수수료 명목으로 사실상 이자를 높이는 부당행위가 이에 속한다. 초법적 행위는 실정법을 초월하였으나 법의 정신에는 어긋나지 않는 적법행위로서 통치행위, 저항권 등이 있다. 이렇듯 그 법적 의미가 상이하나 실제로는 혼용되고 있다.

발생한다. 효력요건은 당사자 사이에서는 효력요건을 갖추기 전에도 법률효과가 발생할 수 있는 대항요건(예컨대 매매예약)과 구분된다.

Ⅱ. 법률행위의 분류

모든 법률행위는 법의 지배를 받으며 법으로부터 예외일 수 없으나 통치행위는 법적 구속을 받지 않는다. 법률행위는 그 양상, 예를 들면 주체·목적·내용·성질·형식 등에 따라 여러 방법으로 분류할 수 있으나 그 중 주요한 것을 간추려 보면 다음과 같다.

1. 사법행위와 공법행위·통치행위

사법행위는 개인 의사와 행동, 책임 등의 자유(사적 자치의 원칙)에 의한 계약관계(매매·혼인)를 말한다. 사법행위는 당사자 간에 비권력적인 대등한 거래행위로서 사법이 적용된다. 공법행위는 국가 공권력에 의한 명령·복종관계인 권력행위(명령행위·강제집행)로서 공권력의 주체(국가·공공단체)와 개인 간의 불평등한 관계로 나타나며 공법이 적용된다. 공법행위의 특성은 공권력 집행권자로서의 자력집행력[1]·공정력 등을 인정하는 권력적 행위이다. 권력적 행위는 행정기관과 개인 간에 대등한 관계인 비권력적 행위(행정계약, 행정지도, 행정계획)와 구별된다. 법률행위에는 사법행위와 공법행위가 혼합하는 경우도 있다.[2] 통치행위란 통치권자의 초법적 행위로서 정치행위 또는 국가행위라고 하며 재판대상에서 제외되고 있다. 그러나 고도의 정치성을 갖는 통치행위라고 하더라도 법치주의의 원칙에 어긋나면 사법심사의 대상이 될 수 있음은 물론이다.[3] 통치행위에는 대통령의 내각 임명권, 외교권, 사면권, 영전 수여권, 법

---

[1] 국가기관은 상대방에 대한 우월한 지위에서 위법행위에 대해 재판절차 없이 직접 강제력을 발동하여 법적 제재를 가함으로써 행정의 실효성을 갖는다(영업정지, 과태료 부과).

[2] 전화가입자와 전화사업자의 가입관계, 대학의 수업료 수납 등은 사법관계이나 전화요금체불시 강제징수, 대학의 학위증 수여는 공법관계이다.

[3] 대법원은 김대중 전 대통령의 대북송금사건에서 "남북정상회담 개최는 고도의 정치적 성격을 갖는 행위로 사법권의 내재적·본질적 한계를 넘어서는 것이지만, 4억 5천만 달러 송금행위 자체는 법치국가의 원리와 법 앞에 평등의 원칙에 비추어 볼 때 사법심사의

률안 거부권, 국민투표 회부권 등이 있다.

2. 단독행위와 다수 당사자 행위

단독행위와 다수 당사자 행위는 법률행위 주체의 형태에 따른 구분이다. 단독행위는 법률행위가 하나의 의사표시로 구성되는 일방적 행위이고(명령, 포기), 다수 당사자 행위는 2인 이상의 의사 합치와 행위로써 성립한다. 또한 2인 이상 다수자의 행위로서 이루어지는 형사상 공범은 공동범행을 실행한 행위 내용에 따라 공동정범과 구분한다.

(1) 민법상 다수 당사자 행위

다수 당사자 행위인 계약, 합동행위, 합성행위 등은 다수자 간의 의사 합의라는 점에서 동일하고 당사자의 동의가 없는 행위는 일반적으로 무효이다. ① 계약은 주고받는 쌍방간 반대방향의 의사의 합치이다(매매·임명).[1] ② 합동행위는 동일한 방향의 다수자 의사의 합치인 협정(법인의 설립행위)으로서 공동목적의 단체를 조직하는 단체법상 행위이다. ③ 합성행위는 의결을 위한 다수자 간의 내부적 의사의 합치이다(합의기관의 의결·선거). 의결은 의사의 결의로써 법적 구속력을 주는 점에서 의견 합치의 표현에 불과한 심의(국무회의 심의)와 구별된다.

(2) 형법상 공범행위

1) **공동정범**　　2인 이상이 공동의 범행계획에 따라 각자 본질적 기능을 분담하여 성립하는 정범 형태를 공동정범이라고, 각자를 그 죄의 공동정범으로 처벌한다(형법 제30조).[2] 정범과 공범은 상호 공동 내지 보충관계, 종

대상이 된다"고 판시하였다(대법원 2004. 11. 12. 선고 2004도4044 판결).

1) 이 책, pp. 321~325 참조.

2) ① 여러 사람이 합동하여 강도를 한 경우 1인이 강취하는 과정에서 간수자를 강타, 사망케 한 때에는 나머지 범인도 이를 예기하지 못한 것으로 볼 수 없는 경우에는 강도살인죄의 죄책을 면할 수 없다(대법원 1984. 2. 28. 선고 83도3162 판결).
② 삼풍백화점 건물 붕괴의 원인이 건축계획의 수립, 건축설계, 건축공사공정, 건물완공후의 유지관리 등에 있어서의 과실이 복합적으로 적용한 데에 있으므로 각 단계별 관련자들을 업무상 과실치사상죄의 공동정범으로 처단한다(대법원 1996. 8. 23. 선고 96도1231 판결).

속관계에서 공동의 범행을 실행한 행위로서 각자는 행위 전체에 대한 책임을 진다. 예를 들면 절도범에서 망보는 사람, 물건을 절취하는 사람, 절취한 물건을 운반하는 사람 등은 범죄 완성을 위해 본질적 기여가 있으므로 공동정범이 된다.

   2) 교 사 범   타인을 교사하여 범죄를 실행시키는 행위를 교사범이라 하고 범죄를 실행한 자와 동일한 형으로 처벌한다(형법 제31조). 예를 들면 갑이 을에게 병의 살해를 촉탁하고 을이 이를 실행하면 갑은 살인죄의 교사범이고 을은 살인죄의 정범이 된다. 교사범은 범행의 의사가 없는 자에게 범죄행위의 실행을 결의하게 하는 행위로서[1] 이미 범행을 실행하고자 하는 자를 도와주는 종범이나 범죄 실행의 결의를 요건으로 하지 않는 선동(내란 선동죄)과 구별된다.

   3) 종   범   정범이 범행을 한다는 점을 알면서 실행행위를 용이하게 하는 직접·간접, 정신적·물질적인 방조행위이다.[2] 종범은 범행의 본질적인 것이 아닌 단순한 보조행위로서 정범의 형보다 감경한다(형법 제32조). 예를 들면 도박에 사용할 것을 알면서 도박자에게 도박자금을 빌려준 사람은 도박죄의 방조범이 된다.

   (3) 간접정범
   처벌의 대상이 되지 않는 사람을 이용하여 범죄를 실현하는 범죄이다. 예

---

   ③ 성수대교 붕괴사건에서 피고인들에게는 트러스트 제작상, 시공 및 감독의 과실이 인정되고, 감독 공무원들의 감독상의 과실이 합쳐져서 이 사건 사고의 한 원인이 되었으며, 한편 피고인들은 이 사건 성수대교를 안전하게 건축되도록 한다는 공동의 목표와 의사연락이 있었다고 보아야 할 것이므로, 피고인들 사이에는 이 사건 업무상 과실치사상 등 죄에 대하여 공동정범의 관계가 성립된다(대법원 1997. 11. 28. 선고 97도1740 판결).
   1) ① 백송을 도벌하여 상자를 만들어 달라고 도벌자금을 교부한 경우(대법원 1969. 4. 22. 선고 69도255 판결).
    ② 피해자를 정신차릴 정도로 때려주라고 말한 행위(대법원 1997. 6. 24. 선고 97도1075 판결).
   2) ① 자동차 운전면허가 없는 자에게 승용차를 제공하여 무면허 운전을 하게 하였다면 도로교통법 위반(무면허운전)의 방조행위에 해당한다(대법원 2008. 8. 18. 선고 2000도1914 판결).
    ② 범행과 전혀 무관하게 범인임을 알면서 숙식이나 심부름 등의 단순한 편의를 제공하는 행위는 종범이 아니다(대법원 1966. 7. 12. 선고 66도470 판결).

컨대 환자를 살해하기 위해 이를 모르는 간호사에게 독약 주사를 주입하게 한 경우이다. 어느 행위로 인해 처벌되지 않는 자 또는 과실범으로 처벌되는 자를 교사 또는 방조하여 범죄행위의 결과를 발생하게 한 자는 교사 또는 방조의 예에 의하여 처벌한다(형법 제34조 1항).

3. 요식행위와 불요식행위

요식행위는 법률관계의 내용과 효과를 명확하게 기록하기 위해 일정한 방식, 절차와 형식의 기재를 법률요건으로 하는 것이다. 불요식행위는 법률행위의 자유의 원칙에 의해 법률행위의 요식과 방법을 자유롭게 하여 법률행위에 자율성을 주는 것이다. 법률행위는 기록과 물증의 확보를 위해 요식행위를 일반적으로 사용하며, 요식행위를 필요로 하는 경우에 그 요건을 갖추지 아니하면 하자 있는 행위로서 무효이다.

4. 작위와 부작위

법률행위를 행위의 양상에 따라 적극적 행위인 작위(作爲)와 소극적 행위인 부작위(nonfeasance, Unterlassung)로 구분할 수 있다. 작위란 일반적으로 이행을 뜻하며 행위로서의 움직임의 적극성을 나타내고 있다. 부작위는 행위의 불이행인 행위의 소극성을 의미하나, 행위의 단순한 멈춤이 아니라 하여야 할 일을 하지 않음으로써 발생하는 행위를 뜻한다. 부작위는 아무 것도 하지 않는 것을 뜻하는 것이 아니라 규범적으로 기대된 일정한 행위를 하지 않는 경우이다. 작위의무가 '무엇을 하여라'인 데 비하여 부작위의무는 '무엇을 하지 마라'는 것이다. 예를 들면 경업을 하지 않을 의무의 위반행위 또는 퇴거요구에도 상대방이 불응하는 퇴거불응행위를 말한다.

형법은 "위험의 발생을 방지할 의무가 있거나 자기의 행위로 인하여 위험의 발생을 야기한 자가 그 위험발생을 방지하지 아니한 때에는 그 발생된 결과에 의하여 처벌한다"고 규정하였다(제18조). 형법상 부작위범은 진정 부작위범과 부진정 부작위범으로 구분된다. 진정 부작위범이란 부작위 자체가 범죄행위를 구성하는 행위로서 퇴거불응죄(형법 제319조), 다중불해산죄(형법 제116조) 등이 있다. 부진정 부작위범이란 부작위 의무를 위반하여 작위에 의해 성립하는 범죄행위로서 예컨대 갓난아기에게 젖을 주지 않고 굶어 죽게 한 경우에는 부작위에 의한 작위(살인)행위이다.[1] 하지만 작위를 객관적으로 할 수 있는 개별적 여건이 전제되지 않으면 부작위범은 성립되지 않는다.[2]

5. 명령적 행위와 형성적 행위

명령적 행위는 일반적으로 제한 또는 금지된 사항에 대해 이를 해제하는 법률행위로서 명령(시설개선명령, 야간영업금지) · 허가(영업허가, 운전면허) · 면제(납세면제, 행사의 동원면제) 등을 말한다. 명령적 행위는 법규에 위반하면 행정상 제재의 대상은 되지만 그 법률행위의 효과에는 영향이 없는 단속규정이다. 예를 들면 불량식품의 판매행위 자체는 유효하나 행정법규를 위반한 생산자와 판매자를 처벌한다. 또한 무면허 업소의 영업행위가 금지규정(단속규정)에 위반하더라도 영업자와 고객의 법률행위 자체는 유효하고 다만 영업자만을 위법성을 이유로 제재한다.

형성적 행위란 특별한 권리능력을 발생 · 변경 · 소멸 등의 법률관계를 형성하는 효력적 법률행위로서 특허 · 인가를 받아야만 법률행위는 효력이 발생한다. 형성적 행위는 특정인에게 권리를 설정해 주거나 법률행위를 승인하여 제3자에게 주장할 수 있는 법적 권리를 주는 행위이다. 형성권에서 보듯이 형성적 행위는 법적 변화를 발생시키는 능력규정이다. 형성적 행위는 행정청이 특별한 권리를 설정하는 특허 · 인가 · 대리(감독청에 의한 임원임명, 조세체납 행위에서 공매행위) 등이 있다. 특허나 인가를 필요로 함에도 불구하고 특허나 인가가

---

1) ① 피고인의 조카가 물에 빠져 익사할 위험을 방지하고 피해자가 물에 빠지는 경우 그를 구호하여 주어야 할 법적인 작위의무가 있다고 보아야 할 것이고, 피해자가 물에 빠진 후에 피고인이 살해의 범의를 가지고 그를 구호하지 않은 채 그가 익사하는 것을 용인하고 방관한 작위(부작위)는 피고인이 그를 직접 물에 빠뜨려 익사시키는 행위와 다름없다고 형법상 평가될 만한 살인의 실행행위라고 보는 것이 상당하다(대법원 1992. 2. 11. 선고 91도2951 판결).
② 각종 특별법상의 신고 · 등록 · 수검 의무위반자도 진정부작위범에 해당한다고 볼 수 있다(대법원 2008. 3. 27. 선고 2008도89 판결).
2) 근로기준법 제30조, 제109조의 퇴직금 지급의무를 위반한 사건에서 사용자가 퇴직금 지급을 위해 최선의 노력을 다하였으나 경영부진으로 인한 자금사정 등으로 도저히 지급기일 내에 퇴직금을 지급할 수 없었던 불가피한 사정이 인정되는 경우에는 퇴직금 체불의 죄책을 물을 수 없다고 할 것이다(대법원 1993. 7. 13. 선고 92도2089 판결).

없는 법률행위는 하자 있는 법률행위로 무효이다.

[허가 · 특허 · 인가]

① 허 가: 허가(licence, Erlaubnis)란 행정상 일반적 금지나 제한된 사항을 특정한 사람이나 특정한 경우에 해제하여 자연적 자유를 회복시켜 적법행위로 인정한다. 허가는 명령적 행위로서 운전면허 · 영업허가 · 의사면허 · 차량검사 · 전기제품 승인 · 통행금지 해제 등이 있다.

② 특 허: 특허(Verleihung)는 특정인에게 법적 힘을 주어 새로운 권리나 능력을 설정하는 형성적 행위로서 공기업특허 · 광업허가 · 귀화허가 · 어업면허 · 국정교과서 검인 등이 있다.

③ 인 가: 인가(Genehmigung)란 제3자의 법률관계를 보충하여 그 법적 효과를 완성시키는 형성적 행위로서 공법인의 정관변경인가, 사립학교설립인가, 사립대학총장의 취임승인 · 지방기채(地方起債) 승인 등이 있다.

허가는 권리가 아니라 반사적 이익을 얻는 것이고, 특허는 권리로서의 이익 독점권을 인정하는 것이다. 허가가 없는 행위는 행정상 제재를 받으나 그 행위 자체는 유효하다. 그러나 특허나 인가 없는 행위는 법적 효력이 발생하지 않는 무효라는 점에서 허가와 구분된다. 허가 없는 영업행위는 사실상 존재할 수 있으나 특허나 인가 없는 행위는 법적으로 존재할 수 없다. 특허는 새로운 권리를 인정하는 설권행위이나, 인가는 당사자 간의 법률행위에 대해서 공적으로 확인하여 완성해 주는 보충행위이다. 허가 · 특허 · 인가 등은 공공복리를 위한 행정기관의 규제적 행정처분으로서 그 법적 성질이 구별된다. 그러나 실제로 이들의 명칭이 혼용되고 있으며, 이외에 면허 · 허용 · 인허 · 인증 · 등록 · 승인 · 명령 · 금지 등의 용어를 사용하고 있다.

6. 기속행위와 재량행위

행위의 자율권 내지 재량권을 인정하느냐에 따라 기속행위와 재량행위로 구분한다. 기속행위란 법에 엄격히 구속하는 행위로서 위반하면 위법행위가 된다. 하지만 재량행위는 행위의 선택 · 결정권을 인정하는 행위로서 재량행위에 어긋나면 위법이 아니고 부당한 행위가 되는 점에서 기속행위와 다르다. 실제로 기속행위와 재량행위는 다 같이 법적 구속을 받는 점에서 동일하기 때문에 양자의 구별은 획일적인 기준이 아닌 개별적 · 구체적 사항에 따라 법의 일반

원칙에 의해 판단하여야 할 것이다.[1]

기속행위는 자율권이 인정되지 않는 기계적인 법률행위이나, 재량행위는 임의규정에 의해 선량한 풍속이나 사회질서에 위반하지 않는 한 행위자에게 재량권을 인정하여 법률행위의 자율성을 갖게 하는 것이다.[2] 재량행위는 실정법에서 '할 수 있다', '다른 의사가 없으면', '어긋나지 아니하는 범위에서' 등으로 규정하고 있다. 예를 들면 행정청은 공무원의 직무상 과실에 대해 징계처분을 할 것인가를 판단하는 결정재량과 징계를 하는 경우에 징계의 수위를 결정하는 선택재량의 재량권이 있다. 행정상 재량행위는 행정의 신축성·신속성을 위해 인정하더라도 재량권의 고유의 목적이나 행사권을 과용하거나 일탈의 경우는 재량권의 남용이 되어 부당한 행위가 아닌 위법이 된다. 징계의 결정에 대한 재량권의 행사가 징계권의 목적이나, 비례의 원칙, 평등의 원칙에 위반한 경우에는 재량권의 한계를 벗어난 것으로 위법이다.[3]

---

1) 행정행위의 근거가 된 법규의 체제·형식과 그 문언, 당해 행위가 속하는 행정분야의 주된 목적과 특성, 당해 행정 자체의 개별적 성질과 유형 등을 모두 종합적으로 고려하여 판단한다(대법원 2001. 2. 9. 선고 98두17593 판결).

2) ① 시험의 난이도, 문항수, 문제유형, 출제비율, 배점비율, 시험시간, 출제범위 등은 시험위원들의 재량에 맡겨져 있다(헌법재판소 2004. 8. 26. 선고 2002헌마107 결정).
   ② 경찰공무원의 음주 측정에 응하지 아니한 때에는 필요적으로 운전면허를 취소하도록 되어 있어 처분청이 그 취소여부를 선택할 수 있는 재량의 여지가 없음이 그 법문상 명백하므로 위 법조의 요건에 해당하였음을 이유로 한 운전면허취소처분에 있어서 재량권의 일탈 또는 남용의 문제는 생길 수 없다(대법원 2004. 11. 12. 선고 2003두12042 판결).
   ③ 개인 택시운송사업 면허신청에 대하여 행정청이 행정사무 처리기준에 의하여 재량권 범위 내에서 신청자 전부가 아닌 일부에게만 면허를 발급하는 것은 재량행위이다(대법원 2007. 3. 15. 선고 2006두15783 판결).

3) 징계권이 그 부여한 목적에 반하거나, 징계사유로 삼은 비행의 정도에 비하여 균형을 잃은 과중한 징계처분을 선택함으로써 비례의 원칙에 위반하거나 또는 합리적인 사유 없이 같은 정도의 비행에 대하여 일반적으로 적용하여 온 기준과 어긋나게 공평을 잃은 징계처분을 선택함으로써 평등의 원칙에 위반한 경우에는, 그 징계처분은 재량권의 한계를 벗어난 것으로 위법하고, 징계처분에 있어 재량권의 행사가 비례의 원칙을 위반하였는지 여부는, 징계사유로 인정된 비행의 내용과 정도, 그 경위 내지 동기, 그 비행이 당해 행정조직 및 국민에게 끼치는 영향의 정도, 행위자의 직위 및 수행직무의 내용, 평소의 소행과 직무성적, 징계처분으로 인한 불이익의 정도 등 여러 사정을 건전한 사회통념에 따라 종합적으로 판단하여 결정하여야 한다(대법원 2001. 8. 24. 선고 2000두7704 판결).

Ⅲ. 법률행위의 대리

1. 대리제도의 의의

대리(representation, Vertretung)란 대리인이 본인을 대신하여 제 3 자에게 의사표시를 하거나 또는 상대방으로부터 의사표시를 받음으로써 법적 효과가 직접 본인에게 귀속하는 제도이다. 이것은 사적 자치를 보완・확장하고 거래의 자유를 활성화하기 위한 제도이다. 대리제도에는 본인과 대리인, 대리인과 상대방, 상대방과 본인 등의 3각 관계가 성립한다. 대리인은 수권(授權)행위로서 본인의 대리권을 갖고, 본인을 위해 상대방과 법률행위를 하는 대리행위를 함으로써 본인과 상대방 사이에 법률관계가 발생한다. 대리에는 수권에 의한 임의(위임)대리와 법률에 의한 법정대리가 있다. 대리는 본인의 단독행위이나 위임은 계약으로 이루어지며,1) 대리인은 본인(피대리인)을 위한 것임을 표시하여야 한다. 이를 현명주의(顯名主義)라고 한다. 동일한 법률행위를 1인이 당사자 쌍방을 대리하는 쌍방대리는 원칙적으로 금지하고 있다(민법 제124조). 또한 대리권의 범위는 수권행위로 정하며, 범위가 명확하지 않을 경우는 보존・이용・개량 등의 선량한 관리인으로서 재산 관리만을 할 수 있다(민법 제118조).

2. 대리와 유사한 제도

(1) 사자・간접대리・위임・위탁・촉탁

1) 사 자   사자(使者)는 자신의 의사결정이 없고 다만 본인의 의사를 전달하거나 표시하는 데 불과한 의사의 전달자 내지 메신저(messenger)이다.

2) 간접대리   행위자가 자기 이름으로 법률행위를 하고, 그 효과는 행위자 자신에게 발생하나 후에 그가 취득한 권리를 내부적으로 타인에게 이전

---

1) 위임과 대리는 타인에게 사무의 처리를 맡긴다는 점에서는 유사하나, 위임은 위임인이 수임인에게 사무의 처리를 위탁하는 계약(민법 제680조)으로서 대리권이 없는 경우도 있다. ① 위임은 노무계약이나, 대리권의 수여(수권행위)는 대리인의 행위의 효과가 본인에게 귀속되기 위한 본인의 단독행위이다. ② 위임은 매매나 고용과 같은 법률행위일 수도 있으나 대리인의 행위는 법률행위이어야 하고 사실행위인 때에는 대리는 발생할 여지가 없다. ③ 위임은 수임인의 명의로 수임 업무를 처리하여 실질적으로 권한이 이전되고 있으나, 대리는 본인의 이름으로 대리권이 행사되어 법률상 권한의 이전이 없다.

하는 관계가 간접대리이다(예들 들면 위탁매매업(상법 제101조)).

3) 위 임   위임자가 상대방을 신뢰하여 수임자에게 사무의 처리를 위탁하는 계약행위이다.[1] 권한 자체가 법률상 이전하는 권한의 이양과는 달리 위임은 권한 자체가 위임자에게 유보되고 권한행사에 관한 권리와 의무가 수임인에게 이전하는 것을 말한다.

4) 위 탁   위임자와 수임자 간의 신임관계에 의해서 사무의 처리를 의뢰하는 것으로 위촉이라고도 한다. 위탁의 이전관계가 지휘·감독관계가 아닌 대등한 관계이므로 수임자는 위탁사무의 재량권을 갖는다. 위탁업무의 내용에 따라 대리 또는 위임이 될 수 있다.

5) 촉 탁   행정사무 중 특정 직무수행과 이에 대한 반대급부를 받을 수 있는 단기위임계약을 촉탁이라 한다.

(2) 대표·서리

1) 대 표   본인의 행위가 단체의 대표행위로 되며 모든 법적 책임이 있다(예를 들면 법인의 대표). 대표권은 법인의 대표기관이 가지는 직무상 권한으로서 법인의 행위능력에 속하는 모든 사항을 관할하는 점에서 제한된 사항을 처리하는 대리권과 다르다.

2) 서 리   서리란 행정기관이 궐위된 경우에 대리권이 있는 자가 그 권한을 대리 행사함으로써 직무효과를 발생시키는 지정대리의 일종으로서 직무대리 또는 직무대행(헌법 제71조), 권한대행이라고도 한다. 국회인준 전의 국무총리 서리가 이에 해당한다.

3. 복대리와 표현대리

복대리란 대리인이 자기 이름으로 선임하여 대리인의 권한 내의 행위를 하게 하는 본인의 대리인이다. 복대리는 대리인의 감독을 받는 대리인에 의한 본인을 위한 대리인이다.

표현대리(表見代理)란 사실상 대리권이 없지만 제3자로 하여금 대리권의

---

[1] 아파트입주자 대표회의와 아파트관리회사 사이의 법률관계는 위임관계이므로 아파트 관리회사는 아파트를 안전하고 효율적으로 관리하고 입주자의 권익을 보호하기 위해 선량한 관리자로서 업무를 관리하여야 한다(대법원 1997. 11. 28. 선고 96다22365 판결).

존재를 믿게 할 만한 특별한 사정이 본인과의 사이에 있으므로 정당한 대리인의 행위로서 인정하는 것이다. 대리제도의 외형을 신뢰한 제3자와 거래의 안전을 보호하는 것이 표현대리의 취지이다. 표현대리에는 ① 본인이 대리권을 주지 않았음에도 특정인에게 대리권을 수여하였다는 뜻을 제3자에게 표시한 대리권 수여의 표시에 의한 표현대리,1) ② 대리의 권한을 넘은 표현대리, ③ 대리권 소멸 후의 표현대리 등이 있다.

Ⅳ. 법률행위의 하자

1. 무   효

법률행위는 성립요건과 효력발생이 완성될 때 그 효력이 발생한다. 하지만 법률행위의 성립요건이나 효력발생요건에 흠(defect, Fehler)이 있는 경우 이를 하자(瑕疵) 있는 법률행위라 하여 본래 의도한 대로 법적 효과가 발생할 수 없어 무효 또는 취소할 수 있다. 법률행위의 무효·취소·철회 등의 용어는 실제로 혼용되고 있으나 본래의 법적 의미는 각각 구별된다. 무효(invalidity, Nichtigkeit)는 법률행위의 요건을 구비하지 못하여 법률효과가 처음부터 전혀 발생하지 않아 법률행위의 효력이 없는 것으로 법률행위 자체를 당연히 인정하지 않는 것이다. 무효의 개념을 표현하여 "무효의 법률행위는 사산아와 같다"고 한다. 누구도 소생시킬 수 없기 때문에 무효는 처음부터 성립되지 않아 아무런 효력이 발생하지 않는다는 뜻이다. 그러나 취소는 일정한 법률요건을 구비하지 못하였더라도 일단 유효한 법률행위로서 효력이 발생하나, 그 후에 법률행위의 흠을 주장하는 경우 법률행위가 있었던 때로 소급하여 그 효력을 잃는다.

법률행위의 유효요건에는 행위자의 권리능력·의사능력이 있고 법률행위의 내용이 적법·타당하고 실현가능할 수 있도록 확정되어야 한다. 따라서 법률행위가 ① 권리능력·의사능력의 흠결,2) ② 위법행위,3) ③ 선량한 풍속 기

---

1) 표현대리에 해당하기 위해서는 상대방은 선의·무과실이어야 하므로 상대방에게 과실이 있다면 표현대리를 주장할 수 없다(대법원 1997. 3. 25. 선고 96다51271 판결).
2) 예를 들면 유아나 만취상태의 무분별한 행위.
3) 예를 들면 아동과의 계약, 살인청부계약, 연 25%를 초과하는 금전대차(이자제한법 제2조).

타 사회질서에 위반한 반사회적 행위(민법 제103조),[1] ④ 궁박·경솔 또는 무경험으로 현저하게 공정을 잃은 불공정한 행위(민법 제104조),[2] ⑤ 목적 실현의 불능, ⑥ 내용이 불명확한 행위[3] 등은 처음부터 효력이 발생하지 않는 행위이다.

한편 행정법상 무효는 행정행위의 성립에 중대하고 명백한 하자를 지니고 있기 때문에 행정상 외형은 존재하나, 처음부터 당연히 적법한 행위로서 효력이 발생하지는 않는 행위이다. 예를 들면 권한이 없는 행정기관의 허가행위, 권한을 중대하고도 명백하게 남용한 행정기관의 월권행위 등이다.[4]

무효의 주장은 무효확인 심판이나 무효확인 소송에 의한다. 무효는 양상에 따라 ① 절대적 무효와 상대적 무효, ② 당연무효와 재판상 무효, ③ 전부무효와 일부무효 등으로 구분한다. 법률행위의 일부분이 무효이면 원칙적으로 그 전부를 무효로 한다(민법 제137조). 하지만 그 무효부분이 없더라도 법률행위를 하였을 것이라고 인정되는 경우는 나머지 부분은 법률행위로서 유효하다. 무

---

1) ① 반사회적 행위에는 인신매매, 도박자금대여 계약, 담합계약, 뇌물을 받는 계약, 개인의 자유를 지나치게 억제하는 계약행위 등이 있다. 첩 생활 계약은 무효이나 첩 관계를 청산하는 조건으로 이별금 계약은 유효하다(대법원 1980. 6. 24. 선고 80다458 판결). ② 보험가입이 보험사고를 가장하거나 혹은 그 정도를 실제보다 과장하여 보험금을 부당하게 취득할 목적으로 체결하였음을 추인할 수 있으므로 보험계약은 무효이다(대법원 2005. 7. 28. 선고 2005다23858 판결). ③ 타인의 소송에서 사실을 증언하는 증인이 그 증언을 조건으로 그 소송의 일방 당사자 등으로부터 통상적으로 용인될 수 있는 수준을 넘어서는 대가를 제공받기로 하는 약정은 반사회적 법률행위에 해당하여 무효이고, 이는 증언 거부권이 있는 증인이 그 증언 거부권을 포기하고 증언을 하는 경우도 마찬가지이다(대법원 2010. 7. 29. 선고 2009다56283 판결).

2) 불공정한 법률행위는 객관적으로 급부와 반대급부 사이에 현저한 불균형이 존재하고 주관적으로는 위와 같은 균형을 잃은 거래가 피해 당사자의 급박·경솔 또는 무경험을 이용하여 이루어진 경우에 한하여 무효로 한다(대법원 1992. 10. 23. 선고 92다29337 판결). 그러나 피해 당사자가 궁박·경솔 또는 무경험의 상태에 있었다고 하더라도 그 상대방 당사자에게 그와 같은 피해 당사자측의 사정을 알면서 이를 이용하려는 의사인 폭리행위의 악의가 없었다면 불공정한 법률행위는 성립하지 않는다(대법원 1996. 10. 11. 선고 95다1460 판결).

3) 예를 들면 구체적 내용의 확정성이 없이 집안의 아무런 물건을 주겠다는 막연한 법률행위는 무효이나 지정한 것 중 하나를 주겠다는 약속은 유효하다.

4) 도지사의 인사교류안 작성과 그에 따른 인사교류의 권고가 전혀 이루어지지 않은 상태에서 행하여진 관할구역 내 시장의 인사교류에 관한 처분은 지방공무원법 제30조의 2(인사교류) 제2항의 입법취지에 비추어 그 하자가 중대하고 객관적으로 명백하여 당연무효이다(대법원 2005. 6. 24. 선고 2004두10968 판결).

효인 행정행위도 법적 요건만 갖추면 전환에 의한 적법한 행위(예를 들면 죽은 사람에 대한 허가를 상속인에게 승계)로 인정된다(민법 제138조).

2. 취 소

취소(cancellation, Anfechtung)는 법률행위의 하자를 이유로 소급하여 효력을 소멸시키는 것이다. 민법상 취소는 의사표시의 착오 또는 하자를 이유로 일단 발생한 법률행위의 효력을 행위시에 소급하여 소멸시키는 것으로 취소되기까지는 무효와 달리 유효한 행위로 인정된다. 취소는 철회나 계약의 해지와 달리 소급효력을 인정하는 해제와 동일하다. 하자 있는 법률행위로서 취소에 해당하는 경우라도 법적 필요에 따라서 민법상 추인(민법 제143조) 또는 행정법상 치유로서 적법한 행위로 전환할 수도 있다(예컨대 미비 서류의 보완작성).

한편 행정법상 취소는 일단 성립한 행정행위가 그 성립에 하자인 무효원인에 이르지 않는 단순한 흠이 있음을 이유로 그 효력을 소급하여 소멸시키는 것이다. 예를 들면 공무원의 부정행위로 인한 허가행위에 대한 취소 등이다. 행정법상 무효는 행정행위의 하자가 중대하고 동시에 명백한 경우이나, 취소는 하자가 중대하지만 명백하지 않거나 명백하지만 중대하지 않은 경우이다.[1] 취소의 취소가 가능한가에 대해서는 법률행위의 신축성을 위해 긍정적으로 보고 있다.

3. 무효와 취소의 차이

무효와 취소는 법률행위의 하자를 이유로 효력을 부인하는 점에서 같으나, 무효의 법률행위는 행위시부터 법률상 당연히 효력이 부인되기 때문에 누구든지 또한 언제든지 무효를 주장할 수 있다. 그러나 취소는 법률행위를 일단 인정하고 나중에 취소 주장이 있으면 비로소 소급하여 효력이 부인된다. 취소는 무효와 달리 일정한 기간이 경과되면 취소권이 소멸하여 유효로 확정되고, 취

---

[1] 국회에서 헌법과 법률이 정한 절차에 의해 제정·공포된 법률이 헌법에 위반되는 사정은 헌법재판소의 위헌결정이 있기 전에는 객관적으로 명백한 것이라고 할 수 없으므로 특별한 사정이 없는 한 이러한 하자는 행정행위의 취소처분의 취소사유에 해당할 뿐 당연무효는 아니다(헌법재판소 2005. 3. 31. 선고 2003헌바113 결정).

소할 수 있는 행위를 추인하면 처음부터 유효한 행위가 된다. 무효와 취소의 구분은 법이론상 어려운 문제이나, 법률행위의 효력, 하자의 승계, 하자의 치유와 전환, 소송의 형태 등에서 구별의 실익이 있다. 소송사건에서 행위의 무효 또는 취소 중 어떤 형태의 소를 제기하느냐에 따라 소송절차와 법원 판결의 형태도 달라진다. 예를 들면 계약 무효확인소송의 경우는 계약상 하자를 이유로 계약 자체를 부인하는 것이고, 계약 취소소송은 계약 자체는 인정하나 계약상 하자가 있기 때문에 효력이 소급하여 소멸하는 것이다.

[무효와 취소]

	무 효	취 소
개 념	처음부터 효력 없음	소급하여 처음부터 효력 없음
효 력	당연무효 (특정인의 주장없이 효력 없음)	일단유효 (취소하기 전에는 유효)
시간의 경과	언제나 무효	취소권이 소멸하면 유효
주장권자	누구든지 무효 주장	취소권자에 한함
주장기간	제한없음	추인부터 3년, 행위부터 10년(민법 제146조)
유효행위	치유 불가, 무효행위 전환	추인 또는 치유하면 유효
민법의 사례	의사무능력자 행위, 반사회적 질서(제103조), 불공정행위(제104조), 강행법규위반(제105조), 불법조건(제151조), 비진의표시(제107조), 허위표시(제108조 1항)	제한능력자의 행위(제5조~제13조), 착오(제109조), 사기·강박에 의한 의사표시(제110조)

4. 철   회

철회(withdrawal, Widerruf)는 아무런 하자 없이 성립한 유효한 법률행위에 대해서 효력의 확정 이전(예를 들면 제한능력자와의 계약을 상대방이 추인하기 이전에 철회)에 또는 사후에 이르러 새로운 사정변경의 발생으로 인해 장래에 향하여 효력을 소멸시키는 것이다. 철회는 새로운 사정에 대응하기 위한 사정변경행위로서 폐(해)지라고도 하며, 취소와 구별 없이 사용하기도 한다. 취소는 이미 효력이 발생하고 있는 의사표시를 소급하여 효력을 소멸시키는 행위이나, 철회는 아직 발생하지 아니한 미래의 효력의 발생 가능성을 소멸시키는 행위라는 점에서 소급효력을 인정하는 취소와 상이하다. 행정행위의 취소는 행정행위의 성립상 하자를 이유로 소급하여 효력을 소멸시키는 행위를 말하고, 철회는 적법하게 시행되고 있는 행위의 사후의 효력을 소멸시키는 행위를 말한다.[1] 행정법상 철회는 취소와 달리 행정행위를 한 해당 처분청만이 할 수 있다. 한편 법의 실효는 행위가 소멸한다는 점에서는 폐지와 동일하나 실효는 하자 없이 성립한 법률행위가 이후에 일정한 사유(예를 들면 목적의 달성, 사망 등)로 인하여 폐지 절차 없이 효력이 당연히 소멸하는 것이다.

V. 법률행위의 부관

부관(附款)은 법률행위의 일반적 효력의 발생·소멸을 제한하기 위해 특별히 부가되는 의사표시이다. 부관은 법률행위의 주된 의사표시의 내용에 부가되는 종된 의사표시이다. 부관은 어떠한 사실을 '허용한다. 그러나'(yes, but)라는 단서 형식을 부과하는 내용이다. 부관은 개인의 법률행위의 사적 자유를 보장하기 위한 것이고, 또한 행정의 신축성을 위해 추가적 보조수단으로서 행정상 재량권의 행사에 많이 나타난다(예를 들면 조건부 건축허가). 부관에는 일반적으로 첫째, 법률행위의 효력발생을 장래의 불확실한 사실의 존부에 의존하게 하는 정지조건부 부관(합격하면 자동차를 준다)과 법률행위의 소멸을 장래의 불확실한 사실에 두는 해제조건부 부관(합격할 때까지 생활비를 준다)이 있다. 조건은 불법조건이나 불능조건이 아니어야 한다. 둘째, 법률행위의 발생·소멸을 장래에 발생할 것이 확실한 사실에 의존하게 하는 기한부 부관(1월 1일부터 실시한다)이 있다. 셋째, 장래의 일정한 사유가 발생하는 경우에 그 법률행위를 취소할 수 있는 철회권의 유보(예컨대 조건부 영업허가) 등이 있다.

---

1) 행정행위의 취소사유는 행정행위의 성립 당시에 존재하였던 하자를 말하고, 철회사유는 행정행위가 성립된 이후에 새로이 발생한 것으로서 행정행위의 효력을 존속시킬 수 없는 사유를 말한다(대법원 2006. 5. 11. 선고 2003다37969 판결).

제 2 절 의사표시

I. 민법상 의사표시

의사표시란 일정한 법률효과의 발생을 원하는 마음속의 의사를 외부에 표시하는 행위이다. 의사 형성과정에 하자가 있을 때는(예를 들면, 협박) 의사표시의 효과는 완전히 발생하지 않는다. 의사표시는 의사 자체로 법적 효과가 발생하는 것이 아니라 법률행위의 요건을 충족하여야 비로소 행위로서의 효과가 발생한다. 의사표시는 법률행위의 본질적 구성요소인 법률사실일 뿐이며 법률행위 그 자체는 아니다. 의사표시를 할 수 있는 의사능력은 통상적인 일반 사회인의 정상적 판단능력을 의미한다. 의사표시가 자기의 의사에 의한 행위로서 스스로 책임져야 하는 것은 원인 제공자로서 자기책임이다. 개인의 의사표시의 완성을 법심리적 과정에서 본다면 의사표시는 첫째, 일정한 법률효과의 발생을 원하는 내심의 의사인 효과의사를 결정하고(마음의 결정) 둘째, 효과의사를 표시행위의 매체를 통해 외부에 발표하는 표시의사를 하고 (마음의 표시) 셋째, 표시의사를 상대방에게 전하는 표시행위(마음의 전달) 등의 세 단계로 나눌 수 있다.[1] 이렇듯 의사표시는 효과의사·표시의사·표시행위 라는 단계를 거쳐 성립한다.

---

[1] 예를 들면 갑남이 을녀에게 돈 10만원을 주고 싶다는 마음의 결정은 효과의사이고, 이러한 의사를 을녀에게 전화로 통지한 것은 표시의사이고, 실제로 금액을 전달한 것은 표시행위이다. 효과의사 또는 표시의사와 표시행위가 실제로 다르게 나타난 경우, 예를 들면 거래관계로 갑남이 을녀에게 10만원을 주기로 통지하였는데 을녀가 실제로 100만원을 받았을 경우 어느 쪽을 인정할 것이냐는 민법의 의사주의(주관주의)와 형식주의(객관주의)의 입장에 따라 다르게 결정될 것이다. 의사주의에 따르면 갑남의 마음 속의 효과의사를 존중·보호하기 위해 갑남이 약속한 10만원만 주고 나머지는 을녀에게서 돌려 받아야 한다. 그러나 형식주의에 의하면 갑남이 을녀에게 실제로 준 표시행위인 실제 금액 100만원에 중점을 두어야 할 것이다. 따라서 법률행위의 내용에 따라 일반적으로 거래행위에서는 거래의 안전과 신속을 위해 형식주의를, 친족법이나 신분법에서는 개인의 의사를 존중하기 위해 의사주의를 원칙으로 하고 있다.

Ⅱ. 형법상 의사표시

1. 고 의

형법에서 범죄의 성립요건은 구성요건 해당성·위법성·책임성 등으로 이루어진다.[1] 구성요건 해당성이란 어떤 행위가 법이 규정한 사항에 해당되는 처벌 대상을 말하고, 위법성은 행위가 법적으로 허용되지 않는 법규위반이고, 책임성은 행위자를 비난할 수 있는 책임능력으로 고의와 고실로 구분한다. 책임조건을 크게 구분하지 않는 민법과 달리 형법에서는 고의·과실은 법률상 비난 가능한 책임요건으로 고의(intention)가 원칙이고 과실은 예외로서 다룬다.

고의는 일정한 결과의 발생을 인식(예견)하고 그 발생을 의욕하면서 범죄사실을 실행하는 범의이다. "범행 의사 없이는 범행도 없다"는 법언이 있듯이 고의는 범죄의 요건이다. 범죄에서 중요한 것은 범의이지 그 결과가 아니다. 고의에는 범죄 발생을 적극적으로 의식한 확정적 고의와 미필적 고의(willful negligence)가 있다. 미필적 고의란 구성요건의 결과 발생을 확실하게 인식한 것이 아니더라도 그 가능성을 예견하고 위험성을 무릅쓰고 "반드시 그렇지는 않다"고 행위를 한 경우로서 일종의 조건부 고의이다.[2] 예를 들면 군중에 돌을 던지면 어느 누군가 다칠 줄 알면서도 돌팔매질을 하는 경우이다.

함정수사(entrapment)는 범죄 함정에 걸리게 하는 교사에 의한 수사방법이다. 범행이 함정수사에 의해 발생하더라도 행위자의 범행 동기의 기회가 되는 경우에는 고의에 해당한다. 이미 범의를 가지고 있는 자에게 범죄를 실행할 기회를 제공하여 체포하는 기회 제공형 함정수사[3]는 적법으로 인정한다. 하지만 범의가 없는 자를 교사하여 범의를 실행하게 하는 범죄의 유발형 함정수사

---

1) 예컨대 살인죄에서 사람이 사망한 사실은 구성요건 해당성의 문제이고 살인행위가 정당방위이면 위법성 조각사유, 형사미성년자에 의한 살인행위이면 책임성 조각사유가 된다.

2) 살인죄에 있어서 타인의 사망 결과를 발생시킬만한 가능 또는 위험이 있음을 인식하거나 예견하면 족한 것이고 그 인식 또는 예견은 확정적인 것은 물론 불확정적인 것이라도 미필적 고의로 인정된다(대법원 2000. 8. 18. 선고 2000도2231 판결).

3) 함정수사는 본래 범의가 없는 자에게 수사기관이 사술이나 계략 등을 써서 범죄를 유발케 하여 범죄인을 검거하는 수사방법을 말하는 것이므로, 범의를 가진 자에 대하여 범행의 기회를 주거나 범행을 용이하게 한 것에 불과한 경우에는 함정수사라고 할 수 없다(대법원 2004. 5. 14. 선고 2004도1066 판결).

는 원칙상 위법이다.[1]

고의범은 일반적으로 범행의 결의 → 음모·예비 → 실행의 착수 → 미수 → 기수 → 종료 → 완성 등의 단계를 거쳐 범죄행위가 진행된다. 고의로써 범죄행위의 개시를 실행의 착수라고 하고,[2] 범죄 구성요건을 충족하지 못한 미수와 구별한다.

(1) 음모·예비

범죄를 실현하기 위한 준비행위로서 실행의 착수에 이르지 아니한 단순한 모의단계로 특별한 규정이 있는 경우에(살인죄 : 형법 제255조, 내란죄 : 형법 제90조) 예외적으로 처벌한다(형법 제28조). 형법은 음모와 예비를 구분하고 있으나 이를 구별할 실익은 거의 없다.

(2) 미 수 범

범죄의 실행에 착수하였으나 외부적 장애사유로 행위를 종료하지 못하였거나 결과가 발생하지 아니한 범죄의 미완수를 미수(장애미수)라 한다.[3] 범죄

---

1) 경찰관이 노래방의 도우미 알선 영업 단속 실적을 올리기 위해 그에 대한 제보나 첩보가 없는데도 손님을 가장하고 도우미를 불러낸 것은 위법한 함정수사로서 공소제기가 무효이다(대법원 2005. 10. 28. 선고 2005도1247 판결).

2) ① 절도의 목적으로 다른 사람의 주거에 침입하여 재물의 물색행위를 시작하는 등 그에 대한 사실상의 지배를 침해하는 데에 밀접한 행위를 하면 절도죄의 실행에 착수한 것이다(대법원 2003. 6. 24. 선고 2003도1985 판결).

② 도로에 주차된 현금 등을 훔치기로 마음먹고 차량의 문이 잠겨 있는지 확인하기 위해 운전석 문의 손잡이를 열려고 하던 중 발각된 경우는 절도죄의 실행착수로 보아야 한다(대법원 2009. 9. 24. 선고 2009도5595 판결).

③ 물건을 훔치려 가스배관에 오르다가 발각되어 내려오면 실행의 착수에 이르지 못해 무죄(대법원 2008. 3. 27. 선고 2008도917 판결), 창문을 열려고 시도하였다면 실행의 착수로 유죄이다(대법원 2003. 10. 24. 선고 2003도4417 판결).

3) ① 피해 부녀가 임신중·생리중인 경우의 강간행위의 중지(대법원 1993. 4. 13. 선고 93도347 판결).

② 범행현장 주변에 잠복근무하는 세관직원의 왕래를 보고 범행발각을 두려워한 나머지 상황이 불리하여 범죄행위를 포기한 경우(대법원 1986. 1. 21. 선고 85도2339 판결).

③ 불을 질러 건물을 소훼하려 하였으나 불길이 치솟는 것을 보고 겁이 나서 물을 부어 불을 끈 경우(대법원 1997. 6. 13. 선고 97도957 판결).

④ 피해자가 수술한 지 얼마 안 되어 아프다면서 애원하여 강간을 중지한 경우는 중지범이 아니다(대법원 1992. 7. 28. 선고 92도917 판결).

행위의 완성이 불가능 또는 곤란하여 종료한 경우이다. 미수는 처벌규정이 있는 경우에 처벌되고, 미수범의 형은 기수범보다 감경할 수 있다(형법 제25조).[1] 장애미수의 형벌은 임의적 감경사유이나 중지미수나 불능범은 필요적 감면사유가 된다.

(3) 중 지 범

범인이 자발적으로 범죄실행에 착수한 행위를 스스로 중지하거나 그 행위로 인한 결과의 발생을 방지한 경우는 중지미수라 하여 형을 감경 또는 면제한다(형법 제26조).[2] 중지범이 성립되기 위해서는 주관적 요건으로 스스로의 결정 그리고 객관적 요건으로 실행의 착수와 중지행위가 있어야 한다.[3] 하지만 범행중단 이외에는 선택의 여지가 없어 범죄행위를 포기한 경우는 중지범이 아니다. 예를 들면 강간 피해자가 행위자를 알고 있어 고소가 두려워 포기한 경우이다.

(4) 불 능 범

불능범이란 범죄 실행의 수단 또는 대상의 착오로 인하여 결과의 발생이 처음부터 불가능한 불능미수를 말하고 단지 위험성이 있는 경우는 미수로 처벌한다(형법 제27조).[4]

---

1) 독일과 프랑스는 범죄의 죄질의 경중에 따라 중죄, 경죄, 위경죄(違警罪, abertretung) 등으로 분류하여 미수범 처벌을 달리한다.

2) 중지범에 관대한 것은 범죄 실행의 착수한 행위자가 범죄의 완성을 중지하거나 결과발생을 방지하도록 하는 형사정책의 배려이나, 영미법은 중지미수와 장애미수를 구별하지 않는다.

3) 강간하려다가 피해자의 다음에 응해 주겠다는 간곡한 부탁으로 그 목적을 이루지 못한 후 자신의 차로 집에 데려다 주었다면 강간행위를 중지한 것이다(대법원 1993. 10. 12. 선고 93다1851 판결).

4) ① 살해의 방법으로 쥐약을 술에 혼입하여 음복하게 한 경우(대법원 1954. 12. 21. 선고 4278형상190 판결).
② 히로뽕 제조를 시도하였으나 약품배합 미숙으로 완제품을 제조하지 못한 경우(대법원 1985. 3. 26. 선고 85도206 판결).
③ 독성이 있는 초오(草烏)뿌리나 부자(附子)를 달인 물을 마시게 하여 살해하려고 하였으나 토해버려서 살해하지 못한 경우는 상대적 불능미수이다(대법원 2007. 7. 26. 선고 2007도3687 판결).

2. 과   실

사람의 일반적인 예견가능성이나 통제가능성을 넘은 불가피한 경우는 책임 추궁이 어렵다. 하지만 과실(negligence)은 결과의 발생을 인식하였어야 함에도 불구하고 정상적인 주의를 태만히 하여 부주의로 사실을 인식하지 못한 주의의 부족인 심리상태로서 자신에게 주어진 주의 의무의 태만 상태를 뜻한다. "과실 없으면 책임 없다"(No liability without fault)는 것은 자기의 귀책사유가 없는 한 책임을 지지 않는다는 과실책임의 원칙을 뜻한다.

(1) 민법상 과실

민법은 주로 과실인 경우가 문제되어 과실을 경과실과 중과실로 구분하여 과실은 일반적으로 경과실을 의미하고 중과실의 경우는 이를 명문화하고 있다. 특히 사회 평균인에게 요구되는 일반적인 주의의무를 '선량한 관리자의 주의 의무(fiduciary duty)' 또는 선관주의 의무라고 한다.[1] 특정물의 인도가 채권의 목적인 때에는 채무자는 그 물건을 인도하기까지 선량한 관리자의 주의로 보존하여야 한다(민법 제374조).

(2) 형법상 과실

형법상 과실은 범죄사실의 불인식과 주의의 태만이라는 두 개의 요소로 구성된다. 과실범은 행위자가 범죄의 실현가능성을 예견하거나 예견할 수 있음에도 불구하고 부주의로 결과 발생을 방지하기 위한 주의의무를 위반하는 것을 말한다.[2] 과실은 정상의 주의를 태만함으로 인하여 죄의 성립요소인 사실을 인식하지 못한 행위이다(제14조). 과실범은 특별한 규정이 있는 경우에만 처벌하고 그 형량도 고의범에 비하여 가벼우나 현저한 과실이 있는 경우에는 중과실로 처벌한다(형법 제171조 중실화죄). 하지만 아무리 주의의 의무를 하여도 결

---

[1] 선관(善管)주의 의무는 로마법의 선량한 아버지(良家父)의 의무(diligentia boni patris familias)와 독일 민법의 거래상 필요한 주의의무와 동일한 내용이다.

[2] 술에 만취하여 의식이 없는 피해자가 촛불이 켜져 있는 방안에 이불을 덮고 자도록 놔둔 채 나온 경우, 화재가 발생할 가능성이 있고, 또한 화재가 발생하는 경우 피해자가 사망할 가능성을 예견할 수 있으므로 촛불을 끄거나 양초가 쉽게 넘어지지 않도록 적절하고 안전한 조치를 취할 주의의무가 있다(대법원 1994. 8. 26. 선고 94도1291 판결).

과발생을 피할 수 없는 경우에는 불가항력(자연재해)으로 처벌하지 않는다.1)

Ⅲ. 의사와 표시의 불일치

의사표시는 표의자의 내심에 있는 주관적 효과의사인 속마음과 표의자의 객관적 표시행위로 나타난 표시상의 행위인 겉행동이 일반적으로 서로 일치한다. 하지만 의사와 표시가 다른 경우를 의사와 표시의 불일치 또는 의사의 흠결이라 하고, 비진의표시·허위표시·착오 등으로 구분한다.2)

1. 비진의표시

표의자가 스스로 의사와 표시의 불일치를 알면서도 자기 진의와 다른 의사표시를 하는 것을 비진의(非眞意)의사표시 또는 심리유보라 한다(예를 들면, 매매의사가 없으면서도 계약서에 서명). 자신이 고의로 거짓 행위를 하는 경우로서 표시된 내용에 따라 효력을 인정한다(민법 제107조). 다만 상대방이 표의자의 진의 아님을 알았거나 알 수 있었을 경우에는 의사표시는 무효이다.3)

---

1) ① 자동차의 운전자로서는 마주 오는 차가 도로의 중앙이나 좌측부분으로 진행하여 올 것까지 예상하여 특별한 조치를 강구하여야 할 업무상 주의의무는 없다(대법원 1992. 7. 28. 선고 92도1137 판결).
　② 고속도로를 운행하는 자동차의 운전자는 고속도로를 횡단하는 보행자가 있을 것까지 예견하여 보행자와의 충돌사고를 예방하기 위해 급정차 등의 조치를 취할 수 있도록 대비하면서 운전할 주의의무는 없다(대법원 2000. 9. 5. 선고 2000도2671 판결).

2) 비진의 의사표시·허위표시·착오

	비진의 의사표시	허위표시	착오
뜻	표의자가 진의 아님을 알면서 다른 의사표시	표의자와 상대방이 진의 아님을 알면서 거짓 의사표시	표의자가 자신의 뜻과 다른 것을 모른 채 의사표시
효과	원칙적으로 효과 발생	허위 의사표시는 무효	중요 부분의 착오는 취소 가능

3) ① 표의자가 의사표시의 내용을 진정으로 마음속에서 바라지는 아니하였다고 하더라도 당시의 상황에서는 그것을 최선이라고 판단하여 그 의사표시를 하였을 경우에는 이를 내심의 효과의사가 결여된 비진의 의사표시라고 할 수 없다(대법원 1996. 12. 20. 선고 95누16059 판결). ② 증권회사 직원이 증권투자로 인한 고객의 손해에 대하여 책임을 지겠다는 내용의 각서가 남편을 안심시키려는 고객의 요청에 따라 작성된 경위 등에 비추어 비진의의사표시로서 무효이다(대법원 1999. 2. 19. 선고 98다45744 판결).

2. 허위표시

허위표시는 표의자가 상대방과 공모하여 자기 진의와 다른 허위의 의사표시를 서로 알면서 하는 것을 말한다(예를 들면 탈세의 목적으로 허위 계약서 작성). 표의자가 진의와 다른 의사표시를 하는데 상대방과 합의로 허위표시를 하는 경우로서 통정허위표시라고도 하며 이는 무효이다(민법 제108조).[1] 허위표시의 무효는 선의의 제3자에 대항하지 못한다. 허위표시는 당사자 간에 무효이지만 선의의 제3자에 대항하지 못한다는 것은 허위표시를 통상적으로 믿은 사람에 대해서 허위표시자는 책임을 진다는 뜻이다.

3. 착   오

(1) 민법상 착오

착각에 빠져 자신의 뜻과 달리 의사표시를 한 경우에 표의자가 자기 표시가 진의와 다르다는 것을 모르고 한 의사표시를 착오에 의한 의사표시라 한다(매매계약인 줄 모르고 서명한 경우).[2] 착오에 의한 의사표시는 내용의 중요 부분에 착오[3]가 있을 경우에는 취소할 수 있다. 그러나 착오가 표의자의 중대한 과실[4]로 인한 경우는 취소하지 못한다(민법 제109조). 착오에는 표시상의 착오(1,000원을 10,000원으로 오기), 내용상의 착오(달러와 파운드를 같은 가치로 오

---

1) 채권자와 채무자 간에 제3자를 형식상의 채무자로 내세우고 채권자도 이를 양해한 경우에 제3자 명의로 되어 있는 대출약정은 통상허위표시에 해당하는 무효의 법률행위이다(대법원 2005. 5. 12. 선고 2004다68366 판결).

2) 골동품 매매를 소개한 자를 과신한 나머지 고려청자 진품이라고 믿고 전문적 감정인의 감정을 거치지 아니한 채 고가로 매수하고, 만일 고려청자가 아닐 경우를 대비하여 필요한 조치를 강구하지 아니한 잘못이 있다고 하더라도 매수인이 매매계약 체결시 요구되는 통상의 주의의무를 현저하게 결여하였다고 보기는 어렵다는 이유로 매매계약을 취소할 수 있다(대법원 1997. 8. 22. 선고 96다26657 판결).

3) 착오가 법률행위 내용의 중요부분에 있다고 하기 위해는 표의자에 의해 추구된 목적을 고려하여 합리적으로 판단하여 볼 때 표시와 의사의 불일치가 객관적으로 현저하여야 하고, 만일 그 착오로 인하여 표의자가 무슨 경제적인 불이익을 입은 것이 아니라고 한다면 이를 법률행위 내용의 중요부분의 착오라고 할 수 없다(대법원 1999. 2. 23. 선고 98다47924 판결).

4) 중대한 과실이라 함은 표의자의 직업, 행위의 종류, 목적 등에 비추어 보통 요구되는 주의를 현저하게 결여하는 것을 말한다(대법원 1995. 12. 12. 선고 94다22453 판결).

인), 동기의 착오1)(모조품을 진품으로 알고 매수) 등이 있다. 부동산 매매에서 시가에 관한 착오는 부동산을 매매하려는 의사를 결정하는 동기의 착오에 불과할 뿐 법률행위의 중요 부분의 착오라고 할 수 없다.2)

(2) 형법상 착오

형법상 착오에는 사실의 착오와 법률의 착오가 있다. 사실의 착오는 구성요건에 해당하는 객관적 사실에 대한 착오를 의미하며 범죄가 성립하지 않는다. 예를 들면 타인의 재물을 자기 것으로 오인하여 가져온 경우는 사실의 착오로서 절도죄가 성립하지 않는다. 또한 특별히 중한 죄가 된다는 사실을 인식하지 못하고 그 결과의 발생을 예견할 수 없을 경우에는 중한 죄로 벌하지 않는다. 한편 법률의 착오란 자신의 행위가 법령에 의해 죄가 되지 않는 것으로 오인하여 행위를 한 경우로서 그 오인에 정당한 이유가 있는 경우에는 벌하지 아니한다(형법 제16조). 오인에 정당한 이유란 단순히 법률을 알지 못하는 무지의 경우를 말하는 것이 아니라 일반적으로 범죄가 성립되는 경우이지만 자기행위는 법령에 허용된 행위로서 죄가 되지 않는다고 잘못 인식하고 그 잘못된 인식에 정당한 이유가 있어야 한다.3)

Ⅳ. 하자 있는 의사표시

하자 있는 의사표시란 원래 자유로워야 할 의사의 결정이 타인의 부당한 간섭으로 인하여 정상적이 아닌 의사표시를 한 경우이다. 다른 사람의 기망행위에 의한 착오로 의사표시를 한 경우(사기를 당한 행위)4)와 강박행위에 의해

---

1) 매매대상 토지 중 20~30평 가량만 도로에 편입될 것이라는 중개인의 말을 믿고 주택 신축을 위해 토지를 매수하였고 그와 같은 사정이 계약 체결 과정에서 현출되어 매도인도 이를 알고 있었는데 실제로는 전체 면적의 약 30%에 해당하는 197평이 도로에 편입된 경우, 동기의 착오를 이유로 매매계약의 취소를 인정할 수 있다(대법원 2005. 5. 12. 선고 2000다12259 판결).

2) 대법원 1992. 10. 23. 선고 92다29337 판결.

3) 법률의 착오는 행정청의 허가사항임에도 불구하고 관계 공무원이 허가를 요하지 아니하는 것으로 잘못 알려주어 이를 믿고 허가를 받지 않는 경우이다(대법원 1997. 4. 25. 선고 96도3409 판결).

4) 상품의 선전광고에 있어서 일정 수익을 보장한다는 취지의 광고를 하였다고 하여 이로써 상대방을 기망하여 분양계약을 체결하게 하였다거나 상대방이 계약의 중요부분에 관

공포심에서 의사표시를 한 경우(협박을 당한 행위)[1]를 하자 있는 의사표시라고
한다. 하자 있는 의사표시는 상대방의 고의적인 사기·강박의 위법행위로 인
해서 본의 아닌 법률행위를 한 표의자를 보호하기 위한 것이다. 기망이란 표
의자를 착오에 빠지게 하여 적극적으로 허위사실을 진실이라고 하거나 진실을
은폐 또는 침묵하여 허위사실을 믿게 하는 것이다. 강박이란 표의자가 유형
적·무형적 힘에 의해 공포심을 일으킨 불안한 상태에서 의사표시를 하는 경
우이다. 하자 있는 의사표시는 타인의 위법한 간섭에 의한 것이고 자유로운
의사표시가 아니므로 취소할 수 있다(민법 제110조).[2]

형법은 저항할 수 없는 폭력이나 자기 또는 친족의 생명·신체에 대한
위해를 방어할 방법이 없는 협박에 의해 강요된 행위는 벌하지 않는다(제12
조). 협박·공갈·사기 등으로 정상적인 의사표시를 방해한 범죄에는 협박죄
(제283조), 공갈죄(제350조), 사기죄(제347조) 등이 있다.

V. 의사표시의 효력발생 시기

의사표시의 효력발생 시기는 의사표시의 통지가 상대방에게 도달한 때에
발생하는 도달주의를 원칙으로 한다(민법 제111조 1항). 도달이란 통지가 상대
방의 지배권 내에 들어가 사회통념상 일반적으로 알 수 있는 상태가 발생했
다고 인정되는 것을 말한다.[3] 상대방의 소재지를 알 수 없는 경우에는 공시

하여 착오를 일으켜 분양계약을 체결하게 된 것이라 볼 수 없다(대법원 2001. 5. 29. 선고
99다55601·55618 판결).

1) 어떤 해악을 고지하는 강박행위가 위법하다고 하기 위해는 강박행위 당시의 거래관념
과 제반 사정에 비추어 해악의 고지로써 추구하는 이익이 정당하지 아니하거나 강박의
수단으로 상대방에게 고지하는 해악의 내용이 법질서에 위배된 경우 또는 어떤 해악의
고지가 거래관념상 그 해악의 고지로써 추구하는 이익의 달성을 위한 수단으로 부적당한
경우 등에 해당하여야 한다(대법원 2010. 2. 11. 선고 2009다72643 판결).

2) 강박에 의한 법률행위가 하자 있는 의사표시로서 취소되는 것에 그치지 않고 나아가
무효가 되기 위해서는 강박의 정도가 단순한 불법적 해악의 고지로 상대방으로 하여금
공포를 느끼도록 하는 정도가 아니고, 의사표시자로 하여금 의사결정을 스스로 할 수 있
는 여지를 완전히 박탈한 상태에서 의사표시가 이루어져 단지 법률행위의 외형만이 만들
어진 것에 불과한 정도이어야 한다(대법원 2002. 12. 10. 선고 2002다56031 판결).

3) 아파트 경비원이 집배원으로부터 우편물을 수령한 후 이를 우편함에 넣어 둔 사실만으

방법[1])으로서 공시송달이 있다(민사소송법 제195조).[2])

제 3 절 계약행위

Ⅰ. 계약의 자유

계약이란 매매, 고용, 혼인 등과 같이 서로 대립되는 당사자 간의 의사표시의 합의로써 주고 받는 거래관계로 성립하는 법률행위이며 법률관계의 기본이다.[3]) 법은 일반적인 사회생활을 계약관계로 규정한다. 계약은 법 앞의 평등과 사적 자치를 전제로 성립함으로써 거래행위는 종래의 종속적인 신분관계에서 벗어나 자유로운 계약관계로 이행하였다.[4]) 거래행위를 인격 대 인격의 자유로운 계약관계로 규정함으로써 계약자유는 거래행위의 기반으로 근대 사법의 이념이 되었다. 계약은 서로의 대가적인 공정한 거래이며 상황보다 결과를 중시하여 상호간 호혜원칙이 기본이다. 계약은 계약자유의 원칙에 의해 당사자 간에 자유롭게 결정할 수 있으나 법의 지배를 받으며 과실책임이 따른다.

로 수취인이 그 우편물을 수취하였다고 추단할 수 없다(대법원 2006. 3. 24. 선고 2005다 66411 판결).

1) 공고·공지·고시 등은 상대방이나 불특정 이해관계인에게 법적 효과의 발생을 알리는 사실행위이다. ① 공고(계고·경고·최고·포고·선고)는 필요한 사실 또는 위법한 사실을 미리 알려 일정한 행위를 할 것을 요구하거나 그 결과발생에 대한 책임소재를 명확하게 하기 위한 것이다. 상대방 의사와 관계없이 법률효과가 발생한다(최고장·계고장·경고장). ② 공지(고지·통지)는 상대방의 행위를 요구하는 것이 아니라 사실의 통지이다. 상대방에게 일정한 사실을 반드시 알려야 하며 그렇지 않으면 그 책임을 진다(헌법 제12조 5항 체포의 고지 의무, 민법 제71조 총회소집통지, 행정절차법 제26조 통지, 보험상 고지의무). ③ 공시(고시·게시)는 상대방을 알 수 없는 경우 또는 불특정 다수인에게 일정한 사실을 알리는 것이다(공시지가의 공시).

2) 공시송달이란 당사자의 송달장소를 알 수 없는 경우에 당사자의 권리보호를 위해 법원이 송달할 서류를 보관하고, 법원 게시판에 게시하면 2주(외국의 경우는 2개월)를 경과함으로써 송달에 갈음하여 효력이 발생하는 법원의 직권행위이다.

3) 이 책, p. 487 참조.

4) 중세사회는 신분적 예속관계인 농노사회, 근대는 개인주의의 계약사회, 현대는 공정한 계약사회라고 한다.

[계약자유의 원칙]

계약자유의 원칙은 개인 의사의 자유와 인격 대 인격의 대등한 조건을 기본으로 하는 개인의 자율적 행위이기 때문에 사적 자치의 원칙이라고도 한다. 계약자유는 계약에 관한 포괄적 자유권으로서 ① 계약의 내용을 결정하는 내용 결정의 자유, ② 계약 체결의 여부를 결정하는 계약 체결의 자유, ③ 계약의 상대방을 선택하는 상대방 선택의 자유, ④ 계약 방식의 자유, ⑤ 계약을 변경·철회할 수 있는 자유, ⑥ 계약자 간의 동등권, ⑦ 계약 이행의 책임 등을 포함한다.

II. 계약의 공정성과 통제

1. 계약의 공정성

약속을 지킴으로써 "합의가 법을 만든다"(Consensus facit legem). 계약의 합의는 당사자에게 이를 지켜야 할 의무를 주고 합의한 조건을 정당화한다. 계약은 가상의 평등에서 이루어지는 것을 전제로 하기에 계약은 반드시 공정성을 의미하지 않으며, 계약의 합의에서 공정성은 충분조건은 아니다. 계약이 곧 당사자 간의 공정한 대가적 이익을 보장하는 것은 아니더라도 한쪽의 손해 없이 상대방이 이득을 보는 것은 허용된다. 그러나 한쪽의 큰 손실로 인해 상대방이 과도한 이득을 보는 것은 형평의 원칙에 어긋나는 불공정한 계약이고 폭리행위이다. 계약자유가 상호이익의 균형이 되도록 계약의 공정성을 추구하는 것은 사회정의의 요청이다. 현저하게 공정성을 잃은 계약은 법이 보호할 수 없는 악의적 행위이다. 계약은 본래 악의를 가지고 체결한 계약 자체를 인정하지 않으며 법은 악덕 상인을 용서하지 않는다. 영미법에서는 불공정한 행위를 대체로 의사형성의 자유에 대한 침해, 비양심적 행위(unconscionability)로 이해하고, 대륙법계에서는 이익의 불균형 또는 폭리행위로 보는 경향이 있다.

계약위반은 그 자체로 위법이다. 계약에서 불법행위로 손해가 발생하면 원인 제공자는 배상책임을 진다. 손해발생에 대한 배상책임에서 과실책임주의에 의해 자기책임이 원칙이지만 제삼자가 책임을 지는 무과실책임주의가 있다. 무과실책임주의는 개인주의적 과실책임주의에 대립되는 단체주의적 개념으로 사회적 형평을 지향한다. 과실책임주의에서 무과실책임주의로 이행은 손해배상의 공평성을 통해 계약의 공정성을 기대할 수 있기 때문이다.

[무과실책임주의]

무과실책임주의란 손해발생의 배상책임에서 고의·과실이 없는 경우에도 책임을 진다는 원칙으로서 과실책임주의에 대립되는 개념이다. 과실책임으로는 손해배상을 청구할 수 없거나 충분하지 아니한 경우에 피해자 보호를 위해 배상책임을 확대한 것이다. 이익을 취득한 자나 위험원인 제공자가 책임을 부담하는 것은 정의·공평의 원칙에 부합하기 때문이다. 무과실책임주의는 ① 위험책임론, ② 보상책임론, ③ 위험원인책임론, ④ 공평론 등에 근거하여 행위자의 책임과 배상을 강조한다. 무과실책임주의는 특수불법행위(민법 제755조~제765조)와 자동차손해배상 보장법(제3조), 산업재해보상보험법(제81조), 제조물 책임법(제3조), 환경정책기본법(제44조) 등에서 인정하고 있다.

2. 갑을관계

계약은 실제로 계약 당사자 간의 사회적·경제적 영향력에 의해 사실상 거래의 선택을 강요받아 계약자유는 명목상에 불과하게 된다. 생산자와 소비자의 거래약관은 계약자유의 원칙에 의하여 생산자에게는 자유로운 경제활동을 보장한다. 하지만 소비자나 경제적 약자에게는 선택의 폭이 좁아 생산자의 일방적인 공급요건을 수용한다. 특히 기업의 독점화로 인하여 소비자로서 일반인은 계약내용의 절충은 물론 계약의 체결여부의 자유마저 충분치 않아 계약을 사실상 강요당한다. 대기업이 일방적으로 규정한 보통계약 약관에 그대로 따르는 부합(종)계약이 성립함으로써 소비자나 권력적·경제적 약자는 불이익을 감수하게 되고 결국 계약의 자유와 공정성을 침해한다. 계약자유는 사회 구조적 모순으로 불공정한 독식의 수단을 합법화하는 꼴이다.

계약은 외형상 대등한 거래관계이나 내면상 강자 대 약자 구도의 결과로, 계약 당사자로서 동등한 갑을은 수평관계가 아닌 상하관계로 나타난다. 강자는 그 지위를 이용하여 계약 상대방을 사실상 지배함으로써 계약 본연의 대등한 상생적 관계는 종속적 관계로 변질되고 강자의 탐욕과 횡포가 발생한다. 당사자 간의 갑을게임의 논리에서 계약은 군림하는 '갑'이 주(主)가 되고 상대방인 '을'은 종(從)이 되는 주종관계(대기업 대 협력업체)인 이른바 갑을관계로 종속하는 경향이 있다. 갑을관계에서 힘 있는 자가 정의로, 약자는 불의로 둔갑하고 약자는 강자에게 희생당하는 불평등, 불공정한 반사회적 행위가 발생

한다. 강자의 횡포와 약자의 절규는 계약이 급기야 수탈계약, 현대판 노예계
약이라는 오명을 낳고 있다. 계약이라는 이름으로 갑이 을을 전방위적으로 제
압하는 갑질횡포는 전근대적인 천민자본주의의 병리현상이고 인권 침해이다.
갑을관계의 신분적 불평등을 타파하기 위해 출발한 계약자유가 반대로 사회
적 불평등의 온상이 되었고 갑을관계를 두둔하였다. 계약은 지배복종관계가
아니고 상생을 위한 대등한 동반관계이다. 갑을관계가 동등한 협조관계로의
정상화 없이는 계약 만능화로써 계약자유는 명목화·허구화될 것이다.[1]

3. 계약의 통제와 한계

자유주의의 발달에 따라 계약자유는 계약만능으로 나타나 계약자유는 급
기야 인간의 불평등을 초래하였다. 현대국가에서 계약자유는 계약의 공익성
과 공정성을 위해 계약 통제로의 이행은 불가피하였다.[2] 국가는 가격 폭
등·폭락으로부터 국민경제의 안정과 유통질서의 확립을 위해 물가 공정화
에 직접 개입한다. 불공정한 가격과 거래질서의 문란에 대해서 최고가격의
지정, 가격표시제, 과징금 징수,[3] 가격예시제,[4] 담합행위에 대한 시정조치와
과징금 징수,[5] 불공정 약관 무효,[6] 소비자의 계약철회권,[7] 항변권,[8] 징벌적
손해배상,[9] 대형마트의 휴업일 지정,[10] 금지명령(injunction)청구제도[11] 등의 규

---

1) 탭스콧(D. Tapscott)은 "스마트 기기로 모든 사람이 연결된 21세기에 갑을관계 구도로
는 더 이상 성공할 수 없다"라고 말하였다.
2) 계약의 공정성을 위해 사법에서는 계약자유의 원칙에 의해 계약의 공정성과 불공정
성의 기준과 차이를 제시하는 데 중점을 두고 있으나 공법에서는 계약의 불공정성의
제거와 처벌에 초점을 맞춘다. 또한 사회법에서는 계약의 공정성과 공평한 배분을 강조
한다.
3) 물가안정에 관한 법률 제 2 조~제 4 조.
4) 농수산물 유통 및 가격안정에 관한 법률 제 8 조.
5) 독점규제 및 공정거래에 관한 법률 제 5 조~제 6 조.
6) 약관의 규제에 관한 법률 제 6 조.
7) 방문판매 등에 관한 법률 제 8 조, 할부거래에 관한 법률 제 8 조, 전자상거래 등에서의
소비자보호에 관한 법률 제17조.
8) 할부거래에 관한 법률 제16조.
9) 하도급거래 공정화에 관한 법률 제35조 제 2 항.
10) 대법원 2015. 11. 19. 선고 2015두295 전원합의체 판결.
11) 기업의 불공정행위 중단의 청구 소송으로 미국, 독일이 시행하고 있다.

제를 한다. 그러나 계약통제가 공익상 필요하더라도 계약자유의 원칙이 시
장경제의 기본원칙을 벗어나 유명무실하게 되는 정도의 침해는 허용할 수
없다.[1]

---

1) 헌법재판소 2003. 2. 27. 선고 2002헌바4 결정.

제14장

법의 지배

제 1 절 자유민주주의

  민주주의는 국민의 주권 보장과 행사를 기본으로 하는 의미에서 자유민주
주의를 비롯한 사회민주주의나 인민민주주의(people's democracy)[1] 등을 포괄하
는 개념이다. 헌법이 지향하는 자유민주주의는 국민중심의 민주주의 정치이념
과 자유주의 사상이 결합된 정치원리이다. 국가권력으로부터 개인의 자유와
권리를 보장하는 헌법상 제도적 장치가 자유민주주의(liberal democracy)이다. 자
유민주주의는 인권보장을 기본 바탕으로 국가권력 통제, 법의 지배, 권력분립,
사법권 독립, 복수정당제, 자유선거를 통한 정권교체, 언론자유 등을 적극 보
장한다는 점에서[2] 전체주의적인 사회주의, 인민민주주의, 민중민주주의 등과
는 구분된다. 선진적 형태의 민주주의는 자유주의적 정치질서를 기반으로 하
는 자유민주주의 체제인 경우에만 가능하다.

  헌법 전문은 "자유민주적 기본질서를 더욱 확고히 하여…"라고 선언함으

---

1) 인민민주주의는 사회주의국가가 채택한 정치체제로서 의회주의와 자본주의를 부정하
   고 일당체제의 프롤레타리아 독재 형태로 나타난다. 인민민주주의는 주권은 인민(people)
   에 있다는 인민주권을 바탕으로 공산주의로 가는 과정을 보인다. 인민을 시민의 총체로
   보고 직접민주주의에 의한 권위주의 통치로 권력분립 원칙을 거부하고 권력을 통합하는
   회의제 정치체제를 채택한다. 그러나 자유민주주의는 국민주권주의에 의해 국민(nation)
   을 이념적 실체인 법인격체로 하여 개인의 권리행사를 보장한다. 주권의 주체와 행사자가
   분리되는 의회주의를 기본으로 하고 권력분립주의가 철저하다.
2) 독일연방헌법재판소는 자유민주주의의 기본 내용으로서 인권 보장, 국민주권, 권력분립,
   책임정치, 행정의 합법성, 사법권 독립, 복수정당제 등을 제시하였다(BVerfGE 2, 1 12f).

로써 자유민주주의 기본질서는 헌법의 지도 이념인 우리의 정체성이고 우리가 누리는 자유의 초석이다. 자유민주의는 단순히 이데올로기가 아닌 민주국가의 기본질서이다. 민주정치에서 전체주의 체제를 반대하는 것이 곧 자유민주주의를 의미하는 것은 아니다.[1] 자유민주주의는 자유·평등을 보장하기 위해 반대와 선택의 자유를 누릴 수 있다는 점에서 자율성과 다양성을 가진 열린 체제이며, 시장경제는 물론 사회국가 원리를 포용하는 점에서 개방성과 역동성을 갖는다. 그러나 인민민주주의는 일당체제를 유지하기 위해 개인의 자유를 허용하지 않는 전체주의적 정치질서를 기본으로 하는 독재적 강압정치를 의미한다. 인민민주주의는 개인의 자유와 권리를 억압하여 권력에 절대 복종을 강요하고, 개인을 당에 종속시키는 폐쇄적·획일적인 정치형태로서 자유민주주의와 대립하고 있다.[2]

민주주의 없이 자유 없고, 자유 없이 민주주의는 존재할 수 없다. 자유민주주의는 자유와 평등을 보장하는 힘이고 보루로서 국가의 통치질서보다 인권보장을 위해 권력통제를 강화하는 법치주의를 요건으로 한다. 법치주의는 헌법적 가치인 자유민주주의를 지키고 실천하는 원칙이다. 자유민주주의적 법치주의는 권력적 지배로 인권을 탄압하고 법을 권력의 수단으로 이용하는 권력통합주의적인 인민민주주의의 법치주의와는 목적·내용·형식 등에서 구분된다. 권력자의 명령이 법과 동일시되는 권위주의적 법치질서는 법치주의의 파괴이고 자유민주주의가 용납할 수 없는 해악이다. 독재 권력의 폭정은 인류에 대한 죄악이다.

민주주의의 정통성과 순수성이 왜곡되는 정치현실에서 민주주의의 본질에 위배되는 가식적 민주주의와 자유민주주의의 구분은 필요하다. 일인지배, 일당독재, 권력 횡포, 인권탄압, 국제법 위반 등을 자행하는 전체주의적 통치질서는 자유민주주의 이념에 배치되는 반민주적 독재 정권에 불과하다. 민주주의는 포괄적이고 다양한 의미를 갖기 때문에 독재권력은 국민주권주의를 호도하

---

1) 통진당의 진보적 민주주의는 북한식 사회주의를 추구하는 공산주의의 변형이기 때문에 통진당 해산 사유이다(헌법재판소 2014. 12. 19. 선고 2013헌다1 결정).

2) 자유민주주의가 만능의 완벽한 제도는 아니다. 하지만 남북한의 인권보장과 번영의 큰 격차 그리고 분단 독일의 동독에 대한 흡수 통일은 정치 체제의 결과에서 비롯됨으로서 자유민주주의는 전체주의에 대한 압도적 승리와 체제 우위를 뜻한다.

여 통치의 합리화를 위해 법치주의를 악용하는 것을 경계하여야 한다.[1] 자유민주주의의 이념을 배척하는 민주주의는 자유국가가 아니다. 자유민주주의 질서는 법치주의에 의해서 보장되어야 하고 법치주의는 자유민주주의를 구현하는 바탕이 되어야 한다.

제 2 절 법치주의

I. 법치주의의 의의

1. 법치주의의 개념

법치주의는 모든 국가권력 행사의 근거를 법에 종속시킴과 동시에 개인의 권리가 침해당하는 경우에는 법에 의해 보호하는 법의 지배원칙을 말한다. 법의 지배(rule of law)는 개인이나 국가가 자기 마음대로 권력행사를 하지 못하도록 사람의 지배(rule of man)가 아닌 법의 다스림, 즉 법치를 뜻한다. 따라서 법의 지배는 권력자의 통치수단으로 자행되는 법에 의한 지배(rule by law), 즉 통치자의 법치인 형식적 법치주의를 의미하는 것은 결코 아니다. 법의 지배는 "누구도 법 이외의 것에 지배되지 않는다"는 영국법의 기본원칙에서 유래하여 권력에 대한 법적 통제로서 인권보장의 목적이 있다. 법치주의는 권력분립을 바탕으로 법과 법의 일반원칙에 의한 정의로운 질서이고 법 앞에 평등을 전제로 한다. 법은 공정하고 내편 네편을 가르지 않는다. 법 앞에 평등은 법질서의 기본 원칙으로서 누구든지 법 위에 존재할 수 없고 법으로부터 예외를 인정하지 않는다.[2] 법이 지배하는 사회란 국민의 건전한 상식과 원칙이 사회의 보편적인 가치로서 군림하고 있는 것을 뜻한다.

국가의 법집행은 법적 근거를 필요로 하고 법률의 근거 없이는 행정권을

---

1) 히틀러가 선거를 통해서 정권을 잡았던 사실을 목격한 라드브루흐는 "민주주의는 상대주의적 세계관에 기초한다. 상대주의는 관용의 정신이다. 그러나 민주주의의 적에 대해서는 그 관용을 철회해야 한다"고 말했다.

2) 페인(T. Paine, 1737~1809)은 "절대 정부에서 왕이 법이었던 것과 같이 자유주의국가는 법이 왕이 되어야 한다. 아무도 그 이상이 될 수 없다"고 말하였다.

발동할 수 없다는 법률유보(留保)의 원칙1)을 벗어날 수 없다. 법이 국가권력의 발동 근거로서의 기능을 중시하는 법치주의는 형식적 법치주의로서 전제주의 국가를 포함한 모든 국가에서 볼 수 있다. 그러나 법이 국가권력을 통제한다는 의미의 실질적 법치주의는 자유주의국가에서만 가능하다. 자유민주주의의 법치주의는 인권보장과 권력분립의 원칙을 바탕으로 인권 보장을 우선시하는 점에서 전체주의의 법치주의와 구별된다. 법치주의의 내용은 ① 기본권의 보장, ② 권력분립의 확립, ③ 위헌법률심사제의 채택, ④ 성문법주의, ⑤ 행정의 적법성 등이다. 법치주의의 이념은 헌법에서는 입헌주의로, 행정법에서는 법치행정주의와 조세법정주의로 표출된다. 또한 형법에서는 죄형법정주의, 민법에서는 물권법정주의 등의 원칙으로 각각 나타나 법치국가의 기본 원리가 되었다

[법률의 유보]

법률유보란 법률에 의한 권리유보로서 국민의 권리·의무에 관한 사항은 반드시 법률로써 규정하여야 한다는 원칙이다. 법률유보는 행정권의 부당한 발동을 제한하는 것이 목적이었으나, 법률에 의하면 기본권을 얼마든지 제한할 수 있다는 입법만능주의로 이해되기도 하였다. 그러나 기본권을 제한하는 법률유보는 헌법이 명시한 경우(헌법 제12조, 제23조, 제37조)에만 가능하다. 법률유보는 법률의 내용에 따라 "법률로 정한다"(헌법 제21조 1항, 제23조 1항, 제41조, 제59조) 또는 "법률로써 정한다"(헌법 제23조 3항, 제37조 2항), "법률에 의하지 아니하고는"(헌법 제12조 1항), "법률이 정하는 바에 의하여"(헌법 제12조 4항, 제25조, 제28조), "법령의 범위 안에서"(헌법 제117조 2항), "법률에 의한다"(형법 제1조, 상법 제1조), "법률에 어긋나지 아니한" 등으로 각각 나타난다.

2. 법치주의의 존재 의미

법은 자유를 위한 보루이고 법치주의에 의한 권력의 통제만이 인권을 보장할 수 있다. 자유주의는 법치주의를 전제로 한다. 법치주의는 법을 신뢰하고

---

1) 법률유보원칙은 단순히 행정작용이 법률에 근거를 두기만 하면 충분한 것이 아니라, 국가공동체와 그 구성원에게 기본적이고도 중요한 의미를 갖는 영역, 특히 국민의 기본권 실현에 관련된 영역에 있어서는 행정에 맡길 것이 아니라 국민의 대표자인 입법자 스스로 그 본질적 사항에 대하여 결정하여야 한다는 요구까지 내포하는 것으로 이해하여야 한다(헌법재판소 2009. 12. 29. 선고 2008헌바48 결정).

실천할 의지와 능력을 전제로 가능한 준법정신의 자기책임의 원리이다.[1] 국민
주권주의를 전제로 하면서도 국민주권주의를 스스로 규제할 수 있는 자기 통
제의 규범이라는 점에 법치주의의 가치가 있다. 법치주의는 인권보장을 위한
역사적 경험의 산물이다. 다이시는 "법이 지배한다는 것은 국민의 건전한 상식
이 사회의 보편적인 법의식으로 자리매김하고 있음을 뜻한다"고 말하였다. 법
치주의는 인간의 감성이 아닌 법치의 이성이 지배한다. 법치주의는 만능적인
최상의 질서는 아닐지라도 권력의 남용을 제어할 수 있는 제도적 장치이고,[2]
이기주의를 자발적으로 극복할 수 있는 법질서 풍토를 만든다.[3] 법치주의를
통해 인권보장을 실현하려는 시민의식이 법치주의를 정착하게 하였다.

　　법치주의는 사법권 독립을 전제로 하기 때문에 권력분립을 요구하고 권력
분립은 법치주의에 의해 보장된다. 법치주의는 시민사회의 발달, 민주주의 발
전의 초석이기에 법치주의의 정착 없이 민주주의는 존재할 수 없다. 하지만
법치주의가 민주주의의 발전을 위축하여서도 아니 되고 민주주의 원리나 다수
결 주의가 법치주의를 침해해서도 안 된다. 법치주의와 민주주의는 국가의 양
날개로서 한 쪽이 고장이 발생하면 상호 역기능이 증폭하여 법치주의는 흔들
리고 민주주의는 위기를 맞는다. 민주주의와 법치주의는 소극적 · 대립적 관계
가 아닌 적극적인 상호 보완관계이지만 법치주의 가치가 민주주의 가치보다
우선하여야 한다. 법치주의는 불의와 반칙과 동행할 수 없다. 일찍이 법치주의
를 발전시킨 국민만이 인권을 누리고 법문화를 창설하여 선진 민주국가로 발
전한 것은 우연한 역사가 아니다.

---

1) 토크빌(A. Tocqueville, 1805~1859)은 "시민이 법을 지키는 것은 법이 다수인의 소산일
　뿐 아니라 자신의 것이기 때문이며 법을 자신이 당사자인 계약으로 생각한다"고 말하였다.
2) 플라톤은 법이 없는 국가를 가장 고차원의 정부형태로 지지하지만 철학자적인 왕
　(philosopher king)을 찾기 힘든 상황에서 통치를 위한 차선책으로 법치국가를 제시하
　였다.
3) 사회주의 역사학자인 톰슨(E. Thompson, 1924~1993)은 법치주의에서는 모든 사람이
　빈말이라도 법을 지키겠다고 약속할 수밖에 없었고 이것이 족쇄가 돼 정말로 법을 준수
　하지 않을 수 없다면서 "법치주의는 언제 어디서나 무조건 좋은 것이다"라고 말하였다.

Ⅱ. 법치주의와 권력분립

1. 법치주의와 권력

누구도 법 위에 있는 자는 없다(No one is above the law). 그러나 법은 곧 국가이고 권력은 정당하다는 착각에서 국가권력에는 법을 악용하려는 법만능주의가 도사리고 있다. 국가가 권력행사를 최고선으로 미화하여 법을 지배하면 법은 존재 의미가 없어지고 법치주의는 명목상에 불과하게 된다.[1] 권력은 본질적으로 선하지 않으며 선한 권력은 존재하지 않는다. 국민의 감시와 비판이 없으면 권력행사를 스스로 자제하는 권력은 없다.[2] 권력은 법을 두려워하고 불법적 권력은 법의 적이다. 권력이 법을 유린하는 것이 전체주의이다.

권력은 사람을 정치적으로 현혹시켜 복지, 돈, 증오 등에 중독된 우민통치로써 포퓰리즘적 법치문란을 자초하고 국민을 권력체제에 길들인다. 독재권력은 합법성으로 위장하고 법을 통한 권력정치를 강화함으로써 법의 지배가 민중의 지배라는 권력의 정당성으로 둔갑한다. 이것은 법의 가면을 쓴 법의 테러(legal terror)이고 권력의 횡포로서 법치주의의 비극이다. 민주주의라는 가식적 미명으로 법치주의는 숱한 곤욕을 당하고 있다. "인간들을 괴롭히기 위해서 법을 괴롭히는 것은 압제다"라고 베이컨은 말했다. 법과 정의의 이름으로 행해지는 폭력보다 더 포학한 것은 없다.

2. 삼권분립주의

권력은 독선화되고 남용의 유혹을 억제하지 못한다. 절대권력은 절대적으로 남용된다. 권력의 속성은 감시와 견제를 받아야 남용되지 않고 순리적인 것이 된다. 몽테스키외는 "권력을 가진 자는 이를 남용하려고 한다. 그는 최대로 권력을 행사한다. 이것은 지금까지의 경험이 보여 주고 있다"라고 말하면서 권력작용을 입법·행정·사법 등에 각각 배분하는 삼권분립을 제창하였다.[3]

---

1) 엘륄(J. Ellul, 1912~1992)은 "국가가 자기 스스로를 법의 척도로 삼고 국가 자신의 의사를 정의와 혼동한 때는 이미 법은 존재하지 않는다"고 말하였다.
2) 야스퍼스(K. Jaspers, 1883~1969)는 "권력 그 자체는 선도 악도 아닌 하나의 수단에 불과하지만 자제력이 없는 권력은 악이다"라고 한다.
3) 로크는 국가작용을 입법권과 집행권의 2권분립론에 의한 권력분립주의를 주장하였다.

권력분립(separation of power)의 원칙이란 권력을 상호 독립된 기관에 분산함으로
써 권력기관 상호간의 견제·균형(check & balance)을 통해 국가권력의 남용을
방지하고 인권을 보장하는 것이다. 권력분립주의는 국가권력은 남용하기 쉬운
것이고 권력의 비대화는 권력을 악용할 우려가 있다는 권력에 대한 불신에서
비롯되었다. 권력분립은 권력에 의한 권력의 억제로써 권력의 균형과 감시를
통해 자유를 보장하기 위한 제도적 장치이고 모든 권력작용은 법의 지배를 받
아야 한다는 원칙이다. 입법권은 국회에(헌법 제40조), 행정권은 대통령을 수반
으로 하는 행정부에(헌법 제66조 4항), 사법권은 법원에(헌법 제101조) 각각 분장
시킴으로써 헌법은 삼권분립을 선언하였다.

[몽테스키외의 삼권분립론]

몽테스키외는 로크의 권력 2권분립론(입법권과 행정권)의 영향을 받아 「법의 정
신」(De l'esprit des lois, 1748)의 '영국헌법에 관하여'라는 제11권 제6장에서 삼
권분립론을 주장하였다. "국가에는 입법권, 행정권과 사법권이라는 세 가지의 권
력이 존재한다 … 이들 3권은 각각 독립한 기관에 분산되어 있어야 한다. 동일한
인간 내지 집행부에 입법권과 집행권이 결합되는 경우에는 자유는 존재하지 않
는다. 또 재판권이 입법권 및 집행권에서 분리되지 않은 경우에도 자유는 존재하
지 않는다"고 하여 삼권분립론을 제창하였다.

Ⅲ. 법치주의의 발달과 유형

1. 영국의 법의 지배

근대적 법치주의는 영국의 법의 지배(rule of law)와 독일의 법치국가(Rechtsstaat)
원리의 두 유형으로 나눌 수 있다. 영국에서 법의 지배의 원리는 군주 대권
(Prerogative)의 견제를 목적으로 왕과의 투쟁을 거쳐 이룩한 마그나 카르타에서
시작한다. 이것은 행정권에 대한 입법권의 우위로서 인권 보장을 위한 법치주
의의 서막이었다. 17세기에 이르러 코크(E. Coke, 1552~1634)에 의해 법의 지배
를 이루어 명예혁명으로 제도화되고, 이어서 의회주의 발달로써 뒷받침되었다.
영국의 자유주의 사상은 인권보장의 근거가 되었고, 이를 바탕으로 성문법의 규

그 후 몽테스키외는 로크의 2권분립주의를 보완하여 3권분립주의를 제창하였다.

정 없이 법의 지배는 영국 불문법 체계의 기본원칙으로 오늘에 이어지고 있다.

　법의 지배는 다이시에 의해 체계화되었다.[1] 법의 지배의 원리는 법의 절대성과 법 앞에 평등을 기본으로 하여 자유권 보장에 적극적이었다. 법 개념은 의회가 제정한 입법뿐만 아니라 법의 일반 원칙인 자유·평등·정의·형평 등 법의 일반원칙을 포함함으로써 법률이 법의 일반원칙에 어긋나는 것을 인정하지 않는다. 법의 지배원칙을 계승한 미국은 위헌법률심사권을 추가하여 법의 지배를 보완하였다. 미국의 법의 지배는 권력분립에서 사법권의 우위를 원칙으로 하여 법 앞에 평등과 적법절차에 의한 실질적인 인권보호가 핵심이다. 법의 지배는 적법절차의 원칙에 의해 인권의 실질적 보호를 위한 절차법적 법치주의를 탄생시켰다. 형식적 법치주의가 인권 보호에 소극적이었으나 법의 지배는 권력 통제를 통한 인권 보장에 획기적 공헌을 하였다.

2. 독일의 법치주의

　독일의 법치주의는 자유를 보장하기 위한 이념이라는 점에서는 법의 지배와 다를 바 없으나 법률의 우위, 국가 권력의 통제 등에서 차이가 있다. 법치주의의 원리는 국가권력으로부터 개인의 자유보다는 자유로운 국가 질서 내에서 자유의 보장이 목표였다. 사익보다 공동체 정신을 존중하는 독일의 법치주의 사상은 법률을 인권보장의 보루보다는 통치수단의 기능에 무게를 두었다. 마이어(O. Mayer, 1846~1924)가 체계화한 법치주의는 의회가 제정한 법률의 지배(Herrschaft des Gesetzes)[2]를 뜻하는 형식적 법치주의로서 법의 지배원리와는 달리 법률을 곧 법으로 이해하는 형식적인 실체법적 법률국가를 의미한다.

　형식적 법치주의는 독일의 법치국가 사상[3]에 바탕을 두고 있다. 법치주의는 국민 대표에 의해 제정된 법률을 우선시하는 의회의 입법만능주의를 가져

---

1) 다이시의 법의 지배는 ① 법의 절대적 우위, ② 법 앞의 평등, ③ 보통법상 법의 일반원칙의 존중 등을 내용으로 하여 영국 불문법의 기본원리가 되었다.

2) 독일의 19세기 자유주의적인 법치국가론은 입헌군주론을 합리화하는 이론으로 변질됨으로써 법치주의의 본질적 내용을 외면하고 형식적 관료주의적 법치국가론이 등장하였다.

3) 마이어가 체계화한 법치주의는 ① 법규의 제정은 의회의 입법으로서만 가능하다는 법률의 법규창조력, ② 국민의 권리·의무에 관한 사항은 법률에 유보한다는 법률유보(Vorbehalt), ③ 행정의 법률 종속성을 뜻하는 법률의 우위 등을 내용으로 한다.

왔다. 입법권의 우위를 인정함으로써 법은 인권 보장을 위한 실질적 기능을 다하지 못하였고 인권의 절차적 보호제도가 발달하지 못하였다. 나치스 정권에서 보았듯이 합법적 독재를 위장하는 수단으로 전락한 형식적 법치주의의 논리에 대한 반성에서 실질적 법치주의가 대두되었다. 실질적 법치주의는 인권의 실질적 보장과 권력 행사의 통제, 행정의 합법성을 강화하기 위해 형식적 법치주의의 보완으로써 출발하였다.

3. 절차적 법치주의

법의 지배는 적법절차(due process of law)[1]를 강조하는 절차법적 법치주의로 발전함으로써 인권보장에 실질적으로 기여하였을 뿐 아니라 법의 민주화에 큰 영향을 주었다. 법적 과정의 적법성과 적정성을 요구하는 적법절차 원리는 법의 형식주의에서 벗어나 인권보장을 위해 사전 예방적인 절차적 과정을 중시하고 사법권의 우위를 존중하였다. 형식적 법치주의가 법의 합법성만을 요구하여 자유의 보장에 소극적인 점에 비하여, 절차적 법치주의는 합법성은 물론 법의 합목적성 내지 정당성을 강조함으로써 인권보장에 적극적이다. 적법절차는 국가권력의 축소와 자유권의 실질적 보장을 강화함으로써 법치주의의 기본이 되었고 미국법의 미란다(Miranda)원칙에서 보듯이 신체의 자유를 위한 절차법적 권리를 구체적으로 보장하였다.[2] 대법원도 적법한 절차에 따르지 않은 증거는 유죄의 증거로 인정할 수 없다고 선언하였다.[3]

민주주의는 국민의 총의를 수렴하는 정치과정이므로 결과보다도 과정과 절차를 중시한다. 목적의 정당성은 목적을 위한 수단과 방법의 정당성을 요구하며 수단과 방법이 목적을 정당화할 수 없다. 법치주의가 인권보장을 위해 법의

---

1) 적법절차의 적정은 당사자의 이해관계, 사익과 공익의 형평성, 결정권자의 자의성 방지, 절차의 경제성 등을 내용으로 한다.

2) 연방대법원은 수사기관의 영장 없는 가택수사로 압수한 증거에 대해서 위법한 수색과 압수를 통해 수집된 증거는 수정헌법 제4조에 위반하는 것으로서 형사사건에서 증거로 채택되지 못한다고 하였다(Mapp v. Ohio, 367 U.S. 643, 81 S. Ct. 1684, 6 L. Ed. 2d 1081(1961)).

3) 헌법과 형사소송법이 정한 절차에 따르지 아니하고 수집된 증거는 기본적 인권보장을 위해 마련된 적법한 절차에 따르지 않은 것으로 원칙적으로 유죄 인정의 증거로 삼을 수 없다(대법원 2007. 11. 25. 선고 2007도3061 판결).

실체보다도 법절차과정을 중시하는 것은 이와 같은 연유이다. 법의 실체보다도 사법과정의 절차를 강조하는 것은 투명한 적법절차의 보장 없이 인권보장과 법의 공정한 적용을 기대하기 어렵기 때문이다. 재판에서 실체적 진실의 발견보다 진실의 발견을 위한 전제로서 절차적 보장이 더욱 필요한 것이다. 법의 목적이 훌륭하더라도 입법과정과 법 적용과정에 적정성·투명성이 없다면 법을 신뢰하기 어려운 것이 시민의 법의식이다.

[적법절차의 원리]

적법절차의 원리는 영국의 대헌장(동 헌장 제39조)에서 기원하여 미국 수정헌법 제5조에서 "누구든지 적법한 절차에 의하지 아니하고는 생명·자유·재산 등을 박탈당하지 않는다"고 규정하여 모든 국가작용을 지배하는 일반원칙으로 자리매김하였다. 영미법의 자연적 정의(natural justice)[1]를 내용으로 한 적법절차의 원리는 각국 헌법에 영향을 주어 법의 기본원리가 되었고 피의자 보호를 위한 미란다(Miranda) 원칙으로 이어졌다. 헌법 제12조는 인권보장을 위한 적법절차의 원칙을 구체적으로 명문화하고 있다. 헌법재판소는 "헌법조항의 적법한 절차라 함은 인신의 구속이나 처벌 등 형사 절차만이 아니라 국가작용으로서의 모든 입법작용과 행정작용에도 광범위하게 적용되는 독자적인 헌법원리의 하나로, 절차가 형식적 법률로 정하여져야 할 뿐만 아니라 적용되는 법률의 내용에 있어서도 합리성과 정당성을 갖춘 적정한 것이어야 함을 요구하는 것이다"고 판시하여 적법절차를 법의 일반 원칙으로 선언하였다.[2]

[미란다 원칙]

미국 연방대법원은 미란다 사건에서 수정헌법 제5조의 피의자 자기부죄진술(自己負罪陳述) 거부권을 근거로 절차적 보장이 이루어지지 않은 상황에서 피의자의 진술은 기소에 사용될 수 없다고 판시했다.[3] 피의자를 체포 또는 심문하기 이전

---

1) 자연적 정의는 영미법의 기본원리로서 ① 누구든지 자신의 사건에 대한 심판관이 될 수 없다(No one shall be a judge in his own case)는 편견배제, ② 누구든지 청문 없이 비난당하지 않는다(No one shall be condemned without be heard) 또는 쌍방 모두에게 청문의 기회가 주어져야 한다는 쌍방청문의 보장(Both side must be heard), ③ 자신의 사건에 대한 심판의 사유를 알 권리가 있다는 것 등을 내용으로 한다. 자연적 정의는 미국의 행정절차제도에 큰 영향을 주었다.
2) 헌법재판소 1997. 11. 27. 선고 92헌바28 결정.
3) Miranda v. Arizona, 384 U.S. 436(1966).

에 범죄사실과 피의자의 진술이 불리한 증거로 사용될 수 있고, 변호인의 조력을 받을 권리, 묵비권을 행사할 수 있는 사실 등을 피의자에게 고지하여야 한다는 피의자 보호를 위한 사법절차의 원칙을 미란다 원칙이라고 한다.

4. 사회적 법치국가

법치주의는 시대적 변화에 따라 고전적인 법치주의의 형식성을 극복하고 새로운 발전을 요청하고 있다. 국가는 사회정의와 복지국가주의에 의해 모든 사람에게 인간다운 삶을 보장할 의무와 책임이 있다. 법치주의는 법의 합법성 뿐만 아니라 실질적 인권보장과 복지국가의 실현을 위해 사회적 법치국가(sozialer Rechtsstaat) 원리의 도입이 필요하게 되었다. 사회적 법치국가는 전통적인 시민적 법치주의와 상충하지만 자유주의적 법치주의를 보완하기 위해 사회국가원리를 수용한 것이고,[1] 법치국가 기능의 포기를 의미하는 것은 결코 아니다. 사회적 법치국가는 사회주의국가와는 구별되는 개념이다. 사회국가는 국민의 생존권 보장은 국가의 책임이고 국민은 생존권 보장을 청구할 수 있는 국가이다. 또한 사회국가는 자유주의의 한계를 극복하여 사회정의를 강조하고 생존권 보장과 균형 있는 국민경제를 위해 국가의 경제에 대한 개입을 요구한다. 사회적 법치국가 원리는 개인의 자유에 대한 권력작용이 아니라 실질적 인권보장을 위한 비권력적 작용을 내용으로 한다.

제 3 절   자율과 규제

Ⅰ. 행정규제

행정규제란 공익목적을 실현하기 위해 국민의 권리를 제한하거나 의무를 부과하는 행위로 행정상 금지·통제·인허가·조성·조정 및 행정지도 등으로 나타난다. 규제는 근대 시민사회가 요구하는 국가권력의 소극화와 사적 생

---

1) 사회적 법치국가는 독일 기본법(제28조 1항)이 채택한 규정으로 우리나라는 명문규정이 없으나 헌법의 기본원리로 일반적으로 인정하고 있다(김철수, 헌법학개론, 2007, p. 289).

활의 불간섭주의와는 배치되는 현상이다. 하지만 개인 생활의 질적 향상, 공공복리의 증진, 국가 경쟁력의 지속적인 발전 등을 위해서 개인의 활동에 대한 규제는 불가피하다. 규제 없이는 공공정책의 집행이나 공익의 실현이 어려울 것이다. 규제의 공백과 자율권 남용에서 오는 무질서와 사회적 부작용을 허용할 수 없어 규제의 가치를 자율성보다 선호한다. 국민생활·건강·환경 등의 보호를 위해 규제영향분석(regulatory impact analysis)[1]의 규제를 한다(예컨대 중소상인을 위한 사업조정제도, 도시재개발의 공공관리제도). 규제가 공익상 필요할지라도 규제는 규제법정주의에 의해 규제의 목적을 실현하는 데 필요한 최소한의 범위에서 가장 합리적인 방법으로 객관성·투명성·공정성이 확보되도록 행사되어야 하며 그 본질적 내용을 침해할 수 없다(행정규제기본법 제 5 조). 규제는 필요악적 조절행위이지 행정을 위한 규제우선주의를 의미하는 것은 아니다.

Ⅱ. 자율권의 확산

자유와 창의를 바탕으로 한 자율주의가 타율적 규제주의보다 발전의 역동적 원동력이고 효율적인 잠재력이라는 점에는 크게 반대가 없다.[2] 자율의 가치는 창의성과 다양성을 낳는 데 있다. 자율성을 뒷받침하기 위해서는 규제는 완화되어야 경쟁력 강화로써 지속적인 발전을 기대할 수 있다. 자율은 방임이 아니라 책임이 따르는 절제의 지혜이고 규제보다 더 많은 책임을 수반하고 법치주의가 전제되어야 한다. 자율성과 책임성은 수레의 두 바퀴이다. 사회경제적 발달은 자율성을 통한 자유경쟁이 보장되어야 창의적인 발전을 가속화할 수 있어 규제완화는 발전 조건이 된다. 선진국일수록 규제 완화의 추세는 이 때문이다. 자유와 창의를 중시하는 영미법이 인위적인 목적을 강조하는 대륙

---

1) 규제영향분석이란 행정규제로 인하여 국민의 일상생활과 사회·경제·행정 등에 미치는 제반 영향을 객관적이고 과학적인 방법을 사용하여 미리 예측·분석함으로써 규제의 타당성을 판단하는 기준을 설정하는 것이다(행정규제기본법 제 2 조 5호). 도시·산업·수자원·교통 등에서 친환경적이고 지속가능한 발전을 통해 쾌적한 생활환경을 조성하기 위해 환경영향평가제를 실시하고 있다(환경영향평가법 제 4 조).

2) 규제는 규제권자의 영향의 그늘이라 자유로운 발전의 장애나 비리의 온상이 될 수 있으나 자율은 경쟁을 유도하는 인센티브로 행정의 투명한 양지가 될 수 있다.

법에 비하여 인권보장이나 행정의 능률면에서 주지하듯이 우월하다.

자율성은 규제 완화와 작은 정부로 이어져 경제적이고 능률적인 행정을 기대할 수 있다. '허가된 것만 할 수 있다'는 포지티브 규제에서 '금지된 것 이외는 모두 할 수 있다'는 네거티브 규제로 변화가 필요하다. 규제와 금지가 원칙이고 자율이 예외인 규제 일변도에서 자율과 허용이 원칙이고 타율과 규제가 예외인 선 규제 철폐, 후 규제인 적극적 행정으로 발전하여야 한다. 규제는 철폐할 수 없으나 규제의 남발이나 그림자 규제는 행정의 고비용과 비효율성, 행정의 남용을 초래하고 개인의 권익을 침해할 우려가 있다. 규제 일몰제(Sunset Law)[1]나 규제총량제,[2] 샌드박스(Regulatory Sandbox)[3] 등에서 보듯이 창의성의 자유를 보장하고 그에 따른 정비·보완을 도입하는 것이 시대적 요청이다. 인·허가제의 원칙적 금지에서 가능한 한 원칙적 허용의 신고 등록제로 점진적인 변화가 필요하다. 금지 만능식 규제를 폐지하고 비효율적인 행정규제를 억제하여 자율성을 우선시하는 규제 혁신의 풍토를 조성하기 위한 개혁이 지속되어야 한다.

자율과 규제는 선택의 문제가 아니라 행정의 능률화·투명화·민주화 등을 위한 법정책적인 조화와 집중의 문제이다. 국가행정은 규제 위주의 법질서를 극복하여 자율과 규제의 조화를 통한 행정의 합리성과 개인의 자율성을 중시하는 성숙한 법치사회로 진입하여야 한다. 법은 타율적인 규제의 소극성보다 자율적인 적극성에 중점을 두어야 한다. 규제가 변화의 발목을 잡고 개인과 기업에게 불필요한 부담을 가중시키고 공직 비리의 온상이 되는 것을 예방하기 위해 규제는 최소화하여야 한다. 규제가 필요한 곳은 규제를 강화하고 그렇지 않은 영역은 자유와 창의성의 활성화를 위해 자율적 풍토를 조성하여야 한다.

---

1) 규제일몰제는 새로운 규제를 신설하거나 강화하는 규제는 존속기간을 정하고 기한이 끝나면 자동적으로 규제가 폐기되는 규제로서 제로 베이스(zero base) 방식이라고도 한다.
2) 규제총량제는 규제 상한선을 설정하여 규제를 하고 기존의 규제를 폐지하는 규제로서 수도권 집중을 막기 위한 공장총량제, 오염물질배출량을 규제하는 오염총량제, 주파수의 독점을 방지하는 주파수총량제 등이 있다.
3) 샌드박스는 새로운 제품, 서비스를 출시할 때 일정 기간 규제를 면제·유예시키는 제도이다. 신상품 개발의 촉진을 위해 영국 핀테크(Fin Tech)에서 실시하였다.

제4절 법의식과 준법정신

Ⅰ. 법 의 식

1. 법의식에 대한 동서양의 시각

법의식이란 사람이 법에 대해서 갖는 정서와 믿음이다. 법의식은 국가의 주권자로서 개인의 시민의식에서 비롯된다. 법의식은 권리의식과 서로 연계되는 관념으로서 시민의식의 본질이다. 서구사회에 비해 시민의식이 발달하지 않은 동양사회는 개인의 권리의식이 일반적으로 미약하여 법의식이 발달하지 못하였다. 그 결과 동양사회는 국민주권주의와 법치주의의 사상이 정착하지 못하고,[1] 권력의 횡포와 억압에 시달린 오랜 고통의 역사를 갖고 있다. 오늘날에도 많은 국가는 국가적 전통과 국가 발전을 이유로 인권보장과 법치주의를 실현하는 노력에 소극적이다.

근대화에 낙후된 후발국가, 특히 동양사회에서의 법의 관념은 선진 서구의 법과 근본적인 차이를 갖고 있다.[2] 서양에서 법은 권력의 압제로부터 인권을 보장하기 위한 제도적 장치로서 출발하였다. 법을 권리로서 인식하고 법질서가 시민적 존중의 대상이 됨으로써 법치주의를 통해 자발적인 준법정신의 생활화가 가능하였다. 법에 위배된 행위에 대한 응징은 시민적 합의였고 당연한 논리로서 확신하였다. 법은 시민과 권력자의 타협의 산물이든 투쟁의 산물이든 간에, 국민의 동의라는 아래로부터의(von unten) 뿌리를 두고 제정되었다. 법은 개인 자신의 권익을 지켜주는 방패로서 인식되고 법이 침해당하는 것은 곧 자신의 권익에 대한 침해로 인식함으로써 위법사실에 대한 고발정신이 강하였다.

---

1) 조선 왕조 정도전(鄭道傳)은 "민중은 국가의 근본인 동시에 군주의 하늘이다"라고 하였고, 최시형(崔時亨)은 "백성 섬기기를 하늘과 같이하라"고 말하여 국민주권주의 사상을 설파하였으나 한낱 메아리에 불과하였다.

2) 서양에서는 법을 아버지의 역할을 하는 것(father-substitute)으로 보는 데 반하여 동양에서는 법에 대해 어머니의 역할(mother-substitute)을 중시하는 경향이 있다. 서양 사람들은 법을 아버지가 갖는 엄격성과 권위성으로 군림(君臨)하는 규칙으로 이해하고 있으나, 동양에서는 어머니의 따뜻하게 배려하는 마음과 융통성을 가진 법을 원한다.

동양에서의 법은 통치자가 통치의 수단으로 국민의 의사와는 관계없이 위로부터(von oben) 제정하여 법을 악용하였다. 법은 강자의 편익을 위한 도구였다. 권력의 횡포가 법으로 나타난 결과 권력에 대한 항거가 법에 대한 거부반응으로 이어져 법이 오히려 증오의 대상이 되기도 하였다. 국민은 권력과 법을 동일한 차원에서 인식하고 권력에 대한 불신은 법의 불신으로 이어져 법을 두려워하고 기피하였다. 법은 권력의 유지·보호에 중점을 두는 경향이 강하게 나타나고, 시민적 요구를 외면하여 권력자에게 봉사하고 국민을 통제하였다. 법은 개인의 권익보호의 방패가 아닌 억압의 칼로 악용되어 법치주의의 형식성이 국민으로부터 불신과 저주를 받았다. 동양권에서 유교의 원리주의는 덕치주의·예치주의를 존중하고 자유와 평등사상을 외면함으로써 근대사회의 바탕인 시민의식을 위축시켰다. 동양권에서는 자유와 정의의 인식이 보편화되지 않아[1] 법은 인권보장의 방패라는 법의식이 생활화되지 못하고 권력의 시녀로서 각인되었다.

2. 우리 사회의 법의식

(1) 법과 사회 정서

우리는 다문화 사회의 다양성과 개방성을 경험하지 못하고 오랫동안 혈연적·공간적 유대를 통한 연대의식 속에서 안주하였다. 자연 질서를 숭상하고 인간의 정이 생활의 바탕이 되는 연고주의와 온정중심의 사회풍토였다. 법질서보다 인간관계를 본위로 덕과 예의 인간적 정서를 중하게 믿었고 미덕으로 인식하였다. 죄에[2] 대한 제재는 법보다 예치주의 규범을 선호하였다. 법을 예·도덕·윤리 등의 규범보다 격이 낮은 것으로 믿어 군자로서의 관용정신을

---

1) 헤겔은 "동양인들은 자유가 무엇인지 몰랐기에 자유가 없어도 별로 고통과 불편을 느끼지 않고 살고 있다"고 말하였다.

2) 죄의 뜻인 영어의 sin과 crime, 독일어의 Sünde와 Verbrechen은 신앙적 의미의 죄와 법률적 의미의 죄로 각각 구분한다. 동양사회에서는 양자를 구분하지 않고 죄를 예에 어긋난 행위로 보는 베네딕트(R. Benedict, 1887~1948)의 이른바 수치문화(shame culture)가 발달하였다. 서양은 죄에 대해 종교성을 강조하는 죄 문화(sin culture)인 데 비하여, 동양은 죄를 예를 지키지 아니한 반윤리적 행위로서 수치스럽게 생각하여 응분의 벌을 자청하고 있을 정도이다.

중시하였다. 시시비비(是是非非)를 가리는 논리성보다 이를 덮어두는 황희(黃喜) 정승 식의 "좋은 것이 좋다"는 한국적인 너그러운 심성과 정 그리고 인간적 체면을 법보다 우위의 가치로 인식한 사회정서였고 생활규범이었다.

돈이 없으면 유죄이고 돈 있으면 무죄가 되는 이른바 '무전유죄(無錢有罪) 유전무죄(有錢無罪), 무권유죄(無權有罪) 유권무죄(有權無罪)' 식의 법 운영은 국민에게 법의 불신과 법적 소외감을 주었다. 법은 권력자에게 봉사하는 것이고 권위적이며 불공평하다는 부정적인 인식을 주었다. 준법은 힘 없는 사람이, 탈법은 힘 있는 사람이, 편법은 법을 집행하는 사람이, 그리고 합법은 뜻 있는 사람이 행하였다고 해도 과언이 아니다. 법을 준수하면 오히려 불이익을 일방적으로 감수하는 결과가 되어 법을 멀리하였고 법치주의에 대해 회의적이었다. 법치주의는 신뢰할 수 없고 권위적인 것으로 인식함으로써 법의 생활화는 기대할 수 없었다.

재판의 공정성을 기대하기보다 "네 죄를 네가 알렸다" 식의 원님 재판은 두려움의 대상이었다. 비정한 논리적 전개에 의한 재판보다는 인정과 체면에 호소하여 문제를 조용히 해결하는 의리가 사회정서의 바람이다. "선량한 시민은 법 없이도 살 수 있다"고 도덕성을 강조함으로써 분쟁해결 수단으로서의 법적 조치를 등한시하였다. 개인주의와 평등주의의 동등한 인격적 독립 의식이나 냉정한 정의의 이념보다 인간적인 따뜻한 공동체 의식을 기본으로 한 목가적 풍토이고 권위주의적 질서였다. 이것은 정의 대 불의, 시시비비를 냉철하게 판가름하는 논리적인 법치주의와는 먼 것이다. 이렇듯 법보다 법을 초월한 인간관계를 중요시한 결과 시민의식을 바탕으로 한 법의식과 권리의식도 발달하지 못하여 법의 근대화가 낙후되는 원인의 하나였다.

[황희 정승의 시시비비]

두 사람이 크게 싸운다. 한쪽이 황희에게 자기의 주장이 옳다고 말한다. 황희는 그의 주장이 옳다고 말한다. 그러자 다른 한쪽이 자기의 주장을 내세운다. 황희는 그 주장도 옳다고 한다. 양쪽 다 옳다고 말한 것을 들은 제3자는 "시시비비를 가려야지 양쪽이 모두 옳다고 판단한 그 자체가 틀린 것이 아니냐?"고 이의를 제기하자 황희는 그 주장도 옳다고 말한다. 황희의 판단은 현실을 중시하여 비판을 삼가는 유교적인 관용과 절제에 있다고 하겠다. 그의 논리는 있을 수 있으니까 있고, 있을 만한 이유와 가치가 있기 때문에 보호되며, 있으면 존중한다는 것이다. 황희의 접근방식은 포용적 해결의 모델이 되었다.

(2) 법치주의의 시련

근래 우리 사회는 급격한 근대화·산업화·민주화에 따른 후유증으로 다양한 계층 간의 갈등의 골이 깊어지고 있다. 사회적 조정기능의 약화로 분쟁을 법정에서 해결하려는 소송만능주의의 각박한 사회가 되었다. 분쟁에 대한 인간적 타협은 배척되고 법에 의한 해결을 선호하는 것은 인간을 불신하기 때문이다. 법의 합리적인 관용정신보다 보복적인 법적 제재를 선호한다. 권리의식은 강화되었으나 이에 따른 사회적 책임 없이 권리만능주의 도취에서 벗어나지 못하고 있다. 자유의 과잉 의식으로 개인주의와 이기주의의 남용이 사회질서의 안정과 사회의 건전한 발전에 발목을 잡고 사회적 위화감을 조성한다.

분쟁을 법적 절차보다 비합법적인 자력구제인 극단적인 실력행사에 의지하려고 한다. 준법정신보다 이기주의적 탈법이 성행한다. 자신의 이해관계와 일치하면 법을 내세우고 그렇지 않으면 법을 위반하는 것은 사회 지도층과 조직적 집단일수록 극심하다. 법의 존엄성과 권위가 흔들린다. '내가 하면 적법이고 남이 하면 위법'(내로남불)이라고 우기는 법인식과 불법도 떼를 쓰면 통한다는 이른바 떼법의 논리는 법보다 힘이 우선이라는 착각을 키웠다. 이것은 준법정신의 부정이고 법치주의에 대한 도전이다. 불법을 묵인하는 것은 불법을 조장하는 악순환을 가져오며 그 피해자는 법을 지키는 선량한 시민이다. 법이 제대로 작동하지 않는 것은 법이 없어서가 아니라 법의 집행이 느슨하기 때문이고 이것은 법치주의의 불신을 초래한다.

정치적 격동기의 대응에서 법치주의는 한계를 나타냈으나 국민의 성숙한 시민의식이 위기를 극복하였다.[1] 하지만 민의의 실력행사는 초법적 행위로 포장되고 목소리 큰 세력의 시위만능주의는 법치주의를 무력화시킨다. 사람의 감성이 법의 이성을 압도하여 법의 정신을 훼손함으로써 법의 불신이 법치의 근간을 흔든다. 민의라는 이름의 대중의 지배와 광장정치, 권력 통제에 대한

---

1) 수차례 헌정 위기에서도 민주정치가 건재한 것은 "정치가 어려울수록 법치주의의 길로 가야 한다"는 시민의식이 민주국가에 대한 기대수준을 한꺼번에 충족할 수 없다는 한계를 이해하고 자중하였기 때문이다.

허술한 법적 장치, 대통령의 권력남용, 사법권에 대한 불신 등으로 법치주의는 시련을 맞는다. 아직도 준법정신, 권력 남용, 사법권 독립 등의 문제로 법치주의의 위기를 거듭하는 전근대적 법치 수준에서 벗어나지 못하고 있다. 사법정의가 준엄하였다면 우리의 민주주의 역사는 달라졌을 것이다. 목적을 위한 수단을 정당시하고 절차적 과정을 무시하는 불법적 발상을 제압하지 않고는 법의 지배는 형식적 행위로 전락한다. 법치주의는 목적과 수단, 과정과 절차는 법이념에 부합하여야 한다.

우리의 전통적인 사회정서가 사회질서의 평온과 미풍양속을 지켜온 사회규범의 기능적 역할을 한 것을 주목하여야 한다. 법 이전에 인간의 정이 사회를 규율한 것은 법을 무시해서가 아니라 법과 친숙할 수 없었기 때문이다. 법은 생활 규범이고 믿음이다. 법이 있으면 법의 정신이 있어야 하고 법의 정신이 살아야 사회는 안정과 발전을 지속할 수 있다. 사람이 제도를 만들지만 제도가 사람을 만들 수도 있기에 사회질서의 안정을 통한 번영을 위해 법적 장치의 강화가 요구된다. 이제 우리는 한국적인 정서와 글로벌 시대의 민주적 시민의식을 바탕으로 법의 지배원칙의 새로운 법문화를 모색하여야 한다.1)

Ⅱ. 준법정신의 생활화

법치주의의 준수는 시민의 준법의식과 국가 문화수준의 척도이다. 법치주의는 원칙과 순리를 기본으로 하고 예외를 허용하지 않으며 예외에 대해서는 엄격하여야 한다. 법질서 문란행위는 곧 시민의 권익을 침해하는 해악이다. 합법은 보장되고 불법은 반드시 벌을 받는다는 합법보장 불법필벌(合法保障 不法必罰)의 법의식이 확고할 때 준법정신은 생활화될 것이다. 법을 준수하는 것은 법의 강제력을 두려워해서가 아니라 법이념을 존중하고 그 가치와 필요성을 인지했기 때문이다. 법치주의는 준법정신을 실천함으로써 실현할 수 있는

---

1) 서양의 냉엄한 법적 문화를 극복하여 한국인의 정과 예의, 그리고 홍익인간의 사상, 권선징악(勸善懲惡)과 상부상조의 공동체 의식, 사회적 약자에 대해 베푸는 너그러움 등의 정신을 법치주의와 접목하여 법적 문화를 모색하는 것은 우리 법의 세계화를 위해 연구할 과제이다. Hahm Pyung Choon, The Korean Political Tradition and Law, Royal Asiatic Society Korea Branch, No. 1, 1967 참조.

생활규범이고 하나의 정신적 지주이다.

법을 지키면 손해라는 인식이 있는 한 준법문화는 정착하기 어렵다. 법과 원칙이 힘과 이기주의 논리에 의해서 밀려나고 불의와 반칙이 묵인되는 사회는 법치주의를 기대할 수 없다.[1] 불법을 고발하는 시민정신이 적극적이어야 준법주의는 작동할 수 있고[2] 사회 품격의 격상은 준법의식에서 출발한다. 불법은 준법으로써 다스려야 법을 신뢰할 수 있고, 불법을 척결하려면 법의 정신에 어긋나지 않는 일벌백계주의의 효용성이 필요하다. 법을 무시하고 모독하는 범법행위는 허용할 수 없는 사회악으로 끝까지 추적하여야 한다.

법의 준수는 불이익과 불편을 주는 멍에가 아니라 생활의 편익과 사회의 안정을 보장하는 버팀목이기에 생활화되어야 한다는 시민적 각성이 필요하다. 법이 사회생활의 기준과 가치로서 확신되고 국가가 법을 솔선수범하고 상위층으로부터 지켜져야 법치주의는 가능하다. 준법주의의 시민정신은 시민생활의 질을 향상시키는 바탕이다. 오늘날 법치국가는 소송국가라 할 정도로 각종 소송행위가 증가하고 있다. 모든 사람이 병원을 편리하게 이용하듯이 자신의 권익보호에 손쉽게 접근하도록 사법문턱을 낮추고 법률 서비스의 질을 향상시키는 법의 사회보장 시대로 발전하여야 한다.[3]

제 5 절 양성평등주의

Ⅰ. 양성평등의 원칙

사회는 양성의 화합으로써 존속할 수 있으며 이를 위해 양성은 공동으로

---

1) 한국인은 법질서는 안 지키면서도 자기 이익을 챙기는 데는 선수라는 것이 근래 한국법제연구원의 조사였다.

2) 범법행위(영수증 미발급, 교통법규 위반, 선거법 위반, 오물 무단 처리 등)에 대한 신고 포상제는 준법정신을 고취시키고 있다.

3) 법률 서비스 비용과 소송에 따르는 법적 리스크를 담보하기 위해 법률보험제도가 필요하다. 자동차사고, 의료사고, 보험상 분쟁, 주거에 관한 분쟁 등 시민 생활상의 법적 분쟁을 간편하게 해결하기 위해 미국의 선불 법률서비스 제도(Propaid Legal Service Plan)를 비롯하여 영국, 독일 등에서는 법률보험이 일반화되고 있다.

참여하고 협조할 책임을 지는 사회공동체이다. 양성은 법 앞에 평등하다는 원칙 이전에 여성은 사회구성원으로서 남성과 대등한 동반자이다. 하지만 여성은 생물학적 특성, 사회적 역할, 심리적 성향 등에서 남성과 일반적으로 구별된다. 남성은 분석력과 조직력이 강한 반면에 여성은 종합적 포용력이 강하다.1) 남성은 이상적이며 목표달성에 비중을 두는 도구적 리더형이라면 여성은 현실적이며 구성원의 인화에 중점을 두는 표현적 리더형이다. 특히 부성은 상대방에 대한 배타적 투쟁성이 특성이라면, 모성은 상대방을 포용하여 하나의 공동체로 소속시키는 정서적인 따뜻함이 있다. 이 구분이 일반적인 것은 아니더라도 그 특성은 서로 상이하므로 양성의 차이는 있어도 양성 능력의 차이는 없는 것이고 더욱이 그 차이가 차별의 대상이 될 수 없다. 여성은 연약하지만 모성은 부성보다 강인하다. 조직사회의 리더십은 통합과 능률을 위해 양성의 대조적인 특성이 조화된 모델을 필요로 하고 있다. 남성이 갖지 못한 여성의 여성다운 특성은 존중되어야 하며 여성의 고유의 권리로서 보호하여야 한다.

　여성은 태초부터 다르게 만들어졌다. 사회생활에서 여성은 차별의 대상이 아니라 구별의 대상이며, 그 차별은 철폐되고 양성의 구분은 존중되어야 한다. 양성의 구분은 제도적인 문제이기보다 인식의 문제이다. 여성의 사회적 지위에 대한 소극적 인식과 부정적 태도가 구체적인 행동으로 나타난 것이 여성차별이며 그것은 여성에 대한 인권침해이다. 양성평등은 여성의 특성을 존중함으로써 실현될 수 있다. 남성에 비해 상대적으로 연약한 여성을 보호하여 양성평등을 촉진하고 가정과 국가사회를 위해 양성이 공동으로 기여할 수 있는 여건을 조성하는 것은 국가의 책무이다. 양성평등은 페미니스트(feminist)만의 주장이 아니라 이성간의 존중과 배려를 통한 개인의 존엄성과 가치를 보장하는 인권보장 차원의 문제이다. 여성의 사회적·경제적 활동을 지원하기 위해서는 여성의 지위에 대한 새로운 인식의 전환과 이를 위한 제도적 장치가 다각적으로 마련되어야 한다.

---

1) 남성은 여성에 비하여 분석적·집중적 접근을 하는 논리적 사고방식과 목표달성을 위한 추진력과 조직력이 강하다. 여성은 수평적 의사결정을 선호하고 종합적·가상적인 거미줄 사고방식(web thinking)에 익숙하여 남성보다 정서적·포용적이고, 동시다발적인 행동을 할 수 있는 능력이 남성에 비하여 월등하다.

Ⅱ. 양성평등의 발전

프랑스 혁명의 자유·평등을 이념으로 한 시민계급의 출현은 재산 상속에 있어서 남녀동등권을 주장함으로써 양성평등권이 시작되었다. 이어 양성평등 권은 미국 독립전쟁과 프랑스 혁명에서 남성과 함께 투쟁한 여성의 정치적 지위의 향상으로 정치적 평등권으로 발전하였다. 양성평등권은 초기에는 남성과 동일한 여성의 재산권보호 문제[1])로부터 출발하여 직업에 대한 기회균등, 교육의 평등권을 거쳐 양성동일임금을 요구하였다. 여성의 참정권은 최초로 1893년 뉴질랜드, 1901년 오스트레일리아, 1906년 핀란드, 1918년 영국에서 인정되었다. 오늘날에는 이스라엘에서 보듯이 국방의무에 대한 양성평등을 실현하고 있다. 양성평등의 원칙에도 불구하고 실제로 남녀차등이 존재하기에 여성의 인권보장과 실질적인 양성평등을 위한 운동이 국제적으로 전개되고 있다. 1994년 '여성에 대한 폭행 철폐에 관한 선언' 그리고 1995년 제4차 유엔 세계여성회의에서 '베이징선언-행동강령'(Beijing Declaration-Platform for Action)을 채택하였다. 1979년 유엔총회에서 '유엔 여성차별철폐협약'이 채택되었고, 1999년 '유엔 여성차별철폐협약 의정서'가 2000년에 발효되었다.

1980년대 미국은 여성이나 흑인 등 과거에 불평등 대우를 받던 소외층에 대해서 보다 적극적인 우대조치를 하여야 한다는 소수집단 우대정책의 합리적 처우론(reasonable treatment theory)이 사회에 큰 영향을 주었다. 그 결과 고용에서 여성 할당제 같은 적극적인 시책을 실시하여 여성의 사회적 지위 향상에 크게 기여하였다. 이것은 여성에게 새로운 권리를 부여한 것이 아니라 본연의 권리를 존중하고 지원한 것이다. 근래에 여성의 사회적 진출과 경제적 활동의 확대에 따라 여성에 대한 배려 조치가 오히려 남성에 대한 역차별이라는 논의가 있다. 그러나 여성이라는 이유로 고용, 가족관계, 성폭력 범죄행위 등에서 여성은 남성보다 실제로 불이익을 당하는 경우가 많이 있다. 여성의 우대가 양성평등주의에 어긋난다는 주장은 여성의 특성을 외면한 형식적인 양성평등에 의한 논리이며 여성의 실질적 평등을 위한 우선적 보호는 아무리 강조하여도 지나침이 없다.

---

1) 처의 재산평등법은 1882년 영국에서 최초로 입법되었다. 조선왕조의 경국대전은 부모의 봉양 제사를 위한 재산의 자녀평등을 명시하였다(衆子女 平分).

여성은 양성의 전통적인 역할분담으로 말미암아 사회적으로 소외와 희생을 감수하였다. 근래 양성평등주의는 양성 간의 차별을 철폐하는 수동적 입장에서 벗어나 여성중심의 제도 개혁을 위한 적극적 차원으로 변하고 있다. 남성위주의 양성평등을 바꾸어 여성을 위한 양성평등의 실현으로써 남성중심사회에서 양성이 자유롭고 대등한 사회로 발전이 필요하다. 미래학자 드러커(P. Drucker, 1909~2005)는 '21세기는 여성의 세기'라 말할 정도로 여성의 사회적 진출은 여러 분야에서 괄목한 발전을 하고 있다.1)

법 여성학은 가부장적 남성중심의 기존 법체계에 대한 비판에서 발전하여 여성의 시각에서 실질적인 양성평등을 보장하는 법적 대책을 모색한다. 선진화 사회일수록 여성의 사회적·경제적 활동 비율이 높아지는 것은 여성의 사회적 진출을 통해 사회발전의 다양화를 이루고 있다는 사실을 나타낸 것이다. 여성은 가사를 전담하고 남성은 생산적 근로자라는 전통적인 성별적 분업의 영역은 흐려지고 남자가 우월한 시대는 지났다. 21세기에는 남성의 하드웨어적 기능 대 여성의 소프트웨어적 기능의 상호 보완적 발전보다는 양성은 인적 자원으로서 대등한 관계에서 경쟁할 것이다. 바야흐로 양성의 차이를 극복하는 도전의 여성 리더십이 세계 도처에서 사회의 빛이 되고 있다.2) 드라크루아(F. Delacroix, 1798~1863)의 '민중을 이끄는 자유의 여신'3)에서 보듯이 여성은 남성에서 볼 수 없는 포용적이면서도 강인한 어머니상을 갖고 있다. 여성의 감성적 에너지는 남성을 넘어 사회를 바꾸는 힘이 될 것이다.

최근 성 고발운동인 Me Too(나도 당했다)는 양성평등의 가식과 위선을 파

---

1) 미래학자 나이스비트(J. Naisbitt, 1929~)는 21세기의 특징을 ① 가상(fiction), ② 감성(feeling), ③ 여성(female) 등의 3F 사회로 예상하였다.

2) 흑인 여성 최초로 미국 브라운(Brown)대학교 총장을 역임한 시몬즈(R. Simmons, 1945~)나 국무장관을 역임한 라이스(C. Rice, 1954~)는 여성과 흑인이라는 자신에 대한 거듭된 사회적 불평등 상황이 자신에게 한계를 주기보다는 오히려 이를 극복할 도전의 힘을 불러일으켰다고 자랑스럽게 말하였다.

3) 드라크루아의 '민중을 이끄는 자유의 여신'은 프랑스혁명의 기수로서 여성을 선택하였다. 봉건적 구체제의 권위를 타파하고 자유·평등·박애 등을 상징하는 프랑스혁명의 중심에 여성을 세웠다. 여성이 나약한 존재가 아닌 강력한 리더로서의 아름다움과 정열을 각인시킨 것이다. 작품이 성적 자극을 유발한다는 평이 있음에도 불구하고 전쟁과 격동의 와중에서 사회변혁을 위해 온몸으로 이끄는 여인의 열정적, 진취적인 비장한 자세는 사뭇 감동적이다.

헤쳐 여성에게 진정한 인간으로서의 존엄성과 자유의 회복에 있다. 미투운동은 양성평등의 허구에서 벗어나 양성의 대등하고 자유로운 인격 시대의 개막을 의미한다. 미투운동의 분노와 공감은 이성 간의 불신이나 대결에 있는 것이 아님은 물론 양성 간의 벽을 쌓고 기피하는 혐오적 감성도 아니다. 양성평등제도는 정착하고 있으나 실천의 성숙이 따르지 못한 양성의 숨겨진 그늘의 추방이 미투운동이다. 미투운동이 양성의 오묘한 조화의 미덕을 폄하하는 반사회적인 행위로 변질되는 것을 바라는 사람은 없다. 양성이 대등한 인간적 동반자로서의 자유를 함께 누리는 시대이다.

Ⅲ. 여성의 법적 보호

헌법은 "국가는 모성의 보호를 위하여 노력하여야 한다"(제36조 2항)고 선언하였고, 여성근로자는 특별한 보호를 받도록 규정하였다(제32조 4항). 양성평등의 원칙에도 불구하고 남성 우선의 사회적 편견과 여성에 대한 차별적 대우로 여성에 대한 국가의 보호가 법으로부터 미온적이거나 배제되었다.[1] 특히 여성의 권익을 옹호하고 사회적 지위를 향상시켜 여성근로자의 지위발전을 도모하는 다음과 같은 특별법이 있다. ① 양성평등기본법, ② 남녀고용평등과 일·가정 양립지원에 관한 법률, ③ 여성과학기술인 육성 및 지원에 관한 법률, ④ 여성기업지원에 관한 법률, ⑤ 여성농어업인 육성법, ⑥ 경력단절여성 등의 경제활동 촉진법, ⑦ 영유아보호법 등이 제정되었으나, 법제도만으로는 한계가 있기 때문에 양성평등에 대한 인식의 전환과 함께 국가의 종합적인 정책이 필요하다. 여성의 임신과 육아에 대한 국가적·사회적 보호와 배려는 국가의 미래를 결정하는 중요한 문제로 제기되고 있다.

근로여성은 남성과 달리 근로 이외에 출산·육아·가사 등의 이중적 부담을 안고 있어 모성 보호를 위한 특별한 지원책이 필요하다. 이것은 여성 개인

---

1) 2016년 세계경제포럼(WEF)이 발표한 우리나라의 양성평등지수는 OECD 국가 중 31위로서 남녀 평균 임금격차는 16%이나, 우리는 36.6%로 최하위이다. 성 격차지수는 145개국 중 115위이고 대졸 여성의 경제활동 참가율은 60%로서 최하위이고 고위공직 여성비율은 5%, 공기업 여성임원 비율은 0.6%이다.

을 위해서만이 아니라 국가적 차원의 우선적 과제이다. 여성 근로자의 건강과 복지를 위해 특히 임산부의 산전·산후 보호, 육아를 위한 휴직과 보육시설의 확충, 생리휴가, 근로환경의 선진화 등이 실질적으로 이루어져야 한다. 여성 근로자의 고용·승진·임금·정년·퇴직·복지 등에서 차별을 철폐하여 명실 상부한 양성평등이 실현되는 선진국다운 직장문화가 정착되어야 한다.

[근로기준법상 여성 근로자의 보호]

* **근로환경**
  - 18세 미만 여성의 도덕상 또는 보건상 유해·위험한 업무종사 금지(제65조 1항).
  - 임신·출산에 유해하거나 위험한 업무종사 금지(제65조 2항).
  - 갱내근로 금지(제72조).

* **야간·휴일 근로제한**
  - 여성 근로자의 야간근로(오후 10시부터 오전 6시까지) 및 휴일근로의 동의 (제70조 1항).

* **생리휴가**
  - 여성 근로자 청구시 월 1일 무급휴가(제73조).

* **임산부의 근무**
  - 임신 중, 산후 1년간 도덕상 또는 보건상 유해하거나 위험한 업무종사 금지 (제65조 1항).
  - 야간근로 및 휴일근로 금지(제70조 2항).
  - 산후(산부) 1년간 1일 2시간, 1주 6시간, 1년 150시간 이상의 초과근로 금지 (제71조).
  - 태아 검진시간의 유급 허용(제74조의2 1항·2항).
  - 임신 중(임부) 시간외 근로 금지(제74조 5항).
  - 임신 후(12주 이내 또는 36주 이후) 하루 2시간 근로시간의 유급 단축(제74 조 7항).
  - 생후 1년 미만의 유아 1일 2회 각 30분 이상의 유급 수유시간 제공(제75조).
  - 출산 전후, 휴가 복귀 후 휴가 전과 동일 업무 또는 동등한 수준의 임금을 지급하는 직무로 복귀(제74조 6항).

* **출산 전후 휴가**
  - 출산 전후 90일 휴가(유급휴가 60일)(제74조 1항).

- 다태아(둘 이상 자녀)의 경우 120일 휴가(제74조 1항·4항).
- 유산·사산 휴가(제74조 3항).
- 유산·사산 경험 또는 유산·사산 위험이 있는 경우, 40세 이상의 임신은 출산전 45일 분할휴가(제74조 2항).

[남녀고용평등과 일·가정 양립지원에 관한 법률상 여성 근로자의 보호]

* 여성차별 금지
  - 여성 근로자 모집·채용 시 불필요한 인적 사항 요구 금지(제7조)

* 불리한 처우 금지
  - 임신·양육·난임치료·가족돌봄 등을 이유로 부당대우 금지(제19조)

* 육아양육 휴직
  - 육아(만 8세 이하 또는 초등학교 2학년 이하)양육을 위한 1년 이내의 육아휴직(제19조).

* 근로시간 단축·조정
  - 육아의 근로시간 단축은 주당 15시간~35시간 이내에서 1년으로 한다(제19조의2).
  - 육아의 근로시간 조정(제19조의5).

* 배우자 출산휴가
  - 배우자 출산을 위한 10일 이내의 휴가(제18조의2).

* 난임치료 휴가
  - 인공수정 또는 체외수정을 위한 3일 이내의 휴가(제18조의3).

* 가족돌봄
  - 가족 간병을 위한 90일 이내의 휴가 및 휴직 근무시간 단축(제22조의2, 3).

[경력단절여성등의 경제활동 촉진법상 여성 근로자의 보호]

* 일자리창출 지원
  - 임신·출산·육아와 가족구성원의 돌봄 등을 이유로 경제활동이 단절된 여성을 위한 일자리 창출(제8조)과 경력단절여성지원센터 설치(제13조).

[고용보험법상 여성 근로자의 보호]

- 육아휴직 급여(제70조).
- 육아기 근로시간 단축 급여(제73조의2).
- 출산전후휴가 급여(제75조).

제15장

법과 복지국가주의

제 1 절   복지국가주의

I. 복지국가의 이념

복지국가주의는 극단적 개인주의와 자유방임주의에서 오는 자본주의의 폐단을 극복하고 모든 사람에게 자유와 빵을 동시에 갖도록 하여 인간다운 생활을 보장하는 국가를 의미한다. 복지국가는 개인의 생존권을 보장하는 동시에 균형 있는 국민경제의 발전을 목적으로 한다. 이를 위해 복지국가는 국가의 보호와 급부를 제공하는 복지서비스 국가로서 19세기적인 야경국가에 대응하는 현대의 적극적 국가 개념이다. 자본주의의 부조리와 위기극복을 복지국가주의에서 모색한 것이다. 1919년 독일 바이마르 헌법이 최초로 모든 사람의 인간다운 삶(menschenwürdiges Dasein)의 보장을 선언한 이후 1940년대 영국·스웨덴 등이 복지국가를 실시함으로써 복지국가주의는 모든 국가의 목표와 법의 기본이념이 되었다.[1]

사회보장 없이 사회정의 없고 사회정의 없이 사회의 평화와 발전은 지속할 수 없다. 사회 안정망을 통해 국민의 생존권 보장이 복지국가의 제 1 차적

[1) 인간다운 생활을 할 권리는 국민에게 자유와 빵이 보장되고 건강하고 문화적인 생활을 최저한도로 누릴 수 있는 생존권으로서 국가는 이를 보장할 의무가 있다. 국민은 국가에 대해 생존권의 현실적·구체적 청구권을 갖는다(헌법재판소 1995. 7. 21. 선고 93헌가14 결정).

과제이다. 복지는 국가가 베푸는 시혜가 아니라 국민의 생활의 질을 높이기 위한 국가의 책무인 동시에 국민으로서 누릴 수 있는 권리이다. 복지국가주의는 모든 사람으로 하여금 최소한의 인간다운 삶의 보장에서 발전하여 문화적인 삶의 질을 최대로 누리는 행복한 사회를 목표로 하여야 할 것이다. 모든 사람이 '요람에서 무덤까지' 행복한 삶을 누리도록 사회보장망 구축이 복지국가의 목표였으나, 현대 복지국가는 한 걸음 발전하여 '태 안에서 천국까지'의 삶의 전 과정을 책임지는 복지국가주의를 지향하고 있다.

복지주의는 국가의 사회적·경제적 발전의 바탕에서 가능하기에 그 한계를 극복하는 국민적 합의가 무엇보다 중요하다. 복지국가는 사회정의의 구현이라는 이념적 성향에서 벗어나 모든 사람이 복지국가의 수혜자가 되도록 합리적인 사회보장정책을 실현하여야 한다. 이에 따라 복지국가의 패러다임은 사회정의(social justice)의 실현에서 사회보호(social protection)의 차원으로 발전하고 있다. 사회정의는 부의 분배를 통한 복지국가의 질서와 획일적인 분배구조를 필요로 한다. 하지만 사회보호는 자유주의의 균형적인 경제질서에서 국가의 개입을 통한 사회보장제도를 추구함으로써 국가의 시혜가 아닌 사보험에 가까운 형태로 의료보험, 노인연금 등을 실시한다.

[바이마르 헌법]

독일 바이마르에서 제정된 이 헌법은 19세기적인 자유주의·민주주의를 바탕으로 하여 생존권의 보장과 재산권의 공익성을 최초로 선언함으로써 20세기 사회국가 헌법의 모범이 되었다. 동법 제151조는 "경제생활의 질서는 모든 사람에게 인간다운 생활을 보장하기 위해 정의의 원칙에 합치하지 않으면 안 된다. 개인의 경제적 자유는 이 한계 내에서 보장된다"고 하였고, "재산권은 의무를 수반한다. 그 행사는 동시에 공공복리에 이바지하여야 한다"고 규정하였다.

II. 복지국가의 과제

복지는 개인생활의 질적 향상에 따라 그 욕구는 더욱 확대되고 있으나, 국가의 재정적 부담과 경제성장이 뒷받침되어야 지속적으로 추진할 수 있다. 복지주의의 무상복지 시리즈(무상양육, 무상교육, 무상급식, 무상주택, 무상의료, 무상요

양, 실업수당, 현금복지 등)의 서비스를 거부하는 사람은 없고, 아무도 복지의 장
밋빛 청사진을 싫어하지 않는다. 하지만 장미를 가꾸는 노력과 복지비용의 심
각성은 외면한다. 세금 없는 복지는 없고 성장 없이 복지를 실현할 수 없다.
성장과 분배를 맞바꾼 복지는 지속할 수 없다. 복지국가의 발달은 국민의 경
제적 부담에 비례한다. 분수에 맞지 않는 과도한 복지는 국가의 경제적 위기
와 복지국가 자체의 파국을 초래한다. 과도한 복지비용을 경계하기 위해 신자
유주의(Neo Liberalism)[1]는 성장과 복지는 동행하기 어렵다고 주장한다. 최근에
는 선진복지국가도 복지우선주의로 인해 국가경제가 좌초를 당하고 있다. 복
지가 경제의 발목을 잡는 양상이다. 게다가 복지문제를 경제논리를 떠나 정치
적 논리로 해결하면 선심성 공약의 복지만능주의를 초래할 것이다. 복지 포퓰
리즘(populism)의 현혹에 중독되면 치유하기 어려운 복지병과 도덕적 해이로 국
가의 총체적 발전 동력의 약화라는 후유증을 앓을 것이다(중남미 제국).

　　성장의 결실이 곧 복지이고 복지 없는 성장은 의미가 없는 것이다. 성장만
능주의에서 방치한 복지주의를 강조하고 자본주의 위기를 복지국가주의에서
모색하는 것이 시대적 요청이다. 복지의 가치는 성장을 잠식하는 악덕이 아니
라 성장을 행복하게 이끄는 보람이고 미덕이 되어야 한다. 따라서 복지가 성
장의 기반과 동력이 되는 활기찬 생산적 복지사회형을 추구하여야 한다. 복지
국가주의는 분배위주의 사회정의의 실현보다는 사회정의에 의한 사회의 균형
적 발전에 초점을 맞추어야 한다. 복지국가의 발달은 성장과 분배, 경제와 복
지, 자유와 평등 등의 이율배반의 관계에서 양자택일이 아니고 그 갈등의 극복
을 위한 성장과 복지의 균형과 조화의 문제로서 다루어야 한다. 성장과 복지
는 사회발전의 양과 질의 조화문제로서 상충되는 것이 아닌 생산적인 복지국
가를 위해 상호보완이 필요한 것이다. 분배나 복지는 빈곤 퇴치나 빈부의 양극
화 현상을 근원적으로 해소할 수 없고 그 해결의 기반을 마련하는 사회안전망
제공에 있는 것이다.[2] 복지주의가 성장의 동력을 멈추게 해서는 안 된다.

　1) 신자유주의는 고전적 자유주의 이후의 새로운 자유주의를 말한다. 신자유주의는 ① 자
　　유경쟁과 시장경제의 강조, ② 효율성과 이윤의 극대화 추구, ③ 정부규제 철폐와 정부기
　　구 축소, ④ 사회복지비 감축, ⑤ 공기업의 민영화 등의 시장자유주의를 주장하고 있다.
　2) 사회학자인 지니(Corrado Gini, 1884~1965)가 제시한 지니 계수(Gini's Coefficient)는 복
　　지가 빈부의 양극화 현상을 해소할 수 없다는 것을 보여주고 있다. 지니 계수는 빈부격차

복지국가는 성장과 복지의 합리적 조절을 통한 미래지향적 가치의 창출에 초점을 맞추어 일과 삶의 균형 있는 생산성 복지를 지향하여야 한다. 성장을 향한 경쟁원리와 인간적 배려 및 나눔의 정신을 통합하여 칼레츠키(A. Kaletsky, 1952~)의 이른바 '따뜻한 자본주의'에 의한 맞춤형 복지의 모델을 찾아야 하겠다.1) 지속적 성장과 맞춤형 복지가 어울려 우리의 실정과 정서에 맞는 안정적인 복지국가주의의 사회공동체를 추구하여야 할 것이다. 강자에게는 더욱 발전할 경쟁의 기회를 제공하고 약자에게는 발전의 기회가 가능하도록 사회적 상생의 배려 기반을 조성하여야 한다. 성장과 분배라는 두 마리의 토끼를 잡는 의지와 지혜가 필요하다. 지나친 복지병의 유혹을 절제하는 국민만이 성장과 복지를 연계하여 살맛나는 복지국가의 행복을 누릴 수 있다.

제 2 절 사회법의 등장과 발달

Ⅰ. 자본주의 변화와 법질서

자본주의는 개인주의와 함께 자유와 풍요를 누리는 시민사회를 발전시킨 바탕이었으나, 자본주의의 발전은 자본주의의 병폐를 함께 가져옴으로써 자본

와 계층간 소득분포의 불균형 정도를 나타내는 수치로서 소득의 분배상황을 평가하기 위해 이용된다. 완전평등은 (0), 완전불평등은 (1)로 하여 수치가 클수록 불평등의 심화를 의미한다. 0.4를 넘으면 상당히 불평등한 소득 분배이고 지수 1에 가까우면 부의 편재현상이 심각함을 뜻한다.

1) 칼레츠키는 그의 '자본주의 4.0'(Capitalism 4.0)에서 자본주의 발전과정을 다음과 같이 4단계로 분류하여 신자유주의를 대체할 새로운 자본주의를 제시하였다. ① 자유방임주의의 고전적 자본주의 시대를 자본주의 1.0, ② 정부의 만능적 역할에 의한 1930년대 수정 자본주의 시대를 자본주의 2.0, ③ 1980년대 시장자율주의 시대를 자본주의 3.0, ④ 시장과 정부의 효율적인 상호작용에 의한 자본주의 4.0 시대로 각각 구분하였다. 그는 시장의 자율적 기능을 바탕으로 시장 참여자의 사회적 책임성을 강조하고 다같이 행복한 성장을 위한 따뜻한 자본주의 시대를 주장하였다. 자본주의 4.0의 원리는 복지국가를 이루기 위해 작은 정부, 기부와 나눔의 실천, 책임 있는 자본주의를 주장하였다. 그러나 미국 노동부장관을 역임한 라이시(R. Reich, 1946~)는 큰 정부의 적극적인 역할과 기업의 활동과 책임을 통한 적극적 복지국가를 강조한다.

만능주의와 부의 극심한 편재를 초래하였다. 자본주의의 문명적 풍요는 모든 사람이 골고루 체감하지 못하는 풍요 속의 빈곤을 나타냈다. 게다가 부익부 빈익빈에서 오는 빈부의 양극화, 빈곤의 악순환, 무한경쟁 등의 자본주의의 구조적인 취약점은 많은 사람들을 좌절과 소외의 늪에 빠지게 하였다. 자본주의의 본질인 사유재산제도·영리주의·자유경쟁 등의 영광의 과실은 수많은 사회적 약자를 배제한 채 소수인만이 독식하였다. 사회 부조리 현상은 경제적 약자의 권익 보장을 위한 집단적 운동을 합법화하는 요인이 되었다.

　자본주의의 속성인 가진 사람의 비만과 없는 사람의 기아의 격차는 급기야 사회적·경제적 불안과 위기를 초래하였다. 자본주의의 병폐를 치유함이 없이는 자본주의는 물론 민주정치도 건재할 수 없다. 자본주의의 모순과 한계를 극복하기 위해 자본주의 자체에 수정·보완이 불가피하였다.[1] 사회적 약자의 생존권 보장과 사회의 균형적 발전을 위해 경제에 대해 국가의 적극 관여를 요청함으로써 사회국가 원리를 수용하였다. 자본주의의 바탕인 재산권의 절대적 자유를 상대적 자유로 제한함으로써 개인중심의 자유방임적 경제질서에서 생존권 보장을 위한 사회본위의 경제질서로 변모하였다. 사유재산권은 보장하되 법률로써 제한이 가능하고 재산권의 행사는 공공복리에 적합하도록 재산권의 공익성·사회성의 의무를 갖게 하였다(헌법 제23조). 이를 위해 국가의 사회·경제에 대한 적극적 개입의 근거로서 종래의 법체계와 다른 새로운 사회법이 출현하였다.[2]

Ⅱ. 사회법의 내용

　복지국가는 모든 사람의 생존권 보장을 위해 개인생활에 대해 국가의 적극적인 관여를 요청함으로써 개인주의적 법 원리가 단체주의적 법 원리로 수정되는 것은 불가피하였다. 시민생활의 자유영역은 축소되는 대신 법적 규제

---

1) 현대자본주의의 변모를 인식하는 관점에 따라 수정자본주의·관리자본주의·혼합경제·인민자본주의 등으로 부르고 있다. 그러나 정통적 자본주의 원리가 변화하였더라도 자본주의 자체를 부정하는 것은 아니다.

2) 1848년 프랑스 헌법이 사회보장제도를 규정한 이후 최초로 1935년 미국의 사회보장법(Social Security Act)이 제정되었다.

는 확장되었다. 종래의 시민법 원리로는 사회적·경제적 문제에 대응하기에는 한계가 있기 때문에 공법원리와 사법원리가 공존하는 새로운 법체계인 사법의 공법화 또는 공법에 의한 사법에의 간섭현상이 나타났다. 당사자 간의 사법상 계약자유는 인정하되 계약의 공정성을 보장하기 위해 계약조건의 공법상 규제가 필요한 것이다.

　복지국가주의의 구현을 위해 근대 민법의 3대원칙인 재산권의 자유, 계약의 자유, 과실책임 등의 원칙은 각각 수정되었다. 첫째, 재산권의 사회에 대한 의무성·공공성을 강조하여 재산권의 절대적 가치가 상대적 가치로 변화하였다. 재산권의 자유는 무한한 것이 아니라 법률로써 그 제한이 가능한 것이다. 둘째, 계약 만능이었던 계약자유는 계약의 공정성을 위해 국가의 통제를 받는다. 평등한 인간의 자율적인 계약관계로 규정한 계약자유는 타율적인 계약통제를 필요로 하게 되었다. 셋째, 사용자 책임을 강조하여 과실책임주의에서 무과실책임주의로 변하였다. "씨앗을 뿌린 자가 거둔다"에서 "씨앗을 가진 자가 거둔다"로 변하여 유산자층의 무과실책임을 강조하였다. 무과실책임주의는 사보험제도를 거쳐 국가보험으로 진화하였다. 이와 같은 일련의 법의 변화는 복지국가주의를 실현하기 위한 불가피한 변혁이고 사회법의 기반이다.

　사회법은 사법원리와 공법원리가 융합한 법 영역이다. 사회법은 공법도 사법도 아닌 그 중간의 혼합된 새로운 제3의 법으로서 복지국가의 법질서를 위해 20세기가 생성한 법이다. 사회법의 발달로 사법과 공법의 영역이 명확하지 않게 되었다. 시민법이 근대 자본주의사회를 태동한 법이라고 한다면 사회법은 현대 자본주의를 성숙시킨 법이다. 근대법에서 현대법으로의 발전은 개인주의적 시민법의 인격에서 단체주의적 사회법의 인간으로의 발전을 의미한다.[1] 소외되었던 서민계급에 주목하고 부익부 빈익빈의 극한 현상을 타개하게 한 것은 사회법의 공로이다. 사회법은 법 앞에 평등한 인간을 추상적·형식적 인격체가 아닌 구체적·개별적 인간에 초점을 두고 있는 데 의미가 있다.

---

1) 라드브루흐는 "개인주의 법에서 사회법에로의 전환은 인격(Person)이 아니라 인간 (Mensch)을 보려는 인간상에 대한 법적 사고의 전환이다"라고 말하였다.

제3절 노동법

Ⅰ. 개 념

노동법은 자본주의 경제질서에서 근로자와 사용자의 근로관계와 근로자의 생존권 보장을 규정하는 법이다.[1] 노동법은 사용자에 대한 근로자의 노동 상품성[2]의 불평등관계를 극복하여 근로조건[3]의 개선을 통한 생존권 보장, 노동 3권의 보장, 노사간의 협력적 관계 등을 내용으로 하고 있으며 그중 근로기준법이 중심이다.

노동법은 근로자 개인(외국인 근로자 포함)과 사용자 사이의 근로계약관계를 규정한 개별적 근로관계법과 사용자와 노동조합 등의 노사관계를 규정하는 집단적 노사관계법으로 구분한다. 개별적 근로관계법에는 근로기준법·최저임금법·산업재해보상보험법 등이 있고, 집단적 노사관계법은 노동조합 및 노동관계조정법·노동위원회법 등이 있다. 노동법은 우리가 산업화가 이루어지지 않은 개발도상국 시대에 제정된 법이다. 선진 경제의 진입과 국제 경쟁력 강화, 삶의 질적 향상과 4차 산업혁명 등으로 노동 개념이 변하고 다양한 업종과 고용 형태가 생성되고 있어 기업과 근로자의 상생을 위한 사회적 책임을 강조하는 노동 개혁이 필요하다.

---

1) 노동법은 대체로 사용자의 지휘·감독 아래 근로자가 노동을 제공하는 종속적 노동관계로 이해하고 있다. 대법원은 종속노동관계의 용어 대신에 사용종속관계로 불러 민법상의 고용관계와 구별한다. 노동법의 적용을 위해서는 사용자와 근로자 간의 사용종속관계를 전제로 하고 그 관계의 명칭, 형태와는 상관없이 업무내용과 그 수행과정이 사용자의 지휘·명령·감독을 받는지의 여부, 보수가 근로의 대상인지 여부, 근로제공의 계속성 여부 등을 당사자 간의 경제적·사회적 조건을 종합 고려하여 판단하여야 한다(대법원 2006. 12. 7. 선고 2004다29736 판결).

2) 국제노동기구(ILO) 헌장은 "노동은 단순한 상품으로 보아서는 안 된다"고 선언하였다.

3) 근로조건의 기준이란 근로자가 근로관계에서 사용자로부터 받아야 할 대우의 일반적인 표준으로서 근로자가 근로관계에서 받아야 할 대우에서 기본이 되는 정도를 말한다. 이는 사용자와 근로자 사이의 근로관계에서 임금, 근로시간, 후생, 해고, 기타 근로자의 대우에 관하여 정한 조건 일체를 말한다(대법원 1992. 6. 23. 선고 91다19210 판결). 근로조건은 근로기준법에서 정한 기준이 최저기준이므로 이 법을 이유로 근로조건을 저하시킬 수 없다(근로기준법 제3조).

Ⅱ. 근로자와 사용자

1. 근 로 자

근로자는 직업의 종류와 관계없이 임금을 목적으로 사업이나 사업장에 근로를 제공하는 자로서 노사간의 근로종속 관계가 성립한다. 공무원, 사기업체 근로자 그리고 정규직·비정규직 등의 근로형태를 구분하지 않는다.[1] 비정규직 근로자는 정규직 근로자와는 다른 고용조건의 근로자로서 기간제근로자·단시간근로자·파견근로자 등을 말한다.[2] 시간직·용역직·임시직·계약직·촉탁직·재택근무 등의 근무 형태를 불문한다. 근로기준법은 상시 5인 이상의 근로자를 사용하는 사업에 적용되고 근로자의 정년을 만 65세로 본다.[3] 직장의 지위를 이용하여 근로자에게 신체적·정신적 고통을 주거나 근무환경을 악화시키는 행위(직장 내 괴롭힘)를 금지한다(근로기준법 제76조의2).

졸업 예정자인 실습생, 과학실험 조교, 대학병원 수련의, 외무사원 및 봉사료가 임금의 근간이 되는 근로자[4] 등은 근로자에 포함된다. 그러나 기능공 양성소의 수강생, 보험설계사, 골프장 경기 보조자(캐디),[5] 학습지 교사, 드라마 보조출연자(엑스트라), 마필 관리사 등의 특수 형태 근로 종사자는 근로기준법상 근로자나 순수한 자영업자는 아니지만 산재보험의 가입은 가능하다.[6] 서비스 산업의 발달과 노동시장의 유연성의 확대로 특수 형태 근로자는 증가할 것이다. 국제노동기구(ILO)는 가사 도우미, 육아 도우미, 요리사, 요양보호인, 정

---

1) 근로기준법상 근로자에 해당하는지는 근로자가 사업 또는 사업장에 임금을 목적으로 종속적인 관계에서 사용자에게 복무규정에 따라 근로를 제공하고, 근로자로서 상당한 보수를 받으며 사회보장제도에서 근로자로서 지위를 인정받는 등 경제적·사회적 여러 조건을 종합하여 판단하여야 한다(대법원 2012. 1. 12. 선고 2010다50601 판결).

2) 기간제 근로자는 계약기간이 약정된 근로자(계약직), 단시간 근로자는 통상적 근로시간에 비해 짧은 근로자(파트타임), 파견근로자는 고용한 사용자와 근로관계는 유지하면서 업무는 파견된 사업자의 지휘·감독을 받는 근로자(용역업체)를 말한다.

3) 대법원 2019. 2. 21. 선고 2018다248909 전원합의체 판결.

4) 손님으로부터의 봉사료가 임금의 근간이 되는 근로자의 경우에는 그 근로형태가 사용자와 사용종속관계에 있고, 사용자가 그 봉사료를 일괄 관리하고 배분하는 경우에는 근로자로 본다(대법원 1992. 6. 26. 선고 92도674 판결).

5) 대법원 2014. 2. 13. 선고 2011다78804 판결.

6) 대법원 1977. 10. 11. 선고 77도2507 판결; 대법원 1996. 7. 30. 선고 95누13432 판결.

원사 등의 가사노동자(domestic worker)에게 근로자의 지위를 인정하는 가사노동협약을 채택하였다(2011년 제네바 선언).

2. 사 용 자

사용자란 사업주 또는 사업 경영 담당자, 그 밖에 근로자에 관한 사항에 대하여 사업주를 위해 행위를 하는 자를 말한다(근로기준법 제2조 1항). 사업주란 경영주나 법인을 말하고, 사업 경영 담당자란 사업 경영 일반에 관하여 책임을 지는 자로서 사업주로부터 포괄적 위임을 받고 대외적으로 회사를 대표하거나 대리하는 자를 말한다.[1] 사업주를 위해 '행위하는 자'란 인사·급여·후생·노무관리 등과 근로조건의 결정 또는 근로의 실시에 관해서 지휘·명령 내지 감독을 할 수 있는 일정한 권한이 사업주에 의해 주어진 자로서 사용자의 이익 대표자를 말한다.[2] 회사의 부장, 과장은 사용자의 이익대표자로서 근로자로 인정하지 않는다.

3. 임　금

임금이란 사용자가 근로의 대가로 근로자에게 임금·봉급 기타 어떠한 명칭으로든지 지급하는 일체의 금품을 말한다.[3] 사용자는 근로자에게 최저 임금액 이상의 임금을 근로자 본인에게 정기적으로 직접 지급하여야 한다. 사용자는 무노동 무임금의 원칙(No work, no pay)에 의하여 쟁의행위 참가로 근로를 제공하지 않은 근로자의 임금을 지불할 의무가 없으며(노동조합 및 노동관계조정법 제44조), 무노동에는 태업도 포함된다.[4]

1) **통상임금**　　통상임금(ordinarily wage)은 기본급 임금과 고정급 임금을 포함하며, 근로자에게 정기적·일률적으로 일정한 근로에 대하여 지급하기로 월급명세서가 정한 시간급 금액·일급 금액·주급 금액·월급 금액·도급 금

---

1) 대법원 1997. 11. 11. 선고 97도813 판결.
2) 대법원 2006. 5. 11. 선고 2005도8364 판결.
3) 임금에는 사용자가 고객으로부터 봉사료를 받아 근무자에게 분배하는 금품(대법원 1992. 4. 24. 선고 91누8104 판결), 택시회사 기사의 사납금 초과부분을 운전기사의 수입으로 인정한 금품(대법원 1993. 12. 24. 선고 91다36192 판결)도 포함된다.
4) 대법원 2013. 11. 28. 선고 2011다39946 판결.

액 등을 말한다. 통상임금에는 정기적·일률적·고정적으로 지급되는 정기상
여금, 근속수당, 직무·직책수당, 기술수당, 업적연봉 등이 포함된다.[1] 그러나
일시적·부정기적으로 지급하는 성과급 상여금·격려금·명절 귀향비·휴가
비·생일 축하금·선물비·김장 보너스 등의 복리후생수당은 통상임금에 해
당하지 않으나 연장근로, 야간근로는 실제 근로시간으로 계산해야 한다.[2]

  2) **평균임금** 　　평균임금은 통상임금에 상여금, 연월차수당 등과 같은
비정기적 급여를 합한 실질적 임금총액으로서 평균임금 산정사유 발생일 이전
3개월 동안 근로자에게 지급된 임금총액을 그 기간의 총일수로 나눈 금액을
말한다. 휴업수당, 퇴직금 지급 시나 교통사고, 산업재해보상 시에는 그 기준
을 평균임금으로 한다. 평균임금에는 수습기간, 사용자의 귀책사유로 인한 휴
업기간, 쟁의기간, 출산전후 휴가기간, 육아 휴직기간, 질병요양을 위한 휴직기
간, 병역의무 이행을 위한 휴직기간, 그 밖의 사용자의 승인을 받은 휴업기간
등은 제외된다(근로기준법 시행령 제2조).

  3) **최저임금제** 　　국가가 적정임금의 보장을 위해 임금의 최저 수준을
정하여 사용자에게 이 수준 이상의 임금을 지급하도록 규정함으로써 저임금
근로자를 보호한다(헌법 제32조 1항).[3] 최저임금은 상여금과 식비, 숙박비, 교통
비 등 복리후생비 등을 포함한다(최저임금법 제6조). 최저임금은 고용노동부장
관이 매년 최저임금위원회를 거쳐 8월 5일까지 결정·고시한다(최저임금법 제8
조). 최저임금이 실제로 최저생활을 보장할 수 있는 생활임금이 되어야 할 것
이다. 생활임금은 지역의 생활수준, 물가 등을 고려하여 지방자치단체가 산정
하는 근로자 최저생활비이다.

4. 근로시간

  법정 근로시간은 1일 8시간, 1주간 40시간을 초과할 수 없으며 연장 근로

---

1) 대법원 2013. 12. 18. 선고 2012다94643 전원합의체 판결.
2) 대법원 2020. 1. 22. 선고 2015다73067 전원합의체 판결.
3) 사용자는 최저임금법이 적용되는 경우라도 반드시 근로자가 실제로 근무한 매시간에
   대해 최저임금액 이상의 임금을 지급하여야 하는 것은 아니고 근로자와의 근로계약에서
   정한 임금산정 기준기간 내에 평균적인 최저임금액 이상을 지급하면 된다(대법원 2007.
   6. 29. 선고 2004다48836 판결).

는 12시간으로 제한하여 주당 최대 근로시간은 52시간이다(근로기준법 제53조). 근로시간은 사용자 지휘·감독 아래 종속된 시간을 말하며 출근 시간보다 빠른 조기 출근, 참석 의무 없는 직무 교육 등은 포함되지 않는다. 관공서 공휴일은 민간 기업 근로자도 유급 휴가일로 보장받는다. 근로시간의 유연성을 위해 탄력적이나 선택적 근로시간제가 필요하다.

5. 노동조합

노동조합은 근로자가 주체적·자주적으로 단결하여 근로조건의 개선과 근로자의 사회적·경제적 지위향상을 목적으로 조직한 단체로서 사용자 측과 대치한다.1) 노조가 법적 설립요건을 갖추지 못하면 법외노조(outsider union)가 된다. 노동조합은 일반적으로 ① 특정 직업·직종을 대상으로 하는 직업별 노조, ② 특정 산업·업종의 산업별 노조, ③ 특정 기업으로 한정하는 기업별 노조, ④ 그 밖의 사업이나 직종에 해당하는 일반 노조로 구분한다. 또한 노조는 구성원인 근로자 개인인가 또는 노동조합인가, 개인과 노동조합 양자인가에 따라 단위노조, 연합노조, 혼합노조로 구분한다.

근로자가 노동조합원이 될 것을 강제하는 노사 간의 조직 강제조항에는 클로즈드숍(closed shop)2)과 유니언숍(union shop)의 노동협약이 있다. 전자는 노조가입이 고용의 전제조건으로 노조에서 탈퇴·제명한 자는 회사가 해고하는 것이고, 후자는 노조가입이 고용의 전제조건은 아니나 채용되면 노조에 반드시 가입해야 하며 노조에서 탈퇴·제명한 자는 회사가 해고하는 것이다.3) 이것은 노조원의 자격과 사용자와의 고용관계를 연관시킴으로써 간접적으로 노동조합의 영향력을 행사하기 위한 것이다.

---

1) 대기업·공기업 노조가 사실상 노동계 전체의 대표 발언권을 갖고 있으며 노조 조직률은 300인 이하 사업장은 2%, 100인 이하 사업장은 1% 미만이다.
2) 클로즈드숍은 노조의 지위를 강화하기 위한 것이나, 미국의 태프트-하틀리법(Taft-Hartley Act)은 단결강제에 의한 소수자의 권리 침해를 이유로 불법으로 규정하였다.
3) 노조를 탈퇴한 노동자가 탈퇴의사를 번복한 때에는 특별한 사유가 없는 한 노조는 그 노동자를 가입시켜야 한다(대법원 1995. 2. 28. 선고 94다15363 판결).

6. 노동 3 권의 보장

헌법은 근로자의 기본권으로서 노동조합의 결성을 위한 단결권, 근로조건 향상을 위한 단체교섭권, 노조의 실력행사인 단체행동권(쟁의권) 등의 노동 3 권을 보장하였다(제33조 1항). 사용자가 노동조합이나 조합원의 정당한 노동행위를 방해하거나 불이익을 주는 부당노동행위(unfair labor practice)는 허용되지 않는다. 노동쟁의란 노사 간의 근로조건이나 부당노동행위에 대한 분쟁으로서 업무의 정상적 운영을 저해하는 집단적 실력행사를 말한다. 쟁의행위는 실제로 근로자의 쟁의권과 사용자의 경영권의 대립으로 나타난다.

쟁의행위는 그 목적이나 방법 및 절차에서 법령 기타 사회질서를 위반해서는 안 된다.1) 쟁의의 유형에는 근로자의 파업·태업(soldiering)·준법투쟁·피케팅(picketing)·보이콧(boycott)·사보타지(sabotage)·직장점거·생산관리 등이 있고, 이에 맞서 사용자는 생산수단을 차단하는 직장폐쇄가 있다. 쟁의행위의 내용에 대한 구체적인 규정이 없으므로 합리적 해석이 필요하다. 쟁위행위가 발생하면 노동관계 당사자가 노사협의 또는 단체교섭에 의해 근로조건의 쟁점을 직접 해결하거나 제 3 자의 알선·조정·중재·긴급조정2)을 거쳐 해결한다.

---

1) 근로자의 쟁의행위가 적법하기 위해서는, 첫째 그 주체가 단체교섭의 주체로 될 수 있는 자이어야 하고, 둘째 그 목적이 근로조건의 향상을 위한 노사 간의 자치적 교섭을 조성하는 데 있어야 하며, 셋째 사용자가 근로자의 근로조건 개선에 관한 구체적인 요구에 대하여 단체교섭을 거부하였을 때 개시하되, 특별한 사정이 없는 한 조합원의 찬성결정 등 법령이 규정한 절차를 거쳐야 하고, 넷째 그 수단과 방법이 사용자의 재산권과 조화를 이루어야 함은 물론 폭력의 행사에 해당되지 아니하여야 한다는 여러 조건을 모두 구비하여야 한다. 쟁의행위에서 추구하는 목적이 여러 가지이고 그 중 일부가 정당하지 못한 경우에는 주된 목적 내지 진정한 목적의 당부에 의해 그 쟁의목적의 당부를 판단하여야 하고, 부당한 요구사항을 제외하였다면 쟁의행위를 하지 않았을 것이라고 인정되는 경우에는 그 쟁의행위 전체가 정당성을 갖지 못한다고 보아야 한다(대법원 2009. 6. 23. 선고 2007두12859 판결).

2) 긴급조정이란 쟁위행위가 공익사업이나 국민경제를 현저히 해하거나 국민의 일상생활을 위태롭게 할 위험이 현존하는 경우 고용노동부장관이 중앙노동위원회 위원장의 의견을 들어 긴급하게 행하는 조정방식이다(노동조합 및 노동관계조정법 제76조).

[쟁의권의 유형]

① 파 업 : 근로자가 사용자에게 근로제공을 전면적으로 거부하는 행위이다. 파업에는 전 산업체가 참가하는 총파업, 특정한 업무의 파업을 행하는 부분적 파업, 일정 산업체의 근로자가 파업에 참여하는 전면파업, 파업 조건을 예고하는 경고파업, 소수 조합원이 행하는 와일드 켓 스트라이크(wild cat strike) 등이 있다. 근로조건이 아닌 정치적 파업이 위법일지라도 조합원 개인에게 책임을 물을 수 없을 것이다. 파업 시 대체근로를 허용하지 않는다.

② 태 업 : 근로자들이 집단적으로 불성실한 근무를 함으로써 정상적인 업무능률을 저하시키는 행위를 말한다. 태업은 파업과 달리 사용자의 지휘권을 벗어나지 않으면서 업무의 정상적인 운영을 불완전하게 하는 소극적 행위이다.

③ 준법투쟁 : 사용자에게 단결력을 시위하거나 준법을 명분으로 정상적인 업무의 능률을 저해하는 행위이다. 준법투쟁은 법을 준수하면서 사용자에게 피해를 주는 태업의 일종으로 단체휴가나 정시퇴근, 서행운행, 업무 미루기 등이 있다.

④ 피 케 팅 : 쟁의행위의 여론을 조성하거나 이에 동참을 유도하는 시위행위이다. 피케팅은 사업장의 출입을 통제하고 동료의 이탈을 방지하기 위해 쟁의행위의 보조수단으로 사용한다. 그러나 완장 또는 리본을 착용하는 단순한 시위적 단체행동은 쟁의행위에 해당되지 않는다.

⑤ 보 이 콧 : 쟁의 상대방에 대해 제재나 보복을 가하기 위해 상대방 또는 그와 거래관계가 있는 제3자와 거래행위를 거부하는 행위이다. 보이콧에는 노동자와 사용자가 사용하는 보이콧이 각각 있다. 전자의 보이콧에는 근로자가 사용자에게 압력을 가하기 위해 사용자와 거래관계에 있는 제3자의 상품, 시설, 노무 등의 공급을 거부하는 행위가 있다. 후자의 보이콧은 쟁의기간 중 근로자가 다른 곳에 취업하지 못하도록 사용자가 방해하는 행위를 말한다.

⑥ 사보타지 : 태업에 그치지 않고 적극적으로 근로행위를 방해하거나 원자재나 생산시설을 파괴하는 행위이다. 사보타지는 사업장이나 생산수단의 손괴를 수반한다는 점에서 쟁의행위의 정당성이 문제된다.

⑦ 직장점거 : 쟁의 중 사업장을 점거하여 업무를 방해하는 행위를 말한다. 직장점거는 업무 시설을 전면적으로 봉쇄하는 것이 아니라 부분적 점거에 있으나 사용자의 업무행사권이나 시설관리권과 충돌이 발생한다.

⑧ 생산관리 : 근로자가 사용자의 지휘권을 배제하고 사업장이나 기자재를 지배하여 직접 기업경영을 행하는 행위이다. 생산관리는 근로자의 노동의 거부가 아

니라 사용자의 소유권이나 경영권을 침해하는 문제점이 있다

⑨ 직장폐쇄: 사용자가 근로자의 쟁의권 행사에 대응하여 사업장을 봉쇄하는 행위를 말한다. 사용자가 근로자의 노무를 거부함으로써 임금지급 의무가 없고 무노동 무임금으로써 경제적 압박을 가하는 행위이다. 직장폐쇄는 노사간 교섭력의 균형을 유지하기 위한 것이고 쟁의행위가 끝나면 근로관계는 회복하는 점에서 집단적 해고와는 구분된다.

7. 단체행동권의 제한

공무원은 6급 이하의 일반직으로 법률로 정한 자에 한하여 노동조합을 설립·가입할 수 있으나 쟁의권은 인정하지 않으므로[1] 사실상 노무에 종사하는 현업 공무원에 대하여만 근로 3 권을 인정하고 있다. 경찰공무원, 소방공무원, 군인 등은 근로 3 권을 행사할 수 없으며, 주요 방위산업체의 근로자,[2] 교원[3] 및 특수경비원[4] 등은 노동조합에 설립·가입할 수 있으나 단체행동권을 행사할 수 없다.

제 4 절   경 제 법

자본주의가 발전하면서 노사문제, 독과점의 횡포, 계층 간의 심한 격차, 무역전쟁 등에서 오는 건전하지 않은 경제질서에 대해 국가의 관여가 불가피함에 따라 이를 규제할 법적 근거로서 경제법이 등장하였다. 경제법은 국민경제의 건전한 균형 발전을 위해 국가경제 질서를 규제하는 경제법규의 총체이다.

---

1) 공무원의 노동조합 설립 및 운영 등에 관한 법률 제11조.
2) 헌법 제33조 제 3 항.
3) 교원의 노동조합 설립 및 운영 등에 관한 법률 제 8 조.
4) 특수경비원 업무의 강한 공공성과 소총과 권총 등 무기를 휴대한 상태로 근무할 수 있는 특수성 등을 감안할 때, 특수경비원에 대하여 단결권, 단체교섭권에 대한 제한은 전혀 두지 아니하면서 단체행동권 중 '경비업무의 정상적인 운영을 저해하는 일체의 쟁위행위'만을 금지하는 것은 입법목적 달성에 필요불가결한 최소한의 수단이다. 특수경비원의 단체행동권 제한은 헌법에 위반되지 아니한다(헌법재판소 2009. 10. 29. 선고 2007헌마1359 결정).

경제법은 ① 시장 지배력의 남용금지(부당한 가격결정이나 출고조정), ② 기업결합의 제한(경쟁 제한적 기업결합), ③ 경제력 집중의 억제(지주회사의 행위제한),1) ④ 부당한 공동행위의 제한(가격협정, 시장분할협정), ⑤ 불공정행위의 금지(거래거절, 경쟁사업자 배제) 등을 위한 독점규제 및 공정거래에 관한 법률과 소비자 보호를 위한 소비자 기본법을 주된 내용으로 하고 있다.

독점규제법의 적용 대상은 사업자(프로야구 구단)와 사업자 단체(한국야구위원회)이나, 경쟁 제한적 폐해가 크지 않은 업체(에너지 산업체)는 적용되지 않는다(동법 제2조). 근래 세계경제의 글로벌화가 진행됨에 따라 무역, 금융, 자본시장 등에서 국가 간의 경쟁이 치열하다. 국제경제 질서의 안정을 위한 국제경제법, 국제통상법의 등장과 함께 경제법은 새로운 영역을 규율하여야 할 과제를 갖고 있다.

제5절 사회보장법

사회보장기본법은 생존권 보장을 위한 사회보험과 사회부조에 관한 사회정책적 기본법이다. 사회보장법은 질병, 장애, 노령, 실업, 사망, 재해 등의 사회적 위험으로부터 국민생활의 질을 보장하기 위해 제공되는 사회복지 서비스의 급여관계를 규율하는 법이다.2) 사회보장은 사회적 위험을 개인적 문제로 방치하지 않고 국가 차원의 제도적 도움을 주고자 국가보험을 실시한다.3) 민

---

1) 대기업의 경제력 집중에서 오는 횡포를 방지하기 위해 지주회사(holding company)의 자본 참여를 규제한다. 지주회사는 자본의 참여로써 자회사를 지배하는 모회사로서 순환출자 기업에 비하여 경영의 효율성을 높이는 장점이 있다.
2) 사회보험·공공부조·사회복지의 차이

		사회보험	공공부조	사회복지
주	체	국가	국가	사회복지법인
대	상	모든 국민(보험가입자)	기초 생활력이 없는 사람	요양자
목	적	질병·노령·재해 대비	최소 인간다운 생활보장	요양자의 자활
재	원	국가재정 보험료	국가 전면 부담	보조금·기부금

3) 국가가 국민을 강제로 건강보험에 가입시키고 보험료를 납부하도록 하는 것은 정당한

간기업인 사보험은 사회보장을 위한 제도로서는 한계가 있으므로 사회보장제도의 보완은 될 수 있으나 그 대체가 될 수 없다.[1] 사회적 위험의 상태에 있는 사람은 국가에 대해 일정한 급부를 요구할 수 있는 사회보장수급권[2]을 갖는다. 사회보장을 위한 사회보험법으로 국민건강보험법,[3] 국민연금법,[4] 고용보험법,[5] 산업재해보상보험법[6] 등의 4대 보험법과 공공부조법에는 국민기초생활 보장법,[7] 의료급여법[8] 등이 있다.

제 6 절   사회복지법

사회복지법은 사회복지 서비스의 도움을 필요로 하는 사회적 · 경제적 약자에게 상담, 요양, 재활, 직업안내 및 사회복지시설의 이용 등의 제공을 통해

사유 없는 금전의 납부를 강제당하지 않을 재산권에 대한 제한이 되지만, 이러한 제한은 정당한 국가목적을 달성하기 위하여 부득이한 것이고, 가입강제와 보험료의 차등부과로 인하여 달성되는 공익은 그로 인하여 침해되는 사익에 비하여 월등히 크다고 할 수 있다 (헌법재판소 2003. 10. 30. 선고 2000헌마801 결정).

1) 사회보험법은 회사보험과 유사하나 운영주체가 국가로서 보험가입이 법률에 의해 강제되고 보험료는 가입자의 소득비례에 의해 결정되며 최저생활비와 손실보상 등을 국가가 보장한다.

2) 사회보장수급권은 국가의 재정능력, 국민 전체의 소득 및 생활수준, 그 밖의 사회적 · 경제적 여건 등을 종합하여 합리적인 수준에서 결정할 수 있고, 그 결정이 현저히 자의적이거나, 사회적 기본권의 최소한도의 내용마저 보장하지 않은 경우에 한하여 헌법에 위반된다(헌법재판소 2001. 9. 27. 선고 2000헌마342 결정).

3) 건강보험 급여에는 ① 요양급여, ② 건강검진, ③ 본인부담금 보상금 등이 있다.

4) 국민연금에는 ① 노령연금, ② 장애연금, ③ 유족연금, ④ 반환일시금 등이 있다. 국민연금법 이외에 군인연금법, 공무원연금법, 사립학교교직원 연금법 등이 있다.

5) 고용보험에는 ① 실업급여, ② 육아휴직급여, ③ 출산 전후 휴가급여, ④ 고용안정사업과 직업능력 개발사업 등이 있다

6) 산업재해보상보험에는 ① 요양급여, ② 장해급여, ③ 휴업급여, ④ 상병보상 급여, ⑤ 유족급여, ⑥ 재활급여, ⑦ 간병급여, ⑧ 장의비 등이 있다.

7) 국민기초생활 보장에는 ① 생계급여, ② 주거급여, ③ 교육급여, ④ 장제급여, ⑤ 해산급여, ⑥ 자활급여, ⑦ 의료급여 등이 있다.

8) 이 법의 대상자는 국민기초생활 보장법의 수급자 및 이재민, 의사자, 국내에 입양된 18세 미만의 아동, 독립 · 국가유공자, 보훈보상자, 북한이탈주민 등이다(의료급여법 제 3 조 1항).

사회복지의 향상과 발전을 내용으로 한다. 사회복지법은 경제적 지원보다는 사회복지 서비스를 제공하여 생활의 고충을 해소시키는 것에 주력하며, 아동복지법, 장애인복지법, 노인복지법, 노인장기요양보험법 등이 있다.

제16장

법과 성범죄

제 1 절 성범죄와 성문화

현대생활에서 성문화의 개방, 성윤리의 해이, 음란물의 범람 등으로 성범죄가 크게 증가하고 있다. 디지털 성범죄의 확산에 따라 성범죄는 피해자에게 큰 상처와 사회생활의 파탄을 주는 사회적 중범죄로서 대두되고 있다. 성범죄는 상대방의 의사에 위배한 성적 가해행위로서 성폭행·성추행·성희롱 등의 모든 신체적·언어적·정신적 폭력 등을 포함하는 성폭력의 포괄적 개념이다. 성폭력은 상대방이 원하지 않는 물리적 접촉은 물론 정신적 압박·불쾌감 등으로 나타난다. 상대방이 거부하는 성적 행위를 일방적으로 표출하는 비정상적인 행위는 인격 모독이고 폭력이다. 성폭력은 상대방에게 성적 굴욕감과 인격적 모멸감 및 신체적·정신적 고통을 주기 때문에 폭력행위의 대소강약을 불문하고 피해자를 보호하기 위하여 피해자 입장과 대응자세에 따라 개별적·구체적으로 판단해야 하고 일반적 상황의 기준을 내세워서는 안 된다.[1]

성폭력은 폭력범죄로 그치는 것이 아니라 인간의 존엄성 및 가치 그리고 행복권, 성적 자기결정권 등을 침해하는 인권에 대한 범죄이다. 법 여성학자 매키넌(C. MacKinnon, 1946~)은 "강간은 폭력범죄이며 결코 성적인 것(sexualitly)이 아니다"라고 말하였다.[2] 성폭력은 여성에 대한 남성우월주의 망상에서 오는

---

1) 성폭력은 피해자의 구체적 상황에서 다루어야 한다는 성인지감수성(gender sensibility)은 성범죄 판단의 새 기준이다. 고통을 주는 유형적 위력과 강압적인 위세의 무형적 위력은 물론 상대방이 예상·동의·승인하지 않은 강압 행위도 성폭력이다(대법원 2019. 9. 9. 선고 2019도2563 판결).
2) 매키넌은 "성희롱은 권리의 남용이고 성적인 것은 아니다. 포르노그래피는 여성에 대

성적 학대와 관음증의 오래된 사회악이다. 성적 자유는 평등하고 보장되어야 하며 누구도 성을 억압하거나 강요할 수 없다. 성은 결코 남성의 전유물이 아니다. 여성은 성으로부터 자유로울 때 남성과 대등한 지위를 가질 수 있다. 성폭력으로부터 여성을 보호하는 것은 여성의 권리 보장을 위한 전제조건이다.

성적 욕구와 충족은 생명력의 상징이다. "인간의 본성은 성적인 본능이다" 라고 프로이트가 말할 정도로 성은 개인의 본능적 욕구인 동시에 자유의 문제로서 양성관계를 결정하는 요인이 된다. 성은 양성 사이를 연결하는 사랑의 소중한 매체와 징표로서 행복권의 하나이다. 성의 순결은 존중되고 성의 존엄성은 보호되어야 한다. 사회 변화로 성에 관한 인식이 달라져 개인의 성적 자유와 행복의 보장은 생활의 중요한 영역을 차지한다. 성은 생활의 감추어진 그늘에서 벗어나 생활의 개방된 양지로 조명을 받게 되었다. 성생활은 성적 신의와 품위를 갖춘 생활의 일부인 성문화이며 프라이버시이다.

성생활은 성적 신의를 바탕으로 한 사생활 비밀의 은밀한 영역이기에 법에 의해 처벌하거나 해결할 수 없는 한계가 있다. 법은 인간의 본능을 정복하지 못한다. 성생활은 개인의 원초적인 성적 자유의 문제로서 법의 개입은 국가 형벌권의 과잉행사가 될 수 있다. 간통죄(형법 제241조)[1]와 혼인빙자간음죄(형법 제304조)[2]의 폐지에서 보듯이 성생활은 헌법이 보장한 사생활의 비밀과 자유 및 성적 자기결정권 보장의 문제이다. 성적 자기결정권은 성생활을 스스로 결정하는 헌법상 권리로서 불륜의 자유를 조장하는 것이 아니라 사생활의 자유와 자기 결정권의 폭을 넓히는 데 본연의 뜻이 있다.

야성적인 성은 이성적인 성문화로 순화되고 감성적인 성은 아름다운 성으로 승화되어야 한다. 사회적·문화적 에너지는 성적 에너지가 규제됨에 따라 더욱 활발해지고 건전한 성문화는 사회적·문화적 수준을 향상시킨다. "성욕을 모르는 동물은 없지만 이것을 순화하는 것은 인간뿐이다"라고 괴테는 말하였다. 인간이 통제 못할 욕망은 없으며, 성에도 지켜야 할 예의와 규범이 있다.

한 폭력이지 결코 에로틱한 것은 아니다"라고 말하였다(MacKinnon, Feminism Unmodified; Discourses on Life and Law, Harvard University Press, 1987, p. 85).

1) 헌법재판소 2015. 2. 26. 선고 2009헌바1 결정.

2) 헌법재판소 2009. 11. 26. 선고 2008헌바58 결정.

성을 억제하는 것은 인간만이 가능하고 인간이기에 엄격히 규율하여야 한다.

성의 자기결정권을 보호하기 위해서는 성범죄의 근절이 우선되어야 한다. 하지만 성범죄에 대한 미온적 대처와 처벌, 2차 피해의 두려움 등으로 피해자의 고소 포기가 늘고 있어 성범죄 증가의 또 다른 원인이 되고 있다. 성문란 범죄를 추방하기 위해서는 성에 대한 새로운 인식의 전환과 성범죄를 엄중히 다스리는 사회적 결단이 필요하다.[1] 여성을 성적으로 괴롭혀도 묵인하는 시대는 끝났다. 성범죄의 엄격한 처벌과 예방은 양성평등주의의 실현을 위한 제도적 장치임은 물론 건전한 성의 정서와 문화를 가꾸는 출발이다.

제 2 절   법과 음란성

I. 음란성의 개념

음란행위는 성욕을 자극하거나 성적 흥분 또는 만족을 유발하는 물건이나 행위로서 일반인의 정상적인 성적 정서를 해치고 선량한 성적 도의관념에 위배하는 음탕한 표현으로서 형법상 처벌의 대상이 된다(제243조~제244조). 음란성은 성적 혐오감과 수치심, 인간 모독 그리고 성의 추악감과 불결감 등을 준다. 음란성은 외설과는 달리 성의 신비성을 파괴하고 인간 존엄 내지 인간성을 왜곡하는 노골적이고 불결한 성적 표현으로서 오로지 성적 쾌락에만 호소하는 퇴폐적인 것이다.

성적 표현에 있어서 외설성이 미학적 개념이라면 음란성은 도덕적 개념이라 할 수 있다. 음란성은 성적 도의 관념에 어긋나는 저속한 성적 표현과 행위로 규정하였으나 사람의 존엄성과 가치를 훼손·왜곡하는 점을 추가 요건으로하여 종래의 음란성 개념보다 엄격한 요건을 제시하였다.[2] 미국 대법원은 음

---

1) 성관계를 거부(비동의 의사)했는데도 상대방이 성행위를 시도한 경우(No means no Rule) 또는 명백한 동의가 있어야 합의한 성관계(Yes means yes Rule)이지만 적극적 동의가 없는(침묵) 성행위 그리고 성적 그루밍(grooming) 등은 성폭력으로 처벌한다(미국, 캐나다, 서유럽 국가).

2) 음란은 사람의 존엄성과 가치를 심각하게 훼손·왜곡하였다고 평가할 수 있을 정도로

란성의 기준을 작품 전반적으로 진지한 문학적·예술적·정치적·과학적 가치가 없는 경우라고 제한적으로 해석한다.[1]

음란성의 개념을 완벽하게 정의하는 것은 한계가 있다. 음란성의 기준과 표현은 사회의 성문화 및 정서와 직결되고, 보는 사람의 눈높이에 따라 다를 수 있어 개별적·구체적인 위험성의 기준에 의해 판단하여야 한다. 표현물의 음란성 여부의 판단은 표현자의 주관적인 가치기준이나 특정한 사람의 견해가 아니다.[2] 그것은 사회의 평균인의 입장에서 시대의 건전한 사회통념에 따라 객관적이고 규범적으로 평가하여야 하며 사회정서와 일반인의 법 감정에 어긋나지 않아야 할 것이다.[3]

Ⅱ. 표현의 자유와 음란성

표현의 자유로서의 예술의 자유는 창의성·자율성·다양성의 보장을 내용으로 한다. 성적 표현은 실제로 작품의 문학성과 예술성에 대한 심미적 감각의 문제이다. 문학성·예술성과 음란성은 차원을 달리하는 관념이고 작품성의 문제이다. 문학·예술과 외설의 표현상 경계는 모호하다. 작품이 문학성·예술성이 있다고 하여 음란성이 당연히 부정되고 법으로부터 예외일 수 없다.[4] 작품의 가치와 주제, 표현이 성도덕에 직접 위배되지 않고 음란성을 초월하여

노골적인 방법에 의해 성적 부위나 행위를 적나라하게 표현 또는 묘사한 것으로서, 사회통념에 비추어 전적으로 또는 지배적으로 성적 흥미에만 호소하고 하등의 문학적·예술적·사상적·과학적·의학적·교육적 가치를 지니지 아니하는 것을 뜻한다(헌법재판소 1998. 4. 30. 선고 95헌가16 결정).

1) Miller v. California, 413 U.S. 15 (1973).

2) 미국 연방대법관 스튜어트(P. Stewart)는 음란성에 대해서 "나는 음란물이 무엇인지를 보면 알 수 있다(I know it, when I see it)"라고 판시하였다(Jacobellis v. Ohio. 37 U.S. 184(1964)).

3) 대법원 2003. 5. 16. 선고 2003도988 판결.

4) 대법원은 "어느 문학작품이나 예술작품에 문학성 내지 예술성이 있다고 하여 그 작품의 음란성이 당연히 부정되는 것은 아니고, 다만 그 작품의 문학적·예술적 가치, 주제와 성적 표현의 관련성 정도 등에 따라서는 그 음란성이 완화되어 결국은 형법이 처벌대상으로 삼을 수 없게 되는 경우가 있을 뿐이다"라고 판결하였다(대법원 2000. 10. 27. 선고 98도679 판결).

문학적·예술적 완성도에 초점을 맞추기 때문에 법은 작품성을 표현의 자유로서 허용하는 것이다. 음란성의 표현을 언론 출판의 자유에 포함하는 것은 이 때문이다.[1]

음란성의 기준은 문학성·예술성·시대성과 연관된 불확정 개념이다. 음란성의 개념을 지나치게 확대하면 표현의 자유를 침해할 우려가 있다. 일반적으로 창작에서 규제가 예외적이어야 표현의 자유를 보장할 수 있다. 헌법은 표현의 자유를 보장하면서도 공중도덕이나 사회윤리를 침해하여서는 안 된다고 규정하고 있다(제21조). 문학·예술작품이 무한정의 표현의 자유를 누릴 수 없으며, 건전한 성도덕이나 성적 풍속을 침해하는 경우는 규제의 대상이 된다. 하지만 음란성이 성적 자극을 유도하더라도 작품 전체 속의 부분적인 느낌 정도라면 음란성은 작품의 하나의 표현 기법이 될 것이다. 표현의 자유는 어문저작물(소설)·청각저작물(음반)·시각저작물(그림)·시청각저작물(영화) 등에 따라 음란성의 판단기준은 다르다. 시청각저작물은 다른 저작물에 비해 그 의미와 전달이 직접적·충동적이어서 대체로 규제를 많이 받는다.

성 인식의 변화 그리고 표현의 자유, 알 권리의 요구로 음란성의 기준은 점차 완화되고 있는 추세이다. 로렌스(D. Rawrence, 1885~1930)의 「채털리 부인의 연인」이 외설물로 발행이 금지되었으나 한 세대가 지난 후 원작대로 발간되었다.[2] 우리나라에서도 지난 시절 음란물의 판정기준은[3] 오늘날 성 관념에 의하면 시대성에 맞지 않은 고루한 인식이 될 것이다. 성 표현의 금기의 장벽은 점진적으로 무너지고 성 표현의 수위는 더욱 높아지고 있다. 농도 짙은 정사의 묘사는 더욱 선정적이고, 성적 영상물은 '제한 상영' 단계에서 '제한 관람가'로 확대 공연되고 있다. 예술적 표현의 자유가 시대의 변화를 유도한다.

포르노그래피(pornography)는 성의 신성하고 신비의 베일을 벗은 노골적인 성의 표현으로서 지저분하기보다 지겹다는 특징이 있기 때문에 혐오감과 인간

---

1) 헌법재판소 2009. 5. 28 선고 2006헌바109 결정.
2) 「Lady Chatterley's Lover」이 1928년 출간되자 '성욕을 자극할 경향성' 있는 외설물로 출판이 금지되었다. 그후 로스 사건(Roth v. United States, 352 U.S. 964 (1957))에서 음란성의 개념이 '성에 대한 부끄럽고 병적인 관심'으로 변함으로써 금지가 해제되었다.
3) 소설 '즐거운 사라'(대법원 1995. 6. 16. 선고 94도2413 판결), 연극 '미란다'(대법원 1996. 6. 11. 선고 96도980 판결), 영화 '사방지'(대법원 1990. 10. 16. 선고 90도1485 판결).

적 수치심을 유발한다. 포르노는 표현의 자유를 악용하여 성 윤리와 건전한 성 풍속과 국민보건을 모독할 뿐 아니라 여성을 비하하는 폭력이고 비도덕적 음란물로서 규제의 대상이다. 그러나 포르노그래피는 성인의 볼 권리의 보장과 표현의 자유, 음란물로부터 선량한 풍속의 보호가 얽히는 문제이다.1) 미성년자를 음란물의 오염으로부터 보호할 사회적 책임이 있다. 청소년을 선도하기 위해 음란물의 제한적 규제는 불가피하다.2) 성 표현물 중에서 인간의 존엄성을 해하거나 미풍양속을 해치는 변태적 성행위 장면이나 폭력적인 성행위 장면의 묘사 등은 규제가 필요하다. 미국은 성행위의 묘사나 성기의 노출인 경우는 특정목적(의료행위 또는 특정한 장소)을 위해 제한적으로 허용하고 있다.3)

Ⅲ. 음란물의 규제

음란물의 제조·유통 등은 반도덕적 행위로 형법 이외도 특별법에 의해 가중 처벌되고 있다. 형법은 음란한 문서, 도화, 필름 기타 물건을 제조·반포, 판매, 임대, 전시, 상영 그리고 이러한 목적으로 음란물을 제조, 소지, 수입, 수출한 자를 처벌한다(제243조~제244조). 또한 음란한 부호·문언·음향·화상, 영상을 배포·판매·임대하거나 전시한 자(정보통신망 이용촉진 및 정보보호 등에 관한 법률 제74조)와 얼굴·신체 또는 음성의 촬영물·영상물·음성물 등을 성적 욕망이나 수치심을 유발할 수 있는 형태로 편집·합성·가공한 조작물(deep fake)을 무단 반포한 자(성폭력범죄의 처벌 등에 관한 특례법 제14조의2)와 통신매체를 이용한 음란행위(동법 제13조) 그리고 아동·청소년 이용 음란물을 제작·수입·수출·판매·대여·배포·제공하거나 영리 목적으로 소지·운반·광고·소개하거나 전시 또는 상영한 자(아동·청소년의 성보호에 관한 법률 제11조)를 처벌한다.

---

1) 음란물은 보수적인 입장에서 보면 성을 상품화한 비도덕적·비사회적인 유해물이나 진보주의적인 성의 차원에서는 노골적인 성 표현물에 불과할 것이다.
2) 미국은 포르노를 불법과 합법 음란물(obscenity)로 구분하여 표현의 자유인 창작물로 인정하였고, 덴마크, 스웨덴, 영국 등도 포르노의 규제는 제한적이다.
3) Stanly v. Georgia, 394 U.S. 557(1969).

정보통신위원회 심의를 통과하지 못한 영상물은 불법이 되어 유통이 금지된다. 각종 유해한 영상물로부터 청소년을 보호하기 위하여 관람등급제를 실시하고 있다.[1] 영상물등급위원회는 영화의 선정적인 부분의 묘사 양식에 따라 관람등급기준을 5등급으로 구분한다.[2] ① 전체관람가, ② 12세 이상 관람가, ③ 15세 이상 관람가, ④ 청소년 관람불가, ⑤ 제한상영가 등으로 차등규제하고 있다(영화 및 비디오물의 진흥에 관한 법률 제29조 2항). 청소년 관람불가 등급은 18세 이하의 청소년과 고등학교 재학생을 포함한다. 제한상영가 등급은 상영 및 광고·선전에 일정한 제한이 필요한 영화이다.

제 3 절   성범죄와 형벌

Ⅰ. 성 매 매

성적 욕구는 인간의 원초적 본능이기에 성매매는 인류문화의 역사와 같이 시작하여 오늘에 이르고 있다.[3] 인간의 성적 본능이 존재하는 한 성매매의 문제는 도덕과 현실 사이의 고질적인 사회적 병리현상으로 제기된다. 성매매는

---

1) 음란 영상물의 자율규제 국가(미국, 영국, 네덜란드), 자율규제와 법적 규제를 병행하는 국가(프랑스, 독일, 일본), 정부의 규제국가(싱가포르) 등이 있다. 경제협력개발기구는 인터넷상의 음란물과 아동학대를 조장하는 정보의 금지와 인터넷 이용을 제한하는 국제적 공조의 필요성을 강조하였다. 그러나 각국의 상이한 사회적·문화적 배경과 통상마찰로 국제적 규제에는 한계가 있다.

2) 미국의 영화등급은 G, PG, PG-13, R, NC-17의 5등급으로 구분한다. ① G(general audiences)등급은 관람연령의 제한이 없는 영화, ② PG(parental guidance suggested)등급은 학부모의 지도와 추천 영화, ③ PG-13(parents strongly cautioned)등급은 13세 이하는 부적절하므로 부모지도와 추천 필요, ④ R(restricted)등급은 17세 이하의 청소년은 부모나 보호자의 동반이 필요, ⑤ NC-17(none under 17 admitted)등급은 17세 이하의 청소년은 절대로 관람불가 영화이다. 영국은 영화등급을 U(모든 관객 감상), A(부모나 보호자의 동반 필요), AA(14세 이하 입장 불가), X(18세 이하 관람 불가) 등으로 구분하고 있다.

3) 로마시대 말기의 도덕적 퇴폐시기에는 성매매 업소를 위한 전용 동전을 기원후 395년까지 사용하였다. 토큰 모양의 이 동전들에 새겨진 문양은 음란한 성행위가 그대로 다양하게 묘사되었다.

불특정인을 상대로 금품 그 밖의 재산상의 이익을 수수(收受) 또는 약속을 하거나 그 밖의 영리의 목적으로 성행위를 하는 것을 말한다. 성매매의 성행위는 특정인 사이에 애정의 표출로 이루어지는 것이 아니라 성의 금전적 거래가 전제되는 것이고 금전적 거래가 없는 성행위는 성매매에 해당하지 않는다.

성매매는 인간의 성본능과 성문화, 남성사회의 이중적 성의 인식 등과 관련이 깊어 다른 사람에게 해악을 주는 범죄이기보다는 도덕적 해이로 인식되는 경향이 있다. 성매매의 실상을 보면 성매매를 뿌리뽑기 어려운 사회적 필요악으로 공인하기도 하였으며, 특수계층의 성문화의 은밀한 문제로서 제한적으로 묵인하기도 하였다. 성매매 여성을 성폭력 범죄와 금전의 착취로부터 보호하고 안정적 생계보장과 위생관리, 성이 문란한 지역의 질서 등을 국가적 차원에서 관리하기 위해 공창제도의 발생에 이르렀다.

성매매 여성을 천사와 탕녀의 이분법에 의해 성매매를 단순한 도덕적 퇴폐행위로 본다면 성매매 행위는 근본적으로 해결하기 어려울 것이다. 성매매 여성을 처벌보다는 사회적·경제적 약자로서 보호와 선도가 필요하다. 성의 상품화는 반인도적·반사회적 행위로서 규제의 대상이나 법의 개입에는 한계가 있다. 성매매 금지는 자유주의적 시각에서 보면 법이 규제할 수 없는 프라이버시와 사생활의 자율적 영역이므로 개인의 성적 자기결정권의 침해가 될 것이다. 이에 비해 도덕주의자는 성매매를 반인륜적·반사회적 죄악인 동시에 인간의 존엄성에 대한 모독과 침해로 규정할 것이다.

성문화의 개방화 정도에 따라 성매매를 합법화한 국가[1]와 비범죄행위로 인정하여 제한적으로 허용하는 국가,[2] 그리고 성매매를 윤리와 공공질서, 국민보건 등을 침해하는 사회악으로 금지하는 국가가 있다.[3] 대체로 유럽과 남미 국가의 대부분이 성매매를 허용하고 있으나 아시아 국가는 금지하고 있다. 성매매를 금지하더라도 음성화·기형화하여 탈법적 행위가 지속되고 있어 법

---

1) 오스트레일리아가 1984년 성매매를 최초로 합법화한 이후 독일, 오스트리아, 캐나다, 네덜란드, 스위스, 벨기에, 뉴질랜드, 터키, 헝가리, 멕시코, 대만, 라틴아메리카 국가 등이 따르고 있다.

2) 성매매를 허용하고 알선, 길거리 호객행위 등을 금지하는 국가로는 영국, 프랑스, 이탈리아, 아일랜드, 덴마크, 핀란드, 노르웨이, 폴란드, 스페인 등이 있다.

3) 우리나라를 비롯하여 중국, 일본, 스웨덴, 사우디아라비아, 미국의 대부분의 주 등이다.

은 사실상 실효성이 없는 실정이다. 성매매 금지를 위해 처벌만이 능사가 아
니라 성매매가 자발적이든 강요적이든 간에 원초적 근절을 위한 전향적 접근
으로서 성매매 비범죄화의 논의가 필요하다.[1]

세계 각국은 성매매에 대해 불법화·비규제화·비범죄화·합법화 등으로
대응하고 있으나, 성매매는 공개적 논의를 꺼리는 사회적 문제이기에 해결이
어려운 측면이 있다. 폭력적 지배나 강요된 성매매는 반인권적 행위로서 인간
의 성을 수단으로 하는 성적 노예시장이라는 오명을 피할 수 없다. 성매매 피
해자를 제외한 성을 판 사람과 산 사람, 성매매를 알선·강요한 자, 폭행·협
박·위계 등으로 성을 팔게 한 사람, 성을 뇌물로 이용한 사람 및 성매매 업
소의 건물 임대 등은 위법행위로 처벌한다. 성매매와 관련된 성매매 피해자에
대한 채권은 그 형식이나 명목에 관계없이 불법원인급여로서 무효이다(성매매
알선 등 행위의 처벌에 관한 법률 제10조 1항).[2]

Ⅱ. 강 간 죄

폭행 또는 협박으로 사람을 강간한 자는 3년 이상의 유기징역에 처하고(형
법 제297조), 미수범도 벌한다.[3] 강간죄는 개인의 인격권과 행복추구권, 성적
자기결정권 등을 침해하여 성적 모욕감과 좌절감을 줌으로써 신체적·정신적
파탄 등을 야기하는 폭력범죄로서 특히 여성에게는 제2의 살인행위와는 같은
범죄이다. 강간죄의 객체인 사람은 성별[4]·연령·기혼 여부 등을 불문하며 부

---

1) 헌법재판소는 성행위는 개인의 자율적인 사적 영역이지만 외부로 드러나 건전한 성풍
   속을 해치면 법의 규제를 받아야 하므로 자발적 성매매 행위의 처벌은 합헌이라고 판결
   하였다(헌법재판소 2016. 3. 31. 선고 2013헌가2 결정). 이에 대해 성매매 처벌은 기본권
   침해이고 생계형 자발적 성매매 여성에게 보호 대책 없이 형사처벌하는 것은 지나치다는
   소수의견도 있다. 국제엠네스티(AI)는 성매매의 비범죄화를 결의(2015. 8. 11)하였고, '인
   신매매 금지 및 타인의 성매매에 대한 착취 금지에 관한 협약'(Convention for the
   Suppression of the Traffic in Persons and the Exploitation of the Prostitution of Others)은
   자유의사에 의한 성매매에 대해 비범죄화를 선언하였다.
2) 대법원 2004. 9. 3. 선고 2004다27495 판결.
3) 부녀를 껴안고 희롱하면서 강제로 팬티를 벗기려고 하였으나 피해자가 달아난 경우에
   도 강간죄의 미수는 인정된다(대법원 2000. 6. 9. 선고 2000도1253 판결).
4) 성전환자(transgender)도 포함한다(대법원 2009. 9. 10. 선고 2009도3580 판결).

녀뿐만 아니라 남자도 보호대상이 된다. 종전에는 부부는 특수한 관계라는 이유로 부부간의 강간죄를 인정하지 않았으나,[1] 부부 사이일지라도 인격권과 성적 자기결정권을 침해하는 성적 폭력으로부터 보호가 필요하다고 강간죄를 인정하였다.[2] 부부 간의 성적 신의와 품위는 지켜져야 한다.

강간죄에서 폭행 또는 협박은 피해자의 항거를 불능하게 하거나 현저히 곤란하게 할 정도의 언행이어야 하며, 그 정도는 유형력을 행사한 경위 및 피해자의 관계, 범행당시의 정황 등 제반사정을 종합하여 판단하여야 한다.[3] 폭행이나 협박은 상대방을 제압하기 위해 물리적인 힘을 행사하거나 수면제·마취제·흥분제를 먹이는 행위, 최면술 등의 행위는 물론 심리적으로 반항을 포기하게 하는 강압적 행위도 포함된다.[4] 폭력행위에 대한 피해자의 항거가 최후 순간까지 저항이 요구되는 것이 아니고 피해자의 반항을 곤란하게 할 정도의 합리적 수준의 항거(reasonable resistance)로 충분할 것이다.

사람의 심신상실 또는 항거불능 상태를 이용하여 간음한 자는 준강간죄로 처벌한다(형법 제299조). 항거불능 상태란 폭행 또는 협박의 방법은 아닐지라도 심신상실 이외의 원인 때문에 심리적 또는 물리적으로 반항이 절대적으로 불가능하거나 현저히 곤란한 때를 말한다.[5] 또한 폭행 또는 협박으로 구강, 항문 등 신체(성기는 제외)의 내부에 성기를 넣거나 성기, 항문에 손가락 등 신체의 일부(성기는 제외) 또는 도구를 넣는 비정상적 성행위인 유사강간죄는 2년

---

1) 부부는 성을 서로 향유하는 은밀한 특수관계로서 빼앗고 빼앗기는 강압관계가 아니므로 배우자에 대한 강간죄를 부인하였다(대법원 1970. 3. 10. 선고 70도29 판결).

2) 부부 사이의 동거의무는 폭행·협박에 의해 강요된 성관계를 감내할 의무가 내포되어 있다고 할 수 없다. 혼인이 개인의 성적 결정권에 대한 포기를 의미한다고 할 수 없고, 성적으로 억압된 삶을 인내하는 과정일 수도 없다(대법원 2013. 5. 16. 선고 2012도14788 전원합의체 판결).

3) 대법원 2000. 6. 9. 선고 2000도1253 판결.

4) ① 여자 혼자 있는 방문을 두드리고 여자가 위험을 느끼고 가까이 오면 뛰어내리겠다고 하는데도 창문으로 침입하려 한 때에는 강간죄의 착수가 있다(대법원 1991. 4. 9. 선고 91도288 판결).

   ② 자고 있는 피해자의 가슴과 엉덩이를 만지면서 간음을 기도하였다는 사실만으로는 강간의 수단으로 피해자에게 폭행이나 협박을 개시하였다고 하기는 어렵다(대법원 1990. 5. 25. 선고 90도607 판결).

5) 대법원 2000. 5. 26. 선고 98도3257 판결.

이상의 유기징역에 처한다(형법 제297조의2). 주거침입 등에 의한 특수강간, 강도강간 등은 일반강간죄에 비하여 무겁게 처벌한다. 특히 성폭력의 상습범에 대해서는 그 죄에 정한 형의 2분의 1까지 가중하고(형법 제305조의2), 강간죄·강제추행죄에 대한 친고죄를 폐지하였다.

강간으로 인하여 사람을 상해하거나 상해에 이르게 한 때에는 무기 또는 5년 이상의 징역에 처하고(형법 제301조), 강간을 한 자가 사람을 사망에 이르게 한 때에는 무기 또는 10년 이상의 징역에 처하며(형법 제301조의2), 강간살인죄는 시효가 없다. 강간치상죄에 있어서 상해의 결과는 강간의 수단으로 사용한 폭행으로부터 발생한 경우뿐 아니라 간음행위 그 자체로부터 발생한 경우나 강간에 수반하는 행위에서 발생한 경우도 포함한다.[1] 외부에 나타난 상처를 비롯하여 처녀막파열, 성병감염, 보행불능, 히스테리증, 수면장애 등의 신체의 완전성이나 기능장애 등을 포함한다. 강간죄에 무거운 벌을 가하는 것만이 그 예방책은 아니더라도 형법은 성범죄자에 대한 양형기준이 지나치게 온정주의적이며 관대한 점이 없지 않았다는 비판을 받았다. 성범죄자들은 범죄에 대한 처벌을 두려워하지 않는 것이 아니라 자신은 처벌을 받지 않을 수 있다는 발작성 도취감에서 성범죄가 발생하는 경우가 많아 재범률이 높다.

Ⅲ. 강제추행죄

폭행 또는 협박으로 사람에 대하여 추행을 한 자는 10년 이하의 징역 또는 1,500만원 이하의 벌금에 처하며(형법 제298조), 미수범도 벌한다. 사람의 심신상실 또는 항거불능의 상태를 이용한 준강제추행죄는 강제추행죄에 준하여 처벌한다. 추행이란 성욕을 만족시키거나 성욕을 자극하기 위해 객관적으로 성적 수치심이나 혐오감을 일으키게 하여 선량한 성적 도덕관념에 위배되는 행위(강제

---

1) 강간치상죄에 있어서 상해의 판단기준은 합의에 따른 성교행위에서도 통상 발생할 수 있는 상해와 같은 정도임을 전제로 하는 것이므로 그러한 정도를 넘는 상해가 그 폭행 또는 협박에 의해 생긴 경우라면 상해에 해당된다고 할 것이며, 피해자의 건강상태가 나쁘게 변경되고 생활기능에 장애가 초래된 것인지는 객관적, 일률적으로 판단될 것이 아니라 피해자의 연령, 성별, 체격 등 신체·정신상의 구체적 상태를 기준으로 판단되어야 한다(대법원 2005. 5. 26. 선고 2005도1039 판결).

키스, 껴안기, 만지기, 과시하기)로서 피해자의 성적 자유를 침해하는 것이다. 성추행은 성폭력·성희롱 등에 속하지 않는 모든 성적 가해행위로서 상대방의 동의 없이 성적인 의도를 갖고 접근하는 행위인 관음증, 노출증 및 상대방에게 폭력을 가해 포르노물을 보여주는 행위 등이 포함된다.

강제추행죄는 피해자의 의사·성별·연령·행위자와의 관계·행위의 경과와 양상·주위의 객관적 상황·성적 도덕관념 등을 종합적 고려하여 결정함은 물론 가해자가 자기 결백을 입증하지 못하면 책임을 면할 수 없다.[1] 신체적 접촉이 없더라도 추행은 성적 흥분이나 만족을 목적으로 한 무례한 행위로서 건전한 상식의 일반인에게 성적 모욕감이나 혐오감을 느끼게 하는 성적 강압행위를 뜻한다.[2] 가해자가 성적 만족이나 흥분을 느끼는 여부는 본죄의 성립과 무관하고 폭행·협박이 상대방의 의사에 위반하는 유형력의 행사이면 그 힘의 대소강약을 불문한다.[3]

강제추행죄는 강간죄와 같이 성별·연령·기혼 여부 등을 구분하지 아니하며 폭력 또는 협박을 수단으로 한 유형력의 행사라는 점에서 성희롱과 성격을 달리한다. 추행의 유형에는 상대방의 성기나 유방을 만지는 행위, 상대방의 하의를 갑자기 끄집어 내린 행위,[4] 춤을 추면서 유방을 만진 행위,[5] 강제키스,[6] 강제적 음주행위,[7] 어린아이에게 성 행위 동작을 시키거나 이를 촬영하는 행

---

[1] 대법원 2019. 12. 12. 선고 2019도5797 판결.
[2] 피해자와 춤을 추면서 피해자의 유방을 만진 행위가 순간적인 행위에 불과하더라도 피해자의 의사에 반하여 행하여진 유형력의 행사에 해당하고 피해자의 성적 자유를 침해할 뿐만 아니라 일반인의 입장에서도 추행행위라고 평가될 수 있는 것으로서, 폭행행위 자체가 추행행위라고 인정되어 강제추행에 해당한다(대법원 2002. 4. 26. 선고 2001도2417 판결).
[3] 강제추행죄에서 폭행 또는 협박이란 상대방에 대하여 먼저 폭행 또는 협박을 가하여 그 항거를 곤란하게 한 뒤에 추행행위를 하는 경우만을 말하는 것이 아니고 폭행행위 자체가 추행행위라고 인정되는 경우도 포함하는 것으로, 이 경우에 있어서의 폭행은 반드시 상대방의 의사를 억압할 정도의 것임을 요하지 아니하며, 다만 상대방의 의사에 반하는 유형력의 행사가 있는 이상 그 힘의 대소강약은 불문한다(대법원 1994. 8. 23. 선고 94도630 판결).
[4] 대법원 1994. 8. 23. 선고 94도630 판결.
[5] 대법원 2002. 4. 26. 선고 2001도2417 판결.
[6] 데이트 중 강제로 키스한 경우(대법원 1983. 6. 28. 선고 83도399 판결).
[7] 강제로 '러브 샷'으로 술을 마시게 한 경우(대법원 2008. 3. 13. 선고 2007도10050 판결).

위, 아동의 성기를 만지는 행위[1] 등이 있다. 특히 미성년자 또는 심신미약자에게 위계 또는 위력으로써 간음 또는 추행을 한 자는 5년 이하의 징역에 처하고(형법 제302조), 13세 미만의 사람을 간음 또는 추행을 한 자는 강간죄에 준한다(형법 제305조).

Ⅳ. 공연음란죄

공연음란죄는 일반적으로 공개적인 음란행위로부터 사회의 건전한 성 풍속을 보호하기 위한 성범죄이다. 공연음란죄는 공연히 음란한 행위를 함으로써 성립하는 범죄로서 1년 이하의 징역, 500만원 이하의 벌금, 구류 또는 과료에 처한다(형법 제245조).[2] 공연이란 불특정 또는 다수인이 알 수 있는 상태이고, 음란한 행위란 당시 사정에 비추어 성적 흥분과 만족을 유발하여 성적 도덕 감정을 해침으로써 일반인에게 성적 수치심과 혐오감을 주는 행위이다. 음란성의 판단기준은 행위가 발생한 곳의 여건, 주위 환경, 풍속 등의 모든 사정이 고려되어야 할 것이다.

Ⅴ. 성 희 롱

1. 성희롱의 개념

성희롱(sexual harrassment)이란 일반적으로 상대방이 원하지 않거나 참을 수 없는 정도 또는 성적 모욕감·혐오감·불안감·수치심·불쾌감 등을 느끼게 하는 정도의 성적인 접근이나 언어나 행위를 뜻하며 육체적 희롱, 언어적 희롱,

---

1) 교실에서 초등학교 교사의 남학생 성기를 만진 행위(대법원 2006. 1. 13. 선고 2005도6791 판결).

2) ① 고속도로에서 시비가 붙어 싸우는 중 경찰이 출동하여 제지하자 주위에 많은 사람이 있는 가운데서 옷을 모두 벗고 성기를 드러낸 채로 바닥에 드러눕거나 돌아다니는 행위는 공연음란죄가 성립한다(대법원 2000. 12. 22. 선고 2000도4372 판결).

② 연극공연행위의 음란성의 유무는 그 공연행위 자체로서 객관적으로 판단하여야 할 것이고, 그 행위자의 주관적인 의사에 따라 좌우되는 것은 아니다(대법원 1996. 6. 11. 선고 96도980 판결).

시각적 희롱 등을 포함한다. 성희롱 행위의 행태는 공격적인 음담, 성적 풍자나 농담, 낯 뜨거운 행태 등에서부터 여자의 신체에 대한 음흉한 응시와 육체적 접촉 그리고 사이버 성폭력, 스토킹, 몰래카메라 촬영 등에 이르기까지 그 방법은 다양하다.1) 성희롱 행위는 강제추행죄의 추행행위 이외의 여성에게 성적 불안한 정서와 굴욕감, 혐오감, 수치심, 불쾌감 등을 유발하는 모든 성적 도발 행위이다. 성희롱은 성희롱을 당하는 사람의 입장에서 환영받지 않거나 원치 않는 성적인 가해행위이고 인격권의 침해이다.

성희롱은 성적 가해행위라는 점에서 형법상 성폭력이나 성추행과 유사하나 성희롱은 고의·과실의 유무 또는 성적 강제성을 불문하고 성립되며, 주로 직장 내에서나 조직사회 내의 행위로 한정하고 있는 점에 차이가 있다. 직장 내 성희롱은 고용관계를 이용하여 형법이 규정한 성범죄 이외의 모든 성적 가해행위로 상대방에게 성적 모욕감과 부담감을 주는 행위이다. 특히 직장 내 성희롱은 성적 요구에 응하지 않는 이유로 고용상 불이익을 주거나 성적 요구에 따르는 것을 조건으로 이익 공여의 의사표시를 하는 경우이다(양성평등기본법 제3조).

[직장의 성희롱과 형법상 성범죄의 차이]

	성 희 롱	형법상 성범죄
목 적	성희롱, 불응시 고용상 불이익	성적 충족
방 법	육체적·언어적·시각적 성희롱행위	성적 강압행위
고 의 성	불필요	필요
강 제 성	불필요	필요
관 계	고용관계	관계불문
처 벌	징계처분, 형벌	형벌
입증책임	사용자	검사

---

1) 여성가족부가 2015년 발표한 성희롱 피해 유형의 빈도는 다음과 같다. ① 외모에 대한 성적 비유나 평가 ② 음담패설 및 성적 농담 ③ 회식에서 술을 따르거나 옆자리에 앉도록 강요 ④ 특정 신체 부위를 쳐다보는 행위 ⑤ 신체 접촉 ⑥ 개인 성생활 질문 ⑦ 사적 만남 강요 ⑧ 성인 잡지나 야한 동영상 보여주기 ⑨ 신체 부위를 만지거나 만지도록 강요 ⑩ 자신의 신체 부위 노출 등의 순이다.

2. 성희롱의 내용

성희롱은 직장 내에서 근로자에게 상관의 성적 요구에 순응과 고용, 승진기회, 감봉·징계 등의 고용상 불이익 중에서 양자택일하도록 강요하는 경우에 인정된다. 또한 성희롱으로 인하여 근로자가 근로현장에서 업무를 수행하기 어렵게 하거나 불쾌하게 하여 고용환경을 악화시키는 분위기를 조성하는 행위도 성희롱에 포함한다. 대법원은 "성희롱이란 직장 내 근로자에 대한 지휘·명령권·인사권이나 실질적인 영향력을 가진 자가 근로자의 의사에 반하여 성과 관련된 언동으로 성적 굴욕감을 느끼게 하거나 불쾌한 작업환경을 조성하게 하는 것 또는 성적 접근을 거부할 때 고용 여부나 근로조건에 불이익을 주는 것이다"라고 판시하였다.[1] 미국은 1980년대 이르러 연방평등고용기회위원회(EEOC : The Equal Employment Opportunity Commission)가 성희롱을 정의[2]한 이후 이에 대한 입법논의가 계속되고 있다.[3] 성희롱에 관한 입법은 1984년 오스트레일리아의 성차별금지법(Sex Discrimination Act)이 최초이고, 미국, 일본 등은 성희롱에 대한 직접적인 입법규정은 없으나 성희롱을 고용상의 양성평등을 위반한 범죄로 규정하여 성적 피해를 예방하고 있다.

스토킹(stalking)이나 음란(스팸)메일은 일반적인 성희롱과는 다른 형태의 성희롱행위이다. 스토킹은 협박이나 위협적 행위가 아니더라도 상대방이 원하지 않거나 상대방의 의사와 관계없이 일방적·반복적·지속적·악의적 행위 등으로 귀찮게 접근하거나, 직장이나 가정의 방문 또는 우편·전화·팩스 그리고 인터넷 통신·휴대 단말기 등을 통해 정신적·육체적 괴롭힘과 불쾌감을 주는 행위이다. 음란메일은 작동이 간편하여 사이버 스토킹으로서 이용되고 있다. 스토킹은 상대방에게 불쾌감을 유발하여 성적 불안감을 줌으로써 개인

---

1) 대법원 1998. 2. 10. 선고 95다39533 판결.
2) 성희롱은 상대방의 의사에 반하는 성적인 접근, 성적 행위의 요구, 기타 성적인 내용의 언어적·신체적 행위로서, ① 성희롱 행위의 수용으로 명시적이든 묵시적이든 개인의 고용조건이 된 경우, ② 성희롱 행위의 수용 여부가 당사자의 근로조건의 결정에 근거가 된 경우, ③ 성희롱 행위가 개인의 직무수행을 부당하게 저해하거나 위협적·적대적·공격적인 근로환경을 만들 의도를 가졌거나 결과적으로 이러한 효과가 발생한 경우 등이다.
3) Harris v. Forklift Systems Inc., 510 U.S. 17(1993).

의 행복권과 프라이버시를 침해하는 행위이다. 스토킹은 개인과 사회의 안전을 침해하는 사회범죄로서 처벌하고 있으나(경범죄 처벌법 제3조 1항 41호, 성폭력범죄의 처벌 등에 관한 특례법 제13조, 정보통신망 이용촉진 및 정보보호 등에 관한 법률 제74조), 그 정도에 따라 협박죄(형법 제283조), 명예훼손죄(형법 제307조), 모욕죄(형법 제311조), 주거침입죄(형법 제319조) 등이 성립할 수 있다. 또한 인격권 보호를 위해 스토킹한 자에게 접근 금지나 손해배상을 청구할 수 있다.

3. 성희롱의 제재와 피해자 구제

성희롱에 대해서 양성평등기본법(제3조 2호), 근로기준법(제76조의2), 남녀고용평등과 일·가정 양립 지원에 관한 법률(제2조 2호, 제12조), 성폭력범죄의 처벌 등에 관한 특례법(제13조), 국가인권위원회법(제2조 3호) 등에서 각각 규정하고 있으며, 국가인권위원회는 성희롱 행위에 대해 조사하여 시정조치를 권고한다.[1] 신체적 접촉이 아닌 성희롱은 형사상 처벌이 어려우나, 피해자 또는 제3자는 노동관서에 진정·고발·고소 등은 물론 가해자의 불법행위 또는 사용자에게 사용자책임 등의 민사상 책임을 물을 수 있다. 성희롱에 동조한 자도 성희롱죄에 포함된다.[2] 사업주가 성희롱 행위를 하면 1,000만원 이하의 과태료에 처한다. 사업주는 직장 내 성희롱 예방책과 성희롱자의 징계조치를 강구하여야 함은 물론 성희롱 피해자에게 고용상의 불이익 조치를 주어서는

---

[1] ① 진정인은 직장상사인 피진정인의 자택에서 피진정인으로부터 "옆에서 자고 가라", "나는 온기가 필요하다", "별일 없다. 그것도 못하냐?"라는 말을 들었으며, 진정인이 나가려 하자 피진정인이 진정인의 손목을 잡고 강제로 거실로 끌고 와서 계속 자고 가라고 강요하는 등의 행위를 하여 성적 모욕감과 수치심을 느낀 사안에 대하여 피진정인에게 국가인권위원회가 주최하는 특별인권교육을 받을 것과 피해보상금 200만원을 진정인에게 지급할 것을 권고하였다(인권위 2006. 12. 22. 06진차425 결정).
② 진정인을 비롯한 노동조합원들이 조합원에 대한 폭행사건에 관해 항의를 하던 중 피진정인은 진정인의 가슴을 손가락으로 가리키며 "가슴 보여", "거기나 잘 가리고 다니지"라고 말하였고, 진정인은 이러한 성적 언동으로 인해 심한 성적 굴욕감과 수치심을 느꼈다는 진정에 대하여 인권위원회는 피진정인에게 국가인권위원회가 주최하는 특별인권교육을 받을 것을 권고하였다(인권위 2007. 3. 28. 06진차401 결정).
[2] 성희롱 행위를 주도적으로 행한 자에게 징계해고는 정당하나, 단순히 성희롱 행위에 동조한 자에 대한 징계해고는 징계권 남용의 부당해고이다(중앙노동위원회 2000. 6. 13. 2000부해51, 부해58).

안 되며, 이를 위반하면 500만원 이하의 과태료에 처한다(남녀고용평등과 일·가정 양립 지원에 관한 법률 제39조). 미국은 직장에서의 성희롱 피해자들이 회사를 상대로 최초로 집단소송을 제기하여 재직 회사로부터 손해배상을 받았다.[1]

Ⅵ. 성폭력범죄와 성매매에 대한 특별법

1. 성폭력범죄의 처벌 등에 관한 특례법

'성폭력범죄의 처벌 등에 관한 특례법'은 친족(제5 조),[2] 장애인(제6 조), 13 세 미만의 미성년자(제7 조) 등에 대한 강간·강제추행 그리고 업무·고용상 위력에 의한 성희롱(제10조), 대중교통수단, 공연·집회장소 등 공공 밀집 장소에서의 추행(제11조), 성적 욕망을 만족시킬 목적으로 공중화장실, 목욕탕·탈의실·모유수유시설 등의 공공장소 침입행위(제12조)이나 몰래 엿보기, 우편·소셜 미디어 등의 통신매체를 이용한 음란행위(제13조), 카메라 등을 이용하여 성적 욕망 또는 수치심을 유발할 수 있는 타인의 신체를 그 의사에 반하여 불법 촬영한 행위(제14조)[3] 등을 처벌한다.

업무상 위계 또는 위력 등에 의한 성추행은 상사와 부하의 관계, 고용자와 피고용자 등 보호·감독을 받는 상하관계에서 상급자가 그 지위를 이용하여 간음 행위를 하는 권력적 성범죄이다(예컨대 여비서에 대한 음란행위). 업무상 위

---

1) Lois E. Jenson v. Eveleth Taconite Co(130 F.3d 1287(1997). 피해자들이 손해배상금 350 만 달러를 받은 이 사건은 2005년 영화 North Country의 배경이 되었다.

2) 친족관계에는 사실상의 양자와 양부의 관계와 같이 법정 혈족 관계를 맺고자 하는 의사의 합치 등 법률이 정하는 실질관계는 모두 갖추었으나 신고 등 법정절차의 미이행으로 인하여 법률상의 존속으로 인정되지 못하는 자도 사실상 관계에 의한 친족에 해당한다(대법원 2006. 1. 12. 선고 2005도8427 판결; 대법원 2002. 2. 22. 선고 2001도5075 판결).

3) 피해자의 성적 자유 및 함부로 촬영당하지 않을 자유를 보호하기 위해서는 촬영한 부위가 성적 욕망 또는 수치심을 유발할 수 있는 타인의 신체에 해당하는지 여부는 객관적으로 피해자와 같은 성별, 연령대의 일반적이고도 평균적인 사람들의 입장에서 성적 욕망 또는 수치심을 유발할 수 있는 신체에 해당되는지 여부를 고려함과 아울러 당해 피해자의 옷차림, 노출의 정도 등은 물론 촬영자의 의도와 촬영에 이르게 된 경위, 촬영장소와 촬영각도, 촬영거리, 촬영된 원판의 이미지, 특정 신체부위의 부각여부 등을 종합적으로 고려하여 구체적·개별적·상대적으로 결정하여야 한다(대법원 2008. 9. 25. 선고 2008도 7007 판결).

력 등에 의한 강간·추행은 폭행·협박이 없어도 적용되며 위력은 사회적·경제적·정치적 지위나 권세를 이용한 권력적 갑질행위이다. 성폭력은 신체 접촉이 있다고 무조건 범죄가 되는 것이 아니고(합의에 의한 경우나 서로 좋았던 관계), 상대방의 의사에 반한 경우이다. 성폭력범죄의 수사나 재판을 담당한 공무원은 피해자의 인적 사항이나 사진과 사생활의 비밀을 공개하거나 타인에게 누설하여서는 안 된다.

2. 성매매알선 등 행위의 처벌에 관한 법률

성매매는 성교행위를 하거나 그 상대방이 되는 것을 말하며 구강·항문 등 신체의 일부 또는 도구를 이용한 유사 성교행위[1]까지 포함한다(성매매알선 등 행위의 처벌에 관한 법률(성매매처벌법) 제2조 1항). 성매매 피해자는 위계·위력[2]의 방법에 의해 성매매를 강요당한 자 또는 성매매를 당한 청소년, 성매매 목적의 인신매매를 당한 자 등을 말한다. 성매매를 권유·알선·강요하는 행위, 성매매 업소로 이용되는 것을 알면서 건물을 임대하는 경우는 처벌된다(제2조 2호, 제19조).[3] 성매매 피해자의 성매매는 처벌하지 아니한다(제6조 1항). 또한 성매매와 관련된 성매매 피해자에 대한 채권은 그 형식이나 명목에 관계없이 불법원인으로 인한 무효이다(제10조 1항). 외국인 여성의 성매매 피해자에게는 불법입국자와 달리 특별 조치한다(제11조). 성매매를 한 사람은 1년 이하의 징역이나 300만원 이하의 벌금·구류·과료에 처하며(제21조), 또한 법원은

---

1) 마사지 업소의 여종업원의 밀실 내 은밀한 마사지 서비스는 유사한 성교행위에 해당한다(대법원 2006. 10. 26. 선고 2005도8130 판결).
2) 위계라 함은 행위자가 간음의 목적으로 상대방에게 오인, 착각, 부지를 일으키고는 상대방의 그러한 심적 상태를 이용하여 간음의 목적을 달성하는 것을 말하는 것이고, 여기서 오인, 착각, 부지란 간음행위 자체에 대한 오인, 착각, 부지를 말하는 것이지, 간음행위와 불가분적 관련성이 인정되지 않는 다른 조건에 관한 오인, 착각, 부지를 가리키는 것은 아니라 할 것인바, 피고인이 피해자를 여관으로 유인하기 위하여 남자를 소개시켜 주겠다고 거짓말을 하고 피해자가 이에 속아 여관으로 오게 되었고 거기에서 성관계를 하게 되었다 할지라도, 그녀가 여관으로 온 행위와 성교행위 사이에는 불가분의 관련성이 인정되지 않는 만큼 이로 인하여 피해자가 간음행위 자체에 대한 착오에 빠졌다거나 이를 알지 못하였다고 할 수는 없다 할 것이어서, 피고인의 행위는 위계에 해당하지 아니한다(대법원 2002. 7. 12. 선고 2002도2029 판결).
3) 헌법재판소 1998. 4. 30. 선고 95헌가16 결정.

보호처분의 결정을 할 수 있다. 특히 성 구매자의 재범방지를 위하여 보호관
찰소에서 존 스쿨(John School) 성교육1)을 실시하고 있다.

3. 아동 · 청소년의 성보호에 관한 법률

아동 · 청소년(미성년자)에 대한 강간죄와 강제추행죄는 일반적인 성폭력 범
죄보다 엄벌한다(동법 제7조). 13세 미만의 사람2)과 성행위는 동의나 합의하더
라도 의제 강간자로서 강간죄 또는 강제추행죄로 처벌한다(형법 제305조). 특히
13세 이상 16세 미만 아동 · 청소년의 궁박한 처지를 이용해 간음 · 추행한 경
우 자발적 의사와 상관없이 최소 3년 이상 징역에 처한다(동법 제8조의2). 아
동 · 청소년 대상 성범죄의 공소시효는 성범죄로 피해를 당한 아동 · 청소년이
성년에 달한 날부터 진행한다. 성범죄를 저지른 자가 피해아동 · 청소년의 친
권자나 후견인인 경우는 검사는 친권상실을 청구할 수 있다. 성범죄로 유죄판
결이 확정된 자의 신상정보는 등록되고 정보통신을 이용하여 공개하고(제49
조)3) 이들은 10년 동안 아동 · 청소년 관련 기관을 운영하거나 취업 또는 사실
상 노무의 제공이 제한된다.

4. 성폭력범죄자에 대한 보안처분

성폭력범죄로부터 국민을 보호하고 성폭력범죄자의 재범방지와 함께 품행
교정을 통한 착한 시민으로의 사회복귀화 대책이 필요하다. 상습적인 성폭력
범은 실형 이외에 신상정보 공개, 전자발찌 부착, 화학적 거세 등의 보안처분
을 받는다. 성범죄자의 인권보호보다 선량한 시민의 성적 안정을 보호하고 재

---

1) 성매수 초범자에게 보호관찰의 일환으로 성매매에 대한 남성의 그릇된 성 의식 전환과
재범방지를 위한 교육 프로그램을 이수하는 조건으로 기소유예를 하고 있다. 이것을 존스
쿨(John School) 수강명령이라고 한다. 존스쿨이란 미국에서 성매매로 체포된 남성이 흔
한 성씨인 John이라고 가명을 사용한 데서 유래한다.
2) 의제강간죄의 연령은 일본 스페인은 13세, 독일은 14세, 영국은 16세, 미국 뉴욕주는 17
세이다.
3) 청소년 성매수자의 일반적 인격권과 사생활의 비밀의 자유가 제한되는 정도가 청소년
성보호라는 공익적 요청에 비해 크다고 할 수 없으므로 신상공개는 해당 범죄인들의 일
반적 인격권, 사생활의 비밀의 자유를 과잉금지의 원칙에 위배하여 침해한 것이라 할 수
없다(헌법재판소 2003. 6. 26. 선고 2002헌가14 결정).

범방지 위험을 방지하기 위한 형사 정책적 조치이다. 성폭력범죄를 엄단하기 위해 상황에 따라 순화교육, 성범죄의 시효 연장, 신상공개, 사회격리, 전자장치 부착 및 성의 거세 등을 시행하고 있는 국가가 증가하고 있다. 미국 대법원은 재활이 불가능하다고 판단되는 성폭력범에게 영구적 구금을 실시하는 것을 합법화하였다.[1] 성폭력자의 재범방지를 위해 전자장치(electronic tagging)인 발찌를 성범죄자에게 부착시키고 감시하는 제도는 미국에서 시작하여 영국, 프랑스 등을 비롯한 우리나라에서 실시하고 있다(전자장치 부착 등에 관한 법률 제 5 조).

성폭력범죄자의 신상공개나 취업제한, 전자발찌제도 등이 성폭력의 예방조치로서 그 실효성이 크지 않아서 성범죄자에게 거세를 하는 국가(미국 텍사스주, 독일, 캐나다, 스웨덴, 폴란드)가 증가하고 있다. 거세에는 영구적인 물리(의학)적 거세와 일시적인 화학적 거세가 있다. 화학적 거세는 성욕과 성충동을 일으키는 남성 호르몬인 테스토스테론의 기능을 없애는 약물의 투여거세이다. 성폭력범죄를 상습적으로 저지른 성도착증 환자로서 성폭력범죄를 다시 범할 위험성이 있다고 인정되는 19세 이상의 사람에 대하여 검사는 약물치료명령을 법원에 청구할 수 있다(성폭력범죄자의 성충동 약물치료에 관한 법률 제 4 조).[2] 성폭력범의 퇴치를 위해 성범죄인의 인권을 논의하기보다는 성폭력범에 대한 강력한 대책을 늦출 수 없는 실정이다. 특히 강간, 살인, 강도, 약취유인 등의 재범 가능성이 높거나 강력범죄로 발전할 가능성이 높은 강력 범죄자의 신원정보를 확인하여 수사 및 예방으로 이용할 수 있도록 DNA 감식시료를 할 수 있다. 검사는 판사의 영장을 받아 감식시료를 채취할 수 있다(디엔에이신원확인정보의 이용 및 보호에 관한 법률 제 5 조).

---

1) United States v. Comstock, 130 S. Ct. 1949(2010).
2) 약물투여 거세는 출소 2개월 전부터 치료를 시작하고 거세기간은 법원이 재발위험에 따라 결정하고 최대한 15년으로 한다.

제17장

법과 재판

제 1 절 사법권의 독립

사법권의 독립은 삼권분립의 원칙상 국가권력으로부터 재판의 독립성을 보장하기 위한 법치주의의 제도적 장치이다. 외부로부터 어떠한 간섭이나 영향을 배제하여 재판관의 판결 자유와 독립에 사법권 독립의 뜻이 있다. "떨리는 손으로 판결문을 작성할 수 없다"는 법언이 말하듯이 재판관은 외부의 압력과 유혹에 흔들림이 없도록 독립한 지위를 보장하여야 한다. 사법권의 독립은 사법부를 도구화하려는 모든 권력으로부터의 독립 못지않게 여론, 이념, 신앙 등으로부터의 중립도 필수적이다. 사법권의 독립은 법치국가의 초석이며 법치주의의 상징이다. 사법권의 독립은 법관의 독립이 전제조건이기 때문에 헌법은 "법관은 헌법과 법률에 의해 그 양심에 따라 독립하여 심판한다"(제103조)고 규정함으로써 법관의 신분보장을 통해 사법권의 독립을 보장하였다.

재판은 법의 상징이고 믿음이다. 사법권의 독립은 재판의 공정성 보장에 있으며 재판의 공정성은 재판의 생명이다. 재판의 공정성과 신뢰성이 훼손되면 사법 불신을 초래하고 법치주의의 위기로 이어진다. 재판에 대한 신뢰 없는 사법권의 독립은 의미가 없다. 사법권의 독립 없이 사법정의 없고 사법정의 없이 사회정의 없다. 재판관은 공정한 재판으로써 정의를 대변하여야 한다.[1] 사법권 독립은 법의 존엄성과 신뢰성의 상징이기에 사법부 스스로 지켜야 할 의

---

[1] 영어의 justice가 정의를 뜻하는 동시에 재판관을 의미하는 것은 재판관은 정의의 실천자이고 정의의 상징으로 믿기 때문이다.

지와 사명감이 있어야 가능하다. 사법부가 독립성을 지키지 못하면 권력의 시녀, 정권의 부속기관으로 전락하고 일그러진 법조문화에 자정 노력이 없다면 사법부의 권위와 신뢰는 실추된다.[1] 사법권의 독립만큼 권력은 통제되고 판결의 지혜만큼 사회는 진화한다. 사법권 독립은 법관에게 법해석과 분쟁의 최종적 판단자로서의 법 창조적 책임을 준다.

사법부는 국민이 선출하지 않고 책임 추궁도 할 수 없는 독립적이고 권위적 권력이다. 사법권은 국민으로부터 나오고 국민이 위임한 권력이기에 국민으로부터의 독립을 의미하는 것은 결코 아니며 국민에게 봉사하고 책임을 져야 한다. 사법권의 독립은 재판의 신속·공정·공개 등을 요구하는 국민의 재판청구권보다 우위일 수 없다. 사법권의 독립은 법치주의를 실천하기 위한 수단이지 그 자체가 목적이 아니고 사법권에게 법 수호자로서의 책임을 주는 것이며 특권이 아니다. 권위적인 선민의식이 아닌 민주적 시민의식의 사법부를 국민은 요구한다.[2] 권력이 군림하는 시대는 지났고 국민의 신뢰 없이는 권력은 그 기반을 잃는다. 사법부는 전통적인 법의 심판자 기능에 머물지 않고 사법 서비스 공급자로서의 봉사를 요청받고 있다.

[제임스 1세와 코크 대법관의 대화]

1608년 영국의 절대왕정의 상징인 제임스(James) 1세가 코크 대법관에게 법관의 모자와 법복을 입어보자고 요청하자, 코크는 "재판은 법관의 직무이며 국왕이라도 재판관이 될 수 없다"고 거절하였다. 국왕은 "하늘이 내게 준 지혜로 왕국 전체를 통치할 수 있다면 재판인들 처리하지 못하겠는가?"라고 위압적이었다. 이에 코크는 "법은 일종의 예술로서 자연적인 이성만으로는 법을 제대로 이해할 수 없다. 재판관이 되기까지 전문적인 교육과 오랜 기간의 실무 경험을 거쳐야만 법에 대한 이해가 가능하다. 재판은 개인의 생명과 재산, 자유와 직결되기 때문에 체계적인 훈련 없이는 재판권을 행사할 수 없다"고 말하였다. 이 대화는 왕권에 대한 사법권의 우위와 재판의 특수성을 표현한 것으로 사법권 독립의 상징이 되고 있다.

---

1) 최근 여론조사기관 리얼미터에 의하면 사법부에 대한 국민 신뢰도는 불신이 63.9%로, 신뢰 27.6%의 2배를 넘는다. 한국의 사법신뢰도에 대해서 2015년 경제협력개발기구는 OECD국가 42개국 중 39위로, 세계경제포럼(WEF)은 140개국 중 69위로 발표했다.

2) "사법부와 국민 그리고 헌법의 역사는 지배와 복종이 아니라 역동적 대화의 관계이다"라고 미국 여성 최초 대법관이던 오코너(S. O'Connor)는 말했다.

제 2 절 재판관의 책임

I. 재판관의 양심

사법권의 독립은 법관으로서의 사명감과 사법적 양심에 따른 공정한 재판을 요구한다. 공정한 재판은 재판관의 양심과 재판절차의 공정성이 전제되어야 한다. 재판에서 중요한 것은 법전 만능이 아니라 재판관의 법적 추론이고 법적 추론은 재판관의 양심에서 시작한다. 법이 말하는 양심은 평범한 인간으로서의 양심이기보다는 재판관으로서의 이성과 양식을 말한다.[1] 재판관의 양심은 일반 사회인의 법 감정에 맞는 가치인 동시에 법조적 양심에 따른 법적 확신을 의미한다. 재판관은 인도주의적 양심의 상징이어야 한다.

시대가 변화하여도 법의 논리가 크게 변하지 않는 것은 사회의 보편적 가치를 추구하는 재판관의 양심이 있기 때문이다. 법원이 권위를 갖고 강한 영향력을 주는 것은 국민이 재판관의 양심을 믿고 재판을 존중함으로써 신뢰가 권위로 이어지는 것이다. 재판관을 신뢰하지 않는다면 재판은 불신을 받고 법의 존엄성은 추락한다. 하지만 재판관도 인간이기에 아집과 오만이 법의 위선으로 전락하고 심지어 법의 횡포나 법에 의한 살인을 초래할 수 있다.[2]

재판관은 인간이면서도 인간을 심판하는 엄격한 지위에 있기에 존경과 신망을 받아야 한다. 법복은 세속에 초연하여야 한다. 진실과 정의를 대변하는 재판관의 양심과 지성이 재판의 신뢰를 주고 법치주의를 굳건히 한다. 재판관은 정직과 공정, 신뢰와 용기, 관용과 성실 등의 덕목[3]을 갖추어야 하는 것은

---

1) 재판관은 두 개의 소금을 갖는다고 한다. 하나는 지혜의 소금으로서 아무 맛도 없도록 만들지 말아야 하고, 다른 하나는 양심의 소금으로서 약한 맛으로 만들지 말아야 한다.

2) 톨스토이는 "인간이 인간을 재판하는 것은 신을 모독하는 오만불손한 짓이다"라고 말하였다. "역사는 재판관도 때로는 압제자임을 증명해 왔다"고 더글러스(W. Douglas, 1898~1980) 미국 대법관이 말하였듯이 재판관이 항상 정의의 사도만은 아니었다.

3) 소크라테스는 재판관이 지킬 사항으로 ① 공손하게 변론하고, ② 현명하게 대답하고, ③ 냉정하게 검토하고, ④ 공정하게 판단하라고 말하였다. 정약용(丁若鏞)은 "재판의 기본은 성의를 다하는 것이고 성의는 도리에 어긋나지 않아야 한다(聽訟之本 在於誠意 誠意

이 때문이다. 재판관에게 정의의 기수, 공정한 심판자로서 소명의식과 지조와 품위를 항상 강조하는 것은 재판관의 법적 양심에 대한 믿음이 절대적인 것이 아니기 때문이다.[1] 다비드(G. David, 1460~1523)의 그림 「캄비세스 2세 왕(Cambyses Ⅱ, ?~B. C. 521)의 재판」은 재판의 공정성과 독립성이 흔들리지 않도록 법의 엄정한 집행과 결백한 재판관상을 묘사함으로써 재판의 공정성 실현을 위한 재판관의 자세에 대한 교훈이 되고 있다.

[다비드의 「캄비세스 2세 왕의 재판」]

이 그림은 재판관의 결백성·엄정성을 경고하는 내용이다. 고대 페르시아 제국의 왕 캄비세스는 뇌물을 받고 부정한 판결을 한 시삼네스 재판관에게 잔혹한 형벌인 생체 박피형을 선고하여 그의 살가죽을 산채로 벗겨 판사 의자에 깔도록 명령하였다. 그 후 그의 아들 모타네스를 후임판사에 임명하여 그 자리에 앉힘으로써 부패한 재판관의 비참한 말로를 통해 재판관의 청렴성을 독려하였다. 재판관의 살갗을 공개적으로 벗기는 섬뜩한 장면을 사실주의적으로 묘사한 이 그림은 재판관의 청렴성·공정성을 상징하는 작품으로 부정부패의 근원을 발본색원하고자 하는 뜻이 보인다.

Ⅱ. 재판관의 판결

1. 판결의 의미

인간에 대한 심판은 법만이 할 수 있고 재판관은 판결로써 말한다.[2] 판결은 사실판단과 법률적용에서 잘못과 거짓 그리고 편견과 오판이 없도록 정확하여야 함은 물론 이해당사자에게 억울함과 피해가 없도록 엄격하고 공정·투

之本 在於愼獨)"고 말하였다. 또한 라드브루흐는 이상적인 재판관상을 "이해심과 자신감에 충만하여 인간적인 모든 것을 통찰하는 눈을 갖고, 원칙에 엄격하면서도 말없이 부드러움을 갖고 그리고 당사자의 다투는 심정을 초월하여 흔들리지 않는 독자성을 추구하는 노판사"라고 말하였다.

1) 미국 대법관은 국민의 뜻을 받들어 지혜로운 판결을 하는 '9명의 현자'로서 존경받기도 하고, 법을 내세워 개인적 정치 성향에 따라 결정하는 '법복을 입은 정치인', '사법권은 통제받지 않는 철옹성의 권력'이라는 비판을 받는다.

2) 몽테스키외는 "재판관은 입에 불과하다. 다만 성문법에 정한 바를 선언할 뿐이다. 재판관은 무생물이다"라고 하였다.

명하여야 한다. 판결은 공정성을 통해 이해 당사자에게 공감과 승복을 주어야
하며[1] 일반인의 법적 확신과 보편적 가치에 부합하여야 한다. 분쟁은 해결의
논리보다 분쟁을 치유하는 감성인 공감의 문제이기에 판결을 신뢰하여야 한
다. 재판이 갈등의 해소가 아니라 시작이 되어서는 안 된다. 판결을 비판하고
불복할 수 있다. 판결이 공정성의 의구심을 없애 주지 못하면[2] 사법 불신은
높아지고 법치주의에 회의적이 된다. 판결은 재판관의 체험적 경륜과 삶의 예
지, 시대적 안목 등이 담긴 지혜의 결실로서 생명력과 설득력이 있어야 한다.
판결은 사법적 정의를 향한 법의 메시지이다.

   재판관은 법의 잣대로 인간을 심판한다.[3] "재판관은 인간을 벌할 수도 사
면할 수도 있다. 하지만 인간을 인간으로 보지 않으면 안 된다"고 괴테는 말하
였다. 법의 지나친 논리성 때문에 재판관은 일반적 상식과 인간의 실상이 잘
보이지 않는 경우가 있다.[4] 또 보일지라도 법의 논리는 그것을 초월하는 것이
정도라고 믿는다면 법의 위선이며 재판관의 무책임이다.[5] 셰익스피어의 「베니
스의 상인」에서 보듯이 판결은 불의에 대한 경고이고 사회정의를 향한 의지의
표현으로서 법의 결정체인 동시에 가치 창조이다.[6]

---

1) 삭크(A. Sacks)는 "판결문의 내용은 진실 발견의 논리, 정당화의 논리, 설득의 논리를
   거쳐 마음을 다스리는 마무리로 끝나야 한다"고 말하였다.
2) 브레너(F. Brechner)는 "판결의 꼼꼼하고 예리한 논증에서도 우리는 때로는 뭔가 맞지
   않는다는 느낌을 가진다"고 말하였다.
3) 재판관은 사람의 고통을 다룬다는 의미에서 의사나 성직자와 비슷하다. 의사는 개인의
   현재를, 성직자는 미래를 대상으로 하는 데 비해 재판관은 과거의 사실을 심판하고 미래
   를 경고한다.
4) "인간과 인간의 관계가 사랑 없이 권리·의무관계로 규정될 수 있다고 믿는 것이 법률
   가의 죄악이다"라고 톨스토이는 말하였다. 법은 아버지의 지위에서 명령하는 권위에 익
   숙하지만 자식들의 말에 귀를 기울이는 자상함에는 소원하다. 법은 결혼을 알 뿐이며 결
   혼생활의 애증을 알려하지 않고 채권관계만 알고 채권·채무자의 인정을 외면한다.
5) 법조 유머가 있다. 노련한 판사는 신임 판사에게 "판결만 내리고 그 이유는 설명하지
   말라. 판결은 결론에서는 정당할지 모르나 이유는 확실히 잘못된 것일 수 있다"고 충고를
   한다.
6) 드워킨은 판결문을 연작소설에 비유하였다. 테마에 초점을 맞추어 비평가와 창조자로
   서 집필하는 작가처럼 재판관은 법 가치의 창조자로서 판결을 하여야 한다.

2. 판결의 기준

법관이 법과 양심에 따라 심판하더라도 사건의 정상에 참작할만한 사유가 있을 때 그에 합당한 형량을 판정하려면 판사에게 법정형 내에서 어느 정도 형량의 재량권 보장이 필요하다. 하지만 양형기준의 일관성이 없고 형평에 맞지 않은 판결은 국민의 법적 확신에 어긋나고 사법부의 신뢰가 훼손된다. 형법이 규정한 양형조건[1]은 예시적 사항이므로 형의 선고는 형벌의 내용과 목적, 기능 등에 본질적으로 배치되어서는 안 됨은 물론 합리성과 평등의 원칙·비례성의 원칙을 현저히 침해하여서도 안 된다.[2] 법의 개괄적이고 추상적 규정 때문에 판결은 판사의 독선과 편견, 외부 영향 그리고 지나친 온정주의와 이념주의 등에 의해 형량의 재량권을 남용할 우려가 있다.[3] 또한 법정형과 선고형의 큰 차이로 법이 규정한 법정형은 사실상 외면당함으로써[4] 형벌의 엄격성이 실추되고 있고 때로는 구형을 한 검사와 갈등을 일으킨다. 민사사건에 비하여 형사사건에서 정상참작을 이유로 판사의 형량 재량권이 결정적인 작용을 하며, 상급심의 감형 판결에서 더욱 그러하다.[5] 특히 형벌의 양형확정뿐만 아니라 구속적부심사나 보석의 결정에서 판사의 재량권은 크게 작용을

---

1) 형법 제51조는 법정형 내에서 형량을 정함에 있어서 ① 범인의 연령, 성행, 지능과 환경, ② 피해자에 대한 관계, ③ 범행의 동기, 수단과 결과, ④ 범행 후의 정황 등을 참작하여야 한다고 규정하고 있다.

2) 대법원 1992. 8. 14. 선고 92초38 판결.

3) 양형기준이 같은 범죄에 대해 집행유예부터 10년 이상의 실형까지의 선고를 할 수 있어 양형 재량권이 남용될 우려가 있다. '동료 변호사 봐주기'식이나 '제식구 감싸주기'의 관행과 이념성향의 '튀는 판결'은 사법 불신을 야기시키는 병리현상이다.

4) 판결은 법정형의 상한선이나 중간선이 아닌 하한선을 기준하여 일반적으로 형량계산을 하고 있고 실제 양형결정에는 판사의 정상참작의 재량과 법이 규정한 감경사유를 중시하고 있다.

5) 1심의 판결이 2심에서 특별한 사정이 없는데도 판사의 재량으로 정상참작의 감형이 많아 항소심의 승소율이 높다. 예를 들면 음주·무면허 운전사건에서 1심은 "3개월 전 음주·무면허 운전으로 벌금형을 받고서도 똑같은 일을 저질렀다"며 실형을 선고하였다. 그러나 2심은 "전과가 여럿 있기는 해도 벌금형보다 높은 처벌을 받은 일은 없었다"며 집행유예로 감형하였다. 또한 1심은 '동종(同種)의 전과' 때문에 실형을 선고하였으나, 2심은 "반성을 하는데다 부모님을 부양하겠다고 다짐하고 있다"며 집행유예로 감형하였다 (조선일보 2011. 3. 9. 참조).

한다.

　무릇 권력행사의 재량권 남용을 통제할 제도적 장치를 마련하는 것은 권력분립의 논리이고 법치주의의 요건이다. 형벌의 작량감경(酌量減輕)에 대한 판사의 재량권 최소화는 판결의 공정성과 형벌의 엄격성을 확보함으로써 사법부의 신뢰성을 높일 것이다. 양형기준과 요건을 명백하고 객관적·구체적으로 입법화하는 것은 판결의 공정성을 통해 사법적 정의를 구현하기 위한 전제조건이다.1)

3. 오　　심

　판결은 법적 실험이 아니라 법적 확신이지만 재판은 불완전한 인간에 의한 심판이라는 한계를 인정하고 만든 완벽하지 않은 제도이다. 하지만 법은 완벽하고 재판관은 항상 잘못이 없다는 오만과 착각 속에 재판이 진행된다. 완벽이란 허구를 버려야 한다. 인간은 미완성이고 법도 재판도 불완전하다. 법은 지체를 싫어하고, 지체된 재판은 법의 징벌적 의미를 퇴색시키므로 신속한 재판이 요구된다. 재판은 논리보다 심증에 있기에 신중하여도 오판의 우려는 있고, 오판의 위험은 재판관의 숙명일 수 있다.2) 오심은 사법권의 신뢰와 법치주의를 크게 훼손시킨다. 사법부의 법적 판단이 국민의 법의식이나 입법부나 행정부의 식견보다 반드시 옳은 것만은 아니다.3) 오심의 가능성을 완전히

---

1) 재판관의 형벌 재량권을 크게 허용하는 나라는 우리나라와 일본 등 소수에 불과하며 형벌의 작량감경의 요건과 기준을 명시하는 것이 일반적 추세이다.

2) ① 1975년 유신정권에 항거한 인민혁명당사건에서 대법원은 관련자를 내란죄로 사형선고를 하였다(대법원 1975. 4. 8. 선고 74도3323 판결). 30년 후 국가권력이 이들을 불순세력으로 몰았다고 원심을 번복하였다(서울중앙지방법원 2007. 8. 21. 선고 2006가합92412 판결).

　② 1890년 루이지애나 주정부는 흑인들의 열차이용을 흑인 전용칸으로 구분하여 인종차별 장벽을 설치하였으나, 연방대법원은 대법관 7 : 1로 합헌을 선언하였다(Plessy v. Ferguson, 163 U.S. 537(1896)). 60년 후 캔자스 주정부의 흑백구분 학교 사건에서 연방대법원은 "분리하였으나 평등하다"(separate but equal)는 인종차별은 본질적으로 평등하지 않다고 종전 판결을 번복하였다(Brown v. Board of Education, 347 U.S. 483(1954)).

3) 미국 대법원의 보수적 대법관인 스칼리아(A. Scalia)는 "민주적 정당성을 갖지 못한 법원은 다수의 횡포로부터 소수인 개인을 보호하는 본연의 기능에 머물러야 하고, 다수의 이익을 보호하기 위해 입법권과 행정권의 행사에 관여하는 역할을 해서는 안 된다"고 말

배제할 수 없기 때문에 오심을 최소화하는 제도적 장치로서 재판에 대한 불복 절차인 삼심제도가 있다. 오심에 대해 국가손해배상청구가 가능함에도 불구하고 일반적인 국가배상책임과는 다르게 책임의 요건은 엄격하다.[1] 이것은 사법권의 독립과 특수성, 상급심제도를 존중하기 때문이다. 오심을 방지하기 위해 편견과 편중, 유혹과 외압, 전관예우와 연고주의의 청탁문화 등에서 초연하는 것은 재판관으로서 극복하여야 할 기본자세이다.

제 3 절 소송의 주체

I. 검   사

1. 검사의 지위

검사는 범죄수사를 지휘·감독하고 피의자를 공소 제기하는 행정관이면서 준사법관적 성격을 갖고 법관에 준하는 신분보장을 받는다. 검사는 국가와 공익을 대표하여 형사소송법상 원고인 당사자로서의 지위를 갖고, 공판절차에서는 공소의 유지자로서 피고인을 소추·추궁한다. 검사는 수사결과에 따라 기소 여부와 구속 수사 여부를 결정한다(형사소송법 제246조). 이를 검사의 기소독점주의라고 한다. 또한 검사는 범죄가 인정됨에도 불구하고 범인의 연령, 성행, 지능, 환경, 피해자와의 관계, 범행의 동기, 범행의 수단과 결과, 범행 후의 정황 등을 종합 참작하여 소추할 필요가 없다고 판단되면 기소하지 않을 수 있다. 검사가 기소하지 않고 사건을 종결시키는 것을 불기소 처분이라 한다.

하였다. 국민이 직접 선출하지 않은 사법부의 판결에 모든 것을 맡길 수는 없다는 뜻이다.

1) 법관의 재판에 법령의 규정을 따르지 아니한 잘못이 있다 하더라도 이로써 바로 그 재판상 직무행위가 국가배상법 제 2 조 제 1 항에서 말하는 위법한 행위로 되어 국가의 손해배상책임이 발생하는 것은 아니고, 그 국가배상책임이 인정되려면 당해 법관이 위법 또는 부당한 목적을 가지고 재판을 했다거나 법이 법관의 직무수행상 준수할 것을 요구하고 있는 기준을 현저하게 위반하는 등 법관이 그에게 부여된 권한의 취지에 명백히 어긋나게 이를 행사했다고 인정할 만한 특별한 사정이 있어야 한다고 해석함이 상당하다(대법원 2003. 7. 11. 선고 99다24218 판결).

불기소 처분에는 기소유예, 무혐의 처분, 기소중지, 참고인 중지 처분, 공소권 없음 등의 종국처분이 있다. 검사의 불기소 처분에 대해 불복하는 경우 재정 (裁定)신청[1]이 가능하다. 또한 검사는 성년후견개시 심판청구권, 부재자의 재산관리권, 회사의 해산명령권 등의 민사사건에도 관여한다.

검사는 공익을 대표하여 불법을 감시 · 퇴치하고 안정된 법치질서를 유지할 책임을 구현하기 위해 검찰권의 주체로서 수사권, 공소권, 영장청구권, 형집행권 등을 행사하는 막강한 지위에 있다. 검사의 정의 구현과 공권력 행사라는 지나친 자만심과 검찰의 관료적 조직문화가 검찰권 남용을 유혹한다. 검사의 수사는 과잉수사, 강압수사, 편파수사, 보복수사, 표적수사, 정치수사 및 권력 도구화(검찰 길들이기, 검사 줄서기) 등의 오해를 불식시키기 위해 공정한 수사, 정치적 중립, 인권보호 등을 위해 독립성과 책임성이 강조된다.[2] 검사는 '다모클레스의 칼'(the Sword of Damocles)[3] 아래 앉아 있는 것처럼 위험한 자리라는 것을 명심하여 사정기관으로서의 올바른 처신과 사명감을 갖고 사회적 해악 퇴치의 선봉자가 되어야 한다. 판사에게는 오만과 편견에서 벗어나 겸손과 균형감각의 관용이 필요하다면, 검사는 공명심과 독선을 버리고 법집행자로서의 원칙과 사명감의 적극적 자세를 가져야 한다.

---

1) 재정신청이란 검찰권의 부당한 행사를 통제하기 위하여 고발인이 법관으로 하여금 검사의 불기소 처분에 대해 부당 여부의 판단을 청구하는 제도로서 준기소 절차라고도 한다. 검사의 불기소 처분에 대해 검찰에 항고를 하였으나 기각 처분을 한 경우 검사 소속의 검찰청에 대응하는 고등법원에 재정신청을 할 수 있다(형사소송법 제260조). 고등법원은 재정신청을 받은 날부터 3개월 이내에 공소제기 여부를 결정한다. 공소제기가 필요한 경우 해당 검찰청은 담당 검사를 지정하여 공소를 제기한다.

2) 검찰 개혁은 검찰 독립과 중립성, 과도한 검찰 권한의 축소, 인권보호 등에 있다. 검사의 수사권 독점에서 경찰의 수사권 독립을 위한 새로운 협력관계가 필요하다.

3) 기원전 4세기에 시칠리아의 참주(僭主) 디오니시오스(Dionysios, B. C. 430~367)는 그의 최측근인 다모클레스(Damocles, ?~?)를 연회에 초대하여 한 올의 말총에 매달린 칼 아래 의자에 앉혀 불안하게 하였다. 이 위험한 자리를 통해 권좌는 언제 떨어질지 모르는 칼 밑에 있는 것처럼 항상 위험과 함께 있다는 것을 일깨웠다. 이것은 '다모클레스의 칼'로 명칭되어 권력무상을 경고하고 공직자로 하여금 항상 신중한 자세와 피할 수 없는 위험 책임을 가져야 한다는 교훈을 주고 있다. 1812년 웨스톨(R. Westall, 1765~1836)은 이러한 위험한 자리의 장면을 화폭에 담아 공직자의 올바른 처신을 고취하였다.

2. 검찰권

검사는 범죄수사에서 사법경찰관리를 지휘·감독하고, 범죄 수사권과 피의자에 대한 기소권을 갖고 법원에 대해 법령의 정당한 적용의 청구 및 재판 집행을 총괄하는 검찰권을 갖는다(검찰청법 제4조). 검찰권은 행정권의 작용이지만 사법권과 밀접한 관계에 있는 공소권을 행사하므로 검사의 임명자격, 신분보장 등에서 법관에 준하고 있다. 그러나 검사는 법관의 사법권 독립과는 달리 검찰권 행사는 검찰총장을 정점으로 하여 명령·감독에 복종하는 일체 불가분의 유기적 통일체로서 활동한다. 이를 검사 동일체의 원칙이라고 한다. 이것은 검찰사무의 신속성·통일성·공정성 등의 실현을 위해 필요한 것이다. 검찰청의 종류에는 대검찰청·고등검찰청·지방검찰청·지방검찰청 지원 등이 있으며 각급 법원에 대응하여 설치하고 있다.[1]

3. 특별검사제도

특별검사는 ① 국회가 특별검사의 수사 필요성을 의결한 사건, ② 법무부장관이 특별검사의 필요성을 판단한 사건을 전담한다(특별검사의 임명 등에 관한 법률 제2조).[2] 특별검사는 독자적인 수사권과 기소권을 갖는 예외적인 수사기관으로서 검찰총장 특명의 특임검사와 구분된다.

4. 고위공직자범죄수사처(공수처)

공수처는 고위공직자 및 그 가족의 비리를 수사·기소하는 독립 수사기관이다(고위공직자범죄수사처 설치 및 운영에 관한 법률 제2조). 공수처는 검찰의 정치적 독립성을 높이고 검찰권의 남용을 막고자 설치되었으나 자유국가에는 존재하지 않아 정권보위부라는 비판을 받는다.

---

1) 이 책, 부록 2. 법원조직표 참조.
2) 특별검사제도는 1868년 미국에서 그랜트 대통령 비서의 탈세 수사를 위해 처음으로 도입했다.

Ⅱ. 피 고 인

형사소송법의 피고인[1]은 민사소송법상 원고의 상대방인 피고와 달리 검사에 의해 범죄 혐의자로서 공소를 제기당한 자이며, 검사와 대립하여 형사소송법상 소송 당사자로서의 방어권을 행사하는 소송주체이다. 범죄행위에 대한 검사의 추궁권에 대항하여 피고인의 방어권 보장이 형사소송법의 과제로 제기된다. 형사피고인은 유죄의 판결이 확정될 때까지는 무죄로 추정될(헌법 제27조 4항) 뿐 아니라 피고인의 정당한 의사와 인권 보호를 위해 진술거부권(묵비권)(헌법 제12조 2항),[2] 신속한 공개재판청구권 등을 갖는다. 또한 피고인은 당사자 대등주의를 구현하기 위하여 변호인의 도움을 받을 수 있고, 변호인을 스스로 선임할 수 없을 때에는 국선변호인의 도움을 요청할 수 있다. 피고인의 자백에 대한 증명력과 증거능력을 원칙적으로 인정하지 않고 있다(형사소송법 제309조, 제310조). 피고인에 대한 수사는 구속 수사가 일반적이나 구속적부심사제에 의해 불구속으로 수사를 받을 수 있으며, 보석 청구에 의해 불구속 상태에서 재판을 받을 수 있다.

[구속적부심사제와 보석]

① 구속의 적부심사제는 검사가 피의자를 기소하기 전에 피의자의 청구에 의해 법원이 체포·구속 여부를 결정하는 것이다(형사소송법 제214조의2). 법원은 피의자의 구속이 부당한 경우에는 석방함으로써 피의자는 불구속 상태에서 수사를 받는다. 법원의 결정에는 항고할 수 없다. 구속의 적부심사제는 검사가 피의자를 석방하는 구속집행의 정지·취소나 보석과 구분된다. 구속의 적부심사제는 사전 영장에 의한 피의자의 인신구속에 대해 법원이 재심사 기회를 마련함으로써 인신보호에 만전을 기하기 위한 것이다.

② 보석(bail)은 기소된 피고인이 재판진행 중 구속한 상태로 재판을 받을 필요가

---

1) 피고인은 민사소송의 피고와 달리 검사의 기소를 받은 자 또는 공소가 제기된 자로 취급되는 소송 당사자를 말하며, 공소 이전의 피의자나 형의 집행을 받는 수형자와 구분된다. 피고소인은 고소인의 상대방인 피의자를 말한다.

2) 진술거부권은 현재 피의자나 피고인으로서 수사 또는 공판절차에 계속 중인 자뿐만 아니라 장차 피의자나 피고인이 될 자에게도 보장되어 형사절차뿐 아니라 행정절차나 국회에서의 조사절차 등에서도 보장된다(헌법재판소 1997. 3. 27. 선고 96헌가11 결정).

없는 경우 또는 일신상의 이유로 보증금 납입을 조건으로 구속의 집행을 정지하고 석방하는 것이다(형사소송법 제94조). 피고인이 도주, 증거인멸, 이유 없이 출석거부, 피해자에게 가해행위를 하거나 법원이 정한 조건을 위반한 때에는 보석을 취소하고 보증금을 몰수한다.

Ⅲ. 변 호 인

변호사는 소송법상 당사자 대등주의 원칙에 따라 민사소송에서는 의뢰자의 대리인이 되고, 형사소송에서는 피의자 또는 피고인의 권리보호를 위한 변호인이 된다. 변호인은 형사소송상 약자인 피고인의 방어권을 보충하기 위한 보조자를 말한다. 변호인은 접견권, 서류 열람권, 입회권, 의견진술권, 변호권, 상소권, 비밀유지권(attorney-client privilege) 등을 갖는다. 변호인에는 사선변호인과 국선변호인이 있으며 그 권한은 차이가 없다. 국선변호인은 피고인이 변호인을 선임할 수 없는 경우 이들을 도와 재판상 불이익이 없이 공정하게 재판을 받도록 법원이 직권으로 선정하는 변호인을 말한다(형사소송법 제33조).1) 국선변호인은 피고인에게만 인정되고 피의자에게는 인정되지 않는 것이 원칙이다.

제4절 소송의 분류

Ⅰ. 정식재판

소송에는 재판의 엄격한 절차를 모두 거치는 정식절차의 헌법재판 및 민사소송·형사소송·행정소송·선거소송·가사소송·특허소송 등이 있으며 각각 재판절차를 위해 헌법재판소법·민사소송법·형사소송법·행정소송법·공

---

1) 국선변호인을 선임하는 경우는 다음과 같다. ① 피고인이 구속된 경우, ② 피고인이 미성년자인 경우, ③ 피고인이 70세 이상인 경우, ④ 피고인이 농아자인 경우, ⑤ 피고인의 심신장애가 의심되는 경우, ⑥ 체포·구금 적부심사를 청구한 피의자가 위의 사항에 해당하는 경우, ⑦ 피고인이 사형, 무기 또는 단기 3년 이상의 징역이나 금고에 해당하는 사건으로 기소된 경우, ⑧ 피고인이 빈곤·지능 그 밖의 사유로 변호인을 선임할 수 없는 경우, ⑨ 필요적 변호 사건에서 변호인이 없거나 출석하지 아니한 경우 등이다.

직선거법·가사소송법 등이 있다. 재판의 분류는 재판을 위한 기능상의 분류이지 절대적인 것은 아니다. 헌법재판소는 헌법문제에 대한 최고 심판기관으로서 단심제이나, 법원은 대법원을 최고심으로 하여 각급 법원으로 조직되어 있다. 재판의 신중성을 확보하고 오판을 방지하기 위한 제도적 장치로서 상소와 재심제도, 비상상고 등이 있다.[1]

재판은 일반적으로 삼심제도를 원칙적으로 하여 지방법원을 제1심으로 하고 상소법원[2]으로서의 고등법원은 제2심인 항소심, 대법원은 제3심인 상고심을 각각 관할하고 있으나 헌법상 반드시 요청되는 것은 아니다.[3] 대법원은 법의 최종적 해석기관으로서 사법부를 대표한다. 대법원장은 국회의 동의를 얻어 대통령이 임명한다(헌법 제104조). 대법관은 대법원장의 제청으로 국회의 동의를 얻어 대통령이 임명하며, 대법원은 14인의 대법관으로 구성한다(법원조직법 제4조 2항).[4] 대법원에는 4명의 대법관으로 구성된 3개의 재판부가 있다. 합의를 이루지 못하는 판결은 대법원 전원합의체에서 다수결 원칙에 의해 결정되며, 다수의견과 반대되는 소수의견, 별개의견, 보충의견 등은 공개한다. 재판에는 부장 판사 3명이 교대로 재판장을 맡는 대등재판부 그리고 단독판사제와 판사 3인으로 구성되는 합의부가 있으며, 합의부는 1년 이상의 징역에 해당하는 사건을 원칙상 담당하고 있다. 지방법원 단독판사가 일심 재판인 경우는 항소

---

1) 재심은 확정판결이 사실인정에 중대한 잘못이 있는 경우에 소송당사자의 청구에 의해 판결을 다시 심리하는 것이다. 재심은 확정판결에 대한 구제수단인 점에서 항소·상고와 구분되고, 사실인정의 잘못을 시정하는 점에서 비상상고와 구별된다. 비상상고는 판결이 확정된 후 사건의 심판에서 법령위반이 명백한 때에 검찰총장이 대법원에 신청하는 비상구제절차이다(형사소송법 제441조).

2) 상소제도는 새로운 증거에 의한 재심제도와 달리 검사나 피고인이 재판에 불복하여 상급 법원에 재판을 재요구하는 것으로 상소심에서는 원심의 판결보다 무거운 판결을 선고하지 않는 것이 원칙이다. 이는 피고인이 상소가 중한 형벌로 가할 우려가 있기 때문에 상소 제기를 포기하지 않도록 하기 위한 배려이다. 그러나 검사가 피고인의 형이 부당한 이유로 부대항소를 제기한 경우는 그러하지 아니하다.

3) 대법원의 폭주하는 상고심의 부담을 줄이고 사법제도의 효율성을 위해 일반적인 사건의 심리를 위한 상고법원이 필요하다(미국·영국·독일 등이 실시).

4) 대법관, 헌법재판소 재판관 등의 임명이 정치적 이유로 순조롭지 못하여 사법기관의 정상적 운영을 기대할 수 없는 상황이 벌어지곤 한다. 공석상태에서 오는 국가 사법기능의 파행을 방지하기 위하여 예비재판관제의 도입이 필요하다. 독일, 오스트리아, 터키 등에서는 결원이 생기면 예비재판관 제도를 통해서 즉각 보충한다.

심 재판은 지방법원 항소부(합의부)에서 이루어진다.

한편 특허소송은 일심이 특허법원이고 이심은 대법원이 되어 이심제를 채택하였고, 선거소송은 소송의 신속한 재판을 위해 대법원의 전속관할로 하는 단심제이다. 국가와 기업의 사회·경제활동으로 인해 불특정 다수인에게 대규모의 피해가 발생함에 따라 집단적 권리구제를 위한 집단소송과 단체소송·공익소송 등이 제기되고 있다. 이것은 기존의 당사자 소송제도와 달리 집단적 권리구제 행위로서 사회·경제적 약자의 보호와 번잡한 소송행위를 보완하고 있다.

개인적인 특수관계로 인해 불공정한 재판을 할 우려가 있는 법관을 미리 제외시키어 공정성과 신뢰성 있는 재판을 보장하여야 한다. 이를 위해 제척·기피·회피제도를 두고 있다. 첫째, 제척사유는 ① 법관이 피해자인 경우, ② 법관이 피고인 또는 피해자의 친족이나 친족관계에 있었던 경우와 법정대리인, 후견인인 경우, ③ 법관이 피해자나 피고인의 대리인, 변호인, 보조인인 경우, ④ 법관이 이미 당해 사건을 관여하였을 경우 등이다. 둘째, 기피사유는 법관이 제척사유에 해당하거나 불공평한 재판을 할 우려가 있는 때에 당사자의 신청에 의해 법관을 직무집행에서 탈퇴시키는 것이다. 셋째, 회피는 법관이 기피의 원인이 있다고 판단하여 스스로 직무집행에서 탈퇴하는 것이다.

법원은 법정질서나 법원의 심리를 방해 또는 재판의 위신을 현저하게 훼손한 자에 대하여 입정금지, 퇴정명령, 20일 이내의 감치(監置)[1] 또는 100만원 이하의 과태료를 부과할 수 있다(법원조직법 제61조). 또한 법원은 신속한 재판을 위해 즉일선고를 할 수 있다.[2] 우리나라의 사법재판제도와 법원조직[3] 그리고 영국, 미국, 독일, 프랑스 등의 사법제도[4]는 다음의 그림과 같다.

---

1) 감치는 법원직원, 교도관 또는 경찰관이 즉시 위법행위자를 구속하여 경찰서 유치장, 교도소 또는 구치소에 유치하는 것을 말한다.
2) 즉일선고란 재판부가 어느 정도 결론을 예상해 첫 재판에서 곧바로 최종 판결을 선고하는 재판으로서 법적 절차 없이 즉시 재판하는 즉결재판과는 다르다.
3) 이 책, 부록 2. 법원조직표 참조.
4) 이 책, 부록 3. 영국·미국·프랑스·독일의 사법제도 참조.

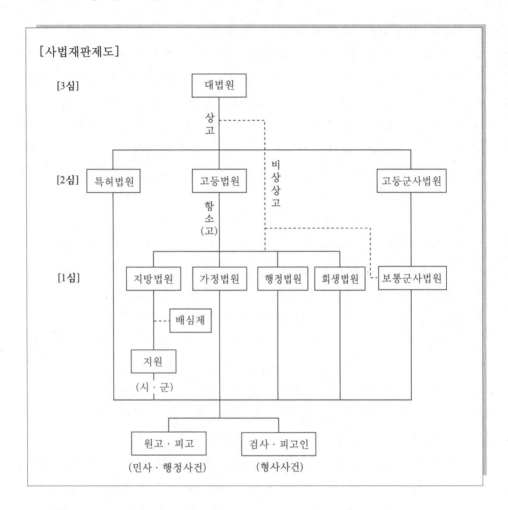

[사법재판제도]

[3심]   대법원

[2심]   특허법원   고등법원   고등군사법원

[1심]   지방법원   가정법원   행정법원   회생법원   보통군사법원

배심제

지원
(시 · 군)

원고 · 피고
(민사 · 행정사건)

검사 · 피고인
(형사사건)

1. 헌법소송

　헌법재판이란 법률의 위헌여부를 심사하여 위헌인 법률의 효력을 소멸시키는 위헌법률심판을 말하며, 입법부가 제정한 법률에 대한 사법적 심사(judicial review)를 의미한다. 헌법재판은 헌법 이념에 따라 법률에 의한 헌법의 침해를 방지하여 헌법을 적용·수호하는 제도이다. 헌법재판소는 법원이 재판의 전제가 된 법률의 위헌여부의 심사를 헌법재판소에 제청한 사건이나 헌법소원을 심판하는 헌법의 최고심판기관으로 단심제로 운영된다. 헌법재판은 사법의 일원화를 위해 일반 법원이 담당하는 영미법계 국가와 헌법의 특수성을 인정하

여 헌법재판소가 관할하는 대륙법계 국가로 구분된다.[1]

헌법재판소는 법률의 위헌심사권을 비롯하여 탄핵결정, 정당해산의 결정, 기관 간의 권한쟁의심판, 헌법소원, 선거소송 등에 관한 심판 등을 관장하고 있다(헌법 제111조). 헌법재판소에는 9인의 재판관 전원으로 구성되는 전원 재판부와 재판관 3인으로 구성되는 3개의 지정 재판부가 있다. 헌법재판소의 심판인 결정의 유형에는 각하결정, 합헌결정, 위헌불선언결정,[2] 위헌결정,[3] 변형결정 등이 있다. 변형결정이란 결정 내용을 위헌 또는 합헌으로 선언하는 것이 아니고 그 절충적 의미의 효력을 갖는 결정을 말하며,[4] ① 헌법불합치결정, ② 입법촉구결정, ③ 한정합헌결정, ④ 한정위헌결정, ⑤ 일부위헌결정, ⑥ 조건부 위헌결정 등이 있다.

[헌법재판의 변형결정]

헌법재판소의 변형결정은 법적 안정성과 국회의 입법권 존중 및 복잡한 헌법상황 등에 따른 신축성 있는 헌법판단의 필요성에서 비롯된다. 변형결정의 유형으로 ① 헌법불합치결정은 위헌심판 청구 내용이 위헌이나 법질서의 안정과 사회적 혼란을 줄이기 위해 법 개정 전까지는 효력을 잠정적으로 인정하는 결정이다. 위헌인 법은 개정할 때까지 효력을 지속한다. ② 입법촉구결정은 합헌이라고 할지라도 위헌의 여지가 있어 법률의 개정을 촉구하는 결정이다. ③ 한정합헌결정은 법률에 대해 다의적 법해석이 가능하나 일정한 방향의 법해석이나 일정한 방향으로 해석하는 한 헌법에 위반되지 않는다는 제한적 합헌결정이다. ④ 한정위

---

1) 미국식 위헌법률심판은 사법권 우월주의에 의한 것이며 일본이 채택하고 있다. 독일식 헌법재판소는 법원의 상위 사법기관으로서의 역할을 하며 프랑스가 실시하고 있다. 헌법재판소와 대법원의 판단은 그 목적과 잣대가 다르기에 상이할 수 있다. 대법원은 과거 사실의 적법성에, 헌법재판소는 헌법의 미래의 법적 가치를 중시하는 경향이 있다.

2) 위헌결정에 재판관 과반수가 찬성하였음에도 정족수 6인에 미달인 경우, "헌법에 위반된다고 선언할 수 없다"고 선고하여 단순한 합헌결정과 구분하는 결정이다.

3) 위헌결정이 되려면 위헌 의견이 6인 이상이어야 한다.

4) 헌법재판소는 "위헌이냐 합헌이냐의 결정 외에 한정합헌 또는 헌법불일치 등 중간영역의 주문형식은 헌법을 최고법규로 하는 통일적인 법질서의 형성을 위하여 필요할 뿐 아니라 입법부가 제정한 법률을 위헌이라고 하여 전면 폐기하기보다는 그 효력을 가급적 유지하는 것이 권력분립의 정신에 합치하고 민주주의적 입법기능을 최대한 존중하는 것이라 할 것이며, 그것은 국민의 대표기관으로서 입법형성권을 가지는 국회의 정직성·성실성·전문성에 대한 예우이고 배려라 할 것이다"라고 심판하여 변형결정을 인정하고 있다(헌법재판소 1993. 3. 11. 선고 91헌마21 결정).

헌결정은 일정한 방향으로의 법해석을 위헌이라고 하는 결정으로 한정합헌결정의 반대이다. ⑤ 일부위헌결정은 법률의 일부에 대한 위헌결정이고, ⑥ 조건부 위헌결정은 법률의 효력을 특별한 조건을 부여하여 인정하는 결정이다.

2. 민사소송

민사재판은 개인 간의 생활관계에 관한 분쟁 또는 사법상 이해관계의 충돌을 국가의 재판권으로 해결·조정하기 위한 소송절차이다. 원고와 피고의 주장을 법정 변론절차를 거쳐 판사가 판결로써 분쟁을 종결한다. 당사자 간의 분쟁의 해결은 민사집행법의 절차에 따라 국가 공권력의 실력 행사에 의해 집행된다. 민사소송과 형사소송은 소송상 별개의 문제를 관할하는 서로 독립된 소송이기 때문에 동일한 사건의 법적 책임에 상이한 판결이 나올 수 있다. 민사소송과 형사소송은 법적 판단을 구한다는 측면에서는 유사하다. 하지만 민사소송은 대등한 당사자 간의 분쟁의 해결에 있으나 형사소송은 범죄행위의 처벌을 위해 국가의 형벌권을 청구하는 것이다. 민사소송은 판결절차와 강제집행절차로 나뉘며 민사소송법과 민사집행법에 의해서 진행된다.

민사재판은 피고에 대한 원고의 소송의 제기로 시작되며 그 절차를 살펴보면, 원고의 소장 제출 → 피고에게 소장부본 송달 → 피고의 답변서 제출 → 원고와 피고의 준비서면 교환 → 증거신청 → 변론 → 조정 및 화해 → 판결선고 → 항소 → 상고 → 재심 → 강제집행 등으로 이어진다. 민사소송은 당사자 간의 대등한 지위에서 전개되는 법적 대결이어서 소송상 신청과 결정, 증명과 반증, 공격과 방어 등의 변론과 심리 절차로서 진행되는 법리적 논쟁의 성질을 갖는다. 소송 당사자가 판결에 승복하지 않으면 이의, 항소, 항고, 상고, 재항고, 상소 등으로 재판상 불이익에 역전을 시도하는 논쟁이 치열하다. 당사자의 호칭은 소송절차에 따라 제 1 심에서는 원고·피고, 제 2 심(항소심)에서는 항소인·피항소인, 제 3 심(상고심)에서는 상고인·피상고인이라고 한다.

[각하 · 기각 · 가압류 · 가처분]
① 각하(却下)란 소의 제기나 상소가 소송요건의 흠결이나 부적법 등을 이유로 본안심리를 하지 않고 배척하는 판결이나 결정을 말한다.

② 기각(棄却)(dismissal)이란 소의 제기나 상소에 대해서 심리한 결과, 이유가 없다고 하여 배척하는 판결 또는 결정을 말한다. 각하는 상소나 흠결의 보완이 가능한 경우에 한하여 다시 신청할 수 있지만, 기각은 상소로써만 다툴 수 있다.

③ 가압류(attachment)란 금전채권의 집행을 보전하기 위해 미리 채무자의 재산을 동결시켜 채무자의 처분권을 잠정적으로 빼앗는 사전 집행보전제도이다. 부동산 가압류, 동산 가압류, 채권 가압류 등이 있다.

④ 가처분은 금전채권 이외의 권리 또는 법률관계인 계쟁물에 관한 확정판결의 강제집행을 보전하기 위한 가압류와 유사한 집행보전제도이다. 계쟁물이 처분되거나 멸실되는 것을 방지하고자 판결을 받기 전에 현상변경을 금지시키는 제도이다. 가압류는 금전채권을 대상으로 하는 데 비하여 가처분은 금전채권이 아닌 권리라는 점에서 구별된다.

3. 형사소송

범죄 발생으로 비롯된 형사사건은 범인 체포, 범죄 신고, 진정서 제출, 고소·고발, 자수, 불심검문, 변사체 검시, 수사기관의 수사의 단서 등에 의해서 시작한다. 범죄의 실행 중이거나 실행의 즉후인 현행범인이나 준현행범인[1]은 누구든지 영장 없이 체포할 수 있다(형사소송법 제211조, 제212조). 수사기관이 특정사건에 대해 수사의 대상으로 확정하는 것을 입건이라 하고, 수사 대상자는 피진정인, 피고발인 또는 피내사자로서 수사를 받은 후 범죄혐의가 있으면 피의자 신분이 된다. 일반인이 안심하고 자발적으로 범죄 수사에 협조를 할 수 있도록 특정범죄신고자 구조 제도를 두고 있다.[2] 형사소송은 대체로 수사기관의

---

1) ① 범인으로 호창되어 추적되고 있는 때, ② 장물이나 범죄에 사용되었다고 인정함에 충분한 흉기 기타의 물건을 소지하고 있는 때, ③ 신체 또는 의복류에 현저한 증적(證跡)이 있는 때, ④ 누구임을 물음에 대하여 도망하려 하는 때 등을 준현행범인으로 간주하여 현행범과 동일하게 다룬다(형사소송법 제211조). 순찰 중이던 경찰관이 교통사고를 낸 차량이 도주하였다는 무전연락을 받고 주변을 수색하다가 범퍼 등의 파손상태로 보아 사고차량으로 인정되는 차량에서 내리는 사람을 발견한 경우 준현행범으로 인정한다(대법원 2000. 7. 4. 선고 99도4341 판결).

2) 특정범죄신고자 구조 제도란 특정 범죄에 대한 형사상 협조로 인해 보복을 당할 우려가 있는 범죄 신고자와 가족의 신변 안전을 위해 국가가 보좌인을 지정하고 구조금 지급 등을 통해 신고자의 심적·물적인 실질적 보호를 하기 위한 사법적 제도이다(특정범죄신고자 등 보호법 참조). 특정범죄에는 ① 살인, 약취와 유인, 강간·강제추행, 강도, ② 범죄단체의 구성 등에 관한 죄 중 특정 강력범죄에 해당하는 범죄, ③ 마약 사범, ④ 폭력 또는 절도를 목적으로 단체와 관련된 범죄 등이 해당한다.

[형사사건 처리절차]

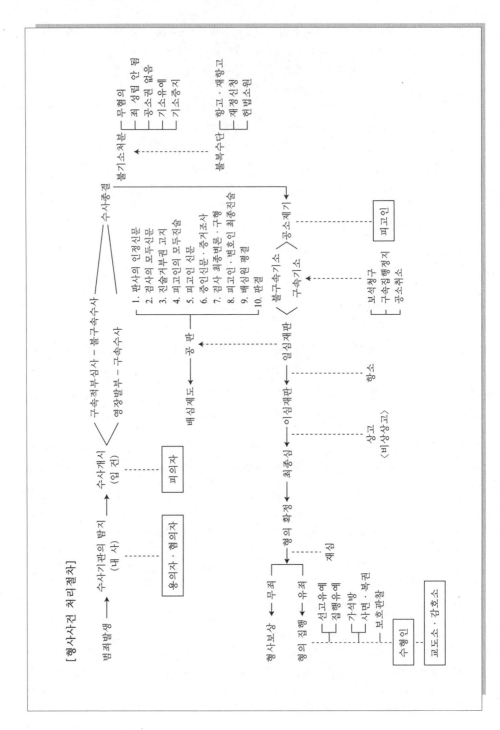

수사의 진행 → 피의자의 체포[1] → 영장심사제 → 구속영장의 발부[2] → 피의자의 구속[3] → 구속적부심사 → 검사의 공소 제기(기소 또는 불기소처분) → 공판 → 배심원의 평결 → 형의 선고 → 형의 집행 등의 순으로 종결된다. 형사사건의 처리 과정을 표로 정리하면 위의 도표와 같다.

형사소송의 소송 관계자는 민사소송과는 달리 법원, 검사, 피고인, 변호인 등이다. 형사재판은 공익의 대표자로서 검사가 형사소송법에 의해 범죄 혐의자인 피고인에 대한 공소의 제기로 시작한다. 판사는 공판절차를 통해 피고인의 유무죄를 가려 검사의 구형에 대해서 양형을 판결한다. 재판은 피의자의 구속 이후 6개월 내에 완료된다. 민사사건은 개인과 개인의 이해관계에 따른 원고와 피고의 사적 문제의 해결에 있으나, 형사사건은 반사회적 행위를 범한 개인과 국가의 형벌권의 관계이다. 형사소송법은 형사사건의 실체적 진실발견[4]과 동시에 피고인의 인권보호를 주요 내용으로 한다.

4. 행정소송

행정소송이란 국가의 행정작용에 대해서 이의 또는 분쟁이 있을 경우에 법원이 이를 심리·판단하는 소송절차로서 행정청의 위법한 처분에 대해서 소를 제기할 수 있다. 행정소송의 절차는 행정소송법에 의하며, 법원에 의한 행

---

1) 체포는 수사 초동 단계에서 피의자의 신병을 단기간 구금하는 것이다. 체포는 법관의 영장을 받아 실행하는 것이 원칙이다. 체포나 구속의 절차는 구속영장 제시 → 미란다 원칙 고지 → 가족·변호인 등에게 통지 등을 거친다. 그러나 범죄가 중한 사건인 경우 ①피의자가 증거를 인멸, ② 도주할 우려가 있거나, ③ 현행범 또는 준현행범인 경우는 영장 없이 긴급체포할 수 있다(형사소송법 제200조의3).
2) 피의자를 체포한 경우에 검사는 48시간 이내에 법원에 구속영장을 신청하면 법관은 영장의 실질적 심사를 통해 구속영장을 발부한다. 구속영장을 발부하기 위해서는 피의자의 일정한 주거가 없는 경우, 피의자가 증거를 인멸할 염려가 있는 경우, 피의자가 도주하거나 도주할 우려가 있는 경우 등이다.
3) 구속이란 피의자 또는 피고인의 신병을 확보하는 강제처분으로 구인과 구금을 포함한다. 구인은 피고인을 법원, 기타의 장소에 최대 24시간 인치할 수 있는 강제처분이고, 구금은 피의자 또는 피고인을 교도소 또는 구치소에 감금하는 것으로 미결구금이라고 한다.
4) 실체적 진실 발견주의는 객관적 진실을 밝혀 진상을 명백히 추궁하는 원리로서 형사소송의 기본원리이다. 죄 있는 자는 빠짐없이 벌해야 한다는 적극적 진실주의와 죄 없는 자를 유죄로 하여서는 안 된다는 소극적 진실주의를 내용으로 한다. 전자는 대륙법의 형사법상 직권주의를, 후자는 영미법의 당사자주의를 강조한다.

정소송과 행정기관에 의한 행정심판을 합하여 행정쟁송이라 한다. 행정소송은 해당 행정청의 행정심판을 거치지 않고 직접 행정법원에 소송을 제기할 수 있으나 조세, 징계, 운전면허 등과 관련된 행정처분은 행정심판을 거쳐야만 행정소송을 제기할 수 있다. 이를 행정심판 전치주의라 한다. 행정소송은 일반적으로 항고소송 · 당사자소송 · 민중소송 · 기관소송 등으로 분류된다.[1]

5. 선거소송

선거소송은 대통령 및 국회의원의 선거 및 당선의 효력에 관해서 이의가 있는 경우, 당선무효 또는 선거무효를 판단하는 소송으로서 제1심을 대법원으로 하는 단심제이다. 선거소송은 선거일, 당선인 결정일부터 30일 이내에 대법원에 소를 제기할 수 있다. 지방의회 의원 및 지방자치단체장 선거에 불복이 있는 자는 선거구 관할 고등법원에 소를 제기할 수 있다. 선거의 무효, 당선무효인 경우에는 재선거를 실시한다. 선거소송은 그 특성상 다른 재판에 우선하여 재판의 빠른 판결을 위해 소송의 처리기간을 180일 이내로 한정하고 있다(공직선거법 제225조).

6. 가사소송

가사소송이란 가정 내의 혼인 · 이혼관계, 친자관계, 입양관계, 가사조정 등의 가사사건의 심리절차를 다루는 재판이다. 가사소송은 민사재판에 비하여 보수성 · 윤리성이 강하여 개별적 · 구체적인 타당성을 추구하며 법원의 직권주의가 크게 작용한다. 가사소송은 조정이 가능한 소송사건에 대하여 먼저 조정을 거치는 조정전치주의를 취하고 있다. 가정법원은 가정의 평화와 안정, 보호를 위해 가정폭력범죄를 관할하고 있으며 청소년 사건을 처리하기 위해 소년법원을 두고 있다.

---

1) 항고소송은 행정청의 위법한 처분으로 인하여 권익을 침해받은 자가 제기하는 소송이고, 당사자소송은 공법상의 법률관계에 관하여 국가나 공공단체를 상대로 제기하는 소송이다. 민중소송은 국가나 공공단체의 위법행위에 대해서 그 시정을 구하기 위하여 제기하는 소송으로서 집단소송이라고도 한다. 민중소송에는 국민투표무효소송, 선거무효소송과 당선무효소송, 지방자치단체의 주민소송 등이 있다. 기관소송은 국가 또는 지방자치단체 상호간의 권한의 존부 또는 행사에 관하여 다툼이 있는 경우 제기하는 소송이다.

7. 회생소송

회생소송은 '채무자 회생 및 파산에 관한 법률'에 따라 채무자의 재산보다 채무가 많은 개인 채무자의 경제적 회생을 위해 부채의 탕감이나 파산신청 및 개인 채무자의 면책 신청에 관한 회생법원의 소송절차를 말한다(법원조직법 제40조의5). 회생소송은 개인회생, 개인파산, 면책 등을 다룬다.

8. 특허소송

특허소송에는 산업재산권의 침해 및 이로 인한 손해배상에 관해 일반법원에 제기하는 특허침해소송과 지식재산권의 효력범위에 관한 분쟁에 대해 특허청 산하의 특허심판원에 제기하는 특허심판이 있다. 특허침해소송은 일반 민사소송과 다를 바 없지만 특허심판은 행정심판으로서 ① 특허의 무효심판, ② 특허권의 권리범위 확인심판, ③ 통상실시권 허여(許與)심판, ④ 특허발명의 명세서·도면의 정정심판 등으로 구분된다.

9. 조세소송

조세소송은 국세청의 세금부과에 대한 분쟁을 해결하는 소송으로서 과세에 대한 부당·위법을 이유로 세무서에 이의신청이나 심사청구 등의 조세심판을 거쳐 제기할 수 있다. 조세소송은 위법한 조세행정으로 인한 재산권 보호를 위한 사법적 구제로서 조세 행정소송, 조세 민사소송, 조세 헌법소송 등을 포함하는 포괄적인 소송이다. 조세 행정소송은 과세 표준과 세액에 대하여 그 처분의 취소를 청구하는 부과처분 취소소송, 과세처분의 무효 확인소송 등이 있다. 조세 민사소송에는 위법한 과세에 대한 조세 환급 청구소송과 배상청구소송 등이 있으며, 조세 헌법소송은 과세에 대한 위헌법률심사, 헌법소원 등이 있다.

10. 군사재판

군사재판을 관할하기 위해 특별법원으로서 군사법원을 둘 수 있고 군사법원은 대법원의 하급법원으로서의 지위를 가지며 상고심은 대법원에서 관할한다(헌법 제110조). 군사법원은 보통군사법원과 고등군사법원으로 구성되며 재판관은 군판사와 심판관으로 한다.

11. 집단소송 · 단체소송 · 공익소송

(1) 집단소송

집단소송(class action lawsuit)은 공동피해자 집단을 대표하는 대표 당사자가 소송을 수행하고 피해자 중에서 개인이 별도의 소송을 제기하지 않는 한 판결의 효력이 소송에 참가하지 않은 피해자 전원에게 미치는 일괄 구제의 소송행위이다. 집단의 대표가 소송을 진행하고 판결의 효력은 집단이 공유하는 소송제이다. 집단소송은 단체가 아닌 자연인 집단에 의한 소송이라는 점에서 상설단체인 시민단체가 소송을 주도하는 단체소송과 차이가 있다. 집단소송은 피해자가 불특정 다수이고 전체 피해액은 막대하지만 각자의 손해가 소액이어서 소송비용이 과다하고 절차가 복잡하여 소송의 제기가 사실상 어려운 경우에 원고의 주장을 간편하고 확실하게 주장할 수 있는 장점이 있다.

집단소송은 집단적인 피해를 효율적으로 구제하고 기업의 경영 투명성과 신뢰성을 높이는 데 기여하고 있으나 과다한 소송비용과 소송지연, 소송의 남발 등이 문제점으로 나타난다. 하지만 기업의 불법행위로 인해 불특정다수인이 많은 피해를 본 경우 행정제재만으로는 피해자 보호에 한계가 있기 때문에 집단소송의 범위를 확대할 필요성이 있다. 우리나라는 주가조작 · 허위공시 · 분식회계로 인한 소액주주의 피해에 대해서만 집단소송이 허용되었다(증권관련 집단소송법 제 3 조). 미국은 환경문제[1] · 독과점행위[2] · 제조물책임[3] · 노동문제 등에 따른 손해배상에 대해 집단소송제를 확대하고 있다.

---

[1] 1989년 Exxon Mobil 회사의 알래스카 유전사고로 인한 해양 생태계 오염에 대해 법원은 손해배상금 5억 달러를 부과하였다(In re Exxon Valdez, 270 F.3d 1215, 1223(9th Cir. 2001)).

[2] 흡연으로 인한 피해배상과 담배회사의 독과점에 대한 소송(Master Tobacco Settlement)에서 담배회사는 손해배상금 $2,060억을 25년에 걸쳐 부담하기로 합의하였다(Moore v. American Tobacco, et al. Case No. 94-1429).

[3] 1990년 유방 성형 수술에 사용한 실리콘 젤의 부작용으로 200만명의 피해자가 발생한 사건에서 제조업자에게 3조원 넘는 손해배상금을 부과하였다(In re Dow Corning Corporation, 117 S.Ct. 718(1997)).

(2) 단체소송

단체소송은 집단적 피해에 대한 권리구제와 법적 보호가 부족한 사회·경제적 약자의 보호, 불합리한 법의 개정, 사회제도의 개선 등을 실현하기 위해 기존의 소송과는 다른 차원에서 법적 판단을 요구하는 집단적 소송이라 할 수 있다. 단체소송은 소송을 통해 사회여론을 환기시키기 위한 시민운동에서 비롯되었다. 단체소송은 개인의 피해구제에 머무르지 않고 인권운동, 시민 불복종운동 등으로 발전하였다. 단체소송은 독자적인 소송형태로 제도화되지 아니하였으나 공동체주의적 집단소송의 양상을 띠고 있다. 집단소송이나 단체소송은 모두 다수인을 대신해 소송을 제기하여 배상을 받는다는 점에서는 비슷하나, 집단소송은 단체성을 내용으로 하는 데 비하여 단체소송은 실력적 행위를 기반으로 한 시민성을 강조하는 점에 차이가 있다. 우리나라에도 양심적 병역사건, 공항의 소음피해소송, 담배피해소송, 새만금간척지소송, 증권피해소송, 백화점 사기세일소송, 시위로 인한 영업상 피해소송 등이 제기되었다.

(3) 공익소송

공익소송은 기업의 허위·과대광고, 담합행위, 탈세 등으로 인하여 일반인에게 피해를 주는 경우 국가나 공공기관이 원고자격으로 소송을 제기하고 그 배상금을 피해자에게 배분하는 집단소송의 일종인 소비자 구제소송이다. 공익소송은 집단소송과 달리 국가기관이 기업을 상대로 다수 피해자를 대신해 소송을 진행한다는 점에서 차이가 있다. 우리나라에는 소비자보호를 위한 소비자단체의 소비자권익 침해행위의 중지를 요구하는 공익소송을 제한적으로 인정하고 있다(소비자기본법 제70조). 미국은 연방거래위원회(FTC, Federal Trade Commission)가 이를 행사한다.

II. 전자소송제도

전자소송제도는 종래의 서면 중심의 소송절차를 보완하여 인터넷을 이용한 종이서류 없는 방식의 소송절차이다. 소송 서류를 인터넷을 이용하여 제출·송달하고 소송 수행에 필요한 모든 서비스를 인터넷으로 진행한다. 전자소송제도는 대법원이 운영하는 전산정보처리 시스템을 이용하여 인터넷방식으로 소송을 진행하는 것 이외에는 일반소송절차와 같다. 소송절차의 간편성·신속성·투명성·경제성 등을 통해 소송절차의 간소화와 효율적인 사법행정을 이룰 수 있는 동시에 사생활의 비밀을 보호받을 수 있다.

대법원 홈페이지 전자소송에 접속하여 공인인증 절차를 거쳐 전자소송 사용자로 등록되면 전자소송제도를 이용할 수 있다(민사소송 등에서의 전자문서 이용 등에 관한 법률 제6조). ① 사용자등록, ② 원고의 소 제기, ③ 피고의 답변서 제출, ④ 송달절차, ⑤ 사건기록의 열람 및 복사 등의 순으로 온라인상에서 이루어진다. 전자소송은 상대방의 동의가 필요 없이 당사자의 선택으로 진행된다. 특히 디지털 데이터를 적법한 절차와 과학적 기법을 이용해 증거로 제출하는 디지털 포렌식(Digital Forensics)의 도입으로 소송절차도 전자화하고 있다. 디지털 포렌식의 증거는 법적 절차에 따라 이용되고 사이버 범죄의 추적과 조사의 핵심이다.

Ⅲ. 간이소송절차

정식 재판절차는 소송 당사자의 의견과 증거를 충분히 주장할 수 있는 기회가 보장되는 재판의 기본절차이다. 하지만 재판과정이 진실의 추구라는 이유로 소모적 논쟁이 지루하게 계속될 수 있다. 소송과정이 당사자에게 복잡하고 번거로운 절차, 소송비용, 시간낭비, 개인적 불편 등의 물적·심적 부담을 주기 때문에 간이·신속한 소송절차와 저렴한 비용으로서 분쟁의 해결을 융통성 있게 할 필요성이 요구된다. 간이소송은 당사자 간의 분쟁을 복잡한 정식 재판에 의하지 않고 간략하게 해결하는 소송절차를 말한다. 간이소송절차를 통해 심판을 진행함으로써 법원과 검찰의 업무상 부담을 줄이는 동시에 당사자에게 재판권의 강제성에서 벗어나 자율적 해결의 편의를 준다. 특히 경미한 사건에 대해서 정식재판절차를 피하고 다양한 방법의 간이소송절차제도가 도입되고 있다.

1. 민사절차

(1) 소액사건 심판제도

소액사건 심판절차는 3,000만원 이하의 금전지급청구(대여금·물품대금·손해배상청구)인 소액사건에 대해서 값싼 소송비용과 빠른 소송절차로 진행하는 심판절차를 말한다(소액사건심판법 제2조). 소액사건 심판에서는 변호사가 아니라도 당사자와 관련이 있는 사람이 소송대리인이 될 수 있다. 소장을 제출하거나 원고와 피고 쌍방이 법원에 출석하여 진술에 의해서도 소의 제기가 가능하다. 재판에 불출석하거나 답변서도 내지 않으면 즉석에서 원고 승소 판결을 받는다. 법원은 피고에게 원고의 취지대로 이행할 것을 권고할 수 있다. 재판은 1회에 한하는 것을 원칙으로 한다.

(2) 지급명령제도

지급명령은 일정한 액수의 금전, 유가증권 또는 일정한 양의 대체물(예를 들면 중급품 사과 10kg 1상자) 등의 지급을 청구하는 분쟁에 변론이나 판결 없이 채무자에게 금전 또는 유가증권의 지급명령을 내리는 독촉절차를 말한다(민사소송법 제462조, 민사집행법 제58조). 지급명령제도는 소송물 가액이 2천만원 이하인 경우에 제1심 법원이 피고에게 권고하는 이행권고결정 제도(소액사건심판법 제5조의3)와 다르다. 지급명령이 내려지면 채무자에게 지급명령 정본을 송달한다. 지급명령은 채무자가 이의를 제기하면 정식재판절차로 진행되는 잠정적 절차이다.

(3) 양육비 직접 지급명령제도

양육비 직접 지급명령제도란 자녀 양육자가 간편하게 양육비를 확보할 수 있도록 양육비 채무자의 급여 채권에 대해서 법원이 압류명령의 효력을 인정하는 지급명령이다(가사소송법 제63조의2). 양육비 채무자가 양육비를 지급하지 않는 경우에 그의 고용자에게 양육권자의 급여에서 양육비를 직접 지급하게 한다. 또한 양육비 이행 서비스를 국가가 대행하는 양육비 이행 관리원제도가 있다(한부모가족지원법 제11조).

(4) 민사조정제도

민사조정제도는 민사에 관한 분쟁에 대한 정식재판 이전에 제3자로서 법관이나 조정위원회가 당사자의 의견을 검토하고 독자적으로 분쟁해결을 위한 조정안을 마련하여 당사자에게 수용할 것을 권고하는 것이다. 조정은 분쟁 당사자 간의 융통성 있는 합의로써 해결하는 것이며, 조정이 성립되면 재판상 화해와 동일한 효력을 갖는다(민사조정법 제29조). 조정 판사는 조정이 적당하지 아니하거나 부당하다고 인정할 때에는 조정을 종결시킬 수 있다. 조정이 성립되지 않은 경우, 조정 담당판사는 상당한 이유가 없는 한 직권으로 조정에 갈음하는 결정을 한다. 이에 대해서 당사자의 이의신청이 있으면 별도의 신청을 하지 않더라도 자동적으로 정식소송으로 심리된다.

2. 형사절차

(1) 약식절차

약식절차란 지방법원이 경미한 사건의 경우 피고인을 소환·심리하는 번거로운 재판절차를 생략하고 검사의 청구가 있는 때에는 검사가 제출한 서류만으로 벌금·과료·몰수 등의 재산형을 선고하는 절차이다(형사소송법 제448조). 약식절차에 따라 판사가 내리는 형을 약식명령이라 한다. 사건이 약식명령으로 할 수 없거나 약식명령으로 적당하지 않다고 인정되는 경우에는 정식공판절차에 따라 심판하여야 한다. 약식명령에 불복하면 정식재판을 청구할 수 있으며, 이 사건은 고정재판부[1])에서 다룬다.

(2) 형사조정제도

형사조정은 피해자와 가해자의 형사적 분쟁을 조정을 통해서 그 결과를 사건처리에 반영하는 절차로서 민사조정과 비슷하다. 검사는 피의자와 범죄피해자 사이에 형사분쟁을 공정하고 원만하게 해결하여 범죄피해자가 입은 피해를 실질적으로 회복하는 데 필요하다고 인정하면 당사자의 신청 또는 직권으로 수사 중인 형사사건을 형사조정에 회부할 수 있다(범죄피해자 보호법 제41

---

1) 고정재판은 일심 형사사건의 판례를 지칭하는 '고'와 정식재판을 의미하는 '정'을 합성한 명칭이다.

조). 가해자와 피해자가 형사조정위원회를 통해 합의를 하면 검사가 가해자를 불기소처분하고 사건을 종결한다. 감정악화로 인한 분쟁, 소액재산 범죄사건 등과 같이 형사처벌에 큰 의미가 없는 사건은 형사조정을 거치게 한다.

　형사조정의 대상은 ① 차용금, 공사대금, 투자금 등 개인 간 금전거래로 인하여 발생한 분쟁으로서 사기, 횡령, 배임 등으로 고소된 재산범죄 사건, ② 개인 간의 명예훼손·모욕, 경계침범, 지식재산권 침해, 임금체불 등 사적 분쟁에 대한 고소사건, ③ 형사조정에 회부하는 것이 분쟁해결에 적합하다고 판단되는 고소사건, ④ 고소사건 외에 일반 형사사건 중 형사조정에 적합한 사건 등이다(동법 시행령 제46조). 그러나 ① 피의자가 도주하거나 증거를 인멸할 염려가 있는 경우, ② 공소시효의 완성이 임박한 경우, ③ 불기소처분의 사유에 해당함이 명백한 경우 등은 형사조정에 회부할 수 없다. 형사조정을 담당하기 위해 각급 지방검찰청 및 지청에 형사조정위원회를 둔다.

(3) 배상명령제도

　배상명령제도는 일정한 범죄인에 대해서 유죄판결을 선고할 경우 법원이 직권 또는 피해자의 신청에 의해 범죄행위로 인하여 발생한 직접적인 물적 피해 및 치료비, 손해배상을 범죄인에게 명하는 절차를 말하며 부대소송이라고도 한다. 형사사건의 피해자가 형사 재판과정에서 간편한 방법으로 민사적인 손해배상을 청구하는 것이다. 배상명령제도에 해당하는 범죄행위에는 상해죄, 절도죄, 강도죄, 사기·공갈의 죄, 횡령과 배임의 죄, 손괴의 죄 등에 한한다(소송촉진 등에 관한 특례법 제25조). 배상을 신청할 수 있는 자는 피해자 또는 그 상속인이며 배상명령은 민사판결문과 같은 효력을 가져 강제집행도 가능하다.

(4) 즉결심판제도

　즉결심판제도란 경미한 행정법규 위반(도로교통법상의 자동차 주·정차위반, 예비군법상의 예비군 불참 등) 또는 형법 위반(폭행죄, 단순도박죄), 경범죄 처벌법 위반 등의 가벼운 범칙행위에 대해 정식수사와 재판을 거치지 않고 '즉결심판에 관한 절차법'에 따라 20만원 이하의 벌금, 구류, 과료 등으로 처벌하는 간략하고 신속한 심판절차(즉심)를 말한다. 경범죄 처벌법과 도로교통법규 위반자에게 경찰서장은 범칙금의 납부를 통고처분할 수 있다. 범칙금의 납부를 명령받은 사람은 10일 이내에 경찰청장이 지정하는 곳에 납부하여야 한다. 범칙금을 납부하지 않는 경우에는 관할 경찰서장은 즉심에 회부한다.

즉결심판은 경찰서장의 청구에 의해 판사가 심판하고 즉심이 확정되면 확정판결과 같은 효력이 발생한다. 경찰서장의 즉결심판 청구는 검사의 기소독점주의에 대한 예외로서 사전에 당사자에게 알려주어야 한다. 확정된 판결은 경찰서장이 집행하고 검사에게 보고한다. 즉심에 불복하는 경우에는 즉결심판의 고지를 받은 날로부터 7일 이내에 정식재판 청구서를 경찰서장에게 제출하여야 한다(제14조). 즉심에 불복하여 정식재판을 청구한 경우에도 불이익변경금지의 원칙1)이 적용된다. 경찰서장은 즉결심판 이전에 범행자를 보호처리, 통고처분 등을 하거나 범죄사실이 가볍고 피해자가 없으며 본인이 잘못을 뉘우친 경우는 훈계방면(훈방)을 할 수 있다.

제 5 절 대체적 분쟁해결 방식

분쟁해결을 확실하고 강력하게 해결하기 위해서는 사법적 판단인 재판이 기본이다. 하지만 재판은 소송절차의 진행을 위한 많은 비용과 시간을 필요로 하고 국가권력의 강제권에 대한 압박감과 이로 인한 심적·물적 불편을 주고 있다. 또한 재판은 엄격한 형식과 고비용으로 인해 실제상 분쟁 당사자를 위한 해결의 구체적 타당성을 이루지 못하는 경우가 있다. 대체(안)적 분쟁해결 방식(ADR, alternative dispute resolution)은 이러한 문제점을 극복하기 위한 재판 이외의 간편한 분쟁해결방법이다. 분쟁 당사자 간의 격식 없는 직접 접촉을 통해 의견접근이 수월하게 이루어져 문제의 해결을 신속·간편하게 처리하고 해결방안을 구체적이고 신축성 있게 합의할 수 있다.

대체적 분쟁해결 방식은 재판의 타율적 요식행위를 벗어나 비교적 자율적

---

1) 불이익변경금지의 원칙이란 피고인이 상소한 사건이나 피고인을 위해 상소한 사건에 대하여는 원심판결의 형보다 무거운 형을 선고할 수 없다는 원칙을 말하며 상소 또는 재심의 판결에서 중형변경금지의 원칙이 적용된다(형사소송법 제368조, 제457조의2). 피고인이 불복신청한 결과로서 전심재판의 판결보다 불이익한 재판을 받게 될 것을 두려워해 불복신청을 포기하는 것을 방지하기 위한 것이다(대법원 1999. 1. 15. 선고 98도2550 판결).

인 비요식 행위로 문제를 신축성 있게 해결할 수 있는 장점이 있다. 분쟁해결에서 정식재판보다 대체적 분쟁해결책을 선호하는 것은 자율성과 신축성에 의해 간편하게 화해를 유도할 수 있기 때문이다. 대체적 분쟁해결 방식을 통해 분쟁 당사자 간은 물론 조정자와의 접촉이 자유로워 재판 이전에 문제 해결을 위해 필요하다. 대체적 분쟁해결 방식은 정식 재판에 이르기 전에 많이 이용되고 있으며, 소비자분쟁·환경 침해·상거래 분쟁·노사분규나 국제 분쟁 등에서 활용되고 있다.

Ⅰ. 주선·협상·알선·화해

주선이란 분쟁 당사자의 동의를 얻어 직접 협상에 사무적 편의를 제공하는 행위로서 교섭이 원활하도록 장소·교통·통신 등의 편의를 주는 것이다. 주선은 분쟁 당사자가 협상하도록 영향력을 행사하는 것이고 협상이 시작되면 주선의 임무는 종료된다.

협상(교섭, negotiation)은 제3자의 개입이 없이 당사자 간의 직접 합의에 의한 해결을 하는 것으로 해결의 초보적 수단이다. 협상은 외부의 관여 없이 당사자 간의 직접 교섭을 통해 쟁점의 절충에 도달함으로써 승자도 패자도 없는 (no loser, no winner) 해결이 될 수 있다.

알선(conciliation)은 직접 합의에 의한 분쟁해결이라는 점에서 협상과 동일하나 알선자가 양쪽 당사자에게 상대방의 의사를 단순히 전달하는 중개자 (messenger)의 역할을 하여 합의를 시도하는 것이다.

화해란 분쟁 당사자가 서로 양보하여 분쟁을 종결하도록 약정한 합의로서 민법상 계약의 일종이다(민법 제731조). 화해의 성립은 당사자 의사표시에 하자가 없고 법률에 어긋나지 않아야 한다. 화해에는 법관이 재판 중에 소송 당사자에게 양보를 권유하여 화해를 성립시키는 재판상 화해가 있다(민사소송법 제225조).

Ⅱ. 조정·중재

조정(mediation)은 쌍방 당사자 간의 견해를 전달하는 이외에 제 3 자인 조정자 자신의 중재안이나 해결책을 제시하여 당사자 간 합의하도록 적극적으로 관여하는 것이다. 조정은 관계자들이 자유롭게 의사를 개진할 수 있는 합의유도를 위한 실질적 준비과정이다. 조정은 권고적 성질을 갖고 있기 때문에 당사자는 이를 수락할 의무는 없다. 조정에는 당사자의 의사를 존중하는 임의조정과 이혼소송에서 이혼 합의 이전에 조정을 거치는 조정전치주의 등과 같은 조정 강제가 있다. 특히 국민경제의 위기 등의 공익적 필요에 의해 긴급을 요하는 경우에 발동하는 긴급조정(노동조합 및 노동관계조정법 제76조)이 있다. 민원을 집행기관 자체적으로 간편하게 해결하기 위해 각종 위원회에 의한 조정제도가 상설화되고 있다. 조정제도에는 소비자분쟁, 의료분쟁, 환경분쟁, 보험분쟁, 건설분쟁, 저작권분쟁, 해양오염분쟁, 방송통신에서의 명예훼손분쟁, 주택임대차 분쟁, 상가건물임대차 분쟁 등이 있다.

중재(arbitration)는 중재자가 사실심사를 거쳐 분쟁해결을 위한 자신의 의견을 당사자에게 강요할 수 있는 구속력을 갖는 준사법적 행위이다. 중재는 제 3 자가 합의안을 결정할 수 있다는 점에서 합의를 위한 개입에 그치는 조정과 다르다. 조정이나 중재는 제 3 자의 개입으로 당사자 간에 화해와 해결을 유도한다는 점에서 비슷하다. 그러나 조정은 분쟁 당사자가 제 3 자의 조정안을 수락함으로써 구속력이 있으나, 중재에서는 제 3 자의 판단이 구속력을 갖고 당사자는 이에 따르는 것이다. 또한 중재는 법적 강제력이 없는 점에서 사법적 기능을 갖는 심판작용(adjudication)인 재판과 구분된다. 중재는 중립적인 제 3 자의 중재에 따르기로 당사자 간에 합의하고 중재안을 작성하는 것이 일반적이다. 중재기관으로는 상거래분쟁을 위한 중재위원회, 노사분규를 위한 중재위원회, 언론 중재위원회 등이 있다.

제 6 절   국민참여재판 제도

I. 배심제도

국민참여재판은 일반국민에서 선정된 배심원이 재판에 참여하여 재판과정에서 하나의 심판 역할을 담당하는 배심제도로서 사법제도의 보완과 아울러 사법부가 국민과 소통할 수 있는 역할을 할 것이다. 재판은 법관의 고유의 업무이고 국민은 재판의 대상에 불과하였으나, 배심제도를 통해 국민은 재판과정에 주체로 참여할 수 있다. 국민참여재판 제도는 재판이 법관만에 의한 폐쇄적 재판에서 국민과 함께 하는 국민에 의한 열린 재판으로 전환을 의미하는 것이다.

배심제를 통해 국민이 재판과정에 적극적으로 참여하여 법 적용과 사법제도의 운영을 직접 체험함으로써 법의 민주화, 사법의 대중화, 재판의 공정성과 투명성 그리고 인권보장과 법치주의 발달 등에 크게 기여할 것이다. 국민이 재판과정에 참여하여 국민의 의사를 법정에 직접 전달함으로써 국민의 사법부로서 한층 신뢰를 받아 사법에 대한 국민 불신을 막을 수 있다.

재판의 사실판단이나 가치판단에 있어서 일반인의 사회통념, 건전한 상식과 법의식에 따라 결정하는 것이 특정된 직업적인 법조인의 판단보다도 설득력이 있을 수 있다. 사실 판단을 특정한 사람의 몫으로 국한하는 것보다는 다양한 계층의 합의에 의한 사실 판단이 자유로운 일반인들의 중지를 모을 수 있어, 재판이 한층 사회적 신뢰성을 줄 수 있을 뿐 아니라 민주주의 원칙에도 부합한다.

배심제의 활성화를 위해서는 국민의 높은 법의식과 재판참여에 대한 사명감이 전제되어야 함은 말할 나위도 없다. 하지만 배심원의 사실인정이 판단 능력의 결여와 감성적으로 행할 우려가 있으며, 평결이 정치적 영향, 사회적 여론이나 타협에 의해 이루어질 가능성도 없지 않다. 국민참여재판 제도에는 미국법계인 배심(원)제(Trial by Jury)와 독일법계인 참심제(Schöffengericht)가 있다.[1]

[1) 배심제와 참심제는 일반시민이 재판에 관여한다는 점에서는 동일하나 배심원의 선발방식, 평결방식, 권한 등에서 차이가 있다. 배심제는 배심원을 관할구역 주민 중에서 무작위

우리나라는 양 제도를 절충하였으나 배심의 구성과 평결 절차에서 미국의 배심제도와 유사하다 하겠다.

Ⅱ. 배심제도의 연혁

배심제도는 영국의 보통법의 발전과 밀접한 관련을 맺으며 13세기 중반에 형성된 제도로서 영미법 체계의 고유한 전통이며 특징이다. 배심제도는 본래 게르만의 프랑크왕국에서 사용된 규문방법에 의한 심문절차가 노르만 정복으로 영국에 계수되어 보통법 재판절차에 채택되면서 성립·발전되었다. 배심제도는 비법조인인 시민들이 직업법관과는 별도로 사실문제에 관한 판단권을 행사함으로써 판사와 배심원의 공동에 의한 재판이다. 배심은 범죄의 사실관계와 유무죄의 여부를 평의(conference)·평결(verdict)하고, 이에 대해서 판사는 법률문제에 대한 판정을 내림으로써 상호 협조하여 판결을 내리는 재판절차를 말한다. 즉, 일반시민의 의견을 판결에 반영하여 유무죄 판단과 양형을 결정하는 것이다.

배심제도는 민사재판 및 형사재판에도 다 같이 적용되었으나 인권보호와 관련해서 주로 형사배심제도로부터 발전하였다. 형사배심제도는 피고인의 유무죄 여부에 대해서 배심원의 평의·평결에 의해 결정하는 제도이다. 배심은 일반적으로 형이 무거운 형사사건에서 피고인의 요청으로 이루어진다. 형사배심제도에는 배심(jury)과 대배심(grand jury)의 두 형태가 있다. 배심은 사실문제를 심리하여 피의자의 유무죄를 경정하는 공판상의 심리배상이고, 대배심은 배심판단에 대해 기소 여부를 결정하는 기소배심이다. 영국과 달리 미국의 연방배심은 범죄행위에 대해 직권으로 고발할 수 있다. 배심원의 자격요건은 누구든지 일정한 요건만 갖추면 무작위로서 선발한다. 미국의 경우 연방대배심은 12인 이상 23인

로 선발하고 사실의 인정, 유무죄 여부에 대해서 법관의 참여 없이 배심원으로 구성된 배심에서 평결한다. 배심원은 직업판사와 독립하여 사실문제에 대한 평결을 내리고 법관은 법률문제를 제외한 평결의 결과에 따른다. 배심제는 직업법관과 배심원의 역할분담이 있으나 참심제는 법관과 배심원의 합의체로서 결정한다. 참심제의 배심원은 일정한 요건을 가진 자 중에서 계약에 의해 선발하고 법관과 함께 재판부를 구성하여 유무죄의 판단은 물론 양형문제에 대해서 평의·평결하는 제도이다. 배심제는 영미법계 국가에서, 참심제는 대륙법계 국가에서 각각 채택하고 있다.

이하의 배심원으로 구성하며 주의 대배심원의 수는 각 주마다 다르다.

[우리나라와 미국의 배심제도]

	미 국	우리나라
도입시기	헌법 제정 당시	2008. 1. 1.
대 상	형사 및 민사사건	살인·강도·뇌물 등의 형사사건
종 류	소배심·대배심	1심재판의 국민참여
배심원수	6인~23인 이내	5인~9인 이내
신 청 자	피고인	피고인
선발방법	인근 시민 중 무작위	지역 주민 중 무작위
권 한	유무죄 평결, 기소 여부 결정	유무죄 평결 및 양형권고
효 력	재판부 불복 불인정	법적 구속력 없음
항 소	무죄판결시 항소불가	피고인 또는 검사 항소가능

Ⅲ. 국민참여재판제로서의 배심제

1. 배심재판의 대상

배심제도는 일정한 형사사건에 해당되고[1] 민사재판에는 적용되지 않는다. 배심 대상은 형법상 살인죄, 상해치사, 폭행치사, 강도살인, 특수공무집행 방해치사, 방화치사, 교통방해치사 그리고 '특정범죄 가중처벌 등에 관한 법률'상의 뇌물죄, 체포·감금치사, 강도상해·치사, 강도강간, '성폭력범죄의 처벌 등에 관한 특례법'상의 특수강도·강간, 강간 상해·치사 등의 중요범죄이다(국민의 형사재판 참여에 관한 법률 제5조). 피고인은 국민참여재판을 서면으로 신청할 수 있다.

2. 배심원의 선정

지방법원은 매년 만 20세 이상의 지역주민 중에서 배심원 후보자를 무작

---

1) 재판을 받을 권리는 직업법관에 의한 재판을 주된 내용으로 하는 것이므로 국민참여재판권을 받을 권리가 헌법 제27조 제1항에서 규정한 재판을 받을 권리의 보호범위에 속한다고 볼 수 없다(헌법재판소 2009. 11. 26. 선고 2008헌바12 결정).

위로 추출하여 후보자 명단을 작성한다. 배심재판에 필요한 배심원 후보자수
를 후보 예정자 중에서 무작위로 뽑아 선정기일에 출석을 통지한다. 선정 기
일 통지서를 받은 배심원 후보자가 불출석 사유를 제출하여 출석을 면제받을
수 있다.1) 국회의원, 재판과 관련된 기관의 공무원, 변호사 등은 배심원 선정
에서 제외된다. 또한 배심원 결격사유2)나 배심원 제척사유3)가 있는 경우 또
는 배심원으로 활동하는 것이 적합하지 아니하다고 판단하면 법원은 출석통지
를 취소한다. 배심원 후보자 중에서 최종 배심원의 선정은 선정 기일에 정한
다. 선정 기일에 배심원이 불공정한 판결을 할 우려가 있는 경우 법원은 해당
배심원을 기피하여 배제할 수 있다(이유부 기피신청). 법원은 사건에 따라 5인~9
인 이내의 배심원과 5인 이내의 예비 배심원4)을 선정한다. 배심원의 개인정보
는 배심원의 동의가 있을 때만 공개할 수 있다.

3. 공판절차와 평결

배심재판은 일반 형사재판과 동일하게 진행된다. 배심재판은 재판이 신속
하고 능률적으로 종결하도록 공판준비 절차를 거쳐야 한다.5) 재판장은 변론이

---

1) 배심원 후보자가 정당한 사유 없이 지정기일에 출석하지 아니하면 200만원 이하의 과
   태료를 부과한다(국민의 형사재판 참여에 관한 법률 제60조 1항).
2) 배심원 결격사유는 ① 피성년후견인 또는 피한정후견인, ② 파산선고를 받고 복권되
   지 아니한 사람, ③ 금고 이상의 실형을 선고받고 그 집행이 종료되거나 집행이 면제된
   후 5년을 경과하지 않은 사람, ④ 금고 이상의 형의 집행유예를 받고 그 기간이 완료된
   날로부터 2년을 경과하지 않은 사람, ⑤ 금고 이상의 형의 선고유예를 받고 그 선고유예
   기간 중에 있는 사람, ⑥ 법원의 판결에 의해 자격이 상실 또는 정지된 사람 등이다(동
   법 제17조).
3) 배심원 제척사유는 ① 피해자, ② 피고인 또는 피해자의 친족이나 이러한 관계에 있었
   던 사람, ③ 피고인 또는 피해자의 법정대리인, ④ 사건에 관한 증인·감정인·피해자의
   대리인, ⑤ 사건에 관한 피고인의 대리인·변호인·보조인, ⑥ 사건에 관한 검사 또는 사
   법경찰관의 직무를 행한 사람, ⑦ 사건에 관하여 전심 재판 또는 그 기초가 되는 조사 심
   리에 관여한 사람 등이다(동법 제19조).
4) 배심재판에서 배심원이 사임하거나 해임되는 경우를 대비하여 5인 이내의 범위에서
   예비 배심원을 둔다. 예비 배심원은 배심원과 같이 재판의 심리에 참석하지만 평의·
   평결에는 참여할 수 없다. 평의·평결 이전에는 누가 예비 배심원인지를 공개하지 않
   는다.
5) 공판준비 절차란 공판을 개정하기 이전에 효율적인 심리가 필요한 경우에 판사의 주
   도 하에 검사, 피고인 또는 변호인의 의견을 들어 사건의 쟁점과 증거를 미리 정리하는

종결된 후 법정에서 배심원에게 공소사실의 요지와 적용 법조, 피고인과 변호인의 주장의 요지, 증거능력 등을 설명하여야 한다. 배심원들은 피고인의 유무죄를 평의를 통해 다수결로 평결한다. 배심재판이 일반재판과 다른 점은 배심원의 피고인에 대한 유무죄의 평결과 양형결정을 참고로 하여 재판장이 판결을 선고하는 것이다. 그러나 배심원의 평결은 재판부에게 권고의 효력이 있을 뿐이며 재판부를 기속하지 아니한다(동법 제46조 5항). 배심원의 평결 결과와 다른 판결을 선고하는 경우 재판부는 판결문에 이유를 기재하여야 한다. 실제로 배심 해당사건에서 배심원 평결과 법원 판결은 거의 일치하고 있어[1] 무죄 평결이 유죄 판결로, 유죄 평결이 무죄 판결로 번복되는 경우는 흔치 않다. 특히 유무죄의 평결에 대한 배심원 전원 합의는 재판 선고에서 번복할 수 없다.[2] 국민참여재판의 진행과정을 보면, 피고인 의사확인 → 배심원 후보 예정자 명부 작성 → 배심원 후보자 출석통지 → 공판 준비절차 → 배심원 선정 → 공판절차 → 배심원의 평의·평결 → 판결선고 등으로 이루어진다.

것이다.

1) 배심제도가 시작된 2008년부터 2014년까지 1,368건의 배심사건에서 1,274건(93%)이 배심평결과 판결이 일치하였다(대법원, 2008~2014년 국민참여재판 성과분석).

2) 대법원 2010. 3. 25. 선고 2009도14065 판결.

제18장

법의 제재

제 1 절 법적 제재

Ⅰ. 법적 제재의 개념

법의 강제력은 법의 제재로서 나타난다. 법적 제재(sanction)란 법이 목적을 달성하고 실효성을 확보하기 위해 법을 위반한 자에 대해서 가하는 법적 통제 즉 규제와 처벌을 말한다.[1] 법적 제재는 위법행위에 대해 책임을 물어 응징하는 국가의 공권력의 행사인 동시에 법의 위반으로 침해된 사회질서에 대해 평온과 법적 안정성을 회복하기 위한 법의 강제조치이다. 법적 제재는 위법행위의 통제와 한계를 제시함으로써 준법행위의 이행을 강제하는 국가 강제규범으로서의 법의 1차적 기능이다. 사회 질서유지는 일반적인 사회규범으로 다루고 인권보호에 침해를 주는 형벌권의 발동은 최후적·보충적 수단이어야 하며, 이를 형벌의 보충성 원칙이라 한다.

법적 제재는 위법행위를 제거하기 위한 필요한 범위 내에서 대응적으로 행사되어야 하며 이를 남용하면 오히려 위법행위가 발생한다.[2] 제재는 위법행위가 발생하지 않았더라면 있었을 상태로 회복(status quo ant)시켜야 한다. "지체된 정의는 정의가 아니다"라는 법언이 있듯이 법적 제재는 신속하게 이루어져야 법의 엄정성을 신뢰하게 된다. 제재는 법치주의 원칙상 법적 근거와 절

---

1) 도날드(D. Donald)는 법의 통제 기능을 형벌적·배상적·치유적·조정적 통제 등으로 구분하였다.

2) 오토바이를 훔친 것은 대형면허나 보통면허와 아무런 관련이 없어 오토바이를 훔쳤다는 사유만으로 운전면허를 취소할 수 없다(대법원 2012. 5. 24. 선고 2012두1891 판결).

차에 의해야 한다. 피해자의 가해자에 대한 개인적 제재(복수, 자력구제)나 "피해자 스스로 재판을 할 수 없다"는 원칙에 따라 사적 재판은 허용되지 않는다. 위법행위의 양상은 법의 내용에 따라 상이하고 범죄의 중요성과 엄벌의 당위성에 따라 제재의 방법도 달리 한다. 특히 국가권력에 대한 제재는 법적 통제가 정치적 제재를 의미하는 것으로서 국민주권주의와 법치주의의 상징이다.

위법행위 자체가 곧 범죄행위가 되는 것은 아니다. 위법행위에 대한 법률적 구성요건과 범행에 대한 책임 문제로 인해 법적 제재가 완벽할 수 없는 한계가 있다. 위법행위의 범행이 완료되었어도 법령에 의한 행위, 정당한 업무로 인한 행위(형법 제20조),[1] 사회상규에 위배되지 아니한 정당한 행위,[2] 불가피한 행위,[3] 정당방위・긴급피난 행위,[4] 피해자의 승낙,[5] 자구행위[6] 등은 위법성 조각사유로 벌하지 않는다. 행정법규는 고의・과실의 책임조건을 떠나서 행정법규를 위반한 사실만으로도 처벌이 가능하다(신고미필, 무면허운전).

법이 허용하지 않는 위법행위는 제재의 대상으로 원칙상 보호받을 수 없다. 하지만 위법행위는 보호받을 수 없다는 이유로 법의 사각지대가 될 수는 없다. 범법 행위자라도 위법한 권리침해를 받으면 먼저 그 침해행위에 대한 제재는 법질서 안정을 위해 필요하다. 예를 들면 불법 유흥업소에서 폭력을 행사한 자에게 업무방해죄(형법 제314조)가 적용되는 것은 위법한 영업행위자라

---

1) 상관의 적법한 직무상 명령에 따른 행위는 정당한 행위이나 상관의 위법한 명령에 따라 범죄행위를 한 경우에는 상관의 명령에 따랐다고 하여 부하가 한 범죄행위의 위법성이 조각될 수는 없다고 할 것이다(대법원 1997. 4. 17. 선고 96도3376 판결).

2) 형법 제20조의 정당행위는 ① 동기나 목적의 정당성, ② 수단이나 방법의 상당성, ③ 보호이익과 침해이익과의 법익 균형성, ④ 긴급성, ⑤ 다른 수단이 없는 보충성 등의 요건을 갖추어야 한다.

3) 범죄가 성립하려면 행위자가 위법행위를 하지 않고 적법행위를 할 수 있는 기대가능성이 있어야 한다. 기대가능성이 없는 불가항력의 행위는 벌하지 않는다. 예컨대 저항할 수 없는 폭력이나 자기 또는 친족의 생명・신체에 대한 위해를 방어할 방법이 없는 협박에 의한 강요된 행위(형법 제12조), 친족 또는 동거의 가족이 가족을 위하여 벌금 이상의 형에 해당하는 범죄를 은닉 또는 도피하게 한 행위(형법 제155조)는 벌하지 않는다.

4) 이 책, pp. 537~538 참조.

5) 처분할 수 있는 자의 승낙에 의해 그 법익을 훼손한 행위는 법률에 특별한 규정이 없는 한 벌하지 않는다(형법 제24조). 승낙의 대상은 자유처분권이 인정되는 법익에 한정되며 법적・윤리적, 사회상규에 위반되지 않아야 한다.

6) 이 책, p. 538 참조.

는 이유로 법의 보호에서 제외될 수 없기 때문이다. 위법행위를 제재하기 위한 위법행위가 적법행위가 되는 것은 아니고 제재는 반드시 적법절차에 의하여야 한다. "도둑의 물건을 훔친 것도 도둑이다"라는 말이 있듯이 도둑은 도둑인 것이다. 법적 제재는 위법행위를 제거하기 위한 완전한 시술이 아니라 결과 발생에 대한 사후적 조치에 불과하므로 위법행위를 사전에 방지하기 위한 예방적 제재가 필요하다.

Ⅱ. 법의 경합

법의 경합이란 하나의 행위에 2개 이상의 법규에 저촉되는 법의 중복 현상을 말하며 법규(조)경합이라고도 한다.[1] 법규경합은 법의 독자적인 목적에 따른 법적 제재의 경합으로서 하나의 행위가 여러 개의 다른 죄의 구성요건에 해당하여 이에 따라 각각 처리하는 것이다. 실정법은 각각 고유의 목적과 입법취지가 있기 때문에 한 개의 위법행위에 대해서 외형상 여러 종류의 법이 경합하여 적용됨으로써 범행자는 복합적 책임을 면할 수 없다.[2] 경합범은 가장 무거운 범죄의 형벌 또는 가중 처벌되거나 병과하여 처벌된다(형법 제38조). 법의 경합은 수개의 법규가 경합하여 일반법과 특별법의 관계에서 보듯이 하나의 법규만이 효력을 발생하기도 한다. 예를 들면 불을 질러 타인의 건물을 파괴한 사람은 방화죄(형법 제164조)와 건물손괴죄(형법 제366조)의 적용을 받지만 법조경합으로 건물손괴죄는 방화죄에 흡수된다.

---

1) 법의 경합은 경합범의 문제로서 법조경합, 상상적 경합, 실체적 경합 등으로 구분하고 있다. 상상적 경합은 하나의 행위가 외형상 여러 개의 죄에 해당하여 실질적으로는 수개의 죄이나 하나의 죄로 다루어 가장 중한 죄에 정한 형벌로 처벌한다. 실체적 경합은 여러 개의 행위가 여러 개의 죄에 해당하는 것이다. 예를 들면 갑의 폭행으로 을이 넘어지면서 컴퓨터를 손괴하면 폭행죄와 손괴죄가 결합한 상상적 경합으로 형벌은 무거운 조항으로 흡수된다. 이에 비하여 갑이 을을 폭행하고 컴퓨터를 손괴하면 폭행죄와 손괴죄가 결합한 실체적 경합으로 가중처벌한다.
2) 대마 취급자가 아닌 자가 절취한 대마를 흡입할 목적으로 소지하는 행위는 절도죄의 보호법익과는 다른 새로운 법익을 침해하는 행위이므로 절도죄의 불가벌적 사후행위로서 절도죄에 포괄 흡수된다고 할 수 없고 절도죄 외에 별개의 죄를 구성한다고 할 것이며 절도죄와 무허가 대마 소지죄는 경합범의 관계에 있다(대법원 1999. 4. 13. 선고 98도3619 판결).

위법행위로 인해 징계처분을 받은 사람에게 형사처벌을 할 수 있는 것은 징계권과 형벌권의 목적이 다르기 때문에 가능한 것이다. 예를 들면 음주운전의 교통사고 발생시 원인 제공자로서 사고 책임자에게 법의 목적에 따라 상이한 책임이 주어진다. 음주운전자는 과실치사상죄(형법 제266조~제267조), 위험운전치사상죄(특정범죄 가중처벌 등에 관한 법률 제5조의11)의 형사책임을 받을 것이고, 행정적으로는 운전면허 정지 또는 취소처분(도로교통법 제148조의2)[1])을 받을 것이며, 민사적으로는 피해자는 가해자를 상대로 손해배상 및 위자료 청구(민법 제750조) 등을 할 수 있다. 또한 직장에서는 사규(社規)에 의해 직장인으로서 품위손상 또는 직무태만의 이유로 징계처분의 대상이 될 수 있다.

Ⅲ. 형사책임과 민사책임

형사책임은 국가 공권력의 제재로서 국가의 공법행위이나, 민사책임은 개인의 불법행위에 대한 손해배상을 공평하게 전보하는 개인의 사법행위이다. 형사책임은 사회의 법질서를 위반한 행위에 대한 책임을 추궁하는 것으로 행위자에 대해 형법적 제재를 하는 것이다. 이와 달리 민사책임은 타인의 법익을 침해한 데 대하여 행위자의 민사상 배상책임을 묻는 것으로 피해자에게

---

1) 자동차 또는 노면전차의 음주운전자·음주측정거부자·약물복용 운전자의 처벌(도로교통법 제148조의2)

혈중알코올농도	형사처벌	행정처벌
0.03% 이상 0.08% 미만	1년 이하 징역이나 5백만원 이하의 벌금	운전면허 100일간 정지 및 벌점 부과
0.08% 이상 0.2% 미만	1년 이상 2년 이하의 징역이나 5백만원 이상 1천만원 이하의 벌금	운전면허취소 및 1년간 운전면허시험 응시자격제한
0.2% 이상	2년 이상 5년 이하의 징역이나 1천만원 이상 2천만원 이하의 벌금	위와 같음
음주운전 2회 이상 위반자	2년 이상 5년 이하의 징역이나 1천만원 이상 2천만원 이하의 벌금	위와 같음
음주측정거부자	1년 이상 5년 이하의 징역이나 5백만원 이상 2천만원 이하의 벌금	위와 같음
약물복용 운전자	3년 이하의 징역이나 1천만원 이하의 벌금	위와 같음

발생할 손해를 메워주는 금전적 부담을 내용으로 한다. 동일한 범행에 대해 형사상 책임과 민사상 책임의 목적이 각각 다르기 때문에 별도의 책임을 추궁할 수 있다. 민사상 불법행위를 구성할지 여부는 형사책임과 별개의 과정에서 논의되어야 한다.[1]

상대방이 민사책임이 없다고 형사책임이 면제되는 것이 아니며, 반대로 형사책임이 없다고 하더라도 민사상 책임이 면제되는 것이 아니다.[2] 민사책임에서는 피해자 손해배상이 기본적 문제로 제기된다. 손해배상에서 가해자의 중대한 과실을 요구하지 않는 한 책임요건으로서 고의·과실의 구분은 형사책임에 비하여 중요하지 않다. 또한 형사사건은 실체적 진실발견을 위해 민사사건과는 달리 엄격한 증거주의를 요청하고 증거가 없으면 형사책임을 추궁할 수 없다.

우리 주위에 민사책임과 형사책임이 동시에 발생하는 것은 개인 간의 흔한 싸움질이다.[3] 싸움은 민사·형사책임을 지는 폭행에 해당하나 쌍방 폭행의 정도가 경미하거나 인간적 합의로써 원만하게 해결되는 것이 일반적이다. 싸움질은 심지어 필사의 혈투로 이어져 서양에서 정당한 행위로 인정하기도 하였다. 경미한 사건에서 법적 해결보다 폭력이 더 효과적인 경우가 있는 것이 현실이다. 그러나 어떠한 싸움질이든 그것은 해악이고 불법이다. 사건의 성질

---

1) 대법원 2008. 2. 1. 선고 2006다6713 판결.

2) 1995년 미국 미식축구의 스타인 O. Simpson은 처와 그녀의 남자친구에 대한 살인죄로 기소되었으나 증거 불충분으로 무죄판결을 받았다. 그러나 법원은 피해자 가족이 심슨을 상대로 제기한 민사상 손해배상책임을 인정하였다(www.wikipedia.org 참조). 살인죄의 형사적 책임을 묻는 형사소송법은 엄격한 증거를 요청하지만, 민사소송에서는 가해자의 행위와 죽음 간에 상당한 인과관계가 증명되면 손해배상책임을 지게 된다. 소송의 성질에 따라 증거의 기준이 다른 것이다.

3) 싸움질은 쌍방간 폭행을 주고받아 서로 침해를 유발하는 가해행위로서 방어행위인 동시에 공격행위의 성격을 가지고 있어 정당방위가 성립되지 않는다. 싸움으로 상대방으로부터 입은 인적·물적 손해는 민사상 손해배상을 청구할 수 있고(민법 제750조), 형사상 책임으로는 상황에 따라 모욕죄(형법 제311조), 폭행죄(제260조), 상해죄(제257조) 등이 성립하여 맞고소 사건이 발생한다. 싸움에서 폭행이나 협박은 당사자 간에 처벌을 원치 않는 합의를 하면 반의사불벌죄에 해당하여 처벌받지 않는다. 하지만 싸움으로 다치면 상해죄 내지 폭행치상죄(형법 제262조)에 해당하나, 폭행의 행태가 상습적인 경우나, 흉기를 소지한 경우, 2인 이상이 가담한 공동의 경우는 '폭력행위 등 처벌에 관한 법률'에 해당되어 가중처벌을 받는다(제2조, 제3조).

상 민사책임 문제임에도 불구하고 상대방을 압박하기 위해 형사 고소를 하는 것은 무분별한 고소권의 남용으로서 국가 수사권의 낭비를 초래한다.

Ⅳ. 징벌적 손해배상

징벌적 손해배상(punitive damages)[1]이란 가해자의 비도덕적·비사회적인 위법행위에 대한 응징적 제재의 손해배상으로서 범죄의 징벌과 방지를 위해 일종의 벌금을 부과하는 것이다. 가해자가 악의적인 경우에 재발을 억제·예방하는 차원에서 징벌적 손해배상은 피해자의 실제 손해액보다 많은 가중적 배상의무를 부과한다. 징벌적 손해배상은 개인의 강력한 피해구제 제도로서 기업의 불공정행위,[2] 정보통신 서비스에서의 개인정보 보호위반[3] 등에 적용하고 있다. 영미법에서는 민사책임과 형사책임의 접근방법으로 가해자가 악의를 가지고 피해를 준 경우, 예를 들면 음주운전의 무분별한 교통사고에 대해 징벌적 손해배상금을 물린다.[4] 하지만 징벌적 손해배상에 의해 고액배상을 요구하는 고소권 남발의 우려와[5] 기업의 경제활동의 위축 등의 부작용이 있으므로 배상액의 한계를 규정하고 있다.[6] UN 헌장 제7장의 무력적 강제조치는 국제법상 징벌적 제재의 하나이다.

---

1) 징벌적 손해배상은 유럽의 고대법(古代法)에서 피해자가 실질적으로 입은 손해액보다 몇 배로 배상하게 하는 배수적 손해배상(multiple damages)에서 유래한다.

2) 가맹사업거래의 공정화에 관한 법률 제35조.

3) 개인정보 보호법 제39조.

4) Taylor v. Superior Court, 24 Cal. 3d 890(1979).

5) 1992년 맥도날드 햄버거에서 커피 뚜껑의 결함으로 화상을 입은 사람이 맥도날드사에게 치료비 2만 달러를 청구하였으나 이를 거절당하였다. 법원은 맥도날드가 아무런 조치도 하지 않았고 관련 경고도 없었다는 이유로 실제 청구액의 260배가 넘는 2백 70만 달러의 징벌적 손해배상을 선고하였다(Libeck v. McDonald's Restaurants(1994)).

6) 기업의 불공정한 행위로 인하여 손해가 발생한 경우 그 발생한 손해의 3배를 넘지 아니하는 범위에서 배상책임을 진다(하도급거래 공정화에 관한 법률 제35조 2항). 대기업의 계열사에게 일감 몰아주기 내부거래에는 쌍방 매출액에 과징금을 징수한다(독점규제 및 공정거래에 관한 법률 제6조, 제24조의2).

제 2 절 헌법상 제재

I. 탄핵제도

탄핵제도¹⁾란 일반 사법절차에 따라 소추하거나 징계하기가 어려운 고위직 공무원과 법관 등 신분이 보장된 고위 공무원이 직무상 중대한 비위사실을 범한 경우에 이들을 국회에서 소추하여 해임하거나 처벌하는 제도이다(헌법 제65조). 탄핵은 공무원의 파면과 자격 박탈을 내용으로 한다. 탄핵제도는 내각책임제 국가보다 대통령제 국가에서 국회의 행정부에 대한 감독수단이다. 대통령·국무총리·국무위원·행정각부의 장·헌법재판소재판관·법관·중앙선거관리위원회위원·감사원장·감사위원 그 밖의 법률이 정한 공무원이 그 직무집행에서 헌법이나 법률을 위배한 때에는 국회는 탄핵소추를 할 수 있다. 탄핵소추는 국회재적의원 3분의 1의 발의와 재적의원 과반수의 찬성이 있어야하고, 대통령에 대한 탄핵소추는 국회재적의원 과반수의 발의와 국회재적의원 3분의 2 이상의 찬성이 있어야 한다(헌법 제65조 2항). 탄핵소추의 의결을 받은 자는 탄핵심판이 있을 때까지 그 권한행사가 정지된다. 헌법재판소의 탄핵결정은 재판관 6인 이상의 찬성이 있어야 한다(헌법 제113조 1항).

II. 내각해임건의권과 국정조사권

국무총리는 국회의 동의²⁾를 얻어 대통령이 임명함으로써(헌법 제86조) 국회는 대통령의 국무총리 임명권을 견제할 수 있다. 의원내각제 국가의 내각

---

1) 탄핵제도는 14세기 말 영국에서 시작하여 고위공무원의 비리행위에 대한 감시제도로 발달하였다. 탄핵제도는 영국은 내각책임제의 발달로 사실상 폐지되었으나, 대통령제 국가에서는 정부를 감독하는 제도로서 의미가 있다. 미국은 13건의 탄핵소추가 있었으나 유죄결정은 4건에 불과하다. 처음으로 2004년 노무현 대통령에 대한 탄핵재판이 있었으나 부결되었고(헌법재판소 2004. 10. 21. 선고 2004헌마554·566(병합) 전원재판부 결정), 2017년 박근혜 대통령 탄핵재판은 가결되었다(헌법재판소 2017. 3. 10. 선고 2016헌나1 결정).
2) 동의란 사건 발생 전에 사전 승낙을 받는 것이며(대통령의 국무총리 임명권이나 일반사면권), 승인은 사후 승낙을 뜻한다(대통령의 긴급명령권(헌법 제76조)).

불신임제도는 행정부의 존속을 의회의 신임에 의존함으로써 의회의 행정부에 대한 중요한 통제수단이다. 대통령제에서 내각에 대한 국회의 개별적인 해임 건의권은 이례적인 제도로서 의원내각제의 내각불신임제도와 유사한 행정부에 대한 견제제도이다. 국무총리나 국무위원의 직무집행이 헌법과 법률에 위반하는 경우는 물론 정책적 과오나 무능, 부하직원의 과실과 범법행위 등을 추궁하기 위해 국회는 해당 국무위원의 해임을 대통령에게 건의할 수 있다. 해임 건의는 국회재적의원 3분의 1 이상의 발의에 의해 재적의원 과반수의 찬성이 있어야 한다(헌법 제63조).

한편 국회는 행정부에 대한 의회의 감독권을 효과적으로 행사하기 위하여 행정 전반에 걸쳐 국정조사권을 행사할 수 있다. 국정조사권은 국정의 의혹사건에 관해서 국정감사·조사를 통해 행정부를 비판·감시하는 데 의의가 있다. 국회는 특정한 국정사안에 대하여 국정조사를 할 수 있고, 국정전반에 관해서 국정감사를 할 수 있다(헌법 제61조).[1] 국정조사 결과 시정을 필요로 하는 경우 국회는 해당기관에 그 시정을 요구하고 책임을 추궁할 수 있다.

Ⅲ. 인사청문권과 선거법 위반자의 당선무효

국회는 고위 공직자의 임명에 앞서 인사청문을 통해 공직후보자의 자질과 성향, 비행 여부 등을 밝혀 국정 담당자로서의 인격성과 도덕성·책임성을 추궁함으로써 임명권자에 대한 사전적 제재를 가한다. 국회는 임명동의를 요하는 대법원장, 헌법재판소장, 국무총리, 감사원장, 대법관, 국무위원, 헌법재판소 재판관, 중앙선거관리위원회 위원 및 국가정보원장, 검찰총장, 국세청장, 경찰청장, 합동참모의장 등에 대한 공직후보자의 인사청문을 실시하기 위하여 인사청문특별위원회를 설치한다(국회법 제46조의3, 제65조의2, 인사청문회법 제3조). 한편 대통령·국회의원·지방자치단체 의원 및 단체장 등의 당선자가 공직선거법과 정치자금법(제49조)을 위반한 선거범죄로 징역 또는 100만원 이상의 벌금형을 선고받

---

1) 국정조사는 국정에 관한 특별한 사항에 대해 국회 특별위원회나 해당 상임위원회가 개별적인 조사권을 발동하는 것이다. 국정감사권은 국정 전반에 걸친 국회의 정기적인 감사로서 의원 전원이 동일한 기간 내에 감사를 하는 국회의 권한이다. 국정감사는 우리나라의 특유의 제도로서 비효율성과 낭비성이 있다는 비판을 받고 있다.

은 때에는 그 당선은 무효로 한다(공직선거법 제264조). 이것은 선거 범죄자에 대한 일정한 기간의 피선거권 정지조치(공직선거법 제19조)와 함께 공명선거의 실현을 위한 제재이다.

Ⅳ. 국회의원의 징계

국회의원은 청렴의 의무가 있으며 국가이익에 우선하여 양심에 따라 직무를 행하여야 하며, 그 지위를 이용한 이권운동을 금지하고 있다(헌법 제46조). 국회에서 모욕적인 발언이나 회의장 질서문란 행위를 한 경우 그리고 국회의원 윤리강령을 위반한 경우, 국회 윤리특별위원회는 이를 심사하여 국회 의결로써 징계를 할 수 있다.[1] 국회 회의장에서의 폭행이나 폭언·저속한 발언[2] 등으로 의회주의의 품위를 손상시키는 행태에 대한 제재는 국회의 권위와 법치주의의 신뢰를 위해 필요한 것이다. 징계로는 공개회의에서의 경고·사과·30일 이내의 출석정지·제명 등이 있으며(국회법 제155조, 제163조), 제명은 국회 재적의원 3분의 2 이상의 찬성으로써 할 수 있다(헌법 제64조). 특히 의원이 비리로써 품위를 상실한 경우 미국은 의회가 의원에 대해 제적 직전의 중징계로서 공개된 의회석상에서 공개질책(censure)을 하는 징계제도를 두고 있다.

Ⅴ. 정당의 제재

정당은 헌법질서 안에서 활동하여야 하고 정당이 헌법이념·질서를 파괴하면 그 해악을 제거하는 것은 헌법질서와 법치주의의 방어를 위해 불가피하다.[3] 정당의 목적이나 활동이 민주적 기본질서에 위배될 때 정부는 국무회의

---

1) 1991년 윤리특별위원회가 생긴 이후로 14대에서 16대 국회까지 60여 건의 징계발의가 있었으나 실제로 징계를 의결한 경우는 없었다. 2005년 처음으로 공개회의에서의 경고와 국회 회의에 15일간의 출석정지결정이 있었다.

2) 공격적이고도 저속한 언어가 언론자유의 보장대상이 되느냐에 대해서 미국 대법원은 "표현상 언어가 공격적이라 하더라도 즉각적인 격렬한 반응을 일으킬 정도가 아니면 언론자유로서 보장받을 수 있다"고 하였다(Cohen v. California, 403. U.S. 15(1971)).

3) 독일 연방헌법재판소의 1952년 히틀러를 추종한 사회주의제국당 해산, 1956년 폭력혁명과 계급국가를 주장하는 독일공산당 해산 그리고 2014년 헌법재판소의 통합진보당 해

심의를 거쳐 헌법재판소에 그 해산을 제소할 수 있다. 정당의 목적은 정당의 정강, 정책, 당헌, 당보, 출판물이나 당원의 연설 등을 통해 판단되고, 정당의 활동은 당원이나 비당원인 추종자 등의 공식적 행위를 말한다. 정당의 해산을 결정하는 경우에는 헌법재판소 재판관 6인 이상의 찬성이 있어야 한다(헌법 제 8 조 4항, 제113조). 정당이 해산되면 소속 의원들의 의원자격이 상실된다.[1]

VI. 국민에 의한 통제

국민의 국가권력에 대한 정치적 통제로서 언론·출판, 여론과 집회에 의한 여론형성, 청원권, 투표권, 참정권 및 헌법질서의 보장을 위한 저항권[2] 행사 등에 의하여 행정부를 감시할 수 있다. 특히 대통령·국회의원·지방자치단체 장 및 의원, 자치단체의 교육감 등의 선거 그리고 직접민주주의의 요소인 국 민투표(헌법 제72조)는 행정부에 대한 사실상 신임투표와 법적·정치적 제재의 의미가 있다. 국민은 주권자로서 적극적인 참정권을 행사하여야 하며, 대통령 은 선거와 투표의 자유와 공정한 관리를 위해 중립을 지켜야 한다.[3]

[직접민주주의]

직접민주주의는 국민이 직접 국정에 참여하는 정치제도로서 간접민주주의인 의회 주의에 대칭하는 개념이다. 직접민주정은 다스림을 당하는 자와 다스리는 자의 동 일성의 원리에 의해서 국민이 국가의 의사결정과 집행에 직접 참여하는 것이다. 그러나 직접 민주정을 행사하는 것은 실제로 불가능하기 때문에 의회주의의 한계 를 보완하는 범위 내에서 직접민주주의의 내용인 국민투표(referendum)·국민발안 (initiative)·소환(recall)·국민청원 등을 부분적으로 채택하고 있다. 직접민주주의 는 아테네의 도시국가(polis)에서 기원하고 있으나 현재는 스위스 주(canton)의 주

산결정 등 민주적 기본질서를 파괴하는 정당을 불법화하였다(헌법재판소 2014. 12. 19. 선고 2013헌다1 결정).

1) 헌법재판소 2014. 12. 19. 선고 2013헌다1 결정.
2) 헌법 전문은 "불의에 항거한 4·19민주이념을 계승하고"라고 규정하였다.
3) 대통령은 공정한 선거를 위해 중립을 지켜야 할 의무가 먼저이며, 대통령도 국민의 한 사람으로서 정치적 표현의 자유를 갖지만 선거와 관련해 부당한 방법으로 선거에 영향을 미치는 행위를 해서는 안 된다(헌법재판소 2008. 1. 17. 선고 2007헌마700 결정).

민자치에서 실시되고 있다. 국민주권 의식의 향상과 디지털 민주주의의 등장으로
직접민주주의의 요소의 부분적 도입이 요청된다. 헌법은 "대통령은 필요하다고
인정할 때에는 외교·국방·통일 기타 국가안위에 관한 중요정책을 국민투표에
붙일 수 있다"고 규정하여 국민투표제를 채택하였다(제72조). 또한 주민소환제를
통해 선출직인 지방자치단체의 장 및 의원이 위법·부당한 행위, 직무유기 또는
직권남용을 한 경우 주민투표를 통해 직위를 상실시킬 수 있다(주민소환에 관한
법률 제22조).

제 3 절   행정법상 제재

Ⅰ. 일반 국민에 대한 제재

행정법상 일반 국민에 대한 제재는 행정법상의 의무를 가진 자가 의무를
이행하지 아니하거나, 급박한 행정목적을 실현하기 위한 강제권 발동으로서
행정의 실효성 확보를 위한 권력적 강제작용이다. 행정법상 제재는 행정법상
의무 불이행자에 대해 의무의 이행을 강제하는 행정상 강제집행과 의무위반자
에게 과하는 행정벌, 목전에 긴박한 행정목적을 실현하기 위한 행정상 즉시강
제 그리고 행정상 필요한 정보나 자료의 수집을 위한 행정조사[1] 등으로 구분
된다. 이를 표로 정리하면 다음의 표와 같다.[2]

1. 행정상 강제집행

행정상 강제집행은 행정법상의 의무불이행이 있는 경우에 행정청이 행정
목적을 실현하기 위해 개인의 신체 또는 재산에 실력을 과함으로써 행정상 필

---

[1] 행정조사의 법적 성질에 대해서는 많은 논의가 있으나 행정상 즉시강제가 행정상 필요
한 상태를 실현하는 권력작용이나, 행정조사는 정보 및 자료수집과 조사를 위한 권력작용
과 비권력적 작용을 포함한 국가작용이다.

[2] 행정법을 '헌법의 구체화', "헌법은 변하여도 행정법은 변하지 아니한다"고 흔히 말할
정도로 행정법은 행정의 복잡한 양상을 규율하는 기술적인 법이다. 행정법은 근대 법치국
가의 산물로서 행정의 다양성, 복잡성, 기술성, 신축성 등의 요청으로 단일 법전을 아직
갖지 못한 이론체계가 발전 도상에 있는 법이다. 그 중 행정법상 제재는 이론이 다양하게
전개되고 있으나 이해하기 쉬운 분류방법을 택하였다.

[행정법상 제재]

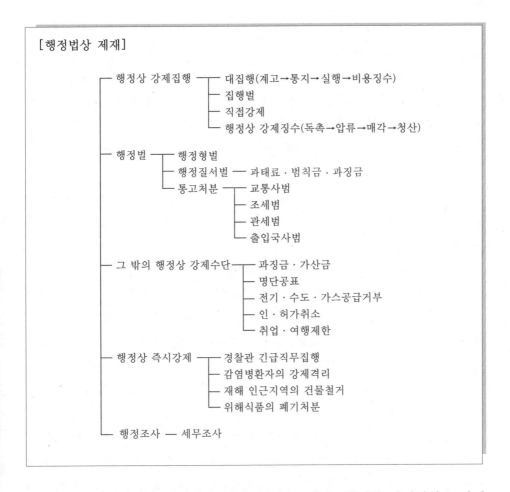

```
          ┌─ 행정상 강제집행 ──┬─ 대집행(계고→통지→실행→비용징수)
          │                  ├─ 집행벌
          │                  ├─ 직접강제
          │                  └─ 행정상 강제징수(독촉→압류→매각→청산)
          │
          ├─ 행정벌 ──┬─ 행정형벌
          │           ├─ 행정질서벌 ── 과태료·범칙금·과징금
          │           └─ 통고처분 ──┬─ 교통사범
          │                         ├─ 조세범
          │                         ├─ 관세범
          │                         └─ 출입국사범
          │
          ├─ 그 밖의 행정상 강제수단 ──┬─ 과징금·가산금
          │                          ├─ 명단공표
          │                          ├─ 전기·수도·가스공급거부
          │                          ├─ 인·허가취소
          │                          └─ 취업·여행제한
          │
          ├─ 행정상 즉시강제 ──┬─ 경찰관 긴급직무집행
          │                   ├─ 감염병환자의 강제격리
          │                   ├─ 재해 인근지역의 건물철거
          │                   └─ 위해식품의 폐기처분
          │
          └─ 행정조사 ── 세무조사
```

요한 상태를 실현시키는 행정상 강제작용을 말한다. 행정상 강제집행은 강제력으로 의무를 이행하게 하거나 의무가 이행된 것과 같은 상태를 실현하는 행정상 실효성의 확보작용이다. 행정상 강제집행은 상대방에게 의무의 불이행을 전제로 하는지의 여부에 따라 행정상의 강제집행과 행정상의 즉시강제로 구분된다. 행정상의 강제집행에는 대집행·집행벌·직접강제 및 행정상의 강제징수 등이 있으나, 행정상 대집행과 행정상의 강제징수가 일반적으로 인정되고 있으며 집행벌·직접강제는 개별법에서 예외적으로 허용되고 있다.

1) 대 집 행   대집행이란 행정법상의 대체적 작위의무를 가진 자가 그 의무를 이행하지 아니한 경우에 행정기관이 스스로 이를 실행하거나 또는 제

3 자로 하여금 행정목적을 실현시킨 후 그 비용을 의무자로부터 징수하는 강제집행이다. 이에 대한 일반법으로서 행정대집행법이 있다. 예를 들면 행정관청이 위법한 광고물을 철거하고 그 비용을 징수하는 것이다. 대집행은 그 집행절차로서 ① 계고, ② 대집행영장에 의한 통지, ③ 대집행의 실행, ④ 비용의 징수 등 4단계로 나누어진다(행정대집행법 제 3 조).

2) 집 행 벌   집행벌이란 행정법상의 부작위의무 또는 비대체(非代替)적 작위의무를 가진 자가 이를 이행하지 않는 경우에 의무이행을 간접적으로 강제하기 위해 과하는 금전적 부담의 제재이다. 예를 들면 건축법 위반으로 건축물의 시정명령을 받고도 이행하지 않는 경우 이행강제 급부(건축법 제80조)가 이에 속한다.

3) 직접강제   직접강제란 행정법상의 의무가 이행되지 아니한 경우, 특히 대집행 또는 집행벌로서는 그 목적을 달성할 수 없는 경우에 의무자의 신체 또는 재산에 실력을 가함으로써 직접의무의 이행이 있는 것과 같은 상태를 실현하는 강제집행이다. 예를 들면 예방접종을 강제실시하거나 사진촬영금지구역에서 촬영한 필름의 압수 등이다.

4) 행정상의 강제징수   행정법상의 금전지급 의무를 이행하지 아니한 경우에 의무자의 재산을 강제적으로 압류·매각함으로써 그 의무가 이행된 것과 같은 상태를 실현시키는 것이 행정법상의 강제집행이다. 이를 위해 국세징수법은 강제징수의 절차를 ① 독촉, ② 재산의 압류, ③ 매각, ④ 청산 등의 4단계로 나누고, 압류·매각(환가처분)·청산(충당) 등을 체납처분이라 한다(국세징수법 제23조, 제24조, 제61조, 제80조).

2. 행 정 벌

행정벌은 행정법상 의무 위반자에 대해서 과하는 제재로서 간접적인 이행확보 수단을 말한다. 형사벌은 사회 기본질서에 위반한 반사회적 범죄에 대한 처벌이나, 행정벌은 행정목적을 침해한 행정법 위반행위에 대한 제재인 점에서 형사벌과 구분된다.[1] 따라서 형사벌과 행정벌을 병과하더라도 이중처벌금

---

1) 행정벌과 형사벌의 구분에는 많은 논의가 있다. 형사범은 반사회적·반도덕적 행위로서 '그 자체로서 악'인 자연범에 속한다. 그러나 행정범은 '금지된 탓에 악'이 되는, 법

지의 원칙에 위반하는 것은 아니다.[1] 행정벌은 그 처벌의 내용에 따라 형법상
의 형벌(형법 제41조)로서 벌하는 행정형벌과 단순한 행정법규의 위반인 행정질
서벌로 나눈다.[2] 행정형벌은 통고처분이나 즉결심판 등의 준사법적 행정행위
에 의하며 비송사건절차법이 적용된다(제247조~제249조).

(1) 행정질서벌

행정질서벌이란 가벼운 행정법규 위반(신고 미필, 허가 위반)에 대한 행정
처분으로서 과태료·범칙금·과징금 등을 부과하는 금전적 제재이다. 행정질
서범은 행정청이 형벌이 아닌 금전적인 부담을 주는 행정벌로서 위법행위에
대해 간편하게 제재를 가하고 형벌에 의한 전과자의 낙인을 방지하는 것이
다. ① 과태료는 도로교통법, 경범죄 처벌법 등과 같은 일상적 가벼운 질서
법규 위반자에 대한 소액의 금전적 처벌이다. ② 범칙금은 과태료와 같은 금
전적 처벌이나 금전적 제재와 아울러 벌점을 병과함으로써 범죄예방을 목적
으로 한다. 벌점이 누적되면 금전적 제재 이상의 벌칙 효과가 있다(운전면허취
소).[3] ③ 과징금은 일반적으로 경제사범이 얻은 불법적 이익을 환수하기 위해
또는 위법한 경제활동을 한 기업체에 대해 영업정지 대신 부담시키는 금전적

정범인 점에서 차이가 있으나 실정법을 위반한 점에서 동일하기에 법조 경합범의 문제
이다.
1) 법인세를 면탈한 자에 대하여 한편으로 탈세범으로서 형벌을 부과하고 다른 한편으로
는 추징세(중가산세)를 부과하는 경우는 이를 병과하더라도 형사벌과 행정벌의 성격이
다르므로 이중처벌금지 위반이 아니다(헌법재판소 1994. 6. 30. 선고 92헌바38 결정).
2) 행정형벌·질서벌·징계의 비교

	행정형벌	질 서 벌	징 계
법률관계	일반권력관계	일반권력관계	특별행정법관계
위반대상	일반행정질서	가벼운 행정질서	특별행정법관계의 내부질서
처벌내용	형법상 형벌	과태료·범칙금	징계조치
처벌절차	형사소송법(예외 : 통고처분)	비송사건절차법	징계위원회 규칙
고의·과실	필요	불필요	불필요

* 행정형벌과 질서벌은 병과할 수 없으나 행정형벌과 징계벌은 그 목적·대상·내용 등이 다
르기 때문에 병과할 수 있다.
3) 과속운전의 경우 운전자에게 범칙금과 벌점이 부과되지만 운전자가 확인되지 않은 때
에는 차량 소유자에게 과태료만 통고처분된다.

제재를 말한다. 과태료·범칙금·과징금 등은 행정벌이나 과료·벌금 등은 형벌이다. 금전적 처벌의 무거운 순위는 과태료 → 범칙금 → 과징금 → 과료 → 벌금 순이다.

[과태료·범칙금·과징금·과료]

	과 태 료	범 칙 금	과 징 금	과 료
부과주체	법원, 행정청	행 정 청	행 정 청	법 원
성 질	행정질서범	행정질서범	경제사범에 대한 금전적 제재	형 벌
구 제	비송사건절차법	비송사건절차법	행정심판법	형사소송법
금 액	소액	소액과 벌점	액수제한 없음	5만원 미만

(2) 통고처분

통고처분이란 행정기관이 경미한 행정법 위반사범에 대해 정식 제재에 갈음하여 일정한 벌금 또는 과료에 상당하는 금액의 범칙금 납부를 통고하는 간이·신속한 절차에 의한 행정형벌이다. 통고처분의 이행은 확정판결과 동일한 효력을 발생하고 이를 이행하지 않는 경우 고발조치된다. 통고처분은 조세범(조세범 처벌절차법 제15조)·관세범(관세법 제311조)·출입국사범(출입국관리법 제102조)·교통사범(도로교통법 제163조)과 경범죄 처벌법상의 범칙행위의 즉결심판 등에 대해 각각 적용한다.

3. 그 밖의 행정상의 제재수단

행정상 강제집행이나 행정벌만으로는 행정법 위반행위에 대한 제재로 적당하지 않기 때문에 다음과 같은 행정상 제재가 있다. ① 경제적 이익을 환수하기 위한 금전적 제재로서의 과징금(부과금),[1] ② 납세의무의 성실한 이행을 확보하기 위한 금전부담으로서 가산세(국세기본법 제47조)·납부지연 가산세(지

---

1) 부과금은 행정명령의 이행을 강제하는 수단으로 이용되고 있으나 부담금과는 구별된다. 부담금은 정부나 지방자치단체가 공익사업의 재원을 마련하기 위해 이익을 얻는 당사자에게 부과하는 수익자 부담금으로서 준조세의 성질의 분담금, 부과금, 기여금 등을 말한다(부담금관리 기본법 제 2 조).

방세법 제21조), 부당이득세, 이행강제금(건축법 제80조 1항), ③ 행정법규 위반자의 명단을 공개하여 사회적·심리적 압박을 가하는 명단의 공표(국세기본법 제85조의 5, 공직자윤리법 제8조의2, 식품위생법 제73조, 아동·청소년의 성보호에 관한 법률 제49조), ④ 행정법규 위반자에 대하여 행정상의 서비스 또는 전기·수도·가스 등의 공급거부, ⑤ 행정법규 위반자에게 시정명령 또는 각종 인·허가를 취소하거나[1] 거부하여 의무이행을 간접적으로 촉구하는 관허가 사업의 제한, ⑥ 병역사범의 취업제한(병역법 제76조), 품위손상자의 국외여행 제한(출입국관리법 제4조) 등이 있다.

4. 행정상 즉시강제

행정상 즉시강제란 목전의 급박한 행정상 장애를 제거하기 위해 미리 의무를 명하는 절차에 의해서는 행정목적을 달성할 수 없는 경우에 직접 개인의 신체나 재산에 실력을 가함으로써 행정상 필요한 상태를 실현시키는 행정의 긴급작용이다. 행정상 즉시강제는 행정법상 의무이행을 전제로 하는 행정상 강제집행과 달리 미리 의무를 부과할 시간적 여유가 없는 급박한 경우에 위험을 방지하거나 위험으로부터 개인을 보호하기 위한 것이다. 행정상 즉시강제는 개인의 신체 및 재산의 자유의 침해에 대해 헌법이 요구하는 영장주의의 원칙에 불가피한 예외적 조치이다.

행정상 즉시강제는 행정상 긴급권의 발동이라도 법적 안정성과 개인의 기본권을 침해할 우려가 있기 때문에 강제집행의 예외적 조치로서 행사된다. 이것은 직접적인 실력행사인 점에서 행정상의 강제집행, 특히 직접강제와 같으나 의무불이행을 전제로 하지 않는 점에서 차이가 있다. 행정상 즉시강제에는 경찰관의 무기사용(경찰관 직무집행법 제10조의4), 감염병환자의 강제격리(감염병의 예방 및 관리에 관한 법률 제47조), 화재건물 인근의 연소위험건물 강제처분(소방기본법 제25조), 위해식품의 폐기처분(식품위생법 제72조) 등이 있다.

---

1) 승용자동차를 면허 없이 운전한 사람에 대해 그 사람이 소지한 제2종 원동기장치 자전거 면허를 취소할 수 있다(대법원 2012. 6. 28. 선고 2011두358 판결).

II. 공무원에 대한 제재

1. 직위해제 · 직권면직 · 적격심사 · 휴직

1) **직위해제**   직위해제란 공무원에게 무능력 등으로 직위를 계속 유지 시킬 수 없는 사유가 발생한 경우에 공무원의 신분은 보유하되 직위를 부여하 지 않는 것을 말한다. 직위해제는 직위를 해제할 뿐 아니라 인사와 보수에서 불이익을 주며 행정처분인 보직해제나 대기발령과 구분된다. 직위해제는 직위 를 계속시킬 수 없는 경우에 직위를 해임하는 임용행위인 점에서 규율에 어긋 난 행위를 한 자에게 제재를 하는 징계와 구별된다. 공무원으로서 직위를 계 속시킬 수 없는 사유가 있는 자로서 ① 직무수행 능력이 부족하거나 근무성적 이 극히 불량한 자, ② 징계의결이 요구중인 자, ③ 형사사건으로 기소중인 자, ④ 금품비위, 성범죄 등의 비위 혐의가 있는 자 등은 임용권자에 의해 직 위해제를 받는다(국가공무원법 제73조의3, 지방공무원법 제65조의3). 직위해제를 받 은 자는 6개월까지 봉급의 8할을 지급받으며, 6개월이 경과하여도 직위를 부 여받지 못할 경우에는 당연 퇴직된다.

2) **직권면직**   직권면직이란 공무원 임용권자가 직권에 의해 일방적으 로 공무원 신분을 소멸시키는 면직처분으로서 의원면직과 구분된다. 공무원이 국가공무원법을 위반하지 않더라도 다음과 같은 사유에 의해 정상적인 직무를 수행할 수 없을 때에는 징계위원회의 의견을 들어 면직시킬 수 있다(국가공무원 법 제70조). ① 직제와 정원의 개폐 또는 예산의 감소 등에 따라 폐직 또는 과 원(過員)이 되었을 때, ② 휴직기간이 끝났으나 직무에 복귀하지 아니하거나 직무를 감당할 수 없을 때, ③ 대기발령을 받은 자의 근무성적이 향상을 기대할 수 없는 때, ④ 전직시험에서 세 번 이상 불합격한 자로서 직무수행능력이 부 족한 때, ⑤ 군복무 중 군무를 이탈하였을 때, ⑥ 직무수행에 필요한 자격증의 효력이 무효이거나 취소되어 담당직무를 수행할 수 없게 된 때, ⑦ 고위공무 원단의 공무원이 적격심사 결과 부적격 결정을 받은 때 등이다.

3) **적격심사**   고위공무원단에 속하는 일반직 공무원의 근무성적, 능력 및 자질 등을 적격심사하여 직무를 계속 수행하게 하는 것이 곤란하다고 판단 되는 사람을 부적격자로 결정한다(국가공무원법 제70조의2).

4) **휴   직**　　휴직이란 공무원의 신분을 유지하면서 일정한 기간 동안 직무에 종사하지 않는 행위이다. 휴직은 직무가 정지되었다는 점에서는 정직과 같으나 정직은 징계처분이다. 공무원이 직무를 정상적으로 수행할 수 없는 때에는 임용권자는 휴직을 명하여야 한다(국가공무원법 제71조). 휴직에는 일방적인 휴직명령과 본인의 신청에 의한 휴직이 있다.

2. 징   계

징계란 공무원으로서 지켜야 할 행정법규의 위반에 대해 공무원에게 주는 일신상의 행정법상 제재로서 파면·해임·강등·정직·감봉·견책·징계부과금 등의 처분을 말한다(국가공무원법 제79조~제80조, 지방공무원법 제70조~제71조). 특히 징계부가금은 징계처분과 아울러 부적절한 행위로 취득·제공하거나 국고에 손실을 준 금액을 가중하여 환수하는 금전적 제재이다(국가공무원법 제78조의2, 지방공무원법 제69조의2). 징계는 형벌과 달리 공무원의 기강확립과 비리척결, 근무태만, 품위불량 등의 직무위반에 관한 제재이어서 형벌을 병과할 수 있다.

1) **파   면**　　파면은 공무원의 신분을 박탈하는 것을 말한다. 파면되면 향후 5년간 공무원에 임용될 수 없으며 퇴직금은 절반으로 줄고 연금은 적립한 금액만 돌려받는다.

2) **해   임**　　해임은 공무원의 신분을 면직하고[1] 향후 3년간 공무원 임용자격이 제한되나 퇴직금은 전액 받는다.

3) **강   등**　　강등은 직급을 1계급 아래로 내리고 3개월간 직무에 종사하지 못하고 보수는 전액을 받지 못한다. 직급[2]은 직책상의 급수이고 직위는 직무와 책임이 주어지는 직책상의 지위이다.

4) **정   직**　　정직은 공무원의 신분은 보유하나 1개월 이상 3개월 이

---

1) 면직은 자발적인 의원면직이 아니고 직권면직이나 징계면직으로서 결격사유에 의한 당연퇴직(국가공무원법 제69조, 지방공무원법 제61조)이나 정년 전의 명예퇴직과는 구분된다.

2) 공무원의 직급은 1급에서 9급으로 분류되고, 직위는 직위분류제의 원칙에 의해 서기, 주사보, 주사, 사무관, 서기관, 부이사관, 이사관, 관리관, 차관보, 차관, 장관 등으로 분류한다(이 책, 부록 4. 공무원의 직위·직급 비교표 참조). 회사는 사원, 대리, 과장, 차장, 부장, 실장, 이사, 사장, 회장 등으로 구분하는 것이 일반적이다.

하의 기간 동안 직무에 종사하지 못하고 보수는 전액을 받지 못한다.

5) 감   봉   감봉은 공무원의 직위에는 변동이 없으나 1개월 이상 3개월 이하의 기간 동안 보수의 3분의 1을 감한다.

6) 견   책   견책(譴責)은 저지른 과오에 대해서 훈계하고 회개시키는 것을 말한다.

7) 징계부가금   징계부가금은 공무원의 징계 사유가 된 금전, 물품, 부동산, 향응 그 밖의 재산상 이익을 취득·제공하거나 공금을 횡령, 배임, 절도, 사기 또는 유용한 경우 그 금액에 대해서 부과되는 5배 내의 환수금을 말한다.

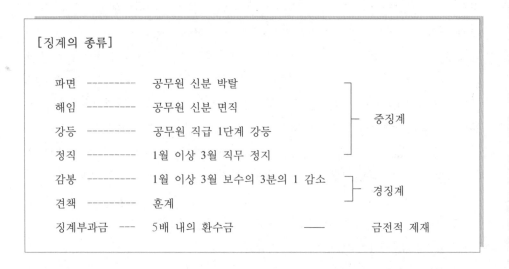

3. 행정처분

행정처분은 공무원의 징계처분 직전의 경미한 행정법규 위반에 대해서 공무원의 신분은 유지하되 직무상 불이익을 주는 문책성 제재이다.

1) 보직해제(변경)   공무원의 보직을 거두는 직책해임이다.

2) 대기발령   직무 수행을 중지시키는 일시적 보직해제이다.

3) 주   의   공무원에게 사태의 재발예방 조치를 명하거나 인사이동 조치, 차등성과급 등으로 근무성적 평정상 불이익을 준다.

4) 경   고   훈시로서 공무원에게 자성의 기회를 준다.

5) 공익봉사제   사회복지시설의 봉사활동, 환경미화, 자연보호 등의 노

역봉사를 한다.

  6) 그 밖의 공무원의 재교육, 근무지 전출 등이 있다.

제 4 절 형법상 제재

I. 형벌의 개념

    형법상의 제재란 형법 그 밖의 형벌법규에 위반한 자에게 사법적 처리를 통해 가하는 제재로서 이를 형벌이라고 한다. 형벌은 사회통제의 가장 강력한 물리적 수단으로서 죄형법정주의의 원칙에 의해 법의 규정이 없으면 형벌을 과할 수 없다. 반사회적 범죄를 제재하는 형벌의 목적은 범죄인에 대한 응징에 국한할 것이냐 한걸음 나아가 범죄인이 사회로의 복귀를 배려하여 사회방위에 있느냐에 대해서 형법상 많은 논의가 있다.1) 형법이론에서 전자는 범죄인의 도의적 책임과 범죄인에 대한 응보형주의, 범죄에 대한 사회의 객관적 상황을 중시하는 일방 예방주의 등을 주장하는 고전학파의 이론이다. 이에 비하여 후자는 범죄인에 대한 사회적 책임을 인정하여 형벌을 개별화하는 목적형주의, 범죄인의 주관적 상황을 중시하고 형벌을 통해 범죄인에 대한 교정·교화를 중시하는 특별 예방주의 등을 내용으로 하는 근대학파의 이론이다.

    고전학파는 19세기 자유주의 법치국가 사상을 배경으로 범죄인의 객관적 행위에 초점을 두었으나, 근대학파는 20세기 사회국가 사상을 기반으로 범죄로부터 사회방위와 범죄 행위자의 교화를 중시하였다. 두 이론의 대립

---

1) 고전학파와 근대학파의 대립

	고전학파	근대학파
범 죄 론	행위주의 객관주의	행위자주의 주관주의
인간 의사	자유주의(이성적 인간)	결정주의(반사회적 인간성)
책 임 론	도의적 책임	사회적 책임
형 벌 론	응보형 일반예방	목적형 특별예방
보안처분	이원론	일원론
학 파	포이어바흐	리스트

적인 논쟁은 형법 발전에 크게 기여하였다. 학설에는 타협이 없지만 형법은 학설의 타협과 조화로써 형벌에 대한 형사정책적인 고려가 가능한 것이다. 범죄는 인간의 반사회적 행위이다. 하지만 "죄는 미워하지만 사람을 미워하지 말라"든가, "벌을 받는 것은 행위가 아니고 행위자"라는 리스트(F. von Liszt, 1851~1919)의 말과 같이 형벌은 반사회적 행위자의 인간성에 초점을 맞추어야 할 것이다.

Ⅱ. 형벌의 종류

형법상 형벌의 종류에는 사형·징역·금고·자격상실·자격정지·벌금·구류·과료·몰수 등이 있다(형법 제41조). 이를 표로 보면 다음과 같다.

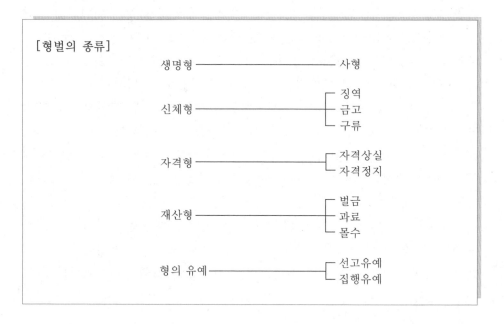

1. 사   형

사형은 범죄자의 생명을 박탈하는 생명형으로 교수형·약물·전기·가스·총살 등에 의해 집행된다. 사형폐지는 베카리아(C. Beccaria, 1738~1794)가 주장한 이후로 생명권의 존중과 범인의 사회적 격리, 사회 안전망의 방어문제와 맞물려

제기된다.1) 살인 현장의 참혹성을 보면 사형은 사회 안정과 정의를 위한 불가피한 필요악으로서 사형 찬성론자가 된다. 하지만 참회하고 살기를 애원하는 사형수의 사형집행을 보면 사형 반대론자가 된다고 한다. 사형은 사법적 살인이다. 사형은 오판이 있는 경우 억울한 인간의 원한을 치유할 길이 없다. 사형폐지는 1937년 스위스가 시행한 이후로 세계적 추세이나, 미국, 중국, 일본, 인도, 싱가포르 등은 사형제를 유지하고 있다. 우리나라는 사형집행이 이루어지지 않아 사실상 사형 폐지국이다.

2. 징역·금고·구류

징역·금고 및 구류는 수형자(受刑者)의 신체적 자유를 박탈하는 것을 내용으로 하는 형벌인 자유형 또는 신체형으로서 근대적 형벌의 중심을 이루고 있다. 이것은 다 같이 수형자를 교도소에 구치하는 점에서 공통성을 가지고 있으나, 구류는 그 기간이 1일 이상 30일 미만(형법 제46조)이라는 점에서 징역 및 금고(禁錮)와 구별되고, 징역은 정역(定役)에 복무하는(형법 제67조) 점에서 금고와 구별된다. 금고는 정치범, 사상범, 과실범 등 비파렴치범에게 과해지며 명예를 추락시키는 작용을 한다. 징역과 금고에는 유기와 무기의 종별이 있으며, 유기는 원칙적으로 1개월 이상 30년 이하이다(형법 제42조). 다만 형을 가중하는 때에는 50년까지로 한다.

3. 자격상실·자격정지

자격상실은 수형자의 일정한 자격을 상실시키는 것을 내용으로 하는 형벌이며, 범죄인의 일정한 자격 또는 명예를 박탈하는 의미에서 자격형 또는 명예형이라고 한다. 형법상 자격이 상실되는 경우는 사형·무기징역 또는 무기금고의 판결을 받은 경우이다(형법 제43조). 이러한 판결을 받은 자는 ① 공무

---

1) ① 사형제 긍정: 사형은 죽음에 대한 인간의 본능적 공포심과 범죄에 대한 응보욕구가 서로 맞물려 고안된 필요악으로서 불가피하게 선택된 것이며 헌법상 비례원칙에 위반하지 않는다(헌법재판소 2010. 2. 25. 선고 2008헌가23 결정). Gregg v. Georgia, 428. U.S. 153(1976).
② 사형제 부정: 사형은 잔혹하고 이상한 형벌로서 수정헌법 제8조와 제14조에 위반한다(Furman v. Georgia, 408. U.S. 238(1972)).

원이 되는 자격, ② 공법상의 선거권과 피선거권, ③ 법률로 요건을 정한 공법 상의 업무에 관한 자격, ④ 법인의 이사, 감사 또는 지배인 기타 법인의 업무 에 관한 검사역이나 재산관리인이 되는 자격이 상실된다.

자격정지에는 자격이 당연히 정지되는 당연정지와 판결로 정지되는 선고 정지가 있다. 당연정지로서는 유기징역 또는 유기금고의 판결을 받은 자는 그 형의 집행이 종료하거나 면제될 때까지 전술한 ① 내지 ③의 자격이 당연히 정지된다. 선고정지로서는 판결의 선고로써 ① 내지 ④의 자격의 전부 또는 일부에 대해 그 자격을 정지한다. 그리고 자격정지의 기간은 1년 이상 15년 이하로 한다(형법 제43조~제44조).

4. 벌금ㆍ과료ㆍ몰수

재산형으로서 벌금과 과료(科料)는 그 금액에서 차이가 있을 뿐이다. 벌금 은 5만원 이상으로 하여 상한은 없고, 과료는 2천원 이상 5만원 미만으로 하 고 있으며(형법 제45조~제47조), 행정법상 질서벌인 과태료와 다르다. 벌금은 일 률적인 총액 벌금제도로서[1] 제3자의 대납이 허용되지 않는 개별책임이며 국 가의 채권과 상계되지 않는다. 벌금형을 이행하지 않는 경우에는 1일 이상 3 년 이내의 범위에서 노역장에 유치되어 1일 50,000원으로 환산하여 벌금을 공 제한다. 또한 300만원 이하의 벌금형에서 이를 납부할 경제적 재력이 없는 경 우 양로원ㆍ재활원 등의 도우미 또는 도시근로 사업(환경 정비 등)의 사회봉사 로써 벌금을 대치할 수 있다(벌금 미납자의 사회봉사 집행에 관한 특례법 참조). 이 를 벌금대체 사회봉사제도라고 한다.[2]

몰수는 재산을 박탈하여 국고에 귀속하는 재산형으로서, 몰수의 대상은 ① 범죄행위에 제공하였거나 제공하려고 한 물건, ② 범죄행위로 인해 발생하 였거나 이로 인하여 취득한 물건, ③ 위에 언급한 ①, ②의 대가로 취득한 물

---

1) 현행의 총액 벌금형제도는 벌금액 산정기준을 개인의 경제사정을 고려함이 없이 일률 적으로 정한 것이다. 가난한 사람이나 부자에게나 다 같이 형벌의 본래의 효과를 충분히 거둘 수 없어 북유럽 제국이 채택한 개인의 경제여건을 고려하는 일수 벌금형제도(Tages-satzsystem)의 도입 필요성이 있다.

2) 벌금대체 사회봉사제도는 벌금 미납자에 대한 노역장 유치를 사회봉사로 대체하여 벌금 을 집행함으로써 경제적 이유로 벌금을 낼 수 없는 사회적 약자를 보호하기 위한 것이다.

건 등이다(형법 제48조). 몰수는 다른 형벌에 부가하여 과하는 것을 원칙으로 하나, 유죄의 판결이 없이도 몰수만을 선고할 수 있다. 소비·분실 등으로 몰수할 대상물을 판결 당시 몰수하기 불가능한 경우에 몰수에 갈음하여 그 가액을 추징한다.

III. 형벌의 적용

형벌의 확정은 법정형 내에서 양형(量刑)조건을 고려하여 구체적으로 피고인에게 선고형을 준다. 형을 정하는데 ① 범인의 연령, 성행, 지능과 환경, ② 피해자에 대한 관계, ③ 범행의 동기, 수단과 결과, ④ 범행 후의 정황 등을 참작하여야 한다(형법 제51조). 특히 형의 선고에서 법정규정이나 판사의 재량으로 형을 가중, 감경, 면제할 수 있다. 형의 일반적 가중사유에는 경합범, 누범, 특수교사 등이 있고, 형벌의 구성요건에 의한 특수한 가중사유는 상습범가중(제332조의 상습절도죄), 특수범죄의 가중(제144조의 특수공무방해죄) 등이 있다. 형의 필요적 감경사유는 심신미약(제10조 2항), 농아자, 중지범(제26조), 종범(제32조 2항) 등이 있고, 임의적 감경사유로는 외국에서 받은 형의 집행으로 인한 감경(제7조), 과잉방위, 과잉피난, 과잉자구행위, 미수범, 불능미수(제27조 단서), 자수·자복(제52조 1항) 등이 있다.

자수란 범인이 수사기관에게 스스로 범죄사실을 신고하고 처벌을 요구하는 것이고, 자복은 피해자의 명시한 의사에 반하여 처벌할 수 없는 반의사불벌죄에서 피해자에게 범죄사실을 고백하고 용서를 구하는 것을 뜻한다(제52조 2항). 형의 면제란 범죄는 성립하지만 법률상의 사유로 인해 형벌을 부과하지 아니하는 유죄판결의 일종이다.[1] 형의 면제사유는 재판확정 전의 사유로서 형의 집행면제와는 다르고 재판상 면제는 허용되지 않는다.

---

[1] 형의 면제에는 법률상 면제인 중지범(형법 제26조), 자수(형법 제153조) 등의 경우와 재판상 정상참작에 의한 면제(형법 제21조 2항, 제22조 2항), 가족의 증거인멸(형법 제155조 4항) 등이 있다.

Ⅳ. 형의 유예와 가석방·보안처분

1. 선고유예

선고유예는 범행이 경미하고 개선가능한 초범에 대해 형의 선고를 유예하고 유예기간중 특별한 사고 없이 지나면 형이 면소되는 조건부 유죄판결이다. 선고유예는 형의 유예선고로서 형의 집행유예보다 피고인의 사회생활의 부담을 줄여 사회의 재복귀를 촉진하기 위한 것이다. 선고유예는 1년 이하의 징역·금고·자격정지·벌금 등을 선고할 정도의 경미한 범죄로서 범죄인이 자격정지 이상의 전과가 없고, 범죄에 대해서 뉘우침이 뚜렷한 경우 형법 제51조의 양형조건을 참작하여 선고를 유예하는 것이다(형법 제59조). 선고유예를 받은 날로부터 2년을 경과하면 면소된 것으로 본다. 형의 선고유예를 하는 경우에 필요하다면 재범방지를 위해 보호관찰을 명할 수 있다. 형의 선고를 받은 자가 유예기간중 자격정지 이상의 형에 대한 판결이 확정된 경우 또는 자격정지 이상의 형에 대한 전과가 발견된 경우에는 유예된 형을 선고한다. 보호관찰의 선고유예를 받은 자가 보호관찰기간중에 준수사항을 위반하고 그 정도가 무거운 때에는 유예한 형을 선고할 수 있다.

2. 집행유예

집행유예는 형을 선고하면서도 일정한 기간 형의 집행을 유예하여 그 기간 동안 유예가 실효 또는 취소되지 않고 경과하면 형의 선고는 효력을 잃는 제도이다. 집행유예는 형의 집행으로 인한 범인의 가족생활과 사회생활의 중단을 막고 실형의 복역에서 오는 피해를 방지하여 정상적인 사회생활의 복귀에 도움이 된다. 집행유예는 3년 이하의 징역이나 금고 또는 500만원 이하의 벌금을 선고할 경우 형법 제51조를 참작하여 1년 이상 5년 이하의 기간 형의 집행을 유예하는 것이다(형법 제62조).1) 그러나 금고 이상의 형을 선고한 판결이 확정된 때부터 그 집행을 종료하거나 면제된 후 3년까지의 기간에 범한 죄

---

1) 집행유예선고의 요건에 관한 입법기준은 입법권자의 형성의 자유에 속하는 것으로 그 입법형성이 입법재량의 한계를 명백히 벗어난 것이 아닌 한 헌법위반이라고 볼 수 없다(헌법재판소 1997. 8. 21. 선고 93헌바60 결정).

에 대하여 형을 선고하는 경우는 그러하지 않다. 유예기간중 금고 이상의 형을 받아 그 판결이 확정된 때부터 집행유예의 선고는 효력을 잃는다. 형의 집행유예를 선고할 경우 보호관찰·사회봉사명령·수강명령 등을 부과할 수 있으며, 이를 명받은 자가 준수사항이나 명령을 위반하고 그 정도가 무거운 때에는 집행유예의 선고를 취소할 수 있다.

3. 가 석 방

가석방은 자유형의 집행중에 있는 자가 무기형인 경우는 20년, 유기형인 경우는 형기의 3분의 1을 경과하고 그 행상이 양호하고 개전(改悛)의 정이 있을 때 형기만료 전에 일시로 석방하고 가석방이 취소되지 않는 한 형 집행이 종료되는 효력을 갖는 제도이다(형법 제72조). 가석방기간은 무기형은 10년이고 유기형에 있어서는 남은 형기로 하되 10년을 초과할 수 없다. 가석방자는 가석방기간 중 보호관찰을 받는 것을 원칙으로 한다(동법 제73조의2). 가석방 중 금고 이상의 형의 선고를 받아 그 판결이 확정된 때에는 가석방처분은 효력을 잃는다. 가석방의 처분을 받은 자가 감시에 관한 규칙을 위배하거나 보호관찰의 준수사항을 위반하고 그 정도가 무거운 때에는 가석방을 취소할 수 있다.

4. 보안처분

보안처분이란 범죄로부터 사회보호나 범죄인의 정상적인 사회복귀가 형벌만으로 충분하지 아니한 경우에 형벌을 보완 내지 대체하기 위한 사법적 제도이다. 보안처분은 범죄인 또는 범죄의 위험이 있는 자에 대해서 보호·감호·관찰·치료·교화·개선 등을 목적으로 과하는 예방적 차원의 형사정책적 처분이다. 보안처분은 범죄의 예방을 위한 형사처분으로서 과거 범죄행위에 대한 형벌과 달리 목적·방법·절차 등에서 서로 구분된다. 보안처분은 대상자를 사회로부터 격리하는 협의의 보안처분과 교육개선을 내용으로 하는 개선처분을 포함한다. 보안처분은 사실상 기본권을 제한 내지 박탈하는 조치이기 때문에 개인의 기본권이 본질적으로 침해되지 않도록 보안처분 법정주의를 규정하였다(헌법 제12조). 보안처분에는 일반적으로 보호처분·사회봉사명령·수강명령 등의 대인적 보안처분이 있다.

1) **보호관찰**   보호관찰(Probation)[1]이란 범죄자를 수용시설에 구금하지 않고 정상적인 사회생활을 하면서 사회의 복귀를 촉진하고 효율적인 범죄예방을 위해 범죄자를 지도·감독함으로써 범죄자의 개선·갱생을 도모하는 형사정책적 처분이다. 보호관찰제도는 형벌과 별도로 재범 가능성이 높은 범죄자에게 부과하는 보호감호·보호관찰·치료감호 등을 말하며 넓은 의미에서 사회봉사명령, 수강명령을 포함하고 있다. 우리나라는 1989년 소년범에 대해서 처음으로 보호관찰제를 실시한 이후 성폭력사범(1994년), 성인 일반형사범(1997년), 가정폭력사범(1998년), 성매매사범(2004년) 등에 시행하였다. 2008년에는 성폭력사범 등에 대한 위치추적 전자 감독장치인 전자발찌 부착, 2009년에는 미성년자 유괴범에 대한 전자발찌 부착과 벌금 미납자에 대한 사회봉사 등으로 그 대상과 관찰을 확대하고 있다. 보호관찰제는 보호처분(소년법 제32조, 성매매알선 등 행위의 처벌에 관한 법률 제14조), 보호관찰처분(보호관찰 등에 관한 법률 제4조), 보호감호 및 치료감호처분(치료감호 등에 관한 법률 제16조), 치료보호처분(마약류 관리에 관한 법률 제40조), 갱생보호(보호관찰 등에 관한 법률 제4조) 등이 있으며[2] 보호관찰기간은 집행유예기간 내에서 법원이 정한다.

2) **사회봉사명령**   사회봉사명령이란 보호관찰처분이나 집행유예를 받은 자에게 일정기간 지정한 노역에 종사하도록 명하는 사법적 근무명령이다(보호관찰 등에 관한 법률 제59조, 제62조). 성인에 대한 사회봉사명령은 500시간 이내이다. 사회봉사명령에는 공공장소의 근로봉사, 자연보호활동, 양로원·장애요양시설에서의 봉사활동 등을 들 수 있다. 또한 벌금 미납자가 경제적 이유로 벌금을 낼 수 없는 경우에 사회봉사로 대체함으로써 벌금을 대신하고 있다.

3) **수강명령**   수강명령이란 일정한 기간의 강의·교육상담을 받게 함으로써 사회의 새로운 출발의 효과를 높이려는 사법적 교육명령을 말한다. 수강명령은 일반적으로 집행유예기간 내에 이를 집행한다. 성인에 대한 수강명

---

1) 보호관찰제도는 대륙법계의 감시위주와 영미법계의 보호위주의 제도로 구분된다. 1869년 미국에서 최초로 보호적인 관찰제도가 시행된 후 많은 국가가 형사정책상 시행하고 있다.

2) 2005년 폐지된 사회보호법이 규정한 보호감호제도는 재범가능성이 있는 자를 일정 기간 감호소에 수용하는 제도이나, 형법상 수용자와 별 차이가 없고 헌법상 이중처벌금지원칙에 위배되므로 폐지하였다.

령은 200시간 이내이다(보호관찰 등에 관한 법률 제59조 1항). 수강내용으로는 성범죄자에 대한 성교육,[1] 약물 중독자에 대한 심성교육, 가정폭력방지교육, 그밖의 정신 교양교육 등의 교육 프로그램이 있다.

V. 형의 실효·시효·사면·복권

형의 실효란 징역 또는 금고의 형을 마쳤거나 집행이 면제된 사람이 피해자의 손해를 보상하고 자격정지 이상의 형을 받는 일 없이 7년이 경과하면 본인의 신청으로 재판의 실효처분을 받아 전과기록[2]이 말소되는 것이다. 또한 3년 이하의 징역이나 금고에는 5년, 벌금은 2년 그리고 3년 이상의 징역·금고에는 10년의 실효기간이 지나면 자동적으로 전과기록이 말소된다(형의 실효 등에 관한 법률 제7조).

형의 시효란 형의 선고를 받은 사람이 형 집행을 받지 않은 채 일정한 시효기간이 지나면 형의 집행이 면제되는 것을 말하며, 형의 시효는 단기 1년에서 장기 30년이다(형법 제78조). 형의 시효는 형벌 자체가 확정되지 않은 상태에서의 소의 소멸시효가 성립하여 공소할 수 없는 공소시효와 구분된다. 공소시효는 장기 15년, 단기 1년으로 일반적으로 형의 시효보다 짧은 것이 일반적이다(형사소송법 제249조).

사면은 대통령의 통치권에 의해 형벌을 소멸시키는 것이다. 대통령은 사면법이 정하는 바에 의해 사면·감형·복권 등을 명할 수 있다.[3] 사면에는 일반사면과 특별사면이 있다. 일반사면은 유죄선고를 받은 자에게는 형의 선고효력이 상실되며, 아직 형의 선고를 받지 않은 자는 공소권이 상실된다. 특별사

---

1) 이 책, p. 386 참조.
2) 전과기록에는 ① 자격정지 이상의 형을 받아 검찰청에서 관리하는 수형인명부, ② 자격정지 이상의 형을 받아 수형인의 본적지에서 관리하는 수형인명표, ③ 형의 종류에 관계 없이 수사자료로서 경찰청이 관리하는 수사자료표, ④ 수사자료표 중 벌금 이상의 형 집행에 관한 자료인 범죄경력자료 등이 있다(형의 실효 등에 관한 법률 참조). 자격정지 이상의 전과는 전과가 기록되어 신원조회나 신원증명서에 불이익을 받을 수 있다.
3) 사면권의 남용으로 법치주의의 신뢰를 훼손시키고 있으나 프랑스는 부정부패 공직자와 선거법 위반 사범은 사면 대상에서 제외하고, 독일·일본은 사면제도를 엄격하게 운용하고 있다.

면은 형의 집행이 면제되고, 자격이 상실 또는 정지되었던 자의 자격을 회복시켜 준다.

복권은 형의 선고로 상실 또는 정지된 자격의 회복을 말한다. 복권은 형의 언도로 법정 자격이 상실 또는 정지된 자에게 행하며, 형의 집행을 종료하지 않은 자 또는 집행의 면제를 받지 않은 자에게는 행하지 않는다.

제5절 민법상 제재

Ⅰ. 손해배상

채무불이행(민법 제390조) 또는 불법행위(tort, 민법 제750조 이하) 등에 의해 타인에게 손해를 가한 자는 그 손해 및 위자료를 배상하여야 한다. 손해배상의 방법은 금전배상을 원칙으로 하나(민법 제394조, 제763조), 명예훼손의 경우에는 법원은 피해자의 청구에 의해 손해배상에 갈음하거나, 손해배상과 함께 명예회복에 적당한 처분(예를 들면 사죄광고)을 명할 수 있다(민법 제764조). 채무불이행으로 인해 채권자에게 손해가 발생하는 동시에 이익을 가져온 경우에는 손해에서 그 이익을 공제한 잔액을 배상할 손해로 보는데 이를 이익상계(이익공제)라 한다. 또한 채무불이행이나 손해배상에서 채권자에게도 과실이 있는 경우에는 법원이 손해배상의 책임 및 그 금액을 정할 때에 그 채권자 또는 피해자의 과실을 참작하여야 한다. 이를 과실상계라 한다.

Ⅱ. 강제집행

민사상의 강제집행이란 소송에 패소한 채무자가 채무를 이행하지 않는 경우에 권리자의 청구에 의해 국가의 공권력으로써 이를 강제적으로 이행하는 제재를 말한다. 강제집행절차는 집행법원이 관할한다. 여기에는 직접강제 · 대체집행 · 간접강제 등이 있다.

1. 직접강제

직접강제란 채무자의 의사를 무시하고 국가의 공권력으로써 채권의 내용을 실현하는 것을 말한다. 직접강제는 채무의 내용이 '주는 채무'에만 가능하고, '하는 채무'에는 허용되지 않는다(민법 제389조). 예를 들면 강제집행에 따라 물건을 인도하는 경우는 전자의 예이고, 노래를 부를 것을 직접적으로 강제하는 것은 후자의 경우이다.

2. 대체집행

대체집행이란 채무자를 대신하여 제3자로 하여금 채무이행과 같은 결과를 실현하도록 하고 그 비용을 채무자가 부담하는 것이다(민법 제389조 2항). 대체집행은 채무의 성질이 직접강제가 불가능한 '하는 채무' 중에서 대체성이 있는 채무에 허용된다. 예를 들면 건물을 지어 줄 채무가 그 예이다.

3. 간접강제

일정한 기간 내에 채무를 이행하지 않을 때에는 법원이 손해배상금의 지급을 명함으로써 채무자를 심리적으로 강제하여 채무를 이행케 하는 것이 간접강제이다(민사집행법 제261조 1항). 간접강제는 성질상 직접강제와 대체집행을 할 수 없는 비대체적 채무에 허용된다(작가의 창작 채무, 부부동거 의무).

4. 실   권

실권(失權)이란 일정한 권리를 갖는 자가 법에 위반한 경우, 그 법률상의 자격 또는 권리를 상실하게 하는 제재를 말한다. 예를 들면 친권의 상실(민법 제924조), 소멸시효에 의한 권리상실(민법 제162조 이하) 등이 그것이다.

[친권의 상실과 일시정지·일부제한]

친권이란 부모가 미성년 자녀를 보호하고 교양할 권리와 동시에 의무인 윤리성이 강한 권리이다. 부 또는 모가 친권을 남용하여 자녀의 복리를 현저히 해치거나 해칠 우려가 있는 경우에는 가정법원은 자녀, 자녀의 친족, 검사 또는 지방자치단체의 장의 청구에 의해 그 친권의 상실 또는 일시정지를 선고할 수 있다(민법 제924조). 또한 가정법원은 거소의 지정이나 징계, 그 밖의 신상에 관한 결정 등 특정한 사항에 관하여 친권자가 친권을 행사하는 것이 곤란하거나 부적당한 사유가 있어 자녀의 복리를 해치거나 해칠 우려가 있는 경우에는 친권의 일부 제한을 선고할 수 있다(민법 제924조의2).

제 6 절 사이버공간에서의 제재

사이버공간은 무책임한 가상공간이 아니라 진실과 신뢰의 열린 광장이다. 정보의 바다인 사이버공간의 정보지배가 곧 힘이며 자산이기에 정보의 보호와 경쟁이 치열하게 전개된다. 각종 생활영역에 정보통신망의 파급효과와 영향력은 상상을 초월할 정도이고 그 범죄행위도 지능화·다양화·국제화되고 있다. 사이버 범죄는 정보통신망의 응용기술을 이용해 사이버 괴롭힘과 침해 그리고 금융사기를 하는 범죄이다. 사이버 범죄는 막강한 파급력으로 개인과 사회에 피해를 줄 뿐 아니라 국가통신 시스템을 교란시킨다. 사이버공간의 자유권과 개인정보 자기결정권은 보장되어야 하지만 사이버공간이 법으로부터 예외는 아니다. 포털 사이트 사업자는 정보 내용 자체에는 책임이 없더라도 편집권과 전파력을 갖는 언론매체의 일축이므로 정보관리자로서의 법적 책임이 있다. 소셜미디어를 이용한 명예훼손이나 성범죄는 특별법에 의해서 형법(제307조)보다 가중처벌을 하고 있다(성폭력범죄의 처벌 등에 관한 특례법 제14조의2).

정보통신망 이용촉진 및 정보보호 등에 관한 법률이 규정한 사이버 범죄의 유형은 다음과 같다.

I. 일반적 사이버 범죄의 유형

① 개인의 인격침해(명예훼손, 사생활 침해·비방, 협박·공갈·개인정보 침해)(정보통신망 이용촉진 및 정보보호 등에 관한 법률 제70조, 제74조)[1]

② 성폭력(사이버 스토킹)

---

1) 대법원 2009. 4. 16. 선고 2008다53812 판결.

③ 악플 비지니스(유인성 악플에 댓글을 단 사람을 명예훼손죄, 모욕죄로 고소하는 악플 사냥꾼)

④ 개인 정보 침해(개인정보의 부당한 수집, 신상정보유출, 주민번호 도용, 자료무단사용, 메신저 피싱, 이메일 열람)(동법 제48조, 제71조, 제72조)

⑤ 불법유해 사이트(불법 유통물인 음란물, 약품, 무기 등의 거래, 반사회적 행위 사이트)(동법 제76조)

⑥ 스팸메일(광고전송)(동법 제50조, 제76조)

⑦ 전자상거래 사기(쇼핑몰 사이트, 가명계좌, 인터넷 뱅킹, 모바일 결제시스템, 경매 사이트, 게임 사기, 아이템 거래)

⑧ 저작물 불법복제(콘텐츠, 영상프로그램)

⑨ 전자 금융사고(전기통신을 이용한 기망·공갈행위로 재산적 이득을 취득)

⑩ 파밍(pharming)(인터넷의 도메인을 이용하거나 금융정보를 해킹하는 금융사기)

⑪ 스미싱(SMS phishing, smishing, spear phishing)(전기통신수단을 이용한 금융사기)

⑫ 보이스 피싱(voice phishing)(전화 또는 웹사이트를 이용한 금품 갈취)

Ⅱ. 사이버 테러 범죄의 유형

① 파일 삭제 변경

② 홈페이지 변경

③ 해킹(데이터 자료유출), 크래킹

④ 서비스 거부(동법 제2조)

⑤ 메일폭탄, 논리폭탄(동법 제2조)

⑥ 바이러스 유포(동법 제48조, 제71조, 형법 제314조, 제366조)

⑦ 악성프로그램의 전달 또는 유포(동법 제70조의2)

⑧ 전파방해, 고출력 전자기파(동법 제2조)

제 7 절 노동법상 제재

Ⅰ. 징계해고

사용자는 근로자를 정당한 이유 없이 해고하지 못한다(근로기준법 제23조 1항). 정당한 이유는 사용자와 근로자가 일반적으로 일신상, 경영상, 조직상 근로계약을 이행할 수 없을 사유의 발생에 대해 개별적 사항에 따라 구체적으로 종합적 판단을 하여야 할 것이다.[1] 사용자가 경영악화, 경제침체, 기업합리화 등의 긴급한 경영상의 필요에 따라 재직 근로자를 감축하거나 인원 정리를 위해 일방적인 근로계약 해지를 하는 정리해고[2]는 엄격한 요건이 필요하다. 사용자는 근로자에게 근로계약이나 취업규칙, 단체협약의 위반을 이유로 징계할 수 있다. 징계해고는 근로자의 귀책사유로 인해 회사의 규정(사규)에 의해 해고하는 것이다. 대법원은 취업규칙을 위반한 허위이력서 작성에 대한 징계해고를 정당하다고 판시하였다.[3] 그러나 "단체협약에 정한 사유 외의 사유로는 근로자를 해고할 수 없다"고 규정되어 있다면, 단체협약에 규정되어 있지 아니한 취업규칙상의 징계해고 사유로는 근로자를 해고할 수 없다.[4]

---

1) 정당한 이유의 내용은 개별적 사항에 따라 구체적으로 판단되어야 할 것이지만 대체로 사회통념상 근로자에게 귀책사유가 있다든가 또는 부득이한 경영상의 필요가 있는 경우가 이에 해당된다고 할 것이다(대법원 2002. 6. 14. 선고 2000두8349 판결).

2) 대법원은 정리해고의 요건으로서, 첫째 해고를 하지 않으면 기업경영이 위태로울 정도의 긴박한 경영상의 필요성이 존재하여야 하고(긴박한 경영상의 필요성), 둘째 해고회피의 노력을 다했어야 하며(해고회피의 노력), 셋째 합리적이고 공정한 기준으로 해고 대상자를 선별하여야 하고(해고 대상자 선별의 합리성과 공정성), 넷째 해고에 앞서 노동조합이나 근로자측과 성실한 협의를 거쳐야 한다(사전협의절차)고 판시하였다(대법원 1999. 5. 11. 선고 99두1809 판결).

3) "허위의 이력서를 작성한다는 것은 그 자체가 그 근로자의 정직성에 대한 중요한 부정적인 요소가 됨은 물론, 기업이 고용하려고 하는 근로자들에 대한 전인격적인 판단을 그르치게 하는 것이므로 이를 근거로 징계해고한 것은 정당하다"고 판시하였다(대법원 1997. 12. 26. 선고 97누11126 판결).

4) 대법원 1999. 3. 26. 선고 98두4672 판결.

Ⅱ. 부당노동행위에 대한 구제명령

노사관계에서 부당노동행위란 사용자가 노동조합이나 노동조합원의 정당한 노동운동에 대해서 방해행위나 노조원에 대한 부당한 해고나 불이익을 주는 일체의 사용자의 월권행위이다. 부당노동행위는 불공정한 방법으로 근로자에게 인사상·경제상 불이익을 주는 위법행위로서 노동 3권을 침해하는 행위이다. 특히 비정규직 근로자, 파견근로자, 필수유지 업무제도1) 등의 도입에 따른 노사 간의 갈등으로 부당노동행위가 증가하고 있다.

부당노동행위는 근로자의 노조활동 행위의 적법성과 이에 대한 사용자측의 대응의 적정성 문제를 동시에 제기한다. 근로자의 해고사유가 부당노동행위에 해당하는 것인지의 여부는 사용자 측이 내세우는 해고사유와 근로자가 행한 노동조합 업무를 위한 정당한 행위의 내용, 해고의 시기, 사용자와 노동조합의 관계, 동종의 사례에 있어서 조합원과 비조합원에 대한 제재의 불균형 여부, 종래 관행에의 부합 여부, 사용자의 조합원에 대한 언동이나 태도, 그 밖의 부당노동행위 의사의 존재를 추정할 수 있는 제반 사정 등을 비교·검토하여 판단하여야 한다.2) 근로자나 노동조합의 요구 사항에 대한 사용자 측의 모든 거부행위 또는 편익적 행위가 모두 부당노동행위에 해당하는 것은 아니다.3) 노사관계는 서로 반목과 대결이 아닌 협력과 상생을 통해 공동의 이익 창출에 의한 근로자의 권익 보호와 복지 향상을 목표로 하여야 한다.

---

1) 철도, 도시철도, 항공운수, 전기, 가스, 수도, 석유, 병원, 혈액공급, 한국은행, 통신 등의 필수 공익사업의 쟁의행위는 일상 시민생활과 국민경제에 중대한 영향을 미치고 있고, 그 대체 업무가 어렵기 때문에 이들 업체의 쟁의행위를 직권중재에 의해 해결하였다. 그러나 이 제도는 쟁의권을 제한하기 때문에 '필수유지 업무'제도를 도입하였다. 노사의 자율적인 업무의 운영사항에 관한 '필수유지 업무협정'을 맺고 쟁의행위를 허용하였다.
2) 대법원 2000. 4. 11. 선고 99두2963 판결.
3) 부당노동행위에 해당하지 않는 행위는 다음과 같다. ① 교섭권이 없는 자의 교섭요구, ② 교섭 담당자의 불확정으로 정상적인 교섭이 어려운 상황의 교섭요구, ③ 순수한 인사권·경영권 사항의 교섭요구, ④ 근로자의 개인적인 사항의 교섭요구, ⑤ 사업자에게 불안을 줄 수 있는 시간과 장소를 조건으로 하는 교섭요구 등에 대한 거부행위, 그리고 근로시간 중 교섭행위를 허용하는 행위, 조합원을 위한 후생자금이나 재난기부 행위, 최소 규모의 조합 사무실 제공 등은 부당노동행위에 해당하지 않을 것이다.

부당노동행위에는 다음과 같은 유형이 있다.

1) 근로자의 노동조합의 결성·가입·탈퇴 및 조직 활동 등에 대해 사용자가 해고·휴직·정직·전직·감봉 등의 인사적·경제적 불이익을 주는 행위이다.[1]

2) 사용자가 노동조합의 단체협약의 체결·단체교섭·쟁의 등의 활동을 간섭·거부·중단·방해하는 행위이다.[2] 또는 노동조합의 교섭요구를 무시하고 근로자와 개별적으로 근로계약을 갱신하는 행위이다.

3) 사용자가 노동조합의 조직과 운영을 지배·개입하는 행위, 조합원의 부당한 승급·승진에 의한 조합 활동의 방해 행위이다. 또는 사업자가 노동조합위원을 지정하여 교섭에 응하는 행위이다.

4) 노동조합의 운영비 지급, 조합간부의 금전매수, 향응제공, 전임자의 급여지급이나 조합비 일괄 공제(check off)[3]의 일방적 폐지 등의 행위이다.

5) 사용자가 근로자의 노조의 가입·탈퇴 등을 고용조건으로 하는 불공정고용계약(황견계약, yellow-dog contract)[4]은 부당노동행위에 해당한다(노동조합 및

---

1) ① 노동조합원에 대한 전출명령은 조합 업무의 효과적인 수행 등 경영상의 필요에 의한 정당한 인사권의 행사라기보다는 해당 노동조합원이 원고 조합의 탈퇴권유에 불응하면서 노동조합에 계속 가입하고 있는 것을 혐오하여 그에 대한 보복조치로서 이루어진 불이익처분이라고 판단되고, 따라서 부당노동행위에 해당된다(대법원 1993. 2. 23. 선고 92누11121 판결).

② 사용자가 근로자에 대한 징계해고를 할 만한 사유가 전혀 없는 데도 오로지 근로자를 몰아낼 의도 하에 고의로 명목상 해고사유를 내세워 해고한 경우는 불법행위가 성립되어 사용자는 해고근로자의 정신적 고통에 배상할 의무가 있다(대법원 2001. 6. 12. 선고 99다27880 판결).

2) 사용자가 단체교섭을 거부하거나 해태할 수 있는 정당한 이유는 노동조합 측의 교섭권과 교섭시간, 교섭사항 및 교섭태도 등을 종합하여 사회통념상 사용자에게 단체교섭 의무의 이행을 기대하는 것이 어렵다고 인정되는지의 여부에 따라 판단하여야 한다(대법원 1998. 5. 22. 선고 97누8076 판결).

3) check off는 단체협약에서 노동조합비를 조합원의 급료에서 일괄 공제할 수 있는 조항을 두는 제도이다. 조합비 공제는 조합비 징수를 용이하게 하고 있으나 사용자 측이 조합에 개입할 우려가 있다.

4) 황견계약은 사용자가 종업원에게 노동조합에 가입 또는 탈퇴할 것을 고용조건으로 하거나, 종업원이 입사 후에도 노조 활동을 금지하는 반 조합적인 고용계약으로서 노동운동을 저해하기 위한 수단으로 이용된다. 이러한 비열계약은 그 자체가 무효이므로 고용계약에는 영향을 주지 않는다. 비열계약은 1947년 미국의 Taft-Hartley법에서 최초로 법제화하였다.

노동관계조정법 제81조). 그러나 노동조합의 유지·강화를 위해 3분의 2 이상의 다수 근로자를 대표하는 노동조합원으로의 가입을 조건으로 하는 근로계약인 유니온 숍(union shop)은 예외이다.

노동위원회는 부당노동행위에 대한 조사·심문을 거쳐 부당노동행위가 성립한다고 판정한 때에는 사용자에게 구제명령을 할 수 있으며(노동조합 및 노동관계조정법 제84조), 구제명령을 이행하지 않는 경우 3년 이하의 징역이나 3,000만원 이하의 벌금에 처하고 이행강제금을 부과한다(동조 제89조). 또한 노동위원회는 비정규직 근로자의 불합리한 차별적 처우를 시정하기 위하여 사용자에게 시정명령을 발하여야 하고(기간제 및 단시간근로자 보호 등에 관한 법률 제12조), 이를 정당한 이유없이 이행하지 않으면 최고 1억원 이하의 과태료에 처한다.

Ⅲ. 임금 및 퇴직금의 미지불에 대한 처벌

임금이란 근로자가 근로의 대가로 받는 일체의 금품을 말한다. 사업주가 도산 등으로 임금을 지불할 능력이 없는 경우 근로자는 다른 빚보다 먼저 근로관계로 인한 돈을 우선적으로 변제받는다. 이것을 임금채권의 우선변제라 한다. 밀린 임금이 있는 경우에 지방노동청에 진정을 하여 사실관계를 확인받으면 근로감독관은 밀린 임금지급명령을 한다. 임금을 체불한 사업자는 3년 이하의 징역이나 2천만원 이하의 벌금에 처한다(근로기준법 제109조). 고용노동부장관은 악덕 체불사업주의 인적사항을 공개함으로써(근로기준법 제43조의2) 그의 기업적 신용을 압박할 수 있다.

퇴직금은 퇴직이라는 근로관계의 종료를 요건으로 발생하고 근로계약이 존속하는 동안에 퇴직금 지급의무는 발생하지 않는다. 일용직 또는 임시직이라도 1년 이상 근속한 경우에는 고용형식에 관계없이 사용자는 퇴직금을 지급해야 한다. 퇴직금은 근로자가 퇴직한 날로부터 14일 이내에 지급하여야 하고, 이 기간 내에 퇴직금을 지불하지 않으면 사업주는 3년 이하의 징역 또는 2천만원 이하의 벌금에 처한다(근로자퇴직급여 보장법 제44조).

[퇴 직 금]

퇴직금은 근로자가 사망 또는 퇴직한 때에 근로자에게 지급되는 일시지급금을 말하고 퇴직수당, 퇴직위로금, 퇴직공로보상금 등으로 불리고 있다. 퇴직금은 공로보상이나 퇴직 후의 생활보장이 아니라 근로자의 근로제공에 대한 미지급 임금이 축적된 것이 그 재원이 되어 지급되는 임금의 후불지급 성질을 갖는다.[1] 노사가 합의하여 일당·월급·연봉 등에 퇴직금을 포함하여 지급한다는 계약이 있어도 그 계약은 무효이다.[2] 퇴직금은 사용자의 총재산에 담보된 채권을 제외하고는 조세·공과금(질권 또는 저당권에 우선하는 조세·공과금은 예외) 및 다른 채권에 우선하여 변제되어야 한다. 퇴직금 청구의 시효는 3년이다(근로자퇴직급여 보장법 제10조).

제 8 절   국제법상 제재

I. 국가에 대한 제재

국제법상 제재는 국제법규에 위반한 국가나 개인에 대해서 가해지는 국가 또는 국제연합의 제재를 말한다. 국제법 위반 국가에 대하여 피해국가는 자력구제로서 보복행위(retorsion)와 대응조치(countermeasure)를 행사한다. 보복은 상대국가의 위법한 행위 또는 비우호적 행위에 대응하기 위한 적법한 적대적 행위를 말한다. 보복행위에는 외교관계 단절, 외교관 추방, 대사관 축소, 출입국통제, 교통로 봉쇄 등이 있으며, 특히 경제적 조치로서 수출입 금지, 국제금융 동결, 보복관세, 자국 내 상대국의 자산동결, 계약·원조행위 철회 등이 있다. 이에 비해 대응조치란 피해국이 상대국의 위법행위 중지와 손해배상 청구를 위해 국제 의무를 이행하지 않는 행위이다. 대응조치는 그 목적을 실현하기 위한 범위에서 비무력적 대응조치는 정당화된다. 대응조치에는 조약의 정지, 상대국 국민이나 화물의 억류 등이 있다. 보복이나 대응조치는 비우호적 행위에 대한 정당한 자구행위이나 대응조치는 보복행위와 달리 위법행위도 필요한

---

1) 대법원 1975. 7. 22. 선고 74다1840 판결.
2) 대법원 2007. 11. 16. 선고 2007도3725 판결.

경우 허용하는 것이다.

국제연합은 세계의 평화와 안전의 유지를 위해 모든 국가의 무력사용 금지(유엔헌장 제2조 4항) 및 국제분쟁을 평화적 방법(교섭·조정·중재·사법적 해결)에 의해 해결할 의무가 있다고 선언하였다. 특히 유엔은 국제평화를 위협하거나 파괴하는 경우 또는 침략행위에 대해 비군사적 또는 군사적 제재를 취할 수 있다(유엔헌장 제42조)고 규정하고 있다. 비군사적 제재조치에는 경제관계 및 철도·항해·항공·우편·전신·무선통신·교통수단의 전부 또는 일부의 중단, 외교관계의 단절 등이 있다. 군사적 제재조치에는 군사력에 의한 시위·봉쇄 및 모든 작전을 포함할 수 있다.

유엔헌장은 "무력공격을 당했을 경우 자기 방어를 위한 자연적 권한을 부여한다"(유엔헌장 제51조)고 규정하여 자위권을 인정하였다. 무력공격이나 테러행위에 대한 자위권 차원의 무력 행사권[1]과 유엔이 결의한 집단안전 보장이나, 인도적 간섭(humanitarian intervention)[2]을 위한 국제적 무력행사는 정당화되고 있다. 또한 국제사회는 대량 살상무기나 테러행위의 공격을 미리 제압하기 위한 예방적 선제공격(preemptive strike)이나 공격 징후가 명백할 때 타격하는 예방공격(preventive strike)은 자위권의 행사로서 인정하고 있다. 하지만 자위권의 행사는 도덕적으로도 정당성 있는 정의로운 전쟁(bellum justum)이어야 한다. 2001년 미국에 대한 테러공격에 대해서 UN 안전보장이사회는 UN헌장에 따른 고유의 개별적 또는 집단적 자위권을 인정함으로써 자위권 행사의 대상을 국가는 물론 무력집단에도 허용하고 있다. 국제사회에는 국제사법재판소(International Court of Justice)와 국제형사재판소(International Criminal Court), 국제해양재판소 등이 설치되어 있으나 국가권력과 같은 강력한 사법적 조직이 확립되어 있지 않아 국제법상 제재는 국내법상 제재에 비하여 느슨한 실정이다. 국제법상 제재

---

1) 무력침략을 제지하기 위한 국가의 무력사용은 자위(self defence), 자기보존(self preservation), 대항조치(counter measure) 등을 근거로 인정된다. 특히 상대국가의 무력공격이 발생하기 이전에 대규모 무력침략이 임박한 때의 선제적 자위권(preemptive self defence), 예방적 전쟁(preventive war)의 행사권을 2003년 이라크전쟁에서 미국과 영국 그리고 중동전쟁에서 이스라엘이 주장하였다.

2) 1964년 콩고와 분리된 Kantaga 전쟁을 시작으로 1992년 소말리아 내전과 보스니아 사태에 참전한 이후 지역민의 인권보호를 위하여 국제적인 공동의 무력 제재조치를 하였다.

는 국가 상호간의 국력관계와 강대국 위주의 국제질서라는 국제정치적 제약으로 제제 수단을 완벽하게 갖추지 못하고 있다. 국제질서에서 강대국은 힘의 정치를 구사하나, 약소국은 이에 맞서 국제법 원칙을 주장하는 현실이다.

국제환경 오염행위는 인접한 많은 국가에게 환경적 재앙을 가져올 뿐만 아니라 국제적 차원의 지구촌 사활 문제로 제기되고 있다. 환경오염은 국경이 없다. 오존층의 파괴, 지구 온난화, 생물 다양성의 감소, 산성비, 산림파괴 및 사막화, 방사능오염, 대기와 해양오염 등의 환경파괴는 당사국의 노력만으로는 해결할 수 없는 국제적인 공동과제이다. 환경오염은 원상회복이 어려운 문제로서 자연생태 보호를 위해 국제공동체 모든 구성원의 책임과 협력이 필요하다. 자연적 재앙이 아닌 환경적 악영향을 미치는 환경오염 원인 국가에게 국제책임(international responsibility)을 인정하는 것은 원인제공자 부담원칙에 부합할 것이다.[1]

II. 개인 및 기관에 대한 제재

제 2 차 세계대전의 종결에 따라 승전국인 연합국은 1946년 뉘른베르크(Nuremberg) 군사재판과 도쿄전범재판에서 전쟁 책임자(전범)를 평화파괴죄, 침략전쟁죄, 반인도주의죄 등으로 기소하였다. 국제사회가 공개재판에서 처음으로 전쟁 책임자에게 법적 책임을 지게 함으로써 개인에게도 국제법적 제재를 하였다. 특히 국제형사재판소는 집단살해죄, 전쟁 및 침략전쟁 범죄, 반인도주의적 범죄 등을 국제범죄로서 규정하여 당사국가의 사법관할권과 관계없이 독자적으로 기소하여 국제인도법의 침해자로 처벌할 수 있다.[2] 근래 국내에서 범죄를 행하고 외국으로 도피하는 범인이 증가하고 있다. 국가는 자국을 도망처·피난처로 입국한 범죄인을 타국으로 송환할 의무는 없으나, 국제적 사법공조의 필요를 위해 당사국 간의 조약으로 이를 해결하는 경향이 있다. 국내로

---

1) 박병도, 국제환경책임법론, 아산재단 연구총서 제233집, 도서출판 집문당, 2007, p. 19.
2) 1997년 국제형사재판소의 유고전범재판은 보스니아의 이슬람교도들에 대한 무차별 학살과 인종청소의 책임자에게 유죄를 선언하였다. 1998년 국제형사재판소는 전쟁 중 성폭행을 전쟁범죄로 규정하여 보스니아 사령관에게 10년 징역형을 선고하였다.

송환하는 방법에는 범죄인 인도조약(extradition treaty)[1]에 의해서 범인을 인도받는 경우와 국제형사 경찰기구(Interpol : International Criminal Police Organization)를 통해 범죄인을 인도받는 경우가 있다. 또한 개인 이외에도 국제법적 주체로서 국제사회에 참여하는 국제기구, 기업체 등의 위법행위도 국제법상의 제재가 가능하다.

---

1) 우리나라는 최초로 1990년 호주, 1998년 미국과 범죄인 인도조약을 체결하였다.

제19장

법과 재산권

제 1 절   재산권의 보장

Ⅰ. 재산권의 개념

재산이란 일반적으로 금전적 가치가 있는 물건(동산·부동산)과 경제적 가치가 있는 지적활동의 산물(저작물·발명품) 등을 말하고, 재산권은 재산적 가치를 지니는 권리를 뜻한다. 재산권의 객체는 관리와 매매가 가능한 물건·물권·채권·지식재산권·용역 등의 재산적 총체이다. 사람과 재산의 관계는 물건을 획득(생산, 교환)·이용(사용, 수익)·처분(소비, 양도) 등의 과정으로 나타나고, 이와 같은 물건의 변동과정을 재산관계라 하며 재산권 중의 소유권이 중심이 된다.[1] 재산권이 보장됨으로써 재산에 대한 지배와 내용이 여러 행태로 전개되자 재산에 대한 개인의 지배 욕구를 사회적으로 객관화·경제화하는 것이 재산법의 역할이다. 재산법은 재산의 본능적 지배관계를 생산적·합리적인 관계로 전환하여 재산권의 이용성과 가치성을 조정 내지 극대화한다. 따라서 재산법은 물건의 소유를 위한 정적(靜的) 안정을 보호하는 동시에 물건의 이용과 유통을 위한 동적(動的) 안정을 추구한다.

재산권은 보장하되 재산권의 사회적 책임, 부의 균형적 발전, 거래의 안정 등을 위해 재산권의 행사는 상대적 권리로 변화하였다. 이것은 소유권 행사의

---

1) 게르만법에서 토지에 대한 소유권(Eigentum)은 자기 것(Eigen)이라는 용어에서 기원하였고 소유권은 재산권과 동일한 의미로 사용한다. 소유권은 유목시대에 가축에 대한 지배에서 시작하여 농경시대에 이르러서 농경지의 토지소유권이 근대적 의미의 소유권으로 확립되기까지는 오랜 역사적 변천을 거쳤다.

제한, 소유권과 경영권의 분리, 계약의 공정성과 무과실책임, 부동산의 가치권과 이용권 등의 조화로 나타난다. 재산권의 거래관계는 재산권에 대한 개인본위·의사주의와 사회본위·형식주의의 대치관계를 조화시키는 합리적 차원에서 해결하여야 한다. 재산법의 중심인 민법은 개인본위의 의사주의, 사적 자치가 기본원칙이 되고 있으나, 상법은 상거래의 안전과 활성화를 위하여 사회본위의 형식주의, 합리주의 등을 강조함으로써 대조적이다.

II. 재산권의 진화

소유의 본능은 인간본성의 기초이고 그 지배욕은 끝이 없다. 있는 것(유소유)은 없는 것(무소유)보다 나은 것이고 소유욕은 개인과 사회발전의 원동력이 된다. 재산권의 자유는 개인의 의지를 실현하는 수단인 동시에 부의 축적과 생활의 질을 결정하는 요인이 된다. "재산이 사람을 만든다"는 말이 있듯이 재산권의 자유가 개인의 자유를 보장하는 최소한의 조건이기 때문에 일찍이 영국의 대헌장은 재산권의 보호로부터 출발하였다. 로크는 "자연상태에서 모든 인간은 자기보존의 권리와 의무를 갖는다"고 하여 재산권의 근원을 자기보존에 두었다.1) 셰익스피어는 "사유욕은 모래밭을 옥토로 만든다"고 하여 소유욕구의 위대성을 강조하였다.2) 특히 카네기(A. Carnegie, 1835~1919)는 재산권의 보장은 문명의 상징이고 최고의 가치로 미화하였다.3)

자본주의의 재산권 절대주의는 빈부 양극화의 악순환, 사회갈등과 위기를 초래하였다. 재산이 급기야 인간을 재물의 노예로 전락시키고, 사람에 대한 지배가 확산됨으로써 모든 사람의 생존권 보장을 위해 재산권 자유의 제한이 요청되었다.4) 인간은 가진 것은 많이 늘어났으나 그에 반비례하여 인간의 가

---

1) 헤겔은 "인격이 이념으로 존재하려면 그의 자유를 누릴 수 있는 외적 영역을 마련하여야 한다"고 말하여 사유재산권의 중요성을 강조하였다.
2) 칼뱅은 "재산은 훔친 물건이 아니며 근면과 성실로써 모으는 것은 신의 섭리에 어긋나지 않는다"고 말하여 재산은 근면과 노력의 성과라는 것을 강조하였다.
3) 카네기는 "개인주의와 사유재산, 부의 축적 및 자유경쟁의 법칙은 인류경험의 최고의 성과이며 인류가 낳은 최상의 가치가 있는 것이다"라고 말하였다.
4) 루소는 그의 '인간 불평등기원론'에서 사유재산제도는 악과 불평등의 근원으로 사회적

치는 줄어든 것이다. 19세기 초 프랑스 민법이 재산권의 자유를 선언한 1세기 후 20세기에 이르러 독일 바이마르 헌법이 재산권의 사회적 의무를 선언하였다. 재산권은 절대적 자유가 아니라 공공복리를 위해 제한이 가능한 상대적 자유로 변함으로써 재산권의 행사는 법률의 범위 내에서 가능하게 되었다.

　재산권의 자유는 자유주의와 개인주의의 산물로서 보장된 것이므로 소유권의 개념을 보는 시각은 자본주의와 사회주의의 관점에 따라 달라진다. 자본주의는 개인의 소유권 절대적 보장에서 출발하여 소유권에 대한 침해를 허용하지 않고 재산권 만능주의를 지향한다. 공익보다 사익을 중요시하여 재산권 활동에 대한 국가의 개입을 거부하고 모든 가치를 상품가치로 환산하여 자유경쟁을 통한 이윤창출을 최고목표로 한다.

　그러나 사회주의는 자본주의의 구조적 모순을 해결하기 위해 토지, 생산수단 등의 개인 소유권을 원칙상 허용하지 않고 제한적으로 인정하여 국유화 또는 사회화한다. 사회주의는 소유권의 자유로운 행사가 아니라 공동체주의적인 사회적 의무를 강조한다. 개인의 소유권을 부인하는 것은 아니더라도 토지와 주요 기업은 국가가 소유·경영하고, 경제적 통제를 통해 시장경제에 대해 깊이 관여한다. 평등주의에 의한 부의 분배에 치중하기 위해 사익보다 공익을 우선시하고 사유재산에 대해 강한 규제를 부과한다. 특히 공산주의는 부를 유산자가 무산자를 착취한 대상으로 보고 재산권 자체를 부정하고 부의 공유화를 주장한다.

　오늘날 소유권의 절대적 자유를 보장하는 국가는 거의 없고, 재산권 행사의 공공성·사회성의 의무를 소유자가 어느 정도 부담하느냐가 문제이다. 소유권의 체계는 본래 사회보장의 의무와 공유적 물권의 개념이 함께 내재되어 있다. 소유권의 공익성을 강조하는 정도의 차이가 자본주의와 사회주의를 구분하는 하나의 기준이 된다. 재산권의 지나친 자유는 자본주의나 사회주의 체제에서 다같이 체제에 대한 위험요인으로 보고 재산권의 자유를 제한하는 공통점이 있다.

암적 존재라고 말하면서 땅과 땅의 결실은 모든 사람이 공유하여야 한다고 말하였다.

제 2 절 민법상의 재산권

I. 물건의 뜻

법에서 물건의 의미는 물건 자체의 속성에 의한 것이 아니고, 거래관계의 구체적 상황에 따른 법률상의 개념이며 재산권의 객체로서의 관념이다. 민법은 "물건이라 함은 유체물 및 전기 기타 관리할 수 있는 자연력을 말한다"고 규정하고 있다(민법 제98조). 물건은 일반적으로 사람의 관리·지배가 가능하고 물건으로서의 독립된 존재를 가진 자연 이외의 물리적 존재를 의미한다. 해·달과 같이 지배할 수 없는 것이나 공기·전파·바닷물 등과 같이 자유로이 이용할 수 있는 것은 물건은 아니다. 하지만 전파나 바닷물도 관리하여 경제적 가치가 있으면 물건이 된다.

야생하는 동물은 무주물(無主物)이나 관리할 수 있으면 물권의 객체가 되고, 사양하는 동물이 다시 야생상태로 돌아가면 무주물이 된다(제252조). 신체는 물건이 아니나 인체의 일부가 생체로부터 분리된 부분, 예를 들면 혈액·머리털 등은 물건이고 시체나 유골은 역시 물건에 속하나 특수한 소유권 관계가 발생한다. 물건은 관리기술상 내지 거래의 발전에 따라 그 개념이 변화하고 있다. 물건이 갖는 사회적·경제적·과학적 기능에 따라 법이 보호하여야 할 물건의 관념은 점차 확대되고 있으며, 최근에는 장기·정액·난소·피부 등까지도 거래의 대상이 되고 있다.

II. 물건의 분류

민법상의 물건은 ① 동산과 부동산, ② 주물과 종물, ③ 원물과 과실(果實)(이자), ④ 단일물과 합성물·집합물(목장의 가축, 공장의 설비 등), ⑤ 대체물과 부대체물, ⑥ 가분물(곡물)과 불가분물(그림) 등으로 분류할 수 있으나, 그 중 중요한 것은 다음과 같다.

1. 동산과 부동산

부동산과 동산의 구별은 로마법에서 시작되었다. 동산과 부동산을 구별하는 이유는 부동산은 동산에 비하여 경제적 가치가 커 특별히 보호할 필요가 있고, 그 공시방법(부동산은 등기이고, 동산은 점유 내지 인도)과 취득시효의 요건에서 차이가 있다. 또한 주인이 없는 동산의 소유권은 먼저 점유한 자에게 속하나(무주물선점), 무주의 부동산은 국유이다.

(1) 부 동 산

민법은 토지와 그 정착물을 부동산(real estate)으로 규정하고 있다(민법 제99조). 토지의 정착물이란 건물·수목·농작물·다리·도로의 포장·담장·둑 등과 같이 토지에 고착되어 용이하게 분리·이동할 수 없는 물건을 말하며, 사회관념상 그 상태로 이용되고 거래가 인정되는 것을 말한다.

1) 토   지   토지는 일정한 범위의 지표면을 말하고 정당한 이익이 있는 범위 내에서의 토지의 상하를 포함한다. 지중의 암석·토사·지하수 등은 토지의 구성부분으로서 토지 자체를 이룬다. 토지는 관할시의 토지대장에 등록되고 법원의 등기부에 기재되어, 일필(一筆)마다 지번을 붙이고 그 개수는 필로 계산한다. 지하수 중 온천수에 관해서는 온천권을 인정하지 않아 토지의 구성부분에 불과하며,[1] 미채굴의 광산물은 광업권의 대상이므로 토지소유권이 미치지 않는다.[2] 하천이나 바다는 국유에 속하여 개인소유권의 객체가 되지 않으나 관할청의 허가를 받아 점용할 수 있다.

2) 건   물   건물은 토지와는 별개의 부동산으로 건물등기부에 의해 공시되며 건축물 대장에 등록된다(건축법 제38조). 건축 중인 건물이 독립한 건물이 되는 시기는 최소한 기둥과 지붕 그리고 주벽을 갖추어야 한다.[3] 판잣집이나 철거 중인 건물, 고정되어 있지 않은 기계 등은 동산이다.

3) 수   목   수목은 토지에 정착하면 부동산이나 토지와 분리되면 동

---

1) 대법원 1970. 5. 26. 선고 69다1239 판결.
2) 광업법 제 2 조, 제 5 조.
3) 독립된 부동산으로서의 건물이라 함은 최소한의 기둥과 지붕 그리고 주벽이 이루어지면 법률상 건물이라고 할 수 있다(대법원 1996. 6. 14. 선고 94다53006 판결).

산이 되고 가식 중의 수목은 동산이다. 수목은 입목등기를 하거나 관습법상의 명인(明認)방법[1]을 갖추면 토지와 별개의 부동산이 된다.

4) 농 작 물   토지에서 경작되는 농작물은 토지의 일부이지만 임차권에 의해 타인의 토지에서 경작·재배된 농작물은 토지와 독립된 물건이다(민법 제256조 단서). 과수의 열매, 잎담배, 입도(立稻, 논에 추수 전까지의 벼) 등의 과실은 수목의 일부이나 명인방법에 의해 독립한 물건이 된다.

(2) 동 산

부동산 이외의 물건은 모두 동산이다. 동산과 부동산의 구별은 물권의 공시방법에 따라 부동산은 등기로써 공시되나 동산은 점유이다. 하지만 자동차·선박·항공기·건설기계 등은 동산이지만, 특별법에 의해서 등기 또는 등록 등의 공시방법을 갖추면 물권으로서 부동산과 같이 다룬다.

2. 주물과 종물

물건의 경제적 관계에서 효용성이 주된 것이 주물이고, 그 효용성을 돕도록 주물에 부속시킨 것을 종물이라 하고 예를 들면 배와 노, 자물쇠와 열쇠 등의 관계이다.[2] 종물은 주물의 처분에 따르기 때문에 주물과 운명을 같이하여 종물은 주물에 종속한다(민법 제100조). 하지만 종물은 주물의 처분에 따르지 않는다는 특약을 할 수 있다.

3. 원물과 과실

과실이란 어떤 물건(원물)으로부터 생기는 수익을 말하고 과실을 낳게 하는 물건을 원물이라 한다. 과실은 물건의 용법에 따라 얻는 천연과실(열매·우유)과 그 사용대가로 얻는 법정과실(이자·사용료)이 있다. 천연과실이 원물로부

---

1) 명인방법이란 수목의 집단이나 수목에서 미분리된 과실 등에 대해서 관습법이나 판례법이 인정한 소유권의 표시를 말하며 이는 외부에서 인식할 수 있는 방법이어야 한다. 명인방법에 의한 공시방법은 등기와 달리 완전하지 못하므로 소유권의 표시라는 제한적인 효력이 있을 뿐이다.

2) 판례는 본채와 떨어져 있는 방과 연탄창고(대법원 1991. 5. 14. 선고 91다2779 판결), 점포건물에 붙어 있는 수족관(대법원 1993. 2. 12. 선고 92도3234 판결), 주유소의 주유기(대법원 1995. 6. 29. 선고 94다6345 판결) 등을 종물로 인정한다.

터 분리되어 독립한 물건이 되었을 때 그 소유권이 문제가 된다. 예를 들면 타인의 토지에서 위법하게 농작물을 경작한 후 수확된 농산물은 누구에게 속하느냐에 대해서 게르만법의 생산자주의(씨를 뿌린 자가 거두어야 한다)와 로마법의 분리주의(씨앗을 가진 자가 거둔다)가 대립하고 있으나 수확물은 경작·재배한 자의 소유로 인정한다.[1)]

법정과실인 이자율의 적정한 최고 한도를 정하는 것은 국민경제생활의 안정과 경제정의의 실현을 위한 금융정책상 주요한 문제이다. 이자제한법은 금전대차에 관한 최고이자율을 연 25%를 초과하지 아니하는 범위 안에서 대통령령(시행령)으로 정한다고 규정하였다(동법 제 2 조). 최고 이자율을 초과하는 부분은 무효이다. 채무를 갚지 않는 경우를 대비해 미리 손해배상금을 산정한 경우에도 부당한 금액이면 감액할 수 있다.

[법정이자와 채권추심]

① 이자율 약정은 원칙적으로 자유이나, 법정이자는 민법은 연 5분(제379조), 상법은 연 6분(제54조), 대부업 등의 등록 및 금융이용자 보호에 관한 법률은 연 27.9%(제8 조), 이자제한법은 연 이자를 25%(제2 조)로 각각 규정하고 있다. 이자제한법의 이자율은 미등록의 사실상 대부업자에게도 준용하며 대차원금이 10만원 이하의 경우에는 해당되지 않는다. 이자 상한선을 위반하면 초과 부분은 무효가 되고 초과 이자를 받은 자는 1년 이하의 징역이나 1천만원 이하의 징역을 받는다(제2 조, 제8 조). 또한 초과 지급된 이자는 원본(원금)에 충당하고 원본이 소멸한 때에는 그 반환을 청구할 수 있다. 선이자를 사전공제한 경우는 채무자가 실제로 받은 금액을 원본으로 한다. 특히 대부업자가 대부와 관련하여 받은 사례금, 할인금, 수수료, 공제금, 선이자, 연체이자, 체당금 및 채권자가 원래 부담할 성질의 금전지급 등은 모두 이자로 본다.

② 사채시장에서 채권추심자가 채무자 또는 관계인을 폭행·협박·체포·감금하거나 위계·위력을 사용하여 채권추심을 한 경우는 5년 이하의 징역 또는 5천만원 이하의 벌금에 처한다. 또한 공포심이나 불안감을 유발하여 채무자의 사생활 또는 업무의 평온을 해치거나 개인정보를 누설하는 경우에는 3년 이하의 징역 또는 3천원 이하의 벌금에 처한다(채권의 공정한 추심에 관한 법률 제15조).

---

1) 대법원 1979. 8. 28. 선고 79다784 판결.

Ⅲ. 물 권 법

1. 물권의 개념

물권이란 특정한 물건을 직접 지배하여 이로부터 배타적인 이익을 얻는 것을 내용으로 하는 재산적 권리로서 모든 사람에게 권리를 주장할 수 있는 절대권에 속한다. 하나의 물건에는 하나의 물권이 존재하고 같은 물건에 동일한 내용의 2개 이상의 물권이 존재할 수 없다. 이것을 1물 1권(1物1權)주의(Eine Sache, ein Recht)라고 한다. 1물 1권주의에 의해 토지는 일필마다 건물은 일체마다 등기를 편성한다. 물권은 당사자 사이에 일정한 행위를 청구하는 채권과 달리 요식행위(공시 · 등기)에 의해 모든 사람에게 권리를 주장하는 배타적 효력이 있다. 물권에 관한 내용 · 성질 · 종류 등을 규정한 법을 물권법이라 하며 용익물권법과 담보물권법을 포함한다. 물권은 물건에 대한 지배권으로서 배타성이 강하고 제3자의 이해관계에 직접 영향을 미치므로 물권법의 규정은 주로 강행법규로 되어 있다. 민법상 물권은 아니지만 특별법에 의해 광업권 · 어업권 · 채석권 등은 준물권으로 다루고 있다.

2. 물권의 종류

물권은 법률 또는 관습법에 의하는 이외에는 임의로 창설하지 못하며 법률에 의해 규정된다(민법 제185조). 이를 물권법정주의라 한다. 민법이 인정하는 물권은 점유권 · 소유권 · 지상권 · 지역권 · 전세권 · 유치권 · 질권 · 저당권 등의 8종류로 규정하고 있다. 이 외에 상법이 인정하는 물권(상사유치권 · 선박저당권 등)과 특별법이 인정하는 물권으로서 공장저당권 · 자동차저당권 · 광업권 등이 있으며, 관습법이 인정하는 물권으로 분묘기지권(墳墓基地權)이 있다. 물권은 일반적으로 사용가치와 교환가치의 양 측면을 가지고 있는데 이용가치의 취득을 목적으로 하는 물권을 용익물권(用益物權)이라 하고, 교환가치 내지 가치권을 장악하는 물권을 담보물권이라 한다. 용익물권과 담보물권은 그 내용이 각각 다르지만 지상권, 지역권 등은 토지에만 이용되고 유치권은 동산 · 부동산에 모두 이용되고, 질권은 동산에, 전세권과 저당권은 부동산을 대상으로 성립한다. 특정한 목적을 위해 소유권의 내용을 제한하는 용익물권이나 담보

물권을 제한물권이라 하고 본권인 소유권과 대칭된다. 물권의 종류를 정리하면 다음의 표와 같다.

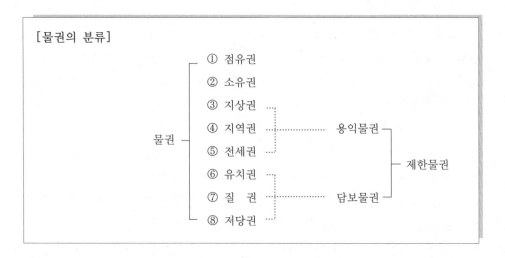

[물권의 분류]

물권
- ① 점유권
- ② 소유권
- ③ 지상권 ┐
- ④ 지역권 ├─── 용익물권 ┐
- ⑤ 전세권 ┘   ├─── 제한물권
- ⑥ 유치권 ┐   │
- ⑦ 질 권 ├─── 담보물권 ┘
- ⑧ 저당권 ┘

[분묘기지권]

타인의 토지에 합법적으로 분묘를 설치한 자는 그 토지를 사용할 것을 내용으로 하는 관습법상 지상권과 유사한 물권을 가지며 이를 분묘기지권이라 한다.[1] 분묘기지권은 분묘를 설치한 목적을 달성할 수 있는 범위에서 분묘, 분묘의 수호·제사에 필요한 토지에 미친다. 토지 소유자는 그 곳에 공작물을 설치할 수 없으나 분묘기지권자에게 일정한 지료 청구를 할 수 있고 지료를 받지 못하면 분묘기지권의 소멸을 청구할 수 있다.[2] 분묘기지권자가 분묘의 관리를 계속하는 한 분묘기지권은 존속한다.

(1) 점 유 권

물건을 사실상 지배하고 있는 경우, 이를 점유라 하며 보호되고 있는 법률관계를 점유권이라 한다(민법 제192조). 사실상의 지배란 사회·경제적 관념상

---

1) 분묘기지권이 성립하는 경우는 ① 토지소유자의 승낙을 얻어 토지에 분묘를 설치한 경우(대법원 1962. 4. 26. 선고 4294민상451 판결), ② 타인 소유의 토지에 소유자의 승낙 없이 분묘를 설치하고 20년간 평온·공연하게 분묘의 기지를 점유함으로써 분묘기지권을 시효취득한 경우(대법원 1969. 1. 28. 선고 68다1927 판결), ③ 자기 소유의 토지에 분묘를 설치한 자가 분묘를 이장한다는 특약이 없이 토지를 매매 등에 의해 처분한 경우(대법원 1967. 10. 12. 선고 67다1920 판결) 등이다.

2) 대법원 2015. 7. 23. 선고 2015다206850 판결.

물건이 어떤 사람의 지배 내에 있는 객관적 사실을 말한다. 점유권은 물건의 소유권 유무 여부와는 관계없이 물건을 현재 갖고 있는 사람의 권리이며 소유권은 원래 주인의 권리를 말한다. 소유권이 물건에 대한 본래 있어야 할 상태를 내용으로 한다면 점유권은 현재 있는 상태를 우선시함으로써 유실물[1])이나 장물에도 점유권이 이루어진다. 점유권은 물건에 대한 사실상의 지배가 성립하면 발생하고 지배를 상실하면 소멸한다. 점유제도는 물건의 사실상 지배를 보호함으로써 사회질서를 유지하고, 아울러 거래의 상대방을 권리자로 인정함으로써 거래의 신속성과 안정성을 확보할 수 있다. 점유자가 점유물에 행사하는 권리는 적법하게 보유한 것으로 추정하여 선의의 정당한 권리자로서 보호하며 선의(善意)의 점유자는 점유물의 과실을 취득할 권리가 있다. 또한 점유권을 수반하지 않은 재산권이 사실상 어떤 사람에게 귀속하는 권리점유, 예를 들면 타인의 예금통장을 갖고 있는 자의 예금청구권을 준점유라 한다.

[유실물·무주물·매장물]

① 유 실 물 : 유실물을 습득한 사람이 경찰서에 신고한 경우 물건의 주인으로부터 물건 값의 100분의 5에서 100분의 20 이하의 범위 안에서 보상금을 받는다(유실물법 제 4 조). 유실물 공고 후 6개월 안에 소유자가 나타나지 않은 경우에는 습득자가 그 소유권을 취득한다(민법 제253조). 습득자가 유실물을 횡령하면 형법상 점유이탈물횡령죄에 의해 1년 이하의 징역이나 300만원 이하의 벌금 또는 과료에 처한다(형법 제360조).

② 무 주 물 : 무주물이란 사람의 소유에 속하지 아니하거나(야생동물) 소유를 포기하여 소유자가 없는 물건을 말한다. 무주의 동산을 소유의 의사로 먼저 점유한 자가 소유권을 취득한다(민법 제252조). 이를 무주물 선점(先占)의 원칙이라 한다. 사양하는 야생동물이 야생으로 돌아가면 무주물이 된다. 하지만 무주의 부동산 및 학술·기예·고고학 등의 중요한 자료가 되는 동산은 국유이다(민법 제255조).

③ 매 장 물 : 매장물이란 토지에 매장되어 누구에게 속하는지 불분명한 물건으

---

1) 유실물이란 점유자의 뜻에 의하지 않고 점유를 이탈한 물건으로 도품이 아닌 잃어버린 물건을 말하며 유실물법에 의해 처리한다. 착오로 점유한 물건, 타인이 놓고 간 물건, 놓쳐 잃어버린 가축 등은 준유실물로 처리되지만 표류물이나 침몰품은 '수상에서의 수색·구조 등에 관한 법률'에 의한다.

로서 법률에 의해 공고한 후 1년 내에 소유자가 권리를 주장하지 아니하면 발견자가 소유권을 취득한다(민법 제254조).

(2) 소 유 권

사유재산제도의 법적 표현이 소유권이며 소유권은 재산권의 중심을 이루고 있어 재산권이라고도 한다. 소유권은 재산권 중에 기본적인 권리로서 자신의 물건에 대한 전면적·배타적·항구적·포괄적인 권리이다. 소유권이란 법률의 범위 내에서 소유물을 사용·수익·처분할 수 있는 권리를 말한다(민법 제211조). 여기서 소유물은 금전적 가치가 있는 물권·채권·지식재산권 등을 포함한다. 또한 사용이란 물건의 용도에 따라 물건을 쓰는 것을 말하며, 수익이란 소유의 목적물로부터 생기는 과실을 수취하는 것을 말한다. 처분이란 물건의 소비·변형·파괴 등의 사실적 처분과 매매·양도·담보설정 등의 법률적 처분을 말한다. 소유권은 매매·증여·취득시효·무주물 선점·첨부·상속·공용징수 등으로써 취득된다.

토지소유권은 정당한 이익이 있는 범위 내에서 토지의 상하(상공·지중)에 미친다. 특히 밀집된 대도시의 건물의 건축 용적률을 확대하기 위해 공중권(air rights)[1])도 거래의 대상이다. 소유권은 물건의 지배권이므로 물건에 대한 반환청구권·방해배제청구권 그리고 방해예방청구권 등의 물권적 청구권을 가지고 있다. 물건의 소유형태는 한 개의 물건을 한 사람이 소유하는 단독소유와 2인 이상이 공동으로 소유하는 공동소유가 있는데, 공동소유의 유형에는 공유(Miteigentum)·합유(Eigentum zu gesamter Hand)·총유(Gesamteigentum) 등이 있다.[2]) 소유권

---

1) 공중권은 땅이나 건물 위의 하늘을 개발할 수 있는 권리로서 고층 건물을 짓기 위해 인근 건물의 기존 공간의 이용을 극대화한 것이다. 인근 건물의 공중권을 사들여 기존의 저층 건물이 활용하지 않는 하늘 용적률을 이용하면 더 높은 건물을 지을 수 있는 권리를 갖는다.

2) 공유·합유·총유의 차이

	공 유	합 유	총 유
소유형태	지분체의 결합	조합체의 결합	법인이 아닌 사단체 소유
사용수익	지분 비율	조합계약, 지분비율	규정에 의함
분할청구	자유	금지	불가
지분 처분	자유	전원 동의	지분이 없음
종 료	분할, 양도	조합체 해산, 양도	사원지위 상실, 양도

이외의 재산권을 공동으로 소유하는 형태를 준공동소유라 하여 공동소유에 관한 규정이 준용된다(민법 제278조).1)

1) **공 유**   공유는 개인주의적인 공동소유형태로서 각 공유자의 소유권은 독자적이고 자유로운 양적 분할을 뜻한다. 공유는 물건의 지분에 따라 다수인의 소유로 귀속되고 있는 공동소유(민법 제262조 1항)이므로 각자의 지분권을 인정한다. 지분권은 제한된 소유권이나 처분이나 상속 등에 있어서 소유권과 거의 같은 효력이 있으며 공유자는 공유물의 분할을 청구할 수 있다. 이에는 주식회사의 주주, 타인의 물건 속에서 발견된 매장물 등이 있다.

2) **합 유**   합유는 공유와 총유의 중간형태로서 법률의 규정 또는 계약에 의해 다수인이 조합체로서 물건을 소유하는 공동소유의 한 형태를 말한다(민법 제271조 1항). 합유는 공동목적에 의해 결합되어 있기 때문에 지분권 처분의 자유와 목적물에 대한 분할청구권이 인정되지 않는다. 분할청구권은 합유자 전원의 동의가 있어야 한다. 민법상의 조합재산과 신탁법상의 신탁재산이 이에 속한다.

3) **총 유**   총유란 법인 아닌 사단(권리능력 없는 사단)의 사원이 집합체로서 물건을 소유하는 공동소유의 한 형태로서(민법 제275조 1항), 소유권의 질적 분할을 뜻한다. 총유는 단체주의적 단일성이 강하여 단일적 활동체로서의 조직을 갖추고 지분권을 인정하지 않는다. 총유는 소유권의 내용이 관리·처분의 권능과 사용·수익의 권능으로 분리되어, 전자는 구성원의 총체인 사단에 속하고 후자는 각 구성원에게 분속된다. 예를 들면 종중·학회·교회 등의 소유형태가 이에 속한다.

4) **구분소유권**   아파트나 오피스 건물 등에서 1동의 건물을 구조적으로 분리하여 독립된 주거, 점포, 사무실 등의 개별 공간으로 사용 가능하도록 구분된 각각 부분의 소유권을 구분소유권(condominium ownership)이라 한다. 구분된 건물이 일체화로 개조되면 기존의 구분소유권은 공유지분권만 인정된다. 집합건물의 공동생활을 규율하기 위해 구분소유권의 법률관계에 관한 특별법으로 '집합건물의 소유 및 관리에 관한 법률'이 있다.

---

1) 공동광업권자는 광업권 및 광업권 침해로 인한 손해배상청구권을 준합유한다(대법원 1997. 2. 11. 선고 96다1733 판결).

[집합건물의 소유 및 관리에 관한 법률]

1동의 건물을 다수인에게 분양, 소유하는 경우에 소유관계, 건물의 공용부분(현
관, 층계, 복도)이나 건물의 대지에 관한 권리와 관리의 문제, 관리비용의 분담,
장기수선 충당금, 생활공동체로서의 이해조정 등의 많은 법적 문제가 복잡하게
발생한다. 이 법은 집합건물, 구분소유건물 또는 구분건물 등이 전유부분·공용부
분·대지 등으로 구성되고 있음을 전제로 하여 전용부분에 대해서는 단독소유권
을 인정한다. 그러나 공용부분과 대지에 대해서는 전유부분에 따른 공유지분을 인
정함과 동시에 거래상·관리상의 불가분의 일체성을 부여하고 있다. 또한 집합건
물 내의 구분소유권 전체의 권익보호와 생활편익을 위해 입주자 대표회의1)·관
리기관·운영 등에 관한 규정을 두고 있다.

(3) 지 상 권

지상권은 타인의 토지에서 건물 기타의 공작물이나 수목을 소유하기 위해
토지를 사용할 수 있는 용익물권이다(민법 제279조). 공작물이란 지상·지하의
모든 설비, 예를 들면 교량·터널·수목 등을 말하고, 수목의 종류에는 제한이
없으나 경작의 대상이 되는 식물은 포함되지 않는다. 지상권은 땅주인에게 상
대적으로 불리하므로 지상권설정보다 임대차가 이용되고 있는 실정이다. 법정
지상권은 동일인에게 속하고 있었던 토지와 건물의 한쪽이 매매 그 밖의 원인
으로 말미암아 소유자를 각각 달리하는 경우로서 토지소유자와 토지 내의 건
물소유자가 다른 경우에 건물소유자가 취득하는 권리를 말한다.

(4) 지 역 권

지역권(地役權)은 일정한 목적을 위해 타인의 토지를 자기의 토지의 편익에
이용하는 것을 내용으로 한다(민법 제291조). 예를 들면 타인의 토지를 통행하거
나 타인의 토지로부터 물을 끌어오는 것 등을 말한다. 이때 편익을 얻는 토지
를 요역지(要役地)라 하고, 편익을 제공하는 토지를 승역지(承役地)라 한다.

---

1) 주택법 제44조 2항의 규정에 의해 사용승인을 얻어 입주자의 과반수가 입주한 공동주
  택의 입주자는 동별 세대수에 비례하여 동별 대표자를 선출한다. 동별 대표자로 구성된
  입주자 대표회의는 입주자를 대표하여 공동주택 관리규약을 제정하고 공동주택의 자치사
  무(시설물 관리·주민복지·기금관리 및 장기수선충당금)를 처리한다.

(5) 전 세 권

전세권이란 전세금을 미리 지급하고 타인의 부동산을 점유하여 부동산의 용도에 따라 사용·수익하고 부동산을 반환할 때 전세금[1]을 돌려받는 권리이다. 전세권은 우리나라에서 인정되어 온 관행을 법제화한 것이다. 전세권자는 전세권을 타인에게 양도 또는 담보로 제공할 수 있고 목적물을 전전세 또는 임대할 수 있다. 전세권자는 후순위권리자 그 밖의 채권자보다 전세금의 우선변제를 받을 수 있다(민법 제303조). 특히 주택 세입자 보호를 위한 법률로 주택임대차보호법이 있다.

[주택임대차보호법·상가건물 임대차보호법]

① 주택임대차보호법은 주거용 건물세입자의 주거 안정 보장에 있으며 점포·사무실 등의 비거주지 건물은 적용되지 않는다. 주민등록(전입신고)시[2] 법원, 등기소 또는 읍·면·동사무소에서 받은 확정일자나 관계기관에 임대차 신고는 전세권과 같은 효력을 인정한다. 확정일자는 등기와 같은 대항력을 갖고 있어 확정일자를 받은 임차인은 임차주택이 경매되는 경우에 후순위의 권리자보다 우선하여 보증금을 반환받을 수 있다. 임대차 존속기간은 4년이며 전월세 증액 상한선은 5% 이내이다. 임대인과 임차인은 계약 30일 이내에 전월세 계약을 신고한다. 외국인등록이나 거류신고를 한 외국인도 동일한 보호를 받는다. 주택임대차 분쟁을 심의·조정하기 위해 주택임대차분쟁조정위원회가 있다(동법 제14조). 특히 i) 임대계약 갱신청구권(동법 제6조의3), ii) 전월세 상한제(동법 제7조), iii) 전월세 신고(부동산 거래신고 등에 관한 법률 제3조) 등을 부동산 임대차 3법이라 한다.

② 상가건물 임대차보호법은 상인이 안정적으로 생업에 종사할 수 있도록 주택임대차보호법의 취지와 비슷하게 임대차의 특례를 인정한다. 상가건물은 사업자등록의 상가건물에 한정한다. 상가건물 임대차 분쟁을 심의·조정하기 위해 상가건물임대차분쟁조정위원회가 있다(동법 제20조).

(6) 유 치 권

유치권은 타인의 물건 또는 유가증권을 점유한 사람이 물건이나 유가증권

---

1) 대법원 1995. 2. 10. 선고 94다18508 판결.
2) 주민등록은 주택 취득시 뿐만 아니라 그 대항력을 유지하기 위해서도 계속 존속하고 있어야 한다(대법원 1989. 1. 17. 선고 88다카143 판결).

에 관해 생긴 채권을 가지는 경우에 변제를 받을 때까지 물건이나 유가증권을 유치하여 채무변제를 간접적으로 강제하는 법정담보물권이다(민법 제320조 1항).1) 예를 들면 시계를 수선한 사람은 수선비를 받을 때까지 시계의 반환을 거절할 수 있는 권리가 있다.

(7) 질 권

질권이란 채권자가 채권을 담보하기 위해 채무자 또는 제3자로부터 동산 또는 재산권을 채무의 변제가 있을 때까지 유치함으로써 채무의 변제를 간접적으로 강제하는 동시에 변제가 없을 때에는 동산 또는 재산권으로부터 우선변제를 받을 수 있는 약정담보물권이다(민법 제329조, 제345조). 예를 들면 귀중품을 맡겨 돈을 빌린 채무자가 채무를 이행하지 않는 경우 채권자는 귀중품을 경매하여 우선적으로 채권에 충당할 수 있다(전당포의 영업행위). 질권은 생활필수품, 귀중품 등을 담보로 하기 때문에 소비금융을 위한 간편한 담보제도로서 서민금융으로서의 기능이 활발하다. 최근에는 동산질권 이외에 재산권(채권, 주식)을 담보로 하는 권리질권도 이용되고 있다.

(8) 저 당 권

저당권은 채무자 또는 제3자가 채무의 담보로서 제공한 부동산을 채권자가 인도받지 않고 채무자가 그대로 이용하면서도 목적물을 관념적으로 지배하여 채무의 변제가 없는 경우에 다른 채권자보다 우선변제를 받을 수 있는 약정 담보물권이다(민법 제356조). 예를 들면 부동산을 담보로 저당권을 설정하고 은행에서 대출받은 채무자가 채무를 이행하지 않는 경우에 은행은 부동산을 경매하여 우선적으로 변제를 받는다. 담보물에 대한 이용관계를 저당권 설정자(채무자)에게 그대로 존속시키는 것은 물건을 교환가치와 이용가치의 양면에서 활용할 수 있다는 점에서, 저당권은 부동산의 담보화에 의한 자금의 융통수단으로서 사회·경제적 의의가 큰 것이다. 동산은 저당권의 목적이 될 수 없음이 원칙이나 특별법에 의해 자동차저당·항공기저당·건설기계저당·

---

1) 하수급인이 공사대금채권 잔액을 변제받기 위해 위 다세대주택 중 한 세대를 점유하여 유치권을 행사하는 경우, 그 유치권은 위 한 세대에 대하여 시행한 공사대금만이 아니라 다세대주택 전체에 대하여 시행한 공사대금 채권의 잔액 전부를 피담보채권으로 하여 성립한다(대법원 2007. 9. 7. 선고 2005다16942 판결).

소형선박저당 등을 인정하고 있다. 또한 저당권에는 근저당권(민법 제357조), 특수한 채권담보인 양도담보와 노인들의 생활비 조달을 위한 역모기지(reverse mortgage loan)제도인 주택연금·농지연금의 담보대출 등이 있다.

[근저당·양도담보·역모기지]

① 근 저 당: 근저당은 계속적인 신용거래관계에서 다수의 담보대출이 필요한 경우 담보할 채무의 최고액만을 정하고 채무의 확정은 장래에 결산기에 확정하는 채권의 범위 안에서 담보하는 저당권의 하나이다. 근저당은 장래의 채권담보이지만 특정한 단일의 채권을 담보하는 것이 아니라 불특정 채권을 일괄하여 최고한도 내에서 담보하는 것이다. 일반 저당권이 현재의 확정액에 따라 성립하는 데 비하여 근저당은 피담보 채권의 발생이 장래의 결산기이다. 또한 저당권은 변제에 따라 피담보 채권이 소멸한다. 이와 달리 근저당은 현재의 채무 없이도 성립되며 결산기 이전의 변제는 피담보 채권의 소멸을 가져오지 않는다. 저당권은 피담보 채권액이 등기되는 데 비하여 근저당은 피담보 채권액의 최고액이 등기된다.

② 양도담보: 양도담보란 채권을 담보하기 위해 담보 제공자가 담보물의 소유권이나 재산권 자체를 채권자에게 이전하고 채무를 변제한 후에 그 소유권을 되돌려 받는 가등기담보제도이다. 양도담보는 간이·신속한 재산권의 담보기능, 동산 양도저당권의 실현, 담보대상물의 확대 등으로 법정 담보제도의 미비한 기능을 보충하고 있다. 특히 담보대상이 될 수 없는 채권 및 아파트입주권, 강제집행상 압류가 금지된 물건 등이 담보대상이 될 수 있다.

③ 주택연금: 주택연금은 자신이 소유한 주택을 담보로 제공하여 일정한 금액을 연금 형태로 매월 받는 것이다. 노년층을 위한 장기주택담보대출인 연금제도로서 역모기지라고도 한다. 주택연금은 금융기관이 고령자에게 노후생활에 필요한 자금을 평생 동안 연금 형태로서 대출해주고, 장래의 특정한 시점에서 주택을 처분하여 원리금을 일괄 상환받는 장기주택담보 연금대출이다. 대출자는 자신의 거주주택에서 살면서 중도 상환의 의무 없이 평생 연금을 받음으로써 안정된 노후자금의 확보와 주거안정을 기대할 수 있다.

④ 농지연금: 농지연금은 주택연금과 비슷한 제도로서 65세 이상의 농업인이 소유한 농지를 담보로 노후생활의 안정을 위해 매월 지급받는 농지담보 연금대출이다.

3. 물권의 효력

물권은 첫째, 직접적·배타적 권리이기 때문에 먼저 성립한 물권은 후에 성립한 물권보다 먼저 효력이 있는 선순위의 원칙이 적용되고 채권에 대해서 우선적 효력을 갖는다. 둘째, 물권의 지배상태가 침해당하거나 물권내용의 완전한 실현이 외부적 요인으로 방해당하고 있거나 그럴 염려가 있는 경우에, 그 방해의 제거 또는 예방에 필요한 행위를 청구할 수 있는 물권적 청구권이 있다. 이는 물권의 행사가 방해당하고 있는 경우에 물권적 청구권을 행사하여 물권의 실효성을 보장하기 위한 것이다. 물권적 청구권에는 ① 목적물의 점유를 침탈당한 경우에 목적물의 반환청구권, ② 목적물이 침해당하고 있는 경우에 방해배제청구권, ③ 목적물이 침해당할 염려가 있는 경우에 방해예방청구권 등이 있다.[1]

4. 물권의 변동

물권의 변동이란 물권의 발생·변경·소멸을 총칭하는 것으로 물권의 주체를 중심으로 보면 물권의 득실·변경에 해당한다. 거래의 안전·신용을 보장하기 위해서 물권의 변동은 반드시 외부에서 인식할 수 있는 어떤 표상인 공시방법이 필요하다. 물권변동을 일반인이 알 수 있도록 일정한 표식을 갖추어야 하는 것을 공시의 원칙이라 한다. 공시의 원칙에 의해 부동산에 관한 물권변동은 부동산등기법에 따라 등기하지 않으면 효력이 발생하지 않으며(민법 제186조), 동산물권의 양도는 그 동산을 인도[2]하여야 효력이 생긴다(민법 제188조 1항)고 규정함으로써 민법은 형식주의의 원칙을 채택하고 있다.

한편 물권의 공시를 신뢰하고 거래를 한 경우에는 비록 그 공시방법이 진실한 권리관계에 합치하지 않는 경우에도 공시한 대로의 효과를 인정함으로써

---

1) 이 책, 제20장 제6절 I. 물권적 청구권 참조.
2) 인도란 점유의 이전을 말하며 동산소유권의 이전의 요건이다. 인도에는 ① 사실상 지배의 이전인 현실적 인도, ② 물건을 이미 점유하는 경우에 소유권 이전의 합의로써 이전하는 간이인도, ③ 양도인이 점유를 계속하는 경우 양수인은 실제로 인도를 받음이 없이 점유권을 취득하는 점유개정, ④ 양수인이 가진 점유자에 대한 반환청구권을 양수인에게 양도하는 목적물 반환청구권의 양도 등이 있다.

거래관계를 보호하는 것이 공신(公信)의 원칙이다.[1] 공신의 원칙은 공시의 원칙을 보완하기 위한 제도이다. 동산의 경우에는 동산의 점유에 공신력을 주어 동산물권에 선의취득을 인정하고 있으나, 부동산의 등기부에는 공신력을 인정하지 않는다. 선의취득이란 상대방이 무권리자임을 알지 못하고 동산을 평온·공연하게 양수하여 선의·무과실로 동산을 점유하는 자는 무주물 선점의 원칙에 따라 동산의 소유권을 취득하는 것을 말한다(민법 제249조).

5. 부동산 거래

(1) 부동산 등기부

부동산 매매 계약이 성립하면 대금 완불과 동시에 부동산 소유권 이전 등기 완료로써 매매가 완성된다. 부동산 등기란 등기공무원이 등기부에 부동산의 상황과 그에 관한 일정한 권리관계를 기재하는 행위를 말하며, 이를 기재한 등기부는 국가의 공적 장부로서 부동산 물권변동의 공시방법으로서의 기능을 갖고 있다. 등기부란 부동산에 관한 법원의 공적 문서로서 물적 편성주의에 따라 토지등기부·건물등기부와 입목등기부 등이 있다. 부동산에 관한 권리를 증명하는 문서를 권리증 또는 등기필증(집·땅문서)이라 한다. 등기는 그 내용에 따라 본등기와 예비등기로 구분된다.[2] 토지등기부와 건물등기부는 서로 구분되어 등기부는 일필의 토지 또는 일동의 건물에 대하여 1용지를 각각 비치하고 있다(一不動産 一用紙主義). 등기된 권리의 우선순위는 등기순서(순위번

---

[1] 공시의 원칙은 물권이 있으면 물권의 공시가 이에 부합하여야 한다는 것이다. 이에 비하여 공신의 원칙은 공시가 있으면 이에 따르는 공신력(öffentlicher Glaube)을 인정하는 물권변동의 방법으로서 권리관계의 외형을 신뢰한 사람을 보호하기 위한 제도이다(예컨대 표현대리). 로마법은 "누구도 자기가 가지는 이상의 권리를 타인에게 줄 수 없다"는 원칙에 의해서 공신의 원칙이 인정되지 않았다. 그러나 게르만법은 "자기가 믿음을 둔 곳에서 그 믿음을 다시 찾아야 한다"에 따라 공신의 원칙을 인정하였다.

[2] 본등기에는 ① 새로운 등기원인에 의해 일정한 사항을 등기부에 기재하는 기입등기, 즉 보통 등기가 있다. ② 등기와 실제 관계가 불일치하는 경우에 이를 시정하기 위한 경정등기, ③ 등기사항에 변경이 발생한 경우에 이를 시정하기 위한 변경등기, ④ 기존의 등기 전부를 말소하는 말소등기, ⑤ 부동산이 멸실된 경우에 하는 멸실등기, ⑥ 기존의 등기가 말소된 경우에 이를 부활시키는 회복등기 등이 있다. 또한 예비등기에는 ① 등기요건을 완비하지 못한 경우 후일 본등기의 순위보전을 확정하기 위한 가등기, ② 등기말소 또는 회복의 소가 제기된 경우에 이를 제3자에게 경고하기 위한 예고등기 등이 있다.

호)에 의해, 그리고 갑구와 을구 간에는 접수번호(접수일자)에 의해 결정된다. 등기용지는 다음 4부분으로 구성되어 있다.

[등 기 부]

① **등기번호란**: 토지 또는 건물대지의 지번

② **표제부**: 표시번호, 접수일자, 토지 또는 건물의 내용인 소재지, 면적, 용도, 구조 등이 순서대로 기재되어 있다. 집합건물인 경우에는 대지권에 대한 별도의 토지등기부를 확인해야 한다.

③ **갑구**: 갑구에는 순위번호, 등기목적, 접수일, 등기원인, 권리자 및 그 밖의 사항을 기록한 소유권에 관한 사항, 즉 소유권의 변동·변경·압류·가압류·경매·가등기·가처분·환매등기 등의 사항이 접수된 일자순으로 기재된다. 등기신청 접수일이 법적 효력발생일이다. 갑구 사항란에 처음 기재된 것이 소유권 보존등기로서 최초의 소유자이고 소유권 이전등기가 계속 기재된다. 등기사항 중 변경사항이 있으면 변경등기를 한다.

④ **을구**: 을구에는 목적물에 설정된 지상권·전세권·저당권 등에 관한 사항을 갑구 사항란의 기재와 같이 접수순으로 기재한다.[1] 근저당 설정은 등기부에 최고 담보액만 기재하므로 실제 채무액과는 다를 수가 있다.

(2) 부동산 거래의 실거래제 및 실명제·세금·수수료

1) **부동산 실거래제**   부동산 거래의 투명화와 납세의 공정화를 위해 부동산 거래의 이중계약서(다운계약서) 작성을 금지하는 부동산 실거래제도를 실시하고 있다.[2] 신고대상은 토지, 건축물, 주택분양권 등이며, 거래 당사자나 중개업자는 검인 계약서의 거래 실제가격을 읍·면·동에 신고하여야 한다. 부동산 거래 신고절차는, ① 부동산 검인 거래 계약서 신고(시·군·구청), ② 신고필증 교부, ③ 부동산등기 신청(등기소), ④ 과세 납부 등의 과정을 거친다. 부동산 실제거래 가격의 신고 의무를 위반한 공인중개사는 자격정지, 업무정

---

1) 소유권 이전등기, 가등기, 저당권 설정등기 등의 권리의 우선 순위는 같은 '갑'구나 '을'구에서는 등기 순위번호에 의해 결정되나 '갑'구와 '을'구 간에서는 등기의 접수번호의 순서에 의한다.

2) 양도소득세의 일부를 회피할 목적으로 매매계약서에 실제로 거래한 가액을 매매대금으로 기재하지 아니하고 그보다 낮은 금액을 매매대금으로 기재한 경우는 반사회적 법률행위가 아니다(대법원 2007. 6. 14. 선고 2007다3285 판결).

지, 등록취소, 징역 또는 과태료 등의 제재를 받고, 매매 당사자에게도 과태료가 부과된다(공인중개사법 제38조, 제48조, 제51조).

2) **부동산 거래 실명제**　　타인의 명의로 등기하는 명의신탁제가 부동산 투기, 세금탈루, 재산은닉 수단 등으로 이용되는 비리를 방지하기 위해 부동산 실권리자의 명의등기 의무인 부동산 실명제를 실시하고 있다. 실명제를 위반하면 명의신탁 약정을 무효로 하고 형사처벌 또는 과징금을 징수한다(부동산 실권리자명의 등기에 관한 법률 제4조~제7조). 실명제는 금융실명제(금융실명거래 및 비밀보장에 관한 법률)와 함께 거래의 투명화와 탈법행위 방지를 위한 제도이다.

3) **부동산세**　　부동산 보유시에는 재산세와 종합소득세, 종합부동산세 등이 부과되나 매매시에는 취득세, 지방교육세, 농어촌특별세 등이 부과된다. 취득세는 소유권의 취득에 따른 과세로서 취득세의 과세표준은 시가 표준액으로 한다. 양도세는[1] 부동산과 부동산과 관련된 지상권, 전세권, 등기권, 아파트 당첨권, 토지 상환채권 그리고 분양권, 골프 회원권, 주식 등을 양도하여 발생한 소득에 대한 과세이다.

[부동산에 대한 세금]

거래관계	세금내용		비　　고
	국세	지방세	
취득시	인지세·농어촌특별세	취득세·재산세·지방교육세	유상·무상 구분 없이 과세 증축·개축으로 증가되는 가액포함
보유시	종합부동산세·농어촌특별세	재산세·지방교육세·지역자원시설세	과세 기준시의 등기소유자부담
양도시	양도세	지방소득세	시세차익이 없거나 무상 양도시 비과세
증여시	증여세	없음	세율 10~50%
상속시	상속세	없음	세율 10~50%

---

1) 고가주택에 대해서 양도소득세를 부과하고(소득세법 제95조), 투기지역으로 지정된 지역의 부동산에 대해서 기준시가 대신에 실거래 가격으로 양도소득세를 계산한다. 양도소득세는 양도소득 과세표준에 세율을 곱한 액수이다. 양도소득 과세표준은 양도 가액에서 취득가액과 필요경비, 장기보유 특별공제, 양도소득 기본공제를 제외한 금액이다(양

4) **부동산 거래 수수료**   공인중개사는 매매 의뢰인 쌍방으로부터 중개업무에 대한 소정의 중개보수와 실비를 받는다. 중개보수의 한도는 매매·교환의 경우는 거래금액의 1,000분의 9 이내의 범위 그리고 임대차의 경우는 거래 금액의 1,000분의 8 이내의 범위에서 지방자치단체의 조례로써 정한다(공인중개사법 제32조 4항).1) 다만, 중개업자의 고의 또는 과실로 인해 중개의뢰인 간에 거래행위가 무효·취소 또는 해제된 경우에는 그러하지 아니하다. 공인중개사가 소정의 중개보수를 초과하여 금품을 받으면 6월의 범위 안에서 자격정지를 받을 수 있다(동법 제33조, 제36조).

[표준지공시지가·개별공시지가·시가표준액·기준시가]

① **표준지공시지가**: 표준지공시지가는 지가산정의 기준을 정하기 위해 국토교통부장관이 '부동산 가격공시에 관한 법률'에 의해 토지의 적정 가격을 조사·평가·공시하여 표준지의 단위면적당 가격 공시지가를 공시하는 제도이다. 공시지가는 토지의 이용 상황이나 주변환경, 그 밖의 자연적·사회적 조건이 일반적으로 유사하다고 인정되는 일단의 토지 중에서 선정한 표준지에 대해서 매년 공시기준일 현재의 단위면적당 적정가격을 조사·평가하여 중앙부동산가격공시위원회의 심의를 거쳐 공시한다(동법 제 3 조).

② **개별공시지가**: 개별공시지가란 시장·군수·구청장이 지가산정의 기준으로 사용하기 위해 토지의 개별지구를 시·군·구 부동산가격공시위원회의 심의를 거쳐 관할 구역의 개별토지의 단위면적당 가격을 결정·공시하는 것을 말한다(동법 제11조). 개별공시지가에 의해 세금, 택지 초과소유 부담금, 개발부담금 등의 액수가 정하여진다. 공시지가의 산정에 이의가 있는 자는 결정·고시된 날로부터 30일 이내에 시장·군수·구청장에게 이의신청을 할 수 있다.

③ **시가표준액**: 시가표준액이란 취득세·등록세 등의 지방세의 과표 부과의 기준이 되는 토지 및 건물의 가격으로서 과표라고도 한다. 지방세법에서 적용하는

도소득 과세표준 = 양도가액 − (취득가액 + 필요경비 + 장기보유 특별공제 + 양도소득 기본공제)).

1) 과대한 중개수수료에 대한 부당이득반환청구소송에서 대법원은 "고액의 수수료를 받는 중개업자에게 행정적 제재나 형사적 처벌을 가한다고 해도 의뢰인이 입은 손해를 보전하는 효과가 없으므로 국민의 재산적 보호를 위해 중개수수료 계약의 사법적 효과를 무효로 보고, 반환을 청구할 수 있다는 법리를 다시 한번 선언한다"고 판시하였다(대법원 2007. 12. 20. 선고 2005다32159 판결).

시가표준액은 '부동산 가격공시에 관한 법률'에 의해 공시된 가액이다.

④ 기준시가 : 국세청이 부동산 투기의 우려가 있는 곳을 지정구역으로 지정하여 토지·건물 또는 골프 회원권 등의 거래에 따른 양도소득세, 상속세, 증여세 등을 부과하는 기준이 되는 가액을 기준시가라 한다.

Ⅳ. 채 권 법

1. 채권의 개념

채권이란 특정인(채권자)이 특정인(채무자)에 대해서 특정한 행위(급부)를 청구할 수 있는 권리이다. 물권은 물건에 대한 직접적·배타적 지배를 내용으로 하는 데 비하여 채권은 대인적 권리로서 사람의 행위를 개입시켜 간접적으로 효력을 미치게 하는 것이다.[1] 채무이행을 변제라 하며 변제방법에는 대물변제·상계·공탁 등이 있다. 대물변제란 현금으로 갚는 대신에 물건(동산·부동산)으로 변제하는 것이다. 상계란 채권과 채무를 동시에 서로 상쇄하여 소멸시키는 것이다. 공탁이란 금전이나 금전적 가치가 있는 증서 및 물건을 법원의 공탁소에 맡기는 것이다. 공탁은 채권자와의 분쟁을 방지하거나 채권자의 강제집행으로 발생하는 채무자의 손실 보호를 위해 손해담보를 위한 공탁 등이 있다. 채무자가 채무를 이행하지 않는 경우[2]에는 채권자는 계약해제나 강제집행(이행의 강제나 손해배상청구)을 통해 채무내용의 강제적 실현을 할 수 있다.

채권은 급부의 양상에 따라 특정물채권·종류채권·금전채권·이자채권·선택채권 등이 있다. 또한 동일한 채권관계에 관하여 여러 명의 채권자 또는

---

1) 물권 변동을 내용으로 하는 물권행위는 채권행위와 대립되는 법률행위상의 개념이다. 채권행위에 의해서는 채권이 발생할 뿐이고 그 이행문제는 별도이나, 물권행위에서는 물권변동이 즉시 발생하고 이행문제가 발생하지 않는 점에서 양자는 구별된다. 물권행위와 채권행위는 이론상 구분되지만 실제로 양자는 밀접한 관련을 갖고 있으며 채권행위를 전제로 그 이행으로서 물권행위가 대체로 행하여진다.

2) 채무불이행에는 ① 채무자가 채무의 이행이 가능함에도 불구하고 이행을 지체하는 채무의 이행지체(채무자지체), ② 채무자의 책임 있는 사유로 인한 이행불능, ③ 채무이행이 채무의 내용에 따르지 않은 불완전이행 등이 있다. 불완전이행은 본래대로 이행이 되지 않은 경우와 불완전이행으로 채권자의 다른 재산에 손해를 준 경우이다.

채무자가 존재하는 경우를 다수당사자의 채권관계라고 하여, 민법은 분할 채권관계・불가분 채권관계・연대채무1)・보증채무의 4종을 규정하고 있다. 채권의 발생원인으로 민법은 계약・사무관리(민법 제734조)・부당이득(제741조)・불법행위(제750조)2) 등을 규정하고 있다.

[연대보증과 신원보증]

① 연대보증: 연대보증은 제3자의 채권 담보를 책임지는 타인의 빚 보증으로서 연대 보증인이 주채무자와 연대하여 채무를 부담하는 보증채무의 일종이다. 연대보증 채무는 주채무의 성립, 소멸과 운명을 함께 하는 보증채무의 부종성이 있다. 연대 보증인은 채무를 갚을 능력이 있어야 하며 보증채무의 범위는 주채무보다 넓어서는 안 된다. 연대보증은 특약이 없는 한 주채무의 이자, 위약금, 손해배상, 그 밖의 주채무에 종속된 채무 전체를 포함한다. 채권자는 주채무자가 채무의 이행을 하지 아니한 때에는 주채무자의 재력의 유무에 관계없이 연대 보증인에게 채무를 청구한다. 연대 보증인은 최고・항변권이 없으나 보증인이 변제한 경우 주채무자에게 구상권을 행사할 수 있다.

② 신원보증: 신원보증은 고용계약에 수반하여 보증인과 사용자가 체결하는 보증계약으로서 신원 및 재정 보증서이다. 보증의 내용은 피용자가 사용자에 대해 손해배상책임을 지는 경우에 이를 담보하는 장래 채무의 부담이다. 그러나 피용자로 인해 사용자에게 일체의 손해를 주지 않을 것을 담보하는 신원인수가 아니라, 피용자의 고용으로 발생한 모든 손해를 담보하는 일종의 손해담보계약이다. 보증내용이 신원보증자에게 불리한 계약은 무효이며, 보증기간은 성립일부터 2년이다(신원보증법 제3조). 사용자는 피용자가 업무상 부적격하거나 불성실한 경우에는 신원보증인에게 이를 통지하여야 한다. 보증내용은 포괄적이어서 신원보증 시 노무자의 성실성, 노무의 내용, 보증기간 등에 유의하여야 한다.

---

1) 연대채무는 하나의 채권을 담보하기 위해 여러 명의 채무자가 채무 전부를 각자 이행할 채무가 있고 그 중 한 사람이 변제를 하면 다른 채무자도 모두 채무를 면하는 채권관계를 말한다(민법 제413조). 보증채무는 주채무를 담보하는 것으로서 주채무가 없으면 보증채무도 성립하지 않는다(보증채무의 부종성). 보증인은 채권자에게 먼저 주채무자가 채무를 이행할 것을 주장할 수 있는 최고・검색의 항변권을 갖는다는 점에서 연대채무와 구별된다.
2) 이 책, 제20장 제6절 Ⅱ. 불법행위에 대한 손해배상청구권 참조.

2. 계 약

계약이란 서로 대립하는 두 개 이상의 의사표시의 합치로써 성립하는 법률
행위(청약과 승낙)로서 채권발생을 목적으로 하는 것이다. 계약의 내용은 계약자유
의 원칙에 의해서 당사자의 합의에 따라 자유롭게 결정할 수 있으나, 민법이 규
정한 전형(典型)계약으로는 매매·교환·증여·소비대차·사용대차·임대차1)·
고용·도급2)·여행계약·위임·임치·조합·현상광고·종신정기금·화해 등 15
종이 있다(민법 제554조~제733조). 그러나 전형계약의 종류는 기본적 계약으로 예
시적인 것이고 경제생활의 발전과 정보통신의 발달, 국제통상 거래에 따른 새로
운 계약유형으로 중개계약, 친목계, 할부계약, 신용보증계약, 신용카드계약, 전
속계약, 의료계약 및 리스(lease)계약,3) 팩터링(factoring), 프랜차이징(franchising),
텔레비전 홈쇼핑, 인터넷 거래, 저작권의 매절계약, 해외직구 등이 등장하였다.
이러한 신종계약은 전형계약의 여러 요소가 혼합되어 하나의 독자적인 계약유
형을 이루어 활발히 이용되고 있다.

민법은 계약의 효력으로서 동시이행의 항변권(제536조)과 위험부담(제537조)
에 관해서 규정하고 있다. 첫째, 쌍무계약의 당사자 일방은 상대방이 채무의 이
행을 제공할 때까지 자기의 채무의 이행을 거절할 수 있는 동시이행의 항변권
이 있다. 둘째, 이행불능이 채무자의 귀책사유에 의하지 않고 이행불능이 된 경

---

1) ① 숙박계약은 일종의 일시 사용을 위한 임대차계약으로서, 이에 기초해서 여관주인은
투숙객에게 위험이 없는 안전하고 편안한 객실 및 관련시설을 제공함으로써 고객의 안전
을 배려하여야 할 의무를 부담하며, 신의칙상 인정되는 부수적인 의무로서 숙박업자가 이
를 위반하여 고객의 생명, 신체를 침해하여 손해를 입힌 경우 불완전이행으로 인한 채무
불이행책임을 부담한다(대법원 1994. 1. 28. 선고 93다43590 판결).
　② 임대차계약에서 임대인은 임대차 목적물을 계약 존속 중 그 사용·수익에 필요한 상
태를 유지하게 할 의무로서 수선의무를 부담하는 것이므로, 이는 임대인에게 귀책사유가
있는 경우는 물론 귀책사유가 없는 경우에도 마찬가지이다(대법원 2010. 4. 29. 선고 2009
다96984 판결).
2) 도급계약에서 일의 완성에 관한 주장·입증책임은 일의 결과에 대한 보수의 지급을 청
구하는 수급인에게 있고, 위 목적물의 인도와 보수의 지급은 동시이행의 관계에 있다(대
법원 2006. 10. 13. 선고 2004다21862 판결).
3) 의료장비의 공동리스계약은 민법상 조합과 구별되는 조합적 성격을 내포하는 특수한
계약관계에 해당한다(대법원 2004. 2. 27. 선고 2001다52759 판결).

우(불가항력)에는 채무자는 이행할 책임을 면하고 채무는 소멸한다. 이러한 경우에 상대방의 채무는 어떻게 되는가가 위험부담의 문제이다. 이에는 두 가지의 입법주의가 있다. 첫째, 채무자의 채무가 소멸하더라도 그 상대방(채권자)은 자기의 채무를 이행하지 않으면 안 된다는 채권자 위험부담주의, 둘째, 상대방의 채무도 당연히 소멸한다고 하는 채무자 위험부담주의가 있다.[1] 민법은 채무자 위험부담주의를 원칙으로 하고 있다(제537조). 특히 임대차계약에서 임대한 목적물에 파손 또는 장애가 생겨 임차인이 손쉽게 수리할 정도라면 임대인은 수선할 의무는 없다. 하지만 화재, 붕괴 등으로 수선하지 않으면 임차인이 본래의 계약의 목적에 따라 사용·수익할 수 없을 정도이면 임대인은 수선의 의무가 있다.[2]

[계약금·보증금·권리금]

① 계 약 금 :　계약금이란 계약을 체결할 때 상대방에게 교부하는 금전 그 밖의 유가물로서 그 작용에 따라 세 가지로 나누어진다. ㉠ 계약체결의 증거로서의 증약금(證約金), ㉡ 계약 불이행의 경우 수령자가 몰수하는 위약(違約)계약금, ㉢ 해제권 유보의 대가로 교부하는 해약금 등이 있다. 계약금은 실제로 선금·내금(內金)·착수금·보증금·약정금·해약금·예약금 등의 용어로 쓰이고 있으나, 계약금의 종류 중 어느 것인지 분명하지 않은 경우 일반적으로 해약금으로 추정한다(민법 제565조). 매매계약에서 당사자 간의 다른 약정이 없는 한 계약금의 배액을 상환하고 계약 해제를 할 수 있으나, 매도인이 계약금의 일부를 받은 경우에 그것의 배액 상환만으로는 매매계약을 해제할 수 없다.[3] 계약금은 통상적으로 대금에 충당된다.

② 보 증 금 :　보증금이란 임대차 계약, 특히 건물 임대차 계약에서 임차인이 임대료를 연체하는 경우나, 임차물을 훼손·멸실하는 경우에 임차인의 손해배상 채무를 담보하기 위해 임대인에게 지급하는 금전을 말한다. 보증금의 지급은 임대차 계약의 성립을 전제로 임대 목적물의 인도와 동시에 이루어지며 보증금은 임

---

1) 쌍무계약에서 채무불이행이 당사자의 책임에 의한 경우에는 손해배상의무로 변한다. 그러나 계약당사자의 귀책사유가 아닌 채무이행 불능으로 채무가 소멸한 경우에는 타방의 채무도 함께 소멸하여 이행할 책임이 없다는 것이 채무자 위험부담주의이다. 이것은 로마법 이후로 논의된 채권자 위험부담주의에 대치된다. 예를 들면 가옥매매계약을 체결한 후 가옥이 화재로 소실된 경우 주택소유자의 가옥인도의 채무는 이행불능으로 소멸하고 상대방의 대금지급채무도 소멸한다.
2) 대법원 1994. 12. 9. 선고 94다34692 판결.
3) 대법원 2015. 4. 23. 선고 2014다231378 판결.

대차 종료시 임차인에게 반환된다. 임대인은 보증금 지불의 불이행을 이유로 임차물의 인도를 거부하거나 계약을 해제할 수 있다(민법 제544조).

③ 권 리 금 : 권리금은 영업용 건물의 임대 계약에 수반하여 영업시설이나 상권, 영업상 신용·기법(know-how), 점포 위치 등에 따른 영업상 이익인 재산적 가치의 이용·양도의 대가로 임차인이 양도인에게 지불하는 금전이다. 권리금은 영업장소의 이익인 자릿세로서 임대료나 보증금과는 별도로 지급되고 건물 임대인(건물 소유자)에게서 반환받을 수 없는 것이 일반적이다. 권리금은 법적 보호가 되지 않아 임차인과 제3자와의 권리금 계약은 임대인이 책임을 갖지 않는다. 그러나 권리금은 임차인의 투자로 형성된 영업적 가치인 일종의 재산권이고 기득권이기 때문에 임차인의 보호와 자영업의 안정을 위해 상가 권리금의 보호가 필요하다. 특히 임대인의 악덕이나 횡포로부터 임차인의 보호는 사회적 문제로서 권리금을 회수할 수 있도록 임차인과 임대인 간의 협력의무를 위한 제도적 개선이 필요하다.

[계의 법적 성질]

계는 계원이 상호 공동체적 의식을 갖고 상부상조, 친목, 공동이익 등을 공동으로 추구하기 위해 조직된 집단이며 하나의 사금융이다. 계는 삼국시대부터 내려오는 관습으로서 계의 종류와 형식은 다양하다. 계원은 현금·현물(곡물) 또는 노동력을 출자하여 기금을 조성하고 계의 재산은 일반적으로 회원의 공유이다. 계는 계원 수에 관계없이 구성하며, 계장(主)이 계를 대표하고 유사(有司) 또는 도가(都家)가 계의 업무를 실제로 실행하고 유사 밑에 장재(掌財)를 두어 계의 재무를 관리하였다. 근래의 계는 목돈 마련을 위한 친목계로서 순번계·낙찰계·일수계 등이 널리 행하여져 서민금융 기능과 재테크 기능을 하고 있다. 계의 내용·성질·계원 상호 간의 관계 등에 따라 계의 법적 성질을 달리하고 있으나 일반적으로 순번계는 동업계약인 조합의 성질을, 낙찰계는 무명계약의 성질을 갖는다. 낙찰계에 대해서 대법원은 '계금 및 계불입금 등의 계산관계는 오직 계주와 각 계원 사이에 개별적으로 존재하는 것'으로 판시하였다(대법원 1994. 10. 11. 선고 93다55456 판결). 계주가 부정행위로 계를 파탄하는 경우 배임죄(형법 제355조 2항)에 해당한다.

3. 사무관리·부당이득

사무관리란 법률상의 의무 없는 자가 타인을 위해 사무를 관리하는 것을 말한다(예를 들면 부재자 집의 수리, 재해구호, 행려병자의 관리). 사무관리를 개시한 자는 사무의 성질에 따라 본인의 이익에 적합한 방법으로써 관리해야 한다.

490 제19장 법과 재산권

또한 관리자가 이때에 지출한 필요비나 유익비가 있을 때에는 본인이 상환해
야 한다(민법 제739조). 사무관리는 권리나 의무가 없는 자의 관리행위를 개인
또는 사회의 이익을 위해 사회공조 차원에서 인정하는 준법률행위이다.

부당이득이란 법률상의 원인 없이 타인의 재산 또는 노무에 의해서 이익
을 얻고, 그로 인해 타인에게 손해가 미치는 행위를 말하며(예를 들면 채무자의
이중지불), 부당이득자는 이득반환의 의무를 부담한다.[1] 하지만 부당이득의 요
건이 충분히 있는 경우에도 비채변제(민법 제742조)(예를 들면 기한 전의 변제)나,
불법원인급여(민법 제746조, 예를 들면 도박판의 금전 수수)[2]와 같은 특수부당이득
의 경우에는 손실자에게 이득반환 청구권이 인정되지 않는다. 부당이득은 공
평·정의의 원칙에 따라 손실자와 이득자 사이의 이해관계조절을 통해 그 불
균형 시정을 목적으로 한다.[3] 행정법 관계에서도 급부를 제공하였으나 급부
원인이 하자로 무효·취소가 되면 부당한 급부가 되어 지급된 급부에 대하여
반환을 청구할 수 있다(예를 들면 세금의 과오납부, 봉급의 과오지불).

V. 지식재산권

1. 지식재산권의 내용

지식재산권은 개인의 창작 활동에 의한 정신적 노동의 산물인 동시에 창
조적 노력의 대가인 재산권을 말하며 지적재산권 또는 무체재산권(intangible
property right)이라고도 한다. 지식재산권은 문학·학술·예술·공연·음반·방

---

1) 송금의뢰인과 수취인 사이에 계좌이체의 원인이 되는 법률관계가 존재하지 않음에도
불구하고 계좌이체에 의해 수취인이 계좌이체 금액 상당의 예금채권을 취득한 경우에는
송금의뢰인은 수취인에 대하여 위 금액 상당의 부당이득 반환청구권을 가지게 되지만 수
취은행은 이익을 얻은 것이 없으므로 수취인에 대하여는 부당이득반환청구권을 취득하지
않는다(대법원 2007. 11. 29. 선고 2007다51239 판결).
2) 윤락행위 및 그것을 유인·강요하는 행위는 선량한 풍속 기타 사회질서에 위반되므로,
윤락행위를 할 자를 고용·모집하는 자가 성매매의 유인·강요의 수단으로 이용되는 선
불금 등 명목으로 제공한 금품이나 재산상의 이익 등은 불법원인급여에 해당하며 그 반
환을 청구할 수 없다(대법원 2004. 9. 3. 선고 2044다27488 판결).
3) 부당이득반환 의무는 이행기간의 정함이 없는 채무이므로 그 채무자는 이행청구를 받
은 때에 비로소 지체책임을 진다(대법원 2010. 1. 28. 선고 2009다24187 판결).

송·컴퓨터 프로그램·발명·공업 특허 등 개인의 지적 활동에서 얻은 창작물
에 대한 지식재산권자의 일정한 기간 동안의 독점적·배타적인 모든 권리를
뜻한다. 이것은 지식재산권자의 저작물의 제조·사용·판매·양도 등에 대한
물권적 권리인 경제적 이익을 말한다. 지식재산권은 일반적으로 산업분야와
관련된 특허권, 실용신안권, 상표권, 디자인권, 영업권 등의 산업재산권과 문화
예술분야의 창작물에 대한 저작권 그리고 컴퓨터 프로그램, 반도체 설계, 생명
공학기술, 업무상 비밀 등의 새로운 지식재산권을 포함한다.

기술 경쟁력이 기업의 자산이고 생존 조건이다. 지식재산권은 아이디어나
감성의 창의적 결실의 개방적 무형 자산이기에 모방이나 도용도 쉽게 이루어
질 수 있어 특별한 보호 조치가 필요하다. 저작권은 창작하는 순간 권리가 발
생하지만 그 밖의 재산권은 권리 등록일부터 효력이 발생한다. 지식재산권의
국제적 보호를 위해 1883년 파리협약이 체결되었으며,1) 국제기구로서 세계지식
재산권기구(WIPO) 이외에 세계무역기구(WTO), 국제지식재산권 보호협회(AIPPI),
국제상공특허회의소(ICC), 위조상품정보국(CIB) 등이 있다.

2. 지식재산권의 종류

(1) 특 허 권

특허권은 새롭고 유용한 산업상 발명에 대한 특허권자의 독점적인 재산적
권리이다(제조·사용·판매). 특허발명은 자연법칙을 이용한 고도의 기술적인 창
작물로서 산업상 이용가능성과 신규성, 유용성이 있어야 함은 물론 완성품이
어야 한다.2) 특허 발명의 범위는 특허 청구에 기재된 사항뿐 아니라 발명의

---

1) 세계지식재산권기구(WIPO : World Intellectual Property Organization) 협약 제 2 조 8항
   은 "지식재산권이란 문학·예술·과학의 저작물 및 공연·음반·방송 및 인간노력에 의
   한 모든 분야에서의 발명, 과학적 발견, 디자인, 상표, 서비스표, 상호 및 기타의 명칭, 부
   정한 경쟁으로부터의 보호 등을 위한 권리와 산업·과학·문학 또는 예술 분야의 지적
   활동에서 발생하는 모든 권리를 포함한다"고 규정하였다.
2) 완성된 발명품이란 그 발명이 속하는 분야에서 통상의 지식을 가진 자가 반복 실시하
   여 목적하는 기술적 효과를 얻을 수 있는 정도까지 구체적, 객관적으로 구성되어 있는 발
   명으로 그 판단은 특허 출원의 명세서에 기재된 발명의 목적, 구성 및 작용효과 등을 전
   체적으로 고려하여 출원 당시의 기술수준에 입각하여 판단하여야 할 것이다(대법원
   1994. 12. 27. 선고 93후1810 판결).

성질과 목적을 참작하여 실질적으로 판단하여야 할 것이고 특허 청구의 범위
에만 구애될 수 없는 것이다.[1] 새로운 제작품이라 하더라도 독창성과 전문성
이 부족하면 특허의 대상이 될 수 없다.[2] 특허권 침해는 특허받은 물건을 이
용하여 모방 물건(짝퉁 명품)을 제조·유통하는 위법행위를 말한다. 지식재산권
의 종류와 내용은 다음과 같다.

[지식재산권의 종류와 내용]

구 분	내 용	근 거 법	존속기간
저 작 권	사상이나 감정을 표현한 창작물의 권리	저작권법	사후 70년
저작인접권	실연자, 음반제작자, 방송사의 권리	저작권법	위와 같음
특 허 권	자연법칙을 이용한 기술적 창작의 발명	특허법	20년
실용신안권	물품의 형상, 구조, 조합에 관한 고안	실용신안법	10년
디자인권	물품의 형상·모양·색채 또는 이들을 결합한 미적 감각의 디자인	디자인보호법	20년
상 표 권	제품을 식별하는 기호·문자·도형·소리·냄새·입체적 형상·홀로그램 동작 또는 색채 등의 표장	상표법	10년(10년씩 갱신 가능)
영업이익권	부정경쟁행위 금지, 상표·상호 등의 부정사용 또는 트레이드 드레스,[3] 형태, 아이디어 부당 이용행위	부정경쟁방지 및 영업비밀 보호에 관한 법률	
영업비밀권	비밀로 보존한 생산, 판매 및 영업활동에 유용한 기술상·경영상의 정보	부정경쟁방지 및 영업비밀 보호에 관한 법률	
품종보호권	식물 신품종의 개발·육성자의 권리보호	식물신품종 보호법	20년
지리적 표시권	농수산물 또는 농수산가공품의 출처와 품질 표시	농수산물 품질관리법	
퍼블리시티권	persona[4] 보호와 이용권	판례	

---

1) 대법원 2008. 2. 28. 선고 2005다77350 판결.
2) 대법원 2000. 3. 28. 선고 2000도79 판결.
3) 트레이드 드레스(trade dress)는 업체가 갖는 고유의 시설, 사용품, 로고, 외관, 인테리어 등의 이미지와 식별능력을 보호하기 위한 지식재산권이다(삼성과 애플의 휴대폰 분쟁 (Apple Inc. v. Samsung Elecs.Co.Ltd., No. 14-1335 (Fed. Cir. 2015)).
4) 페르소나(persona)는 자신의 특성과 상징을 표상하는 이름, 예명, 초상, 목소리, 몸짓 등이 재산적인 보호 대상이 되는 가치를 말한다. 퍼블리시티권(right of publicity)은 개인의

(2) 실용신안권

실용신안권이란 자연법칙을 응용한 기술적 창작으로서 산업상 이용할 수 있는 물품의 형상·구조 또는 조합의 고안에 대한 권리를 말한다. 고안은 발명과 같은 창작의 범주에 속하나 발명에 비하여 기술성이 낮은 점이 다를 뿐이어서 실용신안권을 특허권에 포함하고 있는 국가도 있다(미국).

(3) 디자인권

디자인권은 물품 및 글자체의 형상·모양·색채 또는 이들의 결합으로써 시각의 미적 감각을 갖는 디자인 창작물에 관한 독점적 권리이다.1) 특허발명이나 실용신안은 자연법칙을 이용한 생산품의 물리적 효과를 향상시킨 실질적 가치인 데 비하여 디자인은 외관상 미관의 상품가치를 높이는 것으로 자연법칙을 이용한 기술적 창작임을 요하지 않는다.

(4) 상 표 권

상표권은 등록한 상표를 지정상품에 독점적으로 사용할 수 있는 권리이다. 상표는 상품을 표시하는 표장으로서 자기 상품을 다른 업자의 상품과 식별하기 위한 상징이다.2) 상품의 표장은 기호, 문자, 도형, 소리, 냄새, 입체적 형상,

---

페르소나를 상업적으로 이용할 수 있는 권리로서 저작권과 다른 지식재산권이다.

1) 의장법상의 객관적 창작성이란 과거 및 현존의 것을 기초하여 거기에 새로운 미감을 주는 미적 고안이 결합되어 그 전체에서 종전의 규정과는 다른 미감적 가치가 인정되는 정도면 의장법에 의한 의장등록을 받을 수 있으나 부분적으로는 진보성이 인정된다고 하여도 전체적으로 보아서 과거 및 현재의 고안들과 다른 미감적 가치가 인정되지 않으면 그것은 단지 공지된 고안의 상업적·기능적 변형에 불과하여 창작성을 인정할 수 없다 (대법원 1994. 6. 24. 선고 93후1315 판결).

2) ① 등록상표의 보호범위를 정할 때 상표가 실제 사용되고 있는 태양은 고려하지 않고 있으므로, 등록상표의 구성 중 일부분이 등록결정 당시 식별력이 없었다면 그 부분은 상표법이 정한 일정한 요건과 절차를 거쳐 등록된 것이 아니어서 그 부분만을 분리하여 보호할 수 없고, 그 등록상표의 등록결정 이후 그 부분만을 분리하여 사용한 실태를 고려할 수 있는 것도 아니어서, 식별력이 없던 부분은 등록상표의 등록결정 이후 사용에 의한 식별력을 취득하였더라도 등록상표에서 중심적 식별력을 가지는 부분이 될 수 없다(대법원 2007. 12. 13. 선고 2005후728 판결).

② 도메인 이름하에 운용되는 웹사이트에서 등록상표권의 지정상품과 동일 또는 유사한 상품을 취급하거나, 등록서비스표의 지정서비스업과 동일·유사한 영업을 취급한 사

홀로그램·동작 또는 색채 등으로서 그 구성이나 표현방식에 상관없이 상품의 출처를 나타내기 위하여 사용하는 모든 표시를 말한다(상표법 제2조). 그러나 공익상 필요한 경우(동법 제34조)와 보통명사, 지리적 명승지, 유명한 상품의 산지 등은 특정인을 위해 등록할 수 없다.

디자인과 상표는 배타적인 관계에 있는 것이 아니므로 디자인이 될 수 있는 형상이나 모양이라고 하더라도 상표의 본질적인 기능이라고 할 수 있는 자타 상품의 출처표시를 위하여 사용되는 것으로 볼 수 있는 경우에는 디자인의 사용은 상표로서의 사용이다.[1] 유명한 회사의 상표와 동일하거나 유사한 상표를 다른 상품이나 서비스 업종의 상표로 사용함으로써 상표의 제품 또는 식별력을 떨어뜨리는 상표가치 희석(trademark dilution)이 문제가 된다. 상표권자가 상표 사용 중단을 청구하기 위해서는 상표가치가 실제로 떨어져야 하며 소비자가 문제의 상표를 연상하는 추상적 사실만으로는 영업 이익권이 침해되었다고는 할 수 없다. 미국 대법원은 유명 상표권자는 판매량이 실제로 감소하여 금전적 손해가 발생하였다는 사실을 입증할 필요는 없고, 최소한 소비자가 유명 상표를 보고 문제의 상표를 연상하게 된다는 등의 사실을 정황증거 내지는 소비자의 인식조사 등을 통하여 입증하여야 한다고 판시하였다.[2]

(5) 저 작 권

1) **저작권의 개념**   저작권이란 인간의 사상 또는 감정을 표현한 창작물인 문화 콘텐츠의 저작자가 저작물에 갖는 배타적 권리를 말한다.[3] 저작물은 문학,

---

실이 전혀 없다면 위 웹사이트를 통해 등록상표권을 침해하였거나 침해할 우려가 있다고 볼 수 없고, 등록상표와 동일한 이름을 도메인 이름으로 사용한 것만으로는 상표법 제66조에서 규정하는 상표권 침해행위에 해당한다고 보기 어렵다(대법원 2004. 2. 13. 선고 2001다57709 판결).

1) 대법원 2000. 12. 26. 선고 98도2743 판결.
2) Moseley v. V Secret Catalogue, Inc., 537 U.S. 418(2003); Panavision Int'l, L.P. v. Toeppen, 141 F. 3d 1316(9th Cir. 1998).
3) * 저작권 보호대상 : ① 학문성이나 예술성이 없어도 자신의 생각과 느낌을 정리 표현한 글, ② 객관적 사실을 설명한 글이라도 작성자의 전문 지식과 경험을 표현한 글, ③ 사실 전달에 불과한 시사보도가 아닌 신문 기사, ④ 인터넷 사이트에 타인의 저작물을 올리기 위한 복제 등은 저작물의 대상이 된다.
   이에 대한 판례는 ① 월드컵 기간의 일명 '히딩크 넥타이'에 나타난 민족전래의 태극 및

예술, 학술, 건축디자인 등의 일반적 저작물(저작권법 제4조)과 특수한 저작물인 컴퓨터 프로그램을 포함한다. 저작권은 저작인격권과 저작재산권을 포함하는 재산권으로서 권리를 행사한다. 저작인격권은 창작자의 인격권으로서 공표권(저작물 공표의 자유), 성명표시권(저작자의 이름을 저작물에 표시하는 권리), 동일성 유지권(저작물의 동일성을 원형대로 유지할 권리) 등을 포함하고 있다. 저작인격권은 일신전속권으로 양도할 수 없으며 저작자가 사망하면 소멸된다. 예명의 저작권은 예명을 창작한 연예인의 소속사가 계약기간 동안 갖는다. 그러나 계약이 끝나는 경우 공정거래위원회 표준계약서는 가수에게 저작권이 있는 것으로 권유하고 있다.

저작재산권은 창작물의 경제적 가치를 보호하는 비전속권으로서 양도·상속할 수 있다. 저작재산권에는 복제권(불법복제금지권), 2차적 저작물의 작성권(저작물의 번역·편곡·변형·영상 제작권), 배포권(대가 없이 공중에의 배포권), 전시권, 공연권, 공중송신권(전송권·방송권·디지털 음성송신권), 대여권 등이 있다. 저작물이 판매된 후에는 저작권자는 저작물의 복제물 재배포에 대해서 저작권을 더 이상 행사할 수 없다. 저작물에 대한 공동저작권은 개별적으로 행사할 수 없으며, 공동저작자 중 1인이 이용 허락을 하거나 양도하는 경우에는 다른 저작자의 동의가 필요하다.

2) **저작인접권**   실연자[1]·음반제작자·방송사업자 등은 저작물의 직접적인 창작자는 아니지만 저작물의 해석자 또는 전달자로서 창작에 준하는

팔괘문양도 미술작품으로 응용된 것이라면 응용미술 저작물로서 저작권법 제2조 제11의 2호 보호를 받을 수 있다(대법원 2004. 7. 22. 선고 2003도7572 판결).

② 각급 학교의 중간고사와 기말고사 문제는 저작권보호의 대상이다(대법원 2008. 4. 10. 선고 2008다5004 판결).

* 저작권 비보호대상: ① 영리의 목적이 아닌 연주, ② 대가성이 없는 영상물 상영 등은 저작권의 대상이 되지 않는다.

이에 대한 판례는 ① 소설 등에 있어서 추상적인 인물의 유형 혹은 어떤 주제를 다루는 데 있어 전형적으로 수반되는 사건이나 배경 등은 아이디어 영역에 속하는 것들로서 저작권법에 의한 보호를 받을 수 없다(대법원 2000. 10. 24. 선고 99다10813 판결).

② 누가 하더라도 같거나 비슷할 수밖에 없는 성질의 것이라면 창작성이 있다고 할 수 없다. 일지 형태의 법조수첩은 그 소재의 선택 또는 배열에 창작성이 있는 편집물이라고 할 수 없다(대법원 2003. 11. 28. 선고 2001다9359 판결).

1) 실연자란 저작물을 연기·무용·연주·가창·구연·낭독 그 밖의 예능적 방법으로 표현하거나 저작물이 아닌 것을 이와 유사한 방법으로 표현하는 실연을 하는 자 그리고 실연을 지휘, 연출 또는 감독하는 자를 포함한다(저작권법 제2조).

496   제19장   법과 재산권

활동으로써 저작물의 가치를 증진시킨다. 이들에게 부여하는 저작권의 유사한
권리를 저작인접권이라고 한다. 노래의 작사자·작곡자는 저작권을 갖고 가
수·연주자·음반제작자·방송사업자는 저작인접권을 행사한다. 따라서 실연
자는 공연권·성명표시권·동일성 유지권·복제권·배포권·대여권·방송권·
전송권·보상청구권 등의 권리를 행사한다. 또한 음반제작자는 복제권·배포
권·대여권·전송권·보상청구권 등을 갖고, 방송사업자는 복제권·동시중계
방송권 등의 권리가 있다.

　　3) **저작물의 창작성**　　　　창작성이란 저작자 나름대로 정신적 노력의 소산
으로의 특성이 있고 기존 작품에 모방이 아니면 충분하며 완전한 독창성을 의
미하는 것은 아니다.1) 창작성은 저작권법에 의한 보호를 받을 최소한의 창작적
가치가 있으면 충분하다.2) 저작권은 추상적인 아이디어의 내용이 아닌 상세하
고 구체적인 표현에만 미친다.3) 대중매체(텔레비전, 영화, 잡지)를 통한 시각적 표
현에 작성자의 창조적 개성이 드러나 있으면 원저작물과 별개로 저작물이 될
수 있다.4) 창작 부분이 이용한 저작물보다 양적으로 많고 새로운 표현이면 내
용의 핵심이 같다고 하더라도 저작권 침해가 아닌 인용에 해당할 것이다.

　　4) **저작재산권의 제한**　　　　저작권도 재산권 행사의 공공성의 원칙에 의해
재산권으로서 보장과 동시에 그 행사의 제한을 받음은 말할 나위가 없다. 저작
물의 사용은 목적상 필요한 범위 내에서 공표된 저작물에 한해 복제·배포할
수 있다. 그러나 저작물의 종류·용도 및 복제된 부분이 차지하는 비중과 복
제의 부수 등에 비추어 저작권자의 이익을 부당하게 침해하는 경우에는 자유

---

　　1) 창작성이란 완전한 의미의 독창성을 말하는 것은 아니며 단지 어떠한 작품이 남의 것
　　　을 단순히 모방한 것이 아니고 작자 자신의 독자적인 사상 또는 감정의 표현을 담고 있음
　　　을 의미할 뿐이어서 이러한 요건을 충족하기 위하여는 단지 저작물에 그 저작자 나름대
　　　로의 정신적 노력의 소산으로서의 특성이 부여되어 있고 다른 저작자의 기존의 작품과
　　　구별할 수 있을 정도이면 충분하다(대법원 1995. 11. 14. 선고 94도2238 판결).
　　2) 대법원 2003. 11. 28. 선고 2001다9359 판결.
　　3) 작품 안에 들어 있는 추상적인 아이디어의 내용이나 과학적인 원리, 역사적인 사실들은
　　　이를 저자가 창작한 것이라 할 수 없으므로, 저작권은 추상적인 아이디어의 내용 그 자체
　　　에는 미치지 않고 그 내용을 나타내는 상세하고 구체적인 표현에만 미친다(대법원 1997.
　　　11. 25. 선고 97도2227 판결).
　　4) 대법원 2010. 2. 11. 선고 2007다63409 판결.

이용이 제한된다.

저작권의 객체로서 법의 보호를 받지 못하는 것은 다음과 같다. ① 헌법·법률·명령·조례·규칙·조약, ② 국가 또는 지방공공단체의 고시·공고·훈령, 그 밖의 이와 유사한 것, ③ 법원의 판결·결정·명령 및 심판이나 행정심판절차, 그 밖의 이와 유사한 절차에 의한 의결·결정 등, ④ 국가 또는 지방단체가 작성한 것으로서 위의 ① 내지 ③에 해당하는 것의 편집물 또는 번역물, ⑤ 사실의 전달에 불과한 시사보도, ⑥ 공공저작물 등이 있다(저작권법 제7조, 제24조의2).

다음의 경우에는 저작권에 속하나 일정한 범위에서 누구든지 자유롭게 이용할 수 있다. ① 재판 등에서의 복제, ② 정치적 연설 등의 이용, ③ 학교 교육목적 등의 이용, ④ 시사보도를 위한 이용, ⑤ 시사적인 기사 및 논설의 복제, ⑥ 공표된 저작물의 인용, ⑦ 영리를 목적으로 하지 않는 공연·방송, ⑧ 사적 이용을 위한 복제, ⑨ 도서관 등에서의 복제, ⑩ 시험문제로서의 복제, ⑪ 시각장애인과 청각장애인 등을 위한 복제, ⑫ 방송사업자의 일시적 녹음·녹화, ⑬ 미술저작물의 전시 또는 복제 등이 있다(동법 제23조~제35조). 특히 저작물 이용을 위해 저작권자의 허락을 받아야 함에도 불구하고 저작권자나 그의 소재를 알 수 없는 경우에 보상금을 공탁하고 이용할 수 있다. 이를 법정허락이라 한다(저작권법 제50조).

5) 저작권의 보호　　저작권자의 허락 없이 저작물을 이용하거나 저작자의 인격을 침해하는 방법으로 저작물을 이용하는 것은 저작권 침해이다. 타인의 글이나 자료를 이용하는 경우는 저작권법상 인용에 해당되어야 면책된다. 인용은 자신의 창작 부분이 이용한 저작물보다 양적으로 많고, 이용한 저작물과 핵심적 내용이 다른 경우를 말한다. 타인의 저작물을 사이트, 카페, 개인 홈페이지, 블로그 등에 올리기 위한 복제는 개인적 이용 범위를 벗어나 불법행위가 된다. 저작자는 저작물 침해에 대해 침해의 정지 및 예방청구, 손해배상청구, 형사상 고소 등을 할 수 있으며, 한국저작권위원회에 분쟁 조정을 신청할 수 있다.

제 3 절 상법상의 재산권

I. 회사의 개념과 종류

회사란 상행위 그 밖의 영리를 목적으로 설립한 법인이다. 회사의 영리는 회사 자체의 경제적 이익만을 목적으로 하는 것이 아니라 회사의 구성원인 사원에게 배분하는 것이다. 이 점에서 사원에게 이익분배가 전제되지 않는 협동조합이나 공법인, 익명조합1) 또는 합자조합(limited partnership)2)과 구별된다. 상법이 인정한 회사에는 합명회사 · 합자회사 · 유한책임회사 · 주식회사 · 유한회사 등의 5종이 있다(제170조).

1. 합명회사

합명회사란 2인 이상의 무한책임사원으로 조직되는 회사(상법 제178조)이고, 사원은 회사에 대해서 출자의무를 부담할 뿐 아니라 대외적으로는 회사채무에 관하여 무한책임을 진다. 출자는 금전 · 재산 · 신용 · 노무 등이다. 합명회사는 사원이 회사의 업무를 집행하고, 회사를 대표하며(제207조), 조합의 성향을 갖는다. 합명회사는 기업의 소유와 경영이 일치하는 점에서 신뢰관계에 있는 소수인의 공동기업에 적합하다.

---

1) 익명조합(undisclosed association)은 상대방의 영업을 위해 출자하고 그 영업이익을 분배하는 약정계약으로서 회사에 포함되지 아니한다(제78조). 익명조합은 내부적으로 자본가와 경영인이 공동 출자한 기업의 공동형태이고 외부적으로는 영업자의 단독기업으로서 조합의 성격을 갖는 상법상 특수한 계약이다. 익명조합원이 출자한 재산은 영업자의 재산으로 귀속하며 익명조합원은 지분권을 갖지 않는다. 익명조합의 계약은 특별한 방식을 요하지 않으며 묵시적으로도 가능하다.
2) 합자조합은 조합의 업무 집행자로서 조합의 채무와 경영에 무한책임을 지는 조합원과 출자액의 한도 내에서 유한책임을 지는 조합원이 상호출자한 새로운 형식의 조합이다. 합자조합은 이사나 감사 없이 조합원이 공동사업의 경영을 약정하는 상법상 특수한 계약의 성질을 갖는 회사가 아닌 기업형태로서(제86조의2), 합자회사와 구별된다.

2. 합자회사

합자회사는 무한책임사원과 유한책임사원이 이원적으로 조직된 회사이다 (상법 제268조). 무한책임사원이 경영하는 사업에 유한책임사원이 자본을 제공하여 사업에서 생기는 이익을 분배받는 것으로서 익명조합에 유사하다. 합자회사의 경영이나 대표권은 무한책임사원에게 있고, 유한책임사원은 회사 업무집행에 대한 감독만을 할 수 있다. 합명회사에 관한 규정이 준용되고 있다 (제269조).

3. 주식회사

(1) 주식회사의 개념과 설립

주식회사란 주주(총사원)의 출자로써 형성되는 자본을 주식으로 균일하게 분할하고, 주주는 주식의 인수가액을 한도로 회사에 대하여 출자의무와 회사 채권자에 책임을 지는 전형적인 물적 회사를 말한다(상법 제288조). 주식은 자본을 구성하는 단위로서의 금액[1]을 말하는 동시에 사원의 지위로서 유한책임사원을 뜻한다. 주식회사의 자본금은 원칙적으로 발행주식의 액면총액으로 한다. 무액면주식[2]이 발행되는 경우 회사의 자본금은 주식 발행가액의 2분의 1 이상의 금액으로서 이사회에서 자본금으로 계상하기로 한 금액의 총액으로 한다(제451조 1항·2항). 주식회사가 성립하기 위해서는 정관의 작성, 사원의 확정, 기관의 구성 그리고 설립등기가 필요하다.[3]

(2) 주식과 사채

주식을 취득한 주주는 회사에 대하여 주주권으로서 자익권과 공익권을 갖는다. 자익권은 이익배당청구권, 이자배당청구권, 잔여재산분배청구권, 신주발

---

1) 1주의 금액은 100원 이상이어야 한다(상법 제329조 3항).
2) 정관의 규정으로 회사는 무액면주식을 발행할 수 있다. 무액면주식을 발행하는 경우에는 액면주식을 발행할 수 없다. 무액면주식은 언제든지 액면주식으로 전환할 수 있다(제329조 1항·4항).
3) 설립 중의 회사가 성립하기 위해서는 정관이 작성되고 발기인이 적어도 1주 이상의 주식을 인수하였을 것을 요건으로 한다(대법원 2001. 1. 28. 선고 99다35737 판결).

행에 대한 신주인수권[1] 등이 있고, 공익권에는 의결권, 주주총회결의의 하자를 다투는 소권, 설립무효의 소권, 대표소송 제기권, 이사와 감사의 해임청구권, 경영참가권 등이 있다. 주식에는 통상적으로 보통주·우선주·상환주·전환주 등이 있으며, 새로이 무액면주식과 의결권 없는 보통주가 추가되었다(상법 제344조의3). 이는 기존의 주식에 비하여 기업의 주식 발행 형태를 다양화하여 자금조달 방법의 신축성과 간소화, 기업의 경영권 방어, 전자거래의 활성화 그리고 투자자의 선호에 맞추기 위해 도입하였다.

사채는 주식회사가 일반인에게서 자금을 조달하기 위해 채권이라는 유가증권을 발행하여 부담하는 채무를 말한다. 사채의 모집과 신주의 발행은 회사에 필요한 자금의 조달이라는 같은 목적을 갖고 있으나, 신주의 발행이 자기의 자본조달이라면, 사채는 타인에게서 자금을 조달하는 것이다. 사채에는 ① 주식으로 전환이 가능한 전환사채(제513조), ② 사채권자에게 신주인수권이 부여되는 신주인수권부사채(제516조의2), ③ 다른 주식으로 교환이 가능한 교환사채, ④ 이익배당에 참가가 가능한 이익배당참가부사채, ⑤ 파생상품과 연계하여 상환 또는 지급금액이 결정되는 파생결합사채 등이 있다.

[주식의 종류]

① 보 통 주 : 보통주란 주식의 일반적인 보통의 주식을 말하며, 주주평등의 원칙에 의해 발행되는 주식은 대부분 보통주이다. 배당 우선순위는 우선주보다 후순위이다. 주식은 배당 투자보다 시세차익 투자를 기대하는 투자가 많으므로 우선주보다 보통주가 가격이 높다.

② 우 선 주 : 우선주(preferred stock)는 이익배당이나 잔여재산 청산에서 보통주보다 우선적으로 배분받을 수 있는 주식이다. 우선주는 의결권이나 경영권에 참여 없이 안정적인 배당수익을 기대하는 투자자를 위해 발행하기 때문에 보통주보다 배당률이 높으나 가격이 낮게 책정된다. 우선주는 잔여이익에서 보통주와 같이 배당에 참여하는 참가적 우선주와 참여하지 못하는 비참가적 우선주 그리

---

1) 신주의 발행이란 회사설립 후 수권자본의 범위 내에서 새로운 주식을 발행하는 것을 말한다. 신주는 주로 자본증가의 목적으로 발행되나 상법은 주식의 병합(제442조), 준비금의 자본금 전입(제461조), 주식배당(제462조의2 1항), 전환사채의 발행(제513조), 신주인수권부사채의 신주인수권행사(제516조의9), 회사의 흡수합병(제523조), 주식의 분할(제329조의2)에 의한 신주발행도 가능하게 하고 있다.

고 당해 연도에 우선 배당이익을 받지 못하면 다음 연도에 누적 배당을 받을 수 있는 누적적 우선주와 그렇지 않은 비누적적 우선주로 구분된다. 우선주는 현재 상장된 종목 중 약 8% 정도이고 거래량도 약 10% 내외이다.

③ 전 환 주: 전환주(convertible stock)는 주주의 희망에 따라 또는 회사가 일정한 조건에서 다른 주식으로 바꿀 수 있는 전환권을 인정받는 주식이다(제346조 1항·2항). 전환권이 주주에게 있는 전환주식과 전환권이 회사에 있는 전환주식이 있다. 전환주식은 우선주로부터 보통주로 전환하는 것이 일반적이기 때문에 우선주의 모집이 쉬워진다. 전환주식은 신주발행이나 회사설립시에 자본조달이 용이하나 전환주식의 내용은 회사 정관에 규정하여야 한다.

④ 상 환 주: 상환주(redeemable stock)는 주식발행시에 일정한 조건에서 주식의 매입·소각(消却)에 관한 상환조건을 미리 붙여서 일반사채와 같이 상환을 약속받는 주식이다. 상환주는 회사가 이익으로써 상환하는 주식과 주주의 청구로 배당 가능한 이익범위 내에서 상환하는 주식이 있다(제345조 1항·3항). 상환주는 회사에게 자본 조달방법이 간편하고 투자자에게는 우선배당을 약속받은 후 권면액(券面額) 또는 그 이상의 상환을 받을 수 있어 유리하다. 상환주는 주주평등의 원칙에 어긋나는 예외적인 주식이다.

⑤ 무액면주식: 무액면주식(no-par stock)은 액면가액이 정해지지 않은 주식으로 정관의 규정에 의해 발행이 가능하다. 무액면주식은 신주발행의 경우 발행가격을 자유롭게 정할 수 있어 주가가 하락하는 경우에도 자금조달이 쉬워질 수 있는 장점이 있다. 그러나 주식의 발행가액과 자본의 계상에 있어서 투명성과 공정을 이루기 어려운 단점이 있다. 무액면주식은 정관에 최저 발행가격을 규정한 기재식 무액면주와 주권이나 정관에 금액을 기재하지 않은 진정 무액면주가 있다. 무액면주식은 주식의 할인발행과 비슷하나 주식가액이 정해지지 않은 점에 차이가 있고, 미국에서 창설되어 여러 나라가 채택하고 있다.

⑥ 의결권 없는 보통주: 의결권 없는 보통주란 의결권을 배제하거나 제한하는 보통주를 총칭한다(제344조의3). 이것은 우선주처럼 의결권이 없고 이익배당은 보통주와 같은 새로운 주식이다. 의결권 없는 보통주는 기존 주주의 지배관계나 경영권에 위협이 되지 않는 장점은 있으나 의결권이 없는 주식만 발행한다면 자본 다수결의 원칙에 위배되는 결과를 초래하여 기업가치를 훼손시키고 경영권 방어에 악용될 가능성이 있다. 그래서 상법은 의결권 배제 또는 제한 주식은 발행주식 총수의 4분의 1을 넘을 수 없도록 제한하였다.

(3) 주식회사의 기관

1) **주주총회**   주주총회는 주주의 총의에 의해서 회사의 의사를 결정하는 필수적 기관이며, 기업의 소유자인 주주로서 구성한다. 주주총회는 회사의 기본적 사업경영에 관한 결정권을 가지고, 매년 1회 정기총회를 갖고 필요에 따라 임시총회를 소집할 수 있다.[1] 주주는 1주마다 1개의 의결권을 갖는다(제369조 1항). 이것을 1주 1의결권의 원칙이라 하며, 예외로서 자기주식(제369조 2항), 상호보유주식(제369조 3항) 등이 있다.

2) **이사 · 이사회 · 대표이사 · 집행임원 · 준법지원인**

① **이   사**   이사는 주주총회에서 선임되며 이사회의 구성원으로서 회사의 업무집행에 대한 의사결정을 하고, 대표이사 등의 직무집행을 감독하는 권한을 갖는다. 이사는 충실의무(제382조의3), 기업비밀유지의무(제382조의4), 경업피지의무(제397조), 자기거래제한(제398조), 이사회 또는 감사에 대한 보고의무 등이 있다.

② **이 사 회**   이사회는 회사의 업무집행에 대해서 의사결정을 하고 직무집행을 감독하는 기관이다(제393조).

③ **대표이사**   대표이사는 대내적으로 업무집행을 담당하고 대외적으로 회사를 대표하는 기관이다(제389조).

④ **집행임원**   회사는 대표이사에 갈음하여 집행임원을 둘 수 있다(제408조의2 제1항). 집행임원은 회사의 업무집행과 정관이나 이사회의 결의에 의해 위임받은 업무집행에 관한 의사결정을 할 권한을 갖는다. 집행임원의 대표인 대표집행임원(CEO)이 회사를 대표하고 종래의 대표이사는 두지 않는다. 이 제도는 미국, 일본 등에서 사용하고 있는 제도를 도입한 것이다.

3) **감사 · 감사위원회**   감사는 주주총회에서 선임하며(제409조 1항) 회사 및 자회사의 이사 또는 지배인 그 밖의 사용인의 직무를 겸하지 못한다(제411조). 감사의 권한으로 업무 및 회계 감사권, 조사권(제412조), 총회소집 청구

---

1) 임시주주총회가 법령 및 정관상 요구되는 이사회의 결의 없이 또한 그 소집절차를 생략하고 이루어졌다고 하더라도 주주의 의결권을 적법하게 위임받은 수임인과 다른 주주 전원이 참석하여 총회를 개최하는 데 동의하고 아무런 이의 없이 만장일치로 결의가 이루어졌다면 이는 다른 특별한 사정이 없는 한 유효한 것이다(대법원 1993. 2. 26. 선고 92다48727 판결).

권(제412조의3) 등이 있다. 회사의 정관에 의해 감사에 갈음하여 감사위원회를 설치할 수 있다(제415조의2).

　4) 준법지원인　　기업자산 규모 5,000억원 이상 상장기업은 회사의 준법경영과 경영의 적정화와 투명성을 위해 준법통제를 담당할 준법지원인을 둔다(상법 제542조의13). 준법지원인은 변호사나 법학교수 등의 일정한 자격을 가진 자로 한다.

4. 유한회사

　유한회사는 사원 전원이 출자액을 한도로 유한책임을 지는 회사(상법 제561조)로서, 자본의 단체성과 폐쇄성을 가지고 있기 때문에 소규모회사에 적합한 회사형태이며 중소기업을 대상으로 한다. 유한회사의 필요적 상설기관으로 주식회사의 주주총회와 같은 역할을 하는 사원총회와 회사의 업무를 집행하고 회사를 대표하는 이사가 있다(제561조, 제562조).

5. 유한책임회사

　유한책임회사(limited liability company)는 회사설립이 용이하고 급변하는 기업환경에 적응하도록 상법이 새로 도입한 회사이다(제287조의2). 유한책임회사의 사원은 출자액의 한도 내에서 책임을 지는 유한회사와 동일하나, 유한회사와 달리 이사·감사 등의 필수기관을 설치하지 않는다. 주식회사의 단점을 보완하여 파트너십(partnership)을 강조하고 주주는 투자한도 내에서 책임을 진다. 유한책임회사는 대표의 책임성을 강화하고 출자자가 직접 경영에 참여함으로써 경영의 탄력성이 강하여 벤처기업, 컨설팅기업, 법무법인, 회계법인 등 신생 소기업에 유리하다.

Ⅱ. 보험과 어음·수표

1. 보　　험

　보험에는 손해보험과 인보험이 있다. 손해보험은 당사자의 일방(보험자)이 우발적인 사고로 인해 발행하게 되는 재산상의 손해를 보상할 것을 정하고,

상대방(보험계약자)은 이에 대하여 보험료를 지급할 것을 약정하는 계약이다(제 638조, 제665조). 이러한 손해보험에는 화재보험·운송보험·해상보험·책임보험·자동차보험 등이 있다. 특히 인적 담보에서 보증인의 자력 확보를 보완하기 위한 보증보험이 활성화되고 있다.

인보험은 보험자가 피보험자의 생명이나 신체의 사고가 발생하는 경우 약정한 보험금액을 지급할 것을 정하고, 상대방(보험계약자)은 이에 대하여 보험료를 지급할 것을 약정하는 계약이다(제638조, 제727조). 이러한 인보험에는 생명보험과 상해보험이 있다.

보험자는 보험계약을 체결할 때에 보험계약자에게 보험약관을 교부하고 그 약관의 중요한 내용을 알려주는 약관교부 및 설명의무가 있다.[1] 한편, 보험계약자나 피보험자는 보험계약내용과 관련한 중요한 사항을 보험자에게 알려야 할 고지의무가 있다.

[보증보험]

보증보험제도는 채무자를 보험계약자, 채권자를 피보험자로 하여 보증보험 회사와 이용자가 보험계약을 체결하고 그 보험증권으로 보증을 대신하는 손해보험의 일종이다. 보증보험은 비교적 적은 금액과 간이한 절차로서 각종 할부구매, 신원보증, 형사사건 등에 필요한 보석 보증금 그리고 가압류·가처분 등의 보증 공탁시 공탁금을 보험증권으로 대체할 수 있다. 보증보험에는 ① 신원보증보험, ② 납세보증보험, ③ 이행보증보험, ④ 인허가보증보험, ⑤ 지급계약보증보험, ⑥ 할부판매보증보험, ⑦ 사채보증보험 등이 있다.

---

1) ① 일반적으로 보험당사자 사이에서 보통보험 약관을 계약내용에 포함시킨 보험계약서가 작성된 경우에는 계약자가 그 보험약관의 내용을 알지 못하는 경우에도 그 약관의 구속력을 배제할 수 없는 것이 원칙이나, 다만 당사자 사이에서 명시적으로 약관에 관하여 달리 약정한 경우에는 위 약관의 구속력은 배제된다 할 것이고, 약관의 내용이 일반적으로 예상되는 방법으로 명시되어 있지 않다든가 또는 중요한 내용이어서 특히 보험업자의 설명을 요하는 경우에는 위 약관의 구속력은 배제된다(대법원 2000. 4. 25. 선고 99다68027 판결).
② 보험계약자가 별도의 설명 없이도 충분히 예상할 수 있었던 사항이거나 이미 법령에 의해 정하여진 것을 되풀이 하거나 부연하는 정도에 불과한 사항이라면 그러한 사항에 대하여서까지 보험자에게 명시·설명할 의무가 인정된다고 할 수 없다(대법원 1998. 11. 27. 선고 98다32564 판결).

2. 어음·수표

재산권을 표시하는 유가증권에는 어음·수표·화물상환증·선하증권·창고증권·주권 등이 있다. 이 중에서 거래상 유통이 빈번한 것은 어음과 수표이며, 어음에는 환어음과 약속어음이 있다. 환어음은 발행인이 제3자의 지급인에게 수취인 그 밖의 증권의 소지인에게 일정한 금액을 지급할 것을 위탁하는 지급위탁증권이다. 이에 비하여 약속어음은 발행인이 수취인 기타 증권의 소지인에게 일정한 금액을 지급할 것을 약속하는 지급약속증권으로서 신용기능, 추심기능, 지급기능은 있으나 송금기능은 없다. 한편 수표는 환어음과 마찬가지로 지급위탁증권이나 환어음과는 달리 지급기능과 송금기능은 있으나 신용기능은 없다. 수표에는 자기앞 수표, 횡선수표, 여행자수표, 우편수표 등이 있다.

제4절 행정법상의 재산권

Ⅰ. 공물의 개념

행정법상 물건은 공물(公物)로 나타나 국유재산을 구성하고 있다.[1] 공물이란 국가 또는 공공단체가 공공목적에 제공하는 물건을 말한다. 국유재산법은 용도에 따라 국유재산을 행정재산과 일반재산으로 구분하고, 행정재산에는 공용재산·공공용재산·기업용재산·보존용재산 등이 있다(국유재산법 제6조). 공용물이라도 공용폐지된 후에는 사법상 거래의 객체가 될 수 있으며, 공공용물

---

1) 국유재산의 종류

```
┌ 행정재산 ┬ 공용재산 ─ 관공서건물
│          │ 공공용재산 ─ 도로·하천
│          │ 기업용재산 ─ 공기업의 비품
│          └ 보존용재산 ─ 국보·보물
└ 일반재산 ── 행정재산 이외의 모든 국유재산 ─ 국유림
```

은 공용물과 달리 개인의 소유에 속하는 경우도 있다(개인 소유의 도로부지).

Ⅱ. 공물의 특수성

공물은 사법규정이 적용되는 것이 원칙이지만 행정목적의 달성을 위해 필요한 범위 내에서 사법적 규율이 배제되고 공법적 규제를 받음으로써 사권을 설정하지 못한다. 공물은 융통성(매매·교환·양여), 강제집행, 시효, 사용관계 등에서 특수성이 인정되어 사법규정이 아닌 공법의 적용을 받는다. 그러나 공물은 그 용도 또는 목적에 방해가 되지 아니하는 범위 안에서 사용·수익을 허가할 수 있고 사용료(예컨대 공항시설 사용료)[1]를 징수하거나 면제할 수 있다.

행정재산은 사법상 거래의 대상이 되지 않는 불융통물이므로 비록 관계당국이 이를 모르고 매각하였더라도 그 매매는 당연무효이며 사인 간의 매매계약 역시 매매로서 무효임을 면할 수 없다.[2] 공공용물의 사용은 누구나 원칙상 자유롭게 이용할 수 있는 공법상의 권리이다. 특히 도로의 인접주민은 일반인의 일반사용보다 고양(高揚)된 일반사용이 인정된다 하더라도 그 한계는 있다. 예를 들면 재래시장 내 점포 소유자의 점포 앞 도로의 사용에 대하여 일반사용을 넘어 특별한 이해관계를 인정할 수 없는 것이다.[3] 국유재산을 무단 사용 시 변상금 징수, 불법시설물 철거 등을 할 수 있다.

---

1) 공공시설의 이용대가인 사용료는 특정한 사무·서비스의 대가인 수수료나 공공사업의 이득자에게 경비를 부담시키는 분담금과 구별된다.

2) 대법원 1995. 11. 14. 선고 94다50922 판결.

3) 공물의 인접주민은 다른 사람에게 인정되지 아니하는 이른바 고양된 일반사용권이 보장될 수 있으며, 그러한 권리도 공물의 일반사용의 범위 안에서 인정되는 것이므로, 특정인에게 어느 범위에서 고양된 일반사용권으로서의 권리가 인정될 수 있는지의 여부는 당해 공물의 목적과 효용, 일반사용관계, 고양된 일반사용권을 주장하는 자의 법률상의 지위와 당해 공물의 사용관계의 인접성, 특수성 등을 종합적으로 판단하여야 할 것이지만, 구체적으로 그 공물을 사용하지 않고 있는 이상 그 공물의 인접주민이라는 사정만으로는 그러한 권리가 인정될 수 없다(대법원 2006. 12. 22. 선고 2004다68311 판결).

제 5 절 형법상의 재산권

Ⅰ. 재물의 개념

형법상 재물의 개념은 민법상 물건과 동의어로 이해하는 것이 일반적이나 형법은 재산적 법익을 범죄 행위로부터 보호하기 위해 물건의 가치에 치중한다. 재산죄의 객체는 재물과 재산상의 이익을 포함한다. 재물을 점유 또는 관리할 수 있으면 유체물과 무체물을 불문하고 경제적 가치가 있는 한 재물의 내용이 된다. 형법은 관리할 수 있는 동력은 재물로 간주한다(형법 제346조). 전기·수력·화력·방사선·소와 말의 견인력 등은 절도죄의 재물에 포함되지만, 라디오, 텔레비전, 인터넷 등의 전파방송은 관리 불가능하므로 재물이 될 수 없다. 지식재산권인 소프트웨어, 컴퓨터 프로그램 등은 절도죄의 재물에 포함되지 않으나1) 이들 권리가 수록된 물체는 재물에 속한다. 또한 사람의 신체·사체·유골 및 금제품(위조통화) 등과 같이 소유권의 대상이 될 수 없는 물건은 원칙상 재산죄의 객체가 될 수 없다. 재산권 범죄는 재산 침해의 대상, 내용, 방법 등에 따라 양상을 달리한다.

[재산권 범죄]

구 분	내용과 객체	범죄명
재 물 죄	재물	절도죄·횡령죄·장물죄·손괴죄
이 득 죄	재산상 이익	배임죄
재 산 죄	재물과 재산상 이익	강도죄·사기죄·공갈죄
영 득 죄	불법영득 의사	절도죄·강도죄·사기죄·공갈죄·횡령죄
비영득죄	효용가치 훼손	권리행사 방해죄·손괴죄
편 취 죄	하자 있는 의사를 이용	사기죄·공갈죄
탈 취 죄	의사에 어긋난 취득	절도죄·강도죄·횡령죄·장물죄

1) 컴퓨터에 저장되어 있는 정보 그 자체는 유체물이라고 볼 수 없고, 물질성을 가진 동력도 아니므로 재물이 될 수 없다 할 것이며, 또 이를 복사하거나 출력하였다 할지라도 그 정보 자체가 감소하거나 피해자의 점유 및 이용가능성을 감소시키는 것이 아니므로 그 복사나 출력 행위를 가지고 절도죄를 구성한다고 볼 수 없다(대법원 2002. 7. 12. 선고 2002도745 판결).

Ⅱ. 재물과 뇌물에 관한 죄

1. 절도죄와 강도죄

절도죄는 타인의 재물을 절취하는 범죄로서 6년 이하의 징역 또는 1,000만 원 이하의 벌금에 처한다(형법 제329조~제332조). 절도죄의 성립에 필요한 불법 영득의 의사란 권리자를 배제하고 타인의 물건을 자기의 소유물과 같이 이용, 처분할 의사를 말한다.1) 재산죄의 재물은 반드시 객관적인 금전적 교환가치를 가질 필요는 없고 소유자·점유자가 주관적 가치를 가지고 있음으로써 충분하다.2) 타인과 공유관계에 있는 물건도 타인의 재물이다.3) 나무를 타인이 베는 순간 절도죄가 성립되고,4) 타인의 명의를 도용한 카드로 현금지급기에서 현금을 인출한 경우5)와 결혼식장에서 접수를 가장해 축의금을 가로챈 행위는 절도죄에 해당한다.6) 권리자의 동의 없이 타인의 자동차·선박·항공기 또는 원동기 장치·자전차 등을 불법영득의 의사 없이 일시 사용한 자는 자동차의 불법사용죄로 3년 이하의 징역 또는 500만원 이하의 벌금, 구류, 과료에 처한다(형법 제331조의2).

강도죄는 폭행 또는 협박으로 타인의 재물을 강취하거나 또는 재산상의 이익7)을 취득하거나, 제3자로 하여금 취득케 하는 범죄로서 3년 이상의 유기

---

1) 불법영득은 타인의 물건을 영구적으로 그 물건의 경제적 이익을 보유할 의사임은 요치 않으며 일시 사용의 목적으로 타인의 점유를 침탈한 경우에도 이를 반환할 의사 없이 상당한 장시간 점유하고 있거나 본래의 장소와 다른 곳에 유기하는 경우에는 이를 일시 사용하는 경우라고는 볼 수 없으므로 영득의 의사가 없다고 할 수 없다(대법원 2002. 9. 6. 선고 2002도3465 판결).

2) 발행자가 회수하여 세 조각으로 찢어 버림으로서 폐지로 되어 쓸모없는 것처럼 보이는 약속어음의 소지를 침해하여 가져갔다면 절도죄가 성립한다(대법원 1976. 1. 27. 선고 74도3442 판결).

3) 대법원 1994. 11. 25. 선고 94도2432 판결.

4) 대법원 2008. 10. 23. 선고 2008도6080 판결.

5) 대법원 2002. 7. 12. 선고 2002도2134 판결.

6) 대법원 1996. 10. 15. 선고 96도2227 판결.

7) 강도죄(이른바 강제이득죄)의 요건이 되는 재산상의 이익이란 재물 이외의 재산상의 이익을 말하는 것으로서, 그 재산상의 이익은 반드시 사법상의 유효한 재산상의 이득만을 의미하는 것이 아니고 외견상 재산상의 이득을 얻을 것이라고 인정할 수 있는 사실관계만 있으면 여기에 해당된다(대법원 1997. 2. 25. 선고 96도3411 판결).

징역에 처한다(형법 제333조~제343조). 폭행·협박은[1] 상대방의 의사를 억압하여 반항을 불가능하게 할 정도의 강압적인 유형력 행사이다. 준강도죄는 절도가 재물의 탈환을 면탈하거나 죄적을 인멸할 목적으로 폭행·협박하는 범죄이다(형법 제335조).

[친족간의 범행(親族相盜例)]

직계혈족·배우자·동거친족·동거가족 또는 그 배우자 간의 절도죄·사기죄·공갈죄·횡령죄·배임죄·권리행사방해죄(형법 제323조) 등에 대해서는 그 형을 면제하고 그 밖의 친족간에는 고소가 있어야 하는 친고죄로 하고 있다(형법 제328조). 이 규정은 강도죄에는 적용되지 않고, 장물죄에서는 장물범과 피해자 간에 친족관계가 있으면 형을 면제 또는 친고죄로 한다. 친족간의 특례를 인정한 것은 친족간의 정의를 고려한 형사정책적인 필요에서 비롯된 것이다.

2. 사기죄와 공갈죄

사기죄는 타인을 기망하여 재물을 편취하거나 재산상의 불법이득을 얻거나 또는 타인으로 하여금 취득케 하는 범죄로서 10년 이하의 징역 또는 2,000만원 이하의 벌금에 처한다(형법 제347조). 사기죄에서 기망이란 널리 재산상의 거래관계에 있어서 서로 지켜야 할 신의와 성실의 의무를 저버리는 모든 적극적 또는 소극적 행위를 말한다.[2] 또한 소극적 행위로서의 부작위에 의한 기망

---

1) 이 책, p. 229 참조. 협박죄가 성립하기 위해서는 적어도 공포심을 일으킬 수 있을 정도로 생각될 수 있는 구체적인 해악의 고지가 있어야 한다. 또한 해악의 고지가 사회의 관습이나 윤리관념 등에 비추어 볼 때에 사회통념상 용인할 수 있을 정도의 것이라면 협박죄는 성립하지 않는다(대법원 1998. 3. 10. 선고 98도70 판결).

2) ① 강취한 신용카드를 가지고 가맹점의 점주를 속여 주류 등을 취득한 경우(대법원 1997. 1. 21. 선고 96도2715 판결), 신용카드의 대출금 채무를 변제할 의사나 능력이 없는 상황에 처하였음에도 불구하고 신용카드를 사용한 경우 등은 기망행위에 해당한다(대법원 2005. 8. 19. 선고 2004도6859 판결).

② 산업재해보상 보험급여를 지급받을 수 있는 지위에 있었다고 하더라도 허위내용의 목격자 진술서를 첨부하는 등의 부정한 방법으로 산업재해보상 보험급여를 지급받았다면 사회통념상 권리행사의 수단으로 용인할 수 없는 정도에 해당하므로 사기죄가 성립한다(대법원 2003. 6. 13. 선고 2002도6410 판결).

③ 사기죄의 객체가 되는 재산상의 이익이 반드시 사법상 보호되는 경제적 이익만을 의미하지 아니하고, 부녀가 금품 등을 받을 것을 전제로 성행위를 하는 경우 그 행위의 대가는 사기죄의 객체인 경제적 이익에 해당하므로, 부녀를 기망하여 성행위 대가의 지급을

은 법률상 고지 의무 있는 자가 일정한 사실에 관하여 상대방이 착오에 빠져 있음을 알면서도 이를 고지하지 아니함을 말하는 것으로, 일반거래의 경험칙상 상대방이 그 사실을 알았더라면 당해 법률행위를 하지 않았을 것이 명백한 경우에는 신의성실의 원칙에 비추어 그 사실을 고지할 법률상의 의무가 있는 것이다.[1] 사기죄는 기망행위에 의해 상대방이 착오에 빠지며 이러한 착오상태에서 재산상의 처분을 하는 것이고, 처분 행위자(피기망자)는 반드시 재산상의 피해자일 필요는 없다. 타인의 신용카드를 훔쳐서 물건을 구매한 경우에는 카드 가맹점을 피기망자로 하고 신용카드회사 또는 카드 소유자를 피해자로 하는 이른바 삼각사기가 발생한다. 자동판매기 기타 유료 자동설비를 부정한 방법으로 이용하여 재물 또는 재산상의 이익을 취득한 자는 3년 이하의 징역, 500만원 이하의 벌금, 구류 또는 과료에 처한다(형법 제348조의2).

공갈죄는 타인을 공갈하여 재물의 교부를 받거나 재산상의 이득을 취득하거나 제3자로 하여금 재물 또는 재산상의 이득을 취득케 하는 범죄로서 10년 이하의 징역이나 2,000만원 이하의 벌금에 처한다(형법 제350조). 공갈은 부당이득을 취득하기 위해 폭행 또는 협박으로 상대방으로 하여금 외포심을 일으키게 하는 것이다.[2] 그것이 상대방의 반항을 완전히 억압할 정도에 이르면 강도죄가 성립하며, 그 정도에 이르지 않은 것, 쉽게 말하여 단지 겁을 먹게 한 정도에 이른 것이 공갈이다.

면하는 경우 사기죄에 해당한다(대법원 2001. 10. 23. 선고 2001도2991 판결).

④ 백화점 식품매장에서 남은 생식품에 대하여 가공 시일을 고친 바코드 라벨을 부착하여 판매한 경우(대법원 1996. 2. 13. 선고 95도2121 판결), 음식점에서 한우만을 취급하는 것으로 광고하고 수입 쇠갈비를 판매한 경우는 기망행위에 해당한다(대법원 1997. 9. 9. 선고 97도1561 판결).

1) 대법원 2000. 1. 28. 선고 99도2884 판결.

2) ① 피고인이 피해자와의 동거를 청산하는 과정에서 피해자에 대하여 금전채권이 있다고 하더라도, 그 권리행사를 빙자하여 사회통념상 용인되기 어려운 정도를 넘는 협박을 수단으로 사용하였다면 공갈죄가 성립한다(대법원 1996. 9. 24. 선고 96도2151 판결).

② 천재지변 또는 신력이나 길흉화복을 해악으로 고지하는 경우에는 상대방으로 하여금 행위자 자신이 그 천재지변 또는 신력이나 길흉화복을 사실상 지배하거나 그에 영향을 미칠 수 있는 것으로 믿게 하는 명시적 또는 묵시적 행위가 있어야 공갈죄가 성립한다. 따라서 조상 천도제를 지내지 아니하면 좋지 않은 일이 생긴다는 취지의 해악의 고지는 공갈죄의 협박으로 볼 수 없다(대법원 2002. 2. 8. 선고 2000도3245 판결).

3. 횡령죄와 배임죄

횡령죄는 자기가 보관하고 있는 타인의 소유물을 불법하게 영득하거나 또는 타인으로 하여금 취득케 하는 범죄로서 5년 이하의 징역 또는 1,500만원 이하의 벌금에 처한다(형법 제355조 1항).1) 유실물, 표류물, 매장물 등을 횡령한 자(이 책, p. 473 참조)는 처벌한다(동법 제360조).

배임죄는 타인의 사무를 처리하는 자가 그 임무에 위배하는 행위로써 재산상의 이익을 취득하거나 제3자로 하여금 취득케 하는 범죄로서 그 처벌은 횡령죄와 같다(형법 제355조 2항).2) 사무 처리자는 신임관계가 인정되는 대리인, 후견인, 위임 등의 넓은 의미의 신뢰자이다.

4. 장물죄와 손괴죄

장물죄는 절도·강도·사기·공갈·횡령 등 그 밖의 재산에 대한 침해를 내용으로 하는 범죄로서 취득한 물건을 그런 줄 알면서 취득·양도·운반 또는 보관하는 죄로서 7년 이하의 징역 또는 1,500만원 이하의 벌금에 처한다(형법 제362조).3)

---

1) ① 회사의 경영자가 자금을 지출함에 있어 그 자금의 용도가 엄격히 제한되어 있는 경우 그 용도 외의 사용은 그것이 회사를 위한 것이라도 그 사용행위 자체로서 불법영득의 의사를 실현한 것이라 할 것이다(대법원 1997. 4. 22. 선고 96도8 판결).
② 자동차를 처분하여 그 대금으로 다른 차량을 피해자에게 넘겨주기로 한 피고인이 매각대금을 위탁의 취지에 반하여 임의로 소비한 경우는 횡령죄를 구성한다(대법원 2003. 6. 24. 선고 2003도1741 판결).
2) ① 금융기관의 대출에 있어서 대출을 받는 자가 이미 채무변제능력을 상실하여 그에게 자금을 대여할 경우 회사에 손해가 발생하리라는 점을 충분히 알면서 이에 대출을 해주었거나, 충분한 담보를 받는 등 상당하고도 합리적인 채권회수 조치를 취하지 아니한 채 만연히 대여해 주었다면, 그와 같은 자금대여는 타인에게 이익을 얻게 하고 회사에 손해를 가하는 행위로써 회사에 대하여 배임행위가 된다(대법원 2002. 7. 26. 선고 2001도4947 판결).
② 업무상 배임죄는 타인에 대한 신뢰관계에서 일정한 임무에 따라 사무처리를 할 법적 의무가 있는 자가 당연히 할 것이 법적으로 기대되는 행위를 하지 않는 때에 성립하는 것으로 그 죄가 성립하기 위하여는 행위자가 주관적으로 자기의 행위가 임무에 위배되는 것이라는 인식 외에도 그로 인해 본인에게 재산상 손해를 발생 또는 발생시킬 염려가 있다는 인식이 있어야 한다(대법원 2003. 4. 25. 선고 2001도4035 판결).
3) ① 장물 취득죄에 있어서 장물의 인식은 확정적 인식임을 요하지 않으며 장물일지도

손괴죄는 타인의 재물, 문서 또는 전자기록 등 특수 매체 기록을 손괴 또는 은닉 기타 방법으로 그 효용을 해치는 범죄로서 3년 이하의 징역 또는 700만원 이하의 벌금에 처한다(형법 제366조).1) 손괴죄에는 ① 기물을 파괴하거나 자동차 타이어의 바람을 빼는 행위, ② 그림에 낙서를 해 훼손된 경우, ③ 문서의 내용을 삭제하는 행위 등이 있다.

5. 권리행사 방해죄

타인의 점유 또는 권리의 목적이 된 자기의 물건 또는 전자기록 등 특수 매체 기록을 취거, 은닉 또는 손괴하여 타인의 권리행사를 방해한 자는 5년 이하의 징역 또는 700만원 이하의 벌금에 처한다(형법 제323조). 본죄의 보호법익은 소유권이 아닌 타인의 제한물권 또는 채권이다.

6. 뇌 물 죄

뇌물죄는 공직 윤리의 지능적 범죄로서 공무원 또는 중재인이 그 직무에 관련하여 뇌물을 수수·요구·약속하는 수뢰죄와 공무원 또는 중재인에게 뇌물을 공여·약속 또는 공여의 의사표시를 하는 증뢰죄를 포함한다(형법 제129조~제133조). 뇌물죄의 직무에는 공무원이 법률상 관장하는 직무 그 자체뿐만 아니라 직무와 밀접한 관계가 있는 행위 또는 과거에 담당하였거나 장래에 담당할 직무 및 관례상이나 사실상 관여하는 직무행위도 포함된다.2) 수뢰죄는 5

모른다는 의심을 가지는 정도의 미필적 인식으로서도 충분하다(대법원 1995. 1. 20. 선고 94도1968 판결).

② 장물죄에 있어서의 장물이 되기 위하여는 본범이 절도·강도·사기·공갈·횡령 등 재산죄에 의해 영득한 물건이면 족하고 그 중 어느 범죄에 의해 영득한 것인지를 구체적으로 명시할 것을 요하지 않는다(대법원 2004. 3. 24. 선고 99도5275 판결).

③ 도난차량을 의심하며 양도(대법원 2011. 5. 13. 선고 2009도3552 판결).

1) 재물손괴의 범의를 인정함에 있어서는 반드시 계획적인 손괴의 의도가 있거나 물건의 손괴를 적극적으로 희망하여야 하는 것은 아니고, 소유자의 의사에 반하여 재물의 효용을 상실케 하는 데 대한 인식이 있으면 되고, 여기에서 재물의 효용을 해한다고 함은 그 물건의 본래의 사용 목적에 제공할 수 없게 하는 상태로 만드는 것은 물론 일시 그것을 이용할 수 없는 상태로 만드는 것도 역시 효용을 해하는 것에 해당한다(대법원 1993. 12. 7. 선고 93도2701 판결).

2) 대법원 2002. 3. 12. 선고 2001도2064 판결.

년 이하의 징역 또는 10년 이하의 자격정지에 처하고, 증뢰죄는 5년 이하의 징역 또는 2,000만원 이하의 벌금에 처한다. 특히 '특정범죄 가중처벌 등에 관한 법률'에 의해 뇌물액이 1억원 이상이면 무기 또는 10년 이상의 징역, 5천만원 이상이면 7년 이상의 유기징역, 3천만원 이상이면 5년 이상의 유기징역에 처한다(제2조~제4조).

[공직비리와 뇌물]

상가포르의 리콴유(李光耀, 1923~2015)는 "부패방지는 국가 생존의 문제"라고 말하였듯이 뇌물은 공직사회의 부정부패에 끝나는 것이 아니라 나라를 멸망시키는 원인이 되기 때문에 동서고금의 역사가 엄단하고 있다. 조선왕조 시대에는 뇌물을 받은 죄인의 신체에 관물 도둑놈이라는 뜻의 도관물(盜官物)이라는 낙인을 찍어 처벌하였다. 뇌물죄는 공직기강을 세워 공직자의 직무집행의 공정성과 신뢰성을 확보하기 위한 것이다. 뇌물의 대상은 인간의 욕망을 충족시킬 수 있는 정도의 가치 있는 물건이면 그 값을 불문한다. 뇌물은 재산상·금융상 이익은 물론 접대·향응, 교통편의, 일자리, 회원권, 이성 간의 정교 등 그 밖의 유형·무형 경제상 이익이다. 촌지, 선물, 경조금, 회식 등의 의례적·사교적 행위도 과도하면 뇌물이 될 수 있다. 뇌물죄는 공무원의 직무 관련성 및 제공된 금품과 직무의 대가성이 성립요건이기에 그 입증의 어려움이 있다. 뇌물죄의 엄벌 없이 공직 비리의 구조적 고리를 끊을 수 없고 국가의 건전한 발전의 디딤돌이 되는 공직 사회의 청렴성을 기대할 수 없다.[1] 공직 사회의 부정 비리를 척결하기 위한 '부정청탁 및 금품 등 수수의 금지에 관한 법률'(김영란법)[2]에 의하여 공직자는 금전이나 부정청탁을 받아서는 아니 되며 일정한 금품(한도액은 식사비 3만원, 선물비 5만원, 농축산물 10만원, 경조사비 5만원)을 받으면 처벌된다. 공직자는 물론 각급 학교의 장과 교직원, 학교법인의 임직원, 언론사의 대표자와 임직원 및 그 배우자 등이 1회에 100만원 또는 연 합계 300만원을 초과하는 금품을 받은 자는 3년 이하의 징역 또는 3천만원 이하의 벌금에 처한다(동법 제22조).

---

1) 최근 우리나라의 국가청렴도지수(CPI)는 175개국 가운데 43위이고 경제협력개발기구(OECD) 34개 회원국가 중 27위로 최하위권이다. 우리는 국가의 위상에 맞지 않는 공직 부패국가의 오명을 받고 있다.

2) '부정청탁 및 금품 등 수수의 금지에 관한 법률'의 위헌성에 대해서 이 법으로 사학의 자유나 언론의 자유가 위축될 우려도 있으나, 이러한 염려나 제약에 따라 침해되는 사익이 부정청탁금지조항이 추구하는 공익보다 크다고 볼 수는 없다(헌법재판소 2016. 7. 28. 선고 2015헌마236 결정).

제20장

법과 권리구제

제 1 절 권리구제

I. 권리의식

권리의식이란 사회구성원으로서 개인이 갖는 권리와 그에 따른 의무와 책임을 말한다. 사람은 법 앞에 평등한 권리의무의 주체라는 권리의식의 바탕에는 "법은 권리행사를 보장한다"는 법에 대한 신뢰가 전제하고 있다. 법을 신뢰하는 것은 법은 권리를 위해 봉사하고 권리는 법에 의해서만 행사할 수 있기 때문이다. 법이 개인의 권리를 보장함으로써 권리의식이 형성되고 법치주의를 실현할 수 있는 요건이 된다. 권리의식은 생활관계가 곧 권리와 의무의 관계라는 법적 측면의 인식과 개인의 권리의식의 평등화·보편화를 요구한다. 권리의식은 인간관계의 정서보다 냉정한 합리성과 논리성을 우선시함으로써 권리의 실천화를 위한 적극적 자세를 강조한다.

권리의식이 모든 사람에게 체질화되어 법치주의를 실현하기에는 아직도 많은 정치적·사회적 제약이 있는 곳에는 권리의식을 아무리 강조하여도 부족함이 없다. 권리의식이 투철하지 못한 사회에서 오히려 권리의 남용을 의식하여 권리를 제한하는 것은 권리를 부정하는 역기능을 가져올 우려가 있다. 그러나 권리의식은 권리행사의 책임성, 상대성, 형평성을 강조함으로써 권리행사의 제어장치가 스스로 되어야 한다. 권리행사로 인해 갈등과 대립, 무질서와 무정부 상태로 전락하는 것을 방지하는 것은 법의 임무이고 이를 예방하는 것은 올바른 권리의식에서 출발하여야 한다.

권리는 법전에서 얻어지는 것이 아니라 개인의 권리의식이 투철할 때 주장할 수 있는 방패이며 창이다. 권리의식이 없다면 법치주의의 실현이 어려울 뿐 아니라 인권의 신장도 기대할 수 없다. 권리를 주장하는 것은 자신의 권익을 지킴으로써 사회정의의 실현에 이바지하는 것이다. 권리침해에 대한 구제는 개인의 확고한 권리의식에서 출발하여야 한다. 권리는 거저 주어지는 것이 아니다. 예링은 그의 「권리를 위한 투쟁」에서 "권리를 위한 투쟁은 권리자의 영광스러운 의무이며, 비록 권리를 주장함으로써 손해를 입을지라도 권리를 위해 투쟁한다는 것은 침해당한 자신의 인격을 회복하기 위한 도덕적 의무"라고 하여 권리투쟁의 의무성을 강조하였다. 권리의 행사는 사회구성원으로서의 권리인 동시에 공공에 대한 의무이다.

[권리의식과 도덕적 양심]

권익을 위한 투쟁에서 개인의 권리의식과 도덕적 양심이 서로 부합하는 것이 바람직한 것이나, 서로 갈등 내지 초월하는 경우도 있다. 도덕적 양심은 이렇게 말한다. "만일 누구든지 너의 오른 뺨을 때리면 다른 뺨도 돌려 대고, 너를 고소하여 하의를 달라고 하는 자에게는 상의까지 벗어주라"(마태복음 5장 39절~40절, 44절 및 49절). 하지만 권리의식은 대답한다. "자기의 권리를 다른 사람의 발에 밟히게 해서는 아니 된다. 자기를 벌레로 만드는 사람은 남의 발에 밟혀도 호소할 곳이 없다"(칸트). 그러면 도덕적 양심은 "악인에게 대항하지 말고 피하라"고 한다. 그러나 권리의식은 "인간으로서 발에 밟힌다면 차라리 개가 되겠다"(클라이스트, B. Kleist(1777~1811))고 주장을 꺾지 않는다. 그러자 양심은 "원수를 사랑하고 탄압하는 자를 위해 기도하라"고 말한다. 이에 대해서 권리의식은 "권리 위에 잠자는 자는 보호받지 못한다. 권리를 위한 투쟁은 자기보존의 도덕적 명령이다"(예링). 또한 양심이 "죄 지은 자를 용서하라"고 충고하면, 권리의식은 "타인에게 부정하게 대하지 말 것이며, 타인이 나에게 부정하게 대하지 못하게 하라"(마호메트)고 말한다. "평화를 따르는 자는 복이 있다"고 양심이 말하면, 권리의식은 "권리가 자기 것이라고 느끼는 자는 끝까지 그것을 지켜야 한다. 예절바른 권리란 존재하지 않는다"(괴테)고 주장한다. 양심이 "체면상 다툴 수 없다"고 주저하면, 권리의식은 "체면이 밥 주나 싸워서 해내야 한다"고 독촉한다. 또한 "인간의 본성은 선이다"(맹자)라고 양심을 두둔하면, 이와 반대로 "인간은 본래 악한 것이고 선은 위선이다"(순자)라고 상반된 주장을 하면서 권리를 강조한다. 인간의 심성은 선과 악의 두 얼굴을 가지고 있기에 양심과 권리는 서로 갈등을 빚는다. 권리행사는 행동하는 양심의 소리로서 상대방을 해치는 것이 아니라 사회정의를 위한 사회인으로서의 책무이다. 소극적인 도덕적 양심보다 적극적인 권리의식이 강한 사회가 법치주의를 발전시키어 활기찬 사회를 만들었다.

Ⅱ. 권리구제의 개념

법률관계는 권리행사와 권리구제의 상호 갈등에 대한 해결을 다루는 것이다. 권리는 법의 중심개념이다. 권리구제는 법이 보장하여야 할 기본적 책무이고 법을 신뢰하는 법적 확신에서 출발한다. 권리는 현실적으로 지킬 수 있는 힘이 있어야 존재가치가 있다. 권리를 주장하는 자가 증명 책임을 진다. 권리구제는 법적 제재를 전제로 한다. 법의 제재는 법 위반자에게 공권력이 제재를 가하는 것인 데 비하여, 권리구제는 법 위반사실을 배제함과 동시에 이로 인한 피해의 전보(塡補)를 보장하는 것이다. 개인의 권익침해에 대해 법적 권리구제제도를 마련하는 것은 법치주의의 요건이며 권리구제제도의 완벽성은 곧 법치국가의 척도가 된다.

"자기의 권리를 행사하는 사람은 누구에게도 해를 입히는 것이 아니다"라는 법언이 있듯이 권리행사는 정당한 행위이다. 그러나 "타인의 권리를 해치지 않을 정도로 자신의 권리를 행사하라"라는 법언에 따라 권리행사로 상대방에게 피해를 주어서는 안 된다. 권리행사로 인한 상대방의 피해는 어떠한 경우에도 보상되어야 하는 것이 법의 이념이다. 법의 집행보다 이로 인한 법적 구제장치를 우선적으로 마련하는 것이 법치국가의 요청이다.[1] 법은 항상 피해구제의 기회를 부여한다. 권리가 존재하는 곳에 구제장치가 있다(ubi jus ibi remedium). 권리를 보장하기 위해서는 권리의 침해에 대한 사전적인 예방조치와 함께 침해의 배제와 배상의 사후 구제절차가 완전히 확보되어 있어야 한다. 권리구제에서 법적 구제보다 확실한 방법은 없으나 많은 시간과 노력이 필요하다. "재판 3년에 기둥뿌리 빠진다", "법률문제는 포기가 곧 지혜이다"라

---

1) 제퍼슨은 "법의 집행은 그 제정보다 어렵다"고 말하였다. 법의 집행에서 오는 상대방의 피해를 최소화하기 위한 실질적인 제도적 장치를 마련하는 것이 민주국가와 전제주의 국가의 차이이다.

고 할 정도로 사람들은 권리가 법적 분쟁화하는 것을 꺼리는 경향이 있다. 그럼에도 불구하고 권리구제를 독려하는 법 격언[1]은 권리구제의 적극성을 요구한다. 개인 간의 권리구제는 상호 이익균형의 형평성을 목적으로 한다. 이에 비해 국가를 상대로 하는 권리구제는 개인의 권익보호뿐 아니라 국가권력에 대한 적극적인 견제와 통제의 기능으로 이어진다. 권리구제는 법치주의를 실질적으로 구현하기 위한 사회공동체의 책무이다. 하지만 법적 구제보다 대립관계를 순리적으로 해결하는 타협문화의 정착이 우선이다.

Ⅲ. 권리구제의 내용과 방법

권익침해는 여러 가지 양상이 있으며 그에 대한 구제방법도 일률적이 아니라 침해양상에 따라 다르게 대처하여야 할 것이다. 권리구제의 내용은 일반적으로 형사적 처벌 이외에 원상회복(restitution)과 배상, 보상, 위자료 청구, 사죄(apology) 그리고 위법행위의 중지, 사태의 재발방지, 가해자의 권리박탈 등이 있다. 권리의 구제는 공권력에 의한 사법적 구제 이외에 피해자 스스로 자력행위에 의한 자력구제제도(정당방위, 자구행위)를 인정하고 있다. 하지만 이는 예외적인 구제일 뿐이고 사법적 구제가 최종적인 구제방법이다. 권익의 상호충돌이 있을 때 힘의 논리에 의한 일방적 구제는 허용될 수 없고 침해의 양상에 따라 구제도 동일한 비례적·대가적이어야 한다. 권리구제는 상대적인 것이어야 하며 (Remedies ought to be reciprocal) 그 이상으로 할 수 없다.

권리구제는 권리침해가 있은 후에 발생하는 것이 원칙이나 사후구제로는 피해를 보전하기 어려운 경우에는 행정절차에 의한 사전구제 또는 법원에 가압류·가처분을 신청하거나 물권에 의한 방해예방청구권을 행사하여 사전구제로써 피해를 예방할 수 있다. 권리구제를 위해 사건의 성질상 민·형사소송을 병과하거나 택일하여 제기할 수 있다. 공권력에 의해 권익의 침해를 당하면 국가

---

[1] 권리구제에 관한 법 격언에는 다음과 같은 것이 있다. 예방은 구제보다 낫다. 권리가 있는 곳에 구제장치가 있다. 권리는 거저 주어지는 것이 아니라 찾는 것이다. 법은 방심하지 않는 자를 구제하고 법 위에 잠자는 자를 보호하지 않는다. 누구든지 법 위에 있는 자는 없다. 해야 할 것을 하지 않으면 법은 외면한다. 누구든지 고소할 수 있다. 자기의 권리를 행사하는 자는 누구도 해치지 않는 것이며 불법을 행사하는 것이 아니다.

를 상대로 그 시정조치와 피해의 보전을 위한 행정쟁송을 제기할 수 있다. 또한 개인에 의해 권익을 침해당한 경우 피해자는 상대방에 대해서 불법행위로 인한 손해배상를 청구하거나 수사 당국에 고소·고발을 할 수 있다. 특히 국민이 안심하고 범죄 신고를 할 수 있도록 특정범죄신고자 구조제도가 있다.

① **고 소**   고소란 범죄의 피해자 또는 고소권자가 수사기관에 대해 범죄사실을 신고하여 처벌을 요구하는 의사표시이다. 고소의 기간은 없으나 친고죄는 범인을 알게 된 날로부터 6월을 경과하면 고소할 수 없으며, 고소는 제1심 판결 선고 전까지 취소할 수 있다. 고소를 취소하면 다시 고소할 수 없다. 범죄나 공범자의 일부분만 처벌해 달라는 고소는 허용되지 않으며 고소를 취소하는 경우에도 마찬가지다. 이를 고소 불가분의 원칙이라 한다.[1) 자기 또는 배우자의 직계존속을 고소하지 못하나 성폭력범죄에 대해서는 고소할 수 있다(성폭력범죄의 처벌 등에 관한 특례법 제18조).

② **고 발**   고발은 피해자나 고소권자 이외에 제3자가 수사기관에 범죄의 소추를 요구하는 의사표시이다. 누구든지 범죄가 있다고 의심되면 언제든지 고발할 수 있다. 하지만 자기 또는 배우자의 직계존속은 고발하지 못한다. 고발은 취소 후에도 다시 고발할 수 있다.

③ **수사관 교체요청 제도·수사이의 제도**   경찰서에 접수된 고소·고발·진정·탄원 등의 민원사건에 대해서 수사의 편파성, 인권침해의 우려, 그 밖의 수사의 의심할 만한 사유가 있을 때 민원인은 수사관의 교체를 경찰서에 요청할 수 있다. 하지만 경찰 자체로 수사에 착수한 사건이나 살인, 강도 등과 같이 인지된 사건은 제외된다. 수사관 교체제도는 법관에 대한 기피제도와 비슷한 취지로서 수사결과에 이의를 제기하는 수사이의 제도와 함께 수사의 공정성과 민원인의 의사존중, 인권보호 등을 위한 것이다.

④ **특정범죄신고자 구조제도**   특정범죄[2)의 신고·고소·고발 등으로 인해 보복을 당할 우려가 있는 신고자 및 그 친족에게 국가가 보좌인을 지정

---

1) 고소 불가분의 원칙이란 범죄의 일부분에 대한 고소 또는 고소의 취소는 그 범죄사실의 전부에 대하여 효력이 발생한다는 원칙이다. 친고죄의 경우에는 공범자 일부에 대한 고소·고소취소는 공범자 전체에게 효력이 미친다. 형벌권이 피해자 의사에 따라 흔들리지 않고 형벌권의 엄정성을 유지하기 위한 조치이다.

2) 특정범죄란 강력범죄, 마약범죄, 폭력범죄, 국제사법재판소 관할 범죄, 살인죄 등이다.

하고 경찰의 신변안전 조치와 구조금 지급을 통해 범죄 신고자를 실질적으로 보호한다(특정범죄신고자 등 보호법 제6조).

[고소와 고발의 차이]

	고　소	고　발
주　　체	피해자, 고소권자	제3자
대　　리	허용	불허
기　　간	제한없음, 친고죄는 범인을 안 날로부터 6월	제한 없음
취소시기	제1심 판결 전	제한 없음
취소 후	재고소 불허	재고발 허용
청　　원	고소인 불허	고발인 허용
헌법소원	고소인 허용	고발인 불허
감사원심사청구	고소인 허용	고발인 불허

제2절　권리의 경합과 상호저촉

Ⅰ. 권리의 경합

1. 기본권의 경합

　　하나의 사실이 여러 법이 규정한 성립요건을 충족함으로써 이에 따른 수개의 권리가 중복하여 동시에 발생하는 경우를 권리의 경합이라 한다. 기본권의 경합이란 개인이 하나의 사안에 2개 이상의 기본권의 보장을 국가에 요구하는 경우에 기본권 간의 관계로서 국가에 대해 동시에 둘 또는 그 이상의 기본권의 적용을 주장하는 경우이다. 기본권의 경합은 기본권이 국가권력에 의해 제한·침해받는 경우에 발생한다. 수개의 권리는 하나의 목적을 위한 것이므로 하나의 권리행사로 목적을 달성하면 나머지 권리행사는 소멸한다. 예를 들면 집회 참가자를 강제로 연행한 경우에 집회의 자유와 신체의 자유에 대한 침해문제가 동시에 발생한다. 또한 종교집회에 참가한 사람을 체포하는 경우에 신체의 자유와 집회의 자유, 종교의 자유를 동시에 주장할 수 있다.

기본권 침해가 2개 이상의 기본권 분야에 해당하는 경우 어느 기본권을 침해기준으로 할 것인지는 문제가 된다. 기본권 경합은 기본권의 내용과 성질이 다른 기본권을 전제로 성립하고 주된 기본권의 가치가 월등한 경우에는 문제되지 않는다.[1] 예를 들면 학문의 자유는 양심의 자유와 표현의 자유를 존재로 가능한 것이기 때문에 경합의 문제가 발생되지 않는다. 또한 기본권의 본질적 내용이 아닌 부수적으로 침해된 기본권의 유사경합은 기본권의 경합이 발생되지 않는다. 예를 들면 예술적인 상업광고 행위가 침해된 경우에 영업의 자유는 주장할 수 있으나 예술의 자유는 주장할 수 없다. 기본권의 제한 정도가 각기 다른 경우에 어느 기본권을 기준으로 적용할 것인가에 따라 기본권의 침해 여부가 달라짐으로써 기본권의 제한·침해에서 기본권의 경합은 중요한 의미를 갖는다.

2. 사권의 경합

사권의 경합은 하나의 사실에 수개의 권리가 중복하는 경우를 말한다. 물권적 청구권은 물권의 배타성에 의해 성립순위에 따라 우선순위가 결정된다. 그러나 임차인이 임차물을 고의·과실로 인해 멸실·훼손하는 경우에 채무불이행에 의한 손해배상청구권과 불법행위에 의한 손해배상청구권이 동시에 발생하여 청구권이 경합한다. 권리가 경합하는 경우 권리행사를 독자적으로 행사하거나 병행하여 할 수 있다. 경합된 하나의 권리가 목적을 달성하여 소멸하면 나머지 권리는 소멸한다. 권리는 독립적이기 때문에 각각 독자적으로 행사할 수 있으며, 개별적인 요인(포기, 시효)으로 각각 소멸할 수 있다.

---

1) ① 금치대상자의 표현의 자유, 직업수행의 자유, 행복추구권 등 일련의 기본권에 대한 제한을 초래한다. … 직접적으로 제한하고 있는 것은 집필행위 자체로서 그 집필의 목적이나 내용은 묻지 않고 있는바, 그렇다면 이 사건 시행령 조항에 의해 가장 직접적으로 제한되는 것은 표현의 자유라고 볼 수 있다(헌법재판소 2005. 2. 24. 선고 2003헌마289 결정). 금치(禁置)란 교도소의 규율을 위반한 수형자에게 일정한 기간 동안 독방에 감금하여 면회, 서신왕래, 도서열람 등을 금지하는 징벌을 말한다. ② 최저임금의 근로계약에 의해서 일반택시 운송사업자들의 영업자유 제한(헌법재판소 2016. 12. 29. 선고 2015헌바327 결정).

(1) 청구권의 경합

1) **물권적 청구권과 채권적 청구권**   청구권의 경합은 물권적 청구권, 계약상 청구권, 손해배상청구권 등의 상호관계에서 발생한다. 물권적 청구권과 불법행위의 손해배상청구권은 각각 요건과 효력이 서로 다르기 때문에 병행하여 행사할 수 있다. 예를 들면 타인의 주택을 불법 점유한 자에게 주택 소유권자는 주택반환청구권과 불법행위로 인한 손해배상청구권을 아울러 행사할 수 있다. 물권적 청구권은 주택의 훼손발생의 가능성에 대해서 예방적 청구권이 성립할 수 있으나, 손해배상청구권은 손해 발생의 가능성만으로 성립되지 않고 고의·과실의 책임조건이 필요하다.

2) **불법행위와 채무불이행의 손해배상청구권**   불법행위로 인한 손해배상청구와 채무불이행으로 인한 손해배상청구는 위법행위로 인한 손해배상청구라는 점에서 공통적이다. 그러나 채무불이행의 손해배상청구는 계약관계에서 이루어지는 이행급부 의무 위반에서 발생한다.[1] 이에 비하여 불법행위의 손해배상청구는 계약과 관계없이 인격적·재산적 이익의 침해에 대한 손해의 전보를 목적으로 한 배상청구라는 점에서 차이가 있다. 예를 들면 버스 승객이 상해를 당할 경우 회사에 대해 상해로 인한 손해배상청구 또는 안전한 운송계약의 위반이라는 계약불이행에 대한 손해배상을 청구할 수 있다. 양자 다같이 손해배상의 책임요건을 가지고 있어 어느 배상청구권을 우선적으로 또는 선택적으로 행사할 것인지가 문제된다.

① **법조 경합설**   불법행위법과 계약법은 일반법과 특별법 관계에 있기 때문에 계약불이행책임을 우선적으로 적용하여야 한다는 견해이다. 계약책임이 적용되면 불법행위책임은 배제될 것이다.

② **청구권 경합설**   불법행위의 배상책임과 계약불이행의 책임은 성립요건과 효력이 별개로 규정되어 있어 서로 독립적이라는 것이다. 따라서 하나

---

1) 채무불이행을 이유로 매매계약을 해제하려면, 당해 채무가 매매계약의 목적달성에 있어 필요 불가결하고 이를 이행하지 아니하면 매매계약의 목적이 달성되지 아니하여 매도인이 매매계약을 체결하지 아니하였을 것이라고 여겨질 정도의 주된 채무(주된 의무)이어야 하고 그렇지 아니한 부수적 채무(부수적 의무)를 불이행한 데에 지나지 아니한 경우에는 매매계약 전부를 해제할 수 없다(대법원 1999. 4. 7. 선고 97마575 판결).

의 사실에 두 개의 배상책임요건이 발생하면 두 개의 책임이 경합하므로 배상
청구권을 선택적으로 행사할 수 있다. 두 개의 배상청구권을 병존시켜 권리자
로 하여금 선택적으로 행사할 수 있게 하는 것은 피해자인 권리자를 두텁게
보호할 수 있다.[1]

(2) 형성권의 경합

동일 목적의 둘 이상의 취소권을 갖는 경우 하나의 취소권을 행사하면 다
른 취소권은 소멸한다. 예를 들면 미성년자가 사기를 당한 경우 사기에 의한
착오에 대해 취소권을 행사하면 미성년자가 갖는 고유의 취소권은 소멸한다.
또한 당사자 쌍방이 취소권을 동시에 가져 취소권이 경합하는 경우에는 양쪽
이 각각 취소권을 행사한다. 예를 들면 미성년자의 단독행위에 대해 미성년자
는 물론 그 상대방도 취소권을 갖는다.

II. 권리의 상호저촉

1. 기본권의 충돌

하나의 사실에 여러 개의 권리가 존재하는 경우에 권리가 상호저촉되어
모든 권리행사를 만족시킬 수 없는 권리의 충돌 현상이 발생한다. 기본권의
충돌이란 서로 다른 기본권 주체가 자신의 기본권을 행사하기 위해 발생하는
상이한 기본권의 상호저촉 상황을 말한다. 기본권의 충돌은 기본권 주체가 서
로 대립되는 기본권의 행사에서 자신의 기본권만을 주장하기 때문에 발생한
다. 기본권은 헌법이 보장하는 국민의 정당한 권리로서 국가를 상대로 행사하
더라도 권리행사로 인해 타인의 기본권과 서로 대립·충돌하는 경우가 있다.
예를 들면 언론의 자유와 언론에 의해 침해된 피해자의 인격 및 명예의 보호
라는 인격권의 자유 또는 담배에 대한 흡연권의 자유와 이를 반대하는 혐연권
의 자유 및 건강권의 보호 등은 서로의 권익보호를 위해 충돌한다. 이외도 종
교의 자유와 인근 주민의 주거 평온의 자유와 충돌, 시위의 자유와 인근 상점
의 영업의 자유 및 재산권의 보호와 보행자·운전자의 통행권의 자유의 침해,

---

1) 대법원 1997. 4. 25. 선고 96다53086 판결.

영업·직업의 자유와 인근 주민의 건강권 및 재산권의 침해, 낙태의 자유와 태아의 생명권의 보호 등이 서로 대립한다.

무릇 권리의 행사는 한계가 있고 그 책임을 수반한다. 기본권 행사가 자유일지라도 타인의 기본권을 침해하지 않는 범위 내에서 가능한 내재적 한계가 있다. 기본권 행사를 위해 타인의 기본권 침해가 정당화될 수 없음은 물론이고 그것은 기본권 행사의 남용으로서 또 다른 기본권 침해를 초래한다. 기본권 보장은 개인의 인권과 국가권력과의 관계를 규정하기 때문에 어느 쪽을 우선시하느냐에 따라 그 내용에 큰 차이가 발생한다. 기본권이 상충하는 경우에 양쪽을 비교 형량하여 보다 우월 내지 중요한 권리를 우선시하는 법익형량의 문제가 될 것이다. 이것은 기본권 상호간의 우선순위가 있다는 것을 전제로 한다. 기본권의 행사로써 타인의 기본권과 저촉하는 경우에 법익형량과 법의 비례원칙에 의해 상이한 기본권 행사는 서로 균형과 조화를 이루어야 한다. 이것은 모든 사람에게 기본권을 평등하게 보장한 기본권 정신에도 부합한다.

인권의 가치에는 우열이 있을 수 없고 인권보장은 법 앞의 평등 원칙에 예외를 인정할 수 없다. 기본권의 상호충돌은 국가에 대한 기본권의 행사로써 파생하는 것이고 개인에 대해 기본권을 직접 행사하기 때문에 발생하는 것은 아니다. 기본권의 충돌은 국가가 어느 한쪽의 기본권을 보호하고 상대방의 기본권을 제한하는 경우에 제기된다. 기본권의 충돌은 다른 사람의 기본권에 대해 자신의 기본권을 행사하여 발생하는 효력 간의 충돌이 아니라 서로 충돌하는 기본권의 가치관의 충돌이라는 성질을 갖는다.[1] 기본권의 충돌은 가치관의 문제로서 주관적일 수밖에 없기 때문에 기본권의 대립을 해결하는 국가의 조정이 필요하다. 기본권의 정신, 공익과 사익의 조절 등에 의해 어느 한쪽의 희생이 아닌 기본권의 균형과 조화를 모색하여야 할 것이다.

2. 사권의 충돌

사권은 공권과는 달리 법률행위에서 사적 자치의 원칙에 의해 자율성의 폭이 넓어 권리 상호간에 충돌의 발생이 빈번하다. 하나의 객체에 여러 개의 권리가 존재하여 본래의 권리를 행사를 할 수 없는 권리의 중복을 권리의 충

---

1) 정종섭 외 공저, 로스쿨 기본권, 박영사, 2010, p. 93.

돌이라 한다. 민법상 권리의 충돌은 물권 상호간의 충돌, 물권과 채권 간의 충돌, 채권 상호간의 충돌 등이 있다. 계약행위는 당사자 간에 거래의 자율성이 있으나 물권행위는 자유롭게 형성되는 것이 아니라 물권법정주의에 의해 규율을 받아 계약행위보다 일반적으로 우위에 있다. 권리 상호간의 충돌이 발생하는 경우 "시간상 첫째가 우선권이 있다"라는 법언에 의해 먼저 성립한 권리가 나중에 성립한 권리보다 일반적으로 우선순위에 있다.

① 물권 상호간의 충돌은 물권의 배타성에 의해 물권의 성립시기에 따라 우선순위가 결정되고, 같은 물권이라 하더라도 소유권은 제한물권보다 우위에 있다. 소유권이 본권이므로 용익물권이나 담보물권보다 우선적이다.

② 물권과 채권 간의 충돌은 "매매는 임대차를 깨뜨린다"(Kauf bricht Miete)라는 원칙에 의해 권리의 성립시기에 관계없이 물권이 우선적이어서 계약행위보다 우위에 있다. 그러나 계약행위라 하더라도 등기·등록을 하면 물권에 준하는 권리가 발생하여 우선적 효력이 인정된다. 예를 들면 부동산임차권의 등기(민법 제621조)나 주택임대차에서 확정일자 신고(주택임대차보호법 제3조)는 이후에 성립하는 물권보다 우선순위이다. 특히 3개월분의 임금채권, 3년분의 퇴직금, 재해보상금 등의 채권은 사회보장적 차원에서 물권보다 우선이기 때문에 먼저 청구가 가능하다(근로기준법 제38조, 근로자퇴직급여 보장법 제12조).

③ 동일한 채무에 대한 여러 개의 채권이 충돌한 경우에는 먼저 채권을 행사한 자가 이익을 보는 선행주의가 일반적으로 적용된다. 하지만 채무자의 자산으로 채무를 변제할 수 없는 경우는 채권평등의 원칙이 적용되어 채권발생 시기와 관계없이 채무자의 자산에서 채권액에 비례하여 변제를 받는다.

제3절 헌법상 권리구제

Ⅰ. 청구권적 기본권

국민의 기본권은 국가권력의 부당한 침해를 배제하여 인간으로서의 존엄과 가치를 누리며 행복추구권을 통해 자유와 권리를 누리는 것을 내용으로 한다. 그 중 청구권적 기본권은 국가에 대해서 특정한 행위를 요구하거나 국가의 보호를 요청하는 적극적인 권리로서 권리보호 청구권이다. 이 점에서 인간다운 생활을 내용으로 하는 생존권적 기본권과 다르다. 저항권에 관한 헌법규정이 없더라도 국가의 공권력 행사에 대해서 저항권 행사가 가능한지가 문제가 된다.[1]

1. 청 원 권

청원권이란 국민이 국가기관에 의견이나 희망을 진술할 권리를 말한다. 헌법은 "모든 국민은 법률이 정하는 바에 의해 국가기관에 문서로 청원할 권리를 가진다. 국가는 청원에 대하여 심사할 의무를 진다"고 규정하였다(제26조).[2] 행정소송은 자기의 이익이 침해된 경우에만 제기할 수 있는 데 비하여 청원은 제3자나 공공 이익을 위해서도 가능한 권리구제인 동시에 국정 전반에 의견을 제시하는 직접민주정치의 국민 참여권이다. 국가는 청원을 심사하여 청원인에게 통지할 의무가 있다. 특히 청와대 국민청원은 30일 이내 100명의 동의를 받으면 청원게시판에 공개되며 30일 이내 20만 명 이상의 동의를 얻은 청원은 정부 및 청와대의 답변을 받을 수 있다.

---

1) 저항권은 국민의 기본권을 침해하는 위법한 국가권력에 대해 저항할 수 있는 권리로서 국민주권의 원리에서 발생한 자연법적 권리이다. 저항권의 행사는 헌법 이념을 지키기 위한 권력에 대한 국민의 최후적 자구행위이어야 하며, 단순히 기본권 보장을 근거로 마음대로 사용하기 위한 정치적 수단이 되어서는 안 된다. 저항권은 로크의 사상을 바탕으로 미국의 독립선언, 프랑스의 인권선언 등에서 '압제에 저항'(resistance a l'oppression) 형식으로 나타났다. 독일기본법은 "헌법에 규정된 기본권이 현저하게 침해될 때에는 모든 국민은 저항할 권리가 있다"라고 규정하였다(제20조 4항). 헌법재판소는 "저항권은 국가권력에 의해 헌법의 기본원리에 대한 중대한 침해가 행하여지고 그 침해가 헌법의 존재자체를 부인하는 것으로서 다른 합법적인 구제수단으로는 목적을 달성할 수 없을 때에 국민이 자기의 권리와 자유를 지키기 위해 실력으로 저항하는 권리"라고 정의하였다(헌법재판소 1997. 9. 25. 선고 97헌가4 결정). 저항권의 정신은 시민불복종운동으로 이어져 납세거부, 고속도로 통행료거부, 낙천·낙선운동 등으로 전개된다.

2) 청원권은 공권력과의 관계에서 일어나는 여러 가지 이해관계, 의견, 희망 등에 관하여 적법한 청원을 한 모든 국민에게, 국가기관이 청원을 수리·심사하여 그 결과를 통지할 것을 요구할 수 있는 권리를 말하므로, 청원서를 접수한 국가기관은 이를 수리·심사하여 그 결과를 통지하여야 할 헌법에서 유래하는 작위의무를 지고 있고, 이에 상응하여 청원인에게는 청원에 대하여 위와 같은 적정한 처리를 할 것을 요구할 수 있는 권리가 있다(헌법재판소 2004. 5. 27. 선고 2003헌마851 결정).

2. 재판청구권

모든 국민은 헌법과 법률이 정한 법관에 의해 법률에 의한 재판을 받을 권리를 갖는다. 재판청구권은 국가에 대해서 재판을 청구할 수 있는 기본권으로서 사법권의 독립이 보장된 법원에서 재판을 받을 권리와 적법절차에 따르는 재판을 신속하고도 공정하게 받을 권리를 포함한다.1) 형사피고인은 유죄의 판결이 확정될 때까지는 무죄로 추정한다. 형사피해자는 당해 사건의 재판절차에서 진술할 권리를 가지고 있다(제27조 5항). 또한 법원에 대해 체포·구속 적부심사 청구권(제12조 6항), 신속한 재판청구권(제27조 3항)을 갖는다. 한편 범죄피해자의 형사소송 절차에 참여권을 실질적으로 보장하기 위해 법령에 어긋나지 아니한 범위에서 경찰수사의 진행사항, 검찰 수사, 재판과정, 형 집행과정과 기타 필요한 정보 등을 제공받을 수 있다.

3. 형사보상청구권

형사피의자 또는 형사피고인으로서 구금되었던 자가 불기소처분, 무죄판결, 면소, 공소기각 등을 받은 때에는 법률이 정하는 바에 의해 국가에 정당한 보상을 청구할 수 있다(헌법 제28조). 이에 관한 법률로서 '형사보상 및 명예회복에 관한 법률'이 있다. 이는 국가가 형사법 절차에 대한 과실로 말미암아 선량한 사람을 범죄혐의자 또는 범죄자로 다룸으로써 그로 인해 입은 물질적·정신적 손실에 대해 국가가 그 손실을 보상하는 제도이다.2) 형사보상

---

1) 검사가 보관하는 수사기록에 대한 변호인의 열람·등사는 실질적 당사자 대등을 확보하고, 신속·공정한 재판을 실현하기 위해 필요 불가결한 것이며, 그에 대한 지나친 제한은 피고인의 신속·공정한 재판을 받을 권리를 침해하는 것이다(헌법재판소 1997. 11. 27. 선고 94헌마60 결정).

2) 구금 보상액＝구금일수×(보상 청구원인 발생 연도의 일급 최저 임금액×5배)：구금, 과료, 추징금 등의 보상액은 징수금액의 연 5%의 비율로 가산금을 보상한다. 부동산 중개인이 변호사법 위반으로 구속되어 1심에서 징역 3년의 형을 선고받았으나 항소심에서 무죄판결을 받아 사실상 177일 간의 미결 구금을 당한 사건에서 형사보상법 제4조 제1항에 의해 보상 청구원인이 발생한 2006. 7. 6. 최저 임금법상 일급 최저 임금액인 24,800원의 5배의 범위 내에서 1일 100,000원으로 산정하여 국가가 청구인에게 보상하여야 할 금액의 합계는 17,700,000원(100,000×177일)이다(서울고등법원 2007. 3. 22. 선고 2006코17 판결).

제도는 국가배상과 달리 국가의 일종의 무과실책임이다. 또한 형사사건의 피해자는 형사재판 과정에서 간편한 방법으로 민사상의 손해배상명령도 받을 수 있다.[1] 배상명령제도는 형사사건의 피해자를 실질적으로 보호하기 위한 형사보상제도나 범죄피해자 구조 제도와 같이 국가의 적극적인 피해구조 제도이다(소송촉진 등에 관한 특례법 참조).

4. 범죄피해자의 구조청구권 및 사법과정 참여권

타인의 범죄행위로 인해 생명·신체에 대해서 피해를 받은 국민은 법률이 정하는 바에 의해 국가로부터 구조를 받을 수 있다(헌법 제30조). 범죄피해자는 가해자에 대해서 민법상 불법행위로 인한 손해배상을 청구하거나 배상명령제도(소송촉진 등에 관한 특례법 제25조)에 의해 손해를 배상받을 수 있다. 하지만 가해자가 불명하거나 도주한 경우 또는 피해를 배상할 자력이 없는 경우 피해자는 사실상 배상을 받을 수 없다. 이런 경우 범죄피해구조청구 제도는 국가에 대한 보상청구권을 인정함으로써 피해자와 그 가족을 적극적으로 보호하는 생존권적 기본권 차원에서 보장하였다.[2] 이는 국가가 범죄발생을 예방하지 못한 데 따른 국가배상청구권이 아니고 사회보장의 원칙에서 범죄피해자를 보호한 것이다. 범죄피해자 보호법은 타인의 범죄행위로 인해 생명·신체에 피해를 받은 사람을 구조함으로써 범죄피해자의 복지증진에 기여함을 목적으로 한다(동법 제1조). 또한 범죄피해자는 형사절차 참여권을 실질적으로 보호하기 위해 경찰수사단계, 검찰수사 및 재판과정, 형 집행 등에 관한 필요한 정보를 요구할 수 있다.

II. 헌법소원

헌법소원이란 국가권력이 헌법상 보장된 기본권을 침해한 경우 헌법재판

---

1) 이 책, 제17장 제4절 Ⅲ. 2. (3) 배상명령제도 참조.
2) 헌법재판소는 피해구조청구권에 대해 "헌법은 범죄로부터 국민을 보호하여야 할 국가의 의무를 소극적 차원에서만 규정하지 아니하고 이에 더 나아가 범죄행위로 인한 피해를 받는 국민에 대하여 국가가 적극적인 구조행위까지 하도록 규정하여 피해자의 기본권을 생존권적 기본권의 차원으로 인정하였다"(헌법재판소 1989. 4. 17. 선고 88헌마3 결정).

소에 그 위반 여부의 심사를 청구하여 기본권을 보장받는 헌법재판제도를 말한다. 헌법소원은 공권력의 행사와 불행사는 물론 입법이 행해지지 않거나 또는 불충분한 입법으로 기본권이 침해받은 경우에도 제기할 수 있다.[1] 또한 법률의 위헌 여부가 재판의 전제가 되어 위헌법률심사를 청구하였으나 기각된 경우에도 헌법소원이 가능하다(헌법재판소법 제68조 2항). 헌법소원제도는 기본권 보장기능과 위헌적인 국가권력을 가장 실효성 있게 통제함으로써 헌법질서를 수호하는 헌법보장 기능을 수행한다. 헌법소원은 법률상 구제절차를 거친 후에 심판청구를 하는 최후의 구제수단이다. 헌법소원은 공권력 행사로 기본권이 현재 그리고 직접 침해당한 경우에만 제기할 수 있고 관련이 없는 제3자는 소원을 제기할 수 없다.

Ⅲ. 감사원 심사청구권

행정기관의 위법하거나 부당한 행위에 의해 권리나 이익을 침해받았을 때에는 감사원에 그 심사의 청구를 할 수 있다. 이해관계인이 심사청구를 제기할 때에는 그 원인이 되는 행위가 있음을 안 날로부터 90일 이내에, 그 행위가 있은 날로부터 180일 이내에 심사를 청구할 수 있다(감사원법 제44조). 감사원은 심사결과 심사청구가 이유 있다고 인정하는 경우에는 관계기관의 장에게 시정이나 그 밖의 필요한 조치를 요구하고, 심사청구가 이유가 없다고 인정하는 경우에는 이를 기각한다. 이 경우에 7일 이내에 심사청구자와 관계기관의 장에게 심사결정서 등본을 첨부하여 통지하여야 한다.

---

1) 학교 경계선으로부터 200미터 이내로 설정된 학교환경 위생정화구역 안에서 여관시설 및 영업행위를 금지하는 것은 학생들의 건전하고 쾌적한 교육환경을 조성하여 교육의 능률화를 기하기 위해 여관시설 및 영업자에 대한 재산권의 사회적 제약을 구체화하는 것으로 공익목적을 위해 개별적·구체적으로 이미 형성된 재산권을 박탈하거나 제한하는 것이 아니므로 헌법 제23조 제3항의 재산권의 수용·사용·제한에 해당하지 않는다(헌법재판소 2006. 3. 30. 선고 2005헌바110 결정).

제4절 행정법상 권리구제

행정법상 권리구제에는 실체법적 구제로서 행정상 손해배상과 행정상 손실보상, 민원신청 등이 있으며, 절차법적 구제에는 행정심판과 행정소송 그리고 예방적 구제로서 행정절차와 옴부즈만(ombudsman)[1] 등이 있다.

Ⅰ. 행정상 손해전보

1. 행정상 손해배상청구권

국가 또는 공공단체의 위법행위로 개인에게 손해를 입힌 경우 국가가 손해를 배상하는 것은 정의·공평의 원칙상 당연한 것으로 민법상 불법행위와 이론적 근거를 같이 한다. 행정상 손해전보(塡補)는 행정행위가 위법인가 적법인가에 따라 불법행위로 인한 행정상 손해배상과 적법행위에 따른 손실보상으로 구분한다. 헌법은 "공무원의 직무상 불법행위로 손해를 받은 국민은 법률이 정하는 바에 따라 국가 또는 공공단체에 정당한 배상을 청구할 수 있다"고 하여 국민의 손해배상청구권을 보장하고 있다(헌법 제29조 1항).[2] 이어 국가배상법은

---

1) 옴부즈만은 호민관 제도 또는 행정감찰 제도라고 불리며, 부당한 행정행위에 대해 조사·시정 권고를 하는 의회에 소속된 감사관을 말한다. 옴부즈만 제도는 청원권을 효과적으로 운영하기 위한 개인의 권리보호 제도로서 1809년 스웨덴에서 제도화된 후 영국·미국·독일·뉴질랜드·핀란드·이스라엘 등에서 시행하고 있다.

2) ① 공무원의 법령해석상 잘못으로 인한 배상책임 : 공무원이 관계법규를 알지 못하였다거나 필요한 지식을 갖추지 못하여 법규의 해석을 그르쳐 어떤 행정처분을 하였다면 그가 행정직 공무원이라고 하여 이에 대한 과실이 없다고 할 수 없다(대법원 2001. 2. 9. 선고 98다52988 판결).

② 공무원의 직무상 과실책임에 대한 배상책임 : 인감증명 사무를 처리하는 공무원으로서는 그것이 타인과의 권리의무에 관계되는 일에 사용되어지는 것을 예상하여 그 발급된 인감증명으로 인한 부정행위의 발생을 방지할 직무상의 의무가 있다 하여 손해배상을 인정하였다(대법원 1995. 8. 22. 선고 94다50328 판결).

③ 경찰관의 근무태만에 대한 배상책임 : 경찰관이 그 권한을 행사하여 필요한 조치를 취하지 아니하는 것이 현저하게 불합리하다고 인정되는 경우에는 그러한 권한의 불행사는 직무상의 범위를 위반한 것이 되어 위법하게 된다(대법원 2004. 9. 23. 선고 2003다49009 판결).

④ 경찰순찰차의 범인추적 중 사고로 인한 배상책임 : 경찰관이 교통법규 등을 위반하

"도로·하천 기타 공공의 설치 또는 관리에 하자가 있기 때문에 타인에게 손해를 발생하게 하였을 때는 국가 또는 지방자치단체는 그 손해를 배상하여야 한다"라고 명시하여 국가의 무과실책임을 인정하였다(국가배상법 제5조).1)

고 도주하는 차량을 순찰차로 추적하는 행위는 적법하나 그 추적이 당해 직무 목적을 수행하는 데에 불필요하거나 또는 도주차량의 도주의 태양 및 도로교통상황 등으로부터 예측되는 피해발생의 구체적 위험성의 유무 및 내용에 비추어 추적의 개시·계속 혹은 추적의 방법이 상당하지 않다는 등의 특별한 사정이 있는 경우에는 국가배상법상 위법이 인정된다(대법원 2000. 11. 10. 선고 2000다26807 판결).

⑤ 경찰관의 가스총 발사로 인한 실명에 대한 배상책임 : 가스총을 사용하는 경찰관으로서는 인체에 대한 위해를 방지하기 위해 상대방과 근접한 거리에서 상대방의 얼굴을 향하여 이를 발사하지 않는 등 가스총 사용시 요구되는 최소한의 안전수칙을 준수함으로써 장비 사용으로 인한 사고 발생을 미리 막아야 할 주의의무가 있다(대법원 2003. 3. 14. 선고 2002다57218 판결).

⑥ 감정결과의 은폐에 대한 배상책임 : 감정결과를 검사가 공판과정에서 입수한 경우 그 감정서는 원고의 무죄를 입증할 수 있는 결정적인 증거에 해당하는 데도 검사가 그 감정서를 법원에 제출하지 아니하고 은폐하였다면 검사의 그와 같은 행위는 위법하므로 국가는 배상책임을 진다(대법원 2002. 2. 22. 선고 2001다23447 판결).

⑦ 정치탄압에 대한 국가배상책임 : 1975년 인민혁명당사건은 국가권력을 이용해 이들을 불순세력으로 몰아 소중한 생명을 빼앗음으로써 당사자와 유족들은 사회적 냉대와 신분상 불이익, 경제적 궁핍 등 이루 말할 수 없는 고통을 당했으므로 국가는 손해배상금과 32년 늦게 지급하는 지연손해배상금까지 합쳐 총 637억원을 지급하여야 한다(서울중앙지방법원 2007. 8. 21. 선고 2006가합92412 판결).

⑧ 공무 보조자의 행위에 대한 배상책임 : 지방자치단체가 '교통할아버지'를 선정하여 어린이 보호, 교통안내, 거리질서 확립 등의 공무를 위탁하여 집행하게 하던 중 교차로 중앙에서 교통정리를 하다가 교통사고를 발생시킨 경우 지방자치단체는 배상책임을 부담한다(대법원 2001. 1. 5. 선고 98다39060 판결).

⑨ 탈주한 군인들의 범죄행위에 대한 배상책임 : 군교도소를 탈주한 군인들이 민가에 침입하여 저지른 범죄행위는 군행형법이 규정한 군교도소의 경계·감호 행위의 과실로 인정하여 배상책임을 인정하였다(대법원 2003. 2. 14. 선고 2002다62678 판결).

1) ① 영조물의 설치 또는 관리의 하자로 인한 배상책임 : 영조물의 설치 또는 관리의 하자라 함은 공공의 목적에 공여된 영조물이 그 용도에 따라 갖추어야 할 안전성을 갖추지 못한 상태에 있음을 말하고, 안전성을 갖추지 못한 상태, 즉 타인에게 위해를 끼칠 위험성이 있는 상태라 함은 당해 영조물을 구성하는 물적 시설 그 자체에 있는 물리적·외형적 흠결이나 불비로 인해 그 이용자에게 위해를 끼칠 위험성이 있는 경우뿐만 아니라, 그 영조물이 공공의 목적에 이용됨에 있어 그 이용상태 및 정도가 일정한 한도를 초과하여 제3자에게 사회통념상 수인할 것이 기대되는 한도를 넘는 피해를 입히는 경우까지 포함된다고 보아야 한다(대법원 2005. 1. 27. 선고 2003다49566 판결).

② 교통신호 고장으로 인한 배상책임 : 가변차로에 설치된 두 개의 신호등에서 오작동이 발생하였고 그 고장이 현재의 기술수준상 부득이한 것이라고 가정하더라도 그와 같은

[손해배상과 손실보상 제도의 비교]

		손해배상	손실보상
본	질	위법한 행정행위에 대한 구제	적법한 행정행위에 대한 구제
이	념	개인주의적·도의적 과실 책임	단체주의·사회공평주의에 의한 무과실 책임
근	거	헌법 제29조, 국가배상법	헌법 제23조, 일반법 없음
원	인	공무원의 직무상 불법행위 및 영조물 하자	행정청의 적법행위에 의한 사유재산에 대한 특별희생
내	용	재산적 손해와 위자료	재산적 손해

2. 행정상 손실보상청구권

헌법은 "공공필요에 의한 재산권의 수용·사용 또는 제한 및 그에 대한 보상은 법률로써 하되 정당한 보상을 지급하여야 한다"고 하여 행정상 손실보상을 규정하였다(헌법 제23조 3항). 행정상 손실보상은 적법한 공권력의 행사로 인해 개인에게 특별한 희생을 준 경우에 국가 또는 공공단체가 하는 손실의 보상을 가리킨다.1) 수용은 공익사업의 주체가 법률에 의해 소유자의 의사와

사정만으로 손해발생의 예견가능성이나 회피가능성이 없어 영조물의 하자를 인정할 수 없는 경우라고 단정할 수 없다(대법원 2001. 7. 27. 선고 2000다56822 판결).

③ 제방사고에 대한 손해배상책임 : 집중호우로 제방도로가 유실되면서 그 곳을 걸어가던 보행자가 강물에 휩쓸려 익사한 경우, 사고 당일의 집중호우가 50년 빈도의 최대강우량에 해당한다는 사실만으로 불가항력에 기인한 것으로 볼 수 없다는 이유로 제방도로의 설치·관리상의 하자를 인정하였다(대법원 2000. 5. 26. 선고 99다53247 판결).

④ 불가항력적인 재해 : 100년 발생빈도의 강우량을 기준으로 책정된 계획홍수위를 초과하여 600년 또는 1,000년 발생빈도의 강우량에 의한 하천의 범람은 예측가능성 및 회피가능성이 없는 불가항력적인 재해로서 그 영조물의 관리청에서 책임을 물을 수 없다(대법원 2003. 10. 23. 선고 2001다48057 판결).

1) ① 행정상 신뢰에 대한 보상책임 : 행정주체의 행정행위를 신뢰하여 그에 따라 행위를 한 자가 그 후에 공공필요에 의해 수립된 적법한 행정계획으로 인해 재산권행사가 제한되고 이로 인한 공공사업의 시행결과 공공사업시행지구 밖에서 발생한 간접손실에 관하여 그 보상에 명문의 근거 법령이 없는 경우라 하더라도, 구 공공용지의 취득 및 손실보상에 관한 특례법시행규칙의 관련 규정 등을 유추적용할 수 있다(대법원 2006. 4. 28. 선고 2004두12278 판결).

② 사회보장적 보상책임 : 공익사업의 시행에 따라 이주하는 주거용 건축물의 세입자에게 지급하는 주거 이전비와 이사비는, 당해 공익사업 시행지구 안에 거주하는 세입자들의 조기 이주를 장려하여 사업추진을 원활하게 하려는 정책적인 목적과 주거이전으로 인해

상관 없이 필요한 토지나 부동산을 강제적으로 취득하는 것을 말한다. 국가보
상의 산정1)에서 정당한 보상2)을 기준으로 보상의 현실화를 도모하였다.3) 행정
상 손해배상과 손실보상은 피해에 대한 국가의 금전적 보상이라는 점에서 동일
하나,4) 행정상 손실보상은 국가의 적법행위로 인한 피해자의 특별한 희생에
대한 배려라는 점에 차이가 있다. 토지수용에 대한 손실보상은 다음과 같이 진
행된다. 수용대상 물건의 조사 → 보상 계획 공고와 개별통지 → 감정 평가 및
보상액 산정 → 보상금 협의 통지 → 보상금 지급 → (보상금 결정의 불복) → 중
앙 토지수용 위원회에 수용 재결 신청 → 재결금 지급 또는 공탁 → 이의 재결
에 불복 → 행정소송 제기 등이다.

Ⅱ. 행정쟁송

1. 행정심판청구권

행정쟁송에는 행정심판과 행정소송이 있다. 행정심판은 행정청의 위법 또
는 부당한 처분 등으로 인해 개인의 권익이 침해되었을 경우에 이에 대한 행
정기관의 심리·판정의 준사법적 심판절차를 말한다. 행정심판은 행정기관에
의한 심판이라는 점에서 법원에 의한 행정소송과 다르다. 행정심판은 이의신

특별한 어려움을 겪게 될 세입자들을 대상으로 하는 사회보장적인 차원에서 지급하는 금
원의 성격을 갖는다(대법원 2006. 4. 27. 선고 2006두2435 판결).

1) 보상액의 산정 기준에는 충분한(adequate) 보상, 적절한(appropriate) 보상, 상당한(angemessene)
보상, 객관적(objective) 보상, 정당한(just) 보상, 완전(full) 보상 등이 있다.

2) 정당한 보상이란 원칙적으로 피수용 재산의 객관적인 재산가치를 완전하게 보상하는
것이어야 한다는 완전한 보상을 뜻하고, 토지의 경우에는 그 특성상 인근 유사토지의 거
래가격을 기준으로 하여 토지의 가격형성에 미치는 제 요소를 종합적으로 고려하여 합리
적 조정을 거쳐서 객관적인 평가를 할 수밖에 없다(헌법재판소 2001. 4. 26. 선고 2000헌
바31 결정).

3) 보상의 대상은 토지, 건물, 과수, 축산 이외에 영농 보상비, 주거 이전비, 이주 정착금,
분묘 이전비 등이 포함된다. 토지보상은 공시지가에 의하지만 개발이익에 따르는 상승이
익은 배제된다.

4) 손해배상과 손실보상에 대해 대륙법계에서는 이론적 구성을 달리하여 배상과 보상
(Entschädigung)을 구별하고 있으나, 영미법에서는 이에 대한 구분 없이 국가의 불법행위
에 대한 배상(compensation)을 사용한다.

청·심사청구·심판청구 등으로 불리고 있다. 행정심판법에 의한 행정심판 뿐 아니라 각종 행정법에 규정된 공무원 인사소청, 조세심판, 특허심판 등도 특별 행정심판에 포함된다. 행정심판위원회는 행정심판을 재결하는 행정청으로 중앙행정심판위원회와 지방자치단체 소속의 행정심판위원회가 있다.

2. 행정소송청구권

행정소송은 행정법상의 법률관계에 관한 분쟁에 대해서 법원의 재판절차에 따라 심리·판단하는 소송절차를 말한다. 행정심판의 결과에 이의가 있으면 행정소송을 제기할 수 있다.[1] 행정심판과 행정소송은 쟁송의 이익이 있는 자만이 소의 제기가 가능하다는 점과 불이익 변경금지 등의 공통점이 있으나 절차상 상이한 제도이다.

[행정심판과 행정소송의 차이]

	행정심판	행정소송
내 용	행정의 자율적 통제	개인의 권리구제와 행정의 사법적 통제
판정기관	행정기관, 행정심판위원회	법원
대 상	부당한 처분과 위법행위	위법행위
근 거 법	행정심판법	행정소송법
절 차	약식쟁송	정식쟁송
적극적 이행	인정	인정 안 됨

Ⅲ. 행정절차

1. 행정절차에 의한 권리구조

행정절차란 행정청이 행정행위를 행하기 전에 외부적으로 거쳐야 할 행정청의 일련의 사전절차를 말한다.[2] 행정절차는 국민의 행정참여를 도모함으로

---

1) 행정소송은 행정심판을 거치도록 규정한 경우를 제외하고는 행정소송을 직접 제기할 수 있으나, 조세나 운전면허처분의 취소소송은 해당 기관의 행정심판을 거쳐야만 한다. 이를 행정심판전치주의라 한다.
2) 행정절차는 넓은 의미로는 입법절차나 사법절차에 대조되는 개념으로 행정기관의 행정입법절차, 행정집행절차, 행정처벌절차, 사후구제절차 등을 포함하나, 이곳의 행정절차는

써 행정의 민주성·공정성·투명성·신뢰성 등을 확보하고 국민의 권익을 보호하는 예방적 권리구제제도이다. 행정절차의 내용에는 고지, 청문, 결정이유의 명시 등과 규칙제정절차가 있다. 이해관계인은 청문절차를 통해 자신의 의견을 진술하고 자료를 제출할 수 있는 기회를 보장받음으로써 권리보호를 받는다(행정절차법 제27조~제37조).[1] 국세청의 세금부과로부터 납세자의 정당한 권익을 보호하기 위해 과세전적부심사제와 세금고충처리제도가 있다.

[과세전적부심사제·세금고충처리제도]
과세전적부심사청구제도는 납세 통지 이전에 납세의 적정성을 확인하기 위한 납세자의 권익 보호장치로서 과세 이후 국세기본법상의 과세에 대한 이의신청이나 심사청구와는 별개이다. 세금고충처리제도란 납세자의 세금과 관련된 어려움이나 고충사항, 세무행정에 관한 진정과 건의를 처리하는 민원봉사 제도이다.

2. 정보공개청구권

정보공개제도란 공공기관[2]이 보유하고 있는 정보에 대해 국민의 알 권리를 보장하고, 국민이 정보에 접근할 수 있는 정보 접근권을 통해 행정에 참여함으로써 행정의 투명화와 열린 행정을 실현하는 제도이다. 행정절차법의 문서열람권, 복사청구권 등은 자기와 이해관계가 있는 특정 개별사항에 대한 공개청구권인 데 비하여, 정보공개청구권은 이를 포함한 일반적 사항에 대한 정보공개청구권이라는 점에서 구분된다. 모든 국민은 공공기관에 대해 정보공개청구권을 갖는다(공공기관의 정보공개에 관한 법률 제5조). 정보공개에서 중요한 것은 공공기관이 공개를 거부할 수 있는 비공개대상 정보의 범위이다.[3]

좁은 의미로 행정기관의 사전 교섭과정을 뜻한다.

1) 행정청이 침해적 행정처분을 하면서 당사자에게 행정절차법상의 사전통지를 하거나 의견 제출의 기회를 주지 아니하였다면 사전 통지를 하지 않거나 의견 제출의 기회를 주지 아니하여도 되는 예외적인 경우에 해당하지 아니하는 한 그 처분은 위법하여 취소를 면할 수 없다(대법원 2007. 9. 21. 선고 2006두20631 판결).

2) 공공기관은 국가와 지방자치단체의 각급 기관, 각급 교육기관, 공기업, 정부투자기관, 정부산하기관, 특수법인 등을 포함한다.

3) ① 치과의사 국가시험 문제지와 정답지는 비공개대상 정보 : 시험정보로서 공개될 경우 업무의 공정한 수행에 현저한 지장을 초래하는지 여부는 같은 법 및 시험정보를 공개하지 아니할 수 있도록 하고 있는 입법 취지, 당해 시험 및 그에 대한 평가행위의 성격과

3. 개인정보의 침해에 대한 구제

모든 사람은 자신에 관한 정보가 부당하게 수집·처리·유통·이용되는 것을 막아 프라이버시를 보호하기 위해 개인정보 자기결정권을 갖는다. 개인정보 자기결정권이란 타인이 보유하고 있는 자기 자신의 정보에 대하여 열람·삭제·정정·정지·차단 등을 요구하고 잘못된 정보로 야기된 결과에 대하여 손해배상을 청구하는 권리이다. 개인정보에 관해 분쟁이 있는 때에는 개인정보 분쟁조정위원회에 조정을 신청할 수 있다(개인정보 보호법 제43조).

4. 민원의 신청

민원이란 국민의 권익보호와 특정한 행위의 요구, 의견 표출 등을 공정하게 합리적으로 수행하기 위한 일종의 옴부즈만이다. 민원은 민원인이 행정기관에게 행정처분 등의 특정한 행위를 요구하는 사무뿐만 아니라 정부시책이나 행정제도 및 운영의 개선에 관한 건의를 말한다. 민원제도에는 민원신청, 복합민원, 전자민원창구 등이 있다(민원 처리에 관한 법률 제2조).

제 5 절 형법상 권리구제

Ⅰ. 정당방위와 긴급피난

1. 정당방위

법은 개인의 자력행위에 의한 자력구제 행위(self-help)를 원칙상 인정치 않으나 급박·부당한 침해로부터 법적인 구제절차를 기대할 여유가 없는 부득이

내용, 공개의 내용과 공개로 인한 업무의 증가, 공개로 인한 파급효과 등을 종합하여 개별적으로 판단되어야 한다(대법원 2007. 6. 15. 선고 2006두15936 판결).

② 행정기관의 업무추진비는 공개대상 정보 : 업무추진비는 비공개대상 정보는 아니지만, 지방자치단체의 업무추진비 세부 항목별 집행내역 및 그에 관한 증빙서류에 포함된 개인에 관한 정보는 '공개하는 것이 공익을 위해 필요하다고 인정되는 정보'에 해당하지 않는다(대법원 2003. 3. 11. 선고 2001두6425 판결).

한 경우에 한하여 이를 적법한 행위로 인정하고 있다. 긴급은 법을 기다리지 아니한다. 법은 위기탈출을 위한 불가피한 위법행위를 예외적으로 정당한 행위로 인정하여 법적 책임을 묻지 않는다. 정당방위는 "법은 불법에 길을 비켜줄 필요가 없다"는 법언과 부합한다. 형법은 자력권리 구제로서 정당방위와 긴급피난을 인정하고 있으나 그 요건은 엄격하다.

형법은 자기 또는 타인의 법익에 대한 현재의 급박하고 부당한 침해를 방위하기 위한 행위는 정당방위(selfdefence, Notwehr)로 인정하고 상당한 이유가 있는 때에는 벌하지 않는다(형법 제21조).[1] 정당방위는 급박하고도 현존하는 위

---

1) * 정당방위 성립 인정 판례

① 인적이 드문 심야에 귀가중인 여성이 치한의 강압적인 음란행위로 억지 키스를 당한 경우 정조와 신체의 안전을 지키려는 일념으로 상대방의 혀를 깨물어 절단시킨 행위는 자기의 신체에 대한 부당한 침해에서 벗어나기 위한 행위로서 위법성이 결여된다(대법원 1989. 8. 8. 선고 89도358 판결).

② 현행범인으로서의 요건을 갖추고 있었다고 인정되지 않은 상황에서 경찰관들의 체포를 면하려고 반항하는 과정에서 경찰관에게 상해를 가한 것은 불법체포로 인한 신체에 대한 현재의 부당한 침해에서 벗어나기 위한 행위로서 정당방위에 해당한다(대법원 2000. 7. 4. 선고 99도4341 판결).

③ 싸움이 중지된 후 다시 가해행위를 방위하기 위해 단도로 상대방의 복부에 자상을 입힌 행위는 정당방위에 해당한다(대법원 1957. 3. 8. 선고 4290형상18 판결).

* 정당방위 성립 불인정 판례

① 피해자가 칼을 들고 피고인을 찌르자 그 칼을 뺏어 그 칼로 반격을 가한 결과 피해자에게 상해를 입게 하였다 하더라도 그와 같은 사실만으로는 피고인에 대한 현재의 부당한 침해를 방위하기 위한 행위로서 상당한 이유가 있는 경우에 해당한다고 할 수 없다(대법원 1984. 1. 24. 선고 83도1873 판결).

② 의붓아버지의 강간행위에 의해 정조를 유린당한 후 계속적으로 성관계를 강요받아온 피고인이 남자친구와 사전에 공모하여 범행을 준비하고 의붓아버지가 제대로 반항할 수 없는 상태에서 식칼로 심장을 찔러 살해한 행위는 사회통념상 상당성을 결여하여 정당방위가 성립하지 아니한다(대법원 1992. 12. 22. 선고 92도2540 판결).

③ 두 사람이 싸움을 한 경우라도 한 쪽이 소극적인 방어로 폭력을 행사하였다면 정당방위로 처벌해서는 안 된다(대법원 1989. 8. 8. 선고 89도358 판결).

④ 피해자의 침해행위에서 벗어난 후 분을 풀려는 목적에서 나온 공격행위는 정당방위에 해당하지 않는다(대법원 1996. 4. 9. 선고 96도241 판결).

⑤ 가해자의 행위가 피해자의 부당한 공격을 방위하기 위한 것이라기보다는 서로 공격할 의사로 싸우다가 먼저 공격을 받고 이에 대항하여 가해하게 된 것이라고 봄이 상당한 경우, 그 가해행위는 방어행위인 동시에 공격행위의 성격을 가지므로 정당방위 또는 과잉방위행위라고 볼 수 없다(대법원 2000. 3. 28. 선고 2000도228 판결).

험에 대처하는 긴급행위의 일종으로서 위법한 침해행위에 대한 방위행위가 위법성이 있을지라도 형법상 위법성 조각사유가 된다. 법은 방어를 위한 반격행위보다 회피행위를 기대하고 반격행위도 최소한에 그쳐야 하는 상당성을 요구하므로 정당방위의 범위는 제한적이다. 정당방위와 긴급피난은 위기에 직면한 자가 이를 모면하기 위한 자력구제의 긴급 탈출행위로서 방어행위이지 공격행위가 아니다. 정당방위는 위법한 침해에 대한 반격행위에 있으나, 긴급피난은 침해에 대한 피난이라는 점에 차이가 있다. 정당방위에는 방위를 위한 상당한 이유를 기준으로 하여 과잉방위[1]와 오상(誤想)방위가 있다.

2. 긴급피난

긴급피난(necessity, Notstand)은 자기 또는 타인의 현재의 급박한 위난을 피하기 위한 행위로서 상당한 이유가 있는 때에는 벌하지 않는다(형법 제22조).[2] 현재의 위난은 법익에 대한 위험성이 있는 상태를 말하고 반드시 위법임을 요하지 않는다.[3] 위난은 사람에 의하든 동물이든 또는 자연재해이든 불문한다.

---

⑥ 이혼소송 중인 남편이 찾아와 가위로 폭행하고 변태적 성행위를 강요하는 데에 격분하여 처가 칼로 남편의 복부를 찔러 사망에 이르게 한 경우, 정당방위나 과잉방위에 해당하지 않는다(대법원 2001. 5. 15. 선고 2001도1089 판결).

⑦ 공직선거후보자 합동연설회장에서 후보자 갑의 연설도중에 을이 마이크를 빼앗고 욕설을 하는 등 물리적으로 갑의 연설을 방해한 행위는 정당방위의 요건을 갖추지 못하였다(대법원 2003. 11. 13. 선고 2003도3606 판결).

⑧ 경찰의 봉쇄조치에 대항한 시위대의 행위에 대해서 "경찰이 적법한 직무집행을 한 것은 아니지만 피고인들이 경찰관들을 때리는 등 폭력행위를 한 것은 소극적 방어행위를 넘어서 공격의 의사가 포함된 것이다"라고 판시하여 정당방위로 인정하지 아니하였다(대법원 2009. 6. 11. 선고 2009도2114 판결).

1) 이유 없이 집단구타를 당한 경우 더 이상 도피하기 어려운 상황에서 이를 방어하기 위해 곡괭이 자루를 마구 휘두른 결과 그 중 1명을 사망케 하고 다른 사람에게 상해를 입힌 것은 반격적인 행위를 하려던 것이 그 정도를 지나친 행위를 한 것이 명백하므로 과잉방위에 해당한다(대법원 1985. 9. 10. 선고 85도1370 판결).

2) 제한속도로 운전중 전방의 버스를 발견하고 급제동을 하였으나 빗길 때문에 미끄러져 중앙선을 침범한 경우 앞차를 피하기 위한 다른 적절한 조치를 취할 방도가 없는 상황에서 부득이 중앙선을 침범한 경우 긴급피난이나(대법원 1990. 5. 8. 선고 90도606 판결), 과속으로 인한 경우는 긴급피난이 아니다(대법원 1968. 10. 22. 선고 68다1643 판결).

3) ① 피고인이 스스로 야기한 강간범행의 와중에서 피해자가 피고인의 손가락을 깨물며 반항하자 물린 손가락을 비틀며 잡아 뽑다가 피해자에게 치아결손을 입힌 행위는 피난행

그러나 개에게 돌을 던져 성난 개가 공격하여 위험을 자초하는 경우에는 긴급피난은 원칙상 성립하지 않는다. 긴급피난은 급박한 위기에서 자신의 이익 보호를 위해 타인의 이익을 침해하여 위기를 탈출하는 '카르네아데스 판자'(Plank of Karneades)[1])의 문제이다.

[정당방위와 긴급피난의 차이]

	정당방위	긴급피난
법 익	개인적 법익	개인적 및 사회적 법익
시 기	급박성	급박성 및 계속성
대결상태	부정 대 정	정 대 정
침 해	인간의 공격적 행위	인간 및 동물, 자연현상
방 법	반격행위	피난행위

Ⅱ. 자구행위

법정절차에 의해 청구권을 보존하기 불가능한 경우에 청구권의 실행불능 또는 현저한 실행곤란을 피하기 위한 상당한 이유가 있을 때에는 자구행위로서 인정하여 벌하지 않는다(형법 제23조).[2]) 예를 들면 택시비를 내지 않고 도주하는 고객을 붙잡아 대금을 받는 경우이다.

위라 할 수 없다(대법원 1995. 1. 12. 선고 94도2781 판결).
　② 간통현장을 촬영하기 위해 타인의 주택에 침입한 행위는 긴급하고 불가피한 수단이었다고 볼 수 없으므로 정당행위가 될 수 없다(대법원 2003. 9. 26. 선고 2003도3000 판결).
1) 카르네아데스(Karneades, B. C. 214~129)는 바다에 빠진 사람이 난파선의 판자를 잡기 위해 다투는 생존의 극한 상황 문제를 제기하였다. 판자는 한 사람의 무게 밖에 감당할 수 없어 다른 사람을 밀어내어야만 살 수 있다. 이를 카르네아데스의 판자라고 하여 긴급행위를 논할 때 인용된다.
2) ① 인근 상가의 통행로로 이용되고 있는 토지의 사실상 지배자가 토지에 철주와 철망을 설치하여 통행을 방해한 경우는 자구행위에 해당되지 않는다(대법원 2007. 12. 28. 선고 2007도7717 판결).
② 집회 참가자의 촬영된 영상을 기자에게 지워달라고 요구하는 과정에서 카메라 가방 줄을 밀고 당기는 행위는 정당행위 또는 자구행위이다(부산지법 2015. 9. 11. 선고 2015노1466 판결).

제6절 민법상 권리구제

I. 물권적 청구권

물권적 청구권은 물건의 지배상태가 침해당하거나 물권내용의 완전한 실현이 어떤 외부사정에 의해 방해당하고 있거나 그럴 염려가 있는 경우에 목적물의 반환, 방해의 제거 또는 예방에 필요한 행위 등을 청구할 수 있는 권리이다. 물권의 행사가 방해당하고 있는 경우에 물권적 청구권을 인정하지 않으면 물권의 지배권은 유명무실하게 되므로 물권의 실효성을 보장하기 위한 것이다. 민법은 물권적 청구권에 관한 일반 규정은 두지 않고 점유권(민법 제204조~제206조), 소유권(제213조~제214조), 지상권(제290조), 지역권(제301조), 전세권(제319조), 저당권(제370조) 등에서 개별적으로 정하고 있다. 물권적 청구권에는 ① 목적물의 점유를 침탈당한 경우에 그 목적물의 반환청구권,[1] ② 목적물이 침해당하고 있는 경우에 방해배제청구권,[2] ③ 목적물이 침해당할 염려가 있는 경우에 방해예방청구권[3] 등이 있다. 또한 물권적 청구권은 인격권의 침해가 있는 경우에 침해행위의 제거 또는 정지 등을 청구할 수 있는 금지청구권을 포함하고 있다.[4]

---

[1] 불법점유를 이유로 하여 그 명도 또는 인도를 청구하려면 현실적으로 그 목적물을 점유하고 있는 자를 상대로 하여야 하고 불법점유자라 하여도 그 물건을 다른 사람에게 인도하여 현실적으로 점유를 하고 있지 않은 이상, 그 자를 상대로 한 인도 또는 명도청구는 부당하다(대법원 1999. 7. 9. 선고 98다9045 판결).

[2] 인접 대지에 건물을 신축함으로써 생활이익이 침해되고 그 침해가 사회통념상 일반적으로 수인할 정도를 넘어선다고 인정되는 경우에는 토지 등의 소유자는 소유권에 기하여 방해의 제거나 예방을 위해 필요한 청구를 할 수 있고, 이와 같은 청구를 하기 위한 요건으로서 반드시 건물이 문화재보호법이나 건축법 등의 관계 규정에 위반하여 건축되거나 또는 그 건축으로 인해 소유자의 토지 안에 있는 문화재 등에 대하여 직접적인 침해가 있거나 그 우려가 있는 것을 요하는 것은 아니다(대법원 1997. 7. 22. 선고 96다56153 판결).

[3] 인접 대지에 건축중인 아파트가 완공되는 경우, 대학교로서의 경관·조망이 훼손되고 조용하고 쾌적한 교육환경이 저해되며 소음의 증가 등으로 교육 및 연구활동이 방해받게 된다면, 대학교 측은 사회통념상 일반적으로 수인할 정도를 넘어선다고 인정되는 한 그 방해의 제거나 예방을 청구할 수 있다(대법원 1995. 9. 15. 선고 95다23378 판결).

[4] 인격권은 그 성질상 일단 침해된 후의 구제수단(금전배상이나 명예회복 처분 등)만으로는 그 피해의 완전한 회복이 어렵고 손해전보의 실효성을 기대하기 어려우므로 인격권

Ⅱ. 불법행위에 대한 손해배상청구권

1. 일반불법행위로 인한 배상책임

(1) 불법행위의 개념

불법행위(tort)란 고의 또는 과실에 의한 위법행위로 타인의 권익을 침해하여 손해를 주는 행위로서, 가해자는 피해자에게 원인제공자로서 손해를 배상할 채무가 발생한다(민법 제750조). 불법행위에 의한 손해배상청구권은 ① 가해자의 고의 또는 과실이 있어야 한다. ② 위법성이 있어야 한다. ③ 가해자는 책임능력이 있어야 한다. ④ 가해행위와 손해의 발생 사이에 상당인과관계가 있어야 한다. ⑤ 피해자에게 손해가 발생하여야 한다.

재산적 손해는 물론 생명·신체·자유·명예·정조·초상·성명·프라이버시보호 등의 인격적 침해에 대해서도 불법행위가 성립한다.[1] 정신적 고통의

의 침해에 대해서는 사전(예방적) 구제수단으로 침해정지·방지 등의 금지청구권도 인정된다(대법원 1996. 4. 12. 선고 93다40614·40621 판결).

1) ① 사생활 침해에 대한 배상책임 : 방송기술상 적절한 조치를 취하지 않음으로써 피해자의 신분이 주변사람들에게 노출된 사안에서 피해자의 승낙을 받은 경우에도 범위를 초과하여 승낙 당시의 예상과는 다른 방법으로 부당하게 피해자의 사생활의 비밀을 공개하였으면 손해배상책임을 인정하였다(대법원 1998. 9. 4. 선고 96다11327 판결).

② 명예훼손에 대한 배상책임 : 수사기관이 피의자의 자백을 받아 기자들에게 보도자료를 배포하는 방법으로 피의사실을 공표함으로써 피의자의 명예가 훼손된 사안에서, 피의사실이 진실이라고 믿은 데에 상당한 이유가 없다는 이유로, 보도자료의 작성·배포에 관여한 경찰서장과 수사경찰관 및 국가의 연대배상책임을 인정하였다(대법원 1996. 8. 20. 선고 94다29928 판결).

③ 학습권 침해에 대한 배상책임 : 교사들의 학원비리 척결 요구를 위한 수업거부와 교내시위로 인한 학생들의 학습권과 학부모의 교육권 침해에 대해 대법원은 "학생이 교육받을 권리는 교사가 가르칠 권리보다 우선한다 … 비록 목적이 정당했더라도 불법적인 방법으로 수업을 거부하는 것은 학생들의 학습권을 본질적으로 침해하는 것"이라 하여 시위교사 34명은 학생 13명에게는 100만원씩, 학부모 15명에게는 30만원씩의 손해배상을 지급하라고 판결하였다(대법원 2007. 9. 20. 선고 2005다25298 판결).

④ 변호인의 과실로 인한 배상책임 : 소송의뢰인에게 상고제기기간을 잘못 고지하는 바람에 소송의뢰인이 상고제기기간을 도과하여 상고의 기회를 잃게 한 경우, 수임변호사는 소송의뢰인이 입은 손해에 배상책임이 있다(대법원 1997. 5. 28. 선고 97다1822 판결).

⑤ 간통행위에 대한 배상책임 : 부녀와 간통한 자는 부녀의 배우자에게 불법행위가 성립한다(대법원 2005. 5. 13. 선고 2004다1899 판결).

배상에는 위자료도 포함된다.

(2) 배상책임

배상책임의 증명책임은 피해자가 진다. 피해자측의 과실이 있으면 배상액의 산정에 있어서 법원은 과실상계의 원칙 그리고 손해발생과 동시에 이득이 생긴 경우 이득공제 후 배상액을 산정하는 손익상계를 참작할 수 있다. 민법은 자기책임인 과실책임주의를 원칙으로 하고 있으나 예외적으로 피해자의 손해구제를 특별법(자동차손해배상 보장법, 제조물책임법, 광업법)에서 무과실책임주의를 보충적으로 인정하여 피해배상에 노력하고 있다. 특히 일상적인 불법행위로 인한 손해배상에서 자동차사고, 의료사고, 여행사고 등의 배상 문제가 빈번히 발생한다.

---

⑥ 증권회사 임직원에 대한 배상책임 : 증권사의 투자행위가 경험이 부족한 일반투자가에게 거래행위에 필연적으로 수반되는 위험성에 대한 올바른 인식 형성을 방해하거나 고객의 투자상황에 비추어 과대한 위험성을 수반하는 거래를 적극적으로 권유한 경우에 고객에 대한 보호의무를 저버린 위법성을 띤 행위인 것으로 평가될 수 있어야 한다(대법원 1999. 6. 11. 선고 97다58477 판결).

⑦ 일조권 침해에 대한 배상책임 : 인접 토지의 사용권자가 건물 등을 건축함으로써 직사광선이 차단되는 불이익을 입게 되고, 그 일조방해의 정도가 사회통념상 일반적으로 인용하는 수인한도를 넘어서는 경우에는 그 건축행위는 정당한 권리행사로서의 범위를 벗어나거나 권리남용에 이르는 행위로서 위법한 가해행위로 평가되어 일조방해로 인한 불법행위가 성립한다(대법원 2001. 6. 26. 선고 2000다44928・44935 판결).

⑧ 조망권 침해에 대한 배상책임 : 건물의 소유자나 점유자가 그 건물로부터 향유하는 조망이익이 사회통념상 독자의 이익으로 승인되어야 할 정도로 중요성을 갖는다고 인정되는 경우에 비로소 법적인 보호의 대상이 되는 것이고, 그와 같은 정도에 이르지 못하는 조망이익의 경우에는 특별한 사정이 없는 한 법적인 보호의 대상이 될 수 없다(대법원 2007. 6. 28. 선고 2004다54282 판결).

⑨ 언론매체에 대한 배상책임 불인정 : 신문 등 언론매체가 개인의 명예를 훼손하는 행위를 한 경우에도 그것이 공공의 이해에 관한 사항으로서 그 목적이 오로지 공공의 이익을 위한 것일 때에는 그 기사 등 보도내용의 진실성이 증명되거나 그 증명이 없더라도 행위자가 그것을 진실이라고 믿을 만한 상당한 이유가 있는 경우에는 위법성이 없다(대법원 1996. 5. 28. 선고 94다33828 판결).

⑩ 병실에서 절취당한 휴대품에 대한 배상책임 : 입원환자에게 귀중품 등 물건보관에 관한 주의를 촉구하면서 도난 시에는 병원이 책임을 질 수 없다는 설명을 한 것만으로는 병원의 과실에 의한 손해배상책임까지 면제되는 것이라고 할 수 없다(대법원 2003. 4. 11. 선고 2002다63275 판결).

1) **자동차 운행자 손해배상책임**   자동차사고는 일반 불법행위와 달리 피해자를 특별 보호하기 위해 피해자의 입증책임을 완화하여 가해자에게 무과실책임을 인정하였다. 자동차를 운행하는 사람은 운행으로 사람이 사망 또는 부상하거나 재물이 멸실 또는 훼손된 경우에 손해를 배상하여야 한다. 자동차 보유자가 직접 운전하거나 타인에게 운전을 하게 하여 자동차사고가 발생한 경우 자동차 보유자에게 운행자 책임을 부과한다. 자동차 보유자란 자동차의 소유자 또는 자동차를 사용할 권리가 있는 자로서 '자기를 위해 운행하는 자'[1]를 말한다. 자동차 보유자의 의사에 반하여 운전하는 무단운전, 절취운전, 명의대여, 대리운전 등에도 자동차 보유자의 운행자성(運行者性)을 인정하는 경향이다.[2]

교통사고의 손해배상 합의서에서 통상적으로 "앞으로 이 문제에 대해서 민·형사상 책임을 묻지 않는다"는 권리포기 각서를 요구한다. 하지만 교통사고의 특성상 장애 발생의 후유증이 각서로써 합의한 이후에 나타나는 경우가 있다. 교통사고의 손해배상청구권은 사고 당시에는 전혀 예상할 수 없었던 후유증으로 인한 손해가 발생하거나, 예상외로 손해가 확대된 때부터 소멸시효가 진행되는 것으로 본다.[3] 교통사고 후유증으로 중대한 후발적 손해가 발생하면 그 때부터 소멸시효가 시작되고 합의각서의 내용은 인정되지 않는다.

2) **의료과실의 손해배상책임**   의료사고의 손해배상책임이란 의료행위[4]의 과정에서 의료인의 과실로 예기하지 않은 인신사고의 발생으로 인해 의료인의 불법행위로 인한 손해배상책임이 발생하는 것을 말한다. 일반적 수준의 의료인이라면 의료행위에 마땅히 기울여야 할 전문적 주의의무를 다하여

---

1) 자동차손해배상 보장법 제3조의 '자기를 위해 자동차를 운행하는 자'라 함은 자동차에 대한 운행을 지배하여 그 이익을 향수하는 책임주체로서의 지위에 있는 자, 즉 사회통념상 자동차의 운행지배와 운행이익을 가진 자를 의미한다(대법원 2001. 4. 24. 선고 2001다3788 판결).

2) 대법원 2001. 4. 24. 선고 2001다3788 판결.

3) 대법원 1992. 5. 22. 선고 91다41880 판결.

4) 의료행위란 의학적 전문지식을 기초로 하는 경험과 기능으로 진단, 치료, 검안, 처방, 투약 그리고 외과적 시술의 시행을 통한 질병의 예방 또는 치료행위 및 그 밖에 의료인이 행하지 아니하면 보건위생상 위해가 생길 우려가 있는 행위를 말하며(대법원 2007. 7. 26. 선고 2005도5579 판결), 미형 성형수술도 포함한다(대법원 2007. 6. 28. 선고 2005도8317 판결).

야 하고 이를 확실히 지키지 않아 의료사고가 발생하면 의료과실(오)로 인한 손해를 배상할 책임이 있다.[1] 의료사고는 피해자구제라는 차원에서 민사상 배상책임이 주로 거론되며, 형사책임은 의사의 업무상 과실치사상죄에 해당하는 형사적 처벌이기 때문에 엄격한 구성요건을 요한다. 의료사고의 발생에 형사책임이 없다고 하여 민사책임이 면제되는 것은 결코 아니다.

의사는 일반적으로 ① 진료 의무, ② 비밀준수 의무, ③ 진료기록 의무 이외에 다음과 같은 의무를 가지며, 이를 위반하는 경우에 법적 책임을 면할 수 없다. 의료 사고의 인과관계의 규명은 고도의 전문적 분야이므로 피해자가 입증하기에는 사실상 한계가 있다. 의료소송에 앞서 의료분쟁조정중재원에 피해배상 중재를 신청할 수 있다.

① **예견의무와 결과회피의무** 의료과실에 있어서 의사의 과실은 의사가 결과 발생을 예견할 수 있었음에도 불구하고 그 결과 발생을 예견하지 못하였고, 그 결과 발생을 회피할 수 있었음에도 불구하고 그 결과 발생을 회피하지 못한 과실이 인정되어야 한다.[2] 눈꺼풀 피부를 지나치게 절제해 눈이 감기지 않는 후유증이 발생했고, 흉터를 남기지 않거나 최소화할 수 있는 다른 수술 방법이 존재하는데도 잘못된 수술 방법을 택해 몸에 흉터가 남게 된 경우 의사에게 손해배상책임이 있다. 의사는 전문지식을 바탕으로 적절한 시술 방법 등을 검토해 후유증이 남는 시술을 하지 않을 의무가 있다.

② **설명의무** 의사는 환자에게 의료행위에 대한 승낙을 얻기 위해 환자 본인 또는 그 가족에게 의료행위의 필요성이나 위험성을 충분히 비교하여 의료행위를 받을 것인가의 여부를 선택할 수 있도록 설명할 의무가 있다.[3] 의사의 설명의무는 환자에게 자기결정권을 행사할 수 있는 기회를 주는 것이다.[4] 그러나 의사가 시술 전 환자의 상태 및 시술로 인한 합병증으로 사망할

---

[1] 약물을 투여할 경우에 사후 세심한 주의와 관찰이 필요함에도 불구하고, 막연히 앞서 진단하였던 결과에 따라 별다른 검진도 없이 약물을 투여하였고, 약물을 투여한 후에도 안정하도록 하여 부작용이 없는지를 확인하지도 아니함으로 인해 과민성 쇼크가 발생하여 환자가 사망하였다면, 진료의사는 이로 말미암아 발생한 모든 손해를 배상할 책임이 있다(대법원 1997. 5. 9. 선고 97다1815 판결).

[2] 대법원 2006. 10. 26. 선고 2004도486 판결.

[3] 대법원 2002. 10. 25. 선고 2002다48443 판결.

[4] 의사가 환자에게 실제 시행하는 수술방법에 대해서만 설명하고 다른 가능한 치료방법

가능성의 정도와 예방가능성 등에 관하여 구체적으로 설명을 하여 주지 아니하였다면 설명의무를 다하였다고 할 수 없을 것이다.[1]

병원은 수술에 앞서 "환자는 수술에 대해 병원 측에 일체의 책임을 묻지 않는다"는 환자의 동의서(서약서)를 요청한다. 그러나 수술 동의서는 의사가 최대한의 주의 의무를 다하였음에도 불구하고 수술 결과가 불량한 경우에 책임을 지지 않는다는 뜻이고, 의사의 고의·과실로 인해 피해가 발생한 경우의 배상책임까지도 포기한다는 취지는 아닌 것이다.

3) 여행사의 손해배상책임   여행사는 여행자에게 여행약관과 일정표에 따라 여행서비스를 제공하는 여행급부이행 의무가 있다.[2] 여행주최자(회사 고용인, 현지여행사)는 ① 쾌적한 여행을 위한 최선의 의무, ② 여행에 관한 정보제공과 설명할 의무, ③ 보험가입 의무, ④ 여행자의 수화물 수령, 인도, 보관 등에서 발생한 수화물의 멸실, 훼손 또는 연착으로 인해 발생할 손해를 원칙상 배상할 책임이 있다. 여행주최자는 여행의 최저 행사인원이 충족되지 않았을 때 또는 여행주최자와 여행인은 출발 전에는 언제든지 손해를 배상하고 계약을 해제할 수 있다(민법 제674조의3).[3] 여행 출발 후에도 여행자는 질병, 가족의 사망 등 부득이한 경우에는 배상을 하고 계약을 해지할 수 있고 여행사는 여행자를 귀환 운송할 책임이 있다(민법 제674조의4).

에 대해서는 설명해주지 않아 환자의 수술여부에 대한 선택기회를 잃게 된 경우, 또한 의사가 성형수술과 관련하여 수술 부위의 함몰 가능성에 관하여 설명하지 않아 환자의 수술여부에 대한 선택기회를 잃게 된 경우 등은 의사의 설명의무 위반이 될 수 있다.

1) 대법원 2004. 10. 28. 선고 2002다45185 판결.

2) 여행주최자는 여행목적지·여행일정·여행행정·여행서비스기관의 선택 등에 관하여 미리 충분히 조사·검토하여 여행계약 내용의 실시 도중에 여행자가 부딪칠지 모르는 위험을 미리 제거할 수단을 강구하거나, 여행자에게 그 뜻을 고지함으로써 여행자 스스로 위험을 수용할지에 관하여 선택할 기회를 주는 등 합리적 조치를 취할 신의칙상 안전배려의무를 부담한다(대법원 2014. 9. 25. 선고 2014다213387 판결).

3) 국외여행의 경우 여행사는 출발 일주일 전에는 인원 부족을 이유로 여행을 취소해도 소비자에게 배상할 책임이 없다(국외여행표준약관 제9조). 하지만 여행자는 정당한 사유 없이 출발 29일 이내에 여행을 취소할 경우 기간에 따라 계약금의 10~50%를 여행사에 배상하여야 한다(국외여행표준약관 제15조 및 소비자분쟁해결기준 국외여행 부분 참조).

2. 특수불법행위로 인한 배상책임

민법은 일반불법행위의 성립요건과는 달리 특수한 성립요건에 의한 특수불법행위를 규정하고 있다. 특수불법행위에는 ① 미성년자·피한정후견인·피성년후견인 등과 같은 제한능력자에 대한 감독자의 책임(제755조),[1] ② 피용자의 사무집행으로 인해 제3자에게 입힌 손해에 대한 사용자의 책임(제756조),[2] ③ 도급인이 수급인에 대해서 도급 또는 지시에 중대한 과실이 있는 경우에 도급인의 책임(제757조),[3] ④ 공작물의 설치 또는 보존의 하자로 인해 타인에게 손해를 입힌 경우에 공작물의 점유자 및 소유자의 책임(제758조),[4] ⑤ 동물의 점

---

1) ① 미성년자가 책임능력이 있어 그 스스로 불법행위책임을 지는 경우에도 그 손해가 당해 미성년자의 감독의무자의 의무위반과 상당인과관계가 있으면 감독의무자는 손해배상책임이 있다(대법원 1994. 2. 8. 선고 93다13605 전원합의체 판결).

② 초등학교 내에서 폭력적인 괴롭힘을 당하여 학생이 자살한 사고가 학교에서의 교육활동 및 이와 밀접한 불가분의 관계에 있고 학교생활에서 통상 발생이 예측되거나 또는 예측가능성(사고발생의 구체적 위험성)이 있는 경우에 교장이나 교사는 보호·감독의무에 위반한 책임을 인정하여 가해 학생의 부모, 담임교사, 교장의 과실이 경합하여 자살사건이 발생하였다는 이유로 부모들과 지방자치단체에게 공동 불법행위자로서의 손해배상책임을 인정하였다(대법원 2007. 4. 26. 선고 2005다24318 판결).

2) ① 호텔종업원의 손님에 대한 고의적인 상해행위가 피용자의 사무의 전부 또는 일부를 수행하는 과정에서 이루어지거나 가해행위의 동기가 업무처리와 관련된 것일 경우에는 외형적·객관적으로 사용자의 사무집행 행위와 관련된 것이라고 보아 사용자책임이 성립한다(대법원 2000. 2. 11. 선고 99다47297 판결).

② 사용자책임에서 사용자의 과실은 직접의 가해행위가 아닌 피용자의 선임·감독에 관련된 것인 점에서, 피용자의 고의의 불법행위로 인해 사용자책임이 성립하는 경우, 사용자는 자신의 고의의 불법행위가 아니라는 이유로 민법 제496조의 적용을 면할 수는 없다(대법원 2006. 10. 26. 선고 2004다63109 판결).

3) 건물신축공사를 위한 지하 굴착공사 과정에서 야기된 인근 건물 균열사고에 있어 도급인이 그 건축자재 중 일부를 제공하고 제3자를 시켜 지하 굴착 공사시에 지주 방책설비를 철저히 하라고 요청하고, 동인의 처가 공사현장에 수시로 나와 설계도에 없는 내부장치, 옥상계단 등의 설치를 요구한 사실만으로 위 공사의 도급 또는 지시에 관하여 중대한 과실이 있다고 볼 수 없다(대법원 1991. 2. 8. 선고 90다12915 판결).

4) ① 고속도로의 추월선에 각목이 방치되어 사고의 원인이 될 경우, 한국도로공사의 공작물 보존 하자로 인한 책임이 인정된다(대법원 1996. 10. 11. 선고 95다56552 판결).

② 폭설로 인해 고속도로에 갇힌 피해자들이 한국도로공사를 상대로 한 손해배상소송에서 피고는 당시 각 고립구간의 교통정체를 충분히 예견할 수 있었고 따라서 미리 정해진 재해 상황별 조치계획에 의해 즉시 차량의 추가진입을 통제하는 등 교통제한 및 운행

유자의 책임(제765조),1) ⑥ 여러 사람이 공동으로 불법행위를 한 공동불법행위자의 책임(제760조)2) 등이 있다. 공동불법행위에는 ① 각자가 일반불법행위의 요건을 갖추는 좁은 의미의 공동불법행위(여러 사람이 공동으로 타인의 집을 파괴하는 경우), ② 가해자가 불명한 공동불법행위(가옥파괴가 공동파괴범 중 누구의 소행인지를 알 수 없는 경우), ③ 불법행위자를 교사 또는 방조한 경우(가옥파괴를 유도한 자) 등이 있다. 공동불법행위자는 연대하여 손해배상책임을 지도록 하여 피해자는 공동불법행위자 중 누구에게나 배상청구를 할 수 있다(민법 제760조).3)

Ⅲ. 채무불이행에 대한 강제집행권

채무불이행에는 채무자의 ① 책임 있는 사유로 이행이 지연되는 이행지체, ② 채무내용이 불능이 된 이행불능, ③ 채무이행을 하였으나 채무의 내용을

정지조치를 취하여야 할 의무가 있었음에도 안일한 태도로 필요한 조치를 충분히 이행하지 아니함으로써 고속도로에 장시간 고립시키는 사태를 야기하였으므로 고속도로 관리상의 하자가 있었던 것으로 인정된다(대법원 2008. 3. 13. 선고 2007다29287 판결).

1) 도사견 소유자가 이를 타인에게 빌려주는 경우에는 그가 도사견을 안전하게 보관·관리할 수 있는 시설을 갖추고 있는지 여부를 확인해야 할 주의 의무가 있다. 그런데 도사견을 보관할 별도의 개집도 갖추고 있지 아니한 사람에게 빌려주어 낡은 개끈만으로서 그의 집마당에 그냥 매어 두게 한 과실로 말미암아 사고를 일으키게 한 것은 소유자에게 과실이 있다(대법원 1981. 2. 10. 선고 80다2966 판결).

2) 의사가 환자를 수술하는 과정에서 환자의 호흡이 정지되어 다른 병원으로 이송하였으나 환자가 저산소성 뇌손상으로 사망한 사안에서, 의사에게는 마취수술 과정에서 마취제를 과다하게 투여하고 호흡관리를 제대로 하지 못한 과실이 있고, 타병원도 수액 과다투여 등의 과실이 있어 양측이 뇌손상 및 사망의 원인이 된 경우, 의사의 행위와 타병원의 행위는 공동불법행위에 해당한다(대법원 2012. 1. 27. 선고 2009다82279 판결).

3) ① 관광버스가 국도상에 생긴 웅덩이를 피하기 위해 중앙선을 침범 운행한 과실로 마주오던 트럭과 충돌하여 발생한 교통사고에 대하여 국가의 공동불법행위자로서의 손해배상책임이 인정된다(대법원 1998. 6. 12. 선고 96다55631 판결).

② 교통사고로 인해 치료를 받던 중 의사의 과실로 증상이 악화되거나 새로운 증상이 생겨 손해가 확대된 경우 의사에게 중대한 과실이 있다는 등의 특별한 사정이 없는 한 확대된 손해와 교통사고 사이에도 상당인과관계가 있고, 이 경우 교통사고와 의료사고가 각기 독립하여 불법요건을 갖추고 있으면서 객관적으로 관련되고 공동하여 위법하게 피해자에게 손해를 가한 것으로 인정되면 공동불법행위가 성립한다(대법원 1998. 11. 24. 선고 98다32045 판결).

불완전하게 이행한 경우 등이 있다. 채무불이행에 대해서 강제집행이나 손해배상을 청구할 수 있다(제389조~제390조). 채권자가 채권 확보를 위한 절차는 다음과 같다. 채무자의 존재확인 → 내용증명 발송 → 가압류·가처분 신청 → 지급명령 신청 → 채무이행청구 소송 → 승소판결 → 집행문 부여신청 → 재산압류(채권압류 및 추심·전부명령) → 재산경매 → 법원의 매각허가 결정 → 배당요구 → 매각대금 납부 → 소유권 이전 등기 촉탁과 부동산인도 명령 → 채권 신고 및 배당(채무회수).

[채무자의 재산을 찾아내기 위한 절차]

① **재산명시제도**　　　재산명시제도는 확정판결이나 지급명령 등 일정한 집행권원에 따라 금전채무자가 채무를 이행하지 아니한 경우에, 법원이 채무자에게 강제집행의 대상이 되는 재산과 재산의 처분상황 목록을 제출하게 하고 그 진실성에 선서하게 함으로써 재산 상태를 공개하는 것이다(민사집행법 제61조, 제68조). 재산명시명령의 의무를 위반한 자는 제재를 가한다.

② **채무불이행자 명부제도**　　　채무자가 금전 지급의 판결이나 지급명령 등 집행권원이 확정한 후 6월 이내에 채무를 이행하지 아니하는 경우 또는 정당한 사유 없이 명시 기일에 불출석하거나, 재산목록 제출 또는 선서를 거부하거나, 거짓 목록을 낸 경우에 채권자는 채무불이행자 명부를 올리도록 신청할 수 있다(민사집행법 제70조). 등재가 결정되면 법원에 비치하고 누구든지 보거나 복사할 수 있다.

③ **재산조회제도**　　　채무자가 정당한 사유 없이 명시 기일에 불출석하거나, 재산목록 제출 또는 명시 선서를 거부하거나, 거짓 재산목록을 낸 경우 그리고 재산목록만으로는 집행채권의 만족을 얻기에 부족한 경우가 있다. 이 경우 법원이 공공기관·금융기관·단체 등에게 채무자 명의의 재산 조회를 하고, 그 결과를 재산목록에 준하여 관리하도록 하는 제도이다(민사집행법 제74조 1항, 제75조 1항).

Ⅳ. 개인회생제도 및 개인파산제도에 의한 권리구제

1. 개인회생제도

개인회생제도는 경제적 파탄에 직면한 개인채무자가 정기적이고 확실하게, 계속적으로 또는 반복하여 수입을 얻을 가능성이 있는 경우에 이해관계인의 법률관계를 조정하여 채무자의 경제적 회생과 채권자의 이익을 고려한 개인 채무자 구제절차이다. 일정한 수입이 있는 급여 소득자와 영업 소득자로서 과다한 채무로 인해 지급불능의 상태에 있거나 지급불능의 상태가 발생할 염려가 있는 개인 채무자만이 신청할 수 있다(채무자 회생 및 파산에 관한 법률 제579조, 제588조). 채무자의 변제 계획안에 대해 법원이 인가결정을 내리고 그에 따라 변제함으로써 잔여채무는 면책될 수 있다.

부양가족을 포함한 최저 생계비를 고려하여 법원이 정한 생계비와 세금 등을 소득에서 공제한 후 남은 돈을 채무를 갚는 데 사용한다. 총 채무액이 무담보 채무의 경우에는 5억원, 담보부 채무의 경우에는 10억원 이하인 개인채무자로서 3년(예외적으로 5년) 이내의 기간에 일정한 금액을 변제하면 나머지 채무의 면책을 받을 수 있다(동법 제579조, 제611조). 개인회생절차 개시의 결정이 있는 때에는 파산절차, 강제집행, 가압류, 가처분 등이 중지 또는 금지된다. 채무자의 도덕적 해이를 방지하고자 최저변제액 제도를 규정하고 있다(동법 제614조 2항).

2. 개인파산제도 및 면책제도

개인파산은 자신의 재산으로서 모든 채무를 변제할 수 없는 상태에서 다수 채권자에게 공평한 만족을 주고 채무를 면제받기 위해 파산신청을 하는 것이다. 한편 면책이란 성실하지만 과도한 채무를 부담하여 파산선고를 받은 개인 채무자에게 경제적 갱생의 기회를 마련하는 제도이다. 면책은 파산절차에 의하여 배당되지 아니한 잔여 채무에 파산(회생)법원의 재판에 의하여 채무자의 책임을 면제해 주는 제도로서 자연인에게만 인정된다(동법 제566조). 파산선고 결정이 확정된 후 1개월 내 또는 파산신청과 동시에 면책신청을 할 수 있다. 파산 및 면책은 자신의 채무를 변제할 수 없는 지급불능 상태에 있는 개인이면 누구든지 신청할 수 있다. 파산선고를 받으면 공·사법상의 신분상 제한을 받으나,[1] 면책이 결정되면 파산자는 복권되어 공·사법상의 제한이 해제되

---

1) 파산선고가 결정되면 시·군·구에 통지되고 신원증명서에 기재되어 사회 활동의 제한을 받지만 선거권과 피선거권은 행사할 수 있다. 파산선고가 되면 공무원, 변호사, 공인회계사, 변리사, 공증인, 부동산 중개업자, 사립학교 교원, 의사, 한의사, 간호사, 약사, 건축

고 잔여 채무의 변제책임이 면제되며, 정상적인 경제활동을 할 수 있다. 그러나 법원은 채무자를 심문하거나 채권자로부터 의견을 청취한 후 채무자에게 면책불허가 사유가 있는 경우(동법 제564조)에는 면책허가결정을 하지 않을 수 있다. 면책불허가사유로는,

① 채무자가 사기파산죄, 과태파산죄, 구인불응죄, 파산증뢰죄 또는 설명 의무 위반죄에 해당하는 행위가 있다고 인정하는 때

② 채무자가 파산선고 전 1년 이내에 파산의 원인인 사실이 있음에도 불구하고 그 사실이 없는 것으로 믿게 하기 위해 그 사실을 속이거나 감추고 신용거래로 재산을 취득한 사실이 있는 때

③ 채무자가 허위의 채권자목록 그 밖의 신청서류를 제출하거나 법원에 대하여 그 재산상태에 관하여 허위의 진술을 한 때

④ 채무자가 면책의 신청 전에 이 조에 의해 면책을 받은 경우에는 면책허가결정의 확정일부터 7년이 경과되지 아니한 때, 제624조에 의해 면책을 받은 경우에는 면책확정일부터 5년이 경과되지 아니한 때

⑤ 채무자가 이 법에 정하는 채무자의 의무를 위반한 때

⑥ 채무자가 과다한 낭비, 도박 그 밖의 사행행위를 하여 현저히 재산을 감소시키거나 과대한 채무를 부담한 사실이 있는 때 등이 있다.

V. 자력구제

자력구제는 법치국가에서는 원칙상 허용되지 않는 자력(조)행위(정당방위)이지만 권리 침해에 대한 보호가 사실상 불가능한 경우인 점유 침탈에 대한 자력구제권을 인정한다(민법 제209조).1)

사 등은 될 수 없다. 자격증의 전문직은 자격박탈이 아니라 자격정지이며 면책되면 복직이 되지만 공무원, 교사는 자동 퇴직이다. 민법상 후견인, 유언집행자, 수탁자 등은 될 수 없고, 합명회사, 합자회사의 사원은 퇴사의 원인이 되고 주식회사, 유한회사, 유한책임회사 등의 임원은 될 수 없다.

1) 위법한 강제집행에 의하여 부동산을 명도 받는 것은 공권력을 빌려서 상대방의 점유를 침탈하는 것이므로 강제집행이 종료한 후 2시간 이내에 자력으로 점유를 탈환한 것은 자력구제이다(대법원 1987. 6. 9. 선고 86다카1683 판결).

제 7 절 사이버 범죄로부터의 권리구제

사이버 공간에서의 개인정보 공개는 사생활의 보호와 표현·언론의 자유, 알권리 등을 위축시킬 우려로 실명제를 시행하지 않는다.[1] 하지만 통신 이용자의 권익보호를 위해 불법정보나 가짜 뉴스 등의 언어폭력을 빠르게 차단·삭제하고 피해 확산을 저지하기 위한 간편·신속한 구제장치가 필요하다. 인터넷은 결코 망각하지 않는다(The net never forget). 자신은 물론 타인이 과거의 인터넷이나 SNS에 올린 게시물을 다른 사람이 볼 수 없도록 접근배제(블라인드 처리)나 삭제청구권이 보장되어야 한다. 자신에 관한 정보의 삭제 청구권은 잊힐 권리(right to be forgotten)[2]를 통한 개인정보 자기결정권과 사생활의 보장을 위해 필요하다.

정보통신망의 공개된 정보로 사생활 침해나 명예훼손을 받은 자는 정보통신서비스 제공자에게 그 정보의 삭제 또는 반박 내용의 게재를 요청할 수 있다(정보통신망 이용촉진 및 정보보호 등에 관한 법률 제44조의2). 정보통신서비스 제공자는 지체 없이 삭제·임시조치를 하고 이를 해당 게시판에 공시하는 등의 방법으로 이용자가 알 수 있도록 하여야 한다.[3] 정보통신망에서 사생활이나 명예 침해의 분쟁을 위하여 방송통신위원회의 명예훼손 분쟁조정부가 있다(동법 제44조의10). 또한 전기통신 금융사고로 이용자에게 손해가 발생한 경우 금융회사가 본인 확인조사를 안 했으면 그 손해를 배상할 책임이 있다(전기통신 금융사기 피해방지 및 환급에 관한 특별법 제 2 조의4).

---

1) 헌법재판소 2012. 8. 23. 선고 2010헌마47 결정.
2) 잊힐 권리는 프랑스, 일본, 미국 캘리포니아주 등이 인정하였고 유럽사법재판소(EJI)는 시효가 지났거나 부적절한 개인 데이터는 이용자가 삭제를 요청할 수 있다고 판결하였다.
3) 독일은 소셜미디어의 위법한 게시물을 삭제하지 않으면 플랫폼 사업자를 처벌한다.

제 8 절 노동법상 권리구제

I. 부당노동행위에 대한 구제

사용자의 부당노동행위로 인하여 근로권을 침해당한 근로자 또는 노동조합은 부당노동행위가 있은 날부터 3월 이내에 노동위원회에 구제를 신청할 수 있다. 부당노동행위란 사용자가 ① 노동조합의 조직·가입을 이유로 불이익을 주는 행위 ② 노동조합의 가입·탈퇴를 고용 조건으로 하는 행위, ③ 노동조합과 단체교섭을 거부하는 행위, ④ 노동조합의 조직·운영에 금전적 지원을 하는 행위, ⑤ 단체행위의 참가를 이유로 불이익을 주는 행위 등을 말한다(노동조합 및 노동관계조정법 제81조). 구제신청을 받은 때에는 지방 노동위원회는 지체 없이 필요한 조사와 관계 당사자의 심문을 거쳐 사업주의 부당노동행위로 판정한 때에는 사용자에게 구제명령을 한다. 그러나 부당노동행위에 대한 구제신청이 기각되는 경우 이에 대해 불복하려면 중앙노동위원회에 재심을 신청할 수 있다. 재심판정에 불복하면 행정소송을 제기할 수 있다. 구제절차를 요약하면, 부당노동행위 → 구제신청 → 조사·심문 → 구제명령·기각결정 → 재심신청 → 소송의 제기 등을 거친다. 부당노동행위에 대한 진정서를 고용노동부에 제출하면 근로감독관이 조사하여 시정명령을 내릴 수 있다. 피해 근로자는 구제명령절차와는 별도로 민사상 권리구제를 할 수 있다.[1]

II. 업무상 재해에 대한 보상

1. 업무상 재해의 개념

업무상 재해 보상제도는 근로자가 업무도중에 재해를 당한 경우 사용자의 무과실책임을 인정하여 보상하는 제도이다. 업무상 재해(산업재해보상보험법 제5조)란 근로자가 근로업무를 수행 또는 그에 따른 활동을 하는 과정에서 발생

---

1) 대법원 1988. 12. 13. 선고 86다204 판결.

한 재해를 말한다.1) 근로자가 당한 재해가 업무와 직접 관련이 없는 기존의 질병이라도 업무와 관련하여 생긴 사고로 인해 더욱 악화되거나 그 증상이 비로소 발현된 것이라면 업무와 재해 사이의 인과관계를 인정한다.2) 산업재해보상은 사용자나 근로자의 고의·과실을 묻지 않으며 배상액이 실질적인 손해액과 관계없이 정액화되어 있다. 업무상 재해에 대한 보상청구는 사용자책임과 산업재해보상보험법에 의하며 퇴직 후에도 가능하다. 재택근무가 확산되는 추세에 따라 업무상 재해의 개념과 범위가 함께 논의되어야 한다.

산업재해보상에 대한 최근 판례의 경향은 근로자의 업무시간의 범위를 확대하고 근로자의 외연도 넓어지는 추세이다. 특히 비정규직 근로자에게도 근로자로서의 권리 보호를 강조하는 방향으로 변화하고 있다. 판례의 경향이 온정주의에 치우쳐 사업자에게 부담을 더욱 가중시킨다는 비판도 있으나, 경제의 질적·양적 규모가 커지고 직업종류가 다양화되면서 근로자에 대한 사회의 책임을 한층 강조하는 것은 필연적이다.

2. 업무상 재해의 기준

업무상 재해는 업무수행의 일환 또는 연장인 경우에 사고가 발생하는 경우이다. 재해의 원인에는 업무상 사고와 업무상 질병이 있다. 업무상 사고에는 근로자가 사업주의 지배·관리의 상태에서 근로업무의 수행 또는 그에 수반되는 통상적인 활동을 하는 과정에서 업무상 발생한 재해를 말한다. 업무 수행 중 사고가 발생하거나 사업주가 관리하는 시설물의 결함 또는 관리상의 하자로 인해 사고가 발생하는 경우이다. 업무상 사고에는 ① 사업장 내 작업시간 중 사고, ② 재해구조행위 등으로 인한 사고, ③ 사업장 내 작업시간 외의 사고,3) ④ 시설결함 등에 의한 사고(공황장애로 사망), ⑤ 위험장소에서의 사고,

---

1) 산업재해보상보험법 소정의 '업무상 재해'라 함은 근로자와 사업주 사이에 근로계약에 터잡아 사업주의 지배·관리하에서 당해 근로업무의 수행 또는 그에 수반되는 통상적인 활동을 하는 과정에서 이러한 업무에 기인하여 발생한 재해를 말한다(대법원 2007. 9. 28. 선고 2005두12572 판결).

2) 대법원 1999. 12. 10. 선고 99두10360 판결.

3) ① 근로자가 휴게시간 중에 구내매점에 간식을 사러가다가 제품 하치장에서 사고를 당한 경우에는 업무상 재해로 인정한다(대법원 2000. 4. 25. 선고 2000다2023 판결).

⑥ 통상적인 경로와 방법으로 출퇴근 중의 사고,1) ⑦ 휴게시간 중의 사고, ⑧ 사업 외 근로 중의 사고,2) ⑨ 행사 중 사고, ⑩ 제3자의 행위로 인한 사고, ⑪ 업무상 요양 중의 사고 등이 있다. 또한 업무상 질병에는 사고성 질병과 직업성 질병3)이 있다. 그러나 업무와 관계가 있다고 하더라도 전반적인 과정이 사용자의 지배나 관리 아래 있지 않았다면 업무상 재해에 해당하지 않는다.4)

---

② 구내식당이 없는 사업장에 근무하던 근로자가 사업주의 허락 하에 평소와 같이 점심식사시간에 사업장 인근의 자택에서 점심식사를 한 후 바로 사업장으로 복귀하던 중 일어난 재해가 업무상 재해에 해당한다(대법원 2004. 12. 24. 선고 2004두6549 판결).

1) ① 일용직 산불감시원이 자기 소유의 오토바이를 타고 출근하다가 교통사고로 사망한 경우, 출근시간에 맞추어 도착할 수 있는 대중교통수단이 없는 점 등에 비추어 업무상 재해에 해당한다(대법원 2005. 9. 29. 선고 2005두4458 판결).

② 퇴근길 아파트 계단에서 떨어져 숨진 경우에 퇴근은 아파트 건물 현관이 아니라 자기 집 현관문에 들어서야만 종료된다고 하여 산재보상을 인정하였다(대법원 2009. 10. 15. 선고 2009두11447 판결).

2) ① 언론사 홍보업무를 수행하던 광고대행사 직원이 출장 중 신문기자와 새벽까지 술을 마셔 만취한 후 혼자 여관에 투숙하였다가 12시간 이상 지나 뇌실 내 출혈 등을 입은 경우, 업무상 재해에 해당한다(대법원 2006. 3. 24. 선고 2005두5185 판결).

② 거래처 직원들과 접대회식을 끝내고 귀가하던 중 교통사고를 당한 경우에 회식 중 마신 술이 사고의 직접적 원인인 만큼 업무상 재해로 인정된다(대법원 2008. 11. 27. 선고 2008두12535 판결).

③ 회식 중 잠시 바람을 쐬러 밖에 나갔다가 비상계단에서 추락 사망한 경우에 회식은 소속기관의 지배나 관리를 받는 상태로 봐야 하고 회식 중 마신 술이 사망의 직접적 원인이 되므로 업무상 재해로 인정된다(대법원 2017. 5. 30. 선고 2016두54589 판결).

3) ① 근로자가 당한 재해가 업무와 직접 관련이 없는 기존의 질병이라고 해도 그것이 업무와 관련하여 생긴 사고 등으로 인해 더욱 악화되거나 그 증상이 비로소 발현된 것이라면 업무와 재해 사이의 인과관계를 인정하여야 한다(대법원 1999. 12. 10. 선고 99두10360 판결).

② 지하철 역무원이 지하철역에 근무하면서 석면에 노출되었고 그것이 한 원인이 되어 폐암이 발병하였거나 자연적인 진행 경과 이상으로 악화되었다고 추단하여 업무상 재해에 해당한다(대법원 2007. 6. 1. 선고 2005두517 판결).

4) ① 회사원들이 워크숍 행사에 참가하여 스키를 타다가 상해를 입은 사안에서, 행사의 전반적인 과정이 사용자의 지배나 관리 아래 있지 않았다고 보아 업무상 재해에 해당하지 않는다(대법원 2007. 3. 29. 선고 2006두19150 판결).

② 퇴근 후 술에 취한 상태에서 무리하게 회사차량을 출차하여 임의로 운전한 경우의 상해는 업무상의 재해에 해당하지 않는다(대법원 2006. 6. 27. 선고 2004두9838 판결).

Ⅲ. 밀린 임금·실업급여 청구

체불임금 청구를 위해 사업주에게 ① 내용증명의 발송, ② 노동부에 진정서 제출, ③ 가압류 신청, ④ 법원에 지급명령 신청, ⑤ 본안 소송의 제기, ⑥ 강제집행 등의 절차에 의해 임금을 확보할 수 있다. 사용자가 도산을 하여 임금 및 퇴직금을 전혀 지급할 능력이 없는 경우에 국가가 사업자를 대신하여 근로자에게 일정한 임금과 퇴직금을 먼저 지급한다. 이를 '임금채권보장법'에 의한 체당금(替當金)이라 한다(동법 제7조). 그러나 다른 채권자들이 사용자의 재산에 대해 이미 강제집행 절차중에 있다면 즉시 법정 기간 내에 배당 요구를 함으로써 체불임금이나 퇴직금의 일부라도 받을 수 있다.

실업급여 제도란 실직자에게 실업급여를 지급하여 생활의 안정과 구직활동을 촉진하기 위한 사회 고용보험 제도이다.[1] 실직자는 ① 구직 급여, ② 상병 급여, ③ 직업훈련 연장 급여, ④ 취업촉진 수당[2] 등을 지방노동행정기관의 고용지원 센터에 청구할 수 있다.

제9절 소비자 피해에 대한 권리구제

Ⅰ. 소비자의 기본적 권리와 책무

헌법은 "국가는 건전한 소비행위를 계도하고 생산품의 품질향상을 촉구하기 위한 소비자보호운동을 법률이 정하는 바에 의해 보장한다"고 규정하여(제124조) 소비자 권리 보호운동을 보장하고, 이에 관련된 법으로 소비자기본법이 있다. 소비자는 경제주체로서의 책임을 갖고 소비자의 권익을 증진하여 소비

---

[1] 근로자를 고용하는 모든 사업장은 고용보험에 가입하여야 한다. 그러나 ① 65세 이상 근로자, ② 소정의 근로시간이 대통령령으로 정하는 시간 미만인 근로자와 자영업자, ③ 국가공무원법·지방공무원법에 의한 공무원, ④ 사립학교법에 의한 교직원 및 종사자, ⑤ 거주자격이 없는 외국인 근로자 등은 고용보험에 가입할 수 없다(고용보험법 제8조, 제10조).

[2] 실직 근로자의 취업 활동을 격려하기 위해 조기 재취업 수당, 직업 능력개발 수당, 광역 구직 활동비, 이주비 등을 지급한다.

생활의 향상과 국민경제의 발전에 이바지하여야 한다(소비자기본법 제1조~제4조).[1] 또한 소비자는 소비시장의 감시자로서 경제주체임을 인식하여 물품과 용역을 올바르게 선택하고 소비자의 기본적 권리를 정당하게 행사하여야 한다.[2] 소비자보호운동이 헌법과 법률이 보장하는 한계를 넘어선 소비자불매운동은 정당성을 결여한 것으로서 위법책임을 피할 수 없다.[3] 소비자는 물품이나 서비스에 흠이 있어 상품 자체의 하자가 있는 경우나 상품의 안전성 결함으로 인한 피해에 대하여 제조업자로부터 피해를 구제받을 수 있다. 소비자는 자주적이고 합리적인 행동과 자연 절약적이고 환경 친화적인 소비생활을 함으로써 소비생활의 향상과 국민경제의 발전에 적극적인 역할을 다하여야 한다(동법 제5조). 한편 사업자는 소비자에게 물품 및 용역을 공급함에 있어서 소비자 권익증진과 위해방지 등의 의무를 실행함으로써[4] 소비자와 생산자는 경

---

1) 소비자의 기본적 권리에는 ① 물품 및 용역으로 인한 생명·신체 및 재산에 대한 위해로부터 보호받을 권리, ② 물품 및 용역을 선택함에 있어서 필요한 지식 및 정보를 제공받을 권리, ③ 물품 및 용역의 사용에 있어서 거래의 상대방·구입장소·가격 및 거래조건 등을 자유로 선택할 권리, ④ 소비생활에 영향을 주는 국가 및 지방자치단체의 정책과 사업자의 사업활동 등에 대하여 의견을 반영시킬 권리, ⑤ 물품 및 용역의 사용으로 인해 입은 피해에 대하여 신속·공정한 절차에 따라 적절한 보상을 받을 권리, ⑥ 합리적인 소비생활을 위해 필요한 교육을 받을 권리, ⑦ 소비자 스스로의 권익을 증진하기 위해 단체를 조직하고 이를 통해 활동할 수 있는 권리, ⑧ 안전하고 쾌적한 소비생활환경에서 소비할 권리 등이 있다.

2) 소비자는 물품 및 용역의 구입·사용에 있어서 거래의 상대방, 구입장소, 가격, 거래조건 등을 자유로이 선택할 권리를 가진다. 소비자가 시장기능을 통해 생산의 종류, 양과 방향을 결정하는 소비자주권의 사고가 바탕을 이루는 자유시장경제에서는 경쟁이 강화되면 될수록 소비자는 그의 욕구를 보다 유리하게 시장에서 충족시킬 수 있고, 자신의 구매결정을 통해 경쟁과정에 영향을 미칠 수 있기 때문에 경쟁은 또한 소비자보호의 포기할 수 없는 중요구성부분이다(헌법재판소 1996. 12. 26. 선고 96헌가18 결정).

3) 소비자불매운동이 무차별적 전화 걸기나 업체 홈페이지에 글 남기기 같은 협박이나 공갈로 자유로운 의사결정을 방해할 정도의 공포심을 일으켜(광고 중단이나 게재 같은) 일을 강요했다면 이미 정당한 소비자보호운동이 아니다(헌법재판소 2011. 12. 29. 선고 2010헌바54 결정).

4) 사업자는 다음과 같은 책무가 있다. ① 소비자권익 증진 시책에 대한 협력의무, ② 환경 친화적인 기술의 개발과 자원의 재활용을 위한 노력의무, ③ 물품 및 용역의 위해 방지의무, ④ 소비자의 이익을 침해할 우려가 있는 거래조건이나 방법의 사용금지의무, ⑤ 물품의 정보 제공의무, ⑥ 소비자 개인정보 보호의 의무, ⑦ 소비자의 불만이나 피해에 대한 보상과 배상의무, ⑧ 결함 있는 물품 및 용역에 대한 정보 보고의무 등이다(소비자기본법 제18조, 제19조, 제47조).

제주체로서 공존할 수 있도록 서로 협력하여야 한다.

Ⅱ. 소비자의 계약 철회권과 항변권

소비자보호를 위한 관련법은 소비자의 선택권을 존중하고 충동구매로부터 소비자를 보호하기 위해 일정한 기간 내에 계약체결 의사를 철회할 수 있도록 하는 철회권을 인정하였다.[1] 철회권은 청약뿐만 아니라 이미 합의된 계약에서도 행사할 수 있다. 할부거래[2]에서 일정한 숙고기간을 두어 청약을 철회할 수 있는 철회유예기간(cooling off)제를 도입한 것이다. 구매자가 불이익이 없도록 자유롭게 계약 철회권을 행사하는 것은 계약법상 예외적인 것이고 부동산 할부거래에는 적용되지 않는다. 계약자가 제한능력자인 경우나 계약상 하자가 있는 경우(중대한 착오, 사기·협박의 계약)에는 계약을 취소할 수 있음은 물론이다. 소비자의 철회권을 행사하지 못하게 하거나 소비자에게 손해배상의 책임을 인정하는 불리한 계약은 무효이다(방문판매 등에 관한 법률 제52조). 방문판매나 전화권유판매는 계약서를 받은 날부터 14일 이내에 계약을 철회할 수 있다(동법 제8조). 또한 할부거래(할부거래에 관한 법률 제8조)나 전자상거래 및 통신판매(전자상거래 등에서의 소비자보호에 관한 법률 제17조)의 경우에는 계약서를 받은 날부터 7일 이내에 계약을 철회할 수 있다.

계약을 철회하면 반품과 환급의 문제가 발생하여 소비자는 물품을 판매자에게 돌려주어야 하며, 판매자는 소비자에게 물품 구입가격을 3영업일 이내에 반환하여야 한다. 그러나 물품의 사용으로 인해 그 가치가 현저히 감소할 우

---

1) 방문판매 등에 관한 법률 제8조, 할부거래에 관한 법률 제8조, 전자상거래 등에서의 소비자보호에 관한 법률 제17조.
2) 할부거래란 물건의 대금 또는 용역의 대가를 2개월 이상의 기간에 걸쳐 3회 이상 나누어 지급하고 대금 완불 전에 목적물을 제공받는 계약을 말한다. 할부거래는 매도인·매수인의 성명 및 주소, 목적물의 내용 및 인도시기, 현금가격 및 할부가격, 할부금의 금액, 자금회수 및 시기 등을 서면으로 기재하여야 한다(할부계약의 서면주의). 신용카드를 이용한 할부거래는 거래계약서를 체결하지 않고 현금가격 및 할부기간이 표시된 신용카드 전표로 대체하기도 한다. '전자상거래 등에서의 소비자보호에 관한 법률'은 카드사용, 인터넷뱅킹 등의 전자문서에 의한 전자상거래와 텔레비전 홈쇼핑, 카탈로그 쇼핑 등에 의한 통신판매를 구분하고 있다(동법 제2조). 그러나 인터넷 쇼핑은 전자상거래인 동시에 통신판매에 해당한다.

려가 있는 물건을 소비자가 실제로 사용한 경우 또는 소비자의 책임 있는 사유로 물건이 훼손된 경우 등은 철회권을 행사할 수 없다. 계약의 철회로 인한 반품에 필요한 비용은 할부거래, 방문판매, 전화권유판매, 다단계판매 등의 경우에는 판매자가 부담하고(방문판매 등에 관한 법률 제9조 9항, 할부거래에 관한 법률 제6조), 전자상거래, 통신판매의 경우에는 소비자가 부담한다(전자상거래 등에서의 소비자보호에 관한 법률 제18조 9항). 그러나 판매자의 잘못으로 계약을 철회하는 경우에는 판매자가 비용을 부담한다.

신용카드를 이용한 할부거래에서 소비자는 ① 할부계약이 불성립·무효인 경우, ② 할부계약이 취소·해제 또는 해지된 경우, ③ 재화 등의 전부 또는 일부가 공급 시기까지 소비자에게 공급되지 않은 경우, ④ 목적물이 하자가 있는 데도 할부거래업자가 하자담보책임을 이행하지 아니한 경우, ⑤ 그 밖의 할부거래업자의 채무불이행으로 인해 할부계약의 목적을 달성할 수 없는 경우, ⑥ 다른 법률에 따라 정당하게 청약을 철회한 경우 등에는 할부거래업자(신용카드회사 또는 할부금융사 등)에게 할부금 지급을 거절할 수 있다(할부거래에 관한 법률 제16조 1항 참조). 할부거래업자는 물론 신용제공자(신용카드회사)에게도 할부금의 지급 거절의사를 통지해야 한다(동법 제16조 2항).

Ⅲ. 소비자의 손해배상청구권

소비자가 구입한 물건의 제조·설계 또는 표시상의 결함1) 때문에 생명, 신체 또는 재산에 대한 손해를 입은 경우에는 이를 제조한 제조업자는 고의·과실에 관계없이 손해를 배상하여야 한다(제조물책임법 제3조 1항).2) 특히 제조

---

1) 제조물의 결함이란 상품의 품질관리, 조립상태, 안전장치, 기술수준, 내용표시, 경고사항 등의 불량으로 제조·설계·표시상의 결함과 위험이 내재된 제조물이다.
2) ① 제품이 정상적으로 사용되는 상태에서 사고가 발생한 경우 소비자측에서 그 사고가 제조업자의 배타적 지배 하에 있는 영역에서 발생하였다는 점과 그 사고가 어떤 자의 과실 없이는 통상 발생하지 않는다고 하는 사정을 증명하면, 제조업자측에서 그 사고가 제품의 결함이 아닌 다른 원인으로 말미암아 발생한 것임을 입증하지 못하는 이상 그 제품에 결함이 존재하며 그 결함으로 말미암아 사고가 발생하였다고 추정하여 손해배상책임을 지울 수 있도록 입증책임을 완화하는 것이 손해의 공평·타당한 부담을 그 지도원리로 하는 손해배상제도의 이상에 합치된다(대법원 2004. 3. 12. 선고 2003다16771 판결).

업자는 제조물의 결함을 알면서도 필요한 조치를 취하지 아니한 결과로 생명 또는 신체에 중대한 손해를 입은 자에게 발생한 손해의 3배를 넘지 아니하는 범위에서 배상책임을 진다(동법 제3조 2항). 또한 제조물의 제조업자를 알 수 없는 경우에 제조물을 영리목적으로 판매·대여 등의 방법으로 공급한 자도 손해배상 책임이 있다.

제조업자의 배상의무는 피해자의 생명·신체 또는 재산에 한정하고, 결함이 있는 제조물 자체는 계약 당사자인 유통업자나 판매자에게 구제받아야 한다. 예를 들면 전기장판기의 결함으로 화상을 입은 경우 제조업자에게 치료비를 청구하고, 판매업자에게는 환불을 받을 수 있다. 제조업자는 제품의 결함을 발견하였을 때, 생산 일련번호를 추적하여 공개적으로 제품을 회수하거나 수리, 교환, 환급 등의 특별한 사후점검을 하는 리콜(recall)을 하여야 한다. 리콜은 동일한 물품을 구입한 모든 소비자가 가능하며 자발적 리콜, 리콜강제가 있다.

제조물의 결함에 의해 피해를 받은 소비자의 손해배상청구권은 피해사실이나 손해배상책임자를 알게 된 날부터 3년간 행사하거나 제조업자가 제조물을 공급한 날부터 10년 이내에 청구하여야 한다(동법 제7조 1항 및 2항 본문 참조). 그리고 신체에 누적되어 사람의 건강을 해하는 물질에 의해 발생한 손해 또는 일정한 잠복기간이 지난 후에 증상이 나타나는 손해에 대해서는 그 손해가 발생한 날부터 10년 이내에 배상을 청구하여야 한다(동법 제7조 2항 단서).

피해자는 원칙적으로 제조물의 결함과 손해 발생의 인과관계를 입증할 책임이 있으며, 피해 사실을 입증하지 못하면 제조업자에게 책임을 물을 수 없다.[1)]

---

② 자동차 제조업자는 타이어에 결함이 있는 경우 인명의 피해가 발생할 것을 예견할 수 있으므로 결함 없는 제품을 제조하고 통상의 검사에 의해 제품의 안전성을 책임지는 주의의무를 진다. 이러한 제조업자의 주의의무는 직접 매수인 이외의 이용자에게도 미친다. 제조업자는 계약관계와 관계없이 구입자에 대해서 제품의 결함으로부터 발생하는 피해에 대한 배상책임을 진다(MacPherson v. Buick Motor Co. 217 N.Y. 382, 111. N.E. 1050(1916)).

③ 제조업자는 시판되는 제품이 제품의 일반적인 목적에 합리적으로 부합하는 품질이 있는 것을 보증하는 책임, 즉 시장성(merchantability)에 대해서 묵시적인 책임을 지는 것이며, 이러한 책임은 합의에 의한 책임이 아니라 법에 의해 부담하는 책임이다(Henningsen v. Bloomfield Motors, Inc. 32 N. J. 358, 161 A. 2d 69, 75 A. L. R. 2d 1(1960)).

1) 예를 들면 ① 제조업자의 물건이 도난 등의 사고로 유통된 경우, ② 물건을 공급할 당시의 과학적·기술적 수준으로는 결함을 발견할 수 없었을 경우, ③ 제조업자가 법령을

또한 제조업자가 소비자의 손해 발생 원인이 제조물의 결함이 아닌 다른 곳에 있다는 것을 입증하면 책임을 면할 수 있다.

Ⅳ. 소비자 피해구제 방법

소비자는 물건을 사용하거나 서비스를 이용하는 과정에서 발생한 피해에 대해서 우선 사업자에게 피해구제를 요청할 수 있다. 소비자와 사업자 간에 합의가 되지 않을 때에는 소비자단체나 한국소비자원에 피해구제 신청을 하거나, 소비자분쟁조정위원회에 분쟁조정을 신청할 수 있다(소비자기본법 제35조 1항 5호, 제55조). 소비자 피해구제 절차를 정리하면 다음과 같다. 소비자 → 사업자 → (합의 거부) → 소비자단체·한국소비자원 → 합의권고 → (합의거부) → 조정신청 → 소비자분쟁조정위원회 → 조정결정 → (당사자 수락) → 화해성립 → (당사자 거부) → 민사소송 제기를 한다.

사업자가 소비자기본법을 위반하여 소비자의 생명·신체 또는 재산에 대한 권익을 직접적으로 침해하고 그 침해가 계속되는 경우 소비자단체는 법원에 소비자권익 침해행위의 금지·중지를 구하는 소송을 제기할 수 있다(동법 제70조). 소비자 단체소송은 집단소송을 발전시킨 공익소송으로서 소비자권익 보호에 보다 실질적이다.

제10절 환경권 침해에 대한 권리구제

헌법은 환경권을 기본권으로 보장하고 국가와 국민의 환경보존 의무를 선언하고 있다(헌법 제35조). 환경오염과 자연 생태계의 파괴는 국민보건과 인간생활에 중대한 위협을 초래한다. 환경침해는 광범위하고 무한정으로 확대될 우려가 있고 침해 내용이 불명확하고 증명이 곤란하여 손해배상청구가 사실상 어려워 사업자에게 무과실책임을 인정한다.[1] 대기오염, 수질오염, 토양

준수한 것이 결과적으로 소비자에게 손해를 준 경우 등이다.

1) ① 환경오염에는 소음·진동으로 사람의 건강이나 환경에 피해를 주는 것도 포함되므

오염, 해양오염, 소음, 진동, 악취, 일조권의 침해뿐 아니라 자연 생태계의 파괴 그리고 환경 시설(폐기물처리시설, 하수종말처리시설) 등으로 건강상·재산상의 피해를 받은 경우에 사법적 구제 이외에 환경분쟁 조정위원회에 구제를 신청할 수 있다.

환경분쟁조정위원회는 일반소송의 번잡성을 피하여 환경분쟁을 간편하고 효율적으로 해결하는 행정상 간략한 구제제도이다. 환경분쟁조정위원회는 중앙 환경분쟁조정위원회와 지방 환경분쟁조정위원회가 각각 설치되어 있고, 분쟁조정에는 알선·조정·재정(裁定) 등의 해결방법이 있다(환경분쟁 조정법 제16조).1) 환경분쟁조정위원회는 환경분쟁이 사회적으로 파급효과가 클 것으로 우려되는 때에는 당사자의 신청이 없더라도 직권조정 절차를 개시할 수 있다.

[환경분쟁 조정제도의 종류]

	알 선	조 정	재 정
개 념	합의를 유도하는 절차	조정안을 권고하는 절차	배상금을 결정하는 준사법적 절차
위 원 회	알선위원 3인 이내	조정위원 3인	재정위원 5인
처리기간	3개월	9개월	9개월
해결방법	합의문 작성	조정안 작성	배상금의 결정통보

로, 피해자들의 손해에 대하여 사업자는 그 귀책사유가 없더라도 특별한 사정이 없는 한 이를 배상할 의무가 있다(대법원 2001. 2. 9. 선고 99다55434 판결).
② 고속도로의 확장으로 소음·진동이 증가하여 인근 양돈업자의 양돈업에 대한 침해의 정도가 사회통념상 일반적으로 수인할 정도를 넘어선 것으로 보아 한국도로공사의 손해배상책임을 인정하였다(대법원 2001. 2. 9. 선고 99다55434 판결).
③ 공장의 폐수 배출이 재첩 양식에 피해를 일으킬 정도의 농도가 아니라는 사실을 증명하거나 다른 원인에 의한 것임을 증명하지 못하는 한 그 책임을 면할 수 없다(대법원 2004. 11. 26. 선고 2003다2123 판결).
1) 알선이란 환경분쟁 당사자 간의 자리를 마련하여 알선위원회가 합의를 유도하는 절차를 말하며, 조정은 사실조사를 거쳐 조정위원회가 분쟁 조정안을 작성하여 그 수락을 권고하는 절차이다. 재정은 알선·조정으로 해결이 어려운 사건에 대해 재정위원회가 피해배상액을 직접 결정하는 준사법적 절차이다.

제11절 국가인권위원회·국민권익위원회

I. 국가인권위원회에 의한 권리구제

국가기관 또는 개인에 의해 인권침해나 차별행위를 당한 사람은 물론 제3자 누구든지 국가인권위원회[1]에 그 내용을 진정하여 보호받을 수 있다. 국가인권위원회는 기존의 국가기관에 의해 충분히 보호받지 못한 인권보호를 위해 설치된 독립된 기관으로 입법부·행정부·사법부 등에 속하지 않고 법이 정한 업무를 독자적으로 수행한다. 국가인권위원회는 피해자들의 진정에 기초하여 또는 직권에 의해 각종 인권침해 사례를 조사하고, 정책과 관행의 시정을 권고하거나 법원과 헌법재판소에 대해 의견을 제출하는 등의 인권보호 활동을 할 수 있다. 인권보호대상은 자유권의 분야에 대해서만 가능하고 생존권의 침해에 대해서는 국가인권위원회에 보호를 청구할 수 없다. 수사기관이 수사 중이거나 종결된 사건 또는 인권위원회의 조사 요청을 거부하면 인권위원회는 조사를 할 수 없으나, 성희롱은 조사 및 구제조치를 할 수 있다. 한국에 체류하는 외국인도 침해된 인권을 보호받을 수 있다.

국가인권위원회는 인권침해에 대한 조사결과의 조치로서 ① 진정이 적합하지 않은 경우 진정의 각하, ② 진정이 이유가 없는 경우 진정의 기각, ③ 수사기관에 수사개시와 필요한 조치를 의뢰, ④ 당사자에게 합의의 권고, ⑤ 당사자의 신청이나 직권으로 조정, ⑥ 구제조치나 시정·개선 권고, ⑦ 고발 및 징계 권고, ⑧ 긴급 구제조치의 권고, ⑨ 처리결과의 공개 등을 결정할 수 있다(국가인권위원회법 제32조~제50조).[2]

---

1) 위원회(commission, committee)는 넓은 의미에서 특정한 사항을 다루기 위해 기관의 의사가 1인이 아닌 다수인의 의사의 합의에 의해 결정하는 합의제 기관을 말하며, 단독(독임)기관과 대칭된다. 위원회는 일반적으로 행정의 전문성이나 전문지식을 바탕으로 정책·행정·연구 등을 효율적으로 수행하기 위해 일반 행정으로부터 독립하여 행정기능 이외에 준입법 기능과 준사법적 기능을 동시에 수행하는 특성을 갖는다.

2) 법원의 재판사항을 국가인권위원회에 진정할 수 있는 대상에서 제외하는 것은 헌법에 위반되지 않는다(헌법재판소 2004. 8. 26. 선고 2002헌마302 결정).

II. 국민권익위원회에 의한 권리구제

국민권익위원회는 공공기관(각급 행정기관·지방자치단체·정부투자기관 등)이 국민의 권익을 침해하거나 국민에게 불편·부담을 주는 고충민원을 공정한 조사·심의를 통해서 그 시정이나 제도의 개선을 권고해 국민의 권리와 이익을 보호한다. 국민권익위원회는 고충민원, 행정제도 개선, 국민신문고 운영, 공직 사회 청렴성, 행정심판 등을 다루고 있다. 누구든지(국내에 거주하는 외국인 포함) 국민권익위원회에 고충민원을 신청할 수 있다. 위원회의 결정은 법적 구속력은 없으나 고충민원의 조사결과의 조치로서 사건의 각하, 관계 기관에 이송 및 권고와 조정 등이 있다(부패방지 및 국민권익위원회의 설치와 운영에 관한 법률 제43조~제47조).

제21장

법과 국가

제1절 처 음 에

국가는 원시시대의 부족국가에서 시작하여 고대의 도시국가와 왕정국가, 중세의 봉건국가와 절대군주국가, 근대의 시민국가 등 다양한 형태를 거쳐 입헌주의적 국민주권국가로 발전하였다. 현대 국가는 국민이 주권자로서 정치적 일체감을 갖고 국가의 목적을 추구한다. 다민족·다문화가 공존하는 지구촌의 자유주의 시대에 국가의 본질1)도 변화하고 있다. 근래 국민주의 국가는 민주

---

1) 국가의 본질에 관한 학설은 다음과 같다.
　① 유기체설 : 기르케가 주장한 유기체설은 국가를 생물학적 유기체의 개념에 의해 국가와 국민의 관계를 유추하여, 국가는 고유한 생명과 의사를 갖는 사회적 단일체라고 한다. 이 학설은 국가의 근거와 다른 유기체의 관계를 설명치 못하고 있다.
　② 국가법인설 : 국가는 개인과는 다른 고유의 법인격을 가진 공법인이라고 옐리네크가 주장하였다. 국가는 국가구성의 3요소를 바탕으로 지배권력을 갖춘 영토단체라고 정의하였다. 이 견해는 국가와 다른 법인을 구분하지 못한다.
　③ 사회계약설 : 이 설은 루소의 사회계약설에서 비롯된다. 인간은 자연상태에서는 자유인이었으나 합의로써 국가를 이루었다고 한다. 국가권력 행사는 국민의 자유와 권리를 보호하기 위해서만 허용된다 하여 근대 자유주의 국가의 이론적 기초가 되었다.
　④ 도 의 설 : 도의설은 국가를 윤리적 단체라고 하여 플라톤, 아리스토텔레스, 헤겔 등이 주장하였다. 이 견해는 지나치게 국가의 윤리성을 신봉하기에 독재정치의 이념으로서 옹호 내지 악용될 우려가 있다.
　⑤ 다원적 국가론 : 라스키가 주장한 학설로서 국가는 전체사회가 아니라 하나의 부분사회로서 국가의 기능을 분담하는 것이다. 국가권력의 최고성과 기능성을 부인하는 결과를 가져온다.
　⑥ 착 취 설 : 국가를 지배자와 피지배자의 지배형태라고 보는 견해로서 실력설이라고도 한다. 엥겔스(F. Engels, 1820~1895) 등 사회주의자들이 주장하였으며 국가를 악의 존재로 보고 혁명의 근거로 이용된다.

주의원칙인 다수결주의의 미명으로 일인독재·일당독재로 악용되고 있다. 국가는 법에 의해 조직되고 국가목적을 실현하는 법적인 국가공동체이기에 법은 국가권력과 결합하여 통치질서를 이룬다. 법은 국가의 목적을 규범화한 것이고, 국가는 법의 목적을 실천하는 상호 긴밀한 관계에서 법과 국가는 목적을 같이하는 이념적 동일성을 갖고 있다. 기르케는 "법은 국가 없이는 완결될 수 없고, 국가는 법 없이 완결될 수 없다"고 말하여 국가와 법의 밀접한 관계를 설명하고 있다. 법은 국가를 전제로 존재하며, 국가는 법질서에 의해서 존립이 가능하고 안정적 발전을 할 수 있다. 국가가 강력한 중앙집권적 조직체로 발달함에 따라 성문법 중심의 법치주의를 표방한 것은 이 때문이다.

　　국가는 영토 내의 인간 공동체1)로서 국가 권력을 통해 인간의 지배관계를 합법화한다. 권력은 한시적이지만 국가의 존재는 항구적이기에 국가의 의무와 책임은 무한하다. 국가는 국가 권력의 무한한 권리를 가지는 것이 아니라 국민의 신뢰와 위임을 전제로 권력의 행사가 가능하다. 권력을 제어하는 제도적 장치는 법치주의이다. 인권과 국가 권력의 상호 조화를 통해 국가의 민주성과 도덕성2)을 실현하는 것이 국가의 과제이고 법치주의의 역할이다. 국가 법질서의 기본인 헌법은 정치제도의 핵심이고 자유를 위한 의지이자 기술이다. 국가의 목적은 헌법의 기본 원리3)에 의해 개인의 존엄성과 가치를 보장·실현하는 동시에 국가의 안전과 번영을 이루는 것이며 이는 법치주의 과정을 거쳐야 한다.

---

　　⑦ 결　　어 : 이 외에도 국가의 본질을 신의설, 가족설, 자연발생설, 그리고 토지의 소유에 기초를 둔 재산설, 민족의사를 바탕으로 한 심리설, 정당한 권력을 독점하는 공동체설 등이 있다. 위의 학설들은 국가성립의 수단과 목적에 따른 것으로서 국가의 존재와 가치에 대한 충분한 설명은 되지 않는다. 국가의 본질에 관한 견해는 역사발전의 단계에 따라 국가사회의 목적을 달성하기 위해 성립한 이론이다.

1) 막스 베버는 "국가란 특정한 영토 내에서 물리적 힘의 정당한 사용의 독점을 요구하는 인간 공동체로서 인간이 인간을 지배하는 하나의 관계이며, 그 관계는 정당하다고 인정되는 폭력의 수단으로서 뒷받침한다"고 말했다.

2) 일찍이 플라톤은 "국가는 최고의 도덕이다"라고 말하였다.

3) 헌법의 기본원리는 헌법의 이념적 기초인 동시에 헌법을 지배하는 지도원리로서 입법이나 정책결정의 방향을 제시하며 공무원을 비롯한 모든 국민·국가기관이 헌법을 존중하고 수호하도록 하는 지침이 되며, 구체적 기본권을 도출하는 근거로 될 수는 없으나 기본권의 해석 및 기본권제한 입법의 합헌성 심사에 있어 해석기준의 하나로서 작용한다(헌법재판소 1996. 4. 25. 선고 92헌바47 결정).

제 2 절 국가의 개념과 형태

Ⅰ. 국가의 개념

국가는 국민주권론에 의해 통치권력을 갖춘 권리·의무의 주체로서의 법적 성질을 갖는다. 국가는 국민·영토·주권 등의 국가구성의 3요소를 갖추어야 하며, 국민의 총의를 집결하기 위한 사회 통합이 필요하다. 헌법은 "대한민국의 주권은 국민에게 있고 모든 권력은 국민으로부터 나온다"(헌법 제 1 조 2 항)고 선언함으로써 국민은 국가의 주권자로서의 지위를 행사한다. 국가의 존립을 위한 영역은 국가의 통치권이 행사되는 공간적 한계로서 국가통치의 대상일 뿐 아니라 국가라는 단체의 인적·물적 표현이다. 북한지역은 사실상 우리의 통치권이 미치지 못하지만 당연히 우리의 영토에 포함되는 미수복지역에 불과하다.[1] 주권(sovereignty)은 국가권력의 최고 독립성을 의미하는 개념으로 근대국가의 성립과 더불어 생성되어[2] 국민주권과 통치권을 포함한 국가의 최고 권력을 의미한다.[3] 국민주권은 근대의 이데올로기적·정치적 요청으로 정립된 개념으로 민주주의의 원동력이고 상징이다.

---

1) 북한 주민은 우리 국적을 취득·유지함에 아무런 제한이 없으며 헌법이 발효하고 있는 지역에 들어오는 경우에 비로소 대한민국 국민으로서의 권리와 의무가 주어진다(대법원 1996. 11. 12. 선고 96누1221 판결).

2) 중세기 중앙집권적 근대국가의 성립과정에서 보댕(J. Bodin, 1530~1596)은 왕권신수설을 주장하면서 주권이란 국가의 절대적·항구적·불가분·단일의 권력이라고 말하였다. 군주주권론은 프랑스 루이(Louis) 14세의 "짐이 국가이다"라는 절대주의 왕정으로 대변된다. 그러나 로크, 루소 등은 자연법적 국가계약설을 배경으로 국민주권설을 주장하였다. 19세기에 옐리네크는 군주주권설과 국민주권설을 절충한 보수적 입헌군주제에 의한 국가주권설을 주장하였다.

3) 주권은 다의적 개념이어서 첫째, 국가의 통치조직에서 국가의사의 최종적 결정권 또는 최고의 원동력을 뜻한다. 둘째, 주권은 개인 의사에 우월하는 국가의사의 최고 독립성을 뜻한다. 국가의사는 대내적으로는 최고성을 가지며, 대외적으로 타국의 지배·간섭을 받지 않는 배타성·독립성을 갖는다. 셋째, 주권은 국가의 목적을 달성하기 위해 구성원을 지배하는 국가 고유의 최고 권력인 통치권을 의미한다. 통치권은 사법심사의 대상이 되지 않는 초법적 행위이다.

Ⅱ. 국가의 형태

국체(國體)는 주권의 소재에 따른 국가형태의 분류로서 군주국과 공화국으로 구분된다. 군주국도 사실상 입헌군주제를 채택함으로써 군주는 명목상의 국가원수에 불과하고 국가의 실체는 국민주권에 입각한 민주국가이다(영국, 네덜란드, 일본). 공화국은 주권이 국민에게 있는 국가로서 국가원수는 선거제에 의한 대통령이라는 점에서 군주국과 구별된다. 공화국은 권력 행사에 따라 민주적 공화국과 독재적 공화국으로 구분되고, 주권의 귀속자에 따라 전제공화국·인민공화국·민주공화국 등으로 나눌 수 있다.

정체(政體)는 주권에서 유래되는 통치권의 행사방법에 의한 국가형태의 분류로서 헌정질서 내에서 변경할 수 있으며 다음과 같이 구분된다.

① 민주정·독재정 — 민주정이란 통치자와 피치자 사이에 동일성(identity)의 관계를 유지하기 위한 자율적인 통치의 원리이나, 독재정이란 타율주의에 의하는 통치원리의 강압적인 통치형태를 말한다.

② 직접민주제·간접민주제 — 직접민주제에서는 국민투표·국민창(발)안·국민소환 등을 통해 국민이 직접 국정에 참여할 수 있으나(스위스), 간접민주제에서는 국민이 선출한 대표기관이 국민을 대표해 국가의사를 결정한다.

③ 단일국가·연방국가·국가연합 — 단일국가는 국가권력이 중앙정부에 집중하는 단일 정부형태를 말한다. 연방국가(federal state)는 정치 이념과 체제를 같이 하면서 연방과 분방으로 나누어진 정부형태(미국연방)로서 연방정부는 국가의 통일을 요청하는 외교·군사·재정 등만 관할하고 그 밖의 일반사무는 분방(주정부)이 관할한다. 국가연합(confederation)은 국가 간의 연합인 단일체로 나타나고 있으나 국가의 정체성·독립성과 외교권을 독자적으로 행사하고 그 연합으로부터 자유롭게 탈퇴할 수 있다(영국연방·유럽연합(European Union)). 국가연합은 여러 국가들이 통합하여 신생국가를 형성하는 국가승계(state succession)에 의한 병합과 구별된다. 연방국가나 국가연합은 공동목적을 위해 독립적인 분권주의를 전제로 하고 있으나 연대 상호간의 국가 이념과 정치체제가 동일하여야 가능하다.

제 3 절 권력분립주의와 의회주의

I. 삼권분립주의의 실제

권력분립주의는 국가의 작용을 서로 분리·독립된 3기관에 분담시켜 상호간의 견제와 균형에 의해 권력의 남용과 집중을 방지함으로써 개인의 자유를 보장하고자 하는 자유주의적 정치원리인 동시에 민주정치의 기본원리이다. 권력분립주의는 그 자체로서 일정한 가치를 간직하는 이념적 원리가 아니라 민주주의의 정치이념에 봉사하는 권력제어 장치인 제도상의 조직원리이다. 국가권력을 입법·행정·사법 등의 삼권으로 나누는 것은 국가작용의 본질에 입각한 선험적·이론적인 것이 아니다. 그것은 역사적 발전과정 속에서 나타난 경험적·실제적인 것에 지나지 않으며 국가권력의 3분립은 결코 절대적인 원리라고는 할 수 없다.

삼권분립주의는 국가권력의 효율성을 위한 적극적인 제도가 아니라 국가권력의 독선과 남용을 방지하기 위한 통치상 소극적인 조직원리이다. 삼권분립이 국가 통치질서의 절대적·만능적 장치는 아니다. 정치적·사회적 변화에 따라 삼권분립주의의 내용도 변할 수 있으며 실제로 국가의 특수성에 따라 다양한 형태로 나타난다.1) 권력분립을 전제로 하면서도 입법권의 우월을 인정하는 영국과 같은 의원내각제를 비롯하여, 행정국가에서와 같이 행정권의 우월을 인정하거나, 미국처럼 대통령제이면서도 사법권의 상대적인 우위성을 인정하는 제도 등이 있다.

현대에 이르러 참정권과 입법권의 확대, 정당정치의 발달, 복지국가를 위한 국가기능의 적극성 그리고 위헌심사권의 강화 등으로 인하여 전통적 의미의 권력분립주의에 대한 수정론이 대두되고 있다.2) 권력분립은 권력에 의한

---

1) 중화민국(타이완)헌법은 국가권력을 입법·행정·사법 이외에 감찰·고시 등의 5권분립주의를 채택하고 있다.

2) 뢰벤슈타인(K. Loewenstein, 1891~1973)은 다원적 사회의 권력을 정책결정(policy determination)·정책집행(policy execution)·정책통제(policy control) 등으로 구분하고, 종래의 권력분립에 갈음하여 기능분리(separation of functions)가 이루어져야 한다고 주장하고 있

권력 상호간의 통제라는 소극적인 차원이 아닌 권력 상호간의 협력과 조화의 바탕에서 상호 경쟁을 통해 국가행정의 민주성·효율성을 이끄는 적극적인 차원의 동태적 권력분립을 요구한다. 오늘날 권력분립의 뜻은 국가권력의 엄격한 분리에 있기보다는 국가권력의 남용과 독주를 방지하고 정부운영의 효율성을 위한 국가권력 상호간의 균형과 조화의 원리로서 이해하여야 할 것이다. 민주주의나 권력분립주의의 원형은 존재하지 않는다. 민주주의와 권력분립은 별개가 아니라 상호보완적 관계로 민주정치의 질서를 이룬다. 권력분립은 최소의 정부가 최선의 정부를 의미가 하는 것이 아니라 권력의 조화와 협력을 통하여 국민에게 최대의 서비스를 제공하는 최선의 정부의 창출이어야 한다.

Ⅱ. 의회주의

1. 의회주의와 정당정치

의회주의란 국민이 선출한 의원들로 구성된 의회가 국민을 대표하여 국정의 중심기관의 역할을 하는 정치원리이다. 의회주의는 간접민주주의를 내용으로 하는 대의민주주의를 의미하며 민주주의의 상징이다. 민주주의의 바탕은 의회주의이고 의회주의는 민주주의의 힘이다.[1] 대의제 민주주의는 국민의 국가기관 구성권과 국민 대표자의 정책결정권을 이원화함으로써 국민은 대표자를 선출하여 정책결정권을 행사한다. 의회는 대통령제나 내각책임제에 따라 그 기능이 다를 수 있으나, 삼권분립의 원칙에 따라 입법권을 행사하고 행정부에 대한 감시적 역할을 함으로써 국민주권주의를 구현한다. 의회는 정치적 토론과정을 거쳐 국민의 총의를 이끌어내는 합의기관으로서 국민에게 책임을 진다. 의회주의가 국민의 의사를 제대로 반영하지 못하는 데서 민주정치와 의회주의의 위기를 초래하기에 의회권력에 대한 견제장치가 필요하다. 의회주의는 소수파와 다수파의 반목과 대결의 정치가 아니라 대화와 설득을 통한 화합

다(K. Loewenstein, Political Power and the Governmental Process, The University of Chicago Press, 1965, pp. 42~49).

1) 처칠(W. Churchil, 1874~1965)은 "민주주의는 그 제도 자체로는 최악이지만 인류가 만들어 낸 정치제도 중에 최선의 제도이다"라고 말하였다.

의 정치이고 국론을 통합하는 정치기술이어야 한다. 의회주의는 타협의 정치이며 타협 없이 의회주의는 존재할 수 없다. 다양성을 전제로 하는 의회주의와 정당정치의 질은 국민의 높은 정치의식이 결정한다. 정치의식은 국민의 정치 수준이고 국민은 자신들의 수준에 맞는 정부를 갖는다.

의회주의에서 국민의 정치적 의사를 형성·대변하고 국정을 감시하는 기관은 실제로 정당이다. 의회주의는 정당정치를 의미하며 정당정치는 책임정치로 완성된다.[1] 정당은 국민과 국가의 중간 매체로서 국민의 정치적 의사 결정을 위한 조직이며 정치과정의 주체로서 정치의 지렛대 역할을 하는 정치의 활력소이다. 정당제 민주주의는 국민의 정부 선택권을 전제로 하기 때문에 민주정치에서만 가능하다. 정당정치는 정치적 경쟁을 통한 정권 창출을 추구함으로써 현대 민주정치의 특징은 정당의 경쟁 시스템이다. 정당정치는 파당정치가 아니고 국민을 대표하는 사실상 헌법기관으로서 국민에게 책임을 져야 한다. 정당은 주권자로부터 대표받은 만큼 대표한다(A party represents as much as it is represented). 정당은 국정을 담당할 수권기관으로서의 신망과 역량을 스스로 갖추어야 존재할 수 있다. 정당이 일반결사와 달리 국가의 특별한 보호와 규제를 받는 것은[2] 정당이 민주정치의 큰 축을 담당하기 때문이다. 헌법은 정당설립의 자유와 복수정당제의 보장, 정당의 보호, 국가 보조를 규정함과 동시에 정당의 목적·조직과 활동이 민주적 기본질서에 위배되는 경우에는 정부는 헌법재판소에 그 해산을 제소할 수 있다(제8조).

정당정치에서 소수당과 집권당의 위치는 상대적인 것이고 상호 견제와 협력관계로서 의회주의를 이끈다. 여당과 야당은 정치적 공존관계로서 집권당에 대한 야당의 비판적 견제를 통한 협치에서 정치발전을 이룰 수 있다. 여당은

---

1) 정당정치에서 선거는 국가기관의 구성원 선출 이외에 국가 권력을 담당할 정부를 선택하는 국민투표적 성격을 가지며, 의원은 정당에 예속되어 정당으로부터 자유는 사실상 명목적이다. 정당제 민주주의는 정당국가적 민주주의를 의미한다.

2) 정당은 국가에 대해 권리와 의무를 갖는 동시에 일반결사와 달리 다른 특별한 보호와 규제를 받는다. 정당은 국민의 이익을 위하여 책임 있는 정치적 주장이나 정책을 추진하고 공직선거의 후보자를 추천 또는 지지함으로써 국민의 정치적 의사형성에 참여함을 목적으로 조직된 단체이고 또 그러한 목적수행에 필요한 조직을 갖추고 있기 때문이다(헌법재판소 1999. 12. 23. 선고 99헌마135 결정).

행정부와 협력으로 정권의 신임과 책임을 위한 당정정치로서 국민에게 다가갈
것이다. 이에 비해 소수당은 집권당의 반대 정당에 머무는 것이 아니라 정책
적 경쟁을 통하여 수권정당이 되기 위해 준비하는 정당이다. 그러나 정당정치
는 정당이 사당화되어 국민의 의사와 국익보다는 정파의 당리당략적 이익을
우선적으로 추구하는 폐단이 있다. 정당정치의 성패는 정당 구성원의 질에 있
다. 정당의 이기주의와 권력화로 말미암아 정당정치는 본연의 의미가 퇴색되
어 국민으로부터 외면을 당하고 급기야 의회주의의 불신을 초래하고 있다. 국
가의 특혜를 받는 정당이 제기능을 하지 못하면 국론 분열과 국고 낭비의 책
임을 면할 수 없다. 대의정치와 정당정치는 '대표가 시민을 배신하는 대리 정
치'라고 비판을 받는다. 정당정치를 견제하는 것은 국민이 심판하는 선거결과
에 있다는 데 정당정치의 한계가 있다.

2. 의회주의와 다수결 원칙

의회주의는 그 자체가 목적이 아니라 정치적 목적을 위한 수단이기에 합
의과정을 중요시함으로써 관용과 설득의 정신을 전제로 가능하다. 의회주의는
다수결의 원칙에 의해 운영되는 다수결 정치를 의미하고 다수결 원칙은 의회
주의의 요체이다. 다수결 원칙을 존중하지 않고는 의회주의는 작동할 수 없다.
의회주의에서 다수결 원칙은 민주주의의 지배적 의사결정 원리로서 곧 국민
전체 의사를 대변하고 국민적 합의를 뜻함으로써 민주주의의 정당성을 부여한
다. 의회주의는 국민이 신임하는 다수파가 되기 위해 노력하는 역동성 있는
정치체제이다.

민주정치에서 소수와 다수의 가치는 상대적이고 유동적이다. 다수는 긍정
적 가치이고 소수는 부정적 가치라는 이분법의 선입견을 버려야 한다. 다수와
소수는 영원한 승자도 패자도 아닌 경쟁적 동반자이기에 긍정과 반대 의사의
수용과 화합이 다수결 원칙의 요구이다. 패자는 승복하고 승자는 포용하는 관
용의 정치가 다수결 원칙이다. 민주주의의 정신은 소수의 의견을 존중하는 관
용에 있다.[1] 다수결주의가 최고의 가치 창출이 아님은 물론이다. 다수결 원칙
은 합의가 불가능한 경우 최후 수단으로 선택하는 차선의 의사결정 기술일 뿐

---

1) 인간이 약하기 때문에 민주주의가 필요하고 선하기 때문에 민주주의가 가능하다.

최고 해결책도 만능적 장치도 아니며 더욱이 만능이 돼서도 안 된다. 다수결의 가치가 최고선은 아니더라도 존중하는 것은 상호간의 합의과정을 통한 정당한 경쟁의 결과이고 공통의 가치이기 때문이다. 다수가 항상 옳다고 할 수 없으며 정당화될 수도 없다.

다수결주의는 가치관의 다원주의를 전제로 서로 대등한 지위를 가질 때 가능한 것이고 억지와 아집을 버리고 열린 공간에서 합의를 요구한다. 다수결 원칙은 다수와 소수의 타협과 협력에 의한 협치를 요구함으로써 민주주의를 위해 최선을 추구하는 정치기술로서 의회주의의 질을 결정한다. 다수가 소수의 의견을 무시하고 일방적인 강행을 고집하면 다수의 횡포와 독선이고 권력의 독주로서 의회주의의 파탄을 가져온다.[1] 급기야 다수결주의가 우민정치의 정당화의 명분이 될 수 있다. 또한 소수가 수의 역부족으로 반대를 위한 반대로서 발목잡기를 선호하면 다수결 원칙은 불신을 받고 의회주의는 위기를 자초한다. 다수의 오만과 독선이나 소수의 억지와 화풀이는 다같이 다수결 원칙에 대한 공공의 적이며 민주정치를 부정하는 것이다. 다수의 횡포를 통제하는 것은 자유민주주의이고 법치주의이다.

다수결 원칙은 찬반을 구분하기 위한 숫자의 놀음이나 소수를 제압하기 위한 힘겨루기가 아니다. 다수와 소수가 서로 믿고 상생하는 공동체 의식을 갖는 것이 다수결주의이다. 다수결 원칙은 힘의 대결이 아닌 화합의 논리인 설득과 협력에 의해서 결정되어야 한다. 대화를 통해 서로 이해(comprehension)·양보(concession)·타협(compromise)하는 이른바 3C의 신사도에 의한 관용과 포용의 정신이 전제되어야 한다. 다수결 원리는 사회적 포용주의와 합의주의를 실천하기 위해 공감과 승복을 합리적으로 도출하기 위한 정치적 의지이다.

양보와 타협을 통한 합의과정은 공동체 의식이나 민주정치를 활성화하는 다수결 원칙의 저력이다. 양보가 굴복으로, 타협이 패배로 인식되는 대결 상황에서는 합의가 어렵기 때문에 포용적 소통과 타협적 리더십이 필요한 것이다. 엄밀한 의미에서 다수결 원칙의 최선은 곧 최상을 의미하는 것이 아니라 제한된 찬성자의 최상에 불과한 것이다. 하지만 최선이 아니면 차선을, 차선이 없으면 최선의 차악이라도 찾아 최악을 면할 수 있는 현명한 선택이 다수결 원

---

1) 토크빌은 민주주의의 필연성을 주장하면서도 다수의 의한 폭정의 위험성을 경고했다.

칙의 묘미이다. 다수결 원칙은 서로의 동질성을 찾아 그 몫을 존중하는 배려와 화합의 기술인 동시에 상생의 의회주의 논리로서 다수가 소수를 포용하는 협력과 공존의 상징이어야 한다.

3. SNS의 대중적 민주주의와 직접민주주의

사이버공간은 접속의 자유(freedom to connect)를 통해 언제든지 누구와도 접촉을 간편하게 연결하는 자유의 메신저이고 정보와 지식, 문화와 생활의 열린 광장이다. 직접민주주의 마당인 SNS(social network service)의 확산으로 시민이 여론형성에 직접 참여하는 공간이 열리고 권력을 감시하는 그물망이 넓어져 전자 민주주의(on-line democracy)의 영향력은 막강하다. 게다가 소셜네트워크는 사회적으로 소외된 계층의 여론 친화적인 사랑방이 되고, 정치 국외자들에게 정치의 정보소통 시스템으로 이용되고 있다. 그 결과 일부 국한된 정치 통로에 의존하는 대의민주주의에서 시민이 직접 참여하는 대중적 직접민주주의로의 변화가 나타나고 있다.[1]

SNS의 여론정치는 기존 대의정치·정당정치를 부정하는 것이 아니라 국민의 정치적 눈높이에 미달하는 기존 정치권의 보완책으로서 시민의 정치적 참여를 강조하는 직접민주주의의 요청이다. 이것은 의회와 정당이 민의를 제대로 대변하지 못하고 국정의 중심으로 활발하게 작동하지 못한 기존 정치 시스템의 불신과 무능에서 비롯한 것이다. 특히 선거공천의 비리와 폐쇄성으로 인한 정당정치 불신은 선거제도의 모바일 투표를 시행하기에 이르렀다.

SNS 민주주의는 일반 언론매체의 한계를 보완하고 시민의 여론정치 향상을 통해 의회주의와 정당정치의 민주화·활성화·투명화 등을 높이는 자극제로서 크게 기여할 것이다. 그러나 SNS 공간은 객관적 사실과 절차적 과정을 통한 여론화 형성보다는 왜곡된 여론과 편향된 정보의 통로로 악용되고 정상적 소통 자체를 단절하여 무책임한 여론의 갈등을 증폭시키는 역기능이 있다. SNS는 소통을 위한 방법이지 여론 그 자체는 아니다. SNS는 일반 여론으로서

---

1) SNS을 이용한 새로운 형태의 민주주의를 종래의 시민적 대의 민주주의와 구별하여 대중적 직접민주주의 또는 대중적 정당민주주의, 참여 민주주의, 전자 민주주의, SNS 민주주의 등으로 불리고 있다.

의 형성에는 한계가 있어 책임정치를 내용으로 의회제도와 정당정치와 긴장관계이다. SNS의 정치적 포퓰리즘이 여론정치란 미명하에 선동정치로 이용되면 사이버의 조작 언론이 활보하고 국정의 중심인 의회정치를 위태롭게 한다.[1] 여론적 이슈에 대한 SNS의 의사소통이 실제로 대의정치의 의사 결정과정을 압도하는 현상은 바람직하지도 않고 정당한 절차의 여론을 기대할 수 없다.

의회정치의 비효율성과 당파 우선주의의 결과로 국민이 국정에서 소외되고 무책임한 정쟁으로 국력을 소모한다는 이유로 대의민주주의에 대한 불신이 표출된다. 국민의 직접적인 국정참여를 통해 간접제인 대의제를 보완하기 위해 헌법은 직접민주주의의 일부를 도입하였다. 직접민주주의의 등장은 대의정치의 불신과 국가기관이 제대로 작동하지 않은 정치 무능을 반증한다. 하지만 국민을 직접 상대로 하는 국민참여제는 공론화 정치를 이유로 대의제도와 법치주의 기능을 무력화시켜 정치 불신을 조장한다. 국가기관이나 전문집단의 의사보다 대중의 감성에 호소하는 공론화정치는 권력남용과 국력소모, 국정의 무책임을 자초한다. 공론화의 악순환은 대중에 영합하기 위해 선동적인 포퓰리즘 정치로 변질될 우려가 있어 민주주의가 경계해야 할 대상이다.

직접민주주의는 대중 우선주의를 내세워 민의를 즉각 반영하는 장점이 있지만 대중적 요구에 민감하기 때문에 포퓰리즘이 따른다. 포퓰리즘은 사회적 불만과 불안을 이용하여 기존정치를 적대시하며 대중선동을 하는 것이 특징이다. 대중적 인기에 영합하기 위해 포퓰리즘은 퍼주기와 공론화 지상주의로 국민을 우롱하여 우민정치로 타락할 우려가 있다. 고대 아테네 민주주의에서 보듯이 직접민주주의는 포퓰리즘을 이용한 선동정치로 전락하였다.[2] 공론화 정치에서 찬반의 강요는 시민적 중지를 수렴하는 여론정치에 역행할 뿐 아니라 집단주의적 획일주의를 강요한다. 공론화 정치는 국민참여과정에서 포퓰리즘을

---

1) 정치적 포퓰리즘은 SNS를 활용하여 대중의 취향에 맞추어 지엽적, 근시적인 인기영합주의를 추구하고 미래지향적 비전 제시는 뒷전으로 미룬다. SNS의 목소리에 따르는 (following) 사람만 있고 대중을 이끄는(leading) 창조적 리더(pioneer)는 찾기 어려워 정치는 리더가 대중에 이끌리는 포퓰러리즘(popularism)화되는 경향이 나타나고 있다.

2) 최초로 직접민주주의를 창안한 아테네가 몰락한 원인의 하나는 직접민주주의가 포퓰리즘으로 타락한 중우정치 내지 폭민정치 탓이라고 한다. 역사가들은 "아테네는 민주적으로 자살했다"고 말한다. 아테네 문화를 전수한 로마는 아테네의 직접민주주의만은 도입하지 않았다.

벗어나기 어렵다. 민주주의의 이름으로 포장된 포퓰리즘이 민주주의를 망치고 국력을 쇠진시킨다. 때문에 선진민주주의 국가들이 대의정치를 기본으로 하고 직접민주주의 원리를 부분적으로 채택하는 이유이다.

국민이 직접민주주의를 요구하고 있어도 국민참여는 본질적 한계가 있어야 하며 합법성과 합리성을 위해 법치주의에 따라야 함은 말할 나위도 없다. 민주주의는 목적을 위한 과정이지 목적 자체가 아니다. 대의민주주의와 직접민주주의의 균형과 조화를 위해서는 시민의 적극적 참여, 법치주의의 엄격한 적용, 권력 분립의 원칙, 언론의 자유 등이 전제되어야 한다. 민주주의는 제도이지 주의가 아니다. 민주정치는 민주주의의 가치와 과정을 법적으로 보장하는 책임정치이다.

제 4 절 국회의 헌법상 지위

I. 국 회

국회는 국민의 정치적 의사를 대변하는 국민의 대표기관으로서 입법권을 행사하며 단원제이다.1) 국회는 법률안의 심의 · 의결권 이외에 국정감사권, 국정조사권, 국무총리 임명동의권, 인사청문권, 국무위원의 해임건의권과 국회출석요구 및 질문권, 국방 · 외교정책이나 조약의 비준 동의권, 일반사면의 동의권, 탄핵소추권 등의 국정감시 · 통제권을 갖고 있다. 또한 국회는 대법원장 및

---

1) 의회는 단원제 또는 양원제(상원, House of Lords, Senate; 하원, House of Commons, House of Representatives)이고 그 장단점은 다음과 같다. 양원제는 ① 하원과는 달리 상원의 구성이 직능적, 지역 안배적 대표로 할 수 있고, ② 상원이 원로원의 기능을 갖고 하원을 견제할 수 있으며, ③ 의회와 행정부의 충돌을 중재할 수 있고, ④ 연방국가에서는 지방이익을 대변할 수 있어 견제와 균형의 원리에도 부합한다. 그러나 ① 의회의 의결이 지연되고, ② 비용이 과다하며, ③ 양원 간의 상호 견제로 대정부 감시기능이 약화되는 단점이 있다. 양원제는 미국 · 영국 · 독일 · 일본 등이 채택하고 있다. 단원제는 ① 국정의 신속한 처리와 예산절감, ② 국민의 의사를 직접 반영하여 책임정치를 할 수 있는 장점이 있으나, ① 의회에 대한 감독기관이 없고, ② 의회의 국정처리 경솔과 독주, ③ 행정부에 대한 지나친 간섭, ④ 행정부와 충돌하는 경우 중재가 어려운 단점이 있으며, 우리나라를 비롯한 스페인 · 터키 · 폴란드 등이 채택하고 있다.

대법관, 헌법재판소소장, 감사원장, 중앙선거관리위원장 등의 임명동의권 등을 갖고, 재정에 관한 권한, 국회 자율권 등을 행사한다.

국회가 입법권을 단독으로 행사하기에는 입법사항이 복잡화·전문화하였고, 사회의 변화에 발 빠르게 대응할 입법권을 독자적으로 행사하기에는 국회는 역부족이다. 국회의 실질적 입법기능은 사실상 행정부가 주도하고 국회는 입법의 절차적 정당성을 부여하는 통법부(通法府)로 전락하는 경향이 있더라도 입법권은 권력분립의 원칙상 국회 고유의 권한이다. 국회는 국민여론을 수렴하고 다양한 의견을 조정하여 다양 속의 조화와 합의를 위한 정치통합과정으로서 기능이 요청되고 있다. 국회는 전통적인 입법기능보다 행정부에 대한 감시·견제 등의 통제권을 활발하게 전개함으로써 정치와 국정의 중심기관이 되고 있다.

헌법은 "국회는 헌법 또는 법률에 특별한 규정이 없는 한 재적의원 과반수의 출석과 출석의원 과반수의 찬성으로 의결한다.[1] 가부동수인 때에는 부결된 것으로 본다"(헌법 제49조)고 규정하여 소수자 의견을 존중하고 있다. 국회는 위원회[2]를 중심으로 운영되며 국회의 안건은 정족수제도(quorum)로 의결한다.[3]

II. 국회의원

국회의원은 국민을 대표하는 헌법기관이다. 국회의원은 지역구민이나 정당에서 독립하여 국민 전체의 대표기관으로서 국익을 위한 자유로운 의정활동을 보장한다. 의원은 정당의 소속인보다 헌법기관으로서의 직무상 자유와

---

1) 휴회는 회기 중에 회의를 잠시 정지하는 것이고, 1일 1회의의 원칙에 의해 정회는 회의가 진행 중 회의를 일시 중지하는 것이고, 속개는 정회를 다시 시작하는 것이다. 산회란 당일의 회의를 마치는 것이고, 유회란 의사정족수가 미달되어 회의를 열지 못하는 것이며, 폐회는 회의 기간이 종료하는 것이다.

2) 국회의 위원회는 소입법부(little legislative)라고 불릴 정도로 국회활동에서 전문적·자율적 역할을 한다. 위원회는 ① 상설적인 상임위원회(18개), ② 특정 안건을 위해 해당 위원회 위원으로 구성되는 소위원회, ③ 특정 안건을 처리하기 위한 임시적인 특별위원회, ④ 상임위원회의 협의를 위한 연속회의(joint committee), ⑤ 정부조직에 관한 법률안, 예산안, 국회의원 윤리문제 등을 다루기 위해 의원 전원으로 구성되는 전원위원회 등이 있다.

3) 이 책, 부록 5. 국회운영 정족수 참조.

독립권을 갖고 헌법과 국익에 충실할 사명감이 우선적이어야 한다. 국회의 권한행사의 중심에는 국회의원이 있고 의원은 국민 대표로서의 책임을 갖고 국정참가자로서의 전문적 자질을 갖추어야 한다. 국회의원의 임기는 4년이고,[1] 의원의 원활한 입법활동을 보장하기 위해 법에 위반하지 않는 범위에서 불체포특권과 면책특권 등이 보장된다(헌법 제44조~제45조). 국회의원은 청렴의 의무, 품위유지 의무, 영리성 업무의 겸직금지 의무 등이 있으며, 의원으로서의 직무를 위반한 경우 국회 의결로써 징계를 할 수 있다(국회법 제155조). 정당이 위법으로 해산을 당하더라도 그 소속 국회의원의 신분에는 영향을 주지 않는다.

헌법은 국회의원의 정수는 법률에 정하되 200인 이상으로 한다(헌법 제41조 2항)고 규정하여 하한선만 정하였다. 국회의원의 선출은 지역구 선거와 정당 비례대표제를 혼용하고 있다. 국회의원 수는 지역구에서 선출한 253명과 정당 비례대표 의원 47명을 합하여 300명이다(공직선거법 제21조).[2] 비례대표제의 의원선출은 정당이 선거에서 전국적으로 얻은 득표수와 의석에 비례하여 결정한다. 국회가 단원제라고 하더라도 국회의원수가 인구수에 비하여 상대적으로 많다.[3] 의원의 입법활동,[4] 의정활동,[5] 국회의원에 대한 국고부담[6] 등을 보면 의원수

---

1) 국회의원의 임기는 보장되나 국회의원으로서 신분에 어긋나는 행위에 대하여 국회 결의로써 제명할 수 있다. 비례대표 국회의원은 탈당 또는 당적을 변경하거나 2개 이상의 당적을 보유한 경우에는 퇴직된다(공직선거법 제192조 4항).

2) 1948년 제헌국회에서 200명으로 출발한 의원수는 1963년 6대 국회에서 175명으로 줄였다. 그 후 1988년 13대 국회에서 의원수가 299명으로 증가한 후 IMF 사태로 16대 국회 의원수가 273명이었던 때를 제외하고 줄곧 299명을 유지하였으나 18대 국회에서 300명으로 증원하였다.

3) 미국은 하원의원 435명과 상원의원 100명(인구 약 3억 2,000만명), 일본은 중의원 의원 300명과 비례대표 의원 180명(1억 3,000만명), 브라질은 하원의원 513명과 상원 81명(약 1억 9,000만명), 멕시코는 하원의원 628명과 상원 128명(1억 5,000만명)이다. 우리나라 국회의원 1인이 대표하는 국민숫자가 약 16만 2,000명인 데 비해 미국은 70만명, 브라질은 37만명, 일본은 26만명, 대만은 24만명, 멕시코는 21만명이다.

4) 국회 회기종료로 폐기된 안건은 18대 6,790건(45%), 19대 10,190건(58%), 20대 14.769건(68%)으로 국회는 입법 지연의 책임을 면할 수 없다. 그 중 심의조차 못한 의원 실적용 법안의 남발이 법률안 인플레가 된다. 의원 입법안과 정부안의 국회 통과율을 보면, 17대 21%(정부안 51%), 18대 14%(정부안 41%), 19대 35%(정부안 73%), 20대 30%(정부안 67%)로서 의원 입법안의 가결률이 현저히 낮다(국회 의안정보시스템 참조).

를 줄이고 국회 활동을 위한 보조기관을 두어 제대로 일하는 국회를 만드는 것
이 바람직하다. 의회의 기능과 권위는 의원의 숫자보다는 의원의 자질이 결정
한다. 의원의 시대착오적 특혜에도 불구하고 의원의 질적 저하와 국민대표로
서의 국민 눈높이에 미달하는 의정활동이 의회주의에 대한 불신을 초래한다.

제 5 절 정부의 형태

Ⅰ. 대통령제

정부형태란 삼권분립의 원칙상 입법부와 사법부를 제외한 행정부의 조직
과 작용을 말한다. 행정부 형태는 대통령제와 내각책임제 그리고 이 양자를
절충한 이원정부제로 나눌 수 있다. 대통령제는 엄격한 삼권분립주의를 기본
원리로 하여 권력 상호간에 독립이 보장되고 행정권은 대통령에 속하는 정부
형태로서 미국이 처음으로 채택하였다. 대통령은 대내적으로는 행정부의 수반
인 동시에 대외적으로는 국가를 대표하는 국가원수의 지위를 갖고서 행정권을
독자적으로 행사한다. 대통령제는 입법부와 행정부가 상호 독립됨으로써 권력
의 견제·균형을 취하고 있다.

대통령제에서는 행정부에 대한 의회의 불신임행사는 물론 입법부의 행정

---

5) 국회파행으로 휴회기간이 많고 시급한 민생 법안이 방치되고 있어 직무유기의 무책임
한 국회라는 비판을 받고 있다. 의원의 자질, 도덕성, 책임성의 저하, 포퓰리즘적 언행, 막
말정치 등은 나라의 품격과 명예, 국회의 위상 등을 손상시켜 국회에 대해 불신과 원성을
자초한다. 국회의원은 임기동안 직책상 책임 추궁을 받지 않고 특권과 특혜를 누리는 귀
족적 웰빙 직업, 무노동 무임금의 원칙을 벗어난 국민 혈세의 낭비자, 국가의 해로운 국
해(國害)의원, 법적 부패(legal corruption)의 전형적 예라는 오해는 받지 말아야 한다.

6) 국회의원 1명의 연간 보수 총액은 1억 5,000만원 정도로서 봉급 생활자의 상위 1%에
해당하는 고액 연봉이다. 게다가 각종 지원금을 포함하면 의원 1인당 연간 2억 2,000만원
이 넘는다. 의원은 200여 종의 각종 특혜를 받고 국고 부담의 보좌진(7명)과 인턴(2명)을
둔다. 의원 1인당 GDP 대비 세비 비율은 미국 3.59%(세비 1억 9,488원), 영국 2.89%(세
비 1억 1,619원), 프랑스 2.87%(세비 1억 2,695원), 일본 5.58%(세비 2억 3,698원)이나, 우
리나라는 5.63%(세비 1억 3,796원)로서 OECD 국가 중 3위의 고액을 받는다(조선일보,
2014. 9. 30. 참조).

부에 대한 간섭이 인정되지 않으며, 내각과 의원의 겸직을 허용하지 않아 행정부는 의회의 영향에 크게 구애받지 않는 것을 특징으로 한다. 대통령은 법률안의 제출권·거부권[1])을 통해 입법에 참여하며, 의회는 행정부의 예산안과 조약비준, 공무원의 임명에 대해 동의권을 갖는다. 미국적인 고전적 의미의 대통령제는 엄격한 삼권분립주의에 의하고 있으나 라틴아메리카 국가는 의원내각제 요소를 가미한 대통령제를 채택하고 있다. 특히 개발도상국가의 대통령제는 형식적으로는 권력분립적인 형태를 취하고 있으나 실질적으로는 집행부가 우월한 권위적인 대통령제로 운영되고 있어, 이를 신대통령제라고 한다. 대통령제는 권력분립의 대통령제의 통치(rule of presidency)가 아니라 한 사람의 제왕적 통치로 변질되고 있다. 대통령은 국정에 관한 국민의 최고 대리인(surrogate in chief)이며 그 이상이 아님에도 국가권력의 전권을 행사하는 최고권력자이다. 대통령을 국민이 선출함으로써 대통령은 임기동안 정국의 안정 속에서 일관성 있는 강력한 통치를 할 수 있는 장점이 있다. 하지만 대통령의 권력 집중에 따른 권력 남용과 독주화로 일인통치의 우려가 있고 이는 우리나라도 예외가 아니다. 국정운영의 책임이 대통령과 의회가 양분됨으로써 서로

[대통령제와 내각책임제의 차이]

	대통령제	내각책임제
입법부와 행정부	상호독립과 견제	상호융합과 책임
내각불신임권	없음	있음
의회해산권	없음	있음
대 통 령	국가의 실질적 원수	국가의 형식적 원수(국왕)
내각회의	자문·심의기관	의결기관
행정부 수반 임기	제한 있음	제한 없음
내각의 법률안 제출권·의회출석·의원겸직	불가능	가능

---

1) 대통령은 국회가 정부에 이송한 법률안에 대해 이의가 있을 때에는 이의서를 붙여 국회의 재의를 요구할 수 있다(헌법 제53조 2항). 이것은 대통령이 국회입법권의 견제를 위해 거부권(veto)을 행사하는 것이다.

대립하는 경우 조정할 제도적 장치가 분명하지 않다. 실제로 이를 해결하는 대통령제 국가는 미국을 제외하고는 성공하지 못하고 있다.

Ⅱ. 의원내각제

의원내각제(parliamentary government)는 영국의 오랜 의회정치제도의 산물로서, 입법부와 행정부가 권력의 분립과 균형을 유지하면서도 서로 밀접한 공존관계를 가지는 정부형태이며 서구제국과 일본·인도 등이 채택하고 있다. 의원내각제에서는 총리(수상)(premier)와 내각은 의회의 다수당에서 선출된다. 의회의 다수당이 행정부를 이끌게 됨으로써 행정부의 성립과 존속이 의회의 신임에 의존함으로써 책임정치를 실현할 수 있다. 의회의 행정부에 대한 불신임결의권에 의해 내각이 해산됨으로써 행정권을 민주적으로 통제할 수 있다. 각료는 일반적으로 의회에 출석·발언할 수 있고, 행정부는 법률안 제출권이 인정되고 의회해산권을 행사함으로써 의회에 맞설 수 있다. 의원내각제는 국가원수인 대통령 또는 국왕이 의례적·형식적 권한을 갖기 때문에 실질적 권한을 갖는 내각과 함께 행정권의 이원적 구조를 이루는 점이 특색이다.

의원내각제에서 입법부와 행정부는 각각 불신임권과 의회해산권을 가져 균형과 협력으로 신속하고 적극적인 행정의 수행이 가능하다. 하지만 의회가 불신임권을 행사하지 아니하거나 행정부가 의회해산권을 행사하지 않는 경우, 의회와 행정부의 역학관계를 통제하는 국민의 높은 정치적 의식과 정당정치의 발달이 전제되어야 한다. 영국에서는 의회의 우월성을 인정하면서 여론과 야당의 의사를 존중하는 오랜 의회정치 풍토의 발달로 이를 극복하고 있다.

의원내각제는 행정부가 국민의 대표기관인 의회에 대해서 책임을 짐으로써 민주적인 책임정치를 실현할 수 있으며, 입법부와 행정부가 대립할 경우 그 해결이 용이하다. 의원내각제의 장점으로는 첫째, 입법부와 행정부의 협조로 신속하고 적극적인 국정처리를 할 수 있고, 둘째, 입법부의 신임을 유지하기 위한 여론정치를 펼 수 있는 점 등이다. 그러나 군소정당이 난립하면 정국의 불안을 초래할 염려가 있다는 점과 행정부가 의회의 신임에 의존함으로써 강력하고 일관성 있는 정치가 곤란할 뿐 아니라 입법부가 정권획득을 위한 권력투쟁 장소가 될 우려가 있다는 점, 그리고 의회의 다수당과 행정부의 합작으로 다수당의 횡포가 일어날 수 있다는 점 등의 단점이 있다. 특히 특정 정당이 의회의 다수당을 계속 점유할 때에는 내각이 정당의 당간부회로 변하여 지나치게 당정 정치화될 우려가 있다.

Ⅲ. 이원정부제

이원정부제(double executive)는 대통령제와 내각책임제의 요소를 혼합하여 행정권이 대통령과 총리에게 이원적으로 분권화되어 있는 정부형태를 말한다. 이 제도는 오스트리아, 핀란드 등에서 발달하여 프랑스 제5공화국에서 채택한 대통령의 권한이 분산된 정부형태이다. 대통령은 국민으로부터 직접 선출되어 행정부 수반의 지위를 갖고, 의회에 대하여 책임을 지지 않는다. 대통령은 안보·외교 등의 대외적 업무와 위기시의 국가긴급권을 독자적으로 행사하고, 의회에서 선출한 총리는 행정부의 대내적 내치업무를 담당하고 의회에 대해 책임을 짐으로써 이원정부제는 행정권의 분권제를 뜻한다.

이원정부제는 의회와 행정부의 마찰을 방지할 수 있고 국가위기에 신속하게 대처할 수 있는 장점이 있으나 대통령의 국가긴급권에 대한 견제권이 약하기 때문에 대통령의 독주의 우려가 있다. 대통령이 속하는 정당이 다수당이 되지 아니하는 경우 일관적·안정적인 행정을 하기 어렵다.

Ⅳ. 사회주의 국가의 정부형태

사회주의 정부형태는 노동계급의 1당체제를 위해 강력한 권력집중주의의 회의제 정부제를 채택하고 있다. 북한의 노동계급의 대표기관인 최고인민회의나 중국의 전국인민대표대회(全人代)는 입법기관인 동시에 집행기관으로서 내각을 지배하고 내각은 이에 책임을 진다.

V. 우리나라의 정부형태

우리나라의 정부형태는 제헌 이래로 많은 변화를 가져왔다. 제1공화국에서는 대통령제를 채택하였으나, 제2공화국에서는 내각책임제를, 제3공화국에서는 다시 대통령제를 채택하였다. 제4공화국에서는 이른바 유신헌법에 의한 영도적 대통령제를 강요당하였고, 제5공화국에서는 대통령을 간접선거로써 선출하는 대통령제를 채택하였다. 제9차 개헌에 의한 제6공화국헌법[1]은 대통령에게 국가원수의 지위와 정부수반의 지위를 인정하는 대통령제를 채택함과 아울러 대통령 직선제와 대통령 5년 단임제를 명문화하여 대통령의 장기집권을 제도적으로 방지하였다.

정부형태는 전통적인 대통령제를 원칙으로 하면서 의원내각제 요소를 가미한 절충식 정부형태로서 제3공화국 헌법의 권력형태와 비슷하다. 국회는 국무총리·국무위원에게 국회에 출석·답변을 요구하고 대통령에게 이들의 해임을 건의할 수 있어 사실상 내각 불신임권을 행사한다. 행정부는 국무회의를 최고 정책 심의기관[2]으로 하여 행정권을 행사한다. 행정부는 법률안을 제출하고 국회에서 통과된 법률안에 대통령이 거부권을 행사함으로써 입법부를 견제한다. 정부조직은 행정의 능률성과 전문성 등을 내용으로 경제적인 작은 정부를 지향하는 것이 시대적 요청이나, 우리나라는 정권이 바뀔 때마다 행정부의 조직기구가 개편되고 현재는 18부 5처 18청 2원 4실 6위원회 3본부제이다(정부조직법 제4장 참조). 우리나라의 정부조직 기구도는 부록 6과 같다.

---

1) 이 책, 부록 1. 우리나라 헌법개정사 참조.
2) 국무회의는 대통령과 국무총리 그리고 15인 이상 30인 이내의 국무위원으로 구성되는 국가정책 결정의 최고 합의체로서 정부의 권한에 속하는 중요한 정책을 심의한다(헌법 제88조). 합의체에는 의결기관·자문기관·심의기관 등이 있다. 의결기관(내각책임제의 내각회의)은 의결에 대한 법적 구속력이 있으나, 자문기관(미국의 내각회의)은 자문에 그치며 그의 구속력이 없고 자문도 필요적 사항이 아니다. 그러나 심의는 의결과 달리 구속력이 없으나 일정한 사항은 반드시 심의하여야 한다는 점에서 자문과 다르다.

제 6 절   선거제도

I. 선거제도의 개념

선거란 국민에 의한 참정권 행사인 투표행위로서 국민주권주의의 구현이고 민주정치를 이끄는 원동력이다. 선거는 민주주의의 시작이자 끝이다. 선거를 통해 국민의 신임을 물어 국민 대표를 선출하거나 교체시킴으로써 의회를 쇄신하고, 정권을 탄생시키어 정권담당자의 새로운 변화를 준다. 선거는 후보자의 등록,[1) 선거운동,[2) 투표, 개표, 당선인 확정 등으로 이루어진다. 선거는 선거인이 전체로서 선거인단을 구성하는 합성행위에 의해서 공무원을 선출하는 것이고 개개 선거인단의 구성원으로서의 투표행위를 의미하지 않는다. 선거는 국민 대표자를 선출하는 행위이나 선거인과 대표자의 법적 성격에 대해서는 일반적으로 대표위임으로 보고 있다.

"민주주의는 선거를 먹고 산다"고 한다. 선거는 민주주의의 기본적 요건인 동시에 뿌리이므로 자유로운 분위기와 공정한 선거관리가 전제되어야 한다. 자유선거는 외부의 압력 없는 자유로운 투표권의 행사를 뜻하며, 공정선거는 선거와 투표의 결정·개표에 대한 어떠한 형태의 영향이나 간섭을 인

---

1) 국회의원 출마자는 소속 정당의 추천을, 무소속 출마자는 관할 선거구 주민 300인 이상 500인 이하의 추천을 받아야 한다. 대통령 출마자는 3억원, 국회의원 출마자는 1,500만원, 시·도지사 출마자는 5,000만원, 시·도의회 의원은 300만원의 기탁금을 납부한다(공직선거법 제56조). 후보자가 당선되거나 사망한 경우와 유효투표 총수의 100분의 15 이상을 득표한 경우에는 선거가 끝난 후 기탁금 전액을 반환받을 수 있다(동법 제57조).

2) 다음의 선거운동 방법은 허용되지 않는다(공직선거법 제7장 선거운동 참조). ① 선거운동을 방해하기 위한 연설·대담·토론 또는 지위를 이용한 선거운동 행위, ② 선거인·후보자·당선자를 매수하는 행위, ③ 유리한 기사 작성을 위해 신문사·방송사 직원을 매수하거나 기부하는 행위 또는 신문·방송의 부정한 이용행위, ④ 부정한 선거운동을 위해 동호회·친목회 등 사조직의 이용 및 이와 비슷한 기관의 설치 행위, 향우회·종친회 개최 행위, ⑤ 일반 시민의 조용하고 편안한 일상생활을 침해하는 야간 연설, 연설 장소, 호별방문, 가두행렬, 확성장치 등의 제한, ⑥ 후보자 비방 행위·허위사실 등을 유포하기 위해 사회의 선량한 풍속이나 사회질서를 침해하는 선거운동을 규제하고 있다.

정하지 않는다. 선거는 총선거·재선거·보궐선거 등이 있으며, 선거일은 선거별로 다르다.1) 헌법은 선거제도의 원칙으로서 보통·평등·직접·비밀 선거 등을 보장하고 있으며(헌법 제41조 1항), 선거의 공정한 관리를 위해 선거관리위원회를 설치하였다(헌법 제114조).

Ⅱ. 선거의 기본원리

1. 보통선거

보통선거는 사회적 신분·인종·성별·재산·교육·종교 등에 따른 자격제한을 하지 않고 일정한 연령이면 모든 국민에게 선거권을 인정하는 제도로서 일정한 자격을 제한하는 제한선거에 반대되는 선거원칙이다. 선거권 연령을 이전의 20세에서 19세로 하향 조정하고 해외 체류자의 투표권을 인정함으로써 투표권을 확대하였다. 보통선거의 원칙은 피선거권에도 적용되며,2) 공직선거법상의 후보자 기탁금은 후보자에게 경제적 과중한 부담을 주거나 무소속 후보자에게 후보등록을 위한 추천자를 많이 요구하여서는 안 된다.

대한민국 국적자이면 국내외의 거주지를 불문하고 투표권이 부여된다. 국내거소신고를 한 재외국민(영주권자와 일시체류자)은 대통령선거, 비례대표 및 지역구 국회의원 선거에 참여할 수 있으나, 국내거소신고를 하지 않은 재외국민은 대통령선거와 비례대표 국회의원 선거에만 참여할 수 있다(공직선거법 제15조). 해외 유권자의 참정권을 확대함으로써 해외 국민의 주권의식을 높일 것이다. 해외 유권자의 투표권 행사는 선거 결과에 변동요인이 될 수 있으며, 특히 박빙의 승부가 걸려 있는 선거에서 큰 위력을 발휘할 수 있다.

1) * 대통령선거 : 임기만료일 전 70일 이후 첫번째 수요일
   * 국회의원선거 : 임기만료일 전 50일 이후 첫번째 수요일
   * 지방선거 : 지방의회의원 및 지방자치단체장 임기만료 전 30일 이후 첫번째 수요일
   * 재·보궐선거 : 선거실시사유가 전년도 10월 1일부터 3월 31일 사이에 확정된 때에는 4월 중 마지막 수요일, 4월 1일부터 9월 30일 사이에 확정된 때에는 10월 중 마지막 수요일(공직선거법 제34조, 제35조)
2) 피선거권 연령은 대통령은 선거일 현재 5년 이상 국내에 거주한 40세 이상의 국민, 국회의원은 25세, 지방자치단체 의원 및 단체장은 60일 이상 당해 자치단체의 주민등록이 되어 있는 25세 이상의 국민이다(공직선거법 제16조).

2. 평등선거

평등선거는 평등의 원칙에 의해 모든 선거인이 1인 1표(one man, one vote)를 행사함으로써 선거인의 투표가치가 동등하게 인정하는 선거제도로서 차등선거에 반대되는 선거원칙이다. 평등선거의 원칙은 1인 1표의 투표와 1개 투표의 1개의 가치(one vote, one value)를 내용으로 하여 각 선거인이 갖는 선거권의 효과는 투표의 계산가치와 성과가치의 평등성을 이룬다. 하지만 국회의원 지역구 선거에서 인구수 최대 선거구와 최소 선거구의 인구편차가 심한 경우는 투표가치의 불평등성을 초래함으로써 평등선거의 원칙에 어긋난다. 투표가치의 평등성은 국민주권주의의 출발점으로 국회의원의 지역대표성보다 우선하는 가치로서 인구비례가 원칙이다. 헌법재판소는 현행 국회의원 선거구에서 상한 인구와 하한 인구가 3 : 1의 인구편차에 대해 헌법불합치결정을 하고, 선거구의 인구편차가 2 : 1을 초과할 수 없다고 입법기준을 제시하였다.[1] 그러나 선거인구 편차 기준은 절대적인 것은 아니고 인구증가와 지역의 특성, 선거제도의 구조 등에 따라 평등선거의 원칙에 크게 위반하지 않는 한 인구편차의 차이는 불가피하다.[2]

3. 직접선거

직접선거는 선거가 일반 유권자에 의해 직접 행하여지는 선거로서 간접선거에 반대되는 선거원칙이다. 직접선거는 투표의 대리나 위임을 인정하지 않는다. 간접선거는 일반 선거인이 중간 선거인을 선출하여 그 중간 선거인이 직접 대표자를 선거하는 제도이다. 미국의 대통령 선거에서 볼 수 있다.

4. 비밀선거

비밀선거는 공개선거에 반대되는 선거원칙으로 선거인이 누구에게 투표하

---

[1] 헌법재판소 2014. 10. 30. 선고 2012헌마192 결정.
[2] 헌법재판소는 선거구별 상하 인구편차 범위를 1995년 4 : 1(60%), 2001년 3 : 1(50%)에서 2014년 2 : 1 이하(하한 인구 13만 3천명~상한 인구 26만 6천명, 33.3%)로 제시하였다. 미국 하원은 모든 선거구의 인구 숫자가 원칙적으로 균등하도록 규정하고 있고, 호주는 1.22 : 1, 프랑스는 1.5 : 1, 독일, 캐나다는 1.67 : 1, 일본은 2 : 1이다.

였는가를 외부에서 알 수 없는 비공개 상태에서의 투표를 말한다. 비밀투표를 보장하기 위해서는 ① 무기명투표, ② 투표의 비밀유지, ③ 투표에 관한 증언 거부, ④ 투표용지의 획일 등이 있어야 한다.

Ⅲ. 선 거 구

선거구제는 선거를 행하는 지역적 단위로서 선거인단의 분할방식을 뜻한다. 선거구는 의회정치와 밀접한 관련이 있기 때문에 선거구는 법률로써 정한다. 선거구를 특정한 개인이나 정당에 유리하도록 인위적으로 확정하는 선거구 개정(gerrymandering)은 인정되지 않는다. 선거구에는 소선거구제·중선거구제·대선거구제 등이 있다. 소선거구제는 1선거구에서 1인을 선출하는 선거로서 최고득표자를 당선자로 하는 다수대표제이다. 소선거구제는 소수당의 난립을 방지하여 정국의 안정을 기하고 후보자를 알기 쉽고 선거비용이 적다는 장점이 있으나, 소수의견을 반영하기 어렵고 지방적 인물에 좌우될 우려가 있다. 중선거구제는 1선거구에서 2인 이상 4인을 선출하는 선거이고, 대선거구제는 일반적으로 5인 이상 선출하는 선거로서 소수대표제와 비례대표제를 내용으로 한다. 대선거구제는 소수대표가 가능하기 때문에 인물선택의 범위가 넓고 선거간섭을 방지할 수 있는 장점이 있으나 소수당의 난립으로 정국의 불안을 가져올 우려가 있고 후보자를 이해하기 어렵다는 단점이 있다.

Ⅳ. 선거방법

1. 지역구 대표제·비례 대표제

지역구 대표제는 지역단위를 기초로 선거인단을 구성하여 대표자를 선출하는 전통적인 의원 선출방법이다. 지역 대표로 구성된 의회가 국민 전체 의사와 부합하지 않고 지역 이기주의와 의회의 정치적 불안정을 나타내는 경향이 있다. 이를 보완하기 위해 비례대표제와 직능대표제로 의원을 선출하고 있으나 국민 대표성의 한계가 있다.

비례대표제는 정당의 득표수에 비례하여 의원을 선출하는 제도로서 지역

중심의 소선거구제도의 문제점을 극복하여 사회의 계층성·직능성 등을 대표하는 장점이 있다. 득표수의 연동형 비례제에 따라 의석을 할당함으로써 국민의 정치적 의사를 반영할 수 있고 사표(死票)를 살리는 장점이 있다. 또한 다수파의 의석 독식을 방지하고 소수파의 의석 진출을 보장한다. 비례대표제는 여러 형태가 있으나 우리나라는 국회의원 선거에서 1인 2표의 정당명부식 비례대표제를 채택하고 있다. 비례대표 의원의 국민 대표성과 후보 선정에 많은 문제점이 제기된다.

2. 석패율제도 · 직능대표제 · 정당명부제

석패율(惜敗率) 선거제도란 후보자가 지역구와 비례대표에 동시에 출마하여 지역구에서 낙선된 후보자 중에서 석패율1)이 가장 높은 자를 비례대표로 선출하는 제도이다. 석패율제도는 후보자에게 이중등록 후보제를 허용하여 지역구에서 아깝게 낙선된 유력한 후보를 구제할 수 있다. 석패율제도는 소선거구제에서 오는 정당의 지역 패권주의를 어느 정도 극복할 수 있어 정당정치의 지역적 균형을 이룰 수 있는 장점이 있다. 현재 일본에서 시행하고 있다.

직능대표제는 직능별로 선거인단을 구성하여 직능단위로 대표자를 선출함으로써 국민 각계각층의 이해관계인의 대표로 국회를 구성하는 제도이다. 그러나 다양한 직능별 대표의 선정은 사실상 어려운 것이 이 제도의 한계이고, 보통·평등 선거의 원칙에 어긋날 우려가 있다.

정당명부제는 유권자가 후보와 정당에 각각 투표하고 먼저 정당의 득표율에 따라 각 당의 총 의석수를 정한 후 지역구 당선자를 제외한 나머지 의석을 비례적으로 배분하는 제도이다. 사표를 없애고 국민의 정치적 의사를 잘 표현할 수 있어 특히 의원내각제에서는 장점이 있으나 소선거구제와 대통령제를 채택하는 나라에서는 적당하지 아니하다. 독일에서 시행하고 있다.

---

1) 석패율이란 가장 높은 득표의 낙선자와 당선자의 득표비율을 말한다. 낙선자의 득표수를 당선자의 득표수로 나누어 100을 곱한 것이다. 예컨대 당선자가 5만표로 당선되고 낙선자가 4만표로 낙선되면 낙선자의 석패율은 5만분의 4만으로 80%이다.

3. 오픈 프라이머리

오픈 프라이머리(open primary)는 선거에 출마할 정당후보를 국민경선으로 뽑는 국민참여 경선제도로서 국민에게 정당후보 공천권을 부여하는 개방형 예비선거이다.[1] 오픈 프라이머리는 정당후보자 선거에서 일반 국민도 후보 선출에 참가함으로써 경선과정의 병폐와 지역주의를 방지하고 후보 선출에 일반시민의 뜻을 반영하는 장점이 있다. 모바일 투표의 도입으로 정치권 밖의 소외계층을 정치의 마당으로 불러들여 정치의 대중화 · 활성화를 기대할 수 있다. 오픈 프라이머리는 정당정치의 불신에서 비롯된 것이고 동시에 정당정치의 보완을 위한 것이다. 하지만 오픈 프라이머리는 정당의 본질과 책임정치를 훼손할 우려가 있고 예선과정을 거치는 부담이 있다. 또한 정당 경선행사에 참여하는 비당원인 일반 국민의 비율[2]에 따라 투표 결과에 영향력이 커져 선거를 조작할 우려가 있다.

V. 투표제도

투표행위는 유권자 의사의 합치행위로서 국민의 총의를 표출하는 선거의 요체이다. 합리적 투표로써 투표 기권을 방지하고 국민의 선거권을 극대화하기 위한 다양한 투표제도가 있다.

① **강제투표제와 자유투표제** 강제투표제는 선거인이 정당한 이유 없이 투표를 하지 않을 경우 과태료, 참정권의 정지 · 박탈, 공공서비스 제한(여권제한, 면허제한) 등을 과하여 기권율을 감소시키려는 의무투표제이다(오스트레일

---

1) 오픈 프라이머리는 소속 정당원만이 참가하는 정당 대회인 미국의 코커스(caucus)와 차이가 있다. 대통령을 간접선거로 선출하는 미국에서는 대통령 후보로 지명되기 위해서는 각주 대의원 과반수 이상의 득표를 얻어야 한다. 대의원 선거는 주의 예비선거에서 득표 1위 후보에게 모든 표를 몰아주는 승자 독식방법(공화당)과 후보별로 주의 득표한 수를 합산하는 방법(민주당)이 있다. 선출된 대의원은 유권자의 뜻을 반영하는 것이므로 오픈 프라이머리의 결과가 대통령 선거의 사실상 승패가 된다.

2) 오픈 프라이머리에는 선거를 정당의 대의원 · 당원 · 일반인 참가자(선거인단) · 여론조사(모바일 투표) 등의 비례득표로 합산 결정하는 방법과 선거인단을 일반인과 당원이 동등하게 구성하는 완전국민경선제 등이 있다.

리아, 오스트리아, 벨기에, 룩셈부르크, 그리스, 스위스). 임의투표제는 투표 기권에 대하여 아무런 법적 제재를 가하지 않고 선거인의 자유의사와 판단에 맡기는 투표이다.

② **비밀투표제와 공개투표제**　　비밀투표제는 선거인의 선택을 비밀로 보장하기 위해 기표소 내에서 무기명으로 자유롭게 투표한다. 투표의 내용을 공개하는 공개투표제는 실명에 의한 찬반의 공개와 구분, 기립·거수 등이 있다.

③ **자필투표제와 기호투표제**　　자필투표제란 투표용지에 후보자의 성명을 자필로 쓰는 방식이며, 기호투표제는 후보자의 성명란에 일정한 기호로 기표한다.

④ **단기투표제와 연기투표제**　　선거인이 후보자 1인만을 지명하는 것을 단기투표제라고 하고, 2인 이상을 지명하는 것을 연기투표제라고 한다.

⑤ **투표소투표와 부재자투표제**　　투표소투표는 선거인이 선거일에 투표소에서 투표하는 것이고, 부재자투표는 선거인이 투표일에 참가가 불가능한 경우에 투표기간 이전에 부재자 신고로써 투표하는 것이다.

⑥ **사전투표제**　　부재자투표제와 달리 사전투표제는 선거인은 사전에 부재자 신고 없이 선거일 전, 전국 어디서나 지정된 투표소에서 미리 투표를 할 수 있는 투표이다. 사전투표제도는 전국단위의 통합선거인명부가 작성되었기에 가능한 것으로 투표율 제고에 기여할 것이다.

⑦ **집중투표제**　　집중투표제(cumulative voting)는 유권자에게 표를 특정후보에게 집중해서 투표할 수 있도록 하는 누적투표제이다. 특히 집중투표제는 회사 이사를 선출하는 경우 주주에게 1주당 1표씩이 아니라 1주당 뽑을 이사 수만큼의 동일한 수의 의결권을 부여함으로써[1] 소액주주를 보호할 수 있다.

---

1) 예를 들면 회사 이사 3명을 선임하는 경우 1주당 3개의 투표권을 부여한다. 1주를 가진 주주의 의결권은 3표를 행사할 수 있으며 표를 한 후보에게 몰아줄 수 있다.

제 7 절 지방자치

　지방자치는 민주주의와 지방분권주의의 이념에 따라 자치단체가 자신의
사무를 자율적으로 처리하는 주민에 의한 자치이다. 지방자치는 아래로부터
위로의 정치를 의미하여 풀뿌리 민주주의(grass roots democracy)의 기초를 이루
고 있다. 지방자치단체는 국가로부터 존립 목적을 부여받아 일정한 관할구역
을 가진 공법인으로서 주민자치와 단체자치를 결합한 형태이다.1) 지방자치단
체는 주민의 복리에 관한 자치사무와 위임사무를 처리하고, 재산을 관리하고
법령의 범위 안에서 자치에 관한 규정을 제정할 권한을 가진다(헌법 제117조 1
항). 지방자치단체는 자치권을 보장받아 의결기관인 의회를 두고, 자치 입법
권·행정권·재정권 등을 행사한다. 자치단체의 주민은 자치단체에 대해 조례
제정·개폐권, 감사청구권, 주민소환권, 주민소송권 등의 직접민주주의적 요소
인 권리를 행사할 수 있다.2)

　지역발전의 지속적인 발전을 위해서는 지방자치단체가 지방정부로서의 기
능을 갖고 지역발전의 중심이 되어야 한다. 지방자치단체의 독자적인 발전과

---

1) 우리나라 지방자치단체는 영미법계의 주민자치와 대륙법계의 자치제도를 혼합한 제도
이다. 이를 구별하면 다음과 같다.

		주민자치	단체자치
내	용	주민의 권리	단체의 권리
이	념	자연법상 권리	실정법상 권리
체	제	민주주의	지방분권주의
분	포	영국·미국	프랑스·독일
성	질	국가의 지방행정청	독립기관으로서의 자치기관
통	제	입법적·사법적 감독	행정적 감독

2) 주민투표권이 헌법상 보장되는 기본권인지의 여부에 대해 헌법재판소는 "지방자치법이
주민에게 주민투표권(지방자치법 제13조의2), 조례의 제정 및 개폐청구권(제13조의3), 감
사청구권(제13조의4) 등을 부여함으로써 주민이 지방자치사무에 직접 참여할 수 있는 길
을 열어 놓고 있지만 이러한 제도는 어디까지나 입법에 의해 채택된 것일 뿐 헌법에 의해
보장되고 있는 것은 아니므로 주민투표권은 법률이 보장하는 권리일 뿐 헌법이 보장하는
기본권 또는 헌법상 제도적으로 보장되는 주관적 공권으로 볼 수 없다"고 판시하였다(헌
법재판소 2005. 12. 22. 선고 2004헌마530 결정).

복지를 실현하기 위한 자치권의 강화가 무엇보다 필요하다. 중앙정부는 국방·외교·금융·통상 등의 국가적 차원의 정책과 집행을 담당하고, 지방정부는 산업·문화·교육·치안·복지·도시계획 등에서 자율권을 확대하여 지역의 특성화를 시도하는 것이 세계적 추세이다.1) 중앙정부는 지방자치단체의 후견인적 지위에서 권한을 지방에 위임하는 방식의 지방분권주의를 극복하여 지방정부가 그 권한의 일부를 극복하고 반대로 중앙에 위임하여 지방정부와 중앙정부가 지역발전을 위해 공동대처하는 풍토가 되어야 한다.

[자치사무와 단체위임사무의 비교]

	자치사무	단체위임사무
형 식	조례·규칙	조례
근 거	법령	법령 및 기간의 위임
사 무	자치단체의 사무	국가기관의 사무
범 위	포괄적	개별적
비용부담	자치단체	위임기관
통 제	적법성	적법성 및 타당성

제 8 절 공무원제도

Ⅰ. 공무원의 개념

공무원은 국가·지방자치단체의 공권적 업무를 담당하는 사람을 말하며, 국민 전체에 대한 봉사로서 국민에 대하여 책임을 진다(헌법 제7조 1항). 공무원은 국민 위에 군림하는 것이 아니라 국민을 섬기는 공복으로서 낮은 자세의

---

1) 미국이 강대국으로 부상한 요인에는 주(state) 정부 간의 제도적 경쟁을 통한 국력 신장이 큰 역할을 하였다. 또한 전통적으로 중앙집권국가인 영국과 프랑스, 독일 등은 근래 획기적인 지방분권의 강화 조치를 시행하였다. 영국은 스코틀랜드와 웨일스 지역에 특별 입법권을 부여하였고, 프랑스는 헌법개정을 통해 지방분권을 실현하였으며 독일은 연방 법률에 어긋나는 주(Land) 정부의 입법도 부분적으로 허용하고 있다.

공직자가 되어야 한다. 공무원은 국가와 특별한 행정법 관계[1]로서 이루어지는 직업공무원제도에 의해서 일반 국민과는 다른 법적 지위를 갖는다. 정권 교체에 관계없이 행정의 독자성·중립성·안정성 등을 유지하기 위해 공무원의 신분보장과 정치적 중립성을 보장하는 직업공무원제도는 현대국가 통치조직의 기본원리이다. 공무원이 되기 위해서는 법률이 정하는 능력요건(제한능력자, 형벌이 집행중인 자 등 제외)과 자격요건(고시임용, 특별채용)을 갖추어야 한다.

Ⅱ. 공무원의 종류

1. 국가공무원·지방공무원

공무원은 그 임명주체·담당 직무 분야·보수 지급자 등에 따라 국가공무원과 지방공무원으로 구분되나 공무원으로서 권리·의무는 큰 차이가 없다.

2. 경력직공무원·특수경력직공무원

공무원의 직무내용·임용자격·신분보장 등에 따라 경력직공무원과 특수경력직공무원으로 크게 구분된다(국가공무원법 제2조).[2] 경력직공무원은 대체로 직업공무원에 속하며, 일반직·특정직으로 분류한다. ① 일반직은 일반적인 행정, 기술·연구의 업무를 담당하며 직급·직위별로 구분한다. ② 특정직은 법관·검사·외무공무원·경찰·군인·교육공무원 등과 같이 특수분야의 업무에 종사하며 그 지위에 관해서는 특별법이 규정한다.

특수경력직공무원은 정무직·별정직 등으로 나눈다. ① 정무직 공무원은 선거에 의해 선출되거나 임명에 국회의 동의를 요하는 정치성이 강한 공무원으로서 국회의원·국무위원·대법관·헌법재판소 재판관 등 그 밖의 법령이 정무직으로 지정하는 공무원 등이다. ② 별정직 공무원은 국회전문위원·비서관 등 그

---

1) 국가와 공무원과의 관계에 대해서 사법상 고용관계설, 공법상 근무관계설, 특별권력관계설, 쌍방적 공법행위설 등이 있으나 특별한 행정법상 관계로 보는 것이 일반적이다.

2) 공무원 ┌ 경력직 공무원 ┌ 일반직(일반행정, 기술·연구 공무원)
　　　　　│　　　　　　　└ 특정직(교육공무원, 법관, 경찰, 군인)
　　　　　└ 특수경력직 공무원 ┌ 정무직(국회의원, 국무위원, 대법관)
　　　　　　　　　　　　　　　└ 별정직(전문위원, 비서관, 비서)

밖의 법령이 별정직으로 지정한 공무원을 말한다.

3. 고위공무원단

고위공무원단은 범정부적 차원에서 고위공무원의 효율적인 인사관리로써 정부의 경쟁력을 높이기 위해 통합관리되는 공무원 집단을 말한다(국가공무원법 제2조의2). 고위공무원단은 공무원의 계급제의 제약에서 벗어나 인사권의 융통성, 개방성 등을 통해 임용할 수 있는 장점이 있다. 직무의 전문성, 곤란성 그리고 책임도가 높은 일정한 직위에 일반직공무원·별정직공무원 및 특정직공무원 등을 임용하여 재직 중이거나 파견·휴직 등으로 인사관리한다.

4. 시간제 공무원

시간제 공무원은 근무시간을 공무원의 통상적인 근무시간보다 짧게 근무하도록 임용하는 공무원을 말한다(국가공무원법 제26조의2).

Ⅲ. 공무원의 법적 지위

1. 공무원의 권리

공무원의 신분과 정치적 중립성은 법률이 정하는 바에 의해 보장된다(헌법 제7조 2항). 공무원은 공무원으로서 신분권, 직무집행권, 제복착용권 및 국가로부터 보수를 받을 권리가 있다. 또한 공무원은 법령에 의한 사유가 있는 경우 이외에는 그 신분을 박탈당하지 않으며 직위를 상실하지 않는 권리를 갖는다(국가공무원법 제68조). 특히 법관·검사는 일반 공무원과 달리 탄핵·형벌 또는 징계처분에 의해서만 파면·정직·감봉된다.

2. 공무원의 의무

공무원은 공공을 지키는 최후의 보루로서 국가를 위한 사명감을 가져야 한다. 공무원의 구체적인 의무의 내용은 그 종류에 따라 다르나 국가공무원법에는 일반적으로 성실의 의무, 직무전념의 의무, 품위유지 의무 등이 있다. 공무원은 첫째, 공무원으로서 사명감을 갖고 직무에 성실히 전념하여야 할 성실의 의무(제56조)가 있다.[1] 둘째, 직무전념의 의무로는 ① 직무상 복종의 의무(제57조),[2] ② 직장이탈 금지 의무(제58조), ③ 친절 공정의 의무(제59조), ④ 종교중립의 의무(제59조의2), ⑤ 재직 중이나 퇴직 후 비밀엄수의 의무(제60조), ⑥ 정치운동 금지 의무(제65조),[3] ⑦ 집단행위 금지 의무(제66조)[4] 등이 있다. 셋째, 품의 유지의 의무(제63조)로는[5] ① 청렴의 의무(제61조), ② 영리업무 및 겸직 금지 의무(제64조), ③ 무절제한 방탕행위 금지 등이 있다. 특히 군인은 국가에 대하여 충성을 다하고 복무기간 중 성실히 그 직무를 수행하여야 하며, 직무상의 위험 또는 책임을 회피하거나 상관의 허가를 받지 아니하고 직무를 이탈하여서는 안 된다(군인의 지위 및 복무에 관한 기본법 제29조).

공무원이 선거중립 의무의 위반시에는 5년 이하의 징역이나 2,000만원 이하의 벌금에 처한다(공직선거법 제255조 5항). 또한 100만원 이상 벌금형을 선고받은 공무원은 형 확정 후 5년간 공직에 취임·임용할 수 없으며, 이미 취임·임용된 자는 그 직에서 퇴출된다. 선출직 공무원인 지방자치단체 장은 계속 재임을 3기로 제한한다.[6] 공직자윤리법은 고위공직자 및 공직후보자의 재

---

1) 공무원의 성실의무는 경우에 따라 근무시간 외에 근무지 밖에까지 미칠 수 있다(대법원 1997. 2. 11. 선고 96누2125 판결).

2) 명백한 위법명령에 따른 행위가 정당한 행위에 해당하거나 강요된 행위로서 적법행위에 대한 기대가능성이 없는 경우에 해당하게 되는 것이라고는 볼 수 없으므로(대법원 1988. 2. 23. 선고 87도2358 판결), 상관의 위법한 명령에 따른 위법행위는 공무원의 복종의무에 포함되지 않으며 인사상 불이익도 받지 않는다.

3) 공무원의 정치활동 금지대상에는 정치적 목적이 있는 집회는 물론 시국선언의 발표·지지·집회 참가 등도 포함한다(대법원 2012. 4. 19. 선고 2010도6388 판결).

4) 노동운동이나 기타 공무 이외의 일을 위한 집단행위의 금지는 공무가 아닌 어떤 일을 위해 공무원들이 하는 모든 집단적 행위를 의미하는 것은 아니고 언론, 출판, 집회, 결사의 자유를 보장하고 있는 헌법 제21조 1항, 헌법상의 원리, 국가공무원법의 취지, 국가공무원법상의 성실의무 및 직무전념 의무 등을 종합적으로 고려하여 '공익에 반하는 목적을 위해 직무 전념 의무를 해태하는 등의 영향을 가져오는 집단적 행위'라고 축소해석하여야 한다(대법원 2005. 4. 15. 선고 2003도2960 판결).

5) 품위유지 의무는 직무와 관련된 부분은 물론 사적인 부분에 있어서도 건실한 생활을 할 것을 요구한다. 품위라 함은 주권자인 국민의 수임자로서의 직책을 맡아 수행해 나가기에 손상이 없는 인품을 말한다(대법원 1998. 2. 27. 선고 97누18172 판결).

6) 지방자치단체 장의 계속 재임을 3기로 제한하는 것이 주민의 자치권을 심각하게 훼손한다고 볼 수 없다(헌법재판소 2006. 2. 23. 선고 2005헌마403 결정).

산등록, 등록재산 공개를 통해 공직자의 부정한 재산 증식을 방지하고 공무집행의 공정성을 확보하기 위해 ① 공직자의 재산등록 의무(제3조), ② 직무상 비밀을 이용한 재물·재산 취득의 금지(제14조의2), ③ 금융거래 자료의 제공·누설의 금지(제14조의3), ④ 외국정부로부터 받은 선물신고 의무(제15조), ⑤ 퇴직 공직자의 취업·행위의 제한(제17조) 등이 있다. 공직자윤리위원회는 재산상황을 심사하여 공개한다.

3. 공무원의 책임

① 공무원이 직무상 의무를 위반하거나 태만·무능한 경우 또는 공무원으로서 체면이나 위신을 손상하는 경우에는 국가공무원법상 제재를 받는다.

② 공무원의 직무상 범죄에는 직권남용죄(형법 제123조),[1] 불법체포감금죄(형법 제124조), 폭행가혹행위죄(형법 제125조), 피의사실공표죄(형법 제126조), 공무상비밀누설죄(형법 제127조), 선거방해죄(형법 제128조), 뇌물죄(형법 제129조), 직무유기죄(형법 제122조) 등이 있다. 공무원이 직권을 이용하여 형법상 범죄를 범한 때에는 그 죄의 정한 형의 2분의 1까지 가중 처벌한다(형법 제135조).

③ 국가배상책임에서 공무원에게 고의 또는 중대한 과실이 있으면 국가나 지방자치단체는 그 공무원에게 구상(求償)할 수 있다(국가배상법 제5조 2항). 또한 공무원이 직무를 수행함에 있어서 고의·과실로 타인에게 손해를 주었을 때에는 불법행위에 의한 손해배상책임이 있다.

4. 공무원의 권리구제

공무원이 징계 면직처분이나 직무조건 등에서 그의 의사에 반하는 일신상 불리한 처분을 받았을 때는 처분이 있은 날로부터 30일 내에 소청심사위원회에 이에 대한 심사를 청구할 수 있다(국가공무원법 제76조). 공무원은 소청심사청구를 이유로 불이익한 처분이나 대우를 받지 아니한다. 소청심사위원회가 심사할 때에는 소청인에게 진술기회를 주어야 한다. 소청심사위원회의 심사·결정을 거치지 아니하면 행정소송을 제기할 수 없다. 공무원이나 각급 학교 교

---

1) 상급 경찰관이 직권을 남용하여 부하 경찰관들의 수사를 중단시키거나 사건을 다른 경찰서로 이첩하게 한 경우는 직권남용에 해당한다(대법원 2010. 1. 28. 선고 2008도7312 판결).

원의 소청을 심사·결정하게 하기 위해 인사혁신처에 소청심사위원회를(국가공무원법 제 9 조 1항), 교육부에 교원소청심사위원회를 각각 둔다(교원의 지위 향상 및 교육활동 보호를 위한 특별법 제 7 조).

또한 공무원은 인사·조직·처우 등 각종 직무 조건과 신상 문제에 대하여 인사 상담이나 고충 심사를 청구할 수 있으며, 이를 이유로 불이익한 처분이나 대우를 받지 아니한다(국가공무원법 제76조의2). 임용권자는 고충처리를 고충심사위원회1)에서 심사하게 하거나 소속 공무원에게 상담하게 하고, 그 결과에 따라 고충의 해소 처리를 위하여 노력하여야 한다.

군인은 계급에 걸맞은 예우를 받는다. 군인은 그 의사에 반한 불리한 처분에 불복하는 경우에는 그 처분이 있음을 안 날부터 30일 이내에 군인사소청심사위원회에 심사를 소청할 수 있다(군인사법 제50조). 군인의 고충심사를 위해 고충심사위원회와 병영생활 전문상담관을 둔다.

---

1) 고충처리제도와 소청심사제도의 비교

	고충처리	소청심사
심사 대상	근무조건, 처우·신상문제	신분상 불이익
관할기관	고충심사위원회	소청심사위원회
기 속 력	없음	법적 기속력
행정소송	관계없음	행정소송의 전심절차

제22장

법과 가족

제1절 처 음 에

　가족법은 가족 간의 숙명적인 결합관계를 규율하는 법으로 친족법과 상속법으로 구성되어 있다. 친족법은 혈연과 혼인, 입양 등에서 비롯되는 친족관계, 가족관계, 부부관계, 부모와 자의 관계 등의 신분적 공동생활관계를 규율하는 법이고, 상속법은 친족법을 바탕으로 한 재산상속에 관한 법이다. 가족법은 우리나라 오랜 가족관계의 생활규범으로서의 전통을 지닌 고유의 법제도이다. 친족관계는 개인보다는 혈연을 중심으로 한 전통적 가족관념의 보수적인 성향을 지니고 있다. 하지만 시대적 변혁에 따른 생활과 가족관념의 변화, 여성의 사회적·경제적 지위향상, 인권의식의 향상, 자유와 개인주의 사상의 발달 그리고 핵가족 시대의 출현 등에 의해서 전통적인 가족제도의 변화는 불가피한 시대적 요청이 되었다.

　세상은 열려 있고 민족과 국경을 초월하여 세계인을 지향하는 지구촌 시대이다. 세계와 더불어 살아야 하는 소통과 화합의 시대이다. 한국 속의 세계가 아니라 세계 속의 한국의 위상을 수용할 정도로 시민의식과 국력이 성숙하고 있다. 다인종을 존중하고 다민족을 포용하여 다문화가 어울리는 개방화된 글로벌시대 시민으로서의 의식 변혁이 필요하다. 배타적인 혈통주의를 극복하여 다양한 문화를 수용하는 국가만이 강대국으로 발전할 수 있다. 친족제도의 전통과 형식성에 안주하기보다는 개인의 행복과 자유를 신장하고 세계인을 포용하여 한국적인 인간적 유대를 강조하는 가족제도가 필요하다.

친족법의 개정(2013년)은 우리나라의 가족제도에 큰 변화를 주었다.[1] 호주제도[2]를 폐지하고 가족의 개념을 가족관계등록부에 기재하였다. 자녀의 성과 본을 법원의 허가를 받아 변경할 수 있고 친양자제도를 도입하였다. 동성동본 금혼제도를 폐지하고 근친혼 제한의 범위를 조정하였다. 친족회를 폐지하고 종회의 회원자격을 여성에게도 인정하였다.

제2절 친족관계

I. 친족의 개념과 범위

친족이란 법률상 가족관계로서 배우자·혈족 및 인척을 말한다(민법 제767조). 배우자란 혼인으로 결합된 부부의 일방을 말하고, 혈족이란 직계혈족(직계존·비속)과 방계혈족(자기의 형제자매와 형제자매의 직계비속, 직계존속의 형제자매 및 그 형제자매의 직계비속)을 일컫는다(제768조). 혈족은 자연혈족과 법정혈족으로 나눌 수 있다. 전자는 친자·형제·자매와 같이 상호 간에 사실상 혈연관계가 있는 자를 말하며, 후자는 사실상 혈연관계는 없지만 법률에 의해 혈족이 의제된 혈족(양자)을 말한다. 인척이란 혼인에 의해 발생하는 신분관계로서, 혈족의 배우자, 배우자의 혈족, 배우자의 혈족의 배우자를 말한다(제769조).

1) 혈족(血族)의 배우자란, 예를 들면 자부, 여서, 백모, 숙모, 처, 고모의

---

1) 우리의 친족제도는 신라시대의 부계친적 요소와 모계친적 요소의 공존시대를 거쳐 점차로 모계친적 요소는 약화되고 부계친적 요소는 강화되어 부계중심의 친족관계로 변천하였다. 조선왕조에 이르러서는 부계적 색채가 강하여 친족은 부계친·남자·장남 등의 3요소가 중심이 되고 여자는 출가외인으로 인정하였다. 종중을 통한 부계혈연 중심주의는 조선왕조 이후 친족관계의 기본이었다. 근래 종래의 친족관념은 크게 쇠퇴하여 친족에서 부계친과 모계친이 어울리는 시대로 회귀하였다.

2) 호주제도는 고대 부족사회를 벗어나 근대국가가 생성되면서 가부장제를 중심으로 하는 가족제도와 신분제도에서 유래되었다. 호주제도는 각국의 거의 공통된 가족제도였으나 서구에서는 가족개념이 부부중심으로 변화하면서 폐지되고 있다. 우리나라의 호주제도는 조선왕조 이후로 시행하다가 2008년 폐지하였고, 북한은 1946년 봉건적 가족제도라는 이유로 폐지하였다.

부, 자매의 부, 질녀의 부 등이다.

2) 배우자의 혈족이란, 예를 들면 배우자의 부모, 조부모, 형제자매, 형제자매의 자, 백숙부, 종형제, 고모, 고모의 자 등이다.

3) 배우자의 혈족의 배우자란, 예를 들면 배우자의 백숙부 또는 형제의 처, 배우자의 이모·자모 또는 자매의 부 등이 이에 속한다.

민법은 다음과 같이 친족의 범위를 규정하고 있다(제777조).

1) 8촌 이내의 혈족[1]

2) 4촌 이내의 인척

3) 배우자

친족의 범위를 표로 보면 다음 친족범위도와 같다.

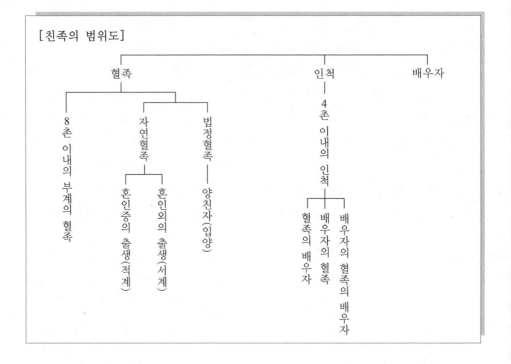

[친족의 범위도]

혈족 — 인척 — 배우자

혈족: 8촌 이내의 부계의 혈족 / 자연혈족 / 법정혈족
- 자연혈족: 혼인중의 출생(적계) / 혼인외의 출생(서계)
- 법정혈족: 양친자(입양)

인척: 4촌 이내의 인척
- 혈족의 배우자
- 배우자의 혈족
- 배우자의 혈족의 배우자

---

1) 피보험자의 계모가 부의 배우자로 실질적으로 가족의 구성원으로 가족공동체를 이루어 생계를 같이하고 피보험자의 어머니의 역할을 하면서 피보험자동차를 이용하고 있다면, 위 특별약관조항을 둔 취지에 비추어 볼 때 이러한 경우의 계모는 자동차종합보험의 가족운전자 한정운전 특별약관상의 모에 포함된다(대법원 1997. 2. 28. 선고 96다53857 판결).

Ⅱ. 촌   수

촌수란 모든 친족관계의 긴밀도를 나타내는 척도이다. 친족 상호간 혈통연결의 친소·원근은 촌수에 의해 표시되며 친등(親等)이라고도 한다. 민법상 촌수의 계산은 로마법식 촌수계산법과 일치한다. 혈족에서 직계혈족은 자기로부터 직계존속에 이르고, 자기로부터 직계비속에 이르는 세수(世數)를 통산하여 그 촌수를 정한다. 방계혈족은 자기로부터 동원(同源)의 직계존속에 이르는 세수와 그 동원의 직계존속으로부터 그 직계비속에 이르는 세수를 통산하여 그 세수를 정한다(제770조). 인척의 촌수계산은 배우자의 혈족에 대해서는 배우자의 그 혈족에 대한 촌수에 따르고, 혈족의 배우자에 대해서는 그 혈족에 대한 촌수와 같다. 혈족녀의 직계비속에 대해서는 자기의 그 혈족에 대한 촌수와 그 혈족으로부터 직계비속에 이르는 세수를 통산하여 그 촌수를 정한다. 이러한 촌수관계를 표로 보면 다음의 촌수계산 일람표와 같다.

Ⅲ. 친족간의 부양의무

일정한 범위의 친족간에는 서로 부양하여야 할 의무가 있다(제974조 1호).

1) 친족인 직계혈족 및 그 배우자 간인 부모와 자녀 사이를 비롯하여 조부모와 손자녀와 같은 직계혈족 사이, 시부모와 자부 사이, 사위와 장인·장모 사이, 시부모와 손부 사이에 서로 부양의무가 있다.

2) 그 이외에는 생계를 같이하는 친족 사이로 한정되고 형제자매 간의 부양의무에 대해서는, 형제자매 중 가족의 관계에 있는 경우 또는 생계를 같이하는 경우에 한하여 부양의무를 인정하고 있다.

3) 부양의 정도, 방법에 관해 당사자 간에 협정이 없을 때에는 법원은 당사자의 청구에 의해 부양을 받을 자의 생활 정도와 부양의무자의 자력 기타 제반사정을 참작하여 정한다(제977조).

[촌수계산 일람표]

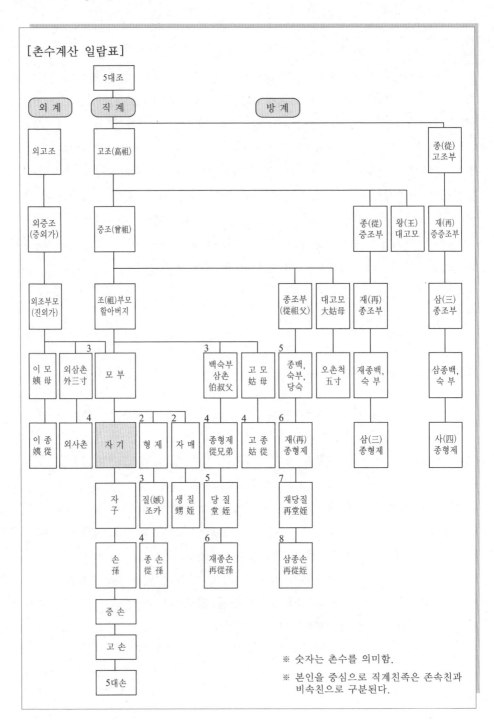

※ 숫자는 촌수를 의미함.

※ 본인을 중심으로 직계친족은 존속친과 비속친으로 구분된다.

제3절 가족관계

Ⅰ. 가족의 구성

가족은 한 집안의 구성원으로서 가족관계등록부 또는 주민등록에 이름이 기재된 사람들이다. 가족의 범위는 ① 배우자, 직계혈족 및 형제자매, ② 직계혈족의 배우자, 배우자의 직계혈족 및 배우자의 형제자매이다. 특히 ②의 경우에는 인척을 말하고, 이들은 생계를 같이하는 경우에 한하여 가족이 된다(제779조). 가족관계는 본인과 배우자, 자녀, 부모 등의 3대에 한정되며 가족관계등록부가 기록·관리한다(가족관계의 등록에 관한 법률). 호주 중심의 호주제와 본적은 폐지되었고 가족관계등록부가 가족 구성원마다 관리한다.

[가족관계등록부]
가족관계등록부는 국민 개개인별로 출생·사망·혼인·이혼·입양 등의 신분 변동 사항을 가족 구성원 1인마다 기록하며, ① 가족관계 증명서(본인, 부모, 배우자, 자녀 3대만 기재), ② 기본 증명서(본인의 출생, 사망, 국적변경, 개명, 미성년자의 친권자), ③ 혼인관계 증명서(혼인, 이혼), ④ 입양관계 증명서(양자, 양부모, 입양, 파양), ⑤ 친양자입양관계 증명서(친생부모, 양부모, 친양자) 등이 있다.

Ⅱ. 성불변주의 폐지

성(姓)[1]은 출생의 계통이고 본[2]은 시조를 말하며, 성씨와 본이 같으면 혈연관계가 된다. 자녀는 원칙적으로 부의 성과 본을 따른다. 하지만 ① 부모가

---

1) 성씨제도는 삼국시대부터 사용되었고 고려시대는 성씨제도가 신분사회를 반영하는 하나의 방법이었다. 조선왕조시대에는 노비와 천민층을 제외한 양민도 성씨를 갖게 되었으나 1909년 민적법(民籍法)에 의해 모든 사람이 성과 본을 갖게 되었다. 2015년 '인구주택총조사'에 의하면 성씨는 5,582개, 본관은 49,706개이고 그중 한자로 쓸 수 없는 성씨가 4,075개이다. 다문화의 영향, 부모의 성 함께 쓰기 등으로 성씨는 늘어나고 있다.
2) 본은 성씨 시조의 거주지를 말하며 성씨의 고향이다. 본은 관, 본관, 족본, 향관, 관적이라고도 한다. 성씨는 같지만 본이 다른 경우는 시조가 다른 것을 뜻한다.

혼인신고시 모의 성과 본을 따르기로 협의한 경우, ② 부가 외국인인 경우, ③ 부를 알 수 없는 자녀의 경우 등에는 모의 성과 본을 따를 수 있다(제781조). 부모를 알 수 없는 자녀는 법원의 허가를 받아 성과 본을 창설할 수 있다. 자녀의 복리를 위해 자녀의 성과 본은 법원의 허가를 받아 변경할 수 있다(제781조). 혼인으로 부부가 되더라도 각자 본래의 성씨를 바꾸지 않는 성(姓)불변주의는 우리의 오랜 전통이었으나 약혼·재혼 시에 필요하다면 법원의 허가를 받아 자기의 성과 본을 변경·창조할 수 있다(創姓創本).

제 4 절 부부관계

Ⅰ. 약 혼

약혼이란 장래 혼인할 것을 목적으로 하는 양성 간의 신분상의 계약인 혼인의 예약이다. 따라서 혼인 당사자의 의사에 의하지 않고 양가의 합의만으로 이루어지는 과거의 정혼과는 다르다.

1. 약혼의 성립

1) 약혼은 당사자의 합의로써 성립하며 약혼과 파혼에는 일정한 형식이 없다.

2) 남녀 모두 18세에 달하여야 한다(제801조). 다만 18세 이상의 미성년자인 경우에는 부모 또는 미성년후견인의 동의를 얻어야 한다(제801조). 부모 중 한쪽이 동의권을 행사할 수 없을 때에는 다른 한쪽의 동의를 얻어야 한다.

3) 성년에 달한 자녀는 부모나 미성년후견인의 동의 없이 자유로이 약혼할 수 있다. 피성년후견인은 부모 또는 성년후견인의 동의를 얻어야 약혼할 수 있다(제802조).

4) 배우자가 있는 자녀의 약혼이나 약혼자가 있는 자녀의 약혼은 무효이다.

5) 민법 제809조의 근친관계에 있는 자녀 사이의 약혼은 무효이다.

2. 약혼의 효과

약혼 당사자는 서로 혼인을 성립시킬 책임이 있으므로 장래의 부부공동체를 이룰 의무를 진다. 하지만 그 의무를 이행하지 않는 경우가 있더라도 상대방에 대해 손해배상을 청구할 수 있으나, 혼인의 강제이행을 청구할 수 없다(제803조). 약혼 당사자 사이에는 친족관계도 발생하지 않으며, 약혼 중에 출생한 자는 혼인 외의 자녀가 된다.

3. 약혼의 해제

(1) 약혼해제사유(제804조)[1]

① 약혼 후 자격정지 이상의 형을 선고받은 경우

② 약혼 후 성년후견 개시나 한정후견 개시의 심판을 받은 경우

③ 성병, 불치의 정신병 그 밖의 불치의 병질(病疾)이 있는 경우

④ 약혼 후 다른 사람과 약혼 또는 혼인을 한 경우

⑤ 약혼 후 다른 사람과 간음한 경우

⑥ 약혼 후 1년 이상 그 생사가 불명한 경우

⑦ 정당한 이유 없이 혼인을 거절하거나 그 시기를 늦추는 경우

⑧ 그 밖에 중대한 사유가 있는 경우

(2) 약혼해제의 방법과 효과

약혼의 해제는 상대방에 대한 의사표시로 한다. 그러나 상대방에 대하여

---

1) ① 약혼해제 불인정 판례 : 혼인은 평생의 공동생활을 목적으로 하는 1남 1녀의 도덕상 및 풍속상으로 정당시되는 결합을 이루는 것이고 자손번식은 그 결과에 불과한 것이다. 그러므로 구민법이 재판상의 이혼원인을 법정한 제813조에도 처의 임신 불가능을 규정하지 아니하였던 것인즉 혼인예약에 있어서도 상대자인 여성이 임신 불가능이라 하여 그 예약을 파기할 수는 없는 것이다(대법원 1960. 8. 18. 선고 4292민상995 판결).

② 약혼해제 인정 판례 : 학력과 직장에서의 직종·직급 등을 속인 것이 약혼 후에 밝혀진 경우에는 원고의 말을 신뢰하고 이에 기초하여 혼인의 의사를 결정하였던 피고의 입장에서 보면 원고의 이러한 신의성실의 원칙에 위반한 행위로 인해 원고에 대한 믿음이 깨어져 원고와의 사이에 애정과 신뢰에 바탕을 둔 인격적 결합을 기대할 수 없게 되었다 할 것이므로 원고와의 약혼을 유지하여 혼인을 하는 것이 사회생활 관계상 합리적이라고 할 수 없다(대법원 1995. 12. 8. 선고 94므1676·1683 판결).

의사표시를 할 수 없는 때에는(예를 들면, 생사불명인 경우) 그 해제의 원인이 있음을 안 때에 해제된 것으로 본다(제805조). 약혼을 해제한 때에는 과실 있는 상대방에게 약혼해제로 인해 발생한 손해배상을 청구할 수 있다. 손해배상의 범위는 재산상 손해뿐 아니라 정신적 고통에 대한 위자료도 포함한다(제806조).

[약혼예물의 법적 성질]

약혼예물의 수수는 약혼의 성립을 증명하고 혼인이 성립한 경우 당사자 내지 양가의 정리를 두텁게 할 목적으로 수수되는 것으로 혼인의 불성립을 해제조건으로 하는 증여와 유사한 성질을 가지고 있다. 예물의 수령자측이 혼인 당초부터 성실히 혼인을 계속할 의사가 없고 그로 인해 혼인의 파국을 초래하였다고 인정되는 등 특별한 사정이 있는 경우에는 신의칙 내지 형평의 원칙에 비추어 혼인불성립의 경우에 준하여 예물반환의무를 인정함이 상당하나, 그러한 특별한 사정이 없는 한 일단 부부관계가 성립하고 그 혼인이 상당 기간 지속된 이상 후일 혼인이 해소되어도 그 반환을 구할 수는 없으므로, 비록 혼인 파탄의 원인이 며느리에게 있더라도 혼인이 상당 기간 계속된 이상 약혼예물의 소유권은 며느리에게 있다(대법원 1996. 5. 14. 선고 96다5506 판결).

Ⅱ. 혼 인

혼인이란 가정적 공동생활을 목적으로 하는 양성의 정신적·육체적 관계를 부부로서 법이 보장하는 것을 말하며, 인간의 종족보존 본능과 더불어 비롯된 인류역사 이후로 공인한 가족제도이다. 혼인의 의미는 시대와 사회에 따라 다르나, 오늘날에는 혼인 당사자를 위한 사랑과 신의로써 맺은 결혼으로 변천되었으며 혼인신고에 의한 법률혼을 원칙으로 하고 있다.[1] 부부는 개인의 행복과 정서적 안정을 이룰 수 있는 원초적인 가족의 기초적 관계이다. 혼인을 보호하기 위해 이중결혼을 처벌하는 국가도 있다(독일·일본). 동성간 혼인을 우리나라는 인정하지 않으나 합법화하는 국가가 증가하고 있다.[2]

---

1) 프랑스는 법적 부부 이외에 단순동거, 팍스카플(시민연대계약, PACS: Pacte civil de solidarité)도 가족으로서 부부에 준하는 사회보장을 받는다.
2) 동성혼은 2001년 네덜란드가 인정한 이후 허용하는 추세이다(영국·프랑스·미국). 독일에서 동성부부는 인생동반자 협약에 따라 부부의 지위를 갖는다.

1. 혼인의 성립

(1) 실질적 요건

① 당사자 사이에 혼인의사의 합의가 있어야 한다(제815조 1호 참조).

② 남녀 모두 만 18세가 되어야 한다(제807조).

③ 미성년자는 부모의 동의를 얻어야 한다(제808조). 부모의 동의를 얻을 수 없는 경우에는 미성년후견인의 동의를 얻어야 한다.

④ 8촌 이내의 부계 또는 모계혈족(친양자의 입양 전의 혈족을 포함한다)이 아니어야 한다(제809조 1항). 따라서 동성동본이라도 이에 해당하지 않으면 혼인할 수 있다.

⑤ 6촌 이내의 혈족의 배우자, 배우자의 6촌 이내의 혈족, 배우자의 4촌 이내의 혈족의 배우자인 인척이거나 이러한 인척이었던 자녀가 아니어야 한다(제809조 2항). 또한 6촌 이내의 양부모계의 혈족이었던 자녀와 4촌 이내의 양부모계의 인척이었던 자녀 사이에서도 혼인하지 못한다(제809조 3항).

⑥ 중혼이 아니어야 한다.

(2) 형식적 요건

혼인은 '가족관계의 등록 등에 관한 법률'에 의해 신고함으로써 그 효력이 발행한다. 이를 법률혼주의라 한다. 당사자 쌍방과 성년자인 증인 2명이 연서한 혼인신고서를 본인(당사자)의 등록기준지(본적지) 또는 주소지나, 현재지에서 신고하여야 한다. 외국에 거주하는 경우 주재국 대사·공사·영사 등에게 신고할 수 있다.

2. 혼인의 효력

(1) 일반적 효력

1) 친족관계의 발생   부부는 혼인으로 인해 배우자로서의 신분을 취득하여 친족이 된다. 또한 부부는 상대방의 혈족과의 사이에 서로 인척관계가 생긴다. 부부는 상대방의 4촌 이내의 혈족과 4촌 이내의 혈족의 배우자 사이에 서로 인척관계가 생긴다(제777조 2호).

2) **동거·부양·협조의 의무**   부부는 동거하며 서로 부양하고 협조하여야 한다(제826조 1항). 하지만 정당한 이유로 일시적으로 동거하지 아니하는 경우에는 서로 인용하여야 한다. 부부의 동거 장소는 부부의 협의에 의해 정한다. 협의가 이루어지지 아니하는 경우에는 가정법원이 이를 정한다. 부양의무를 이행하지 않는 경우에는 부양을 강제할 수 있다(가사소송법 제62조~제64조).

3) **정조의무**   부부는 서로 정조를 지킬 의무를 진다. 정조의무는 부부 쌍방이 지켜야 하며, 부정한 행위는 이혼사유가 된다.

4) **성년의제**(擬制)   미성년자가 혼인을 한 때에는 성년자로 본다(제826조의2). 부모가 동의할 정도의 혼인이면 미성년자라 할지라도 친권으로부터 벗어나 성인으로서 독립생활을 할 수 있도록 규정을 둔 것이다.

(2) **재산상 효력**

부부간의 재산제도에는 계약재산제(부부재산계약)와 법정재산제가 있다. 부부재산 계약이란 부부가 혼인성립 전에 재산에 관해 자유로이 약정하는 재산계약을 말한다. 법정재산제는 부부간의 부부재산 계약이 체결되지 않는 경우 또는 불완전한 경우에 법으로 정하는 제도이다. 혼인 중 취득한 재산이 자기 소유라는 것을 주장하려면 재산 증식을 위해 적극적·구체적인 노력과 부담을 했다는 것을 증명해야 하며 막연히 재산취득에 협력이나 내조했다는 것만으로는 추정을 번복할 수 없다.[1]

1) **부부재산 계약**   부부가 혼인성립 전에 재산에 관해 약정한 때에는 혼인 중에 임의로 이를 변경하지 못한다(제829조 2항).

2) **법정재산제**   부부재산 계약이 이루어지지 않은 때에는 법정재산제의 규정이 적용된다(제829조 1항). 법정재산제에는 ① 부부가 재산을 공유하는 공동재산제, ② 부부 각자의 특유재산제, ③ 부부가 따로 소유하는 별산제 등이 있다.

① **부부별산제**   부부의 일방이 혼인 전부터 가진 고유재산과 혼인 중 자기 명의로 취득한 재산인 특유재산[2]은 부부가 각자 관리·사용·수익한

---

1) 대법원 1998. 6. 12. 선고 97누7707 판결.

2) 혼인 중에 일방의 명의로 취득한 특유재산으로 추정된다고 하더라도 일방 또는 쌍방이 그 재산의 증식에 적극적으로 기여하였다는 것이 증명된 때에는 특유재산의 추정은 번복

다.1) 하지만 부부 중 누구에게 속한 것인지 분명하지 아니한 재산, 예를 들면 주택전세보증금은 부부의 공유재산으로 추정한다(제830조 2항).

② **일상가사대리권** 부부는 부부의 공동생활에서 필요로 하는 통상의 사무인 일상가사에 관해 서로 대리권이 있으며, 배우자의 일방이 일상가사대리권에 제한을 가하더라도 선의의 제 3 자에게 대항하지 못한다(제827조).

③ **일상가사 채무의 연대책임** 부부의 일방이 일상적 가사로 인해 채무(빚)를 지는 경우 부부는 다 같이 연대책임이 있다.2) 일상가사의 경비는 부부의 공동생활에 필요한 생활 일용품의 구입비·의료비·가옥임대료·전기요금·자녀교육비 등이 포함되나 개인적인 사치품 구입비, 여행비, 직업상의 사무나 채무, 어음배서행위 등은 일상가사로 볼 수 없으며 각자의 책임이다.

④ **부부 공동생활비의 부담** 부부 공동생활에 필요한 비용의 부담은 당사자 간에 특별한 약정이 없으면 부부가 공동으로 이를 부담한다(제833조).

3. 혼인의 무효와 취소

(1) 혼인의 무효

혼인의 무효는 처음부터 당사자 간에 부부로서의 효력이 발생하지 않았음을 말한다.3) 혼인 무효의 원인(제815조)으로는 ① 당사자 간의 혼인의 합의가

된다(대법원 1995. 10. 12. 선고 96다25695 판결).

1) 혼인 중에 일방의 명의로 취득한 특유재산으로 추정된다고 하더라도 일방 또는 쌍방이 그 재산의 증식에 적극적으로 기여하였다는 것이 증명된 때에는 특유재산의 추정은 번복된다(대법원 1995. 10. 12. 선고 96다25695 판결).

2) 부부의 일상가사에 관한 법률행위인지 여부를 판단함에 있어서는 그 법률행위를 한 부부공동체의 내부 사정이나 그 행위의 개별적인 목적만을 중시할 것이 아니라 그 법률행위의 객관적인 종류나 성질 등도 충분히 고려하여 판단하여야 한다(대법원 1997. 11. 28. 선고 97다31229 판결).

3) ① 당사자 사이에 비록 혼인신고 자체에 관하여 의사의 합치가 있어 일응 법률상의 부부라는 신분관계를 설정할 의사는 있었다고 인정되는 경우라도 그것이 단지 다른 목적을 달성하기 위한 방편에 불과한 것으로서 그들 간에 참다운 부부관계의 설정을 바라는 효과의사가 없을 때에는 그 혼인은 효력이 없다(대법원 1996. 11. 22. 선고 96도2049 판결). ② 혼례식을 거행하고 사실혼관계에 있었으나 일방이 뇌졸중으로 혼수상태에 빠져 있는 사이에 혼인신고가 이루어졌다면 특별한 사정이 없는 한 위 신고에 의한 혼인은 무효이다(대법원 1996. 6. 28. 선고 94므1089 판결). ③ 이른바 첩계약은 본처의 동의유무를 불문하고 선량한 풍속에 반하는 사항을 내용으

없는 경우, ② 혼인이 민법 제809조 1항의 8촌 이내의 혈족 혼인금지 규정에
위반한 경우, ③ 당사자 간에 직계인척관계가 있거나 있었던 경우, ④ 당사자
간에 양부모계의 직계혈족관계가 있었던 때 등이다. 혼인이 무효가 되면 당사
자 사이의 출생자는 혼인 외의 출생자이며, 무효인 혼인의 당사자 일방은 과
실 있는 상대방에게 손해배상과 위자료를 청구할 수 있다.

(2) 혼인의 취소

혼인의 취소사유로는 ① 혼인연령 미달자의 혼인, ② 미성년자와 피성년후
견인이 부모 또는 미성년후견인, 성년후견인의 동의 없이 한 혼인, ③ 중혼인
경우, ④ 혼인당시 부부생활을 계속할 수 없는 악질 등의 중대한 사유가 있는
것을 알지 못한 때, ⑤ 사기·강박으로 인한 혼인[1] 등이 있다. 혼인은 민법
제807조 혼인적령 및 제808조 동의를 요하는 혼인 등의 규정에 위반한 때에는
당사자 또는 그 법정대리인이 그 취소를 청구할 수 있고, 제809조의 규정에
위반한 때에는 당사자, 그 직계혈족 또는 4촌 이내의 방계혈족이 취소를 청구
할 수 있다(제817조). 그러나 제809조 근친혼금지의 규정에 위반한 혼인은 당사
자 간에 혼인중 자를 포태한 때에는 그 취소를 청구하지 못한다(제820조).

혼인의 취소는 그 효력이 일반적인 취소의 효력과는 달리 소급하지 않고
그 때부터 미래를 향하여 해소되는 것이다. 따라서 혼인으로 출생한 자는 혼
인의 취소로 인해 혼인중의 자녀로서의 신분을 상실하지 않으나 혼인의 무효

로 하는 법률행위로서 무효일 뿐만 아니라 위법한 행위이므로 부첩관계에 있는 부 및 첩
은 특별한 사정이 없는 한 그로 인해 본처가 입은 정신상의 고통에 대하여 배상할 의무가
있고, 이러한 손해배상책임이 성립하기 위해서는 반드시 부첩관계로 인해 혼인관계가 파
탄에 이를 필요까지는 없고, 한편 본처가 장래의 부첩관계에 대하여 동의하는 것은 그 자
체가 선량한 풍속에 반하는 것으로서 무효라고 할 것이나, 기왕의 부첩관계에 대해서 용
서를 한 때에는 그것이 손해배상청구권의 포기라고 해석된다(대법원 1998. 4. 10. 선고 96
므1434 판결; 대법원 1967. 10. 6. 선고 67다1134 판결).

④ 현재 배우자와 이혼하면 혼인하겠다는 혼인예약은 무효(대법원 1955. 7. 14. 선고
4288민상156 판결)이나, 첩계약을 포기하는 조건으로 이별금을 주는 것은 유효하다(대법
원 1980. 6. 24. 선고 80다458 판결).

1) 사기나 강박 이외에 의사결정능력 및 판단력에 심각한 장애(외상 후 스트레스 장애)상
태에 빠져 이른바 '양가감정' 상태에서 이루어진 혼인의 의사표시에 대하여 민법 제816조
제 3 호의 규정을 유추 적용하여 혼인취소를 인정하고 있다(서울가정법원 2005. 3. 10. 선
고 2004르910 판결).

인 경우는 혼인중에 태어나지 아니한 사생아가 된다. 취소된 경우에 과실이
없는 배우자는 과실 있는 상대방에게 손해배상을 청구할 수 있다.

Ⅲ. 이　혼

1. 이혼의 성립

　이혼은 부부관계를 장래에 소멸시키는 혼인계약의 해소로서 협의상 이혼
과 재판상 이혼이 있다. 이혼은 자유이다. 이혼에는 혼인 의무에 위반되는 행
동을 한 책임 있는 배우자는 이혼을 청구할 수 없는 유책주위와 이혼사유가
있으면 이혼을 허용하는 파탄주의가 있으나 대법원은 유책주의를 채택하였
다.[1] 하지만 보복적 감정 등 특별한 경우에는 이혼 청구가 허용된다.[2]

　조선왕조시대는 유교적인 남존여비와 가부장제도가 철저하여 여자는 삼종
지도(三從之道)[3]의 규범에 얽매여 부부간 자유이혼은 불가능하였다. 오직 남성
만이 배우자에게 7개의 잘못(七去之惡)[4]에 해당하는 사유가 있는 경우 이혼을
강요할 수 있었다.

---

1) 축출이혼이 존재하고 있고 배우자에 대한 보호 장치가 미약하여 유책주의를 따른다(대
법원 2015. 9. 15. 선고 2013므568 전원합의체 판결).

2) 대법원 2004. 9. 24. 선고 2004므1033 판결.

3) 삼종지도는 어려서는 아버지의 뜻을 따르고(在家從父), 결혼 후에는 남편을 따르고(適
人從夫), 남편이 죽은 후에는 자식을 따르는(夫死從子) 것이 여자의 도리라 한다. 의례(儀
禮)에서 유래하였으며 삼종지예(三從之禮)라고도 한다.

4) 칠거지악은 의례(儀禮), 대대례(大戴禮), 공자가어에서 유래한 것으로, 부인이 ① 시부
모에게 순종하지 않음(不順父母), ② 자식을 낳지 못함(無子), ③ 음탕함(淫行), ④ 질투,
⑤ 나쁜 병이 있음(惡疾), ⑥ 말이 많음(口舌), ⑦ 도둑질 등의 행실을 말한다. 남편은 부
인의 칠거지악을 이유로 일방적으로 기처(棄妻, 아내를 내쫓음)할 수 있었다. 그러나 칠
거지악이 있어도 다음의 경우에는 이혼할 수 없었다. 부인이 ① 친가로 복귀하여 의지할
곳이 없는 경우, ② 시부모 상을 3년간 함께 치룬 경우, ③ 시집왔을 때 가난하였으나 부
자가 된 조강지처의 경우 등을 삼불거(三不去, 三不出)라 하여 처를 내쫓지 못하였다. 이
를 칠출삼불거(七出三不去)라 하여 이혼조건의 기준이 되었다. 그 후에 무자와 질투를 이
혼 조건에서 삭제하고 자녀가 있는 경우에는 이혼을 금지하여 오출사불거(五出四不去)로
개정하였으나 조선왕조 말기 이러한 봉건적 잔재를 폐지하였다.

(1) 협의상 이혼

결혼의 자유가 있으면 이혼의 자유도 가능하다. 부부는 협의에 의해 이혼할 수 있으며(제834조), 이혼의 원인 여부를 묻지 않는다. 협의상 이혼이 성립하기 위한 실질적 요건으로는 이혼에 대한 부부의 자유로운 의사의 합치가 있어야 하고, 미성년자와 피성년후견인은 부모 또는 미성년후견인, 성년후견인의 동의를 받아야 한다(제835조, 제808조 2항). 형식적 요건으로는 가정법원의 확인을 받아 '가족관계의 등록 등에 관한 법률'이 정한 바에 따라 신고함으로써 이혼은 성립한다. 협의이혼의 신고는 당사자 쌍방과 성년자인 증인 2인이 연서한 서면으로 하여야 한다(제836조 2항). 협의상 이혼은 이혼합의→ 이혼의사 확인신청서의 법원제출 → 숙려기간1) → 판사확인 → 이혼의사 확인서 수령 → 3개월 이내 주소지에 신고 등의 절차를 거친다.

가정법원에 이혼을 신청한 당사자는 가정법원의 이혼에 관한 안내를 받아야 한다. 안내를 받은 날부터 양육하여야 할 자녀(포태 중인 자를 포함한다)가 있는 경우에는 3개월, 양육하여야 할 자녀가 없는 경우에는 1개월의 기간이 지난 후에 이혼의사의 확인을 받을 수 있다. 다만 폭력으로 인해 당사자 일방에게 참을 수 없는 고통이 예상되는 등 이혼을 하여야 할 급박한 사정이 있는 경우에는 가정법원은 기간을 단축 또는 면제할 수 있다(제836조의2). 협의이혼 시 양육하여야 할 자녀가 있는 경우 당사자는 자녀의 양육에 관한 사항인 양육자의 결정, 양육비용의 부담, 면접교섭권의 행사 여부 및 그 방법, 자녀의 친권자결정에 관한 협의서 등을 제출하여야 한다.

가정법원은 이러한 협의가 자녀의 복리에 반하는 경우에는 보정을 명하거나 직권으로 그 자녀의 의사·연령과 부모의 재산상황, 그 밖의 사정을 참작하여 양육에 필요한 사항을 정한다. 양육에 관한 사항의 협의가 이루어지지 아니하거나 협의할 수 없는 때에는 가정법원은 직권으로 결정한다(제836조의2, 제837조 참조). 미국과 호주에는 부부 사이에 이혼의 합의가 있으면 쌍방의 냉각기간을 갖기 위해 일정한 기간 동안 별거를 거쳐 이혼신청을 하는 무귀책이

---

1) 숙려기간이란 협의이혼 신청부부가 이혼에 앞서 가정법원의 이혼에 관한 상담을 거치는 1주일에서 3주일 정도의 심사숙고 기간이다.

혼(no-fault divorce) 절차가 있다.[1]

(2) 재판상 이혼

부부의 한쪽에 이혼사유가 있을 때 가정법원에 청구하여 상대방의 의사에 관계없이 판결로써 이혼할 수 있다. 재판상 이혼사유는 다음과 같다(제840조). 즉 ① 배우자의 부정행위,[2] ② 배우자의 악의의 유기, 이것은 정당한 사유 없이 동거·부양·협조의 의무를 이행하지 않는 것을 말한다.[3] ③ 배우자 또는 그 직계존속으로부터의 심히 부당한 대우, 이것은 신체상·정신상 또는 명예에 대한 모욕을 의미한다.[4] ④ 자기의 직계존속에 대한 배우자로부터 심히 부당한 대우, ⑤ 배우자의 생사가 3년 이상 불분명한 때, ⑥ 그 밖의 혼인을 계속하기 어려운 중대한 사유가 있을 때[5] 등으로서, 이 경우 중대한 사유에 관

---

1) 무귀책이혼 절차란 부부 당사자 간에 이혼합의가 성립되면 일정한 기간 별거생활을 한 후 이혼신청을 하는 제도로서 1975년 오스트레일리아에서 시작되었다. 쌍방의 책임이 없도록 냉각기간을 거치기 때문에 이혼 사유가 필요하지 않다. 무귀책이혼은 법원에 이혼 신청서 제출과 송달, 판사의 확인 등으로 이루어진다. 이혼 전 별거에는 상당한 기간이 필요한 주(New York주는 1년)도 있고, Nevada주와 같이 결혼과 이혼이 속성으로 이루어져 이혼의 주로 유명한 주도 있다.

2) 부정한 행위란 부부간의 성적 신의에 어긋나는 넓은 의미의 개념으로서 간통에 이르지 않을지라도 부부의 정조 의무에 충실하지 않은 일체의 탈선행위를 말한다(대법원 1963. 3. 14. 선고 63다54 판결). 그러나 배우자의 부정행위란 객관적으로 부정한 행위에 해당한다고 볼만한 사실이 있어야 하고 또 이것이 내심의 자유로운 의사에 의해 행해졌다는 두 가지 요소를 필요로 하는 것으로, 비록 객관적으로 부정한 행위라고 볼 수 있는 사실이 있다고 하더라도 그것이 자유로운 의사에 의해 이루어지지 않은 경우는 부정한 행위라고 할 수 없다(대법원 1976. 12. 14. 선고 76므10 판결). 배우자의 혼인 전 성행위는 이혼의 사유가 될 수 없다.

3) 처가 신앙생활에만 전념하면서 가사와 육아를 소홀히 한 탓에 혼인이 파탄에 이르게 되었다면 그 파탄의 주된 책임은 처에게 있다(대법원 1996. 11. 15. 선고 96므851 판결).

4) 배우자로부터 심히 부당한 대우를 받았을 때라고 함은 혼인 당사자의 일방이 배우자로부터 혼인관계의 지속을 강요하는 것이 가혹하다고 여겨질 정도의 폭행이나 학대 또는 중대한 모욕을 받았을 경우를 말하는 것이다(대법원 1999. 11. 26. 선고 99므180 판결).

5) ① 혼인생활의 파탄에 대하여 주된 책임이 있는 배우자는 그 파탄을 사유로 하여 이혼을 청구할 수 없는 것이나, 다만 그 상대방도 혼인생활을 계속할 의사가 없음이 객관적으로 명백함에도 오기나 보복적 감정에서 이혼에 응하지 않고 있을 뿐이라는 등 특별한 사정이 있는 경우에는, 예외적으로 유책 배우자에게도 이혼청구권이 인정된다(대법원 2004. 2. 27. 선고 2003므1890 판결).

② 처가 뚜렷한 합리적인 이유 없이 남편과의 성행위를 거부하고 결혼생활 동안 거의

한 판단은 법원의 판결로써 결정할 것이다. 재판상 이혼은 ① 소의 제기, ② 조정신청, ③ 서면 및 증명방법의 제출, ④ 가사조사관에 의한 사실조사, ⑤ 조정, ⑥ 변론, ⑦ 판결의 선고, ⑧ 이혼신고 등을 거친다.

[혼인을 계속하기 어려운 중대한 사유]

판례는 혼인을 계속하기 어려운 중대한 사유로서 선의의 중혼, 배우자의 범죄, 부당한 피임, 성병의 감염, 성교불능, 이유없는 성교거부(대법원 2002. 3. 29. 선고 2002므74 판결), 불치의 정신병, 중증의 조울증, 부부간의 애정상실(서울가정법원 1965. 11. 16. 선고 65드639 판결), 성격의 불일치, 수년간 계속된 사실상의 별거, 어린이에 대한 정신적·육체적 모욕 또는 가해, 신앙의 차이, 과도한 신앙생활로 가사와 육아를 소홀히 한 경우, 알콜중독, 마약중독, 남편의 방탕, 가계를 돌보지 않는 처의 난맥행위, 낭비 또는 지나친 사치, 처가 자주 외박을 하면서 도박을 하는 경우, 배우자의 악의적 유기, 일방적 장학기금기부(대법원 2000. 9. 5. 선고 99므1886 판결(황혼이혼)), 반복되는 언어폭력(서울가정법원 2008. 4. 18. 선고 2007르1587 판결) 등이 있다. 또한 상호간 성적 욕구의 정상적인 충족을 저해하는 경우(대법원 2010. 7. 15. 선고 2010므1140 판결), 별거상태가 장기간 지속되어 각자 독립적인 생활관계가 고착된 경우(대법원 2010. 6. 24. 선고 2010므1256 판결) 등도 이혼사유가 된다. 그러나 사소한 불화나 감정의 대립, 한때 이혼하기로 합의한 후 위자료까지 준 사실, 임신불능이라는 사실, 회복이 가능한 정신병적인 증세(대법원 2004. 9. 13. 선고 2004므740 판결) 등은 그 자체로서 혼인을 계속하기 어려운 중대한 사유에 해당하지 않는다.

매일 외간 남자와 전화통화를 하였으며 그로 인해 남편이 이혼소송을 제기하고 별거에 이르게 되었다면 부부공동 생활관계는 회복할 수 없을 정도로 파탄되었고, 그 혼인생활의 계속을 강제하는 것이 남편에게는 참을 수 없는 고통이 된다고 볼 여지가 있다(대법원 2002. 3. 29. 선고 2002므74 판결).

③ 질환이 단순히 애정과 정성으로 간호되거나 예후가 예측될 수 있는 것이 아닌 경우 남편에게 계속하여 배우자로서의 의무에 따라 한정 없는 정신적·경제적 희생을 감내한 채 처와의 혼인관계를 지속하고 살아가라고 하기에는 지나치게 가혹하다고 보아 이혼사유에 해당한다(대법원 1997. 3. 28. 선고 96므608, 615 판결).

④ 부부 중 일방이 불치의 정신병에 의해서 경제적 형편에 비추어 많은 재정적 지출을 요하고 그로 인한 다른 가족들의 고통이 언제 끝날지 모르는 상태에 이르렀다면, 온가족이 헤어날 수 없는 고통을 받더라도 타방 배우자는 배우자 간의 애정에 터잡은 의무에 따라 한정 없이 참고 살아가라고 강요할 수는 없는 것이다(대법원 2004. 9. 13. 선고 2004므740 판결).

2. 이혼의 효과

가사소송법은 재판상 이혼에 관해 조정전치주의를 취하고 있다. 재판상 이혼을 청구하기 위해서는 우선 가정법원에 조정을 신청하여야 한다. 하지만 배우자의 생사가 분명하지 않은 것을 이혼의 사유로 하는 경우에는 예외이다. 이혼이 확정되면 혼인은 해소된다. 이혼은 부부관계를 종료시키고 신분상 및 재산상의 모든 법률관계를 혼인 전의 상태로 복귀시킨다. 따라서 부부간의 권리·의무와 배우자의 혈족의 사이에 생긴 인척관계는 소멸되고 처는 원칙적으로 친가에 복적한다.

당사자는 이혼 후 자녀의 양육에 관한 사항을 협의에 의해 정한다. 자녀문제에 협의가 되지 않거나, 또는 협의할 수 없을 때에는 가정법원은 당사자의 청구 또는 직권에 의해 자녀의 연령, 부모의 재산상황 그 밖의 사정을 참작하여 양육에 필요한 사항을 정하며 언제든지 그 사항을 변경 또는 그 밖의 적당한 처분을 할 수 있다(제837조 5항). 자녀를 직접 양육하지 아니하는 부모 중 일방과 자녀는 상호 면접교섭할 수 있는 권리를 갖고, 부모가 면접교섭권을 행사할 수 없는 경우는 부모 일방의 직계존속이 이를 청구할 수 있다(제837조의2).

이혼으로 인한 재산분할청구권에서 재산분할에 관해 당사자의 협의가 성립되지 않거나 협의를 할 수 없을 때에는 당사자의 청구에 의해 가정법원이 분할의 액수와 방법을 정한다(제839조의2). 이때에 가정법원은 당사자 쌍방의 협력으로 이룩한 재산의 액수, 그 밖의 사정을 참작하여 결정한다.[1] 혼인중에

---

1) ① 부부 일방이 별거 후 취득한 재산이라도 별거 전 쌍방의 협력에 의해 형성된 재산은 재산분할의 대상이 되고 부동산 임대차보증금 반환채무는 특별한 사정이 없는 한 혼인 중 재산의 형성에 수반된 채무로서 청산대상이 된다(대법원 1999. 6. 11. 선고 96므1397 판결).
　② 부부 일방이 아직 직장에 근무하고 있을 경우 퇴직일과 수령할 퇴직금이 확정되었다는 등의 특별한 사정이 없다면, 그가 장차 퇴직금을 받을 개연성이 있다는 사정만으로 그 장래의 퇴직금을 청산의 대상이 되는 재산에 포함시킬 수 없고, 장래 퇴직금을 받을 개연성이 있다는 사정은 민법 제839조의2 제2항의 재산분할의 액수와 방법을 정하는 데 필요한 '기타 사정으로' 참작하면 족하다(대법원 2002. 8. 28.자 2002스36 결정).
　③ 혼인 중에 금전문제로 불화가 있다가 모든 재산을 배우자 일방의 소유로 한다는 각서를 교부하고, 그 후에도 처분권을 위임하는 관련서류를 교부하였으나 그 각서 또는 관련서류 교부당시 이혼에 관한 언급은 없었고, 그 후로도 혼인관계가 계속된 점 등에 비추

취득한 재산의 명의가 남편의 이름으로 되어 있을지라도 실제로 전업 주부의 가사노동이나 육아 등을 통해 가정경제의 기여도와 가산 증식에 협조한 주부의 역할 등을 이혼시 인정하고 있다. 미래의 퇴직금이나 퇴직연금은 부부 쌍방이 근속여건에 협력해 이룩한 임금의 후불적 성격이 포함되어 있어 이혼할 때까지를 정산해 나눠 가질 수 있다.[1] 재산분할청구권은 이혼한 날로부터 2년이 지나면 행사할 수 없다. 이혼 당사자는 상대방에게 손해배상과 위자료를 청구할 수 있고, 이혼의 책임 있는 자는 자신이 제공한 예물 반환을 청구할 수 없다.

Ⅳ. 사 실 혼

사실혼이란 사실상 정당한 부부로서의 실질적인 생활을 하고 있으나 법률상 혼인신고가 되어 있지 않기 때문에 법률상 혼인으로 인정받지 못하는 부부관계를 말하며 준혼이라고도 하고 동거(첩관계, 사통관계)와 구분된다. 민법은 법률혼주의 내지 신고혼주의를 채택하고 있으므로 사실혼은 가족법상 부부로서 지위를 갖지 못하나, 일정한 조건에서 법률혼과 같이 보호하고 있다. 사실혼은 주관적으로 당사자 사이의 혼인의 의사가 있어야 하고, 객관적으로 사회관념이나 가족질서적인 면에서 부부 공동생활을 인정할 만한 혼인생활의 실체가 있어야 한다.[2] 사실혼에는 혼인신고 미필의 정당한 혼인 이외에 부모의 동의를 얻지 못한 사실혼, 연령미달자의 사실혼 등이 있다. 사실혼 배우자는 가정법원에 '사실혼 관계 존재확인 소송'을 제기하여 판결이 확정되면 배우자로서의 권리를 갖는다.[3]

어 그 각서 또는 관련서류 교부로써 이혼을 전제로 한 재산분할에 관한 협의가 있었다고 볼 수 없다(대법원 1997. 7. 22. 선고 96므318·325 판결).

④ 부부 중 일방이 상속받은 재산이거나 이미 처분한 상속재산을 기초로 형성된 부동산이라도 이를 처분하고 유지함에 있어서 상대방의 가사노동 등이 직·간접으로 기여한 것이라면 재산분할이 된다(대법원 1998. 4. 10. 선고 96므1434 판결).

1) 대법원 2014. 7. 16. 선고 2012므2888 전원합의체 판결.

2) 대법원 1998. 12. 8. 선고 98므961 판결.

3) 사실혼 관계는 사실상의 관계를 기초로 하여 존재하는 것이므로 당사자 일방의 의사에 의해 해소될 수 있고, 당사자 일방의 파기로 인해 공동생활이 없게 되면 사실혼 관계는 해소되는 것이며, 다만 정당한 사유 없이 해소된 때에는 유책자가 상대방에 대하여 손해배상의 책임을 지게 될 뿐이다(대법원 1977. 3. 22. 선고 75므28 판결).

사실혼 배우자를 법률상 배우자와 동일하게 보호하는 경우는 다음과 같다. 근로기준법(제82조), 산업재해보상보험법(제5조 3호), 공무원연금법(제3조 1항 2호), 군인연금법(제3조 1항 4호), 사립학교교직원 연금법(제2조 1항 2호), 선원법(제99조), 독립유공자예우에 관한 법률(제5조 2항) 등에서는 배우자의 사망으로 인한 각종 연금이나 보험금의 수령권자로서 사실혼 배우자를 포함하고 있다. 또한 주택임대차보호법(제9조, 제12조)은 사실혼 배우자의 임차권상속을 인정하고 있다. 정당한 이유 없이 동거·부양·협조의무(제826조)와 정조의무를 위반하여 사실혼이 파기되면 위반자는 이로 인한 손해배상책임을 진다.[1] 사실혼 배우자에게는 상속권이 인정되지 않으나 재산분할청구권은 있다.

제5절 부모와 자녀의 관계

Ⅰ. 친생자녀

친생자녀란 법이 인정한 혼인생활에서 출생된 자녀를 말한다. 자녀의 부나 모의 출생지 또는 등록기준지에 출생신고를 하면 접수와 동시에 부의 자녀로서 효력이 발생한다(가족관계의 등록 등에 관한 법률 제44조 2항). 처가 혼인 중에 포태한 자녀는 부의 자녀로 추정한다(제844조).[2] 모의 회임기간 조항(민법 제844조 2항)[3]은 인격권과 혼인·가족생활의 기본권 침해로 위헌이다.[4]

혼인 외의 자녀(비적출자)란 혼인하지 않은 사이에서 출생된 사생아를 말한다. 혼인 외의 출생자녀는 그 생부나 생모가 자기의 자녀라고 인정하는 인지를 함으로써 법률상의 친자녀관계가 생긴다(제855조 1항).[5] 따라서 부가 혼인

---

1) 대법원 1998. 8. 21. 선고 97므544·551 판결.
2) 혼인 중 출생한 자녀는 혈연관계가 없는 것으로 밝혀졌더라도 자녀의 행복을 위해 친자식으로 추정한다(대법원 2019. 10. 23. 선고 2016므2510 전원합의체 판결).
3) 혼인일부터 2백일후 또는 혼인 종료일로부터 3백일내에 출생자는 혼인중에 임신한 것으로 추정한다(민법 제844조 2항).
4) 헌법재판소 2015. 4. 30. 선고 2013헌마623 결정.
5) 인지에는 생부모의 임의인지와 혼인 외의 자녀가 부모에게 청구하는 강제인지가 있

외의 자녀를 인지하여 부가에 입적시킬 수 있고, 입적할 수 없는 때에는 모가에도 입적할 수 있으며, 모가에 입적할 수 없는 때에는 일가를 창립한다. 혼인 외의 출생자녀가 생부와 생모의 법률상 혼인으로 혼인중의 자녀로서의 신분을 취득하는 것을 준정(準正) 또는 후혼인이라 하며, 혼인을 한 때부터 혼인 중의 출생자녀로 된다(제855조 2항).

부부간의 임신이 안 되는 경우 부부의 합의로써 인공수정을 할 수 있다. 인공수정에는 남편의 정자를 배우자 아닌 제 3 자인 대리모에게 인공수정하는 경우와 제 3 자의 정자를 부인에게 인공수정하는 경우가 있다. 공개적인 대리모에 의한 출생자녀와 대리모 간의 친자관계가 문제되고 있다.[1]

Ⅱ. 양 친 자

1. 양자제도

양자제도란 자연적인 혈연에 관계없이 인위적으로 법률상의 친자녀관계를 맺는 제도를 말한다. 본래 양자제도는 조상의 제사와 혈통의 승계를 위한 양자인 집안(家)을 위한 양자제도로부터 발달하였다. 오늘날에는 양친의 자식욕이나 경제적 원조를 본위로 한 어버이를 위한 양자제도에서 고아나 불우한 아동 등 양육할 사람이 없는 아동의 복리를 위해서 양자녀 자신을 위한 입양자제도로 변천해 가고 있다.[2]

2. 입양의 성립요건과 효과

성년자는 남녀·기혼·미혼 또는 자식의 유무를 불문하고 입양을 할 수 있으며, 양자녀는 양친의 존속이나 연장자가 아니어야 한다(제877조). 미성년자

다(민법 제863조).

1) 대리모에 의한 인공수정을 합법한 국가(네덜란드, 미국의 일부 주)와 대리임신업을 시행하는 국가(인도), 상업적 대리출산을 금지하고 있는 국가(유럽)가 있다.

2) 이혼, 동성결혼, 혼외출생, 비혼모(choice mom) 출생 등이 증가하면서 미국에서는 전통적인 부모 2인의 틀을 벗어나 새로운 형태의 가족제도가 발생하고 있다. 자식의 부모의 수는 2인이나 자녀의 보호와 복지를 위해 사실상 3명 이상의 실질적 부모를 허용하는 주가 증가하고 있다(캘리포니아, 델라웨어 주, 워싱턴 D.C. 등).

를 입양하려는 사람은 가정법원의 허가를 받아야 한다(제867조 1항). 가정법원은 양자녀가 될 미성년자의 복리를 위해 그 양육 상황, 입양의 동기, 양부모의 양육능력, 그 밖의 사정을 고려하여 입양의 허가를 하지 아니할 수 있다(제867조 2항). 양자녀가 될 사람이 13세 이상의 미성년자인 경우에는 법정대리인의 동의를 받아야 하며, 13세 미만인 경우에는 법정대리인이 그를 갈음하여 입양을 승낙한다(제869조 1항・2항).

가정법원은 미성년자의 입양을 부모가 동의를 거부하더라도 ① 부모가 3년 이상 자녀에 대한 부양의무를 이행하지 아니한 경우, ② 부모가 자녀를 학대 또는 유기하거나 그 밖에 자녀의 복리를 현저히 해친 경우에는 입양을 허가할 수 있다(제870조 2항). 양자녀가 될 사람이 성년인 경우에는 부모의 동의를 받아야 한다(제871조). 배우자가 있는 사람은 배우자와 공동으로 입양하여야 하며 배우자의 동의를 받아야만 양자녀가 될 수 있다(제874조). 양자녀의 입양 전의 친족관계는 존속한다(제882조의2 2항). 입양은 「가족관계의 등록 등에 관한 법률」에서 정한 바에 따라 신고함으로써 그 효력이 생긴다.

양자녀는 입양한 때로부터 양가에 입적(入籍)하여 양친의 혼인중의 출생자와 같은 신분을 취득하며, 양부의 혈족・인척 사이에도 친족관계가 생긴다(제772조). 양자녀에 대한 친권은 친생부모로부터 양친에게로 옮겨진다(제909조 1항). 그러나 양자녀와 생가에서의 친족관계는 변하지 않는다.

3. 파   양

파양은 양친자관계를 인위적으로 소멸하는 것이며 협의상 파양과 재판상 파양이 있다. 협의상 파양은 양자녀가 미성년자 또는 피성년후견인이 아닌 경우에 협의에 의한 파양이다(제898조). 재판상 파양의 경우에는 ① 양부모가 양자녀를 학대 또는 유기하거나 그 밖에 양자녀의 복리를 현저히 해친 경우, ② 양부모가 양자녀로부터 심히 부당한 대우를 받은 경우, ③ 양부모나 양자녀의 생사가 3년 이상 분명하지 아니한 경우, ④ 그 밖에 양친자관계를 계속하기 어려운 중대한 사유가 있는 경우 등이다(제905조).

Ⅲ. 친 양 자

1. 친양자제도

친양자제도란 친생 부모와의 종전 친족관계를 종료시키는 동시에 새로운 양친의 성과 본을 따라 새롭게 양친과의 친족관계만 갖도록 하여 양자녀를 친생자와 동일하게 부모의 가계에 귀속시키는 양자제도이다. 친양자제도는 종래의 양자제도보다 양친과 친양자녀의 관계를 친생자처럼 더욱 긴밀히 결합시켜 친양자녀의 법적 지위와 행복을 굳히기 위한 양친과 의제된 친생자녀관계이다.[1]

2. 친양자녀 입양의 요건과 효력

친양자녀를 입양하려는 사람은 다음의 요건을 갖추어 가정법원에 친양자녀 입양을 청구하여야 한다(제908조의2 1항). ① 3년 이상 혼인 중인 부부로서 공동으로 입양할 것, 다만, 1년 이상 혼인 중인 부부의 한쪽이 그 배우자의 친생자녀를 친양자녀로 하는 경우에는 그러하지 아니하다. ② 친양자녀가 될 사람이 미성년자일 것, ③ 친양자녀가 될 사람의 친생부모가 친양자녀 입양에 동의할 것, ④ 친양자녀가 될 사람이 13세 이상인 경우에는 법정대리인의 동의를 받아 입양을 승낙할 것, ⑤ 친양자녀가 될 사람이 13세 미만인 경우에는 법정대리인이 그를 갈음하여 입양을 승낙할 것 등이다.

가정법원은 친생부모 또는 법정대리인의 동의나 승낙이 없어도 다음의 경우에는 친양자녀 입양의 청구를 인용할 수 있다. ① 법정대리인이 정당한 이유 없이 동의 또는 승낙을 거부하는 경우, ② 친생부모가 자신에게 책임이 있는 사유로 3년 이상 자녀에 대한 부양의무를 이행하지 아니하고 면접교섭을 하지 아니한 경우, ③ 친생부모가 자녀를 학대 또는 유기하거나 그 밖에 자녀의 복리를 현

---

1) 일반양자녀와 친양자녀의 차이

	일반양자녀	친양자녀
성립요건	협의, 법원허가	재판
양자녀의 나이	제한 없음	미성년자
양자녀의 성	친생부의 성과 본	양부의 성
친생부와의 관계	유지	종료

저히 해친 경우 등이다(제908조의2 2항).

가정법원은 친양자녀가 될 사람의 복리를 위해 그 양육 상황, 친양자녀 입양의 동기, 양부모의 양육능력, 그 밖의 사정을 고려하여 친양자녀 입양이 적당하지 아니하다고 인정하는 경우에는 청구를 기각할 수 있다(제908조의2 3항). 친양자녀로 입양되면 친양자녀는 출생한 시기부터 양친의 혼인 중 출생자로 보고 친자녀와 동일한 법적 지위를 갖는다. 친양자녀와 입양전 친족관계는 친양자녀 입양이 확정된 때부터 종료한다(제908조의3).

3. 친양자녀 입양의 취소와 파양

친양자녀로 될 사람의 친생의 아버지 또는 어머니는 자신에게 책임이 없는 사유로 인해 동의를 할 수 없었던 경우에 친양자녀 입양의 사실을 안 날부터 6개월 안에 가정법원에 친양자녀 입양의 취소를 청구할 수 있다(제908조의4). 양친, 친양자녀, 친생의 부 또는 모나 검사는 다음의 경우에 파양을 청구할 수 있다(제908조의5). ① 양친이 친양자녀를 학대 또는 유기하거나 그 밖에 친양자녀의 복리를 현저히 해하는 때, ② 친양자녀의 양친에 대한 패륜행위로 인해 친양자관계를 유지시킬 수 없게된 때 등이다(제908조의5). 친양자녀 입양이 취소되거나 파양된 때에는 친양자관계는 소멸하고 입양전의 친족관계는 부활한다.

Ⅳ. 친   권

부모나 양부모는 미성년자녀의 친권자로서 친권을 행사한다. 친권자는 자녀를 보호하고 교양할 권리 의무가 있으며 이를 위해 필요한 경우 징계를 할 수 있다(제913조, 제915조). 친권은 자녀가 성년에 달한 후에는 독립의 생계능력의 유무에 불구하고 친권으로부터 해방된다. 미성년자인 자녀에 대한 친권은 부모가 공동으로 행사한다. 하지만 부모의 의견이 일치하지 아니하는 경우에는 당사자의 청구에 의해 가정법원이 이를 정한다. 부 또는 모가 친권을 남용하여1) 자녀의 복리를 현저히 해치거나 해칠 우려가 있는 경우에는 가정법원

---

1) 친권자는 자녀를 보호 또는 교양하기 위해 필요한 징계를 할 수 있지만 인격의 건전한 육성을 위해 필요한 범위 안에서 상당한 방법으로 행사되어야 할 것인데, 스스로의 감정

은 자녀, 자녀의 친족, 검사 또는 지방자치단체의 장의 청구에 의해 그 친권의 상실 또는 일시 정지, 제한을 선고할 수 있다.[1]

단독 친권자로 정하여진 부모의 일방이 사망한 경우 생존하는 부 또는 모, 미성년자녀, 미성년자녀의 친족은 그 사실을 안 날부터 1개월, 사망한 날부터 6개월 내에 가정법원에 생존하는 부 또는 모를 친권자로 지정할 것을 청구할 수 있다(제909조의2 1항). 친권자 지정은 생존한 배우자가 친권을 당연히 갖는 것이 아니라 미성년 자녀의 의사를 존중하고 복리를 위해 가정법원이 친권자의 자격을 심사하여 지정하는 것이다.[2] 따라서 가정법원은 친권자 지정 청구나 후견인 선임 청구에 있어서 생존하는 부 또는 모, 친생부모 일방 또는 쌍방의 양육의사 및 양육능력, 청구 동기, 미성년자녀의 의사, 그 밖의 사정을 고려하여 미성년자녀의 복리를 위해 적절하지 아니하다고 인정하면 청구를 기각할 수 있다(제909조의2 4항). 또한 가정법원은 미성년후견인이 선임된 경우라도 미성년후견인 선임 후 양육상황이나 양육능력의 변동, 미성년자녀의 의사, 그 밖의 사정을 고려하여 미성년자녀의 복리를 위해 필요하면 생존하는 부 또는 모, 친생부모 일방 또는 쌍방, 미성년자녀의 청구에 의해 후견을 종료하고 생존하는 부 또는 모, 친생부모 일방 또는 쌍방을 친권자로 지정할 수 있다(제909조의2 6항).

을 이기지 못하고 야구방망이로 때릴 듯이 피해자에게 '죽여 버린다'고 말하여 협박하는 것은 그 자체로 피해자의 인격 성장에 장해를 가져올 우려가 커서 이를 교양권의 행사라고 보기도 어렵다(대법원 2002. 2. 8. 선고 2001도6468 판결).

1) 자녀들의 양육과 보호에 관한 의무를 소홀히 하지 아니한 모의 간통행위로 말미암아 부가 사망하는 결과가 초래한 사실만으로는 모에 대한 친권상실 선고사유에 해당한다고 볼 수 없다(대법원 1993. 3. 4.자 93스3 결정).

2) 가정법원의 친권자 지정은 이혼한 부부 중 한쪽이 사망하면 친권자로서 적합하지 않은 생존 배우자에게 친권의 자동부활을 금지한 규정으로서 일명 '최진실법'이라고도 한다.

제6절 상속관계

Ⅰ. 상속과 상속인의 개념

상속이란 사람이 사망하여 그 사람(피상속인)을 중심으로 맺어졌던 권리·의무관계인 포괄적인 재산상의 법률관계가 상속되는 것을 말한다.[1] 상속은 사망[2]의 경우만을 상속의 개시원인으로 하며(제997조), 상속에 관한 비용은 상속재산 중에서 지급한다(제998조의2).[3] 상속의 본질상 상속인의 자격은 자연인에게만 인정되고 법인의 상속능력은 인정하지 않는다.[4] 또한 상속인으로 되는 자는 상속개시 당시에 생존하고 있어야 하고 미혼·기혼의 구분이 없다. 다만 태아는 예외적으로 상속능력을 인정하고 있다(제1000조 3항).

민법은 상속인 자격을 상실케 하는 사유를 제한적으로 다음과 같이 열거하고 있다. ① 고의로 직계존속, 피상속인, 그 배우자 또는 상속의 선순위나 동순위에 있는 자를 살해하거나 살해하려 한 자,[5] ② 고의로 직계존속, 피상속인과 그 배우자에게 상해를 가하여 사망에 이르게 한 자, ③ 사기 또는 강

---

1) 관습법상의 상속의 형태에는 제사상속·호주상속·재산상속 등이 있었으나, "제사 없이는 상속 없다"는 원칙에 따라 제사상속이 상속의 중심이 되어 호주상속·재산상속이 수반되었다. 그러나 민법은 제사상속을 도덕의 문제로 넘기고 재산상속만 규정하였다.

2) 사망에는 자연사망뿐만 아니라 실종선고(민법 제28조), 인정사망, '부재선고에 관한 특별조치법'상의 부재선고 등이 있다.

3) 상속에 관한 비용이란 상속재산의 관리 및 청산에 필요한 비용을 말하는 것이고, 장례비용은 피상속인이나 상속인의 사회적 지위와 그 지역의 풍속 등에 비추어 합리적인 금액 범위 내라면 이를 상속비용으로 보는 것이 옳고, 묘지구입비는 장례비용의 일부이며, 상속재산의 관리 및 보존을 위한 소송비용도 상속에 관한 비용에 포함한다(대법원 1997. 4. 25. 선고 97다3996 판결).

4) 법인은 유증을 받을 수 있는 수유능력은 있고, 포괄적 수증자가 되는 경우는 상속인과 동일한 권리·의무가 있으므로(민법 제1078조) 사실상 상속과 동일한 결과를 가져오게 할 수 있다.

5) 태아가 재산상속의 선순위나 동순위에 있는 경우에 그를 낙태하면 낙태도 제1004조 제1호 소정의 상속결격사유의 살해에 해당하며, 제1004조 제1호 소정의 상속결격사유로서 살해의 고의 이외에 상속에 유리하다는 인식을 필요로 하지 않는다(대법원 1999. 5. 22. 선고 92다2127 판결).

박으로 피상속인의 상속에 관한 유언 또는 유언의 철회를 방해한 자, ④ 사기 또는 강박으로 피상속인의 상속에 관한 유언을 하게 한 자, ⑤ 피상속인의 상속에 관한 유언서를 위조·변조·파기 또는 은닉한 자 등에 해당하는 상속인은 그 자격이 상실된다(제1004조). 상속인의 존재가 분명하지 아니한 때에는 법원은 피상속인의 친족 그 밖의 이해관계인 또는 검사의 청구에 의해 상속재산관리인을 선임하고 지체 없이 이를 공고하여야 한다.

　상속권을 주장하는 자가 없으면 상속재산은 국가에 귀속한다. 동시사망의 사망자간에는 상속이 발생하지 않는다. 손해배상금은 상속의 대상이나 생명보험금은 상속재산에 포함되지 않고 보험금 수령자가 취득할 것이다. 선조의 제사와 분묘관리는 종가의 장남이 주재하는 것이 일반적인 관행이다. 종가의 장손은 자기 아버지에 이어 선조의 분묘를 수호·관리할 수 있는 권리를 갖는다.[1]

Ⅱ. 상속의 순위

　민법은 피상속인의 직계비속(1순위), 직계존속(2순위), 형제자매(3순위), 4촌 이내의 방계혈족(4순위) 등 혈족상속인과 배우자 상속인을 규정하고 있다.

1. 혈족상속인 간의 상속

　혈족상속인 간에는 선순위자(예를 들면 1순위자)가 있으면 후순위자(2순위자 이하)는 상속에서 제외된다. 같은 순위의 사람이 여러 사람이 있을 때에는 공동으로 상속한다(제1000조 2항).[2] 또한 상속인이 될 직계비속 또는 형제자매가 상속개시 전에 사망하거나 상속결격자가 된 경우에 그 직계비속(예를 들면 피상속인의 손자 또는 조카)이 있는 때에는 그 직계비속이 사망하거나 결격된 자의 순위에 갈음하여 상속인이 된다(제1001조 참조). 이를 대습상속

---

1) 무릇 종손이 있는 경우라면 그가 제사를 주재하는 자의 지위를 유지할 수 없는 특별한 사정이 있는 경우를 제외하고는 일반적으로 선조의 분묘를 수호·관리하는 권리는 그 종손에게 전속된다고 봄이 상당하고 종손이 아닌 자가 제사 주재자로서의 분묘에 대한 관리 처분권을 가지고 있다고 하기 위해서는 우선 종손에게 제사 주재자의 지위를 유지할 수 없는 특별한 사정이 있음이 인정되어야 한다(대법원 2000. 9. 26. 선고 99다14006 판결).
2) 방계혈족 간에는 최근친이 우선하고 촌수가 같은 경우에는 공동상속인이 된다.

이라고 한다.[1]

2. 배우자의 상속

피상속인의 배우자는 피상속인의 직계비속이 있는 경우에는 직계비속과, 직계비속이 없고 직계존속이 있는 경우에는 직계존속과 공동상속한다. 피상속인의 직계비속 또는 직계존속이 없는 경우에는 피상속인의 형제자매 또는 4촌 이내의 방계혈족이 있는 경우에도 상속결격사유가 없는 한 모든 재산을 단독 상속한다(제1003조 1항). 대습상속인의 배우자도 그 대습상속인이 상속개시 전에 이미 사망하였거나 또는 결격사유가 있는 경우에는, 피상속인의 직계비속이 있는 경우에는 직계비속과, 직계비속이 없고 직계존속이 있는 경우에는 직계존속과 공동상속인이 되고, 그 상속인이 없는 때에는 단독상속인이 된다(제1003조 2항). 대법원은 대습상속인 배우자(사위)의 대습상속권을 인정하였다.[2] 생존 배우자의 노후생활 보장과 재산형성에 기여한 대가 등을 위해 재산상속에서 선취분제 도입이 논의되고 있다.[3]

---

1) 대습상속이란 재산상속 개시 전에 상속인이 될 직계비속 또는 형제자매가 사망하거나 결격자로 된 경우에 그 자에게 직계비속이 있으면 그 직계비속에 갈음하여 그 직계존속(피대습자)과 동순위로 상속인이 되는 경우의 상속을 말한다. 이는 직계비속 사이에서는 촌수가 가까운 자가 우선한다는 원칙에 대한 예외를 인정한 것이다. 예를 들면 A가 사망하면서 3억의 재산을 남겼는데, 배우자와 그의 아들은 A가 사망하기 전에 이미 사망하였고, 손자 B, 그리고 A의 동생 C와 C의 아들 D만이 혈족으로서 생존해 있는 경우에 가장 선순위인 손자 B가 3억을 상속하게 된다. 만약 B와 C가 A가 사망하기 전에 이미 사망하였거나 상속결격에 해당한다면(물론 B의 배우자나 자녀가 없어야 한다) 조카인 D가 상속결격사유가 존재하지 않는 한 3억을 상속하게 된다.
2) 비행기 추락사고로 상속인이 될 직계비속(외동딸)이 피상속인(부와 모)과 동시에 사망한 사안에서 대법원은 "동시에 사망한 경우도 상속개시 전의 사망에 포함되는 것으로 해석함이 타당하다 … 피상속인의 사위가 피상속인의 형제자매보다 우선하여 단독으로 대습상속할 수 있음이 규정된 민법 제1003조 2항이 입법형성의 재량의 범위를 일탈하여 행복추구권이나 재산권보장 등에 관한 헌법규정에 위배되는 것이라고 할 수 없다"고 하였다(대법원 2001. 3. 9. 선고 99다13157 판결).
3) 선취분은 상속분에서 일정한 금액을 유언에 구애됨이 없이 생존 배우자에게 먼저 재산분할하고 나머지 금액을 상속하는 것이다. 독일, 스위스, 일본 등에서 채택하고 있으며, 스웨덴은 재산 상속은 생존 배우자가 사망할 때까지 허용하지 않는다.

Ⅲ. 상 속 분

1. 지정상속분(유언상속분)

피상속인의 유언에 의해 포괄적 유증을 할 수 있으며(제1074조), 포괄적 유증을 받은 자는 재산상속인과 동일한 권리·의무가 있다. 포괄적 유증은 상속인이 아닌 제3자에 대해서 뿐만 아니라 상속인의 일부 또는 전부에 대하여도 할 수 있다.

2. 법정상속분

피상속인의 유언에 의한 상속분의 지정이 없을 때에는 민법 제1009조에 의해 상속분이 결정된다. 이를 법정상속분이라 한다. 법정상속분의 결정은 동순위의 상속인이 여러 명인 때에는 그 상속분을 균등하게 나눈다(제1009조). 피상속인의 배우자의 상속분은 직계비속과 공동으로 상속하는 때에는 직계비속의 상속분의 5할을 가산하고, 직계존속과 공동으로 상속하는 때에도 직계존속의 상속분의 5할을 가산한다(동조 2항).[1] 대습상속인의 상속분은 피대습 상속인의 상속분에 의한다(제1010조).

3. 특별수익자가 있는 경우의 상속분

특별수익자란 공동상속인 중에 피상속인으로부터 재산의 증여 또는 유증을 받은 자를 말한다. 이러한 자의 수증재산이 자기의 상속분에 달하지 못한 때에는 그 부족한 부분의 한도에서 상속분이 있다(제1008조).[2] 특별수익이란

---

[1] 예를 들면, 배우자 B, 아들 갑, 딸 을, 병 등이 있는 A가 상속재산으로 12억원을 남겼는데, 막내에게 5억원을 물려주기로 유언을 한 경우 5억원을 제외한 7억원의 상속분은,

배우자　B　7억원 × 1.5 / (1+1+1.5) = 3억원
아들　　갑　7억원 × 1 / (1+1+1.5) = 2억원
딸　　　을　7억원 × 1 / (1+1+1.5) = 2억원
막내　　병　5억원 등이다.

[2] 예를 들면, A가 사망 후 3억원의 재산을 남겼는데 생전에 이미 장남에게 혼인자금으로 3억, 차남에게 2억원, 삼남에게 1억원을 증여하였다면, 장남은 법정상속분을 이미 다 받았으므로 사망 후 남긴 재산인 3억원에서는 상속을 받지 못하며, 차남은 1억원, 삼남은 2억 원을 각각 상속받는다.

피상속인이 생전에 상속인에게 증여한 사업자금, 혼인자금, 주택구입비 또는 유언으로서 증여한 재산, 그리고 생명보험금 등 기타 보험금을 말한다.

4. 기여상속인의 상속분

기여상속인이란 공동상속인 중에 상당한 기간 동거·간호 그 밖의 방법으로 피상속인을 특별히 부양하거나 피상속인의 재산의 유지 또는 증가에 특별히 기여한 자를 말한다. 기여상속인에게 상속분 계산에서 특별 기여를 가산하여 주는 제도가 기여분이다(제1008조의2 1항). 상속재산 액수에서 기여분을 공제한 것을 상속재산으로 보고, 그 액수에 상속분을 곱하여 계산한 상속분을 각 상속인의 구체적 상속분으로 한다.1) 기여분 지정 등에 관한 유언은 무효이다. 기여분은 유언사항이 아니고, 상속인들 사이의 협의나 가정법원의 조정·심판으로 정하여지는 것이기 때문이다.

5. 특별연고자에 대한 분여

상속인 수색공고 기간(제1057조 참조)이 지나도 상속권을 주장하는 사람이 없을 경우, 피상속인이 남긴 상속재산을 국가로 귀속시키기에 앞서 가정법원은 피상속인과 생계를 같이하고 있던 자(사실혼 배우자 등), 피상속인의 요양간호를 한 자, 그 밖의 피상속인과 특별한 연고가 있던 자의 청구에 의해 상속재산의 전부나 일부를 분여(分與)할 수 있다(제1057조의2 1항). 특별연고자는 피상속인과의 혈연관계가 없더라도 상관없고, 생계를 같이하게 된 동기나 연유나 형태는 묻지 않는다.

IV. 상속의 승인·포기

상속의 승인이란 상속의 개시로 피상속인에 속했던 재산상의 모든 권리·

---

1) 예를 들면, 상속재산이 6억이고, 장남, 차남, 삼남 등이 상속인인 경우에, 장남이 가정법원에 기여분 심판청구를 하여 가정법원의 판결에 의해 3억원의 기여분을 인정받았다 하더라도, 다시 나머지 상속재산 3억에 대하여도 기여상속인인 장남은 법정상속분을 상속받을 수 있다. 결과적으로 장남은 4억, 차남과 삼남은 각각 1억씩의 상속을 받게 된다.

의무가 상속인에게 귀속하는 효과를 받을 것을 스스로 선언하는 것이다. 상속인이 상속을 전면적으로 승인하는 것이 단순승인이고, 상속으로 취득한 재산의 한도에서 피상속인의 채무와 유증을 변제할 것을 조건으로 상속을 승인하는 것이 한정승인이다. 상속은 피상속인의 모든 재산을 포함하기 때문에 상속인은 피상속인의 금융재산 조회결과[1] 상속재산보다 채무가 많은 경우 상속을 포기할 수 있다. 상속의 포기란 상속개시에 의해 발생하는 효과를 상속개시된 때에 소급하여 소멸시키는 의사표시를 말한다(제1042조).[2] 상속포기는 상속개시 있음을 안 날로부터 3월 내에 가정법원에 포기의 신고를 하여야 한다. 상속 포기의 포기는 인정되지 않는다.

V. 유   언

유언이란 유언자의 사망과 동시에 일정한 법적 효과를 발생할 것을 목적으로 하는 단독의 의사표시이며, 만 17세에 달한 자는 정상적인 정신상태에 있는 한 독립하여 유언을 할 수 있다(제1061조). 유언을 하기 위해서는 유언자가 유언을 할 당시에 유언능력을 가지면 충분하기 때문에 행위능력제한의 규정은 적용되지 않는다. 유언의 방식에는 자필증서[3]·녹음·공정증서·비밀증서·구수증서 등의 엄격한 법적 형식을 요하고 있다(제1065조). 유언은 유언자가 사망한 때에 효력이 발생하며, 유언자는 유언의 방식에 의해 언제든지 자유롭게 유언의 전부 또는 일부를 철회하거나 변경할 수 있다.

---

1) 피상속인이 사망한 경우 상속인은 피상속인 명의의 예금·대출·보증·증권계좌·보험계약·신용카드 및 가계당좌거래 등의 금융거래 내용을 조회하려면 금융감독원 또는 전국은행 연합회에 소정의 서류를 첨부하여 조회를 신청할 수 있다. 사망자 이외에 심신상실자·실종자 등의 금융거래 조회도 동일한 방법으로 가능하다.

2) 상속의 포기는 상속인이 법원에 대하여 하는 단독의 의사표시로서 포괄적·무조건적으로 하여야 하므로, 상속포기는 재산목록을 첨부하거나 특정할 필요가 없다고 할 것이고, 상속포기서에 상속재산의 목록을 첨부했다 하더라도 그 목록에 기재된 부동산 및 누락된 부동산의 수효 등과 제반 사정에 비추어 상속재산을 참고자료로 예시한 것에 불과하다고 보여지는 이상, 포기 당시 첨부된 재산목록에 포함되어 있지 않은 재산의 경우에도 상속포기의 효력은 미친다(대법원 1995. 11. 14. 선고 95다27554 판결).

3) 유언자의 날인이 없는 유언장은 자필증서에 의한 유언으로서 효력이 없다(대법원 2006. 9. 8. 선고 2006다25103 판결).

[유언의 방식]

① 자필증서 : 유언자가 유언의 내용, 날짜, 주소, 성명, 생년월일 등을 적고 날인 (도장 또는 지장)하여야 한다. 이 중 한 가지라도 빠지면 필적감정을 통해 유언자 의 유언장이 확인되더라도 효력이 없다.[1]

② 녹음 : 유언자의 성명, 유언의 날짜와 내용 그리고 증인 자신의 성명과 확인 진술 등이 녹음되어야 하고 증인 1인이 필요하다.

③ 공정증서 : 유언자의 유언 작성 과정에 공증인이 참여하는 방식으로 증인 2명 이 참석하여 서명하여야 한다.

④ 비밀증서 : 유언자가 유언의 내용과 이름을 유언장에 기재한 후 봉투에 넣고 2인 이상의 증인에게 제출하면, 봉투 겉면에 제출 날짜를 쓰고 유언자와 증인이 각자 서명하여야 한다. 유언장의 요건을 제대로 갖추지 못했더라도 자필증서의 조건을 충족하면 인정된다.

⑤ 구수증서(口授證書) : 질병 등 사유로 다른 방식의 유언이 어려울 때 사용하 는 방식이다. 2인 이상의 증인이 참여한 가운데 그 중 한 사람에게 말로 유언을 전달하고, 유언을 받은 사람이 이를 적고 참석한 증인이 모두 서명하여야 한다.

Ⅵ. 유류분

유류분제도는 상속개시를 기준으로 하여 피상속인이 행한 유증·증여를 일정한 한도 내에서 유류분 권리자가 반환받을 수 있는 제도이다.[2] 이 제도는 피상속인이 그의 재산의 전부를 타인에게 유증하여 피상속인의 가족의 생활을 보장할 수 없게 될 우려가 있으므로 유언의 자유와 상속인의 보호라는 양 측 면을 조화시키려는 취지에서 마련되었다. 유류분 권리자는 피상속인의 직계비

---

1) 다른 유언의 방식과 달리 증인이 필요 없다.

2) 유류분 권리자가 유류분 반환청구를 함에 있어서 공동상속인이 수인일 때에는 각자 증 여 또는 유증을 받은 재산 등의 가액이 자기 고유의 유류분액을 초과하는 상속인에 대하 여 그 유류분액을 초과한 가액의 비율에 따라서 반환을 청구할 수 있고, 공동상속인과 공 동상속인 아닌 제3자가 있는 경우에는 그 제3자에게는 유류분이 없으므로 공동상속인 에 대하여는 자기 고유의 유류분액을 초과한 가액을 기준으로 하여, 제3자에 대하여는 그 증여 또는 유증받은 재산의 가액을 기준으로 하여 그 각 가액의 비율에 따라 반환청구 를 할 수 있다(대법원 2006. 11. 10. 선고 2006다46346 판결).

속·배우자·직계존속·형제자매 등이다. 이들이 가지는 유류분의 비율은, ① 직계비속은 그의 법정상속분의 2분의 1, ② 피상속인의 배우자는 그의 법정상속분의 2분의 1, ③ 직계존속은 그의 법정상속분의 3분의 1, ④ 형제자매는 그의 법정상속분의 3분의 1이다(제1112조).[1] 유류분 청구권은 유류분 권리자가 상속의 개시와 반환하여야 할 증여 또는 유증을 한 사실을 안 때부터 1년 또는 상속 개시부터 10년을 경과하면 소멸한다(제1117조).

---

1) 예를 들면, A가 고아원에 전재산 7억원을 유언으로서 증여하였는데, A의 상속인으로서 배우자 B, 아들 갑, 딸 을이 있는 경우에 유류분은 고아원에 유증하지 않았다면 받았을 법정 상속분인 배우자 B(3억원), 아들 갑(2억원), 딸 을(2억원)은 각각 민법 제1112조에 의해서 1/2씩을 고아원에 청구할 수 있다. 따라서 결국 B는 1억 5천만원, 아들 갑과 딸 을은 각각 1억원씩의 유류분을 받을 수 있다.

부　록

　　　　　　　　　　　우리나라 헌법개정사

개정시기	주요내용	원　인	처리과정	비　고
제헌헌법 1948. 7. 17	대통령중심제	대한민국 정부수립	국회재적 160명 만장일치	내각책임제와 대통령제 절충 제1공화국
제1차 1952. 7. 7	대통령 직선제 국회 양원제 (민의원, 참의원)	이승만 대통령 재집권	국회재적 185명 중 가 163명	발췌개헌
제2차 1954. 11. 29	대통령 연임제한	이승만 대통령 3선	국회재적 203명 중 가 135명	사사오입개헌
제3차 1960. 6. 15	의원내각제 대통령 국회선출	4·19의거	국회재적 218명 중 가 208명	민주당정권출범 제2공화국
제4차 1960. 11. 29	반민주행위자처벌 부정축재자처벌	4·19의거 완수	민의원 200명 투표 가 191명 참의원 52명 투표 가 44명	소급입법
제5차 1962. 12. 16	대통령중심제 비례대표제	5·16군사쿠데타	유권자 12,412,798명 투표자 10,585,998명 찬성 8,339,333명	공화당정권수립 제3공화국
제6차 1969. 10. 27	대통령 3선허용	박정희 대통령 3선	의원 122명 참석 만장일치	변칙처리
제7차 1970. 12. 17	영도적 대통령제 통대간선	박정희 대통령 종신집권 유신헌법	유권자 16,768,839명 투표자 13,404,245명 찬성 9,800,206명	제4공화국
제8차 1980. 10. 27	대통령 7년단임 선거인단간선	10·26사태	유권자 20,373,869명 투표자 19,453,926명 찬성 17,829,354명	12·12사태 제5공화국
제9차 1987. 10. 29	대통령 직선제 대통령 5년단임	6월국민항쟁과 6·29선언	유권자 20,619,648명 투표자 20,028,672명 찬성 18,640,625명	대통령직선제로 환원 제6공화국

[부록 2]　　　　　　　　　　　　　법원조직표

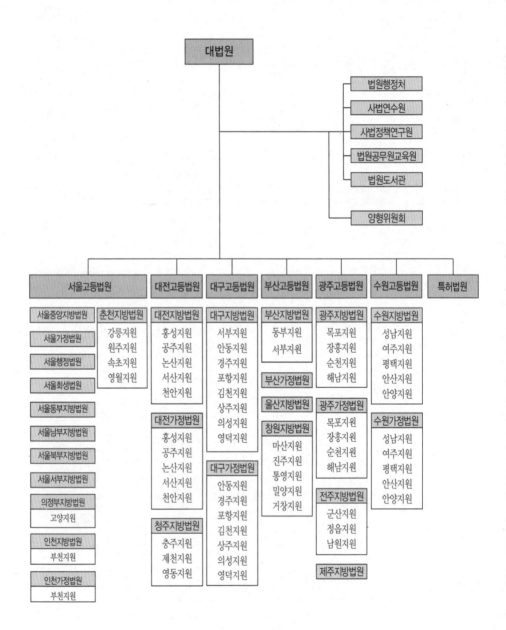

[영국의 사법제도]

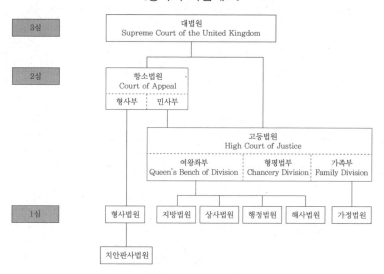

[미국의 사법제도]

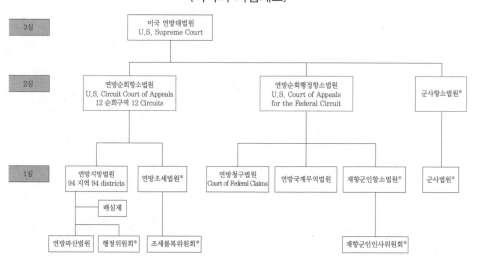

* 사법재판이 아닌 특별 재판기관

[프랑스의 사법제도]

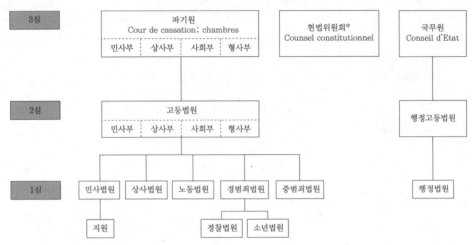

* 헌법위원회는 위헌법률심사권 행사

[독일의 사법제도]

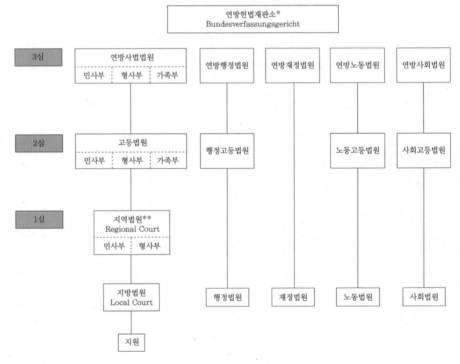

* 연방헌법재판소는 다른 분야의 연방재판소 상급법원이 아니지만 사실상 최고법원
** 지역법원은 심리 및 항소 담당

공무원 직위·직급 비교표

기관＼직급	행정부	지방행정	경찰	군인	교육부	대학	사법부	입법부	정부투자기관	조선왕조	품계
	대통령						대법원장	국회의장			
	국무총리									영의정 좌의정 우의정	정1품
	부총리									좌찬성 우찬성	종1품
	장관 차관	특별시장 광역시장		대장	장관 차관 교육감	총장	대법원 판사	사무총장 입법차장 행정차장		판서 좌참찬 우참찬	정2품
	차관보	도지사	치안총감	중장		학장	법원장 검사장	국회 전문위원		참판 관찰사	종2품
1급	관리관	부지사	치안정감	소장	관리관	주임교수	2호 이상 판검사		관리관	참의 목사 도호부사	(당상관) 정3품
2급	이사관 국장		치안감	준장	부교육감	교수	4호 이상 판검사		이사	집의 간	종3품
3급	부이사관 (3년 이상)	시장	정무관	대령		부교수	6호 이상 판검사		이사 3년 이하	군수 사장 수인령	정4품
			경무관	중령						경력 첨정	종4품
4급	서기관 (과장)	군수 부군수 국장	총경	소령	교장 6호 이상	조교수	9호 이상 판검사		부장	현판지 령관평	정5품
5급	사무관 (계장)	과장 (면장)	경정	대위	교감 9호 이상	전임강사			과장 (차장)	정교 랑리	정5품
										좌감 랑찰	정6품
										현찰 감방	종6품
6급	주사	주사 (계장)	경감 경위	중위	21호 이상	전임강사 (2년 미만)			계장 (대리)	박사	정7품
7급	주사보	주사보	경사	소위 준위	26호 이상	조교			평사원 3년 이상	직장	종7품
										자작	정8품
8급	서기	서기	경장	상사 중사	31호 이하				평사원	정훈 자도	정9품
9급	서기보	서기보	순경	하사					평사원	참봉	종9품

[부록 5]	국회운영 정족수
10인 이상	· 의안발의(국회법 제79조 1항) · 법률안 제출(국회법 제79조 1항)
20인 이상	· 교섭단체 성립(국회법 제33조) · 의사일정 변경 발의(국회법 제77조) · 국무총리·국무위원·정부위원에 대한 출석요구 발의(국회법 제121조 1항)
30인 이상	· 의안 수정동의(국회법 제95조 1항)
50인 이상	· 예산안에 대한 수정동의(국회법 제95조 1항)
재적의원 1/5 이상	· 본회의·위원회 의사정족수(국회법 제54조, 제73조 1항)
재적의원 1/4 이상	· 임시국회소집 요구(헌법 제47조 1항) · 국정조사 발의(국정감사 및 조사에 관한 법률 제 3 조 1항)
재적의원 1/3 이상	· 국무총리·국무위원에 대한 해임건의 발의(헌법 제63조 2항) · 탄핵소추발의(헌법 제65조 2항) · 무제한 토론 실시(국회법 제106조의 2 1항).
출석의원 과반수	· 회의의 비공개 의결(헌법 제50조 1항)
재적의원 과반수, 출석의원 다수득표	· 국회에서 대통령 선출(헌법 제67조 2항) · 국회임시의장, 상임위원장의 선거(국회법 제17조, 제41조 2항)
재적의원 과반수	· 국무총리 또는 국무위원 해임의결(헌법 제63조 2항) · 국무총리 등 일반 탄핵소추의결(헌법 제65조 2항) · 대통령에 대한 탄핵소추발의(헌법 제65조 2항 단서) · 계엄의 해제요구(헌법 제77조 5항) · 헌법개정안 발의(헌법 제128조 1항) · 국회의장, 부의장의 선거(국회법 제15조 1항)
재적의원 과반수, 출석의원 과반수	· 일반적 의결 규정(헌법 제49조)
재적의원 과반수, 출석의원 2/3 이상	· 대통령이 회부한 법률안의 재의결(헌법 제53조 4항) · 국회 본회의, 위원회에서 번안동의 의결(국회법 제91조)
재적의원 3/5 이상	· 무제한 토론 종결(국회법 제106조의 2 6항).
재적의원 2/3 이상	· 국회의원의 제명(헌법 제64조 3항) · 대통령에 대한 탄핵소추의 의결(헌법 제65조 2항) · 헌법개정안 의결(헌법 제130조 1항)

정부조직 기구도

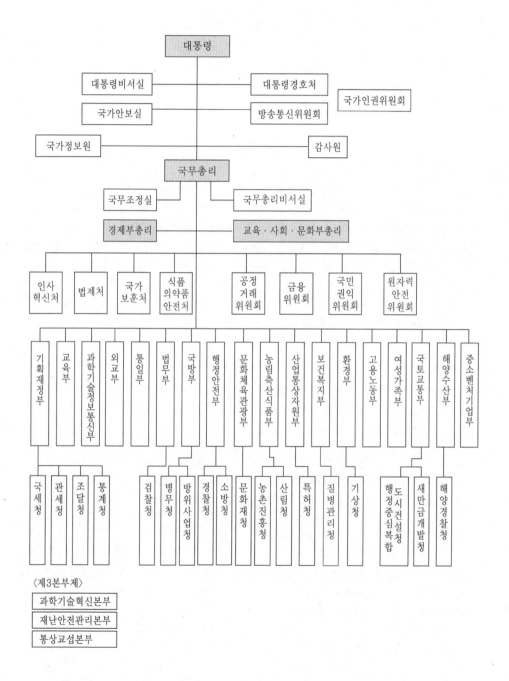

〈제3본부제〉
과학기술혁신본부
재난안전관리본부
통상교섭본부

大韓民國憲法

前 文

유구한 역사와 전통에 빛나는 우리 대한국민은 3·1운동으로 건립된 대한민국임시정부의 법통과 불의에 항거한 4·19민주이념을 계승하고, 조국의 민주개혁과 평화적 통일의 사명에 입각하여 정의·인도와 동포애로써 민족의 단결을 공고히 하고, 모든 사회적 폐습과 불의를 타파하며, 자율과 조화를 바탕으로 자유민주적 기본질서를 더욱 확고히 하여 정치·경제·사회·문화의 모든 영역에 있어서 각인의 기회를 균등히 하고, 능력을 최고도로 발휘하게 하며, 자유와 권리에 따르는 책임과 의무를 완수하게 하여, 안으로는 국민생활의 균등한 향상을 기하고 밖으로는 항구적인 세계평화와 인류공영에 이바지함으로써 우리들과 우리들의 자손의 안전과 자유와 행복을 영원히 확보할 것을 다짐하면서 1948년 7월 12일에 제정되고 8차에 걸쳐 개정된 헌법을 이제 국회의 의결을 거쳐 국민투표에 의하여 개정한다.

1987년 10월 29일

제 1 장 총 강

제 1 조 ① 대한민국은 민주공화국이다.

② 대한민국의 주권은 국민에게 있고, 모든 권력은 국민으로부터 나온다.

제 2 조 ① 대한민국의 국민이 되는 요건은 법률로 정한다.

② 국가는 법률이 정하는 바에 의하여 재외국민을 보호할 의무를 진다.

제 3 조 대한민국의 영토는 한반도와 그 부속도서로 한다.

제 4 조 대한민국은 통일을 지향하며, 자유민주적 기본질서에 입각한 평화적 통일 정책을 수립하고 이를 추진한다.

제 5 조 ① 대한민국은 국제평화의 유지에 노력하고 침략적 전쟁을 부인한다.

② 국군은 국가의 안전보장과 국토방위의 신성한 의무를 수행함을 사명으로 하며, 그 정치적 중립성은 준수된다.

제 6 조 ① 헌법에 의하여 체결·공포된 조약과 일반적으로 승인된 국제법규는 국내법과 같은 효력을 가진다.

② 외국인은 국제법과 조약이 정하는 바에 의하여 그 지위가 보장된다.

제 7 조 ① 공무원은 국민전체에 대한 봉사자이며, 국민에 대하여 책임을 진다.

② 공무원의 신분과 정치적 중립성은 법률이 정하는 바에 의하여 보장된다.

제 8 조 ① 정당의 설립은 자유이며, 복수정당제는 보장된다.

② 정당은 그 목적·조직과 활동이 민주적이어야 하며, 국민의 정치적 의사형성에 참여하는데 필요한 조직을 가져야 한다.

③ 정당은 법률이 정하는 바에 의하여 국가의 보호를 받으며, 국가는 법률이 정하는 바에 의하여 정당운영에 필요한 자금을 보조할 수 있다.

④ 정당의 목적이나 활동이 민주적 기본질서에 위배될 때에는 정부는 헌법재판소에 그 해산을 제소할 수 있고, 정당은 헌법재판소의 심판에 의하여 해산된다.

제 9 조 국가는 전통문화의 계승·발전과 민족문화의 창달에 노력하여야 한다.

제 2 장 국민의 권리와 의무

제10조 모든 국민은 인간으로서의 존엄과 가치를 가지며, 행복을 추구할 권리를 가진다. 국가는 개인이 가지는 불가침의 기본적 인권을 확인하고 이를 보장할 의무를 진다.

제11조 ① 모든 국민은 법 앞에 평등하다. 누구든지 성별·종교 또는 사회적 신분에 의하여 정치적·경제적·사회적·문화적 생활의 모든 영역에 있어서 차별을 받지 아니한다.

② 사회적 특수계급의 제도는 인정되지 아니하며, 어떠한 형태로도 이를 창설할 수 없다.

③ 훈장등의 영전은 이를 받은 자에게만 효력이 있고, 어떠한 특권도 이에 따르지 아니한다.

제12조 ① 모든 국민은 신체의 자유를 가진다. 누구든지 법률에 의하지 아니하고는 체포·구속·압수·수색 또는 심문을 받지 아니하며, 법률과 적법한 절차에 의하지 아니하고는 처벌·보안처분 또는 강제노역을 받지 아니한다.

② 모든 국민은 고문을 받지 아니하며, 형사상 자기에게 불리한 진술을 강요당하지 아니한다.

③ 체포·구속·압수 또는 수색을 할 때에는 적법한 절차에 따라 검사의 신청에 의하여 법관이 발부한 영장을 제시하여야 한다. 다만, 현행범인인 경우와 장기 3년 이상의 형에 해당하는 죄를 범하고 도피 또는 증거인멸의 염려가 있을 때에는 사후에 영장을 청구할 수 있다.

④ 누구든지 체포 또는 구속을 당한 때에는 즉시 변호인의 조력을 받을 권리를 가진다. 다만, 형사피고인이 스스로 변호인을 구할 수 없을 때에는 법률이 정하는 바에 의하여 국가가 변호인을 붙인다.

⑤ 누구든지 체포 또는 구속의 이유와 변호인의 조력을 받을 권리가 있음을 고지받지 아니하고는 체포 또는 구속을 당하지 아니한다. 체포 또는 구속을 당한 자의 가족등 법률이 정하는 자에게는 그 이유와 일시·장소가 지체없이 통지되어야 한다.

⑥ 누구든지 체포 또는 구속을 당한 때에는 적부의 심사를 법원에 청구할 권리를 가진다.

⑦ 피고인의 자백이 고문·폭행·협박·구속의 부당한 장기화 또는 기망

기타의 방법에 의하여 자의로 진술된 것이 아니라고 인정될 때 또는 정식재판에 있어서 피고인의 자백이 그에게 불리한 유일한 증거일 때에는 이를 유죄의 증거로 삼거나 이를 이유로 처벌할 수 없다.

제13조 ① 모든 국민은 행위시의 법률에 의하여 범죄를 구성하지 아니하는 행위로 소추되지 아니하며, 동일한 범죄에 대하여 거듭 처벌받지 아니한다.

② 모든 국민은 소급입법에 의하여 참정권의 제한을 받거나 재산권을 박탈당하지 아니한다.

③ 모든 국민은 자기의 행위가 아닌 친족의 행위로 인하여 불이익한 처우를 받지 아니한다.

제14조 모든 국민은 거주·이전의 자유를 가진다.

제15조 모든 국민은 직업선택의 자유를 가진다.

제16조 모든 국민은 주거의 자유를 침해받지 아니한다. 주거에 대한 압수나 수색을 할 때에는 검사의 신청에 의하여 법관이 발부한 영장을 제시하여야 한다.

제17조 모든 국민은 사생활의 비밀과 자유를 침해받지 아니한다.

제18조 모든 국민은 통신의 비밀을 침해받지 아니한다.

제19조 모든 국민은 양심의 자유를 가진다.

제20조 ① 모든 국민은 종교의 자유를 가진다.

② 국교는 인정되지 아니하며, 종교와 정치는 분리된다.

제21조 ① 모든 국민은 언론·출판의 자유와 집회·결사의 자유를 가진다.

② 언론·출판에 대한 허가나 검열과 집회·결사에 대한 허가는 인정되지 아니한다.

③ 통신·방송의 시설기준과 신문의 기능을 보장하기 위하여 필요한 사항은 법률로 정한다.

④ 언론·출판은 타인의 명예나 권리 또는 공중도덕이나 사회윤리를 침해하여서는 아니된다. 언론·출판이 타인의 명예나 권리를 침해한 때에는 피해자는 이에 대한 피해의 배상을 청구할 수 있다.

제22조 ① 모든 국민은 학문과 예술의 자유를 가진다.

② 저작자·발명가·과학기술자와 예술가의 권리는 법률로써 보호한다.

제23조 ① 모든 국민의 재산권은 보장된다. 그 내용과 한계는 법률로 정한다.

② 재산권의 행사는 공공복리에 적합하도록 하여야 한다.

③ 공공필요에 의한 재산권의 수용·사용 또는 제한 및 그에 대한 보상은 법률로써 하되, 정당한 보상을 지급하여야 한다.

제24조 모든 국민은 법률이 정하는 바에 의하여 선거권을 가진다.

제25조 모든 국민은 법률이 정하는 바에 의하여 공무담임권을 가진다.

제26조 ① 모든 국민은 법률이 정하는 바에 의하여 국가기관에 문서로 청원할 권리를 가진다.

② 국가는 청원에 대하여 심사할 의무를 진다.

제27조 ① 모든 국민은 헌법과 법률이 정한 법관에 의하여 법률에 의한 재판을 받을 권리를 가진다.

② 군인 또는 군무원이 아닌 국민은 대한민국의 영역 안에서는 중대한 군사상 기밀·초병·초소·유독음식물공급·포로·군용물에 관한 죄 중 법률이 정한 경

우와 비상계엄이 선포된 경우를 제외하고는 군사법원의 재판을 받지 아니한다.

③ 모든 국민은 신속한 재판을 받을 권리를 가진다. 형사피고인은 상당한 이유가 없는 한 지체없이 공개재판을 받을 권리를 가진다.

④ 형사피고인은 유죄의 판결이 확정될 때까지는 무죄로 추정된다.

⑤ 형사피해자는 법률이 정하는 바에 의하여 당해 사건의 재판절차에서 진술할 수 있다.

제28조 형사피의자 또는 형사피고인으로서 구금되었던 자가 법률이 정하는 불기소처분을 받거나 무죄판결을 받은 때에는 법률이 정하는 바에 의하여 국가에 정당한 보상을 청구할 수 있다.

제29조 ① 공무원의 직무상 불법행위로 손해를 받은 국민은 법률이 정하는 바에 의하여 국가 또는 공공단체에 정당한 배상을 청구할 수 있다. 이 경우 공무원 자신의 책임은 면제되지 아니한다.

② 군인·군무원·경찰공무원 기타 법률이 정하는 자가 전투·훈련등 직무집행과 관련하여 받은 손해에 대하여는 법률이 정하는 보상외에 국가 또는 공공단체에 공무원의 직무상 불법행위로 인한 배상은 청구할 수 없다.

제30조 타인의 범죄행위로 인하여 생명·신체에 대한 피해를 받은 국민은 법률이 정하는 바에 의하여 국가로부터 구조를 받을 수 있다.

제31조 ① 모든 국민은 능력에 따라 균등하게 교육을 받을 권리를 가진다.

② 모든 국민은 그 보호하는 자녀에게 적어도 초등교육과 법률이 정하는 교육을 받게 할 의무를 진다.

③ 의무교육은 무상으로 한다.

④ 교육의 자주성·전문성·정치적 중립성 및 대학의 자율성은 법률이 정하는 바에 의하여 보장된다.

⑤ 국가는 평생교육을 진흥하여야 한다.

⑥ 학교교육 및 평생교육을 포함한 교육제도와 그 운영, 교육재정 및 교원의 지위에 관한 기본적인 사항은 법률로 정한다.

제32조 ① 모든 국민은 근로의 권리를 가진다. 국가는 사회적·경제적 방법으로 근로자의 고용의 증진과 적정임금의 보장에 노력하여야 하며, 법률이 정하는 바에 의하여 최저임금제를 시행하여야 한다.

② 모든 국민은 근로의 의무를 진다. 국가는 근로의 의무의 내용과 조건을 민주주의원칙에 따라 법률로 정한다.

③ 근로조건의 기준은 인간의 존엄성을 보장하도록 법률로 정한다.

④ 여자의 근로는 특별한 보호를 받으며, 고용·임금 및 근로조건에 있어서 부당한 차별을 받지 아니한다.

⑤ 연소자의 근로는 특별한 보호를 받는다.

⑥ 국가유공자·상이군경 및 전몰군경의 유가족은 법률이 정하는 바에 의하여 우선적으로 근로의 기회를 부여받는다.

제33조 ① 근로자는 근로조건의 향상을 위하여 자주적인 단결권·단체교섭권 및 단체행동권을 가진다.

② 공무원인 근로자는 법률이 정하는 자에 한하여 단결권·단체교섭권 및 단체행동권을 가진다.

③ 법률이 정하는 주요방위산업체에 종사하는 근로자의 단체행동권은 법률이 정하는 바에 의하여 이를 제한하거나 인정하지 아니할 수 있다.

제34조 ① 모든 국민은 인간다운 생활을 할 권리를 가진다.

② 국가는 사회보장·사회복지의 증진에 노력할 의무를 진다.

③ 국가는 여자의 복지와 권익의 향상을 위하여 노력하여야 한다.

④ 국가는 노인과 청소년의 복지향상을 위한 정책을 실시할 의무를 진다.

⑤ 신체장애자 및 질병·노령 기타의 사유로 생활능력이 없는 국민은 법률이 정하는 바에 의하여 국가의 보호를 받는다.

⑥ 국가는 재해를 예방하고 그 위험으로부터 국민을 보호하기 위하여 노력하여야 한다.

제35조 ① 모든 국민은 건강하고 쾌적한 환경에서 생활할 권리를 가지며, 국가와 국민은 환경보전을 위하여 노력하여야 한다.

② 환경권의 내용과 행사에 관하여는 법률로 정한다.

③ 국가는 주택개발정책등을 통하여 모든 국민이 쾌적한 주거생활을 할 수 있도록 노력하여야 한다.

제36조 ① 혼인과 가족생활은 개인의 존엄과 양성의 평등을 기초로 성립되고 유지되어야 하며, 국가는 이를 보장한다.

② 국가는 모성의 보호를 위하여 노력하여야 한다.

③ 모든 국민은 보건에 관하여 국가의 보호를 받는다.

제37조 ① 국민의 자유와 권리는 헌법에 열거되지 아니한 이유로 경시되지 아니한다.

② 국민의 모든 자유와 권리는 국가안전보장·질서유지 또는 공공복리를 위하여 필요한 경우에 한하여 법률로써 제한할 수 있으며, 제한하는 경우에도 자유와 권리의 본질적인 내용을 침해할 수 없다.

제38조 모든 국민은 법률이 정하는 바에 의하여 납세의 의무를 진다.

제39조 ① 모든 국민은 법률이 정하는 바에 의하여 국방의 의무를 진다.

② 누구든지 병역의무의 이행으로 인하여 불이익한 처우를 받지 아니한다.

제 3 장 국   회

제40조 입법권은 국회에 속한다.

제41조 ① 국회는 국민의 보통·평등·직접·비밀선거에 의하여 선출된 국회의원으로 구성한다.

② 국회의원의 수는 법률로 정하되, 200인 이상으로 한다.

③ 국회의원의 선거구와 비례대표제 기타 선거에 관한 사항은 법률로 정한다.

제42조 국회의원의 임기는 4년으로 한다.

제43조 국회의원은 법률이 정하는 직을 겸할 수 없다.

제44조 ① 국회의원은 현행범인인 경우를 제외하고는 회기 중 국회의 동의없이 체포 또는 구금되지 아니한다.

② 국회의원이 회기 전에 체포 또는 구금된 때에는 현행범인이 아닌 한 국회의 요구가 있으면 회기 중 석방된다.

제45조 국회의원은 국회에서 직무상 행한 발언과 표결에 관하여 국회외에서 책임을 지지 아니한다.

제46조 ① 국회의원은 청렴의 의무가 있다.

② 국회의원은 국가이익을 우선하여 양심에 따라 직무를 행한다.

③ 국회의원은 그 지위를 남용하여 국가·공공단체 또는 기업체와의 계약이나 그 처분에 의하여 재산상의 권리·

이익 또는 직위를 취득하거나 타인을 위하여 그 취득을 알선할 수 없다.

제47조 ① 국회의 정기회는 법률이 정하는 바에 의하여 매년 1회 집회되며, 국회의 임시회는 대통령 또는 국회재적의원 4분의 1 이상의 요구에 의하여 집회된다.

② 정기회의 회기는 100일을, 임시회의 회기는 30일을 초과할 수 없다.

③ 대통령이 임시회의 집회를 요구할 때에는 기간과 집회요구의 이유를 명시하여야 한다.

제48조 국회는 의장 1인과 부의장 2인을 선출한다.

제49조 국회는 헌법 또는 법률에 특별한 규정이 없는 한 재적의원 과반수의 출석과 출석의원 과반수의 찬성으로 의결한다. 가부동수인 때에는 부결된 것으로 본다.

제50조 ① 국회의 회의는 공개한다. 다만, 출석의원 과반수의 찬성이 있거나 의장이 국가의 안전보장을 위하여 필요하다고 인정할 때에는 공개하지 아니할 수 있다.

② 공개하지 아니한 회의내용의 공표에 관하여는 법률이 정하는 바에 의한다.

제51조 국회에 제출된 법률안 기타의 의안은 회기중에 의결되지 못한 이유로 폐기되지 아니한다. 다만, 국회의원의 임기가 만료된 때에는 그러하지 아니하다.

제52조 국회의원과 정부는 법률안을 제출할 수 있다.

제53조 ① 국회에서 의결된 법률안은 정부에 이송되어 15일 이내에 대통령이 공포한다.

② 법률안에 이의가 있을 때에는 대통령은 제1항의 기간내에 이의서를 붙여 국회로 환부하고, 그 재의를 요구할 수 있다. 국회의 폐회중에도 또한 같다.

③ 대통령은 법률안의 일부에 대하여 또는 법률안을 수정하여 재의를 요구할 수 없다.

④ 재의의 요구가 있을 때에는 국회는 재의에 붙이고, 재적의원과반수의 출석과 출석의원 3분의 2 이상의 찬성으로 전과 같은 의결을 하면 그 법률안은 법률로서 확정된다.

⑤ 대통령이 제1항의 기간내에 공포나 재의의 요구를 하지 아니한 때에도 그 법률안은 법률로서 확정된다.

⑥ 대통령은 제4항과 제5항의 규정에 의하여 확정된 법률을 지체없이 공포하여야 한다. 제5항에 의하여 법률이 확정된 후 또는 제4항에 의한 확정법률이 정부에 이송된 후 5일 이내에 대통령이 공포하지 아니할 때에는 국회의장이 이를 공포한다.

⑦ 법률은 특별한 규정이 없는 한 공포한 날로부터 20일을 경과함으로써 효력을 발생한다.

제54조 ① 국회는 국가의 예산안을 심의·확정한다.

② 정부는 회계연도마다 예산안을 편성하여 회계연도 개시 90일전까지 국회에 제출하고, 국회는 회계연도 개시 30일전까지 이를 의결하여야 한다.

③ 새로운 회계연도가 개시될 때까지 예산안이 의결되지 못한 때에는 정부는 국회에서 예산안이 의결될 때까지 다음의 목적을 위한 경비는 전년도 예산에 준하여 집행할 수 있다.

1. 헌법이나 법률에 의하여 설치된 기관 또는 시설의 유지·운영
2. 법률상 지출의무의 이행

3. 이미 예산으로 승인된 사업의 계속

제55조 ① 한 회계연도를 넘어 계속하여 지출할 필요가 있을 때에는 정부는 연한을 정하여 계속비로서 국회의 의결을 얻어야 한다.

② 예비비는 총액으로 국회의 의결을 얻어야 한다. 예비비의 지출은 차기국회의 승인을 얻어야 한다.

제56조 정부는 예산에 변경을 가할 필요가 있을 때에는 추가경정예산안을 편성하여 국회에 제출할 수 있다.

제57조 국회는 정부의 동의없이 정부가 제출한 지출예산 각항의 금액을 증가하거나 새 비목을 설치할 수 없다.

제58조 국채를 모집하거나 예산외에 국가의 부담이 될 계약을 체결하려 할 때에는 정부는 미리 국회의 의결을 얻어야 한다.

제59조 조세의 종목과 세율은 법률로 정한다.

제60조 ① 국회는 상호원조 또는 안전보장에 관한 조약, 중요한 국제조직에 관한 조약, 우호통상항해조약, 주권의 제약에 관한 조약, 강화조약, 국가나 국민에게 중대한 재정적 부담을 지우는 조약 또는 입법사항에 관한 조약의 체결·비준에 대한 동의권을 가진다.

② 국회는 선전포고, 국군의 외국에의 파견 또는 외국군대의 대한민국 영역안에서의 주류에 대한 동의권을 가진다.

제61조 ① 국회는 국정을 감사하거나 특정한 국정사안에 대하여 조사할 수 있으며, 이에 필요한 서류의 제출 또는 증인의 출석과 증언이나 의견의 진술을 요구할 수 있다.

② 국정감사 및 조사에 관한 절차 기타 필요한 사항은 법률로 정한다.

제62조 ① 국무총리·국무위원 또는 정부위원은 국회나 그 위원회에 출석하여 국정처리상황을 보고하거나 의견을 진술하고 질문에 응답할 수 있다.

② 국회나 그 위원회의 요구가 있을 때에는 국무총리·국무위원 또는 정부위원은 출석·답변하여야 하며, 국무총리 또는 국무위원이 출석요구를 받은 때에는 국무위원 또는 정부위원으로 하여금 출석·답변하게 할 수 있다.

제63조 ① 국회는 국무총리 또는 국무위원의 해임을 대통령에게 건의할 수 있다.

② 제1항의 해임건의는 국회재적의원 3분의 1 이상의 발의에 의하여 국회재적의원 과반수의 찬성이 있어야 한다.

제64조 ① 국회는 법률에 저촉되지 아니하는 범위 안에서 의사와 내부규율에 관한 규칙을 제정할 수 있다.

② 국회는 의원의 자격을 심사하며, 의원을 징계할 수 있다.

③ 의원을 제명하려면 국회재적의원 3분의 2 이상의 찬성이 있어야 한다.

④ 제2항과 제3항의 처분에 대하여는 법원에 제소할 수 없다.

제65조 ① 대통령·국무총리·국무위원·행정각부의 장·헌법재판소 재판관·법관·중앙선거관리위원회 위원·감사원장·감사위원 기타 법률이 정한 공무원이 그 직무집행에 있어서 헌법이나 법률을 위배한 때에는 국회는 탄핵의 소추를 의결할 수 있다.

② 제1항의 탄핵소추는 국회재적의원 3분의 1 이상의 발의가 있어야 하며, 그 의결은 국회재적의원 과반수의 찬성이 있어야 한다. 다만, 대통령에 대한 탄핵소추는 국회재적의원 과반수의 발의와 국회재적의원 3분의 2 이상의 찬

성이 있어야 한다.

③ 탄핵소추의 의결을 받은 자는 탄핵심판이 있을 때까지 그 권한행사가 정지된다.

④ 탄핵결정은 공직으로부터 파면함에 그친다. 그러나, 이에 의하여 민사상이나 형사상의 책임이 면제되지는 아니한다.

제 4 장 정 부
제 1 절 대 통 령

제66조 ① 대통령은 국가의 원수이며, 외국에 대하여 국가를 대표한다.

② 대통령은 국가의 독립·영토의 보전·국가의 계속성과 헌법을 수호할 책무를 진다.

③ 대통령은 조국의 평화적 통일을 위한 성실한 의무를 진다.

④ 행정권은 대통령을 수반으로 하는 정부에 속한다.

제67조 ① 대통령은 국민의 보통·평등·직접·비밀선거에 의하여 선출한다.

② 제 1 항의 선거에 있어서 최고득표자가 2인 이상인 때에는 국회의 재적의원 과반수가 출석한 공개회의에서 다수표를 얻은 자를 당선자로 한다.

③ 대통령후보자가 1인일 때에는 그 득표수가 선거권자 총수의 3분의 1 이상이 아니면 대통령으로 당선될 수 없다.

④ 대통령으로 선거될 수 있는 자는 국회의원의 피선거권이 있고 선거일 현재 40세에 달하여야 한다.

⑤ 대통령의 선거에 관한 사항은 법률로 정한다.

제68조 ① 대통령의 임기가 만료되는 때에는 임기만료 70일 내지 40일전에 후임자를 선거한다.

② 대통령이 궐위된 때 또는 대통령 당선자가 사망하거나 판결 기타의 사유로 그 자격을 상실한 때에는 60일 이내에 후임자를 선거한다.

제69조 대통령은 취임에 즈음하여 다음의 선서를 한다.

"나는 헌법을 준수하고 국가를 보위하며 조국의 평화적 통일과 국민의 자유와 복리의 증진 및 민족문화의 창달에 노력하여 대통령으로서의 직책을 성실히 수행할 것을 국민 앞에 엄숙히 선서합니다."

제70조 대통령의 임기는 5년으로 하며, 중임할 수 없다.

제71조 대통령이 궐위되거나 사고로 인하여 직무를 수행할 수 없을 때에는 국무총리, 법률이 정한 국무위원의 순서로 그 권한을 대행한다.

제72조 대통령은 필요하다고 인정할 때에는 외교·국방·통일 기타 국가안위에 관한 중요정책을 국민투표에 붙일 수 있다.

제73조 대통령은 조약을 체결·비준하고, 외교사절을 신임·접수 또는 파견하며, 선전포고와 강화를 한다.

제74조 ① 대통령은 헌법과 법률이 정하는 바에 의하여 국군을 통수한다.

② 국군의 조직과 편성은 법률로 정한다.

제75조 대통령은 법률에서 구체적으로 범위를 정하여 위임받은 사항과 법률을 집행하기 위하여 필요한 사항에 관하여 대통령령을 발할 수 있다.

제76조 ① 대통령은 내우·외환·천재·지변 또는 중대한 재정·경제상의 위기에 있어서 국가의 안전보장 또는 공공의 안녕질서를 유지하기 위하여 긴급한 조치가 필요하고 국회의 집회를 기다릴 여유가 없을 때에 한하여 최소한으로

필요한 재정·경제상의 처분을 하거나 이에 관하여 법률의 효력을 가지는 명령을 발할 수 있다.

② 대통령은 국가의 안위에 관계되는 중대한 교전상태에 있어서 국가를 보위하기 위하여 긴급한 조치가 필요하고 국회의 집회가 불가능한 때에 한하여 법률의 효력을 가지는 명령을 발할 수 있다.

③ 대통령은 제1항과 제2항의 처분 또는 명령을 한 때에는 지체없이 국회에 보고하여 그 승인을 얻어야 한다.

④ 제3항의 승인을 얻지 못한 때에는 그 처분 또는 명령은 그때부터 효력을 상실한다. 이 경우 그 명령에 의하여 개정 또는 폐지되었던 법률은 그 명령이 승인을 얻지 못한 때부터 당연히 효력을 회복한다.

⑤ 대통령은 제3항과 제4항의 사유를 지체없이 공포하여야 한다.

제77조 ① 대통령은 전시·사변 또는 이에 준하는 국가비상사태에 있어서 병력으로써 군사상의 필요에 응하거나 공공의 안녕질서를 유지할 필요가 있을 때에는 법률이 정하는 바에 의하여 계엄을 선포할 수 있다.

② 계엄은 비상계엄과 경비계엄으로 한다.

③ 비상계엄이 선포된 때에는 법률이 정하는 바에 의하여 영장제도, 언론·출판·집회·결사의 자유, 정부나 법원의 권한에 관하여 특별한 조치를 할 수 있다.

④ 계엄을 선포한 때에는 대통령은 지체없이 국회에 통고하여야 한다.

⑤ 국회가 재적의원 과반수의 찬성으로 계엄의 해제를 요구한 때에는 대통령은 이를 해제하여야 한다.

제78조 대통령은 헌법과 법률이 정하는 바에 의하여 공무원을 임면한다.

제79조 ① 대통령은 법률이 정하는 바에 의하여 사면·감형 또는 복권을 명할 수 있다.

② 일반사면을 명하려면 국회의 동의를 얻어야 한다.

③ 사면·감형 및 복권에 관한 사항은 법률로 정한다.

제80조 대통령은 법률이 정하는 바에 의하여 훈장 기타의 영전을 수여한다.

제81조 대통령은 국회에 출석하여 발언하거나 서한으로 의견을 표시할 수 있다.

제82조 대통령의 국법상 행위는 문서로써 하며, 이 문서에는 국무총리와 관계 국무위원이 부서한다. 군사에 관한 것도 또한 같다.

제83조 대통령은 국무총리·국무위원·행정각부의 장 기타 법률이 정하는 공사의 직을 겸할 수 없다.

제84조 대통령은 내란 또는 외환의 죄를 범한 경우를 제외하고는 재직중 형사상의 소추를 받지 아니한다.

제85조 전직대통령의 신분과 예우에 관하여는 법률로 정한다.

제2절 행 정 부

제1관 국무총리와 국무위원

제86조 ① 국무총리는 국회의 동의를 얻어 대통령이 임명한다.

② 국무총리는 대통령을 보좌하며, 행정에 관하여 대통령의 명을 받아 행정각부를 통할한다.

③ 군인은 현역을 면한 후가 아니면 국무총리로 임명될 수 없다.

제87조 ① 국무위원은 국무총리의 제청으로 대통령이 임명한다.

② 국무위원은 국정에 관하여 대통령을

보좌하며, 국무회의의 구성원으로서 국정을 심의한다.

③ 국무총리는 국무위원의 해임을 대통령에게 건의할 수 있다.

④ 군인은 현역을 면한 후가 아니면 국무위원으로 임명될 수 없다.

제 2 관 국무회의

제88조 ① 국무회의는 정부의 권한에 속하는 중요한 정책을 심의한다.

② 국무회의는 대통령·국무총리와 15인 이상 30인 이하의 국무위원으로 구성한다.

③ 대통령은 국무회의의 의장이 되고, 국무총리는 부의장이 된다.

제89조 다음 사항은 국무회의의 심의를 거쳐야 한다.

1. 국정의 기본계획과 정부의 일반정책
2. 선전·강화 기타 중요한 대외정책
3. 헌법개정안·국민투표안·조약안·법률안 및 대통령령안
4. 예산안·결산·국유재산처분의 기본계획·국가의 부담이 될 계약 기타 재정에 관한 중요사항
5. 대통령의 긴급명령·긴급재정경제처분 및 명령 또는 계엄과 그 해제
6. 군사에 관한 중요사항
7. 국회의 임시회 집회의 요구
8. 영전수여
9. 사면·감형과 복권
10. 행정각부간의 권한의 획정
11. 정부안의 권한의 위임 또는 배정에 관한 기본계획
12. 국정처리상황의 평가·분석
13. 행정각부의 중요한 정책의 수립과 조정
14. 정당해산의 제소
15. 정부에 제출 또는 회부된 정부의 정책에 관계되는 청원의 심사
16. 검찰총장·합동참모의장·각군참모총장·국립대학교총장·대사 기타 법률이 정한 공무원과 국영기업체 관리자의 임명
17. 기타 대통령·국무총리 또는 국무위원이 제출한 사항

제90조 ① 국정의 중요한 사항에 관한 대통령의 자문에 응하기 위하여 국가원로로 구성되는 국가원로자문회의를 둘 수 있다.

② 국가원로자문회의의 의장은 직전대통령이 된다. 다만, 직전대통령이 없을 때에는 대통령이 지명한다.

③ 국가원로자문회의의 조직·직무범위 기타 필요한 사항은 법률로 정한다.

제91조 ① 국가안전보장에 관련되는 대외정책·군사정책과 국내정책의 수립에 관하여 국무회의의 심의에 앞서 대통령의 자문에 응하기 위하여 국가안전보장회의를 둔다.

② 국가안전보장회의는 대통령이 주재한다.

③ 국가안전보장회의의 조직·직무범위 기타 필요한 사항은 법률로 정한다.

제92조 ① 평화통일정책의 수립에 관한 대통령의 자문에 응하기 위하여 민주평화통일자문회의를 둘 수 있다.

② 민주평화통일자문회의의 조직·직무범위 기타 필요한 사항은 법률로 정한다.

제93조 ① 국민경제의 발전을 위한 중요정책의 수립에 관하여 대통령의 자문에 응하기 위하여 국민경제자문회의를 둘 수 있다.

② 국민경제자문회의의 조직·직무범위 기타 필요한 사항은 법률로 정한다.

제 3 관 행정각부

제94조 행정각부의 장은 국무위원 중에서 국무총리의 제청으로 대통령이 임명한다.

제95조 국무총리 또는 행정각부의 장은 소관사무에 관하여 법률이나 대통령령의 위임 또는 직권으로 총리령 또는 부령을 발할 수 있다.

제96조 행정각부의 설치·조직과 직무범위는 법률로 정한다.

제 4 관 감 사 원

제97조 국가의 세입·세출의 결산, 국가 및 법률이 정한 단체의 회계검사와 행정기관 및 공무원의 직무에 관한 감찰을 하기 위하여 대통령 소속하에 감사원을 둔다.

제98조 ① 감사원은 원장을 포함한 5인 이상 11인 이하의 감사위원으로 구성한다.

② 원장은 국회의 동의를 얻어 대통령이 임명하고, 그 임기는 4년으로 하며, 1차에 한하여 중임할 수 있다.

③ 감사위원은 원장의 제청으로 대통령이 임명하고, 그 임기는 4년으로 하며, 1차에 한하여 중임할 수 있다.

제99조 감사원은 세입·세출의 결산을 매년 검사하여 대통령과 차년도국회에 그 결과를 보고하여야 한다.

제100조 감사원의 조직·직무범위·감사위원의 자격·감사대상공무원의 범위 기타 필요한 사항은 법률로 정한다.

제 5 장 법   원

제101조 ① 사법권은 법관으로 구성된 법원에 속한다.

② 법원은 최고법원인 대법원과 각급법원으로 조직된다.

③ 법관의 자격은 법률로 정한다.

제102조 ① 대법원에 부를 둘 수 있다.

② 대법원에 대법관을 둔다. 다만, 법률이 정하는 바에 의하여 대법관이 아닌 법관을 둘 수 있다.

③ 대법원과 각급법원의 조직은 법률로 정한다.

제103조 법관은 헌법과 법률에 의하여 그 양심에 따라 독립하여 심판한다.

제104조 ① 대법원장은 국회의 동의를 얻어 대통령이 임명한다.

② 대법관은 대법원장의 제청으로 국회의 동의를 얻어 대통령이 임명한다.

③ 대법원장과 대법관이 아닌 법관은 대법관회의의 동의를 얻어 대법원장이 임명한다.

제105조 ① 대법원장의 임기는 6년으로 하며, 중임할 수 없다.

② 대법관의 임기는 6년으로 하며, 법률이 정하는 바에 의하여 연임할 수 있다.

③ 대법원장과 대법관이 아닌 법관의 임기는 10년으로 하며, 법률이 정하는 바에 의하여 연임할 수 있다.

④ 법관의 정년은 법률로 정한다.

제106조 ① 법관은 탄핵 또는 금고 이상의 형의 선고에 의하지 아니하고는 파면되지 아니하며, 징계처분에 의하지 아니하고는 정직·감봉 기타 불리한 처분을 받지 아니한다.

② 법관이 중대한 심신상의 장해로 직무를 수행할 수 없을 때에는 법률이 정하는 바에 의하여 퇴직하게 할 수 있다.

제107조 ① 법률이 헌법에 위반되는 여부가 재판의 전제가 된 경우에는 법원은 헌법재판소에 제청하여 그 심판에 의하여 재판한다.

② 명령·규칙 또는 처분이 헌법이나 법률에 위반되는 여부가 재판의 전제가 된 경우에는 대법원은 이를 최종적으로

심사할 권한을 가진다.

③ 재판의 전심절차로서 행정심판을 할 수 있다. 행정심판의 절차는 법률로 정하되, 사법절차가 준용되어야 한다.

제108조 대법원은 법률에서 저촉되지 아니하는 범위 안에서 소송에 관한 절차, 법원의 내부규율과 사무처리에 관한 규칙을 제정할 수 있다.

제109조 재판의 심리와 판결은 공개한다. 다만, 심리는 국가의 안전보장 또는 안녕질서를 방해하거나 선량한 풍속을 해할 염려가 있을 때에는 법원의 결정으로 공개하지 아니할 수 있다.

제110조 ① 군사재판을 관할하기 위하여 특별법원으로서 군사법원을 둘 수 있다.

② 군사법원의 상고심은 대법원에서 관할한다.

③ 군사법원의 조직·권한 및 재판관의 자격은 법률로 정한다.

④ 비상계엄하의 군사재판은 군인·군무원의 범죄나 군사에 관한 간첩죄의 경우와 초병·초소·유독음식물공급·포로에 관한 죄중 법률이 정한 경우에 한하여 단심으로 할 수 있다. 다만, 사형을 선고한 경우에는 그러하지 아니하다.

제 6 장 헌법재판소

제111조 ① 헌법재판소는 다음 사항을 관장한다.

1. 법원의 제청에 의한 법률의 위헌여부 심판
2. 탄핵의 심판
3. 정당의 해산 심판
4. 국가기관 상호간, 국가기관과 지방자치단체간 및 지방자치단체 상호간의 권한쟁의에 관한 심판
5. 법률이 정하는 헌법소원에 관한 심판

② 헌법재판소는 법관의 자격을 가진 9인의 재판관으로 구성하며, 재판관은 대통령이 임명한다.

③ 제2항의 재판관중 3인은 국회에서 선출하는 자를, 3인은 대법원장이 지명하는 자를 임명한다.

④ 헌법재판소의 장은 국회의 동의를 얻어 재판관중에서 대통령이 임명한다.

제112조 ① 헌법재판소 재판관의 임기는 6년으로 하며, 법률이 정하는 바에 의하여 연임할 수 있다.

② 헌법재판소 재판관은 정당에 가입하거나 정치에 관여할 수 없다.

③ 헌법재판소 재판관은 탄핵 또는 금고 이상의 형의 선고에 의하지 아니하고는 파면되지 아니한다.

제113조 ① 헌법재판소에서 법률의 위헌결정, 탄핵의 결정, 정당해산의 결정 또는 헌법소원에 관한 인용결정을 할 때에는 재판관 6인 이상의 찬성이 있어야 한다.

② 헌법재판소는 법률에 저촉되지 아니하는 범위안에서 심판에 관한 절차, 내부규율과 사무처리에 관한 규칙을 제정할 수 있다.

③ 헌법재판소의 조직과 운영 기타 필요한 사항은 법률로 정한다.

제 7 장 선거관리

제114조 ① 선거와 국민투표의 공정한 관리 및 정당에 관한 사무를 처리하기 위하여 선거관리위원회를 둔다.

② 중앙선거관리위원회는 대통령이 임명하는 3인, 국회에서 선출하는 3인과 대법원장이 지명하는 3인의 위원으로 구성한다. 위원장은 위원중에서 호선한다.

③ 위원의 임기는 6년으로 한다.

④ 위원은 정당에 가입하거나 정치에

관여할 수 없다.

⑤ 위원은 탄핵 또는 금고 이상의 형의 선고에 의하지 아니하고는 파면되지 아니한다.

⑥ 중앙선거관리위원회는 법령의 범위 안에서 선거관리·국민투표관리 또는 정당사무에 관한 규칙을 제정할 수 있으며, 법률에 저촉되지 아니하는 범위 안에서 내부규율에 관한 규칙을 제정할 수 있다.

⑦ 각급 선거관리위원회의 조직·직무범위 기타 필요한 사항은 법률로 정한다.

제115조 ① 각급 선거관리위원회는 선거인명부의 작성등 선거사무와 국민투표사무에 관하여 관계 행정기관에 필요한 지시를 할 수 있다.

② 제1항의 지시를 받은 당해 행정기관은 이에 응하여야 한다.

제116조 ① 선거운동은 각급 선거관리위원회의 관리하에 법률이 정하는 범위안에서 하되, 균등한 기회가 보장되어야 한다.

② 선거에 관한 경비는 법률이 정하는 경우를 제외하고는 정당 또는 후보자에게 부담시킬 수 없다.

제8장 지방자치

제117조 ① 지방자치단체는 주민의 복리에 관한 사무를 처리하고 재산을 관리하며, 법령의 범위 안에서 자치에 관한 규정을 제정할 수 있다.

② 지방자치단체의 종류는 법률로 정한다.

제118조 ① 지방자치단체에 의회를 둔다.

② 지방의회의 조직·권한·의원선거와 지방자치단체의 장의 선임방법 기타 지방자치단체의 조직과 운영에 관한 사항은 법률로 정한다.

제9장 경 제

제119조 ① 대한민국의 경제질서는 개인과 기업의 경제상의 자유와 창의를 존중함을 기본으로 한다.

② 국가는 균형있는 국민경제의 성장 및 안정과 적정한 소득의 분배를 유지하고, 시장의 지배와 경제력의 남용을 방지하며, 경제주체간의 조화를 통한 경제의 민주화를 위하여 경제에 관한 규제와 조정을 할 수 있다.

제120조 ① 광물 기타 중요한 지하자원·수산자원·수력과 경제상 이용할 수 있는 자연력은 법률이 정하는 바에 의하여 일정한 기간 그 채취·개발 또는 이용을 특허할 수 있다.

② 국토와 자원은 국가의 보호를 받으며, 국가는 그 균형있는 개발과 이용을 위하여 필요한 계획을 수립한다.

제121조 ① 국가는 농지에 관하여 경자유전의 원칙이 달성될 수 있도록 노력하여야 하며, 농지의 소작제도는 금지된다.

② 농업생산성의 제고와 농지의 합리적인 이용을 위하거나 불가피한 사정으로 발생하는 농지의 임대차와 위탁경영은 법률이 정하는 바에 의하여 인정된다.

제122조 국가는 국민 모두의 생산 및 생활의 기반이 되는 국토의 효율적이고 균형있는 이용·개발과 보전을 위하여 법률이 정하는 바에 의하여 그에 관한 필요한 제한과 의무를 과할 수 있다.

제123조 ① 국가는 농업 및 어업을 보호·육성하기 위하여 농·어촌종합개발과 그 지원등 필요한 계획을 수립·시행하여야 한다.

② 국가는 지역간의 균형있는 발전을 위하여 지역경제를 육성할 의무를 진다.

③ 국가는 중소기업을 보호·육성하여야 한다.

④ 국가는 농수산물의 수급균형과 유통구조의 개선에 노력하여 가격안정을 도모함으로써 농·어민의 이익을 보호한다.

⑤ 국가는 농·어민과 중소기업의 자조조직을 육성하여야 하며, 그 자율적 활동과 발전을 보장한다.

제124조 국가는 건전한 소비행위를 계도하고 생산품의 품질향상을 촉구하기 위한 소비자보호운동을 법률이 정하는 바에 의하여 보장한다.

제125조 국가는 대외무역을 육성하며, 이를 규제·조정할 수 있다.

제126조 국방상 또는 국민경제상 긴절한 필요로 인하여 법률이 정하는 경우를 제외하고는, 사영기업을 국유 또는 공유로 이전하거나 그 경영을 통제 또는 관리할 수 없다.

제127조 ① 국가는 과학기술의 혁신과 정보 및 인력의 개발을 통하여 국민경제의 발전에 노력하여야 한다.

② 국가는 국가표준제도를 확립한다.

③ 대통령은 제1항의 목적을 달성하기 위하여 필요한 자문기구를 둘 수 있다.

제10장 헌법개정

제128조 ① 헌법개정은 국회재적의원 과반수 또는 대통령의 발의로 제안된다.

② 대통령의 임기연장 또는 중임변경을 위한 헌법개정은 그 헌법개정 제안 당시의 대통령에 대하여는 효력이 없다.

제129조 제안된 헌법개정안은 대통령이 20일 이상의 기간 이를 공고하여야 한다.

제130조 ① 국회는 헌법개정안이 공고된 날로부터 60일 이내에 의결하여야 하며, 국회의 의결은 재적의원 3분의 2 이상의 찬성을 얻어야 한다.

② 헌법개정안은 국회가 의결한 후 30일 이내에 국민투표에 붙여 국회의원선거권자 과반수의 투표와 투표자 과반수의 찬성을 얻어야 한다.

③ 헌법개정안이 제2항의 찬성을 얻은 때에는 헌법개정은 확정되며, 대통령은 즉시 이를 공포하여야 한다.

부   칙

제1조 이 헌법은 1988년 2월 25일부터 시행한다. 다만, 이 헌법을 시행하기 위하여 필요한 법률의 제정·개정과 이 헌법에 의한 대통령 및 국회의원의 선거 기타 이 헌법시행에 관한 준비는 이 헌법시행 전에 할 수 있다.

제2조 ① 이 헌법에 의한 최초의 대통령선거는 이 헌법시행일 40일 전까지 실시한다.

② 이 헌법에 의한 최초의 대통령의 임기는 이 헌법시행일로부터 개시한다.

제3조 ① 이 헌법에 의한 최초의 국회의원선거는 이 헌법공포일로부터 6월 이내에 실시하며, 이 헌법에 의하여 선출된 최초의 국회의원의 임기는 국회의원선거후 이 헌법에 의한 국회의 최초의 집회일로부터 개시한다.

② 이 헌법공포 당시의 국회의원의 임기는 제1항에 의한 국회의 최초의 집회일 전일까지로 한다.

제4조 ① 이 헌법시행 당시의 공무원과 정부가 임명한 기업체의 임원은 이 헌법에 의하여 임명된 것으로 본다. 다만, 이 헌법에 의하여 선임방법이나 임명권자가 변경된 공무원과 대법원장 및 감

사원장은 이 헌법에 의하여 후임자가 선임될 때까지 그 직무를 행하며, 이 경우 전임자인 공무원의 임기는 후임자가 선임되는 전일까지로 한다.

② 이 헌법시행 당시의 대법원장과 대법원판사가 아닌 법관은 제1항 단서의 규정에 불구하고 이 헌법에 의하여 임명된 것으로 본다.

③ 이 헌법 중 공무원의 임기 또는 중임제한에 관한 규정은 이 헌법에 의하여 그 공무원이 최초로 선출 또는 임명된 때로부터 적용한다.

제5조 이 헌법시행 당시의 법령과 조약은 이 헌법에 위배되지 아니하는 한 그 효력을 지속한다.

제6조 이 헌법시행 당시에 이 헌법에 의하여 새로 설치될 기관의 권한에 속하는 직무를 행하고 있는 기관은 이 헌법에 의하여 새로운 기관이 설치될 때까지 존속하며 그 직무를 행한다.

사 항 색 인

인 명 색 인

저자약력

건국대학교 법과대학 졸업
연세대학교 대학원(석사·박사과정) 수료
법학박사
미국 Northwestern 대학교 객원교수
연세대·고려대·동의대 강사
사법시험·행정고시·외무고시·지방고시위원
건국대학교 사회과학대학장·대학원장·도서관장 역임
건국대학교 명예교수

저   서
행정법
공동주택관계법령
법현상학(역서)

제9판
법학원론

초판발행	2009년 6월 20일
제9판발행	2021년 1월 15일
지은이	홍성찬
펴낸이	안종만·안상준
편 집	이승현
기획/마케팅	정연환
표지디자인	박현정
제 작	고철민·조영환

펴낸곳   (주)**박영사**
         서울특별시 금천구 가산디지털2로 53, 210호(가산동, 한라시그마밸리)
         등록 1959. 3. 11. 제300-1959-1호(倫)

전 화	02)733-6771
f a x	02)736-4818
e-mail	pys@pybook.co.kr
homepage	www.pybook.co.kr
ISBN	979-11-303-3759-3 93360

* 파본은 구입하신 곳에서 교환해 드립니다. 본서의 무단복제행위를 금합니다.

정 가   33,000원